2024年版

スタンダード 二級建築士

建築資格試験研究会 編著

学芸出版社

はじめに

この本を手に取ってくださってありがとう。近い将来、二級建築士の資格を取り、私達と共に建築をデザインしていく仲間として歓迎します。

本書は、過去に実施された10年間分1,000問を超える学科試験問題を分析し、この試験特有の癖を見つけ出しています。そして合格するための勉強のポイントや単調にならないように勉強できる環境づくりにまで踏み込み、少しでも無駄な時間を省いた受験勉強が進められるように工夫しました。

あなたが次の一つにでも該当すれば、この本は強い味方となってくれると思います。

・仕事は忙しい、でも、しっかりと遊びと勉強を両立したいと考えている人
・建築の勉強は一応してきたけれど、建築士試験のための勉強がわからない人
・試験のポイントがしぼりきれず適切なアドバイスがほしい人　など…

さて、この本の工夫を紹介しましょう。

①繰り返し出題される過去問に注目

主として実際の建築士試験で過去に出題された問題をもとにまとめているので、即戦力となるものばかり。また、解説文*なども、過去問の（選択肢）文章をできる限りそのまま使っているので、本番の試験時に抵抗なく力を発揮させることができます。

②過去問10年間分を分析

取り上げた内容は、各学科とも過去の問題を10年間にさかのぼり精査・分析していますので、出題のパターンや傾向などを的確に理解することができます。

③出題キーワード別の構成

よく出題されるキーワードごとにページが構成されているので、勉強したいところから始められます。まずは、自分がわかっていそうなところから勉強を進めましょう。

④合格に必要な知識＋受験テクニック＋勉強方法＋やる気

試験に対応した基本的な知識はもちろん、受験に必要なテクニックや勉強方法の示唆、やる気が出てくるキャラクターやページレイアウトで受験生の皆さんを応援します。

⑤書き込みするテキスト

この本は、読むだけでなく、書き込みをしながら勉強を進めていきます。試験前には、書き込みと手アカで真っ黒になり、自分なりの勉強の結果が手作りのオリジナルテキストとしてできあがれば合格間違いなし。

この本を使いこなしていただいた皆さんが早期に合格し、感性豊かな建築家となる日が近いことを願ってやみません。

著者一同

＊解説文の中には、建築学上の体系的な内容と照らし合わせると、詳しい説明なしに言い切ってしまっているところや、限定的な内容になっている部分があります。これはあくまでも、試験で出題されている内容をできるだけ忠実に解説へ取り入れたためであることをお断りしておきます。

この本の特徴と使い方

年々難易度を増している建築士試験はもはや「よく出る」対策だけでは合格しません。本書は、過去の出題や新傾向の難問を吟味し、初歩から丁寧に解説しました。復習と整理、問題チェックがこの一冊でできる、建築士受験の王道をいく定番テキストです。

◆講義部（本文解説部）

各科よく出題されるテーマを厳選し、見開きで丁寧に解説しました。過去10年間の出題を網羅（もうら）した重要事項が、基礎から学べるようあえてオーソドックスな教科書スタイルで講義することにこだわりました。学科の扉ページには、各項目の出題傾向が一目でわかる一覧表を掲載しました。

各項目の冒頭では、「どらお」が試験での出題頻度、重要度を示しています。

……出題率100%以上の項目。毎年必ず出題され、重要度も高い最頻出項目です。

……出題率70～100%の頻出項目。毎年に近い出題率で、関連問題もよく出ます。

……出題率10～70%の項目。隔年程度の出題ですが、合格のためには見落せません。

学習の進度に合わせて、頻出項目から取り組むのも一つの方法でしょう。また、特に気をつけたい項目の見出しには（重要）、（注目）のマークを示しています。

①太字とアンダーライン

太字は覚えてほしいキーワードを示し、アンダーラインはキーワードと関連する内容や重要な部分などを表しています。傍点は、注意が必要な用語などにつけられています。

（例）**残響**とは、音が壁・天井などに反射して、音源が停止した後も室内に音が残る現象。

②コラムの種類

出題パターン……その項目の出題パターンの概要と学習のポイントなどをまとめました。

ミニ情報……試験対策、受験時の心構え、過去の傾向から分析した今後の出題情報などをアドバイス。

ひっかけ対策……試験にみられるひっかけ問題のポイントを分析。

覚えておこう……暗記すべき重要キーワードを簡潔に解説しました。

EXERCISE………その項目で学んだ事項がチェックできる練習問題。は、決まったパターンで出題される直球問題、は、違ったパターンで出題される変化球問題を示しています。

③問題と解答

各ページの下部には、定番問題（左ページ）と解答（右ページ）をまとめています。不適当な語句を抜き出したり、適語を入れたり、一問一問取り組めるスタイルにしました。

◆二級建築士試験「学科の試験」

《問題》

・最新3年分の過去問を使いやすいように巻末につけました。模擬テストや、出題傾向の分析など、お役立てください。

・問題には、各年学科ごとに3回にわたる採点チェック欄を設けています。繰り返しトライし、実力UPに努めてください。各学科25問中、以下の点数が実力の目安です。

8問　→　まだまだ、顔を洗って出直そう
10問　→　もう一息、目標をもって前進あるのみ
13問　→　各学科の最低合格ライン、しかし、4学科ともこの点数ではだめ
16問　→　4学科合格ライン、この調子でがんばろう
18問　→　合格圏内、あとは過去問以外の勉強を進めていこう

《解答と解説》

・各問題の正解の理由や解法の手順を簡潔に解説しています。

・答え合わせや問題を見ながらの復習に便利なよう、別冊にしました。

・本書では、よく用いられる法令名等に以下のような省略表記を採用しています。

建築基準法　→　建基法（学科IIにおいては「法」）
都市計画法　→　都計法　　労働安全衛生法　→　労衛法
建築士法　→　士法　　建設業法　→　業法
宅地造成等規制法　→　宅造法　　宅地建物取引業法　→　宅建業法
建築物の耐震改修の促進に関する法律　→　耐震改修促進法
高齢者､身体障害者等が円滑に利用できる特定建築物の建築の促進に関する法律　→　ハートビル法
日本建築学会「建築工事標準仕様書」　→　JASS

・各法の施行令、施行規則は、上記省略表記の「法」の字が「令」「則」になります。

（例）建築基準法第2条第二号　→　建基法2条二号（法2条二号）
都市計画法施行令第25条　→　都計令25条

《ページ組見本》

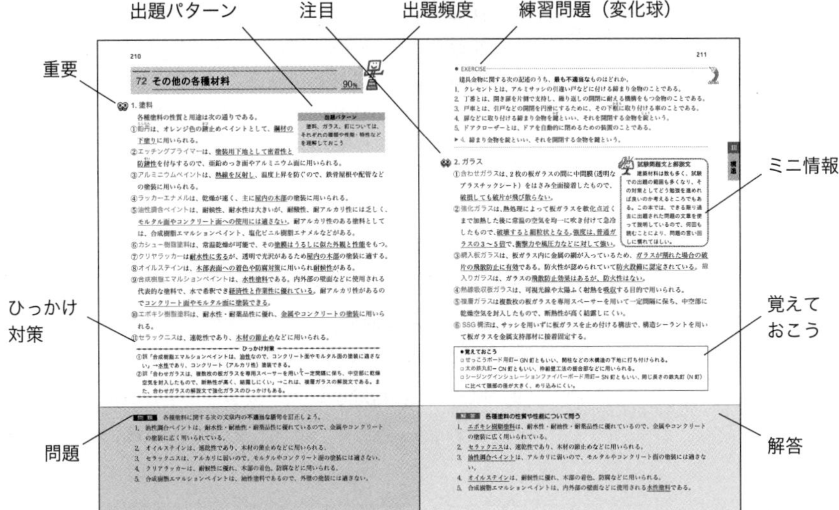

スタンダード 二級建築士 目次

学科Ⅰ 建築計画

学科II
建築法規

学科III
建築構造

学科Ⅳ
建築施工

二級建築士試験
「学科の試験」

二級建築士試験 受験ガイド

◆二級建築士の資格とは

二級建築士とは、都道府県知事の免許を受け、設計、工事監理等の業務を行う資格を有する者のことである。建築士の種類により業務の範囲が決まっており、二級建築士が設計または工事監理ができる業務の範囲については、建築士法第3条に規定がある。「二級建築士」の名称を用いて仕事をするためには、建築士法第13条に基づき毎年実施されている二級建築士試験に合格し、免許登録をしなければならない。(二級建築士登録者数：777,670人、令和4年4月1日現在)

資格取得までの流れは右図の通りである。

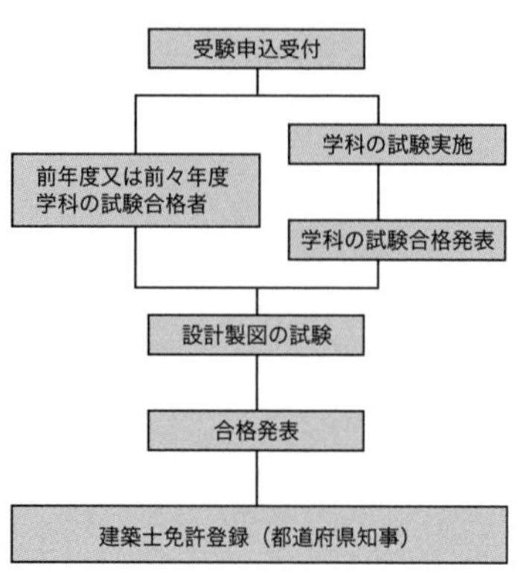

試験科目は、「**学科の試験**」4科目と「**設計製図の試験**」1科目であり、学科の試験合格者のみが、製図の試験を受験できる。ただし、学科試験に合格し製図試験に失敗した者は、翌年、翌々年に限り学科試験が免除される。「学科の試験」からの受験と「設計製図の試験」のみの受験では、申込み手続きが異なるので注意が必要である。

◆受験資格

二級建築士試験及び木造建築士試験の受験資格（建築士法第15条）

平成30年12月14日に公布された「建築士法の一部を改正する法律」により建築士法第4条、第14条及び第15条が改正され、建築士試験の受験資格の要件となっている実務経験が、原則として、建築士免許の登録要件に改められた。この改正は、令和2年3月1日から施行され、令和2年試験から適用される。

改正後の二級建築士試験の受験資格は下記の通り。

1 学校教育法による大学、高等専門学校、高等学校若しくは中等教育学校、旧大学令による大学、旧専門学校令による専門学校又は旧中等学校令による中等学校において、国土交通大臣の指定する建築に関する科目を修めて卒業した者（当該科目を修めて同法による専門職大学の前期課程を修了した者を含む。）
2 都道府県知事が前号に掲げる者と同等以上の知識及び技能を有すると認める者
3 建築実務の経験を7年以上有する者

●実務経験要件

対象実務は、設計図書・施工図等の図書と密接に関わりをもちつつ、建築物全体を取りまとめる、建築関係法規の整合を確認する又は建築物を調査・評価するような業務で、下記がある。

①建築物の設計に関する実務
②建築物の工事監理に関する実務
③建築工事の指導監督に関する実務
④建築士事務所の業務として行う建築物に関する調査又は評価に関する実務
⑤工事の施工の技術上の管理に関する実務
⑥建築基準法第 18 条の 3 第 1 項に規定する確認審査等に関する実務
⑦消防長又は消防署長が建築基準法第 93 条第 1 項の規定によって同意を求められた場合に行う審査に関する実務
⑧建築行政に関する実務
⑨住宅行政に関する実務
⑩都市計画行政に関する実務
⑪建築教育に関する実務
⑫建築物に係る研究開発に関する実務
⑬大学院の課程におけるインターンシップ

なお、今回の見直しにより追加された実務を施行日（令和 2 年 3 月 1 日）前に行っていたとしても、実務経験としてカウントできない。施行日（令和 2 年 3 月 1 日）以後に行われた実務から実務経験年数にカウントされる。

※詳細は（公財）建築技術教育普及センターのホームページでご確認いただくか、問い合せてください。

◆試験案内

受験申込は、4 月に、原則としてインターネットにより受付けられる。詳しい手順、申込はセンターのホームページに掲載されている。

現在「学科の試験」は **7 月上旬**、「設計製図の試験」は **9 月中旬**の日曜日に行われている。

なお、試験案内は例年 3 月頃に発表されるので、受験に必要な書類を確認し、事前に必ず準備しておくこと。

◆合否の通知

「学科の試験」および「設計製図の試験」の受験者には、それぞれ、知事の行った合否判定が通知され（それぞれ 9 月初旬、12 月初旬）、不合格者には試験の成績も併せて通知される。

◆試験問題の取扱い及び合格基準点等の公表

試験問題は、試験終了まで試験室に在室した受験者に限り、持ち帰りが認められる。

また、「学科の試験」「設計製図の試験」とも、試験実施より約1週間後には、(公財)建築技術教育普及センター、都道府県建築士会事務所への掲示にて公表される。

「学科の試験」では正答、配点、合格基準点が、「設計製図の試験」では採点のポイント、採点結果の区分、合格基準点が、上記掲示または、(公財)建築技術教育普及センターのホームページにて掲載される。

◆二級建築士試験結果データ

(1)過去5年間の受験者数・合格者数・合格率

	平成30年		令和元年		令和2年		令和3年		令和4年	
	受験者数 合格者数	合格率	受験者数 合格者数	合格率	受験者数 合格者数	合格率	受験者数 合格者数	合格率	受験者数 合格者数	合格率
学科	19,557 7,366	37.7%	19,389 8,143	42.0%	18,258 7,565	41.4%	19,596 8,219	41.9%	18,893 8,088	42.8%
製図	10,920 5,997	54.9%	10,884 5,037	46.3%	11,253 5,979	53.1%	11,450 5,559	48.6%	10,797 5,670	52.5%
総合	23,533 5,997	25.5%	22,715 5,037	22.2%	22,628 5,979	26.4%	23,513 5,559	23.6%	22,694 5,670	25.0%

(2)設計製図の試験の課題

年	課　題
令和元年	夫婦で営む建築設計事務所を併設した住宅（木造2階建て）
令和2年	シェアハウスを併設した高齢者夫婦の住まい（木造2階建て）
令和3年	歯科診療所併用住宅（鉄筋コンクリート造）
令和4年	保育所（木造）
令和5年	専用住宅（木造）

◆問合わせ先

受験に関する情報は変更されることがあるので、問合わせは、以下の㈶建築技術教育普及センターの本部または、支部へ。最新情報は、同センターのホームページでご確認いただけます。➔ http://www. jaeic. jp/

事務所名	郵便番号	所在地	電話
本部	102-0094	東京都千代田区紀尾井町3-6　紀尾井町パークビル	03-6261-3310
北海道支部	060-0042	札幌市中央区大通西5-11　大五ビル	011-221-3150
東北支部	980-0824	仙台市青葉区支倉町2-48　宮城県建設産業会館	022-223-3245
関東支部	102-0094	東京都千代田区紀尾井町3-6　紀尾井町パークビル	03-6261-3310
東海北陸支部	460-0008	名古屋市中区栄4-3-26　昭和ビル	052-261-6816
近畿支部	540-6591	大阪市中央区大手前1-7-31　OMMビル	06-6942-2214
中国四国支部	730-0051	広島市中区大手町2-11-15　新大手町ビル	082-245-8055
九州支部	812-0013	福岡市博多区博多駅東2-9-1　東福第2ビル	092-471-6310

学科Ⅰ ｜建築計画

	項　目	R05	R04	R03	R02	R01	H30	H29	H28	H27	H26
1	日本建築史	○	○	○	○	○	○	○	○		○
2	西洋建築史		○			○	○				
3	近代・現代建築史	○		○	○			○	○	◉	○
4	環境工学の用語・単位と環境問題	◉	◉	◉	◉	◉	◉	◉	◉	◉	◉
5	空気汚染										
6	温湿度	○	○	○	○	○		○		○	
7	換気・通風	○	○	○	○	○	○	○	○	○	○
8	伝熱	○	○		○	○	◉	○	○	○	○
9	結露			○					○		○
10	日照・日射・日影・採光	○	○	○	○	○	◉	○	○	○	◉
11	音響・吸音・遮音・残響	○	○	○	◉	○	○	○	○	○	○
12	光・色彩	○	○	○		○		○	○	○	
13	専用住宅	○	○	○	○	○	○	○	○	○	○
14	集合住宅・住宅地の計画	○	○	◉	○	○	◉	◉	○	◉	◉
15	商業建築・事務所建築	○		○	○	○	○	○	○	○	○
16	公共建築１	◉	◉	○	○		◉	◉	○	○	
17	公共建築２			○	○	◉	○		○	○	○
18	各部の計画	◉	●	○	●	◉	○	◉	◉	◉	●
19	住宅生産	○		○		○			○		
20	設備用語	○	○	○	○	○	○	○	○	○	○
21	空調設備		○	○	○	○	○	◉	◉	◉	◉
22	冷暖房設備	○									
23	給水設備	○		○	◉	◉	○	○			○
24	排水設備	○	○	○			○		○	○	
25	電気設備		○	○		○	○	○	○		○
26	照明設備	○	○		○	○	○	○		○	
27	防災・消防設備	○	◉	○	○				○	○	○
28	省エネルギー設備	○	○	○	○	○	○	○	○	○	○
29	搬送・ガス設備										

項目別・各年度の出題数　○…1 問、◉…2 問、●…3 問

1 日本建築史

40%

1. 住宅建築の 3 様式

①寝殿造り（平安時代）は、古代の高床住居が発展した貴族の住宅様式。寝殿（主人の住まい）と対の屋（たいのや）（家族の住まい）などを、渡殿（わたどの）（渡り廊下）でつないでいる。寝殿には、寝室である塗籠（ぬりごめ）があり、住居の窓には、蔀戸（しとみど）（格子状の戸板を軒先まではね上げてL字型の金物で吊られた建具）が取り付けられた。

②書院造り（室町〜桃山時代）は、武家社会の生活スタイルに合わせた武士の住宅様式。座敷飾りである床（とこ）・違い棚・付書院（つけしょいん）が設けられた。

③数寄屋（すきや）造り（桃山〜江戸時代）は、書院造りに茶室建築の要素を取り入れた住宅様式。代表的な建築物には、桂離宮（1651頃 京都）や草庵風茶室の妙喜庵待庵（1582 京都）などがある。待庵には、にじり口（縦横が60cm程度の小さな入口）・下地窓（土壁の下地材が見える窓）・台目畳（だいめたたみ）（通常の3/4程の大きさの畳）・室床（むろどこ）（床（とこ）の壁や天井をすべて塗り回した床の間）などがある。

出題パターン

ここ数年、神社建築、寺院建築の理解を問う問題が多くなっているが、問題の傾向は変わっていくので住宅建築もカバーしておこう！

桂離宮

出題率

住宅建築の様式の中でも「数寄屋造り」は出題率が非常に高い。様式の特徴とそれに関連する用語、代表的な建築物をしっかりと覚えておこう！

2. 神社建築の古代 3 様式とその他の様式

①神明（しんめい）造り…伊勢神宮内宮正殿（三重）→切妻屋根で平入り（けた行側の入口）、けた行3間、張り間2間、柱はすべて円柱で掘立柱となっている。建築物の両側（妻側）には直接棟木を支える棟持（むなもち）柱があり、板壁とその周囲に高欄付の縁がある。

②大社造り…出雲（いずも）大社本殿（島根）→切妻屋根・妻入り（入口が右側に寄っていて非対称）

③住吉造り…住吉大社本殿（大阪）→切妻屋根・妻入り・高欄付の縁はない。

④その他の様式と建築物

・権現（ごんげん）造り…日光東照宮（1643 栃木）→本殿と拝殿との間に石の間で構成された霊廟（れいびょう）建

問題 日本建築史に関する次の文章内の**不適当な語句**を訂正しよう。

1. 伊勢神宮は、権現造りであり、柱には掘立柱が用いられている。
2. 薬師寺東塔は、各重に裳階（もこし）が付いた本瓦葺きの五重塔である。
3. 寝殿造りでは、接客用の部屋などに床（とこ）・違い棚・付書院が設けられている。
4. 数寄屋造りは、大社造りに茶室建築の特徴を取り入れた建築形式である。
5. 広間型や田の字型は、町屋の典型的な平面型である。

● EXERCISE

各様式のキーワードは、代表的な三つを覚えるのがポイント！
次の□□に当てはまる用語を答えよう。

住宅建築の様式ー□□造り・□□造り・□□□造り	寝殿・書院・数寄屋
神社建築の様式ー□□造り・□□造り・住吉造り	神明・大社
寺院建築の様式ー和様・大仏様・□□様	禅宗
書院造りの座敷飾りー□・□□□・□□□	床・違い棚・付書院

築（将軍や大名の墓所を中心とした宗教的な建築）の様式。
・八幡(はちまん)造り…宇佐神宮本殿(1861 大分)、春日(かすが)造り…春日大社本殿(1863 奈良)、流(ながれ)造り…賀茂御祖(かもみおや)神社本殿(1863[造替]京都)

学習ポイント
出題される問題の中には各地にある有名な歴史建築物が出題されるが、この範囲で問われるのは、ここに示した建築史上の様式や構造の特徴を問うものなので惑わされないように！

3. 寺院建築の 3 様式

①和様…唐招提寺(とうしょうだいじ)金堂（770 頃 奈良）→特徴として一重の寄棟屋根が見られる。古来より培(つちか)われた日本的造型をもつ様式。

②大仏様（天竺様(てんじくよう)）…東大寺大仏殿・南大門（1199［再建］奈良）、浄土寺浄土堂（1187 兵庫）→部材が太く豪放な造りで、挿(さ)し肘木(ひじき)により組物を前面に突き出し構造美を強調した様式。

③禅宗様(ぜんしゅうよう)（唐様）…円覚寺舎利殿(しゃりでん)（15 世紀前半 神奈川）、正福寺地蔵堂（1407 東京）→扇(おうぎ)垂木（放射状に配された垂木）などの部材も細く、精密に細工された組物や火灯（花頭）窓などにより構成された様式。

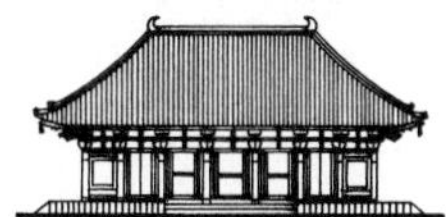
唐招提寺金堂立面図

4. その他の寺院建築

①法隆寺（8 世紀はじめ 奈良）…金堂・五重塔、東院夢殿（二重基壇の上に八角の平面がつくられ、本瓦葺き屋根がかけられている。1 辺が 4.7m の円堂）・伝法堂。

②薬師寺東塔（730 奈良）…各層に裳階(もこし)をつけた三重塔。

法隆寺夢殿立面図

5. 民家（町屋と農家）の形式

①町屋は、京都などの都市部における商人や職人たちの住宅の形式。奥行きの深い平面で、通り庭と呼ばれる土間に面して各室が配置されている。

②農家には、広間型や田の字型の平面形式がある。

解 答　社寺建築の様式と時代、住宅の様式を問う総合問題

1. 伊勢神宮は神明造りであり、権現造りには日光東照宮などがある。2. 薬師寺東塔は、各重に裳階(もこし)が付いた本瓦葺きの三重塔である。五重塔として有名なのは、法隆寺、興福寺などがある。3. 寝殿造りの室内は、板床（畳は敷き詰められていない）で几帳(きちょう)などにより室内が仕切られていた。床・違い棚・付書院などの座敷飾りがみられるのは、書院造りである。4. 数寄屋造りは、書院造りに茶室建築の要素を取り入れた形式であり、大社造りは古代の神社形式の一つである。5. 広間型や田の字型は農家の平面にみられる形式であり、町屋は奥行きの深い平面で、各室が通り庭と呼ばれる土間に沿って直線上に配置されている都市型の民家である。

2 西洋建築史 10%

1. 西洋建築史

1）古代

①ギリシア建築（紀元前 5 ～ 6 世紀）…パルテノン神殿（紀元前 432 ギリシア）→ギリシア建築の三つのオーダーには、ドリス式・イオニア式・コリント式がある。オーダーとは、柱の太さと高さの比率など、建築物を構成する一定の形式のことである。また、都市にある広場をアゴラという。

②ローマ建築（紀元前 6 ～紀元後 2 世紀）…パンテオン神殿（128 イタリア）・コロセウム［円形闘技場］（79 イタリア）→ローマ建築のオーダーには、トスカーナ式やコンポジット式がある。フォルムは、ローマ建築における都市の広場。

ドリス　イオニア　コリント

ギリシア建築のオーダー

2）中世

①初期キリスト教建築（1 ～ 6 世紀）→バシリカ式の教会堂は、身廊と側廊から構成。

②ビザンチン建築（5 ～ 16 世紀）…ハギア・ソフィア（537 トルコ）→アヤ・ソフィアともいい、ペンディンティヴドームによる大空間の構成が特徴。

③イスラム建築（6 ～ 17 世紀）→モスク（礼拝堂）の頂部にミナレット（尖塔）が設けられている。

④ロマネスク建築（10 ～ 12 世紀）…ピサの大聖堂（1118 イタリア）→ヴォールト（かまぼこ形をした曲面天井）や半円アーチなどが特徴。

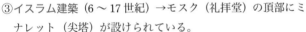

パリ大聖堂

⑤ゴシック建築（12 後～ 14 世紀）…シャルトル大聖堂（1194 ～ 1260 フランス）、パリ大聖堂［ノートルダム寺院］（1250 頃フランス）、ミラノ大聖堂（1386 ～ 1813 イタリア）→垂直線を強調した天へ伸びる外観の形態が特徴。細部の構成では、リブヴォールト、フライングバットレス（飛梁）、ポインテッド（尖頭）アーチなどによって垂直性が演出されている。

問題 次の建築物の名称と、それに対応する語句を線で結ぼう。

1. パルテノン神殿（ギリシア）・	・a．バロック建築
2. ハギア・ソフィア（トルコ）・	・b．万国博覧会パビリオン
3. パリ大聖堂（フランス）・	・c．ビザンチン建築
4. サン・ピエトロ大聖堂（ヴァチカン）・	・d．オーダーと黄金比
5. クリスタルパレス（イギリス）・	・e．フライングバットレス

年号の暗記は不必要？
建築物の建設年代は、年代の近い建築物同士を問う程度で、正確な年号を覚える必要はない。建築物や建築様式の年代順序を問う問題が出題される。

3）近世

①ルネサンス建築（15～16世紀）…フィレンツェ大聖堂（1461イタリア、設計F.ブルネレスキ）→ギリシア・ローマ建築様式の復興をねらい、水平線を多用した外観のデザインが特徴。

②バロック建築（17～18世紀初）…サン・ピエトロ大聖堂（1667ヴァチカン）→絵画や彫刻の技法を取り入れ、躍動感あふれる構成が特徴。

③ロココ建築（18世紀初～中）→優雅で繊細さのある室内装飾（ロカイユ装飾）が特徴。

④ネオクラシシズム建築（18世紀中～19世紀後）→古代建築の持つ威厳や形態の単純性を求め、古代ギリシア・ローマ建築の造形を模倣したデザインが特徴。

2. デザイン運動

①アーツアンドクラフツ運動（19世紀後半）→機械生産に対する手仕事の美しさを求めた美術工芸運動で、中心人物にはW.モリス（1834～1896イギリス）がいる。

②アール・ヌーボー…タッセル邸（1893オランダ、V.オルタ）→植物などをモチーフにした有機的な曲線が特徴。家具や工芸など芸術全般で流行した。フランス人のH.ギマールやE.ガレなどがいる。

③ゼツェッション（19世紀末）…ゼツェッション館（1897～98オーストリア、J.M.オルブリッヒ）→過去の様式からの分離を目指し、新しい芸術様式を樹立しようとした運動であり、分離派運動ともいう。P.ベーレンス（1874～1954ドイツ）やO.ワーグナー（1841～1918オーストリア）などが代表的な建築家である。

④バウハウス（1919ドイツ）→ドイツのワイマールに設立されたデザイン学校。建築家のW.グロピウス（1883～1969ドイツ）、ミース・ファン・デル・ローエ（1886～1969ドイツ）などが校長を務めた。

3. 建築家と作品

①クリスタルパレス（1851イギリス、J.パクストン）→ロンドンで開催された万国博覧会のパビリオン（展示会場施設）で、水晶宮ともいう。鋼構造に板ガラスを用い、明るい内部空間を創り出している。長さ563m×幅124mの規模。

②A･E･Gのタービン工場（1907ドイツ、P.ベーレンス）→板ガラスによる大開口部をもつ、鋼構造の工場建築である。

解答　西洋建築史の古代から近代までの広い範囲の建築物と建築様式を問う

1．とd．パルテノン神殿は、全体としてドリス式のオーダーで構成され、細部にイオニア式のオーダーが見られる。2．とc．ハギア･ソフィアは、初期ビザンチン建築を代表する教会堂建築である。3．とe．パリ大聖堂は、ゴシック建築を代表する建築物であり、対応する語句であるフライングバットレス（飛控え）は身廊上部の荷重を側廊にあるバットレス（控え壁）へ伝える構造である。4．とa．サン･ピエトロ大聖堂（ヴァチカン）は、巨大なドームや列柱廊を用いた、バロック建築を代表する建築物である。5．とb．クリスタルパレスは、1851年にロンドンで開催された万国博覧会のパビリオン（展示会場施設）である。

3　近代・現代建築史

60%

1. 近代の日本の建築家

①丹下健三…国立屋内総合競技場（1964 東京）は、高さ 40m の柱の上に 2 本のケーブルを張り渡し、これに鋼による吊り屋根をかけた直径 120m の円形状平面をもつ建築物。他に東京都庁舎（1991 東京）がある。

②坂倉準三…神奈川県立近代美術館（1951 鎌倉）

③前川國男…東京文化会館（1961 東京）、京都文化会館（1960 京都）

④菊竹清訓…スカイハウス（1958）→一辺約 10m 四方の平面を 4 本の壁柱で支えている建築物で、菊竹氏自邸。

⑤大谷幸夫…国立京都国際会館（1966 京都）

⑥東孝光…塔の家（1966 東京）

⑦伊東豊雄…せんだいメディアテーク（2000 宮城）従来の建築物にある柱の代わりに、各フロアを貫くチューブにより開放的な空間を生み出し、造船技術による施工など新たな建築の可能性を示した。

⑧その他　岡田新一…最高裁判所（1974）、安藤忠雄…住吉の長屋（1976）・小篠邸（1981）、磯崎新…つくばセンタービル（1983）、SANAA（妹島和世、西沢立衛）…金沢 21 世紀美術館

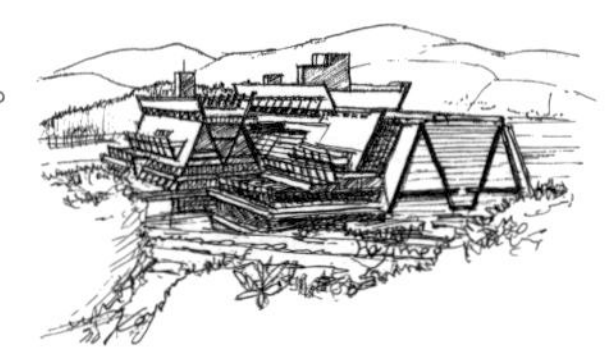

国立京都国際会館

サヴォア邸

2. 近代の海外の建築家

①ル・コルビュジエ（1887 ～ 1965）…サヴォア邸（1931）→パリ北西郊外のポワッシーに建てられ、ル・コルビュジエが唱えた近代建築の 5 原則（ピロティ、水平連続窓、屋上庭園、自由な間仕切壁の配置、外壁の自由なデザイン）を具現化した住宅である。

…ロンシャン教会（1955）→コンクリートのもつ重量感を巧みに引き出し、彫刻作品をおもわせる独創的な

落水荘

問題　次の建築物とその設計者を組み合わせて、線で結ぼう。

1. 塔の家（1966 東京）	・	・a．ル・コルビュジエ
2. 神奈川県立近代美術館（1951 鎌倉）	・	・b．丹下健三
3. 国立西洋美術館（1959 東京）	・	・c．大谷幸夫
4. 国立屋内総合競技場（1964 東京）	・	・d．坂倉準三
5. 国立京都国際会館（1966 京都）	・	・e．東孝光

● EXERCISE

次の建築物を設計したのは誰？

1. サヴォア邸（フランス）	ル・コルビュジエ
2. ファンズワース邸（アメリカ）	ミース・ファン・デル・ローエ
3. サグラダ・ファミリア（スペイン）	アントニオ・ガウディ
4. 落水荘（アメリカ）	フランク・ロイド・ライト
5. シドニー・オペラハウス（オーストラリア）	ヨルン・ウッツォン

教会堂建築である。

…ユニテダビダシオン（1952）→フランスのマルセイユに建てられた集合住宅。

…ラ・トゥーレット修道院（1959）、スイス学生会館（1932）、国立西洋美術館（1959 基本設計、東京）

ファンズワース邸

②フランク・ロイド・ライト（1867 ～ 1959）…落水荘［カウフマン邸］（1936 アメリカ）→ 2 層の床スラブが滝のある渓流の上に張り出し、周囲の自然の眺めを味わえるように意図された住宅である。岩や滝を取り入れて、コンクリートの重量感や冷たさをやわらげている。

…旧帝国ホテル（1922 東京）、山邑邸（1924 兵庫）、自由学園（1926 東京）、ロビー邸（1909 アメリカ）、ジョンソン・ワックス本社（1936 ～ 39 アメリカ）

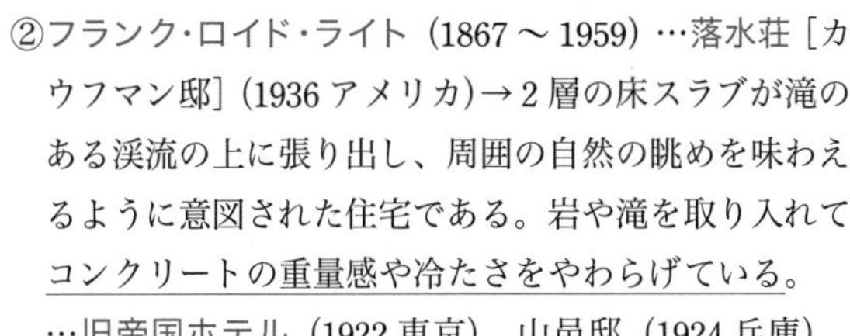

出題の形式

ここでは、代表的な建築家と建築物の組合せを覚えることが大切である。それと主だった建築物の構造や意匠についても把握しておくこと。

総合的に組み合わされた問題（複合問題）もあるが、日本・西洋・近代・現代の各建築史からの基本的な出題である。

③ J・ウォッツォン（1918 ～）…シドニー・オペラハウス（1973 オーストラリア）→プレキャストコンクリートによる球面の屋根が特徴的なコンサートホールである。

④ミース・ファン・デル・ローエ（1886 ～ 1969）…ファンズワース邸（1950 アメリカ）→中央コア部分以外に間仕切壁をもたず、外壁が全てガラスで覆われた住宅である。

⑤アントニオ・ガウディ（1852 ～ 1926）…サグラダ・ファミリア［聖家族教会］（1883 ～ 1926）→スペインのバルセロナに建てられた教会堂建築である。カサ・ミラ［集合住宅］（1905 ～ 10）、カサ・バトリョ［集合住宅］（1904 ～ 06）、グエル公園（1900 ～ 14）

解答　日本の近代建築を代表する建築物とその設計者の組合せを問う

1. とｅ．東京オリンピック時の道路計画でできた三角形でわずか 6 坪という敷地に、地下 1 階・地上 5 階の鉄筋コンクリート構造の住宅（自邸）を建てたものである。2. とｄ．設計競技（コンペ）で当選した坂倉案が建設されたもので、鋼構造 2 階建である。3. とａ．ル・コルビュジエが基本設計し、その弟子であった前川国男・吉阪隆正・坂倉準三が実施設計を担当したものである。4. とｂ．東京オリンピックの水泳競技会場として建てられ、うねる波のような吊り屋根（高張力ケーブルと鋼材）の形態をもつ。5. とｃ．公開設計競技で 1 等に入選した大谷案が建設されたもので、稲掛けをモチーフにして、日本的な造形を表現している。

4 環境工学の用語・単位と環境問題

120%

1. 光環境の用語と単位

1）光の基本用語と単位

①照度…lx（ルクス）→単位面積当たりの入射光束をいい、光に照らされている面の明るさを表す。

②光度…cd（カンデラ）→光源から出される光の強さ。

③輝度… cd/m^2 →光源をある方向から見たときの単位面積当たりの光度。

④光束…lm（ルーメン）→光源から放出される単位時間当たりの光のエネルギー量。

出題パターン

・ここでは、環境工学の基礎的な知識を問う用語と単位が出題されている

・出題の項目には、用語と単位・地球環境・気象・気候・計画原論の用語・空気などに関する用語と単位がある。この中で最多出場選手は、用語と単位である

・用語と単位は、光・音・熱・空気・水の各環境の基本的な内容が問われる

2）日照日射に関する用語と単位

①太陽高度…°（度）→太陽の高さを表すために、太陽と地平面がなす角度であり、飛行高度などのm（メートル）とは異なる。

②昼光率…%

③日射量…W/m^2（ワット）

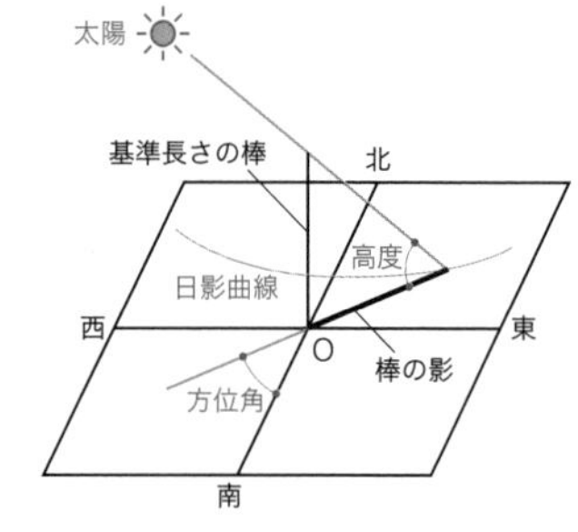

太陽光と日影

注目 2. 音環境の用語と単位

①音の強さのレベル…dB（デシベル）

②周波数…Hz（ヘルツ）→人間の可聴範囲は、20～20,000Hzであり、2,000～6,000Hzが最も良く聞こえる範囲。

③透過損失… dB →入射音が壁や窓などによって遮音される量。

出題の形式

用語と単位の組合せが中心である。また、m^2/s と m/s といったわずかな違いが問われるので、正確に覚える必要がある。

④騒音レベル…dB(A)（デシベルエー）→人間の耳で聞こえる感覚に近いA特性で測定された騒音計の値。他に、実際の騒音のレベルを示すC特性がある。

⑤反響は、音源からの直接音と反射音との時間差によって、一つの音が二つ以上の音に聞こえる現象。

⑥残響は、音が壁・天井などに反射して、音源が停止した後も室内に音が残る現象。音源

問 題 次の用語と単位を線で結ぼう。

1. 照度	・	・dB	6. 絶対湿度・		・℃
2. 圧力	・	・W/(m^2・K)	7. 水蒸気圧・		・kPa
3. 熱貫流率	・	・ppm	8. 相対湿度・		・kg/乾燥空気1kg
4. 二酸化炭素濃度	・	・lx	9. 露点温度・		・kJ/（kg・K）
5. 音の強さのレベル	・	・Pa	10. 定圧比熱・		・%

● EXERCISE

計画原論の用語に関する次の文中の（　）に、適する用語を記入しよう。

・1年間の最高気温と最低気温との差を、(①) という。
・空気とこれに接している壁面との間で、対流によって行われる伝熱を、(②) という。
・入射音が壁や窓などによって遮音される量を、(③) という。
・音源からの直接音と反射音との時間差によって、一つの音が二つ以上の音に聞こえる現象を、(④) という。
・単位面積当たりの入射光束を、(⑤) という。

▶①年較差　②熱伝達　③透過損失　④反響　⑤照度

停止から音の強さのレベルが60dB低下するまでの時間（例えば80dBの音が停止してからその音の強さが20dBになるまでの時間）を残響時間という。

⑦振動レベルの単位は、dBが便宜的に使われている。振動を表す変位や振動速度などを測定する振動計での単位である。

⑧暖房デグリーデー（度日）…℃→暖房が必要とされる期間において暖房を使用する温度を設定する。その期間内の日平均気温が、設定温度を下回った場合、期間中のその温度差を合算した積算温度のことで、暖房に要するエネルギーや経費を求めるために用いる。

出題予測と受験心得

地球環境に関する用語の組合せの問題や気象・気候のものなど定番問題から外れる問題が出題されている。今後は、この環境問題に関する設問は増えるものと思われる。これらの対策としては、建築界のニュースや環境問題に関する記事に関心を持つことが最善の方法である。

重要 3. 熱環境の用語と単位

①熱貫流率…W/(m²・K) →熱の伝わりやすさの度合いのことである。熱伝導と熱伝達を合わせて熱貫流という。この数値が大きくなるほど、熱の通過率が高くなる。熱の伝わりにくさの度合いを示す用語には、熱貫流抵抗［(m²・K)/W］がある。

②熱伝達率…W/(m²・K) →空気とこれに接している壁との間において、対流により行われる伝熱（熱の伝わり）である。空気から壁へ、逆に壁から空気への熱伝達もある。

③熱伝導率…W/(m・K) →壁などの材料内や物体内の伝熱をいう。

④乾球温度、湿球温度…℃

⑤相対湿度…%

⑥絶対湿度…kg/乾燥空気1kg (kg/kg′と表す場合もある)

⑦水蒸気圧…k Pa（パスカル）

解答　1. ～5. が総合問題、6. ～10. が空気に関する用語の問題

1. 照度→	lx	6. 絶対湿度→	kg/乾燥空気1kg
2. 圧力→	Pa	7. 水蒸気圧→	kPa
3. 熱貫流率→	W/(m²・K)	8. 相対湿度→	%
4. 二酸化炭素濃度→	ppm	9. 露点温度→	℃
5. 音の強さのレベル→	dB	10. 定圧比熱→	kJ/（kg・K）

さらに、問題の単位に読みがなをつけてみよう。

● EXERCISE

次の用語に関係する単位を［　　］に記入しよう。

1. 輝度［　　］
2. 光束［　　］
3. 騒音レベル［　　］
4. 周波数［　　］
5. 熱伝導率［　　］

cd/m^2
lm
dB(A)
Hz
W/(m・K)

▶輝度の単位は、cd/m^{2}で、lxは照度の単位。騒音レベルの単位であるdB(A)とは、人間の耳で聞こえる感覚に近いA特性で測定された騒音計の値である。他に、実際の騒音のレベルを示すC特性がある。熱伝導率と熱伝達率・熱貫流率の単位を間違えないようにしよう。

4. 空気・水環境など

オゾン層の破壊

これにより、紫外線が地表に到達し、穀物・森林などの自然へのダメージや皮膚ガン・白内障など人体への悪影響が問題化している。また、代替フロンはオゾン層への影響は少なくなったものの、地球温暖化の原因の一つになっている。

1) 空気環境

①二酸化炭素や汚染物質の濃度などの単位…ppm

②浮遊粉じん質量濃度…mg/m^3　③雨量…mm/h

④風量…m^3/h　⑤風速…m/s　⑥水蒸気圧…kPa

⑦比エンタルピー…kJ/乾燥空気1kg

⑧露点温度…℃→水分を含んだ空気が物体の表面で冷やされる際に、水分の一部が凝結して露（水滴）になる温度。

⑨定圧比熱…kJ/（kg・K）→一定の圧力で物質を1K（1℃：単位温度）だけ上げるのに必要な熱量。kJ/（m^3・K）は、一定の容積における定容比熱の単位。

2) 水環境など

①生物化学的酸素要求量（BOD）… mg/l→水中で細菌が有機物を分解するときに必要とする酸素量で、数値が高いほど汚染度も高い。

②圧力…Pa

5. 環境問題

①地球温暖化…二酸化炭素の増加

②シックハウス症候群…化学物質による室内空気の汚染

③ヒートアイランド現象…コンクリート建築物やアスファルト道路の増加

④オゾン層（有害な紫外線を吸収する作用がある）の破壊…冷暖房の熱媒やスプレーの

問題　次の用語の単位を答え、さらに用語の分類を語群から選ぼう。

1. 音の周波数　［　　］　→
2. 雨量　［　　］　→
3. 熱伝導率　［　　］　→
4. 湿球温度　［　　］　→
5. 照度　［　　］　→

語群

・空気環境
・気象気候
・光環境
・音環境
・熱環境

噴射剤などに使われていたフロンガスなどが引き起こす。他には、消火剤であるハロンもフロンと同様にオゾン層を破壊する物質として、製造や使用が禁止されている。

⑤ CASBEE（建築環境総合性能評価システム）…建築物をつくる段階から完成後の運用まで、建築物の品質を総合的に評価するシステムで、「環境品質（Q）」と「環境負荷（L）」の両側面から評価し、（高い）S → A → B⁺→ B⁻ → C（低い）の5段階で表される。

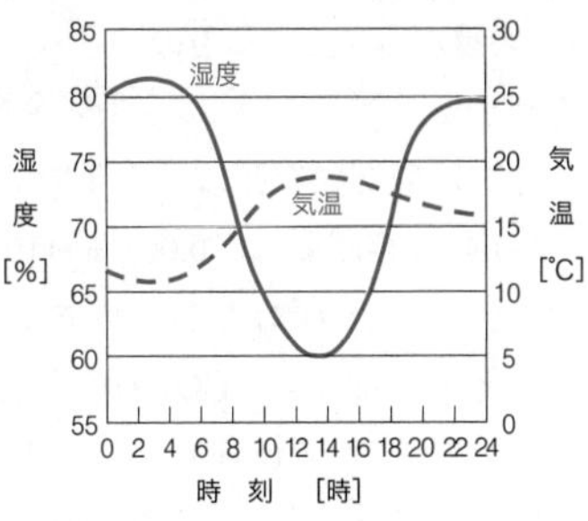

1日のうちで、気温は日中に最高になり、湿度は逆に最低になる（日本気候表：月別平年値（1961～1990）による）

日中の気温と湿度

6. 気象・気候

①年較差… 1年間の最高気温と最低気温との差であり、外気温の年較差は、一般に、緯度の高い地域のほうが大きくなる傾向がある。1日の気温差は、日較差という。

②屋外の相対湿度…一般に、1日のうちでは、夜間は高く、日中は低くなる。これは、大気中に含まれる湿気の量（水蒸気量）が夜も昼もそれほど変化しないのに対し、昼に気温が上がることに伴い、湿気を含むことのできる量（飽和水蒸気量）が増えるので、相対湿度は日中に低くなる。図に示すように、日中の気温と湿度は逆の関係にある。

③地表面付近の主風向…季節や地方により異なる場合が多い。

④海岸地方における風…海水温は1日を通して変化が少ないので、日中は海から陸へ、夜間は陸から海へ吹く傾向がある。

⑤温湿度の特性を表すクリモグラフ（気候図）が右上がりになる地域においては、高温期に湿度が高く、低温期には湿度が低い。

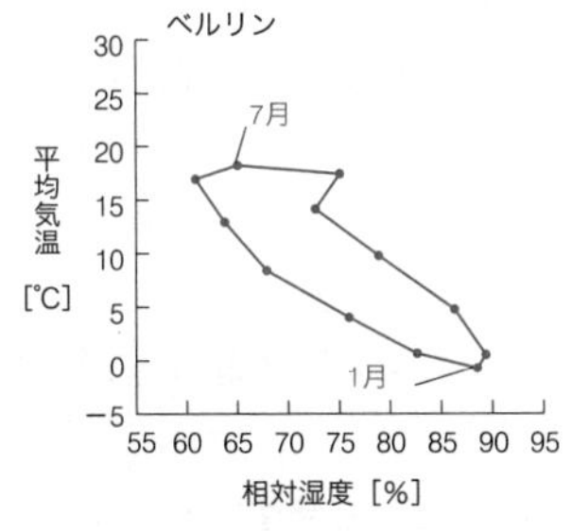

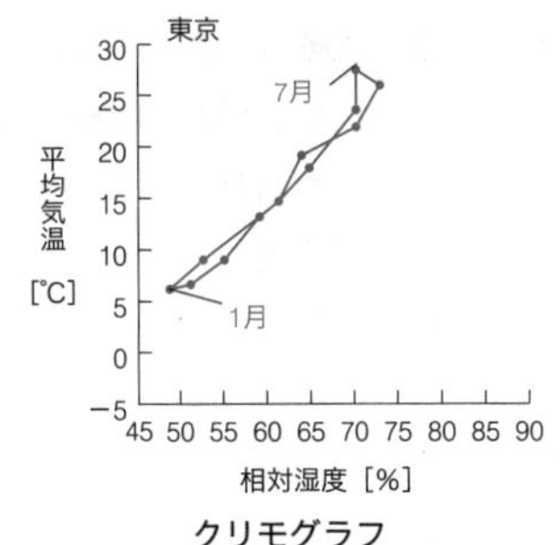

クリモグラフ

解答 環境工学の各分野からの総合的な問題である。似たような表記の単位が出題されるので、細かい違いまでチェックしておこう

1. 音の周波数［Hz］ →・音環境
2. 雨量［mm/h］ →・気象気候
3. 熱伝導率［W/(m・K)］ →・熱環境
4. 湿球温度［℃］ →・空気環境
5. 照度［lx］ →・光環境

5　空気汚染

50%

1. 燃焼や在室者などから発生するもの

1）燃焼から発生するもの

①一酸化炭素（CO）は、不完全燃焼（O_2が 19%以下で発生）や喫煙などにより発生する無色無臭の有毒ガス。COの許容濃度は、0.001%（10ppm）以下である。

②二酸化炭素（CO_2）は、ガスや石油の燃焼や在室者から発生するガス。CO_2の許容濃度は、0.1%（1,000ppm）以下である。CO_2そのものに有害性はないが、CO_2の増加に伴って空気の性質が悪化すると仮定したときの汚染の指標となる。

出題パターン

空気汚染に関する用語をしっかり覚える

燃焼：一酸化炭素（CO）・二酸化炭素（CO_2）、在室者：体臭・タバコの煙、その他：オゾン・ホルムアルデヒド・ラドン・粉じん・アスベスト繊維

ひっかけ対策

空気汚染物質の一つとして出題されたアルゴンは、空気中に体積比で0.93%含まれている無色無臭の気体である。白熱灯や蛍光ランプなどの充填（じゅうてん）ガスに使用されるもので、空気汚染には関係がない。

2）在室者から発生するもの

①体臭は、発汗作用により発生するもので、人体を発生源とする空気汚染の原因の一つ。

②タバコの煙は、在室者の喫煙行為により発生するもので、通常、居室における成人1人当たりの必要換気量は、1時間当たり30m³程度であるが、タバコ1本当たりの粉じん量を10mgとして、1時間当たりに2本喫煙した場合、必要換気量は200m³/h程度まで必要となる。

2. その他

1）建材などから発生するもの

①ラドンは土壌や骨材などにある放射性物質であり、肺がんとの関連が指摘されている。

②オゾン（O_3）は、酸化力の強い特有の臭いをもつ気体であり、目やのどの炎症を引き起こすなどの有害性が指摘されている。

③アスベスト繊維は、断熱材や耐火材料などに含まれる鉱物性の有害な繊維であり、石綿（せきめん）と呼ばれる。鉄骨構造の耐火被覆（ひふく）をするとき、吹付けによる空気中への飛散により、人体への影響（塵肺や肺がんと関連）が問題化された。

④ホルムアルデヒドは、合板に使われている接着剤や内装材・家具などから発生する無

問題　室内の空気汚染に関する次の文章内の**不適当な語句**を訂正しよう。

1. JISおよびJASにおけるホルムアルデヒド放出量による等級区分の表記記号では、「F☆☆☆☆」の放出量が最も多い。
2. 乾燥大気中の二酸化炭素（CO_2）の体積比は、およそ0.01%（100ppm）である。
3. 一般の室内における二酸化炭素（CO_2）濃度の許容量は、0.5%（5,000ppm）である。
4. 不完全燃焼で発生する一酸化炭素（CO）は、無色ではあるが、硫黄臭のする有毒ガスである。
5. 一酸化炭素（CO）濃度の許容量は、0.05%（500ppm）である。

● EXERCISE

室内空気に関する次の文中の（　）に適語を入れよう。

・人体を発生源とする空気汚染の原因の一つに、（①）がある。
・内装材から（②）が発生すると、室内空気汚染の原因となる。
・温度以外の条件が同じであれば、空気を加熱することにより、（③）は下がる。
・空気を（④）以下に冷却すると、空気中の水蒸気の一部は、凝縮し水滴となる。
・温度以外の条件が同じであれば、空気を（⑤）しても、その空気の露点温度は変化しない。

▶①体臭　②ホルムアルデヒド　③相対湿度　④露点温度　⑤加熱

③空気線図で確認しよう。例）乾球温度20℃で相対湿度50％の場合に、空気を加熱して30℃まで上がったとき、相対湿度は30％を下回っている。

色の気体であり、室内空気を汚染する化学物質の一つである。人体に対しては、喉・眼・鼻などへの刺激が強く、シックハウス症候群の原因にもなっていて、発がん性も指摘されている。そのため、JIS工場で生産されるJIS製品には、ホルムアルデヒド放散量による等級区分の表示が義務づけられ、Fに☆の数で表されている。星の数が4つのF☆☆☆☆（Fフォースター）がホルムアルデヒド放散量が最も少ない。

⑤粉じんとは、空気中の細かい塵（ちり）である浮遊粉じんのことであり、空気中の細菌と付着するなどの有害性が指摘されている。

⑥窒素（ちっそ）酸化物である一酸化窒素（NO）や二酸化窒素（NO_2）は、大気汚染の原因の一つである。二酸化窒素は、車の排気ガスなどに含まれる窒素酸化物である。

2）％とppm

％が100分率に対して、ppmは100万分率である。一酸化炭素や二酸化炭素の許容濃度などの単位は、％やppmが使われている。

1％＝0.01、1ppm＝0.0001％＝0.000001 → 100万分の1

3）必要換気量と換気

①汚染質が発生している室における必要換気量は、その室の汚染質の発生量、許容濃度及び外気中の汚染質の濃度によって決まる。

②便所や湯沸室では、室内圧を周囲より低く保つように排気機を用いた換気とする。

③換気回数とは、その室に必要な新鮮な空気の量を、その室の容積で割った値のことである。

解　答　**用語の基本的な内容を理解し、割合［％］や数値もしっかり覚えておこう**

1. JISおよびJASにおけるホルムアルデヒド放出量による等級区分の表記記号では、「F☆☆☆☆」の放出量が最も少なく、健康被害に影響しにくいという意味で星の数が多い。
2. 乾燥大気中の二酸化炭素（CO_2）の体積比は、およそ0.03％（300ppm）である。
3. 一般の室内における二酸化炭素（CO_2）濃度の許容量は、0.1％（1,000ppm）である。
4. 不完全燃焼で発生する一酸化炭素（CO）は、無色無臭の有毒ガスである。
5. 一酸化炭素（CO）濃度の許容量は、0.001％（10ppm）以下である。これ以上は有害であり、0.05％（500ppm）では許容量の50倍もある。

6 温湿度

80%

1. 温熱要素

温熱要素とは、人が感じる暑さ寒さの感覚（温冷感）を決める要素である。室内気候の温熱要素は、室内の温度・湿度・気流及び壁や天井などからの放射熱である。気圧は関係ない。

出題パターン

・室内気候の温熱要素は温度・湿度・気流・放射熱の四つだ！
・空気の性質と空気線図の読み方を確実に理解しておこう

①温度は、乾球温度を指し、気温のことである。温度の快適範囲は、夏の方が高い。また老人のほうが、子供より高めの温度を好む。温度を上げると、飽和水蒸気量（空気に含むことのできる湿気）と飽和水蒸気圧は増える。

②湿度には、相対湿度と絶対湿度があり、単に湿度といった場合は相対湿度[%]を指す。

・相対湿度が同じであっても、気温の高低により水蒸気量には差があり、温度が低い空気は高い空気よりも水蒸気量（絶対湿度）は少なくなる。

・快適な湿度の範囲は、夏冬とも 40 ～ 60%である。空調設備を用いる室内の相対湿度は、一般に、40 ～ 70%の範囲が目安とされている。

③気流の速度（風速）が上がれば、同じ温度の場合、体感温度は低く感じる。

④放射熱…空気の温度が同じでも室内表面温度が低いと体感温度は低く感じる。

2. 温度と湿度

空気線図は、乾球温度と相対湿度から湿球温度・絶対湿度（水蒸気量）・露点温度がわかる。次の関係を空気線図（p.28 参照）で確認しよう。

●覚えておこう

□乾球温度［℃］－温度計の感熱部を乾燥した状態で測った温度
□湿球温度［℃］－温度計の感熱部を湿らせたガーゼで包んだ状態で測った温度。通常、乾球温度より低い
□相対湿度［%］－対象となるある温度の飽和空気中の水蒸気量に対する、その空気中にある水蒸気量の割合
□絶対湿度［kg/kg（DA)］－乾き空気（DA：Dry Air）1kg中に含まれる水蒸気の水蒸気量
□露点温度［℃］－水蒸気を含む空気を冷却したとき、凝結し始める（飽和空気になる）温度
□比エンタルピー［kJ/kg（DA)］－乾き空気 1kgとそこに含まれる水蒸気の熱量
□比体積［m^3/kg（DA)］－乾き空気 1kgを含む湿り空気の体積

問題 室内気候に関する次の文章内の不適当な語句を訂正しよう。

1. 快適な湿度の範囲は、夏冬とも 75 ～ 80%程度である。
2. 気流の速度が上がれば、同じ温度でも体感温度は高く感じられる。
3. 空気の温度が同じでも、室内表面温度が低いと体感温度は高くなる。
4. 気圧は、温度と並ぶ温熱感覚についての主要な要素である。
5. 温度が高くても、湿度が高いと不快感は少ない。
6. 不快指数は、乾球温度と露点温度から算定される。

1）温度と湿度の関係

①温度が同じであれば、相対湿度が高くなると絶対湿度も高くなる。

②温度以外の条件が同じであれば、冷たい空気を暖めても、絶対湿度は変化しない。また、暖かい空気を冷やすと、相対湿度は高くなり、加熱すれば低くなる。

例）乾球温度20℃で相対湿度50%の場合に、空気を加熱して30℃まで上がったとき、相対湿度は30%を下回っている。逆に、露点温度まで冷却していくと、相対湿度は高くなる。

③温度以外の条件が同じであれば、空気を加熱しても、その空気の露点温度は変化しない。

④相対湿度が同じでも温度により水蒸気量は変わる。

⑤加湿量が同じでも、温度が異なれば相対湿度の変化は一定ではない。

例）乾球温度［℃］だけが状態変化を起こした場合の他の値の変化について

乾球温度［℃］上昇
- ・値が上昇するもの：湿球温度［℃］、比体積［m^3/kg(DA)］、比エンタルピー［kJ/kg(DA)］
- ・値が下降するもの：相対湿度［%］
- ・変化しないもの：露点温度［℃］、絶対湿度［kg/kg(DA)］

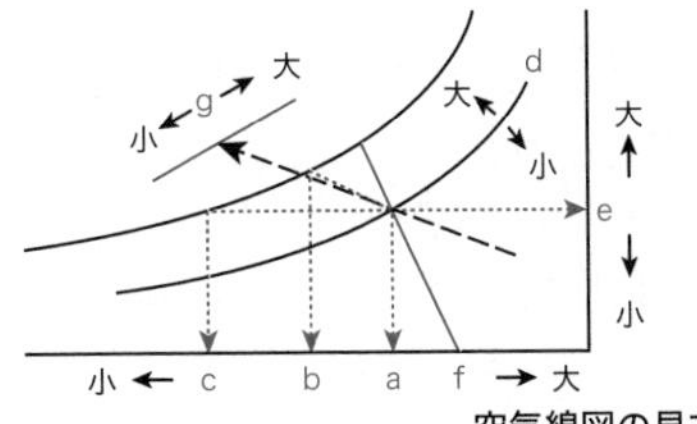

a：乾球温度［℃］
b：湿球温度［℃］
c：露点温度［℃］
d：相対湿度［%］
e：絶対湿度［kg/kg (DA)］
f：比体積［m^3/kg (DA)］
g：比エンタルピー［kj/kg (DA)］

空気線図の見方

解答　常識で判断しやすい内容が多い。ちょとした不適当な用語を見落とさないように

1. 快適な湿度の範囲は、夏冬とも40～60%程度である。
2. 気流の速度が上がれば、同じ温度でも体感温度は低く感じられる。
3. 空気の温度が同じでも、室内表面温度が低いと体感温度は低くなる。
4. 温熱要素は、室内の温度・湿度・気流および壁などからの放射熱であり、気圧は関係ない。
5. 温度が高くても、湿度が低いと不快感は少ない。
6. 不快指数は、乾球温度と湿球温度から算定される。

注目 2）空気線図の見方

空気線図中のA点（乾球温度30℃、相対湿度50%）の状態にある湿り空気とB点（乾球温度26℃、相対湿度70%）の状態にある湿り空気を比較する。

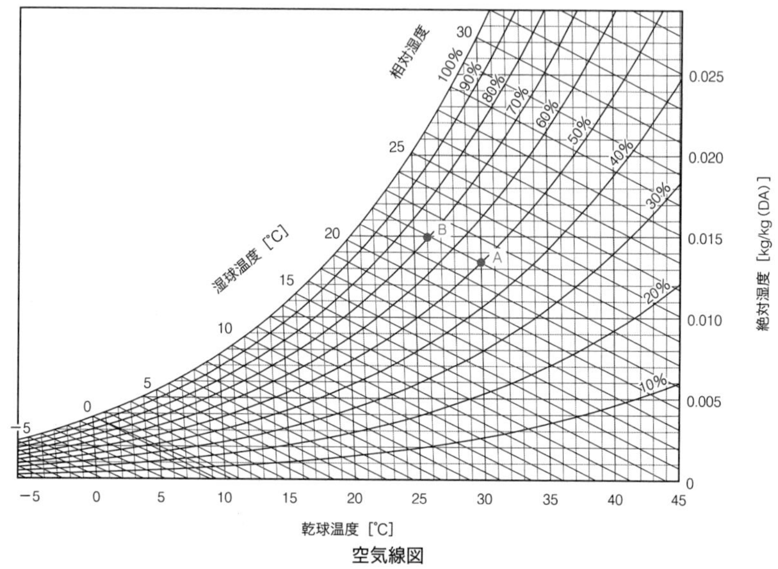

空気線図

①A点の湿り空気の湿球温度はB点の湿り空気の湿球温度とほぼ等しい。
　→A点から左斜め上方向へ移動するとB点がある。

②A点の湿り空気の絶対湿度は、B点の湿り空気の絶対湿度より低い。
　→A点とB点のそれぞれの位置から絶対湿度が示されている右方向へ水平に移動する。

③A点の湿り空気の露点温度は、B点の湿り空気の露点温度より低い。
　→A点とB点のそれぞれの位置から露点温度（相対湿度100%）が示されている左方向へ水平に移動する。

④湿り空気中の、乾燥空気1kgに対する水蒸気量はA点よりB点の方が多い。
　→A点とB点のそれぞれ右の絶対湿度が示される方に水平移動する。

問 題　空気線図において空気中の水蒸気量は変えずに、湿球温度［℃］が下がるような状態変化を起こした場合、乾球温度［℃］、露点温度［℃］、相対湿度［%］、比体積［m³/kg（DA）］、比エンタルピー［kJ/kg（DA）］の値のうち上昇するものを答えよ。

⑤A点の湿り空気とB点の湿り空気を同じ分量だけ混合すると、乾球温度28℃、相対湿度60%の湿り空気となる。

→A点とB点を線で結び、乾球温度の平均から相対湿度を求める。

● EXERCISE

p.28の空気線図において、以下の質問に答えてみよう。

1. A点とB点の湿球温度は何度か。
2. B点の空気を26℃から32℃まで加熱すると相対湿度はどのように変化するか。
3. A点とB点の空気の露点温度の差を求めよ。
4. A点とB点の空気の乾燥空気1kgに含まれる水蒸気量の差を求めよ。

▶1. 約22℃　2. 70%から約50%に減少する　3. A点≒18.7[℃]、B点≒20[℃]であるので、20[℃] − 18.7[℃] ≒ 1.3[℃]　4. A点≒0.0135 [kg/kg(DA)]、B点≒0.015 [kg/kg(DA)]なので、0.015 − 0.0135 ≒ 0.0015[kg/kg(DA)]

3) 温冷感・不快指数ほか

①温度が高くても湿度が低いと不快感は少なくなる。

②不快指数は、乾球温度と湿球温度から算定される。

③暖かい空気が触れているガラス表面の温度が露点温度以下になると、結露が生じる。

④空気を露点温度以下に冷却すると、空気中の水蒸気の一部は、凝縮し水滴となる。

⑤室内表面温度を上昇させることは、室内表面結露の防止に効果がある。

⑥アスマン通風乾湿計は、通風の働きのするファンが付いた乾球湿球温度計である。乾球温度と湿球温度の差が大きいほど相対湿度は低く、小さいほど相対湿度は高くなる。

⑦PMV（予測平均温冷感申告）は、温度、湿度、気流、放射、人の着衣量、作業量の温熱6要素を考慮した温熱環境指標である。

⑧クロ（clo）値は、着衣による断熱性を表す指標で、1cloは気温21℃、相対湿度50%、平均風速0.1m/sの室内で着席安静時に快適と感じる熱抵抗である。着衣量ではジャケット（スーツ）に長袖シャツ・長ズボンが1cloとされる。

⑨コールドドラフトは、暖房した部屋で断熱性が不十分な壁面や窓で冷やされた空気が床面にたまり、室内に上下温度差を生じさせる下降気流のことをいう。

解答　相対湿度［%］

水蒸気量が変わらず湿球温度［℃］が下がるということは、空気線図上の点が左に水平移動することになる。そのため、上昇する値は相対湿度［℃］のみで、乾球温度［℃］、比体積［m^3/kg(DA)］、比エンタルピー［kJ/kg（DA）］は下がる。露点温度［℃］の値は変化しない。

7　換気・通風

70%

1. 換気法

出題パターン

・換気法は自然換気と機械換気
・自然換気は、風力・重力換気の二つ。機械換気は3種類
・換気回数と必要換気量の計算は重要

1）自然換気の種類

①風力換気は、屋外の風圧力による換気の方法である。

②重力換気は、室内外の温度差による換気の方法である。温度差と開口部の高低差（給気口と排気口の床面からの高さの差）が大きいほど換気量は多くなる。具体的には、床面近くに給気口、天井面近くに排気口を設ける。

2）自然換気の特徴

①自然換気による通風は、屋外の風圧力（風速の変化）に影響される。通風の効果を上げるためには、夏期の最多風向に給気のための開口部を設けたほうがよい。

②開口の配置と風向きによって、換気量は変化する。例えば、開口の面積の和が等しくても、開口の位置を分散させたりすると換気量は変化する。

③縦横比の大きな長方形の開口においては、縦長にした場合と横長にした場合とでは、換気量が変化することがある。

3）機械換気設備

①機械換気とは、給気機と排気機の双方、又はいずれかを用いる換気である。機械換気には、次のような種類がある。
第一種換気―給排気併用、第二種換気―給気のみ機械換気
第三種換気―排気のみ機械換気

機械換気設備の種類

種類	給気	排気
第一種	○	○
第二種	○	―
第三種	―	○

○印は機械力による換気

②第二種換気設備は、室内への汚染空気の侵入を防ぐことができる。

③気密性の高い住宅では、換気設備による適切な換気が必要である。

2. 換気回数と換気量

必要換気量…換気によって1時間に室内へ流入する空気の量のこと。

換気回数…1時間に必要とされる換気回数（必要換気量を部屋の容積で割ったもの）

主な必要換気回数の求め方を以下に示す。

①汚染物質の発生量から求める方法

※出題例として汚染物質を二酸化炭素などに例えられることがある。

問題　下記の条件の室における必要換気回数を求めよう。

イ．室容積：90m^3

ロ．在室者数：6人

ハ．在室者1人当たりのCO_2の発生量：0.022m^3/h

ニ．CO_2の許容濃度：0.1%

ホ．外気のCO_2濃度：0.04%

$$必要換気量\ [m^3/h] = \frac{汚染物質の発生量\ [m^3/h]}{室内の汚染物質濃度\ [ppm] - 外気の汚染物質濃度\ [ppm]}$$

②1人当たりの占有面積から求める方法

$$必要換気量\ [m^3/h] = \frac{20 \times 居室の床面積\ [m^2]}{1人当たりの占有面積\ [m^2]}$$

※1人当たりの占有面積が $10m^2$ を超える場合は $10m^2$ でよい。

※20［m^3/h・人］という定数は建築基準法施行令に示された値で成人男性が静かに座っている場合の必要換気量であるが、実際の居室における必要換気量は、二酸化炭素含有率など含めた環境基準値として30［m^3/h・人］と考える。これは、1人当たりの二酸化炭素発生量を0.02［m^3/h］とし、これを外気で換気して、室内二酸化炭素濃度を基準値である1,000ppm以下にするために必要な換気量として計算される。外気の二酸化炭素濃度を350ppmとする。

$$Q_p = \frac{0.02}{1{,}000 \times 10^{-6} - 350 \times 10^{-6}} = \frac{0.02}{650 \times 10^{-6}} \fallingdotseq 30\ [m^3/h]$$

③部屋の必要換気回数より求める方法

必要換気量［m^3/h］＝毎時必要換気回数［回/h］× 部屋の容積［m^3］

※必要換気回数の目安は「建築設備設計基準」に示されている。

④理論廃ガス量から求める場合

主にガスコンロなど火気を使用する場合に用いるが、開放型燃焼器具を使用する居室に用いる場合もある。

必要換気量［m^3/h］＝定数 × 理論廃ガス量 × 燃料消費量

※定数は排気フードの有無や形状によって定められ、理論廃ガス量は燃料の種類によって変わる。

⑤喫煙に対する換気量を求める場合

タバコについては浮遊粉じんの基準値（0.15［mg/m^3］）を下回るよう必要換気量を130［m^3/本］として計算する。

3. 換気計画

①居室における成人1人当たりの必要換気量は、1時間当たり $30m^3$ 程度である。

②台所用の換気扇には、燃焼廃ガスのほか、炊事に伴う煙、水蒸気、臭気などを排出するための排気能力が必要である。

③機械換気においては、換気経路を考慮して、一般に、主要な居室に給気し、浴室や便所などから排気する。また、浴室や便所では、室内へ周囲から空気が流入するように排気機を用いた換気（第三種換気設備）とする。

④開口部から流入した空気がある地点に到達するまでの時間を空気齢といい、ある地点から流入口に到達する時間を空気余命という。空気齢と空気余命を合わせた時間を空気寿命という。

解答

$$必要換気量\ Q\ [m^3/h] = \frac{K}{Pa - Po}$$

K（ハ）：在室者1人当たりの CO_2 発生量

Pa（ニ）：CO_2 の許容濃度、Po（ホ）：外気の CO_2 濃度

$$Q = \frac{0.022}{0.001 - 0.0004} = 36.7\ [m^3/h]$$

$$必要換気回数\ N\ [回/h] = \frac{Q}{V}$$　V（イ）：室容積

$$N = \frac{36.7 \times 6}{90} = 2.44\ 回/h$$

8 伝熱

120%

1. 熱貫流率（K）と熱貫流量（Q）

出題パターン

・熱伝達、熱伝導、熱貫流などは、その意味と単位を覚えておこう
・熱伝導率と熱伝導抵抗は逆の関係
・材料の熱伝導率や中空層などと合わせ、壁の断熱に対する構成を知っておく

熱貫流は、熱伝達(空気から物体への熱の移動)と熱伝導(物体内の熱の移動)の伝熱過程全体をいう。

①熱貫流率(K)は、壁体などの熱の伝わりやすさ(通しやすさ)を表すものである。この値が大きい壁体は断熱性に劣る。熱貫流率の逆数である熱貫流抵抗は、壁体の両表面の熱伝達抵抗値と各層の熱抵抗値を合計した値である。また、壁体に充填（じゅうてん）した断熱材が結露によって水分を含むとその値は小さくなる。

②熱伝達率（α）は、周囲の空気から材料表面（又はその逆）での熱の伝わりやすさのことである。壁体の室内側の熱伝達率は、一般に、外気側の熱伝達率よりも小さい。室内側の設計用熱伝達率(全表面に一定の場合）の値は、約 9W/(m^2・K）であり、外気側（風速 3 ～ 6m/s の場合）は、約 30 W/(m^2・K）である。

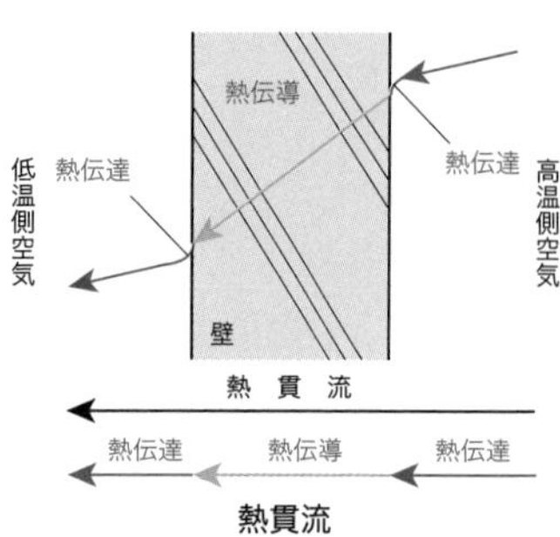

③熱伝達抵抗は、熱伝達率の逆数（1/ α）であり、熱の伝わりにくさのことである。壁にあたる風速が大きくなるほど熱損失は大きくなり、熱伝達抵抗は減る。

● EXERCISE

室温 25℃、外気温－ 5℃のとき、面積 2m^2 の窓を通じて流れる熱量の値はいくらか。ただし、窓の熱貫流率は、3.5W/h(m^2・K）とする。

▶ $Q = K \times (t_1 - t_2) \times S$

$= 3.5 \times (25 - (-5)) \times 2$

$= 210\text{W}$

Q：熱貫流量　$(t_1 - t_2)$：温度差　K：熱貫流率　S：面積

問 題　床面積 20m^2 の事務室において、イ～への条件における換気による熱損失の値を計算しよう。ただし、機械換気及び熱交換器の使用はないものとし、壁や天井からの熱損失は無視するものとする。なお、換気による熱損失は、(その室の必要換気量)×(空気の容積比熱)×(室内外の温度差）とする。

条件　イ．1 人当たりの所要床面積：5.0m^2/ 人　ロ．1 人当たりの必要換気量：30.0m^3/h
　　　ハ．室温：25℃　ニ．外気温：－ 5℃　ホ．空気の容積比熱：0.35W・h/(m^3・K)

● EXERCISE

日射の当たる壁面から屋内へ侵入する熱を減らす方法として、正しいものに○、誤っているものに×をつけよう。

1. 断熱層の厚さを減らす。	×
2. 断熱層を、熱伝導率の大きな材料に替える。	×
3. 中空層の片面にアルミはくを張る。	○
4. 中空層から屋外への通気をよくする。	○
5. 外部壁材の屋外表面を、蔦(つた)により緑化する。	○

④熱伝導率（λ(ラムダ)）は、材料（物体）内の熱の伝わりやすさのことである。

例）アルミ製のスプーンの先端を熱湯に入れておくと、アルミなどの金属は、熱伝導率が高い（よい）物体なので金属内に熱が伝わり手元まで熱くなる。

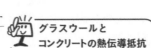

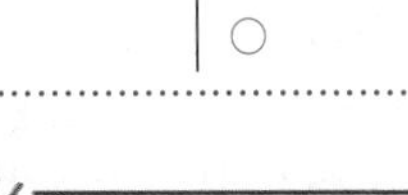

グラスウールの熱伝導抵抗（伝わりにくさ）は、同じ厚さのコンクリートの30～40倍程度である。

⑤熱伝導抵抗は、熱伝導率の逆数（d/λ）であり、材料内の熱の伝わりにくさのことである。各層の熱伝導抵抗の値（中空層を除く）は、その材料の厚さ d（単位はm）を材料の熱伝導率で除して求める。

⑥熱貫流率・熱伝達率の単位：$W/(m^2 \cdot K)$ と熱伝導率の単位：$W/(m \cdot K)$。前者は壁面などの熱の伝わりやすさを示すので、「m^2（平方メートル）＝面」と理解すればよい。また、熱貫流率や熱伝達率などの○○率は、通しやすさととらえ、逆に○○抵抗は、通しにくさと理解する。

⑦熱貫流量（Q）は、壁体などを貫流（通過）する熱量のことである。

2. 熱貫流率（*K*）と熱貫流量（*Q*）の計算

①熱貫流率（K）

$$K = \frac{1}{\frac{1}{\alpha_1} + \Sigma \frac{d}{\lambda} + \frac{1}{\alpha_2}}$$

K：熱貫流率［$W/(m^2 \cdot K)$］　λ：熱伝導率［$W/(m \cdot K)$］

α_1：室内側の熱伝達率［$W/(m^2 \cdot K)$］　α_2：室外側の熱伝達率［$W/(m^2 \cdot K)$］

d：材料の厚さ［m］

解答　**はじめに必要換気量を求め、それを換気による熱の損失量として計算すればよい**

まず、床面積から何人がこの室を使用するのかが算出できれば、後は条件を式に当てはめることにより、簡単に答えを導き出すことができる。

その室の必要換気量＝(床面積/1人当たりの所要床面積)×1人当たりの必要換気量

$(20/5.0) \times 30.0 = 120m^3/h$

熱損失量＝(その室の必要換気量)×(空気の容積比熱)×(室内外の温度差)

$120 \times 0.35 \times 30 = 1{,}260$

以上の式から、1,260Wが換気による熱損失の値となる。

②熱貫流量（Q）

$$Q = K \times (t_1 - t_2) \times S$$

Q：熱貫流量［W］　S：壁の面積［m^2］

t_1：高温側の気温［℃］　t_2：低温側の気温［℃］

注目 3. 材料や中空層と伝熱

①材料の熱伝導率は、一般に質量（比重量）があり、密度が高い材料ほど大きい。

②アルミはくによる断熱は、放射熱による熱の移動を防ぐ効果がある。アルミはく自体の熱伝導率が大きいことで、熱の移動を防げないと勘違いしやすい。放射による熱の移動を防ぐには、アルミはくによる断熱が効果的である。

③グラスウールの熱伝導率は、実用の範囲では、密度が小さくなるほど大きくなる。また、水分を含むと熱伝導率が大きくなる。

④外壁内の中空層では、放射と対流によって伝熱する。また、中空層の厚さが2cmまでは熱抵抗が増し、4cmまでは上昇するが、それ以上厚くなっても対流の影響で緩やかに下降していく。厚さ100mm程度の中空層の熱抵抗は、厚さ25mmの発泡ポリスチレン製断熱材の約1/2である。

・中空層の熱抵抗の値は、中空層の密閉度・厚さ・熱流の方向などによって異なり、半密閉中空層の熱抵抗は、同じ厚さの密閉中空層の熱抵抗より小さい。

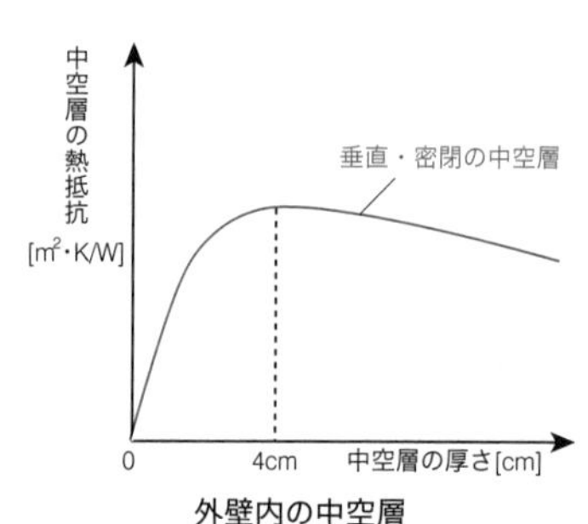

外壁内の中空層

重要 4. 材料の温度分布と室温変動

①材料の温度分布…図は、コンクリートの外壁を、内断熱又は外断熱とした場合の冬期における温度分布（温度勾配）を示したものである（ただし、定常伝熱とする）。熱伝導率が高い材料〔→コンクリート〕ほど、材料内を通過する際の温度差が少なく（温度勾配が緩やか）、低い材料〔→断熱材〕ほど逆に多く（温度勾配が急）なる。コンクリート

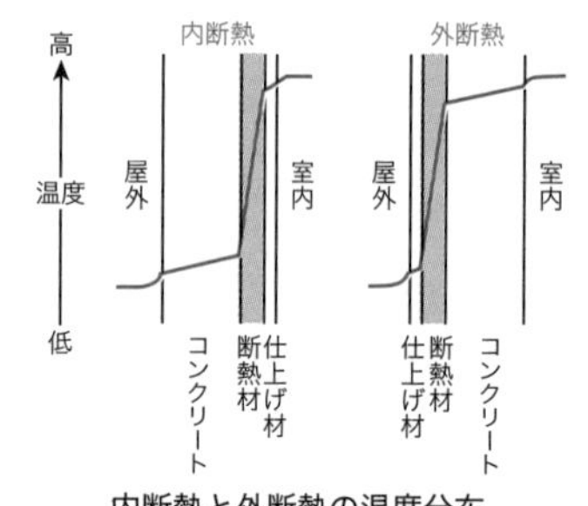

内断熱と外断熱の温度分布

問題　伝熱に関する次の文章内の不適当な語句を訂正しよう。

1. 放射（ふく射）による熱の移動を防ぐには、銅板による断熱が効果的である。
2. 建築材料の熱伝導率は、一般にその密度が大きいほど小さい。
3. グラスウールなどの通気性のある断熱材では、密度が小さ過ぎると、かえって熱伝達率は大きくなる。
4. 断熱層では、放射（ふく射）と対流によって熱が伝わる。
5. 厚さ100mm程度の中空層の断熱性能は、発泡ポリスチレン25mm厚程度の2倍に相当する。

のほうが断熱材より熱伝導率が高い材料である。

②室温変動…図A～Cの室において、暖房時の室温変動を示したものが右の図である（ただし、熱容量・断熱性能以外の条件は、すべて同じとする）。暖房開始後の変化は、熱容量が小さければ急激に温度が上昇し、熱容量が大きければ緩やかに温度が上昇する。暖房停止後の変化は断熱性能がよいと緩やかに温度が下降し、断熱性能が悪いと急激に温度が下降する。

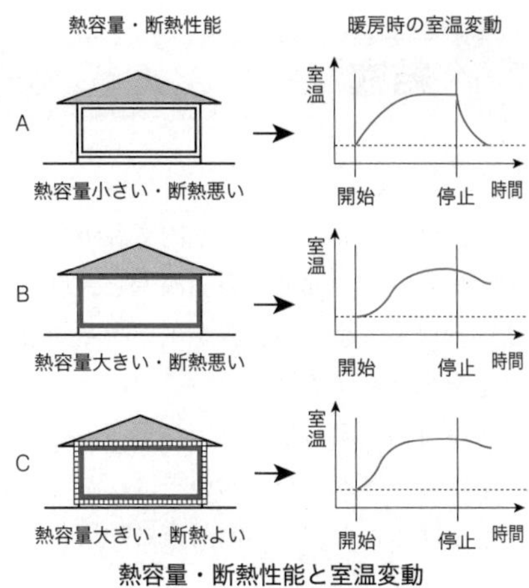

熱容量・断熱性能と室温変動

5. 熱伝導率と比重量

建築によく使われる材料の熱伝導率と比重量は、表のとおりである。

一般に、比重量が大きい（重い）材料ほど熱伝導率も大きい（伝わりやすい）。

各種材料の熱伝導率と比重量

材　料	熱伝導率 [W/m·K]	比重量 [kg/m³]
PCコンクリート	1.5	2,400
コンクリート	1.4	2,200
板ガラス	0.78	2,540
スレート	1.0	2,000
赤レンガ	0.80	1,650
石膏ボード	0.17	800
木　材	0.14	500
おがくず	0.09	200
ポリスチレン	0.037	30

● EXERCISE

上の、建築によく使われる各種材料の熱伝導率と比重量の表から、次のグラフに各材料の値をプロットしよう。

例）木材

熱伝導率 0.14W/m·K

比重量　500kg/m³

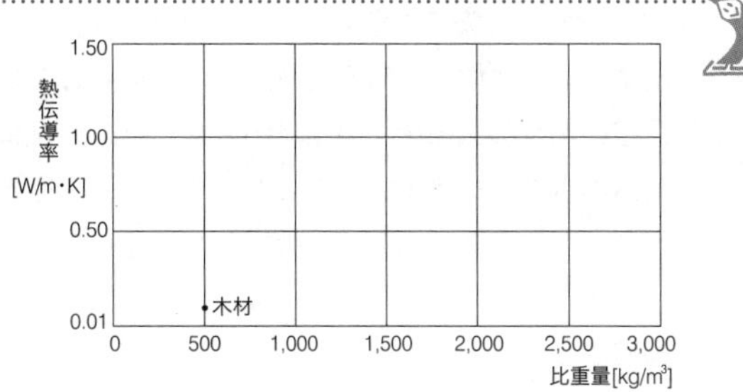

解答　伝熱と建築材料の性質について問う

1. 放射（ふく射）による熱の移動を防ぐには、アルミはくによる断熱が効果的である。
2. 建築材料の熱伝導率は、一般にその密度が大きいほど大きい。
3. グラスウールなどの通気性のある断熱材では、密度が小さ過ぎると、かえって熱伝導率は大きくなる。
4. 中空層では、放射（ふく射）と対流によって熱が伝わる。
5. 厚さ100mm程度の中空層の断熱性能は、発泡ポリスチレン25mm厚程度のものの約1/2である。

9 結露

80%

1. 結露防止

結露は、外気温が低く、室内気温が高い冬期に発生する。

①結露しやすい部分の表面温度を露点以下に下げない。

②熱伝導率の小さい材料を用い断熱効果を高め、熱貫流量を少なくする。

③各室を換気することにより温度差を小さくし、湿度を下げる。冬期の室においては、温度が下がる前に湿度を下げることが、結露防止に効果がある。

出題パターン

- 結露が発生する条件をよく理解しておく
- 結露の発生しやすい場所を覚えておく
- 壁体内の結露防止も重要

ひっかけ対策

誤「外気に面した壁の内部結露を防止するためには、断熱材を厚くすれば防湿層は設けなくてよい」

→断熱材を厚くすることはよいが、防湿層がなくなれば熱抵抗（熱の伝わりにくさ）が低下して、全体としての効果は期待できない。

2. 結露防止上の注意点

①カーテンは、室温を上げたり、窓ガラス表面の温度を低下させたりするので、ガラス面での結露防止効果がない。カーテンを吊るすと室内の暖められた空気が遮（さえぎ）られ、窓ガラスの表面温度が低下し、同時に室温も上がるので、逆に結露しやすくなる。結露は、温度差と空気中の水蒸気量が大きいほど生じやすい。

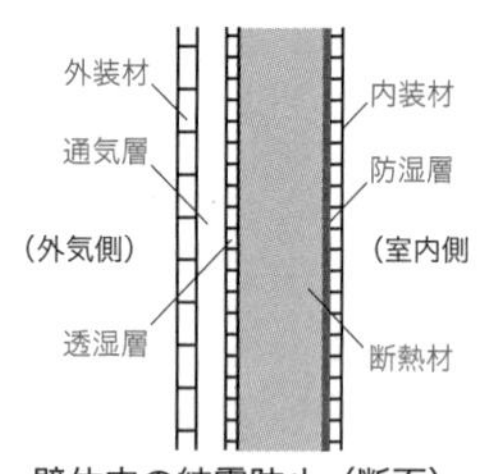

壁体内の結露防止（断面）

②二重窓の外側のサッシの内側の結露を防止するには、外側よりも内側のサッシの気密性を高くする。

・外気に面した窓については外気側に断熱雨戸を設ける。

③浴室などの水蒸気を発生する部屋の換気は、屋外に排出するようにする。浴室を負圧換気とすることにより、浴室外から湿気の少ない空気が入り込み、換気扇で浴室内の水蒸気を排出することができる。浴室を正圧換気とすると、他の室内に浴室の水蒸気を送ることになり、結露しやすくなる。

3. 壁体の内と表面の結露防止

①室内から外壁内への水蒸気の流入を抑えるために室内側に断熱材と防湿層を設けたり、逆に壁の外気側の気密性を低くして壁体内の水蒸気を流出させたりすることは、壁体

問題 結露に関する次の文章内の**不適当な語句**を訂正しよう。

1. 外気に面した壁の内部結露を防止するためには、断熱材を充てんし、室外側にすき間なく防湿層を設ける。
2. 外気に面した壁に沿って家具を置くことは、家具裏の壁の結露を防止する。
3. 住宅の結露防止には、浴室を正圧換気とするのが効果的である。
4. 外気に面した窓のカーテンを閉めると、ガラス面の結露は減少する。
5. 二重窓の外側サッシの内側の結露を防止するためには、外側よりも内側のサッシの気密性を低くするほうがよい。

内の結露防止に効果がある。

②室内壁の表面結露防止には、外壁の断熱が有効である。

> **定番問題**
> 結露や断熱性は、毎年同じような問題が出されている。解説したポイントをしっかりと覚え、内容の特徴をつかむようにしよう。

注目 **4. 結露しやすい場所**

①外気に面した室内側の入隅部。

②外気に面した壁に沿って置くたんすなどの家具裏の壁や大型家具の背面。

③熱の流出が少ない気密化した部屋や、気密化した窓などを持つ非暖房の部屋。非暖房室の窓などの気密性を高めると、その部屋の換気量は少なくなり、室内の水蒸気を排出しづらくなるので、結露しやすくなる。

・結露防止対策は、換気量を多くして水蒸気を排出し、同時に温度差を少なくすることや暖房室と非暖房室の温度差を小さくすることなど、暖房室をできるだけ気密化し、水蒸気の非暖房室への拡散を少なくすることが考えられる。

5. 断熱性

①外壁の断熱には、夏期の日射を受ける外壁から室内への熱放射を低減する効果がある。

②外壁の断熱性及び気密性を高めると、窓からの日射の影響による室温の上昇は大きくなる。

③断熱性を高めると、暖房停止後の室温低下は緩やかになる。これは高気密・高断熱とすることで、日射や暖房により得た熱が逃げにくくなるためである。

④外壁の断熱材を厚くすることにより熱貫流率を下げ、断熱性をよくすることはできるが、外壁の内部結露を防止するには有効ではない。

⑤鉄筋コンクリート構造の建築物では、外断熱工法を用いると、ヒートブリッジ（熱橋）ができにくく、結露防止に有効である。

6. その他

①夏期における衛生器具の給水管の結露防止には、給水管の断熱被覆（だんねつひふく）が効果的である。

②押入れの建具に通気口を設け、布団類を壁から離して収納すると、押入れ内の結露は発生しにくくなる。

③押入れを暖房された室に囲まれるように計画することは、外気に面した押入れを配置することに比べ、温度差が少なくなることなどから結露防止に有効である。

解答 **結露発生場所や外壁の内部結露、窓や室の結露防止策などについて多面的に問う**

1. 壁の内部結露の防止には、室内側にすき間なく防湿層を設ける。2. 家具を壁沿いに置くことにより、空気の流れが悪くなるので結露を促進する。3. 浴室は負圧換気とすることにより、浴室外からの空気が入り、浴室の湿った空気を排出することができる。逆に浴室を正圧換気とすると、他の室内に浴室の水蒸気を送ることになり、結露しやすくなる。4. 外気に面した窓のカーテンを閉めると、ガラス表面の温度が下がることで温度差を生み、結露は増大する。5. 二重窓の内側サッシの気密性を外側サッシより高くすることにより、内側サッシより外気側で隙間換気が行われ、外側サッシ内側の結露防止に効果がある。

10 日照・日射・日影・採光

100%

1. 日照時間と可照時間

①日照時間…実際に太陽が照った時間。

②可照時間…ある地域の日の出から日没までの時間。

③日照率…可照時間に対する日照時間の割合。

④日照や日影の検討は、太陽高度が低くなり、日影の長さが1年を通して最大になる冬至を基準にして行う。

出題パターン

・日射は、直達日射量と天空日射と大気透過率

・日照時間と可照時間、日影時間と日影曲線

・昼光率は、その意味と計算がポイント

・採光計画では、側窓採光と天窓採光に注意

2. 日射

①直達日射量は、大気層を通して直接地上に達する日射量。

②天空日射（放射）量は、太陽光が空気中の塵や水蒸気により乱反射や拡散する日射量。直達日射を受けることが少ない北側などのガラス窓においてもこの天空放射があり、日射による熱取得を生じる。

③大気透過率は、太陽光を透過する大気の澄（す）み具合を示す割合のことで、水蒸気の多い夏より乾燥している冬のほうが高く、清澄（せいちょう）である郊外のほうがその数値は大きい。また、直達日射量は大気透過率が高いほど増加する。

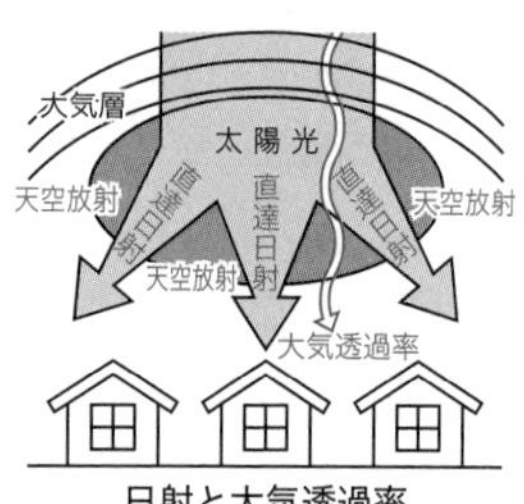

日射と大気透過率

④南向き鉛直壁面の日射受熱量は、太陽高度の高い夏より、低い冬のほうが多くなる。また、夏至には、南向き鉛直壁面が受ける直達日射量は、東向き（又は西向き）鉛直壁面が受ける直達日射量に比べて小さくなる。この時期の最大は、水平面である。

⑤夏の日射の遮へいは、熱線吸収ガラスより、窓の外部に設けるブラインドが効果大。

⑥北向きの鉛直壁面には、約6か月間は日照があり、約6か月間は日照がないともいえる。

⑦秋分の日から春分の日までの期間は、真東より南側から日が昇り、真西より南側へ日が沈むので、北向き鉛直壁面には直達日射は当たらない。

3. 日影曲線と日影時間

①日影曲線は基準点に立てた棒によって生じる日影の先端の軌跡を表したもので、日影の長さや方位を知ることができる。

問題 日照・日射に関する次の文章内の不適当な語句を訂正しよう。

1. 天空日射量は、都市部などの塵埃（じんあい）の多い場所ほど減少する。
2. 夏の日照時間の多少が、ソーラーハウスの成立に影響する。
3. 南向き鉛直壁面の日射受熱量は、冬よりも夏に多くなる。
4. 北向きの鉛直壁面には、約1か月間、日照がない。
5. 日影時間は、建築物の形状が同一でも、経度によって異なる。

②日影時間は、建築物の形状が同一でも、緯度や方位によって異なる。日影の面積は、建築物の高さよりも東西の幅に関係し増大する。

③太陽高度が 60 度、方位角が南から 30 度西の場合、鉛直長さ 1m の棒の影は約 0.6m になる。

④隣棟間隔とは、日影の影響をおよぼす南側の建築物とその北側に立つ建築物との距離のことである。

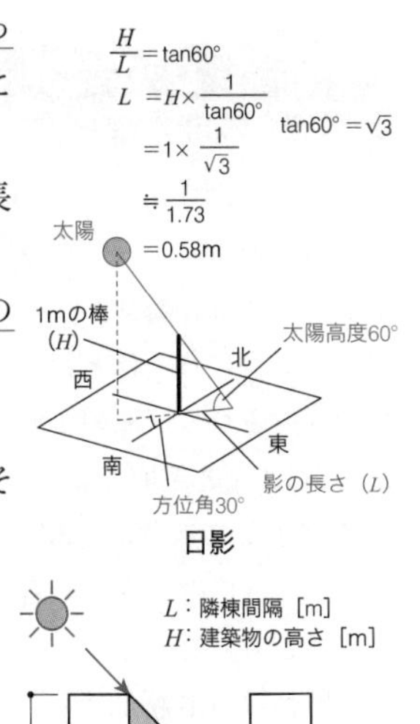

日影

4. 昼光率

①昼光率とは、室内におけるある点の昼光による照度と、そのときの屋外の明るさ（全天空照度）との比である。

$$昼光率\ U\,[\%]=\frac{室内のある水平面の照度\ [\mathrm{lx}]}{屋外の全天空照度\ [\mathrm{lx}]}\times 100$$

②昼光率は、全天空照度が変化しても、比率なので変化しない。変化する要素には、窓の大きさや位置、壁面の反射、窓に隣接する樹木の変化などがあげられる。

L：隣棟間隔［m］
H：建築物の高さ［m］

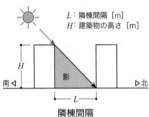

南 影 北 H L

隣棟間隔

5. 採光計画

採光の種類には、側窓採光（サイドライト）・天窓採光（トップライト）・頂側窓採光（ハイサイドライト）がある。

①側窓は、大きさ・形が同じであれば、高い位置にあるほど、室内の照度の均斉度（きんせいど）を上げる。均斉度とは、室内の照度分布のバランスがどの程度とれているかを表す比率。最高照度に対する最低照度の割合 $\left(\frac{最低照度}{最高照度}\right)$

②冬期に北側窓の採光は、快晴時より薄曇り時のほうが天空放射量は多くなり、有効である。

③夏の冷房負荷を減らすには、南面採光が効果的。

④昼間の室内照度分布の変動は、北向き側窓の採光よりも南向き側窓のほうが大。

⑤ブラインドは、室内の照度を均一化する効果がある。

⑥ソーラーハウスの成立は、冬の日照時間が影響する。

● EXERCISE

室内のある点の水平面の照度が 900 lx、そのときの屋外の全天空照度 30,000 lx であったとすると昼光率 U は、いくらか？

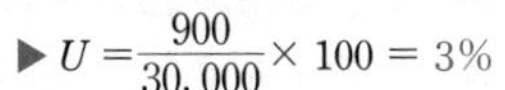
▶ $U=\frac{900}{30,000}\times 100=3\%$

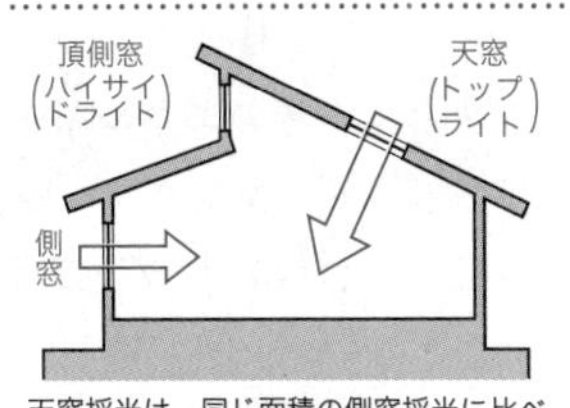

天窓採光は、同じ面積の側窓採光に比べ、3倍の採光が得られる

採光計画

解答　日照と日射の基本的な内容について問う

1. 天空日射量は、塵埃（じんあい）（細かいちり）の多い場所ほど増大する。塵埃が多いと日射量が減少するように捉えられがちだが、文章の表現に惑わされないようにしよう。2. 冬の日照時間の多少が、ソーラーハウスの成立に影響する。ソーラーハウスは、主に冬の日照により得た太陽熱を水や空気に伝え、暖房などに利用する設備を持った住宅である。この時期の日照時間の長短がソーラーシステムの成立に影響する。3. 南向き鉛直壁面の直達日射量は、夏よりも冬が多くなることから、日射受熱量も冬が多くなる。4. 北向きの鉛直壁面には、約6か月間、日照がない。5. 日影時間は、建築物の形状が同一でも、緯度によって異なる。

11 音響・吸音・遮音・残響

100%

1. 音の3要素

音の3要素は、音の高さ・大きさ（強さ）・音色である。

①音の高さは、高音になるほど周波数［Hz（ヘルツ）］の数値が大きく、低音になるほど小さくなる。周波数とは、1秒間に繰り返される音波の1波長の数である。また、人間の可聴範囲（聞き取ることのできる音の高低）は、20～20,000Hzであり、3,000Hz程度が最も聞き取りやすい。

②音の大きさは、大きい音ほど振幅が大きく、小さい音ほど小さい。音の強さの合成では、同じ強さの音が二つある場合は3dB増加する。

例）80dBの二つの音を合成すると83dBになる。

③音色は、音源の持っている固有の音の特徴で、振動数や振幅が同じであっても音の聞こえ方は違う。

④音響出力［W（ワット）］は、音源から発生する音のエネルギー。

⑤音の強さ［W/m^2］は、単位面積当たりの音響出力。

⑥気温が高くなると、空気中の音の伝わる速度（音速）は上がる。音速（c）は、c［m/s］＝331.5＋$0.6t$（t:気温）で表され、気温が15℃では約340m/s。気温が変わると、音速は変化するが、音の周期は変わらない。

出題パターン

・音の性質では音の高さと大きさが、よく出る
・吸音と遮音、騒音レベル、残響と反響など基本的な用語の意味をしっかり理解しておこう

吸音性能

①ボード仕上げの壁体は、高音域よりも低音域の音を主に吸音する。
②グラスウール・ロックウールなどの吸音材は、材料の厚さによって吸音特性が異なる。

種　類	吸音材料	吸音域
多孔質型	グラスウール・木毛セメント板など	高音域
板振動型	合板・スレート板	低音域
共鳴器型	穿孔金属板・穿孔合板	共鳴周波数域

2. 吸音

①吸音とは、音のエネルギーを材料などに透過又は吸収させ、反射させないこと。

②吸音率…材料のもつ音の吸い取りやすさの度合い。

③吸音力（等価吸音面積）は、吸音率に材料の面積を乗じたもの（単位はm^2:メートルセービン）。

音響設計の用語

NC値：室内の静けさを表す指標で、数値が小さいほど騒音が少ない。
D_r値：壁などの遮音性能を評価する指標。数値が大きいほど優れている。
L_r値：床衝撃音が下の階でどの程度聞こえるのかを表すもので、数値が小さいほど遮音性が優れている。

問題　音に関する関する次の文章内の**不適当な語句**を訂正しよう。

1. 吸音力とは、材料の吸音率からその面積を除したものをいう。
2. 軽い壁体ほど、一般に、遮音性能が優れている。
3. 室内騒音の許容値は、住宅よりも屋内スポーツ施設のほうが低い。
4. 残響時間は、室面積に比例する。
5. 気密性の高い窓は、外部騒音を防ぐのに有効ではない。

● EXERCISE

音に関する次の文章で、正しいものに○、誤っているものに×をつけよう。

1. 室内騒音の許容値は、屋内スポーツ施設より美術館のほうが大きい。
2. 同じ音響出力を有する機械を2台運転したときの音の強さのレベルが82dBとすると、1台止めたときは約41dBになる。
3. 板状材料と剛壁の間に空気層を設けた吸音構造では、一般に低音域の音を主に吸音する。

▶1. × 小さい　2. × 79dB　3. ○

3. 遮音

①遮音とは、音のエネルギーを材料などにより遮断し、反対側まで通さないこと。すき間を少なくすることや重い壁ほど遮音性能が良くなる。

② JISによる床衝撃音の遮音等級の数値は、小さいほど遮音性能が優れている。

③ホワイトノイズ（白色雑音）は、材料の吸音・遮音特性などの測定に用いられる。

ひっかけ対策

誤「吸音率の高い材料は、遮音材料として用いられる」→吸音率の大きい材料は、音を透過吸収しやすいので遮音材料とならない。

室内騒音レベルの許容値

各室の種類	騒音レベル許容値 [dB(A)]
コンサートホール	35
集合住宅（居室）	40
戸建住宅（寝室）	40
病院（個室）	35
事務室	50

4. 騒音

①騒音レベル［dB(A)］は、普通騒音計のA特性（人間の聞こえる感覚に近い特性）で測定した値であり、他に実際の騒音レベルそのものの値を示すC特性がある。

②室内の吸音力を上げることによって、室内の騒音レベルを下げることができる。

注目 5. 残響と反響（エコー）

①残響とは、音が壁・天井などに反射して、音源が停止した後も室内に音が残る現象。

②残響時間は、音源停止から音の強さのレベルが60dB低下するまでの時間のこと。残響時間は室容積に比例するので、室容積が大きいほど残響時間は長くなる。

・残響時間を計算するうえで、一般に、室温は考慮しなくてよい。

③反響とは、直接音と反射音の時間的なズレから二つ以上に聞こえる現象。

④透過損失［dB］は、音が壁などに当たって吸音・遮音される量であり、低音より高音ほど、また、薄い壁体より厚い壁体ほど増大する。

・単一部材の一重壁の壁厚さを2倍にしても、透過損失は2倍にならない。

解答　吸音・遮音、騒音、残響時間の基本的な事項について問う

1. 吸音力とは、材料の吸音率にその面積を乗じたものをいう。
2. 重い壁体ほど、一般に、遮音性能が優れている。
3. 室内騒音の許容値は、住宅よりも屋内スポーツ施設のほうが高い。住宅で40dB(A)、屋内スポーツ施設で55～60dB(A)であり、屋内スポーツ施設のほうが高い。
4. 残響時間は、室容積に比例する。
5. 気密性の高い窓は、外部騒音を防ぐのに有効である。

12 光・色彩

80%

1. 照度と照度分布

出題パターン

色の3属性の性質や特性に関する問題や、心理的効果などの出題傾向が高い

①照度［lx］とは、光を受けた面の単位面積当たりの明るさ。直射日光：60,000 lx、設計上の全天空照度の基準値：5,000 lx、住宅の居間：150 lx

②照度分布は、採光・照明による室内の明るさのばらつき。内装の色や開口部の位置・大きさにより変化する。また、昼間の室内照度分布の変動は北向き側窓より南向き側窓のほうが大きい。

③輝度（きど）［cd/m²］とは、ある面を一定の方向から見たときの明るさを表す量である。

2. 暗順応と明順応

暗順応とは、明るい場所から暗い場所に入ってきて目がなれることをいい、明順応とは、その逆をいう。暗順応は、明順応に比べて、長い時間を要する。

3. 色の３属性と心理的な効果

1）色の３属性―色相・明度・彩度

①色相とは、赤・青・黄などの色あいのことである。その色の光の主波長に関係し、色の知覚の性質を特徴づける尺度である。

②明度とは、色の反射率の度合いのことである。完全な黒を 0、完全な白を 10 とし、この間を感覚の差が等しくなるように 11 段階に分ける。同一明度の色が隣接する場合、色相が近いと、境界がはっきりしない。また、天井や壁の明度を高くすると、一般に、人工照明による机上面などの照度は高くなる。

P 高 白 R
明度
彩度
B 補色 YR
濁色 純色
低 高
色相
BG GY
低 黒

色相・明度・彩度の関係

③彩度とは、色の鮮やかさの度合いのことである。無彩色を 0 とし、色が鮮やかになるにしたがい段階的に数値が大きくなる。この数値が最大となる色を純色という。純色の数値は、色相により 8 ～ 14 と差がある。例えば、赤は高く、青緑は低い。

・有彩色は無彩色以外の全色をいい、色相、明度、彩度の３属性をもつ。

・無彩色は、有彩色以外の白・黒・灰色のことであり、色相や彩度がなく明度だけで表される色である。

問 題　色彩に関する次の文章内の**不適当な語句**を訂正しよう。

1. 白・黒及び紫色は、無彩色である。
2. 色の３属性とは、色相、輝度、彩度のことをいう。
3. 明度は、昼光率と関係がある。
4. 演色性は、色の心理的な効果との関係がある。
5. 赤と青緑のような補色を並べると、互いに彩度が低くなったように見える。

④色を表す体系を表色系といい、日本工業規格においては、マンセル表色系が採用されている。

⑤補色とは、二つを混ぜると無彩色になる色のこと。マンセルの色相環の対角線上に位置する色の関係にある。

⑥演色性とは、ある光源の下での色の見え方を表すもので、基準光源（自然光など）で見た時と近い見え方の場合、演色性が良いという。

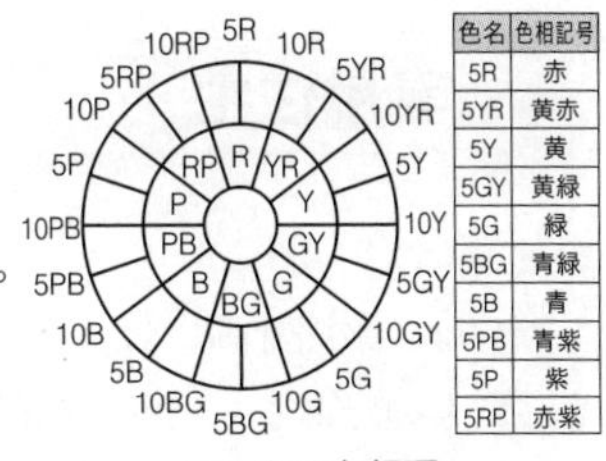

色名	色相記号
5R	赤
5YR	黄赤
5Y	黄
5GY	黄緑
5G	緑
5BG	青緑
5B	青
5PB	青紫
5P	紫
5RP	赤紫

マンセル色相環

⑦演色評価数は、演色性を数値化したもので、基準光源（自然光など）によって照らされた色の見え方を100（最大値）とし、値が小さくなるほど基準光源との見え方が異なることを表す。

2）心理的な効果

①補色対比とは、赤と青緑のような補色を並べると互いに彩度を高め合い、鮮やかさが増して見えること。

②面積効果（対比）とは、色の面積が大きいほど一般的に彩度や明度が高く感じられることである。例えば、小さい面積の色見本帳で見るより、大きな面積である実際の壁の色のほうが鮮やかさは増して見える。ただし、低明度・低彩度の色は暗く見える。

③明度対比とは、異なる明度の2色を並べた場合におこる色の効果をいい、明度の異なる2色を並べると単独の場合に比べて、一般に、明るい色は明るく、暗い色は暗く感じられる。また、明度の違いは強調されて見える（明度差は大）。

④膨張・収縮色とは、色彩の違いにより大きさの感覚を持たせる色のことであり、明度が影響する。膨張色は、一般に明度が高い色ほど膨張して見える。

⑤色の重い・軽いの感覚は、一般に、明度が低いものほど重く感じられる。

⑥色の硬い・柔らかいの感覚は、一般に、明度が低いものほど硬く感じる。

⑦色の派手・地味の感覚は、一般に、彩度が高いものほど派手に感じる。

⑧安全色とは、赤・黄赤・黄・緑・青・赤紫の6色、白・黒の2色の対比色の組合せをいう。安全指示や注意喚起に使われる色彩は、次のようなものである。

- 「停止」、「禁止」、「高度の危険」、「防火」の表示→赤色
- 「安全」、「避難」を促すための非常口などを示す標識→背景に緑色、白色の文字
- 「注意」の表示→黄色

解答　色彩の基本事項と演色性について問う

1. 白・黒及び灰色は、無彩色である。
2. 色の3属性とは、色相、明度、彩度のことをいう。
3. 明度は、反射率と関係がある。
4. 演色とは照明光や色の見え方に及ぼす影響のことであり、光源の種類と関係がある。
5. 赤と青緑のような補色を並べると、互いに彩度を高め合って鮮やかさは増して見える。これを補色対比という。

13 専用住宅

90%

1. 動線

動線は、平面計画において人やものの動く流れを線で表したものである。住宅での動線は、単純明快なものとし、なるべく短くなるように計画する。また、浴室・便所と寝室との動線は、玄関と居間との動線とは交差しないようにし、寝室に近い部分に浴室・便所を配置する。

出題パターン

・高齢者や身障者対応住宅がポイント
・専用住宅では各部の設計寸法を覚えておく

2. 高齢者等対応住宅の各部の計画

①高齢者や身体障害者の利用を配慮した住宅に関する各部の計画は、表に示す通りである。
②居住者の高齢化を考慮し、バリアフリーに対応させる。
③高齢者が同居している場合は、非常用のブザーやインターフォンを寝室や便所などに設ける。
④寝室と便所・浴室・洗面所とは近接させて配置する。
⑤高齢者室は、就寝スペースとリビングスペースを確保。
⑥車いす使用者用キッチンは、横への移動が多いI字型より左右への回転により作業ができるL字型がよい。

高齢者や身体障害者の利用を配慮した住宅に関する各部の計画

水栓	シングルレバー式
流しの高さ	床から75cm 流し台下を開放
便所の有効幅	90cm以上
廊下の手すり高	75cm程度
引き戸は○	開き戸は前後の動きが大きくなり×
浴槽の縁の高さ	30～40cm
介助スペースを考慮した洋式便所の広さ	内法で 140cm × 140cm 以上
くつずりと玄関外側の高低差	2cm以下
階段の勾配 (7/11以下)	踏面26～28cm、けあげ16cm

3. 小規模住宅の計画

経済性重視の小規模住宅計画では、次の点に留意する。

①有効な収納スペースがとれるように工夫する、②浴室や便所を1か所にまとめる、③家事室には、いろいろな作業ができる多用室の性格をもたせる、④台所をリビングキッチン型とする、⑤小室(床面積の小さな室)は、できるだけ少なくする。

4. 各部の計画

①リビングキッチンは、一般に南側や南東側に配置するのがよい。
②階段の手すりの高さは、踏面の先端から80cm程度とする。
③寝室の所要面積は、1人当たり5～8m^{2}であり、天井高を最低の2.1mとして気積（室容積）は、10.5～16.8m^3/人となる。ツインベッドを置く場合は、1人当たり8m^{2}程度

問題 住宅の計画に関する次の文章内の**不適当な語句**を訂正しよう。

1. 押入れの広さは、各個室の床面積の5%程度のものが多い。
2. 食寝分離とは、食事と就寝を同じ空間で兼用することである。
3. ユーティリティは、調理以外の家事の中心となる場で、家事労働の能率向上とは関係ない。
4. バリアフリーとは、外部からの侵入者を防ぐための防犯上の工夫のことである。
5. 家族の動線は、単純明快なものとし、なるべく長くなるように計画する。

住宅計画に関する記述を図面から分析

①２階を個人の生活空間としてブロック分けしている→ブロック分けとは、居間・食堂などの家族の共用的な空間や寝室・子供室などの個人的な空間などをブロックとしてまとめたものである。

②敷地の形状は、平面的には日照のうえから良好である→南側に広い庭があり、南からの日照は十分に得られる。平面の形状も東西に長く居室採光も十分である。

③リビングダイニングの形態をとっている→リビング（居間）とダイニング（台所）が一体化した空間になっており、リビングダイニングの形式である。

④夫婦寝室の気積は、１人当たりの必要量を十分に満たしている→２階平面図の下にあるスケールバーから床面積 2.7 × 4.5m ＝ 12.15m² は 7.5 畳（収納を除く）であることが推測できる。天井高を 2.4m として約 30m³ となり、１人当たり 15m³ 程度の広さがあり十分な気積である。

⑤コアシステムの形態はとっていない→コアシステムは、計画上給排水設備や通路空間などをコア（核）として集中化させる設計手法で、この場合集中化が見られない。

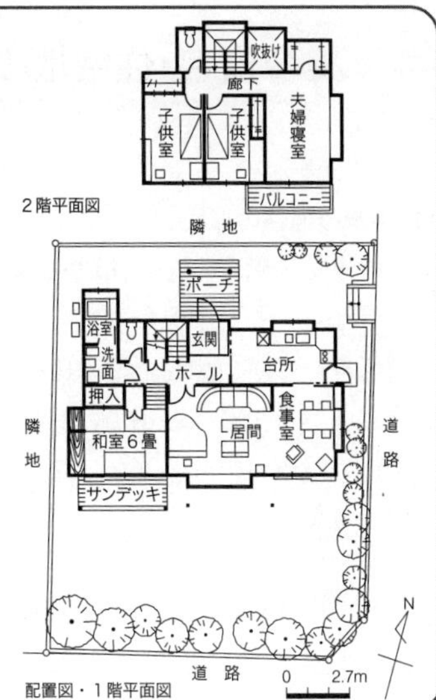

とし 10 畳（16.6m²）程度が必要である。

・就寝分離とは、夫婦と子供や青年以上の男女などが就寝するための空間を分けることである。また、食事と就寝を同じ空間で兼用しないことを食寝分離という。

一戸建住宅の敷地選定条件

①夏期の最多風向と風速→通風計画
②地形と地盤の状態
③日照・日射の状態
④電気、ガス、上下水道などの施設の整備状況
⑤商店や公共施設までの距離

④浴室の出入口にグレーチングの排水溝を設けることは、脱衣室との段差解消及び水仕舞に有効。埋込み型の浴槽の縁の高さは、洗い場床面から 30 ～ 40cm とする。

⑤調理－配膳－食事－後片づけ作業の能率をよくするためには、ダイニングキッチンとする。4 人用の食卓（1,400 × 800）のあるこの室の広さは、内法面積で 15m² 程度。

⑥ユーティリティ（家事室）は、台所には隣接して設置する。

⑦押入れは、各個室の床面積の 20％程度とする。

⑧サービスヤードは勝手口の近くに設け、ユーティリティとの動線を考慮して配置する。

⑨ホームオートメーション設備とは、電話回線などの情報機器を利用し、防犯や防災、家事の合理化などを目的としたものである。

解　答　住宅の各部（室）の基本事項について問う

1. 押入れの広さは、各個室の床面積の 20％程度のものが多い。
2. 食寝分離とは、食事と就寝を同じ空間で兼用しないことである。
3. ユーティリティは、調理以外の家事の中心となる場で、家事労働を能率的にするために設ける。
4. バリアフリーとは、ハンディキャップを負っている人や身体機能が低下した高齢者が建築物などを利用するときに、その行動が阻害されないように考えて計画することである。
5. 家族の動線は、単純明快なものとし、なるべく短くなるように計画する。

14 集合住宅・住宅地の計画

140%

1. 集合住宅

1）住棟の通路の形式

出題パターン

・集合住宅ではいろいろな形式による分類とそれらの特徴を理解しておく
・住宅地の計画では、四つの計画単位（近隣グループ・近隣分区・近隣住区・地区）を知っておこう

①階段室型…階段室を各住戸で結んだ形式。

・プライバシーが確保しやすい。階段室型は、戸数密度は低くなるが、片廊下型に比べて、通風・採光、独立性もよい。しかし、片廊下型に比べると、エレベーターの設置台数は多くなることと、高層の集合住宅には適さない。

②片廊下型…廊下の片側に各住戸を配置した形式。

・住戸の居住性が均一。片廊下型は、住戸の片側に共用廊下を配置するので、独立性が低くプライバシーの確保も難しい。

③中廊下型…中央の廊下の両側に各住戸を配置した形式。

・戸数密度は高いが、片廊下型に比べて、通風や日照、プライバシーを確保しにくい。また、住棟の廊下を南北軸に配置する。

④ツインコリダー型…片廊下型を２列に並べその間に吹抜けを設け、住棟間を渡り廊下で結んだ形式。

・中廊下型に比べて通風や換気の点で優れており、片廊下型と同様の通風や換気の性能を持っている。

⑤集中型…住棟の中央部に共用のエレベーターや階段を設置し、その周囲に住戸を配置した形式。高層化が可能であるが、避難路の計画が難しい。

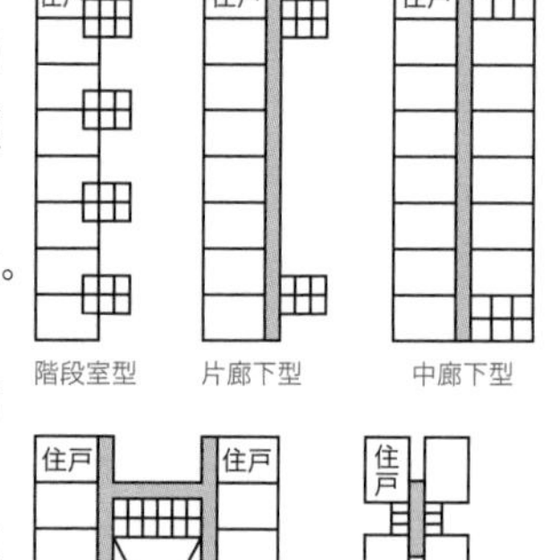

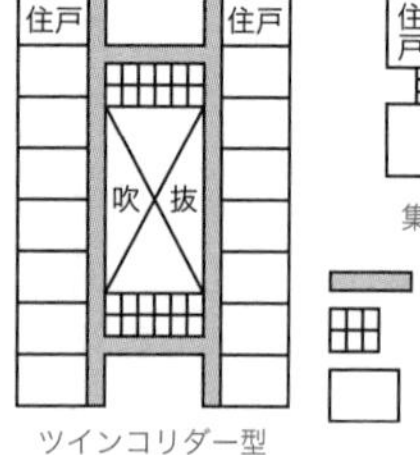

通路形式

⑥スキップフロア型…２階又は３階おきに共用の廊下を設け、エレベーターが２～３階おきにスキップして動く形式。

・共用廊下の上下階の住戸は階段を利用する。

問題 中層又は高層集合住宅に関する次の文章内の**不適当な語句**を訂正しよう。

1. 中廊下型は、片廊下型に比べて、各住戸のプライバシーを確保しやすい。
2. メゾネット型は、1住戸が1層で構成される住戸形式である。
3. 中廊下型は、ツインコリダー型に比べて、通風や換気などの点で優れている。
4. 板状住宅型は、塔状に高く、計画によっては、住宅地の景観に変化をもたらすことができる。
5. スキップフロア型は、片廊下型に比べて、共用廊下の面積が大きくなる傾向がある。

・エレベーターから各住戸への動線が長くなりがちである。また、各階ごとに共用廊下を設ける片廊下型に比べると共有部分の面積は小さくなる。

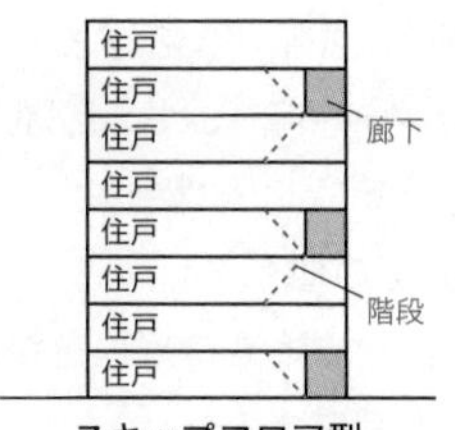

スキップフロア型

注目 2）住戸の形式

①フラット型…1住戸が1層で構成された形式。

②メゾネット型…住戸内に専用の階段を持っており、1住戸が2層以上で構成された形式。

・専用（住戸）面積が大きいものに適す。

・フラット型よりメゾネット型のほうが共用廊下の面積を小さくすることができる。

・通風・採光やプライバシーの確保も十分に可能であり、居住性もよい。

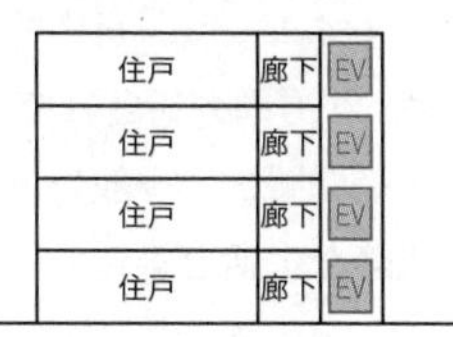

フラット型

3）住棟形状

①ポイントハウス型…正方形に近い平面を持ち高さが著しく高い形式で、スターハウス・塔状住宅ともいう。上空から見たときに点状に配置されていることからこのように呼ばれる。住宅地の景観に変化をもたらすことができる。

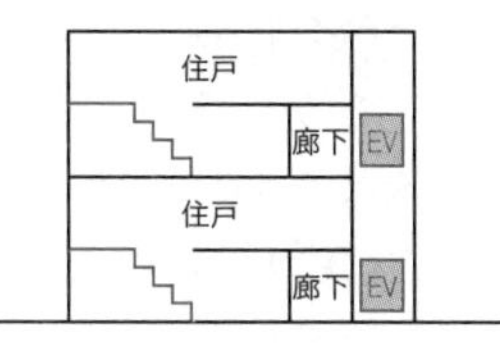

メゾネット型

②板状住宅型…住棟の奥行きに比べて横幅が長い形をした形式。

4）集合形式

①テラスハウス型…低層の連続住宅の中で専用の庭をもつ形式。

・プライバシーを保ちやすく、戸建住宅に近い居住性がある。

・戸建住宅に比べて、敷地面積は少なくてすむが、集合化は期待できない。

②共同住宅型…出入口・廊下・階段などを共同で使用し、縦横方向に住戸を積み重ねた形式。アパートともいう。

③コモンアクセス…共用（common）の庭を囲むように住戸を配置し、共用庭から各住戸へアクセスする形式。共用庭の利用を促し、近隣交流の機会を増大させるとともに、プライバシーの確保の効果も期待される。

5）高さによる形式

解答　集合住宅の各型計画の種類や特徴といった内容を問う

1. 中廊下型に比べ各住戸のプライバシーを確保しやすいのは、階段室型やツインコリダー型。
2. 1住戸が1層で構成される住戸形式はフラット型である。また、メゾネット型は、1住戸が2層にわたる住戸形式である。
3. 逆であり、ツインコリダー型は、中廊下型に比べて、通風や換気などの点で優れている。
4. 板状住宅型ではなく、ポイントハウス型である。
5. スキップフロア型は、1～2階ごとにエレベーターを停止させ、共用廊下をそこに設置するので、各階ごとに共用廊下を設ける片廊下型に比べるとその面積は小さくなる。

①低層住宅…2 階建までの集合形式

②中層住宅…3 ～ 5 階建までの集合形式

③高層住宅…6 階建以上の集合形式

注目 **6）その他**

①住戸の形式や規模を決める場合、居住者のライフサイクルや個性化・高齢化への対応も考慮する。

②バルコニーは、日常的な利用ばかりでなく、高さに対する不安感の除去や災害時の避難（2 方向の避難経路を確保）等にも有効である。

③隣棟間隔は、一般に日照条件によって決められることが多い。

④快適な生活を維持するため、必要な設備については、共用の利点を活かして計画することができる。

⑤子供が、とびはねたりする音が下階に伝わることを防ぐためには、床スラブをできるだけ厚くすることで対処できる。

⑥居間の延長としてのリビングバルコニーは、その機能を高めるために、プライバシーを確保する必要がある。

⑦自ら居住するための住宅を建設しようとする者が集まり、協力して企画・設計から入居・管理までを運営していく方式の集合住宅を、コーポラティブハウスという。

⑧非常時の避難を考慮して玄関扉を外開きとするために、住戸の玄関前にアルコーブ（へこんだ空間）を設ける。

⑨ライトウェル（光井戸）は、採光や換気のしづらい間口が狭く奥行きの深い住戸には有効である。

⑩共用廊下側に居間を配置するリビングアクセス型とすることで、住戸内の個室の居住性を確保することや各住戸の表情を出すことが可能になる。

重要 2. 住宅地の計画

1）住宅地の計画単位

近隣住区理論に基づく場合、住宅地は、近隣グループ、近隣分区、近隣住区、地区などの段階的な計画単位により構成される。

①近隣グループ…50 ～ 300 戸→プレイロット

②近隣分区…500 ～ 1,500 戸→日用品店舗・保育所・幼稚園・集会所・街区公園

問題　中層又は高層集合住宅に関する次の文章内の**不適当な語句**を訂正しよう。

1. 隣棟間隔は、一般に、通風・換気条件によって決められることが多い。
2. 片廊下型は、中廊下型に比べて、通風や日照を確保しにくい。
3. 居間の延長としてのリビングバルコニーは、その機能を高めるためにプライバシーは確保しなくてもよい。
4. 住戸の形式や規模を決める場合、居住者の個性化への対応は考慮しなくてもよい。
5. メゾネット型は、フラット型に比べて、共用部分を節約できるが、各住戸のプライバシーは確保しにくい。

③近隣住区…2,000 ～ 2,500 戸→分区が 2 ～ 3、小学校（中学校は、近隣住区二つで 1 校を設置）、特定郵便局、地域図書館、近隣公園（2ha）

④地区…10,000 ～ 15,000 戸→住区が 3 ～ 5、病院、地区センター、地区公園（5ha）

2）近隣住区の一般的な計画方法

次の五つのポイントに留意して計画する。図を参照。

①小学校 1 校を、住宅地の中心付近に配置する。

②通過交通を排除するために、街路はループ状やクルドサック状とする。

③住宅地の周辺部の交差点近くに、商店群やショッピングセンターを配置する。

④住宅地総面積の約 10％を、公園や運動場などのレクリエーション用地にあてる。

⑤通過交通の多い幹線道路を境界とし、住宅地の周囲に通す。

3）その他

①人と車の分離をはかる目的でそれを立体的に計画する場合に、ペデストリアンデッキを設ける。

②スプロール現象とは、市街地が、無計画、無秩序に拡大していく都市周辺部の現象をいう。

③我が国の大規模なニュータウン計画における住宅用地の比率は、全計画面積の 40 ～ 50％程度である。

④スケルトン・インフィル住宅とは、構造体（スケルトン）と住戸の間取り・内装（インフィル）を分離して計画した集合住宅の形式である。

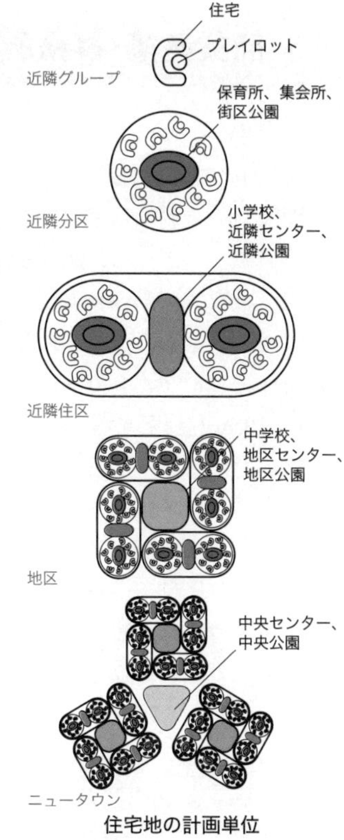

住宅地の計画単位

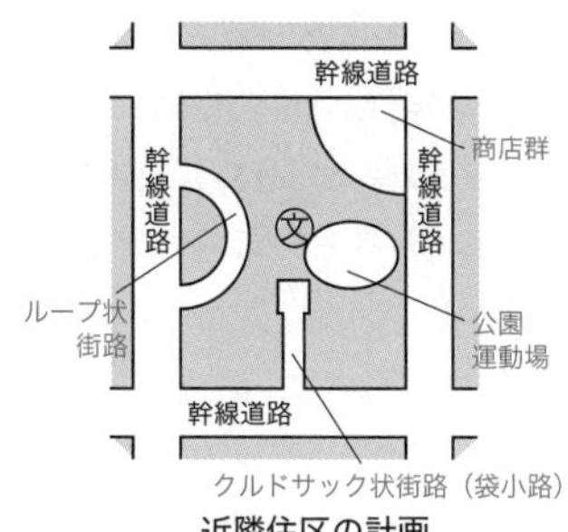

近隣住区の計画

解答 **集合住宅の各型計画の比較した内容を問う**

1. 隣棟間隔は、一般に、日照条件によって決められることが多い。
2. 逆であり、中廊下型は、片廊下型に比べて、通風や日照を確保しにくい。
3. 居間の延長としてのリビングバルコニーは、その機能を高めるためにプライバシーを確保する必要がある。
4. 居住者のライフスタイルや個性化、高齢化への対応も考慮する。
5. メゾネット型はフラット型に比べ、共用部分が節約でき、プライバシーも確保しやすい。

15 商業建築・事務所建築

180%

1. 商業建築

1）物品販売店舗の計画

①店内の顧客の動線は、できるだけ長くなるようにする。

②商品の搬出入動線は、顧客の動線と重複しないようにする。物と人の動線を重複させると、顧客が不愉快な思いをし、思わぬ事故を起こす可能性もある。

③スーパーマーケットのレジカウンターの高さは、床面から70cm程度とする。

2）ショーウインド・ショーケースの計画

①ショーウインドは、商品をよりよく見せるために、高さや奥行き、照明などに配慮する必要がある。

②ファサードとは、道路に面した建築物正面のことであり、商店などの外観のデザインを決定づける重要な部分である。ショーウインドは一般に1階にあり、ファサードの中でもポイントとなるデザインエレメントである。

③ショーケースで囲まれた店員用の通路幅は、1.1m程度とする。

3）劇場・映画館の計画

①小劇場において、客席内の縦通路の幅は、85cm以上とする。

②オペラ劇場における可視限界距離は、一般に、38m程度である。

③劇場におけるプロセニアムステージの舞台の幅は、プロセニアムの幅の2倍以上は必要である。

④劇場の計画で、舞台と客席の一体感を高めるためには、オープンステージ形式やファッションショーなどで設置されるスラストステージ形式を採用するとよい。

⑤映画館の客席部分の1人当たりの床面積は、通路を含めて0.7m²程度が一般的である。

出題パターン

・商業建築はショーウインドについて

・事務所建築は、モデュラーコーディネーション・レンタブル比・コアプランが重要

ショーウインドの計画

①ショーウインドのガラス面は、太陽光で乱反射しないように、ひさしをつけるか、ガラス面の上部を少し道路側に傾けるようにする。

②ショーウインド内の商品を見やすくするために、人の目の高さに合わせ、ショーウインド内を外部より明るくする。

③商品が小さいものほど、見せる位置を高くし、また、奥行きを浅くする必要がある。

④ショーウインドの機能を発揮させるためには、入込型の店頭形式とする。

問　題　商業建築に関する次の文章内の**不適当な語句**を訂正しよう。

1. 屋内の駐車場の計画において、直角駐車にする場合、車路の有効幅を3mとした。
2. 事務所ビルの執務空間の計画において、1人当たりの床面積を6m²とした。
3. 物品販売店舗の計画において、ショーケースで囲まれた店員用の通路幅を0.75mとした。
4. スーパーマーケットのレジカウンターの高さを、床面から50cmとした。
5. 貸事務所の計画において、基準階の床面積のうち60%を貸室面積とした。

また、映画館の残響時間はセリフなどの聞き取りやすさを優先させるために、音楽ホールよりも短くする。

⑥コンサートホールや劇場には、上演前の客だまりであるホワイエを設ける。

4）ビジネスホテルやシティホテルの計画

①客室の床面積は、シングルベッドルームで約15m²、ダブルベッドルームで約22m²、ツインベッドルームで約30m²程度である。

②ロビーの計画は、客室収容人員からその最小床面積を算出する。

③リネン室は、客室用のシーツやタオル、石けんなどを収納する倉庫のことである。

映画館の計画

座席のスペースは、幅50cm、前後間隔100cm程度であり、通路幅は、縦通路90cm以上、横通路100cm以上が望ましい。また、各通路は、出入口に直通しなければならない。床面積に天井高を乗じた気積は、1人当たり4m³程度である。なお、1,000人程度収容できる映画館の延べ面積における1人当たりの床面積は、1.4～2m²程度が必要となる。

体験的な学習

商業建築に関する一般的な問題は、店舗の計画が中心となる。その他、飲食店や駅と複合した百貨店などの出題もあり、実際に見学に行くなどして体験的に学習することが必要。

注目 5）飲食店の計画

①パントリー(食品庫)は、厨房に近いところに計画する。

②クローク（手荷物預かり所）は、レジに近いところに計画する。ホテルや劇場などにもクロークルームは、計画される。

③レストランの厨房の床面積は、客席部分の床面積の40～45%程度が必要となる。また、レストラン全体の床面積では25～45%が一般的である。

④バーのカウンター内の床は、客席の床より下げて計画する。

⑤セルフサービス形式のカフェテリアの配膳用と下げ膳用のカウンターは、多数の客が不特定に動くので、動線は交わらないようにする。

⑥従業員用の便所は、客用の便所と別に計画する。

2. 事務所建築

1）モデュラーコーディネーション（MC）

建築物の各部（柱間や窓）を標準化した寸法に合わせ、その標準寸法を用いて全体を設計すること。モデュール割りともいう。柱間や間仕切の位置にモデュール割りを用いると、執務空間の利用の自由度が増し、計画の標準化や合理化が図れる。

解答 商業建築について多種にわたる建築物からの出題

1. 屋内の駐車場の計画において、直角駐車にする場合には車路の有効幅は6m程度とする。
2. 事務所ビルの執務空間の計画において、1人当たりの床面積は9m²程度必要である。
3. ショーケースで囲まれた店員用の通路幅は1.1m程度必要である。
4. スーパーマーケットのレジカウンターの高さは、床面から70cm程度である。
5. 延べ面積に対する貸室床面積（収益面積）の割合をレンタブル比（有効面積率）といい、設備階などではレンタブル比が低下することから、基準階を75～85%まで高めておく必要がある。

2）レンタブル比

$$\text{レンタブル比（有効面積率）} = \frac{\text{貸事務所などの収益面積}}{\text{延べ面積}} \times 100\%$$

→65～75%が一般的である。基準階は75～85%とすることで、設備階などの非収益部分を補う。

3）賃貸形式

①全階貸し…全階を一つの企業が賃貸する形式

②フロア貸し…階を単位にして賃貸する形式

③ブロック貸し…基準階をブロックに分け賃貸する形式

④小部屋貸し…柱間を単位にして賃貸する形式

4）コアプラン

トイレなどの主要な設備部分や廊下・階段などを集約化させコア（核）とし、執務空間と分離した平面形式。

①センターコア…広い床面積に対応。レンタブル比が高い。2方向避難は不利。

②オープンコア…高層用、中央にコアがあるため事務室が分断される。

③偏心コア…レンタブル比が高い。事務室とコアの距離が一定ではない。

④分離コア…事務室の独立性が高い。コアとの距離が遠くなる。

⑤ダブル（ツイン）コア…2方向避難が明快である。事務室の独立性にかける。

・貸事務所のレンタブル比を高めるためには、センターコアプランを採用する。また、

事務所ビルのコアプラン

①センターコアは、構造計画上好ましく、高層の場合に多く用いられる。

②ダブルコアは、2方向避難を確保しやすい。

③偏心コアは、一般に、床面積があまり大きくない低層・中層の場合に用いられる。

④分離コアは、事務空間の自由度は高いが、防災上の2方向避難は難しい。また、耐震構造上では、地震時に建物の大小から生じる揺れの違いから、分離コアとの接合部を伸縮継手（エクスパンションジョイント接合）などとする必要がある。

⑤分散コアは、外周部に分散されたコアによって、巨大な架構を組むことができる。

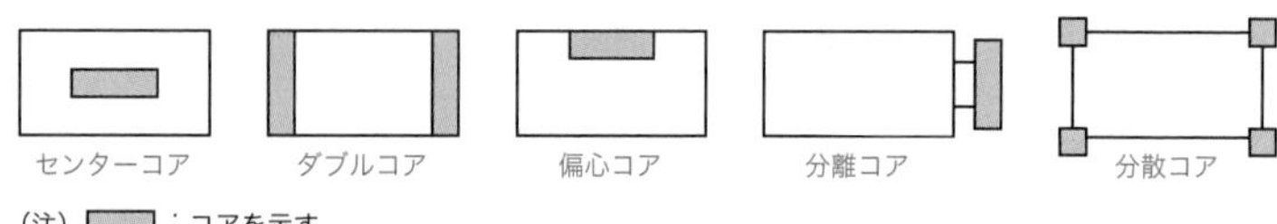

（注）▭：コアを示す

問題 事務所ビルの計画に関する次の文章内の不適当な語句を訂正しよう。

1. センターコア方式の平面は、2方向避難を確保しやすい。
2. フリーアクセスフロアは、OA機器への対応に適していない。
3. 貸事務所における収益部分の床面積と非収益部分の床面積との比を、レンタブル比という。
4. 事務室において、個人専用の座席を設けず、在席者が座席を共用し、スペースを効率的に利用するためにオフィスランドスケープ形式で計画した。
5. 給湯室、洗面所及び便所は、各階の使い勝手に合わせて平面上必要な位置に配置する。

●覚えておこう
- □グリッドプランーある基準寸法に基づく格子の上に建築物の柱や壁を配置した平面のこと。
- □ファシリティマネジメントー建築物や設備、備品などの施設を統合的かつ経済的に管理すること。
- □ライフサイクルコストー建築物の企画・設計から廃棄までの全期間を通じて必要なすべての費用。
- □ダブルコリドールーコアの両脇に主要な２本の廊下を平行に配した平面型のことであり、事務所や病院の建築に用いられる。
- □システム天井ー照明器具や煙感知器・空調の吹出口などの設備器具を、天井下地に組み込み一体化した天井のことであり、ユニットとして工場で生産される。
- □ドライエリアー地下室への採光・防湿・換気などを目的に、地下外壁面に設けられるから堀のこと。
- □カーテンウォールー構造体の外周に設けられた荷重を負担しない壁のことであり、ユニットとして工場で生産される。

コア部分は、構造を十分考慮して計画する必要がある。

・給湯室、洗面所及び便所は、各階とも、平面上同じような位置になるように配置する。

5）所要面積

①事務所建築の執務空間の床面積：8 ～ 12m²/ 人、中間値として 9m² / 人。

②事務室の天井の高さは、一般には 3m 程度、最低でも 2.6m 程度は必要である。

6）オフィス計画

①フリーアクセスフロア…床を二重とし、配線スペースを確保しているため、建築物の完成後にもパソコンなどの OA 機器の模様替えが可能である。

②オフィスランドスケープ…オフィスのレイアウト方式の一つで、固定の間仕切りは使わず、ローパーテーション・家具・植物などによって事務所のレイアウトを行う手法。

③フリーアドレス方式…個人専用の座席を設けず、座席を共用し、スペースを効率的に利用するもので、在席率が 50 ～ 60％の場合に適している。

7）事務所の設備ほか

① OA 化は、事務室の空調負荷を増加させる傾向がある。

②エレベーターの設置台数の計算は、朝の出勤ピーク時の５分間を基準とする。

③ 10 階建の建築物の場合には、乗用エレベーターは、一般に、中速度のものを用いる。

④設備階は、電気や空調機械などの設備関係の諸室を集中させた階である。

⑤ごみ排出物比率（重量）は、紙類が最も多いので専用のごみ置場を設けたほうがよい。

⑥事務室の机の配置では、一般に、並行（同向）配列のほうが、対向配列に比べて机間の通路部分が多くなるので、所要面積が 20 ～ 30％程度増加する。

解答　**事務所建築の計画の基本事項を問う定番問題**

1. センターコアは事務所平面の中央にコアが一つなので、明確な２方向避難が確保しづらい。
2. フリーアクセスフロアは、床下に配線スペースを確保しているため、建築物の完成後にもパソコンなどの OA 機器の模様替えが可能である。
3. レンタブル比とは、貸事務所における延べ面積に対する収益部分の床面積の割合である。
4. 事務室において、個人専用の座席を設けず、在籍者が座席を共有し、スペースを効率的に利用するために、フリーアドレス方式とした。
5. 給湯室、洗面所及び便所は、各階とも、平面上同じような位置になるように配置する。

16 公共建築 1

180%

1. 車いす使用者の利用を配慮した計画

①便所の衣服掛け：床面からの高さは 120cm

②車いす使用者と健常歩行者がすれ違うことができる廊下の有効幅：150cm

③エレベーターの乗降ロビーの広さ：180cm × 180cm

④車いす用斜路：屋内での勾配は 1/12 以下とし、1/15 程度がよい。高さ 75cm ごとに踊場を設置する。

⑤電話台の上端の高さ：床面から 70 ～ 75cm

出題パターン

・車いす使用者の利用を配慮した公共建築物の計画は今後も出題される可能性が高い

・その他の公共建築については、各部の寸法と計画上のポイントを把握しておく

・公共建築物とそれに関連する所要室や留意点の組み合わせを覚えておく

2. 地域図書館の分館の計画

①貸出し用の図書は、開架式書庫を中心としたサービスを行う。

②閲覧室の床面積は 1 人当たり 1.5 ～ $3m^2$ とする。

③少数の職員で運用しやすいようにする。

④貸出しカウンター（コントロールカウンター）の奥行きは 60cm 程度とし、その背後に事務・作業室を配置する。

⑤騒音が発生しやすい児童閲覧(えつらん)室は、一般閲覧室と分離して配置する必要がある。また、児童室内では、幼児と小・中学生の利用部分とを書架などで区分するとよい。

⑥利用者と館員やサービスの動線は交錯しないようにする。

⑦ブラウジングコーナーは、新聞・雑誌などが読めるコーナーであり、近くにインターネットを利用できるスペースを設けてもよい。

⑧レファレンスルームは、利用者が調べものをするための室である。

●覚えておこう

□特別養護老人ホーム－65 歳以上で常時介護が必要な心身の障害を持ち、自宅で介護を受けられない高齢者のための福祉施設。

□コレクティブハウス－複数の家族が共同の食事室・調理室・洗濯室などにより生活をする集合住宅であり、高齢者用住宅として注目されている。

□老人デイサービスセンター－在宅介護を受けている高齢者のために、入浴や日常動作訓練、生活指導などのサービスを行うための施設。

□老人保健施設－病院における入院治療の必要はないが、家庭に復帰するための機能訓練や看護・介護が必要な高齢者のための施設。

問 題　公共建築の計画に関する次の文章内の不適当な語句を訂正しよう。

1. 市立の中央図書館では、レファレンスルームと児童閲覧室を、接近させて配置するのがよい。
2. 保育所では、保育室と便所を離して配置し、居住性を上げた方がよい。
3. 診療所では、診察室と処置室を、明確に分離して配置するのがよい。
4. 特別教室型で運営される小学校では低学年教室と特別教室を接近させて配置するのがよい。
5. 公民館では、玄関ホールと展示スペースは、ある程度離して配置するのがよい。

屋内駐車場と駐輪場の計画

①自動車用傾斜路の勾配→ 1/6 以下で 1/8 が標準。②駐車部分の梁下の高さ→ 2.1m 以上。③車路の梁下の高さ→ 2.3m 以上。④車路の有効幅→（直角駐車）5.5 ～ 6m 程度。⑤車路の屈曲部の内法半径→ 5m 以上。⑥直角駐車 1 台分の広さ→ 3m × 6m 程度。1 台当たりの所要駐車面積は、平行駐車＞ 30 度駐車＞ 45 度駐車＞ 60 度駐車＞直角駐車の順である。⑦駐車台数→延べ面積 300 ～ 500m² につき 1 台で算定。⑧柱間は、屋内駐車場の駐車台数にも制約を与える。例）小型乗用車 3 台を直角駐車する柱間の内法寸法は 7m 程度。⑨駐車場の配置計画に当たっては、人と車の動線を十分に検討する。⑩小型中型自動二輪車（50 ～ 250cc クラス）の平行駐車→ 1 台当たりの幅は 90cm 程度。⑪一般用自転車の駐輪スペース→ 1 台当たりの幅と長さは 70cm × 190cm 程度。

⑨オーディオビジュアル（AV）ルームは、視聴覚教材の利用ができる室である。

美術館の自然採光

自然採光を利用する計画は、紫外線などにより展示物を傷めるおそれがあるので注意が必要である。以前の試験問題では、美術館の自然採光＝不適当であったが、最近では、計画上の工夫や自然採光を活かした実施例がみられることから、現状に即して適当としている。

3. 幼稚園・学校の計画

①保育室は、南面させることが望ましい。

②便所は、各保育室に隣接して設ける。また、幼児用大便器ブースの扉の高さは 1.2m とし、大人が外から安全を確認できるものとする。

③遊戯室と保育室は兼用し（広さがとれる場合は分ける）、床暖房を設けるとよい。

④乳児・1 歳児のほふく室の所要面積は 3.3m²/ 人、2 歳児以上の保育室は 1.98m²/ 人程度。

⑤児童の出入口と自動車の出入口とは、分離して計画する。

⑥片側廊下型の教室は窓から離れた位置で昼光率が低くなるので、採光計画には注意。

⑦総合教室型は、ほとんどの教科を各自の学級教室で行う低学年に適した運営方式である。高学年では音楽や技術などを専用の教室で行う特別教室型が適している。

4. 美術館・郷土資料館の計画

①荷解き室のある美術館などは、収蔵室と荷解き室は隣接して配置する。さらに、収蔵品についた虫などを駆除・殺菌する燻（くん）蒸室を近くに配置することが望ましい。

②小規模な展示室は、原則として、一筆書きの動線計画とする。

③展示室の床面積は、一般に、延べ面積の 30 ～ 50％のものが多い。

④ 1 回の鑑賞の限界は、壁面の延長で 400m 程度、休憩所を設置する。

⑤ミュージアムショップは美術館の来客の動線上、玄関付近に計画する。

解 答　公共建築の代表的な室の内容を問う

1. 市立の中央図書館では、レファレンスルームと児童閲覧室を、分離させて配置するのがよい。
2. 保育所では、保育室と便所を、接近させて配置するのがよい。
3. 診療所では、診察室と処置室を、隣接させて配置するのがよい。
4. 特別教室型で運営される小学校では高学年教室と特別教室を接近させて配置するのがよい。
5. 公民館では、玄関ホールと展示スペースを、接近させて配置するのがよい。

17 公共建築２

30%

注目 1. 高齢者や身体障害者の公共建築に関する用語

①関連用語
・キックプレート…車いすの足台から扉などを守る幅木
・リフター…肢体不自由者などが移動するための機器
・ワイドスイッチ…押す部分を大きくしたスイッチ
・バリアフリー新法…高齢者などに対応した建築の法律

②シルバーハウジング…高齢者の在宅生活をより安全かつ快適に支援するための高齢者向け住宅の供給を行うプロジェクトをいい、福祉政策と住宅施策の連携のもとで行われる。

③ノーマライゼーション…ハンディキャップを持つ人も平等に社会参加する権利と義務を持つ福祉の基本理念。

出題パターン

・高齢者の使用を配慮した公共建築をはじめ、学校・美術館・病院・劇場など対象とする建築物は多岐にわたるが、過去問が繰り返し出題されている
・用語の組合せを問う問題である。用語同士を見ると関係はあるが、不適切なものもあるので注意が必要

公共建築の出題傾向

公共建築物は対象となる範囲が広いが、ここで解説した建築物とそれに関連する所要室などが繰り返し出題されている。また最近は、車いす使用者や高齢者の利用に関する公共建築物の問題が多く出題される傾向にあるので、十分に学習しておく必要がある。

2. 学校・図書館・美術館に関する用語

①小学校の教室…オープンスペース、均等な照度分布。
②学校…クラスタープラン→１本の廊下から葡萄の房のように教室を配置する計画。メディアセンター→学校の図書館を基盤に、視聴覚教材などの各種情報を集約し、学習活動の活性化をねらったものである。
③図書館の閲覧室…来館者の構成
④図書館…レファレンスコーナー・ブラウジングコーナー
⑤図書館の児童閲覧室…開架式
⑥美術館…学芸員室
⑦美術館の絵画展示室…人工照明→作品保護の目的から直射日光を避け、人工照明により必要照度を得ることが多い。

3. 病院・診療所に関する用語

①デイルーム…病院などで患者が精神的なくつろぎを得られるように、他の患者や面会

問題 劇場に関する用語とその説明とを組み合わせよう。

1. 奈落 ・　　・a．舞台において、観客席からみて右手の部分
2. 上手（かみて） ・　　・b．道具類・照明器具等が吊（つ）られて収納されている舞台上部に設けられた空間
3. プロセニアムアーチ ・　　・c．観客の休憩、歓談、又は待合せ等に用いられる広間
4. ホワイエ ・　　・d．舞台や花道の床下の空間
5. フライズ（フライロフト）・　　・e．舞台前面に設けられた弓形で額縁状の飾り壁

者と、病室とは別に過ごせる室のことである。

②ICU…Intensive Care Unit の略で、重症患者を24時間体制で看護する集中治療室のことであり、病棟部に設置され、動線上、手術室などと関連して配置される。

③サービス部…病院のサービス部に関連する諸室としては、一般外来者や職員などが利用する売店や軽食喫茶室や給食調理室などがある。

④用語の組合せ

病棟―ナースステーション、中央診療部―手術室、外来診療部―各科診察室、管理部―防災センター、診療所のX線室―床材の電気的絶縁性

重要 4. 劇場の計画

①舞台の下手とは、客席側から見て左側をいう。

②劇場の1人当たりの客席所要面積は、通路を含めて0.6～0.7m²が目安である。

③プロセニアムアーチの開口寸法は、客席数や上演演目、芸能の種類によって、その大きさや縦横の比率、デザインなどが変わる。プロセニアムアーチは、舞台と客席との境に設けられる額縁状の飾り壁のことである。

④フライズ（フライロフト）は幕や舞台照明などの吊物（つりもの）を収納する舞台上部の空間。

⑤奈落は、舞台の床下の空間で、俳優や作業員の通路、回り舞台やせりなどの機械設備が設置されている。

⑥客席については、残響時間を考慮する。

⑦大道具の搬出入口は、舞台から円滑に搬出入できるような位置に設ける。

5. その他の公共建築に関する用語

①工場の作業室…クリーンルーム→精密機械工場や手術室などに設置される無塵（むじん）室・無菌室（室内の空気が汚染されないように調整する設備を備えた室）のこと。

②地域公民館の集会室…多目的な利用、公民館…談話室

③劇場…ホワイエ→観客の休憩、歓談、又は待合せ等に用いられる広間のこと。

④ホテル…リネン室→客室に備えるシーツやタオルなどを収納しておく室のこと。

⑤レストラン…クローク→ホテルやレストランに設置される手荷物預かり所のこと。

⑥レストラン…パントリー→食品庫・食器室のこと。

⑦ドライエリア…地下室→地下室の外壁前に設けられるから堀のことであり、通風・採光を必要とする地階を持つ建築物に設置される。

解答　劇場の空間や舞台装置の内容を問うものであり、よく出題される

1. 奈落――――――d．舞台や花道の床下の空間
2. 上手（かみて）――――――a．舞台において、観客席からみて右手の部分
3. プロセニアムアーチ――e．舞台前面に設けられた弓形で額縁状の飾り壁
4. ホワイエ――――――c．観客の休憩、歓談、又は待合せ等に用いられる広間
5. フライズ（フライロフト）―b．道具類・照明器具等が吊（つ）られて収納されている舞台上部に設けられた空間

18 各部の計画

190%

1. 建築物の各部の勾配

1）屋根勾配（最低勾配）と屋根葺き材料

①金属板瓦棒葺：2/10 ～ 3/10 以上

②アスファルトシングル葺：3/10 ～ 4/10 以上

③日本瓦引掛け桟瓦葺：4/10 ～ 5/10 以上

2）スロープの勾配

①歩行者用：1/8 以下

②車いす用：1/12 以下（屋内）、1/15 以下（屋外）、高さ75cm ごとに踏幅 150cm 以上の踊場を設置。

③自動車用：1/6 以下で 1/8 が標準

出題パターン

・各部の勾配では数値を覚える

・扉の開き勝手では、各種建築物の室及び廊下などの空間に対して問われる。室や空間の特徴をつかんでおけば難しくはない

・敷地の選定や屋根の種類なども出題されるので、詳しくは求めず広範囲に学習しよう

屋根葺き材勾配

屋根葺き材料は、材料 1 枚の大きさが大きな面積なものほど、勾配は緩くできる。また、逆に吸水性の高いものほど急勾配にすることが多い。

2. 扉と開き勝手

①公共建築などで不特定多数の人が利用する扉：外開き→避難を考慮する。

②病棟の患者用便所ブースの扉：外開き→外開きにすることで、介添え者が入る広さが確保でき、ブース内での事故の際にも有効である。

③公共用便所ブースの扉：内開き→安全性を考慮する。

④浴室の扉：内開き→防水を考慮する。

⑤外部に面する開き窓や扉：外開き→雨仕舞（雨が室内に浸入するのを防ぐための工夫やその仕組み）を考慮する。

⑥中廊下に面する事務室の扉：内開き→安全性を考慮する。

⑦ブラインドを設置する窓：はめ殺し

⑧車いす使用者の利用する出入口の戸：引き戸や自在戸（自在丁番により内と外に自由に開閉する扉）など。

⑨多人数の集中する出入口の扉：両開きや外開き→避難時の安全性を考慮する。

⑩一般病室の出入口の扉：引き戸など→内部から鍵が掛けられないようにする。

問題　扉又は窓の開き勝手に関する次の文章内の**不適当な語句**を訂正しよう。

1. 映画館の客席からの出口の扉を、内開きとした。
2. 病棟の患者用の便所において、ブースの扉を、内開きとした。
3. 浴室の扉を、防水の点から外開きとした。
4. 外部に面する開き窓を、内開きとした。
5. 中廊下に面する事務室の扉を、外開きとした。

● EXERCISE

正しい勾配に○、誤っているものに×をつけよう。

1. 車いす使用者用の屋外傾斜路の勾配を、1/20 とした。	○ 1/15 以下であり OK
2. 階段に代わる歩行用傾斜路の勾配を、1/12 とした。	○ 1/8 以下であり OK
3. 屋内駐車場の自動車用斜路の勾配を、1/5 とした。	× 1/6 以下で 1/8 が標準
4. アスファルトシングル葺の屋根の勾配を 2/10 とした。	× 3/10 ～ 4/10 以上

3. 車いす使用者の公共施設の計画

車いすの一般的な寸法：幅 65cm、長さ 110cm、座席面の高さ 45cm、アームレストの高さ 65cm

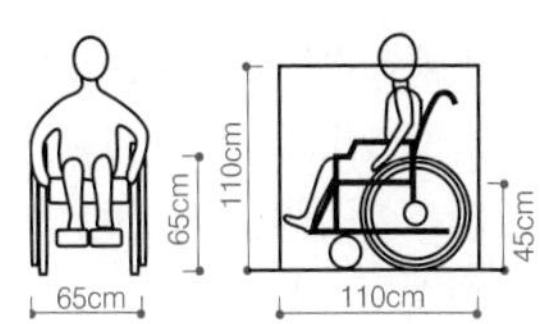

車いすの寸法

1）広さ（間口又は幅）×（奥行又は長さ）

①エレベーターのかごの内法寸法：140cm × 135cm 以上

②車いすで方向転換の可能な洗面器付き便所の内法：200cm × 200cm 以上

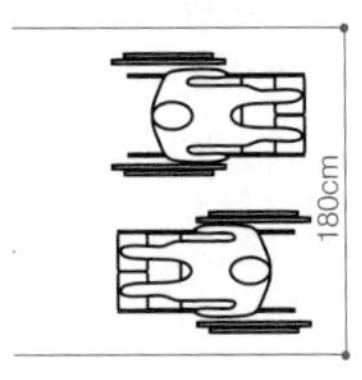

車いす2台すれ違い最低幅

2）幅

①出入口の有効幅：85cm 以上

②小型乗用車 1 台当たりの駐車スペースの幅：350cm

③車いす 2 台がすれ違う廊下の有効幅：180 ～ 200cm

④便所ブース出入口の有効幅(内法寸法)：85 ～ 90cm

⑤駐車場での乗降に必要な車間寸法：介護者がいる場合は 120cm 以上、車いす使用者が 1 人で乗降し車の横で車いすを回転する場合は、140cm 以上

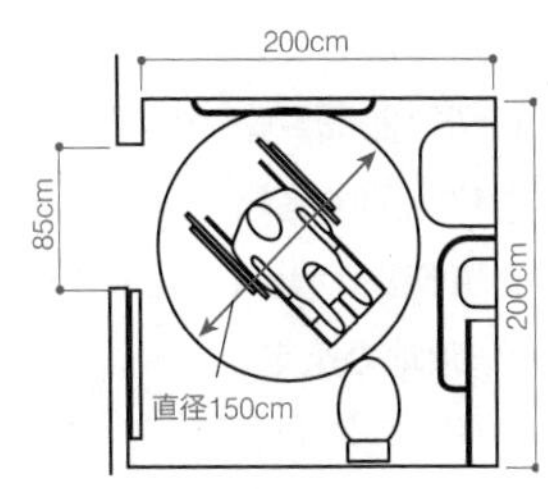

車いす用便所最低寸法

車いすの寸法と動作に必要な距離や広さの例

3）高さ

①キッチンカウンターの床面からの高さ：75cm 程度

②玄関の外側とくつずりとの高低差：2cm 以下

③洋式便所の便座の床からの高さ：45cm →便座面の高さは、車いすの座席面と同じ高さにするほうがよい。

④カウンター式記載台の床面からの高さ：70 ～ 75cm 程度

⑤住宅の電灯スイッチの床からの高さ：1.2m 程度

解 答 **扉と窓の開き勝手を問うものであり、室の機能から判断しなくてはならない**

1. 不特定多数の利用者が、避難がスムーズに行えるように外開きとする必要がある。
2. 患者用便所ブース（便房）の扉は、外開きにすることで、介添え者が入る広さが確保でき、ブース内での事故の際にも有効である。
3. 4. 排水や雨水が扉や窓から出入りしないように考えなくてはならない。浴室の扉は内開き、外部に面する開き窓は外開きとする。
5. 外開きとすると、廊下を歩く人に不意に扉があたる可能性が高くなる。したがって、中廊下に面する事務室の扉は、内開きとするほうがよい。

⑥車いす使用者用のエレベーター操作ボタンの床面からの高さ：90 ～ 110cm 程度

⑦廊下の壁につける手すりの高さ：80 ～ 85cm 程度

4）身体障害者を配慮した公共建築物の計画

①車いす使用者用の駐車スペースは、建築物の出入口に到達しやすい位置に設置。

②玄関マットは、埋込み式のものとし、端部をしっかりと固定する。

③廊下の手すりの端部の形状は、曲げて安全なものとする。

④居室の出入口の戸のガラスには、安全ガラスを使用。

⑤主要な階段は、昇降途中に踊場のある折返し階段とする。

⑥玄関の出入口は、自動の引き戸とする。

⑦廊下の両側には、手すりを設置。

⑧開き戸のとっ手は、レバーハンドル式を使用。

4. その他の各部計画

1）各室の所要床面積

①中学校の普通教室：1.5 ～ 1.8m^2/ 人→中学校の 40 人学級の普通教室：72m^2

②幼稚園の保育室：1.6 ～ 2.0m^2/ 人

③コマーシャルホテルの客室（ダブル）：19 ～ 21m^2/ 室

④総合病院の病室（2 人部屋）：7 ～ 10m^2/ 人→一般の病室は、2 人以上の場合、医療法で 1 人当たり 6.4m^2 以上（内法寸法）の所要面積が必要。

⑤診療所の患者 4 人収容の一般病室：17.2m^2 →患者 4 人の場合は、4.3m^2 × 4 人＝ 17.2m^2 以上が必要。

⑥図書館閲覧室の 1 席当たり：2.0m^2/ 人→書架のない 60 人収容の閲覧室：120m^2

⑦映画館の客席 1 人当たり：0.7 m^2/ 人→ 600 人収容の客席：420m^2

⑧事務室の 1 人当たり：9m^2/ 人→ 15 人が執務する事務室：135m^2

2）敷地の選定

①夏期の風向と風速、②地形と地盤の状態、③日照・日射の状態、④電気、ガス、上下水道などの施設の整備状況、⑤商店や公共施設までの距離

3）屋根伏図と屋根の名称

①入母屋（いりもや）、②寄棟（よせむね）、③マンサード（腰折れ屋根）、④方形（ほうぎょう）、⑤切妻（きりづま）

問　題　建築物の各部の寸法や数値を訂正しよう。

1. 車いす使用者用の屋内斜路の勾配———1/8
2. 住宅の電灯スイッチの床からの高さ——1.5m
3. 病院の病棟の中廊下の幅————————1.7m
4. 和風浴槽の深さ———————————————0.8m
5. 小学校普通教室の天井の高さ————2.4m
6. 住宅の食事用カウンターの高さ————90cm

4）カウンターの高さ

①住宅の食事用カウンター：75cm
②スーパーマーケットのレジカウンター：70cm
③手荷物受渡し用のカウンター：65cm
④立食い型式の飲食店のカウンター：105cm

5）階段・エスカレーター

①集会場などの階段の勾配は、一般に、住宅のそれより緩いほうが望ましい。
②階段の勾配を 30 度ぐらいにするとよい。
③住宅の階段の幅は、廊下の幅と同じぐらいの寸法でよい。
④映画館の階段は、回り階段にしないほうがよい。
⑤高齢者が使用する住宅の階段の勾配は、7/11 程度とする。この勾配での寸法は、踏面 26cm、けあげ 16cm 程度になる。上がりやすい勾配を持つ階段である。
⑥踏面とけあげの寸法を決める場合、歩幅との関係式を用いることがある。
⑦エスカレーターの勾配は、30 度とする。

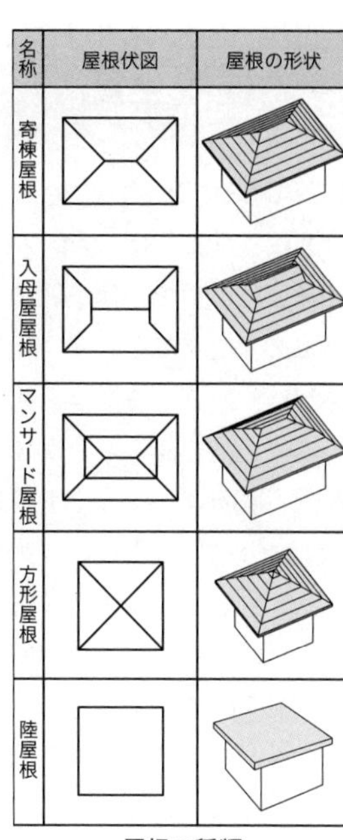

名称
屋根伏図
屋根の形状
寄棟屋根
入母屋屋根
マンサード屋根
方形屋根
陸屋根

屋根の種類

6）内部仕上げ材の特性

①せっこうボード…防湿性に劣る。②けい酸カルシウム板…耐熱性に優れている。③岩綿板…防火性に優れている。④磁器質タイル…耐水性に優れている。⑤プリント合板…耐熱性に劣る。

7）工場・倉庫建築

①のこぎり屋根の場合は、均等な昼光照度分布を得やすい。
②無窓の工場は、有窓の工場に比べて、空調の計画がしやすい。
③クリーンルームは、製品の高品質化のために設けられる。
④天井走行クレーンの荷重は、構造計画上考慮する必要がある。
⑤重量物を扱う倉庫や工場は、平家建にすることが多い。

解 答　建築物の各部の寸法を問うものである。実測するなどして、体験的に覚えていこう

1. 車いす使用者用の屋内斜路の勾配―――1/12 以下
2. 住宅の電灯スイッチの床からの高さ――1.2m
3. 病院の病棟の中廊下の幅――――――2.2m
4. 和風浴槽の深さ―――――――――0.6m
5. 小学校普通教室の天井の高さ―――――3.0m
6. 住宅の食事用カウンターの高さ――――75cm

19 住宅生産 30%

1. プレファブ工法

プレファブとは、プレファブリケーション（prefabrication）を略した用語で、建築物の壁や床などの部材を事前に工場で加工・組立てをして、現場での作業を軽減することを目的としている。特徴は、生産性と同時に精度も向上し、品質の均一化を図ることができ、大量生産が可能である。木構造・鉄筋コンクリート構造以外に鉄骨構造にも用いられる。「プレファブ」は、「大量生産」と同義ではない。

出題パターン

・プレファブ工法の種類とツーバイフォー工法の基本事項を中心に、それらの特徴をつかんでおこう
・在来軸組工法とプレファブ工法の違いについて整理しておこう

住宅生産の出題傾向

住宅生産では、ほぼ同じ問題が出題されている。問題の変化としては、選択肢の言い回しの違いと選択肢の順番の入れ替え程度だ。ここは落とさずにいこう。

2. PC 板パネル工法・木質パネル工法

PC 板パネル工法は、PC（プレキャストコンクリート）板の壁や床のパネルをあらかじめ工場で作り、現場で組み立てる方式で、中層の共同住宅などに適している。木質パネル工法は、あらかじめ工場で生産した木質パネルを、壁などの構造上主要な部分として組み立てる工法。

パネル式プレファブ工法は、構造体としての壁・床スラブをプレファブ化したものである。

3. 軸組式プレファブ工法

構造体としての柱や梁を工場生産する。他の工法と比べて大きいスパンが可能。

4. ツーバイフォー工法（枠組壁工法）

主として断面が 2 インチ× 4 インチの部材を用いる。木材を使用した枠組に、構造用合板等を打ち付けることにより、壁及び床を構成する方式である。カナダ・アメリカで開発され発達した。一種の壁構造であるので、壁の配置と壁量の確保に留意して平面計画を行う。

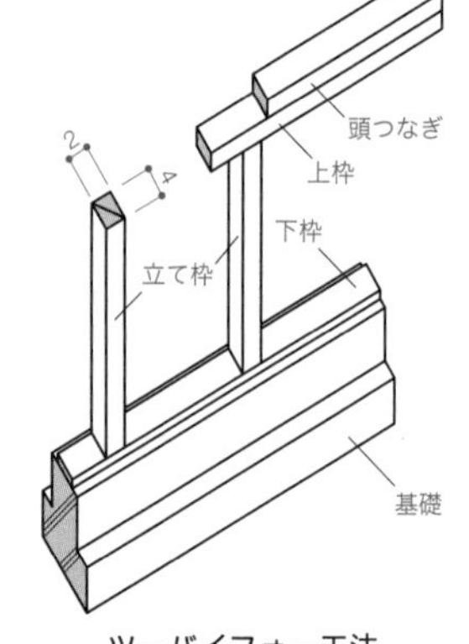

ツーバイフォー工法

問 題 木造建築の工法に関する次の文章内の**不適当な語句**を訂正しよう。

1. ツーバイフォー工法（枠組壁工法）においては、一般に、断面が 2 センチ× 4 センチの部材だけが使用される。
2. プレカット方式とは、ツーバイフォー工法特有の工場加工方式である。
3. 在来軸組工法は、一種の壁構造なので、壁の配置と壁量の確保に留意して平面計画を行う。
4. 木質パネル工法は、柱・梁を主要構造としたものであるが、筋かい等による水平力に対する補強も必要である。
5. ツーバイフォー工法の継手や仕口は、在来軸組工法と比較して、多様である。

● EXERCISE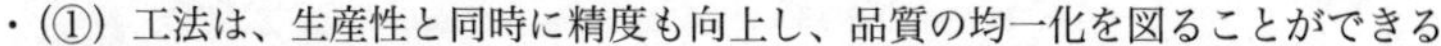

住宅の生産に関する次の文中の（　）に適語を入れよう。

・(①) 工法は、生産性と同時に精度も向上し、品質の均一化を図ることができる。
・ツーバイフォー工法においては、一般に、断面が (②) 以外の部材も使用される。
・在来軸組工法は、(③) を主要構造としたものであるが、筋かい等の水平力に対する補強も必要である。
・パネル式プレファブ工法は、構造体としての (④) をプレファブ化したものである。
・プレファブ工法は、木構造・鉄筋コンクリート構造のみでなく、(⑤) においても用いられている。

▶①プレファブ　②2インチ×4インチ　③柱・梁　④壁・床スラブ　⑤鉄骨構造

5. スペースユニット式

スペース（ボックス）ユニット工法は、あらかじめ工場で組み立てられた箱状の立体的な住居ユニットを現場で積み上げていく方式である。運搬方法に制限がある。

6. プレカット方式

部材の接合部（木材の継手・仕口）などをあらかじめ工場で加工して建てる方式。

7. 在来軸組工法

柱・梁を主要構造として、筋かいで水平力を受ける。継手や仕口はツーバイフォー工法と比較して多様である。この工法においても、部材の工場加工が進んでいる。

構造用合板等を使用することにより高い剛性をもたせることができる。

8. 丸太組工法

丸太材（ログ）や角材を使用して、壁体を井桁（いげた）のように組み上げる方式である。ログハウスに用いられる。また、校倉（あぜくら）造りと呼ばれてきた工法に近いものである。

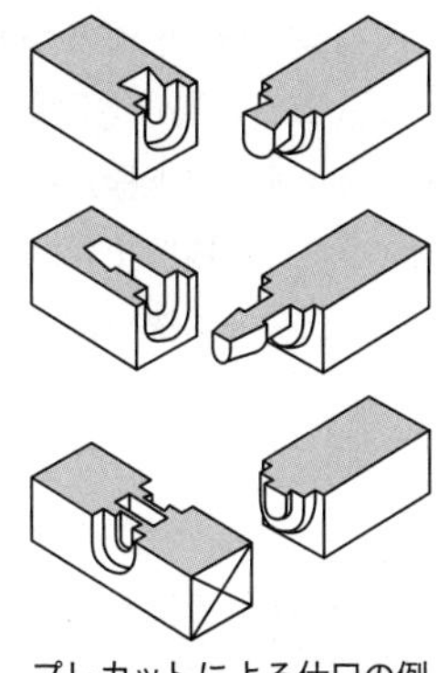

プレカットによる仕口の例

ひっかけ対策

正「断面が2インチ×4インチ以外の部材も使用される」→ツーバイフォー工法では、主としてこのサイズが使われるが、必ずしも、2インチ×4インチの部材だけが使用されるわけではない。あいまいな表現に要注意。

解 答　各工法の特徴をコンパクトにまとめておくことがポイント

1. 断面が2インチ×4インチ以外の部材も使用される。主としてこの部材が使われるが、それ以外の形状や寸法の違う部材も多く使用される。2. プレカット方式とは、木材の継手や仕口を工場などで機械により加工することであり、ツーバイフォー工法特有のものではない。
3. この説明文は、ツーバイフォー工法の説明である。4. 在来軸組工法は、柱・梁を主要構造としたものであるが、筋かい等による水平力に対する補強も必要である。5. 在来軸組工法の継手や仕口は、ツーバイフォー工法と比較して多様である。

20 設備用語

100%

1. 衛生設備

出題パターン

ここでは、毎年ほぼ同じ傾向で出題されている。設備の名称とそれに関係する用語の組合せをしっかりと覚えよう。さらにここで上げた用語以外にも、設備の名称とそれに関連する用語を取り上げまとめておこう

①フラッシュバルブ（洗浄弁）…大便器などの洗浄装置の一つであり、レバーを下げると弁が開き一定量の水が流れることにより汚物を処理するものである。

②バキュームブレーカ(真空防止器)…使用した水の給水管内への逆流を防ぐために設けられる器具。大気圧式と圧力式があり大便器の洗浄弁などに取り付けられる。吐水口空間がとれない場合は、あふれ面から上方150mm 以上に設ける。給水設備にも関連する。

③ボールタップ（玉栓）…バーの先端に付けられたボールの浮きによって、給水栓を自動的に止める機器。受水槽などに用いられる。

④ロータンク…水洗用便器の洗浄用水を貯めておく、低い位置に設置される受水槽。

⑤エアレーション…ばっ気ともいい、汚水処理設備に関連する。

重要 2. 電気設備

①フロアダクト…コンクリートの床スラブに埋込まれる電線管の配管方式。床面積の広い事務所などで使われることが多い。

②アウトレットボックス…コンセントなどの配線器具類を取り付けるために、配線用パイプの途中に設けられる鋼製のボックス。

③需要率…負荷のある最大需要電力を設備機器の総合電力量で除した値（単位は％）。

④力率…ある機器に入力された電力の効率を基準としたとき、有効に消費された電力の割合をいう。力率が高いほど効率のよい機器といえる。

⑤キュービクル…受電盤や蓄電池などを納めた高さ 2m 程度の鋼製の箱をいう。

⑥バスダクト…金属カバーのダクトの中に、電気関係のパイプ群を束ねたもの。

3. 照明設備

①保守率…器具をある期間使用したときと新設時の平均照度との比率である。

②室指数…照明設備の効率の良し悪しを数値化したもので、同じ照明器具を用いても、その室の形や天井高などによって照明の効率に差が出る。

問 題 建築設備に関する次の用語を組み合わせよう。

1. 照明設備・	・a．ファンコイルユニット
2. 空調設備・	・b．ロータンク
3. 電気設備・	・c．連結送水管
4. 消火設備・	・d．ダウンライト
5. 衛生設備・	・e．キュービクル

③ダウンライト…天井に照明器具を埋込むタイプ。

④コードペンダント…天井から配線コードを垂らし、その先に照明器具を取り付けたタイプ。

ひっかけ対策
よく出る誤った組合せ！
①空調設備―バスダクト
②空調設備―室指数
③空調設備―フロアダクト
④排水設備―ファンコイルユニット
⑤消火設備―フラッシュバルブ
⑥消火設備―クーリングタワー

4. 空調設備

①空調機（空気調和機）…エアフィルタ、熱交換器、加湿器、送風機などによって構成され、Air Handling Unit（AHU）と呼ばれる。

②パッケージユニット…冷凍機・コイル・送風機・空気ろ過機を内蔵した機器。

③ファンコイルユニット…各室に設置した送風機・冷温水コイルなどで構成される小型の空調機である。

④ダンパー…ダクトの途中に設ける風量調整のための板。

⑤クーリングタワー（冷却塔）…冷凍機に吸収された室内の熱を外気に放散させる装置。

⑥ヒートポンプ（熱ポンプ）…低温の熱源から熱を吸収し、高温の部分でその熱を移動させる装置。

⑦成績係数(COP)…冷凍機などの熱の効率を表す係数で、この数値が大きいほど良い。

⑧空気線図…湿り空気線図ともいい、空気の諸性質を一つにまとめた図。

5. 消火・防災設備

①ドレンチャー設備…噴水状の膜により、外部からの延焼を防ぐために、軒先や外壁などに設けられる消火設備。

②連結送水管…高層建築物に適用される消火設備で、屋外に設けられた送水口と屋内に設けられた放水口などの総称。消防隊専用の消火栓で、消防ポンプ車により送水する。

③空気管…自動警報装置の一つである熱感知器の差動式分布型（空気管式）に使用。

6. 給湯設備

①ミキシングバルブ…温めたお湯と水道水を混ぜ合わせる弁。

②膨張管…冷水又は温水配管内の温度変化による膨張・収縮を調節するパイプ。

7. 給水設備

①同時使用率…給水器具の合計数に対する、一定時に使用している器具の数の比率。

②摩擦損失…配管内における流体の失われるエネルギー量のことである。

③クロスコネクション（混交配管）…上水の配管の故障や配管ミスにより給水管中に汚水が混入し、上水が汚染される現象。

解答　各種設備に関係する代表的な用語を選ぶ問題

1. 照明設備――d．ダウンライトは、天井に照明器具を埋込むタイプ。
2. 空調設備――a．ファンコイルユニットは、各室に設置される小型の空調機。
3. 電気設備――e．キュービクルは、高圧受電盤を鋼製の容器に収納した電気設備。
4. 消火設備――c．連結送水管は、高層建築物に適用される消防設備。
5. 衛生設備――b．ロータンクは、水洗便器用の受水槽。

21 空調設備

110%

1. 空気調和設備

空気調和とは、室内の空気の温度、湿度、清浄度、気流分布を調整し、使用目的に適した状態に保つこと。

出題パターン

・空調設備では、ファンコイルユニット、単一ダクト方式・二重ダクト方式のしくみと特徴を理解しよう

1）ファンコイルユニット

送風機・熱交換コイル・フィルターを内蔵。

①全空気方式に比べて、搬送動力が少ない。

②定風量単一ダクト方式に比べて、ダクト併用方式はダクトスペースが小さい。一次空調機でつくられた換気に必要な空気を、各室に設置された二次空調機へ送るのみだからである。種類は設置場所により、床置型や天井吊下げ型などがある。

③各室（ユニット）ごとに温度・風量調節ができるので、個別制御が容易である。

④ペリメーターゾーン用や個室用として利用される。ペリメーターゾーンは、建物内の外周部分をいい、空調する際の熱負荷が大きいため、内部とは区別する。

⑤室内の浮遊粉じんの除去が難しい。

⑥窓下に床置型ユニットを設置すると冬期のコールドドラフト（下降冷気流）を防止す

●覚えておこう

□エアーカーテンー空調してある室の出入口の開け閉めが多い場合、空調負荷が大きくなるのを防ぐために出入口上部につけられる圧縮空気を吹出す装置。

□ドラフトー人体に対して不快な感覚を与える気流。冬期に窓の室内側の空気が冷やされ足元に吹き降ろしてくる気流→コールドドラフト

□ゾーニングー室の用途、使用時間、空調負荷、方位などにより、空調系統をいくつかに分割すること。

□ヒートポンプー外気や井戸水の熱をくみ上げて冷暖房に利用するもの。空気熱源ヒートポンプの能力は、外気温 7℃ を標準とし、気温が低くなるほどくみ上げる熱が少なくなるので低下する。ヒートポンプによる暖房は、電気ヒーターによる暖房より電力消費量が少ない。

□スプリット型（セパレート型）の空気熱源ヒートポンプ式エアコンー冷媒管の長さが長くなると、その能力は低下する。

□全空気方式ー室内空気を還気ダクトにより空気ろ過洗浄器に送るので、浮遊粉じんの除去が可能。

□直だき吸収冷温水機ー夏期、冬期ともに燃料を燃焼させ、冷水又は温水を1台で作ることができる。

□冷温水配管系ー膨張タンクが必要。膨張タンクとは、冷水又は温水配管内の水の体積が、温度変化により膨張・収縮するのを調節するものである。

問題 空気調和設備に関する次の文章内の**不適当な語句**を訂正しよう。

1. 冷温水配管系には、一般に、膨張タンクは不要である。
2. 室の用途、使用時間、空調負荷、方位などにより、空調系統をいくつかに分割することをペリメーターゾーンという。
3. 空気調和とは、屋外又は特定の場所の空気の温度、湿度、清浄度、気流分布などを使用目的に適した状態に同時に調整することをいう。
4. ルームエアコンの冷媒に用いられている代替フロンについては、フロンに変わるものであり、オゾン層の破壊はない。

ることができる。

⑦凝縮水の排水にドレン配管は必要である。

注目 **2）単一ダクト方式**

熱源装置・空気調和機・搬送装置・制御装置によって構成され、空気調和機から各室まで同一のダクトで冷風又は温風を送る。

機械換気による室内空気の正圧と負圧

第２種換気は、機械を使って室外から室内に空気を合間なく送り込むことにより、排出空気より入り込んでくる空気の量が多くなる。これにより、室内の空気圧は通常より空気圧が高く（正圧）なる。また、第３種では逆に排気を機械により行うので、室内の空気圧が低く（負圧）なる。

①定風量単一ダクト方式…マルチゾーンダクト方式や二重ダクト方式とともに全空気方式に属し、中央の機械室で作った空気をダクトにより各室に送る方式。

・送風量が大きいので、ダクト併用ファンコイルユニット方式より大きなダクトスペースが必要である。

・十分な換気量を、定常的に確保しやすい。

・送風温度を変えることにより、室温を制御する方式であり、各室の熱負荷の変動に対しては容易に対応することはできない。

・個別制御の点では、各室において風量などのコントロールがしやすいダクト併用ファンコイルユニット方式に比べると劣る。

・中間期に、室温より低い温度の外気を導入して冷房することができる。

②変風量単一ダクト方式…送風温度は一定。室内負荷変動に応じて送風量は変化できる。

・風量は給気ダクトの吹出口につけられた可変風量ターミナルユニットで変化できる。

・定風量単一ダクト方式に比べて、エネルギー消費量を低減することができる。

・低負荷時においては、必要外気量を確保し、空気清浄度を維持する必要がある。

3）二重ダクト方式…冷風又は温風を２系統の主ダクトで送るが、吹出口直前の混合（ミキシング）ボックスで混合され、一つの吹出口から送風される。

4）その他

①床暖房…室内の上下の温度差が少なく快適である。

②ルームエアコンの冷媒に用いられている代替フロンについても、オゾン層を破壊するとして、規制の対象となっている特定のフロンがある。

③空気熱源ヒートポンプ方式のエアコンの暖房能力は、外気などの熱を利用して暖房を行うため、外気温が低下することにより暖房能力も低下する。

解答　**空調設備の基本事項を問う**

1. 冷温水配管系には、一般に、膨張タンクは必要である。
2. 室の用途、使用時間、空調負荷、方位などにより、空調系統をいくつかに分割することをゾーニングという。ペリメーターゾーンは、建物内の外周部分をいう。
3. 空気調和とは、室内又は特定の場所の空気の温度、湿度、清浄度、気流分布などを使用目的に適した状態に同時に調整することをいう。
4. ルームエアコンの冷媒に用いられている代替フロンについても、オゾン層を破壊するとして、規制の対象となっているものがある。

22 冷暖房設備

20%

1. 冷房設備

冷凍機で冷やした冷媒によって室内の空気を除湿・冷却する。

出題パターン

・冷房設備では、冷凍機と冷却塔の原理やしくみを理解しておこう
・暖房設備では、集中方式の温水・蒸気・放射・温風の各暖房方式の特徴をつかんでおこう

重要 1）中央式の冷房機器

①冷凍機…冷凍サイクルにより、空気や水・冷媒（代替フロンなど）を冷却する装置。
冷凍機には蒸発圧縮式・吸収式の2種類がある。

②蒸発圧縮式のしくみ…冷媒ガスを冷凍サイクル（凝縮・発熱→膨張→蒸発・吸熱→圧縮の繰り返し）させることにより、蒸発器を冷媒で冷却する。

③冷却塔（クーリングタワー）…外気で冷却水を冷やし、再循環利用する装置であり、屋上などに置かれる。

ひっかけ対策

誤「クーリングタワーは、汚れた空気を洗浄する装置である」→クーリングは冷却、クリーニングは洗浄。

④中央管理方式の空調設備による場合、居室における二酸化炭素の含有率は、0.1%以下とする。

⑤中央管理方式の空気調和設備は、空気を循環して空気ろ過器で浄化し、一般に、送風量の3割程度は外気を取り入れている。

2）個別式の冷房機器

パッケージ型ルームエアコン…除湿・冷房・暖房・送風などを一つにまとめた機器。
・排水管が必要。

3）冷房負荷の計算

冷房負荷の計算に当たり、人体からの発熱量は、一般に、計算の対象とする。

2. 暖房設備

暖房の方式は、集中暖房方式と個別暖房方式の二つがある。

注目 1）集中暖房方式（セントラルヒーティング）

機械室内の熱源装置から蒸気や温水などの熱媒を各室に送って暖房する方式。

①温水暖房（ファンコイル式）…熱源としての温水が風呂などの給湯と併用することが

問題 冷暖房設備に関する次の文章内の**不適当な語句**を訂正しよう。

1. 冷却塔は、冷凍機が除去した建物内の熱を蓄熱する装置である。
2. 強制循環式による温水暖房には、ポンプが不要である。
3. 電気ヒーターによる暖房は、一般に、ヒートポンプによる暖房より電力消費量が少ない。
4. 冷房をファンコイルユニット方式により行う場合には、ドレン配管が不要である。
5. FF式温風暖房は、室内空気を燃焼に用いる方式である。
6. ダクト式の温風暖房は予熱時間が長く、温度と湿度の調整が可能であり、空気の浄化や換気が行える。

● EXERCISE

冷暖房設備に関する次の文中の（　）に適語を入れよう。

・温水暖房には、(①) が必要である。
・ウインド型のルームエアコンには、(②) は必要ない。
・パッケージ型の空調機には、(③) が必要である。
・蒸気暖房には、(④) が必要である。
・除湿機には、(⑤) コイルと (⑥) コイルが内蔵されている。

▶①膨張タンク　②冷却塔　③排水管　④スチームトラップ　⑤冷却　⑥放熱

②窓取り付け型のルームエアコンは、各室に取り付けられ、本体が空冷式構造なので、冷却塔は必要ない。④スチームトラップとは、配管の中間や終わりの部分で、スチーム（蒸気）とドレン（蒸気から発生する凝縮水）を分ける装置。

できるため住宅やホテルなどで用いられる。強制循環式温水暖房にはポンプが必要。温水暖房には膨張タンクが必要。

②蒸気暖房…比較的設備費が安くすむため、大きな工場や事務所などで用いられる。蒸気暖房にはスチームトラップが必要。

③放射(ふく射)熱暖房…温まるまでの時間（予熱時間）が長いため、すぐに暖房を必要とする建物や間欠的に使用するところには適さない。また、対流暖房に比べて、室内の上下の温度差が少ない。

④温風暖房(ダクト式)…予熱時間が短く、温度と湿度の調整が可能であり、空気の浄化や換気が行える。FF式温風暖房は、室内空気を燃焼に用いない方式である。

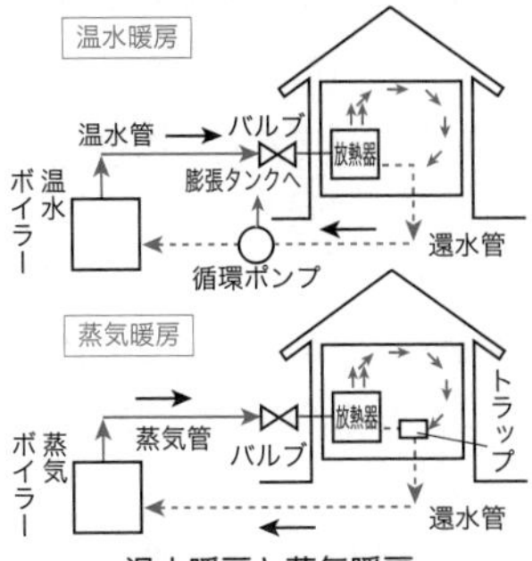

温水暖房と蒸気暖房

冷暖房・空調・換気設備

冷暖房設備は空調・換気設備と関連を持っているので合わせて学習するようにしてほしい。出題傾向は冷房設備より暖房設備が多くなっている。暖房設備・冷房設備ともに集中方式と個別方式に大別され、集中方式が問題になりやすい。

2）個別暖房方式

①開放型…ストーブ、ファンヒーター→燃焼に必要な給気も、燃焼後の排気も室内で行う方式。

②半密閉型…薪ストーブや石炭ストーブ→燃焼に必要な給気を室内から行い、燃焼後の排ガスは煙突から屋外へ排気する方式。

③密閉型…FF 式温風暖房機→屋外から燃焼に必要な給気と排気をする方式。

解答　各種冷暖房設備の特徴やその構成について問う

1. 冷却塔は、冷凍機が除去した建物内の熱を外気に放出する装置である。
2. 強制循環式による温水暖房には、ポンプが必要である。
3. ヒートポンプによる暖房は、一般に、電気ヒーターによる暖房より電力消費量が少ない。
4. ファンコイルユニット方式による冷房では、凝縮水の排水にドレン配管は必要である。
5. FF 式温風暖房は、室内空気を燃焼に用いない方式である。
6. ダクト式の温風暖房は予熱時間が短く、温度と湿度の調整が可能であり、空気の浄化や換気が行える。

23 給水設備

100%

1. 給水方式

①水道直結直圧方式…水道本管の水圧によって必要な箇所に給水する方式。高置タンク方式に比べ、給水引込管の管径が大きくなる。揚水ポンプは不要である。2階建程度の住宅などの小規模建築物に採用される。

②高置タンク方式…水道管本管から受水タンクに一度蓄えてから、揚水ポンプで屋上や給水塔の高置タンクに給水する方式。圧力タンク方式よりも維持管理上有利である。重力により水に圧力を与えるため、圧力タンク方式に比べて給水圧力が比較的安定している。高置タンクの設置高さは、最上部の水栓、器具などの必要圧力を考慮して求める。

③圧力タンク方式…受水タンクの水を圧力タンク内で加圧して、給水する方式。圧力タンク内の水の量や圧力バランスの変化により、給水圧力の変動は大きい。

出題パターン

・給水設備では、最初に四つの給水方式を理解しよう
・次に給水設備器具の名称とはたらき、また、設置後の問題などについて理解しておこう
・建物別の単位給水量や必要水圧なども、よく出題されるので、ここにあげた数値は覚えておこう

単位給水量

建物の種類	単位給水量［ℓ/日・人］	使用時間［h］
集合住宅	200～350	15
住宅	200～400	10
事務所	60～100	9
保養所	500	―
映画館	10	―

④ポンプ直送方式…ポンプを用いて受水タンクから給水する方式。

2. 給水設備器具

逆止弁（チャッキバルブ）…管内の流れを一方向にして逆流を防止するバルブ。

3. クロスコネクションとウォーターハンマー

1）クロスコネクション（混交配管）…上水の給水系統とその他の系統が配管・装置により直接接続されることをいう。

①上水（給水・給湯）と井水系統の配管を直接接続すると、井水系統から有害な物質が上水に混入するおそれがあるので、別々の系統として配管しなくてはならない。

②飲料用水道水から、大腸菌群は検出されてはならない。

③飲料用給水タンク上に水槽内の飲料水が汚染されるおそれのある排水管等は通さない。

2）ウォーターハンマー（水撃）…給水管などが、開閉弁などから発生する圧力変化によっ

問 題　給水設備に関する次の文章内の不適当な語句を訂正しよう。

1. 水道の水圧が不足する場合には、水道管にポンプを直接接続して加圧給水する。
2. 上水（給水・給湯）系統とその他の系統の配管は、必要に応じて接続する。
3. 飲料用給水タンクの上には、水槽内の飲料水が汚染されるおそれのある排水管等を通す場合には、防水の処理をする。
4. 圧力タンク方式は、高置タンク方式に比べて給水圧力が安定している給水方式である。
5. 水道直結方式は、水道引込管の水圧によって台所等の必要な箇所に給水する方式である。

て管を打ち鳴らすような騒音を発生すること。管内の流速が速いほど発生しやすい。

4. 給湯設備

1）給湯用燃焼器具に関する用語

①開放形燃焼器具…ガス瞬間湯沸器など→燃焼空気を室内から取り入れ、発生する廃ガスを室内に放出する。

②半密閉形燃焼器具…ガス風呂釜など→燃焼空気を室内から取り入れ、発生する廃ガスを煙突や排気筒により屋外に排出する。

③強制排気形燃焼器具（FE 式）…ガス給湯器など→燃焼空気を室内から取り入れ、発生する廃ガスを、内蔵したファンを用いて、排気筒等により屋外に排出する。

④強制給排気形燃焼器具（FF 式）…石油温水ボイラーなど→内蔵したファンを用いて、給排気筒等により、屋外と直接給排気を行う。

2）その他

①給湯循環ポンプは、湯を強制的に循環させるもので、給湯栓を開いた場合にすぐに給湯でき、配管内の湯の温度低下を防ぐために設けるものである。

②中央式の給湯設備には、加熱装置や配管内の水温の変化により生じる水の膨張量を逃がすための安全装置が必要である。

5. 給水設備に関する用語

①吐水口空間とは、給水栓の吐水口端とその水受け容器のあふれ縁との垂直距離をいう。逆サイホン作用による<u>汚染防止</u>のため、あふれ縁と水栓との間にこのあきを確保する。

②保守点検スペース…飲料水用の水槽を建築物内に設置する場合、原則として、周囲及び下部に 60cm 以上、上部に 100cm 以上の保守点検スペースを設ける。

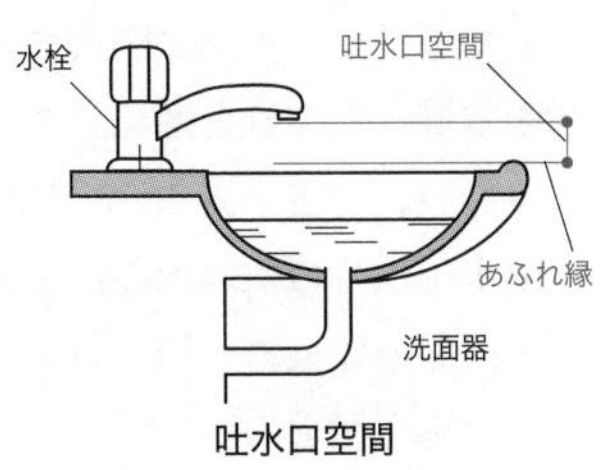

吐水口空間

③水道の水圧が不足する場合には、水道引込み管から受水タンクに貯め、圧力ポンプで加圧するなどして給水する。<u>水道管にポンプを直接接続してはならない</u>。

④飲料用水道水には衛生上必要なこととして、<u>0.1ppm 以上の残留塩素を含む</u>。

⑤水道本管から建物敷地への引込み管には、止水栓又は制水弁を設ける。

必要水圧（給水圧力）
①水道管本管 150 ～ 200 kPa、②一般水栓 30kPa、③洗浄弁・シャワー 50 ～ 70kPa

解 答　給水設備の給水方式の特徴を問う

1. 水圧が不足する場合には、水道引込管から受水タンクに貯め、圧力ポンプで加圧するなどして給水し、水道管にポンプを直接<u>接続してはならない</u>。
2. 上水（給水・給湯）系統とその他の系統の配管を<u>直接接続してはならない</u>。
3. 飲料用給水タンクの上には、水槽内の飲料水が汚染されるおそれのある<u>排水管等を通さないようにする</u>。
4. <u>高置タンク方式は、圧力タンク方式に比べて</u>給水圧力が安定している給水方式である。
5. 水道直結方式は、<u>水道本管</u>の水圧によって台所等の必要な箇所に給水する方式である。

24 排水設備

100%

1. 排水の種類

①汚水…水洗便所からの汚物を含む排水。

②雑排水…台所や洗面所から出る生活排水。

③雨水…雨などによる自然界の作用による排水。

④特殊排水…有害なものを含んだ排水。

2. 排水の排除方式

1）重力式（自然流下式）…建築物に設置された排水管が、公共下水道より高い位置にある場合に重力の作用で建築物内の排水を排除する方式。

自然流下式の排水立て管の管径は、排水時に最も大きな負荷のかかる最下階の部分を基準にして決めるもので、一般に上層階と下層階を同径とする場合が多い。

2）機械式…重力式で排水を排除できない場合に、排水を水槽にためてポンプでくみ上げ、公共下水道に流す方式。

出題パターン

・排水設備では、トラップ—封水—破封現象—通気管がポイントである

・ここで出てくる用語は、単にその意味だけを知るのではなく、関連づけながら勉強していこう

間接排水

①飲料用冷水器の排水管や受水槽のオーバーフロー管の排水、又は洗濯機からの排水は、一般排水系統の排水管に接続する場合、直接連結せずに、間接排水とする。

②飲料用冷水器の排水管は、汚水の逆流のおそれから、一度大気中に開放するなどして間接排水としなければならない。一般排水系統の排水管に直接連結してはならない。

3. 排水管

注目

①排水立て管の上部は、管径を縮小せずに伸頂通気管として延長し、大気に開放する。

②雨水排水立て管と通気立て管は、兼用や連結してはならない。→告示第1597号2項

③雨水排水管の敷地内の汚水排水管への接続には、トラップますを設ける。

④中高層の建築物の場合、1階の衛生器具からの排水管は、単独に屋外の排水ますに接続。

⑤屋内排水横管の最小勾配は、管径に応じて、1/50～1/200とする。

4. トラップと封水

①トラップの目的…封水により排水管内の臭気、害虫などの室内への侵入防止。

②封水…トラップ内にあるふたとなる水。封水深は、5～10cmとする。

③二重にトラップを取り付けると排水の流れが悪くなる。

問題 排水設備に関する次の文章内の不適当な語句を訂正しよう。

1. ベルトラップは、ベル形部品が取り外されても封水機能は失わない。
2. PトラップやSトラップは、トラップ内部の自浄作用は弱い。
3. 汚水タンクの通気管は、単独で屋内に開放する。
4. Uトラップは、排水中の脂肪分をトラップ内で除去するために設ける。
5. 排水トラップの機能を上げるため、二重にトラップを設けたほうがよい。
6. 通気管は、便所の換気にも有効である。
7. グリース阻集器は、家庭用の厨房などに設けられる。

重要 5. 破封現象と通気管

①破封現象…吸出しやはね出しの各作用と自己サイホン現象・毛管現象や蒸発等で、封水がなくなること。

②通気管(ベントパイプ)…通気管の主な目的は排水管内の圧力変動の緩和によるトラップの封水の保護である。

③横走りする通気管は、その階の最高位にある衛生器具のあふれ縁より、15cm 以上立ち上げて横走りさせることにより、排水の逆流などの危険性が低くなる。

④通気立て管下部は、最低位の排水横枝管より低い所で排水立て管又は排水横主管に接続。

⑤通気管の末端を、建築物の出入口・窓・換気口などの開口部付近に設ける場合は、それらの開口部の上端から 60cm 以上立ち上げて大気に開放する。

⑥汚水タンクの通気管は、単独で屋外に開放する。

ひっかけ対策

誤「排水トラップの機能を上げるためや排水管内の圧力変動が大きい場合は二重にトラップを設けたほうがよい」→もっともらしい言葉でのひっかけに注意。二重トラップは、排水トラップを直列に二つ並べて配管することであり、トラップ間の空気が密閉され水の流れが悪くなるので禁止されている。

排水トラップの種類

①Sトラップ—大便器・洗面器・掃除用流し。②Pトラップ—洗面器・流し、トラップ内部の自浄作用が強い。③Uトラップ—横走管。④ドラムトラップ—床排水、厨房用流し。⑤わん(ベル)トラップ—床排水、ベル形部品が取り外されると封(そ)水機能を失う。⑥グリース阻集(しゅうき)器—レストランなどの営業用厨房(ちゅうぼう)の排水管系統に設けて、排水中の油脂分をトラップの中で除去するもので、グリーストラップともいう。

6. し尿浄化槽

公共下水道が完備されていない地域では、便所を水洗化する場合に設置しなくてはならない。

①し尿浄化槽の構造→一次・二次処理装置、消毒室で構成。

②単独処理し尿浄化槽を設置する場合には建築物内からの排水管を雑排水管と汚水排水管に分ける必要がある。

③合併処理し尿浄化槽は、汚水と、厨房排水、洗濯排水などの雑排水を併せて処理する方式の浄化槽であり、雨水は混入させない。

④汚水などを貯める排水槽底部には、吸込みピットを設け、ピットに向い勾配をつける。

⑤敷地内の汚水排水ますには、汚物が滞留しないように、底にインバートを設ける。

⑥一戸建住宅でも、分離接触ばっ気方式等の小規模合併処理浄化槽が用いられる。

7. その他

①排水タンクに設けるマンホールは、有効内径 60cm 以上とする。

②雨水排水ますには、下水管に土砂などが流れ込まないように、底に泥だめを設ける。

③公共下水道には、合流方式と分流方式がある。

解 答　排水設備のトラップ・通気管の種類とその機能を問う

1. ベルトラップは、ベル形部品が取り外されると封水機能を失う。
2. PトラップやSトラップは、トラップ内部の自浄作用が強い。
3. 汚水タンクの通気管は、単独で屋外に開放する。
4. 排水中の脂肪分をトラップ内で除去するために設けるのは、グリーストラップである。
5. 二重トラップはトラップ間の空気が密閉され、排水の流れが悪くなるのでしてはならない。
6. 通気管は、トラップ内の封水がなくなるのを防ぐもので、便所の換気に有効ではない。
7. グリース阻集器は、レストランの厨房などに設けられる。

25 電気設備

60%

1. OA機器対応などの床配線方式の種類

出題パターン

・電気設備では、OA機器対応の床配線方式がポイントになる
・電気の屋内配線図記号も過去に出題されているのでチェックしておこう
・その他、細部にわたる内容や用語は、過去問で確認しよう
・電気設備と照明設備は、おおむね1年交替で出題されている

①フロアダクト方式…コンクリートの床スラブに埋込まれる電線管の配管方式であり、床からの電源等を引き出すのが容易である。床面積の広い事務所などで使われることが多い。

②セルラダクト方式…床に敷かれた波形デッキプレートなどの溝を利用して配線する方式。

③フリーアクセスフロア方式…建物完成後の配線のしやすさを考えて、床下に配線用空間を確保した方式。

④フラットケーブル方式…カーペットなどの床仕上げ材の下に、平たいケーブル(厚さ1〜2mm程度→フラットケーブル)を配線する方式。アンダーカーペット配線などもある。

⑤バスダクト方式…金属カバーのダクトの中に、電線を束ねて収めたもので、配電盤からの大電流の幹線として用いる方式であり、床配線方式とは関連しない。

2. 屋内配線図記号

電気の屋内配線図記号は、表に示す通りである。

屋内配線図記号

	記号	名称		記号	名称
照明設備	○	白熱灯・HID灯	電気設備	Ⓦh	電力量計
	⊖	ペンダント		⊠	配電盤
	Ⓡ	天井付栓受（レセップタクル）		◪	分電盤
	ⒸL	天井直付灯（シーリングライト）		1.6	天井隠閉配線（1.6mm^3線引き）
	ⒸH	シャンデリア		----	露出配線
	F40×2	蛍光灯（40W2個つき）		○↗	立上り
電気設備	◐2	壁付コンセント（2口）		↙○	引下げ
	⚲	床コンセント		↙○↗	素通し
	●3	点滅器（3路）		⏚	接地極
	∞	扇風機・換気扇		◎	点検口
	Ⓜ	電動機一般		⌇	引込口
	Ⓖ	発電機		Ⓣ	加入電話機
	Ⓗ	電熱器		◁	スピーカ
	S	開閉器一般		⊖	差動式スポット形感知器
	C	カットリレー			

3. 電圧区分

①電圧区分

低　　圧：600V以下
高　　圧：600V〜7,000V
特別高圧：7,000V以上

②受電電圧は、一般に、契約電力により決定される。

③契約電力が50〜100kW程度の小規模な変電設備には、屋外形キュービ

問題 電気設備に関する次の文章内の不適当な語句を訂正しよう。

1. 低圧屋内配線において、合成樹脂製可とう管は、コンクリート内に埋設してはならない。
2. 単相2線式100Vの電気供給方式は、電灯やコンセントの他に冷暖房機器などの電気の供給に用いられる。
3. フロアダクト配線方式は、床からの電源等を引き出すのが困難である。
4. 電気洗濯機用コンセントには、特に接地端子付又は接地極付のものは使用しない。
5. 分電盤は、負荷の中心から離した上で、保守・点検の容易な位置に設ける。
6. OA機器対応の床配線方式には、バスダクト方式が適している。

クルを採用し、変電室を設けないことが多い。

4. 電力供給の配線方式

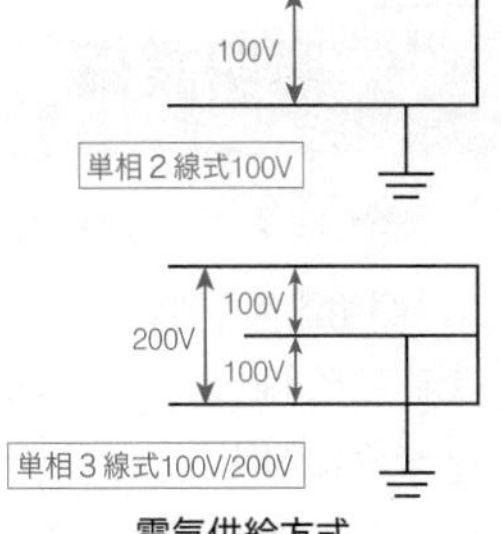

電気供給方式

①単相２線式 100V は、住宅などの小規模な建築物の電灯やコンセントに用いられる。設備容量が大きい場合は単相３線式 100V/200V が用られる。

②単相３線式 100V/200V は、中小規模の事務所ビルなどの電灯やコンセント用幹線の配線方式に用いられる。

③動力用幹線の配線方式は、三相３線式 200V とする。

5. その他

①低圧屋内配線において、合成樹脂製可とう管は、コンクリート内に埋設することができる。このとき、コンクリート打設時に管が移動しないように鉄筋に固定し、スラブへの配管では、管径をスラブ厚の 1/4 以下にする必要がある。他にコンクリート内に埋込んで使用できるものとしては、金属製電線管（コンジットチューブ）がある。

幹線
幹線とは、配電盤から分電盤までの配線のことであり、その配置は、建築物の垂直方向に連続することが望ましい。

②ビニル外装ケーブルは、コンクリート打設時に断線するおそれがあるので、直接埋込んで配線してはならない。

③分電盤は負荷の中心に近く、取り付けは操作や保守・点検の容易な場所に設置する。

④給湯室などの水気のある場所のコンセントには、漏電遮断器が必要である。

⑤電気洗濯機用コンセントには、一般に、接地端子付又は接地極付のものを使用する。

⑥事務室の OA 用コンセントの負荷容量を、1m² 当たり 50VA と想定する。

⑦貸事務所の場合、EPS（電気シャフト）の点検は、廊下などの共用スペースから行えることが望ましい。

⑧絶縁電線を電線管に納める場合には、電線の本数に制限がある。

⑨電路に進相用コンデンサーを接続すると、力率が改善できる。

⑩同一の電線管に収める電線の本数が多くなると、電線の許容電流は安全性を考慮すると小さくなる。電線の許容電流とは、電線自体を過熱せずに電流を通すことのできる最大電流の限度のこと。

解答　電気設備の配線や機器の基本事項について問う

1. 合成樹脂製可とう管は、コンクリート内に埋設してもよいが、コンクリート打設時に管が移動しないように鉄筋に固定し、スラブへの配管では、管径をスラブ厚の 1/4 以下にする。
2. 冷暖房機器等の電気供給方式は、単相３線式 100V/200V である。
3. フロアダクト配線方式は、床からの電源等を引き出すのが容易である。
4. 電気洗濯機用コンセントには、一般に、接地端子付又は接地極付のものを使用する。
5. 分電盤は、負荷の中心に近く、保守・点検の容易な位置に設ける。
6. バスダクト方式は電線を束ねて収めたダクトで、床配線とは関係がない。

26 照明設備

40%

1. 照明器具の種類と配光曲線

1）照明器具の種類

①直接照明

②半直接照明

③全般拡散照明

④半間接照明

	直接照明	半直接照明	全般拡散照明	半間接照明	間接照明
種類	不透過素材の笠	半透過素材	乳白色ガラス	半透過素材	不透過素材
配光曲線					

⑤間接照明…一般に、直接照明より陰影が薄く、柔らかい感じの光となる。直接照明に比べ照明の効率は低い。

> **出題パターン**
> ・照明方式は全般照明と局部照明、照明器具の種類は直接照明と間接照明がポイント
> ・白熱電球と蛍光ランプの特徴をしっかり把握しておこう
> ・建築化照明は、光り天井照明がポイント

2. 照明計画の方式

①全般照明…空間全体を広範囲に明るくする照明（地あかりともいう）をいい、照度設計においては、天井、壁、床などの反射率を考慮する。白いものほど反射率が高く、照明の効率は大きい。

②局部照明…視作業など特定の作業をするのに必要な照度をとるための照明。

③局部照明と全般照明を併用する場合、全般照明の照度は、局部照明による照度より低くするが、この場合1/10未満にならないように注意する。

④装飾照明…空間の雰囲気を演出するための照明。

3. 色温度と演色性

白熱灯の色温度は、約2,800K（ケルビン）で赤味を持ち、暖かみを感じる雰囲気の光源である。逆に、昼光色蛍光ランプは、色温度が約6,500Kで青白い光源である。これらの光源の持つ性質を演色性という。水銀ランプ、蛍光ランプは、白熱電球に比べると演色性が悪い。

4. 白熱（灯）電球と蛍光ランプ

それぞれの特徴は次表の通り。

問題　照明に関する次の文章内の不適当な語句を訂正しよう。

1. 細かい視作業をする室の照度は、200 lx程度必要である。
2. 全般照明の照明計算では、一般に、天井や壁の反射光は考慮しない。
3. 水銀ランプは、白熱電球と比べて、演色性がよい。
4. 直接照明は、一般に、間接照明に比べて、照明の効率は低い。
5. 間接照明では、一般に、直接照明よりも陰影が濃くなり、硬い感じの光となる。
6. 白熱電球は、一般に、蛍光ランプに比べて、寿命が長い。

白熱電球と蛍光ランプの長所・短所

	白熱電球	蛍光ランプ
長所	小型・軽量・安価 温かみのある光色（演色性がよい） スイッチを入れると同時に点灯 点光源 温度による影響が少ない	効率がよく（白熱の3倍）全般照明に適している 線状光源なので、まぶしさを感じさせない 輝度が低い 拡散光が得られるため、強い影が出ない 多種多様の光色がある 長寿命である
短所	効率が低く、広い空間には不適 熱を発する 蛍光ランプに比べ寿命が短い 過電圧に弱い 光色が決まっている	使用するランプのワット数が決まっている 寸法・形状がたくさんある 周囲の温度の影響を受けやすい 集光できない 古くなるとちらつきが出る スイッチを入れてから点灯までタイムラグがある 色温度が高い

5. その他の電球

①ハロゲン電球…店舗などで使用。
②水銀灯…点灯するまでに時間がかかる。
③高圧ナトリウム灯…公園・道路の街灯。

6. 照度

①細かい視作業をする室の照度：1,000 lx 程度必要。
②事務室の作業面での照度基準は、細かい視作業を伴わない場合、300 ～ 750 lx 程度である。
③照度は、点光源からの距離の2乗に反比例する。

ひっかけ対策

誤「コンピューター作業をする事務室では、照明器具の輝度は高いほうがよい」→室内照度とディスプレイ画面の照度差が大きいと目が疲れやすくなる。

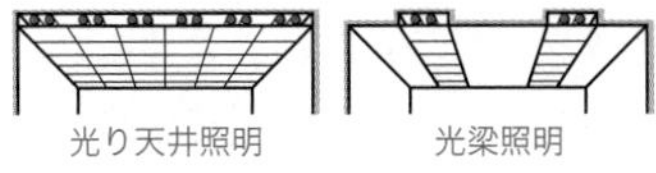

建築化照明

7. 建築化照明

①光り天井照明…天井全面を乳白色ガラスで覆い、その中に照明器具を配置した照明方式。拡散光が得られて、室内の照度分布が均等になり、照明による影が弱くなる。
②光梁（こうりょう）照明…天井面に合わせ、梁形の中に照明器具を配置した照明方式。天井面に合わせて取り付けられた拡散ガラスを透過する光によりまぶしさを抑えることができる。

8. その他

①光束法による照明計算においては、日時経過による照度の低下を考慮する。
②照明器具の輝度（まぶしさの度合い）を高くすると、コンピューターのディスプレイ（VDT：ビジュアルディスプレイターミナル）に照明器具からの光が入り込み、画面が見えづらくなるので、輝度を抑え、照明器具とディスプレイとの角度などを調整する。

解答　照明設備の器具や必要照度などを問う

1. 細かい視作業をする室の照度は、1,000 lx 程度必要である。
2. 天井や壁の仕上げ材の反射率が高いものほど、照明の効率はよくなるので、照明計算ではこれらの反射光を考慮する必要がある。
3. 水銀ランプは、白熱電球に比べると演色性は悪い。
4. 直接照明は、一般に、間接照明に比べて、照明の効率は高い。
5. 間接照明では、一般に、直接照明より陰影が薄くなり柔らかい感じの光となる。
6. 白熱電球は、一般に、蛍光ランプに比べて、寿命が短い。

27 防災・消防設備

120%

1. 消火設備

①屋内消火栓設備…火災時に手動操作により消火栓箱に設けられたホースとノズルを使って放水し、消火にあたる設備であり、初期消火に有効である。

②閉鎖型スプリンクラー設備…ヘッドが火災時に熱気流を自動的に感知し散水する。初期消火に極めて有効である。他に開放型があり、劇場の舞台などで用いられ、手動で開放弁を開き、散水して消火する設備である。

③湿式のスプリンクラー設備…熱感知器と連動し、水が自動的に放水するものである。

④水噴霧消火設備…水噴霧ヘッドを天井に設け霧状の水を噴出して冷却作用により消火する。油火災に有効。

⑤泡消火設備…泡による酸素供給の遮断と冷却効果により消火を行う。油火災に対して有効である。電気火災は感電のおそれがあるので適していない。

⑥二酸化炭素消火設備…二酸化炭素（炭酸ガス）を噴出させ、空気中の酸素濃度を低下させ消火する不活性ガス消火設備の一つ。消火に水を使用せず、電気機械室や美術館の収蔵室などに設置される。密閉された室内に在室者がいる場合は酸欠による窒息のおそれがある。

⑦粉末消火設備…ヘッドなどから噴出させた消火粉末が火災の熱により分解されることで炭酸ガスを発生させ、消火する設備。

出題パターン

・防災・消防設備は、消火・警報・避難・避雷設備の四つ

・出題の中心となるのは、消火設備と警報設備の自動火災報知設備

屋内消火栓設備

この設備には、1号消火栓及び2号消火栓の2種類がある。屋内消火栓設備の1号消火栓とは、放水能力が毎分130ℓのもので、工場や事務所などに設置される。2号消火栓とは、毎分60ℓの放水能力のもので、集合住宅や病院などに設置される。

水噴霧消火設備

油と水は分離してしまうので、水噴霧消火設備が油火災に対応できるか迷うところであるが、この設備は、霧状の水を切れ間なく火災部分に浴(あ)びせることにより、冷却と酸素の供給を止めるもので、可燃物貯蔵庫や屋内駐車場にも有効である。

2. 警報設備

1）**自動火災報知設備**…熱又は煙を自動的に感知し受信機・音響装置で報知する設備。

①定温式熱感知器…局所の温度が設定した温度以上に達したときに作動する。

②差動式熱感知器…周囲の温度の上昇率が一定以上になったときに作動する。

問題 防災・消防設備に関する次の文章内の**不適当な語句**を訂正しよう。

1. 閉鎖型スプリンクラー設備は、ヘッドが火災時に煙を感知し、自動的に散水する。
2. 非常警報設備は、火災発生の際、一般に、自動的に警報機が非常ベル等を鳴動させ、建築物内の人々に報知する。
3. 誘導灯は、一般の建築物では、通常時には消灯の状態で、停電時に点灯する。
4. 自動火災報知設備の定温式熱感知器は、周囲の温度上昇率が一定の率以上になった場合に作動する。
5. 泡消火設備は、泡による酸素供給と燃焼促進効果により、消火を行う。

③自動火災報知器の発信機…発見者が手動によりボタンを押し、火災信号を受信機に発信する。

2) 煙感知器…空気中の煙がある一定以上の濃度になったときに作動する。

①煙感知器は、熱による作動はしない。

②煙感知器と連動する防火戸には予備電源が必要である。

3. 非常用の照明装置

①光源としては、白熱灯、蛍光灯、水銀灯などがある。

②予備電源は停電時に継続して30分間点灯できるもの。

③非常用照明装置は、床面で1lx以上の照度を確保し、直接照明とする。器具や配線は耐熱性のあるもの。

4. 避難設備

①避難階段→屋外・屋内のどちらに設けてもよい。

②エスカレーターは災害時に避難用として計画できない。

③非常用エレベーターは、31mを超える建築物に設置され、火災時においては消防隊の消火や救助に使用される。一般の避難には、使用できない。

5. 誘導灯

①蓄電池による非常電源が必要。

②電源回路は一般回路から分岐せず専用回路とする。

③停電時だけでなく通常時にも点灯の状態にする。

④通路誘導灯では、階段や廊下の床面に所定の照度が必要。停電時にも非常電源により点灯するようにする。

6. 避雷設備ほか

①落雷を防ぐため、地上20m以上の建物に設置。

②突針は、保護角が60度以下になる位置に取り付ける。

③避雷設備の総合接地抵抗は、10Ω以下とする。

④機械排煙設備の電気配線は耐熱性を有する電線を用いて、電源から単独回路とする。

⑤連結送水管の放水口は、屋内消火栓箱に併設してもよい。

自動火災報知設備

①音響装置は、規定値以上の音圧が必要である。

②受信機は、常時人がいる場所に設置する。

③受信機の電源回路は照明回路から分岐させてはならない。

ひっかけ対策

誤「非常用の照明装置は、規定の照度を確保すれば、天井面の意匠・デザインを考慮して、間接照明とすることができる」「非常用エレベーターは、火災時における在館者の避難を主目的とした設備である」→これらはもっともらしく言い直している例

誤「非常用の照明装置の予備電源は、停電時に継続して20分間点灯できるものとする」→数値の誤り

建築物の防災

①小規模の建築物においても、階段は区画するほうが、防火上有効である。

②バルコニーは、下階からの火災の延焼防止に対して有効。

③フラッシュオーバーまでの時間が長いほうが避難に有利。フラッシュオーバーは火災初期に燃焼物から出た可燃性ガスに引火・爆発する現象。

解答 主に防災・消防設備について、その仕組みや特徴を問う

1. 閉鎖型スプリンクラー設備は、ヘッドが火災時に熱気流を感知し、自動的に散水する。
2. 非常警報設備は、火災発生の際、一般に、発見者がボタンを押し、非常ベル等を鳴動させ、建築物内の人々に報知する。
3. 誘導灯は、一般の建築物では、常時点灯していなければならない。
4. 自動火災報知設備の差動式熱感知器は、周囲の温度上昇率が一定の率以上になった場合に作動する。
5. 泡消火設備は、泡による酸素供給の遮断と冷却効果により、消火を行う。

28 省エネルギー設備

100%

注目 1. 環境に配慮した設備計画

①ライフサイクル CO_2（$LCCO_2$）は、建築物の生涯（建設から取り壊しまで）に排出される二酸化炭素の総量である。これは、地球温暖化に関する負荷を示す指標となる。環境への配慮の度合いは、これより評価する。

②ライフサイクルコスト（LCC）は、建築物の生涯に掛かる総費用のことであり、省エネルギー計画の評価指標の一つである。保守管理や修理の費用、設備費なども含まれる。

③ライフサイクルエネルギー（LCE）は、建築物の生涯に必要とする総エネルギー量である。

④ライフサイクルアセスメント（LCA）は、建築において循環型社会の重要性が認識される中、企画設計、施工、運用、改修、解体に至る工程において環境負荷を評価する手法である。

出題パターン

・環境に配慮した設備の計画では、$LCCO_2$・LCC・LCE やエコマテリアルなどを理解しておこう

・PAL や CEC、コージェネレーションシステムなどの用語は、要注意キーワードである

・省エネルギーに関する設備については、まず、エネルギーを大量に消費する空調や電気設備を中心に理解しよう

PAL と CEC

PAL が建築的な省エネルギーの指標であるのに対し、CEC は設備としての省エネルギーの指標である。

⑤設備スペースはゆとりをもたせ、設備機器の保守・更新に対応可能とする。

⑥設備材料には、エコマテリアル（低環境負荷材料）を積極的に使用する。

⑦ CASBEE（建築環境総合性能評価システム）は、建築物の環境性能を環境品質（Q：Quality）と環境負荷（L：Load）の両側面から評価し格付けする手法で、評価結果が「S」「A」「B ⁺」「B ⁻」「C」の 5 段階で表わされる。

2. PAL と CEC

①ペリメーター年間熱負荷係数（PAL ＝ perimeter annual load factor）は、ペリメーターゾーン（建築物の外壁心から 5m 以内の外周部分と屋根直下階の屋内部分）の熱的性能を評価する指標のことである。例えば、窓の断熱性能を高めて、この値を小さくすることで省エネルギーが図れる。

②エネルギー消費係数（CEC）は、空調・換気・照明・給湯・エレベーターのエネルギー

問 題　建築設備の省エネルギーに関する次の文章内の**不適当な語句**を訂正しよう。

1. 冬期において冷房負荷が発生するゾーンには、外気冷房は有効ではない。
2. 熱源機器の負荷変動に応じた台数制御運転は、省エネルギー効果が期待できない。
3. 全般照明は、一般に、タスク・アンビエント照明に比べて、省エネルギー効果が大きい。
4. 給湯設備においては、使用温度より給湯温度を高くし、その差を大きくするほど、省エネルギー効果が大きくなる。
5. 昼光利用を考慮して大きな窓とする場合、空調への影響についてさほど検討する必要はない。

消費量を示し、数値の小さいものほどエネルギー消費量が小さいといえる。空調方式などは、この値をできるだけ小さくするシステムを取り入れる必要がある。

要 3. 照明設備の省エネルギー

①タスク・アンビエント照明は、一般に、全般照明に比べて、省エネルギー効果が大きい。アンビエント照明で室全体の照度を出し、タスク照明で手元の明るさを調整する。

②照明については、昼光の利用及びタイムスケジュールによる照明の点滅を行う。

③事務所ビルにおいては、全消費エネルギーに対する照明に使用されるエネルギーの割合は大きく、照明負荷を低減することによる省エネルギーの効果も大きい。

4. 冷暖房・空調設備の省エネルギー

①冬期において冷房負荷が発生するゾーンには、外気冷房が有効である。

②昼光利用を考慮して大きな窓とする場合、空調への影響についても十分に検討する。

③給湯設備においては、使用温度と給湯温度との差を小さくするほど、省エネルギー効果が大きくなる。給湯温度とは、加熱装置から配管を経て使用部分までの温度のこと。

④冷暖房や給湯に、太陽熱利用の設備を用いる。

5. その他の設備の省エネルギー

①機械室やシャフトの位置は負荷までの経路を短くする。

②建築物全体の熱負荷のうち、外気負荷の割合は大きく、外気負荷を低減することによる省エネルギーの効果は大きい。

③氷蓄熱は、水蓄熱に比べて、蓄熱槽を小さくすることができる。

④熱源機器の負荷変動に応じた台数制御運転は、省エネルギー効果がある。

⑤太陽電池は、太陽エネルギーを電力に変換する装置であり、熱に変換するものではない。

⑥受変電設備においては、低損失型変圧器を用いる。

⑦コージェネレーションシステムは、一般に、発電に伴う排熱を冷暖房・給湯などの熱源として有効利用するものである。

⑧環境に配慮した住宅の設備計画では、太陽光発電設備や雨水貯留槽を設け、断熱性や気密性を高めて熱損失係数を小さくする必要がある。

⑨ ZEH(ネット・ゼロ・エネルギー・ハウス)は、断熱などの省エネ効果とエネルギーの創出により、建築物が消費する年間の一次エネルギーの収支を正味ゼロ又はマイナスにすることを目指した住宅。

解答 設備に関連する省エネルギーの効果や影響について問う

1. この場合には、低気温の外気を取り入れる外気冷房が有効となる。
2. 負荷変動（必要とする熱負荷）に応じた台数制御運転は、省エネルギー効果がある。
3. 逆であり、タスク・アンビエント照明は、全般照明に比べて、省エネルギー効果が大きい。
4. 給湯温度とは、加熱装置から配管を経て使用部分までの温度のことであり、使用時の使用温度との差が大きくなるとエネルギーの無駄使いになる。
5. 昼光利用を考慮して大きな窓とする場合、空調への影響についても十分に検討する必要がある。

29 搬送・ガス設備

20%

1. 搬送設備

> **出題パターン**
> ・搬送設備では、エレベーターの種類と特徴がポイント
> ・設備の総合問題は、空調・換気・給排水・照明・防災・電気・ガスなど多岐にわたっているが、それぞれの設備の基本事項で対応できる

1）エレベーターの種類

①構造別の種類

ロープ式、油圧式

②用途別の種類

乗用、荷物用、人荷共用、自動車用

③速度による種類

低速度：45m/min 以下

中速度：60 ～ 90m/min

高速度：105m/min 以上

④建築物の高さとエレベーターの速度は、表の通りである。

建築物の高さとエレベーターの速度

建築物の高さ	中層	高層	超高層
エレベーターの速度[m/min]	45 ～ 105	90 ～ 240	240 ～ 480

> **ひっかけ対策**
> 誤「ロープ式エレベーターは、油圧式エレベーターと比較して、昇降行程や速度に限度があるため、高層建築物より低層建築物に用いられることが多い」→ロープ式と油圧式を逆に説明している。

2）ロープ式エレベーター

①人や荷物が乗るかごと釣合おもりをロープで結び、巻上機により昇降する。

②安全性も高く、速度や昇降行程の範囲が広いので低層から高層まで最も多く用いられる。

3）油圧式エレベーター

①かごを油圧ジャッキの力で上昇させ、下降は自重による方式。

②機械室の配置が自由であるが、昇降行程や速度に限度があるため低層建築物に用いられる。機械室の配置は、ロープ式に比べると自由度は高い。

4）リニア式エレベーター

電磁石の力を利用したリニアモーターにより駆動させる方式。速度が速く、騒音が少ない。

5）エスカレーター

階段状のステップが、機械の駆動により動くもので、エレベーターの10倍程度の輸送

問 題　建築設備に関する次の文章内の不適当な語句を訂正しよう。

1. スプリット型（セパレート型）の空気熱源ヒートポンプ式エアコンは、一般に、冷媒管の長さが長くなってもその能力は変化しない。
2. 便所など臭気を発生する室には、第2種換気が適している。
3. ロープ式エレベーターは、油圧式エレベーターに比較して、昇降行程や速度に限度があるため、高層建築物より低層建築物に用いられることが多い。
4. 自家発電設備は、搬送設備などの予備電源に用いられる。
5. 電動小荷物専用昇降機は、緊急の場合、人員の輸送用に使用してもよい。

能力がある。エレベーターと比べると速度は遅いが、大人数を運ぶことができるので、公共施設や百貨店などで用いられる。

6）小荷物専用昇降機

荷物や料理・調理されたものなどを運ぶ小型のエレベーター。フロア型とウインド型がある。電動小荷物専用昇降機は、人員の輸送用に使用してはならない。

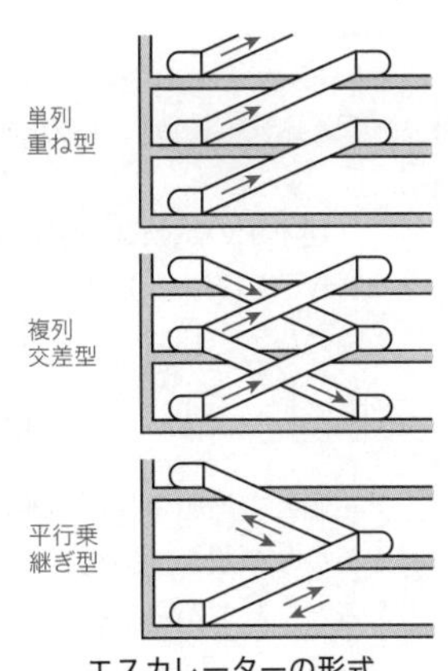

エスカレーターの形式

2. ガス設備

1）都市ガス供給方式…導管から各住宅の敷地内へ液化天然ガスを引き込んで、必要な箇所に供給する方式。

2）LP ガス（プロパンガス）

① LP ガスボンベによる供給方式→ LP ガス（液化石油ガス、プロパンガス）を充填したボンベを各戸ごとに供給する方式。

② LP ガスのガス漏れ警報器の検知部は、ガスが溜まりやすい床上 30cm 以内に設置する。これは LP ガスが、空気よりも比重が重く、下に溜まりやすいためである。

③ LP ガスのボンベは、直射日光の当たらない風通しの良いところに設置する。

ひっかけ対策

誤「LP ガス（プロパンガス）のガス漏れ警報器の検知部は、天井面の近くに設置する」→ LP ガスの比重が空気より重いことがわかれば OK！　ガス漏れ警報機は実際に設置している家が多いので探してみよう。

3. その他の設備

①自家発電設備は、排煙・消火設備などの予備電源に用いられる。

②排煙設備の方式には、自然排煙と機械排煙があり、一定規模以上の建築物には、機械排煙が必要となる。また、煙の拡散を防ぐ防煙区画と火災の延焼を防ぐための防火区画が設けられる。この二つは、機能上密接な関係がある。

総合問題の形式

この建築設備の総合問題以外にも、建築史・環境工学・計画各論にも同様の総合問題が出題されている。各分野の中で、多種にわたる選択肢が組み合わされた複合的な問題となっているが、それぞれの分野の基本事項を理解していれば大丈夫。

解答　建築設備の総合問題として空調・換気・搬送設備などから出題されている

1. このエアコンは、冷媒管の長さが長くなるとその能力は低下する。
2. 便所など臭気を発生する室には、第３種機械換気が適している。
3. ロープ式エレベーターは、速度や昇降行程の範囲が広いので、低層から高層建築物まで広く用いられる。油圧式エレベーターは、油圧の限界から速度が遅く、昇降行程にも限りがあるので、低層建築物に用いられる。
4. 自家発電設備は、排煙・消火設備などの予備電源に用いられる。
5. 電動小荷物専用昇降機は、人員の輸送用に使用してはならない。

受験の心得　一の巻　建築士試験の出題傾向

建築士の試験は、学科Ⅰ（建築計画）、学科Ⅱ（建築法規）、学科Ⅲ（建築構造）、学科Ⅳ（建築施工）の4学科があり、各科25問で合計100問の問題数です。まずは試験の様子を把握し、それに合わせて勉強を進めるのがポイント！

其の一　過去問は繰り返し出題されています

過去に出題された問題は、全く同じ形のものから少しだけ形が変えられたものまで、かなりの割合で出題されています。広範囲にわたる「建築」という学問を目の前にすると、どこから手をつけてよいのかわからなくなる受験生も多いことと思います。その点、過去問チェックは、試験に出てくる内容を絞り込むことができるので、手始めにやってみない手はありません。

ただし、最近はひねりを効かせた新傾向の問題も出るようになり、受験生をはじめ関係者を泣かせています。本書にある EXERCISE「変化球」問題にも挑戦し、これからは、どこからでもかかってこいという姿勢が求められています。

其の二　建築士試験特有の出題の癖があります

癖というより受験生へのワナともいえます。例えば、用語の解説文が類似する用語の内容であったり、文章の一単語だけが誤りであったりなどです。きちんとした建築の知識を持っているのに出題の癖がつかめていないために、点を落とす人が多いのではないかと思います。過去の出題に多くあたることで、このようなミスを防ぎましょう。

其の三　過去問の選択肢が次の正解になります

試験問題の選択肢に注目すると、正解（大半は不適当なもの）以外は、ほとんどが正しい記述です。この選択肢文が後の試験問題の正解となる可能性があるので、読み飛ばさないで理解を深めましょう。

其の四　世間を賑（にぎ）わす話題が、今後の出題傾向を示唆（しさ）してくれます

例えば、近年では福祉や環境問題などの出題数が各学科とも多くなっています。今後も出題が予想される分野の問題やキーワードは、建築に関する話題の情報に耳を傾けることで十分キャッチできます。

学科Ⅱ ｜ 建築法規

	項　目	R05	R04	R03	R02	R01	H30	H29	H28	H27	H26
30	用語の定義			○	○	○			○	○	○
31	面積・高さの算定	○	○				○	○			
32	確認申請	○	○	○	○	○	○	◎	○	○	○
33	建築手続き総合	○	○	○	○	○	○	○	○	○	○
34	天井高・床高・階段等		○	○		○	○		○	◎	
35	彩光		○		○		○	○			
36	建築設備（換気・遮音等）	○		○	○	○			○		◎
37	構造計算	◎	○	○	○	◎	○	○			○
38	構造強度	○	◎	◎	◎	○	◎	◎	●	●	◎
39	耐火建築物等	○	○			○					
40	防火区画・間仕切壁等	○		○	○		○	○	○	○	○
41	避難施設等	○	○	○	○	○	○	○	○	○	○
42	内装制限	○	○	○	○	○	○	○	○	○	○
43	道路・敷地	○	○	○	○	○	○	○	○	○	○
44	用途制限	◎	◎	◎	◎	◎	◎	◎	◎	◎	◎
45	建ぺい率	○			○		○	○		○	○
46	容積率	○	◎	◎	○	◎	○	○	◎	○	○
47	高さ制限	◎	○	○	○	○	○	◎	◎	○	○
48	日影規制		○	○	○	○	○			○	○
49	防火・準防火地域	○	○	○	○	○	○	○	○	○	○
50	実体規定総合（集団規定・単体規定）	○	○	○	○	○	○	○	○	○	○
51	建築士法	◎	◎	◎	◎	◎	◎	◎	◎	◎	◎
52	関係法令総合	●	●	●	●	●	●	●	●	●	●

項目別・各年度の出題数　○…1 問、◎…2 問、●…3 問

30 用語の定義

100%

1. 用語の定義

> **出題パターン**
> 法２条一〜十八号、令１条の各用語と令13条の３の避難階、法64条の準遮炎性能のうちから正誤問題が出題される

1）建築物（法２条一号）…土地に定着する工作物のうち、屋根があり、柱若しくは壁を有するものをいい、建築物に附属する門や塀、観覧のための工作物（野球場のスタンド等）、地下や高架の工作物内に設ける事務所・店舗等も含まれる。ただし、鉄道及び軌道の線路敷地内にある運転保安に関する施設、跨線橋、プラットホームの上家、貯蔵槽（サイロ、ガスタンク）は除外する。

> **学校の定義**
> 学校とは、幼稚園、小学校、高等学校、大学、専修学校、各種学校をいう。

注目 **2）特殊建築物（法２条二号）**…特殊建築物は他の建築物より厳しい規制を受ける。別表第1、令115条の3も参照する。令19条1項の児童福祉施設等よりよく出題される。児童福祉施設等とは、児童福祉施設（幼保連携認定こども園を含む）、助産所、身体障害者社会参加支援施設、保護施設、婦人保護施設、老人福祉施設、有料老人ホーム、母子保健施設、障害者支援施設、地域活動支援センター、福祉ホーム、障害者福祉サービス事業の用に供する施設をいう。

3）建築設備（法２条三号）…建築物に設ける電気、ガス、給水、排水、換気、暖房、冷房、消火（スプリンクラー、貯水槽等）、排煙、汚物処理（し尿浄化槽）の設備や煙突、昇降機、避雷針をいう。

4）居室（法２条四号）…居住、執務、作業、集会、娯楽等の目的のために継続的に使用する室をいう。居間、寝室、食堂、台所、事務室、教室などは居室であり、玄関、廊下、浴室、洗面所、便所、倉庫、更衣室などは居室でない。

5）主要構造部（法２条五号）…壁、柱、床、梁、屋根、階段をいう。構造上重要でない間仕切壁、間柱、附け柱、揚げ床、最下階の床、廻り舞台の床、小梁、ひさし、局部的な小階段、屋外階段等は除く。

6）耐火性能（法２条七号）…通常の火災が終了するまでの間当該火災による建築物の倒壊及び延焼を防止するために当該建築物の部分に必要とされる性能をいう(令107条参照)。

7）準耐火性能（法２条七号の二）…通常の火災による延焼を抑制するために当該建築物の部分に必要とされる性能をいう（令107条の2参照)。

問題 用語に関する次の文章内の**不適当な文をみつけ、該当の語句**を訂正しよう。

1. 構造耐力上主要な部分である基礎は、「主要構造部」である。
2. 建築物に設けるし尿浄化槽は、「建築設備」ではない。
3. 木造2階建住宅において、土台の過半について行う修繕は、「大規模の修繕」である。
4. 主要構造部を耐火構造とした建築物は、「耐火建築物」である。
5. 地下工作物内に設けられた店舗は、「建築物」でない。
6. 避難上有効なバルコニーがある階は、「避難階」である。

8）防火性能（法２条八号）…建築物の周囲において発生する通常の火災による延焼を抑制するために当該外壁又は軒裏に必要とされる性能をいう。

9）準防火性能（法 23 条）…建築物の周囲において発生する通常の火災による延焼の抑制に一定の効果を発揮するために外壁に必要とされる性能をいう。

大規模の修繕・模様替

主要構造部である柱の過半の修繕は「大規模の修繕」に該当する。窓について鋼製からアルミ製サッシへの交換は、窓が主要構造部でないため「大規模の模様替」には該当しない。

10）**不燃性能**（法２条九号）…通常の火災時における火熱により燃焼しないこと、その他政令（令 108 条の 2）で定める性能をいう。

11）**遮炎性能**（法２条九号の二）…通常の火災時における火炎を有効に遮るために防火設備に必要とされる性能をいう（令 109 条の 2 参照）。

12）**準遮炎性能**（法 64 条）…建築物の周囲において発生する通常の火災時における火炎を有効に遮るために防火設備に必要とされる性能をいう（令 136 条の 2 の 3 参照）。

13）**設計図書**（法２条十二号）…建築物、敷地等に関する工事用の図面（現寸図を除く）と仕様書をいう。

14）**建築**（法２条十三号）…新築、増築、改築、移転の四つの行為をいう。

15）**大規模の修繕、大規模の模様替**（法２条十四号、十五号）…建築物の主要構造部の 1 種以上について行う過半の修繕又は模様替をいう。

16）**建築主**（法２条十六号）…建築物に関する工事の請負契約の注文者又は請負契約によらないで自らその工事をするもの。

17）**地階**（令１条二号）…床が地盤面下にある階で、床面から地盤面までの高さがその階の天井の高さの 1/3 以上のものをいう。すなわち、床が天井高さの 1/3 以上地盤面より下にあれば地階とよぶ。

18）**構造耐力上主要な部分**（令１条三号）…基礎、基礎ぐい、壁、柱、小屋組、土台、斜材（筋かい、方づえ、火打材）、床版、屋根版、横架材（梁、桁等）で、自重、積載荷重、風圧、土圧、地震の振動等を支えるもの。

19）**耐水材料**（令１条四号）…れんが、石、人造石、コンクリート、アスファルト、陶磁器、ガラス等。

20）**避難階**（令 13 条第一号）…直接地上へ通ずる出入口のある階をいう。

解答　**用語の定義に関する問題は、毎年決まった範囲から出題される**

1. 基礎は「構造耐力上主要な部分」（令 1 条三号）であるが、「主要構造部」（法 2 条五号）ではない。2. し尿浄化槽は、「建築設備」である汚物処理の設備に該当する。3. 土台は主要構造部でないので、過半の修繕であっても「大規模の修繕」に該当しない。4. 「耐火建築物」とは、主要構造部を耐火構造とするほかに、外壁の開口部で延焼のおそれのある部分に防火戸等の防火設備を設けたものをいう（法 2 条九号の二）。5. 地下若しくは高架の工作物内に設けられた店舗等は、「建築物」に該当する。6. 「避難階」に該当しない。

31 面積・高さの算定

70%

1. 敷地面積　令2条1項一号、法42条2項

敷地面積は、敷地の水平投影面積による。したがって、敷地が傾斜地で高低差がある場合でも、水平面での面積を算定する。

敷地が幅員4m未満の道路（法42条2項に基づき特定行政庁が指定した道）に接している場合、当該道路の中心線から水平距離2mの線を道路境界線とみなし、ここにかかる敷地の部分は敷地面積に算入しない。ただし、敷地の反対側の道路境界線が、がけ地、川、線路敷等の場合、がけ地等の側の道路境界線から道の側に水平距離4mの線を道路境界線とみなす。

出題パターン

敷地面積、建築面積、延べ面積、建築物の高さを算定する。階数を求める問題は、複合問題として希に出題されるが別項目で解説する

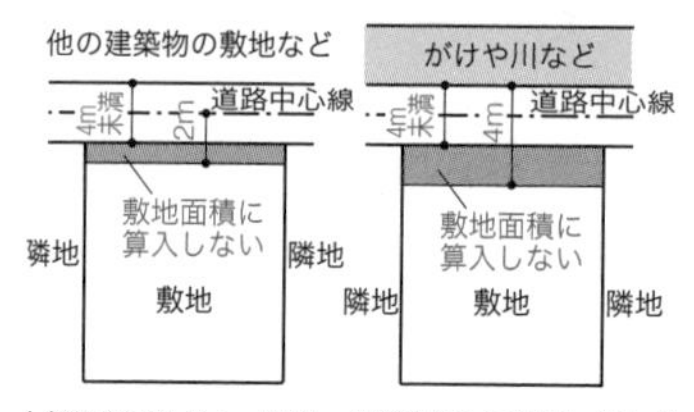

敷地面積に算入しない部分

2. 建築面積　令2条1項二号

建築面積は、建築物の外壁又はこれに代わる柱の中心線で囲まれた部分の水平投影面積による。ただし、建築面積の算定に当たって次の部分は算入しない。

①地階で地盤面上1m以下にある部分。

②軒、ひさし、はね出し縁などはその先端から1m以内にある部分。

3. 床面積　令2条1項三号

床面積は、各階又はその一部で壁や壁に代わる柱、手すりなどの区画の中心線で囲まれた部分の水平投影面積による。よって、それぞれの室や屋内階段の部分は床面積に算入し、吹抜けは算入しない。バルコニーやポーチも、原則として、不算入とする。

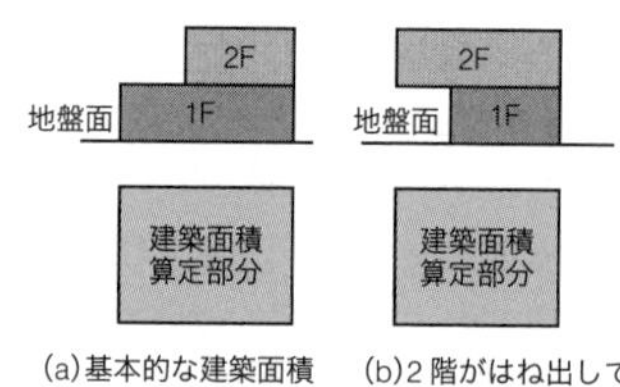

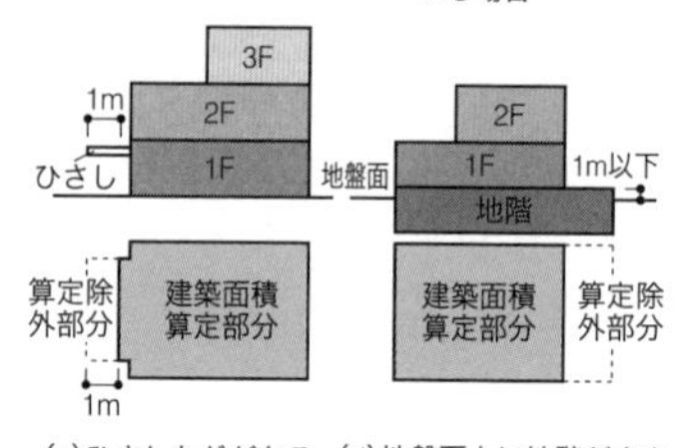

建築面積の算定

問題　図のような敷地、建築物において、1. 敷地面積、2. 建築面積、3. 延べ面積、4. 地盤面からの高さ、5. 階数を算出しよう。

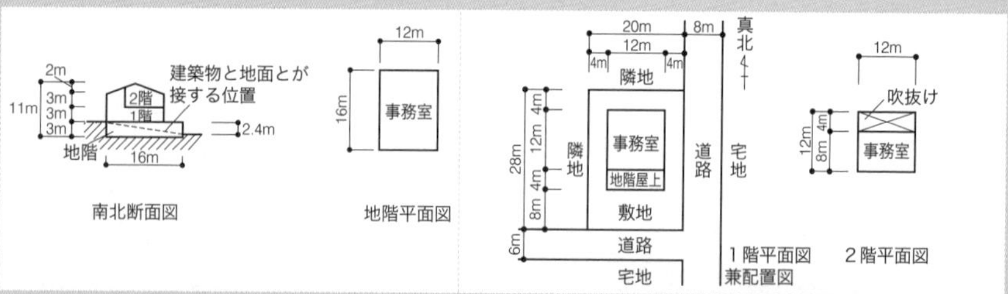

4. 延べ面積　令２条１項四号、３項

延べ面積は、各階の床面積の合計による。ただし、法 52 条の容積率の算定に当たって、自動車車庫、自転車駐車のための施設などの床面積は、建築物の各階の床面積を合計した値（自動車車庫等の部分も含む）の 1/5 を限度として延べ面積に算入しない。

5. 建築物の高さ　令２条１項六号

建築物の高さは、一般に、建築物の地盤面からの高さをいうが、条文によって測定基点や塔屋の扱いが異なる。なお、棟飾、防火壁等は高さに算入しない。

地盤に高低差がある場合の地盤面は、建築物の周囲の地盤に接する位置の平均高さにおける水平面をとる。

6. 階数　令２条１項八号

建築物の部分によって階数が異なる場合、これらの階数のうち最大のものとする。ただし、昇降機塔などの屋上部分又は地階の倉庫、機械室の部分の水平投影面積の合計が建築面積の 1/8 以下の場合、階数に算入しない。

● EXERCISE

一様に傾斜した敷地にある建築物のについて、敷地面積、建築物の高さ、建築面積を算定しなさい。

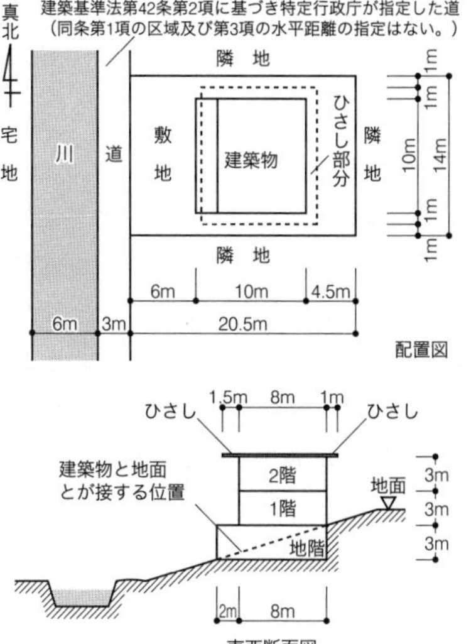

敷地面積（令２条１項１号及び法 42 条２項）

敷地の道路境界線は、川側の道路境界線より水平距離 4m の線を道路境界線とみなす。

したがって敷地面積は、14×(20.5 − 1) = 273m²

建築物の高さ（令２条１項６号・２項）

傾斜地の地盤面は、建築物が周囲の地面と接する位置の平均高さにあるので、この場合の地盤面は、地階の地面に接する最も低い位置から 1.5m の水平面となる。したがって建築物の高さは、1.5 ＋ 3.0 ＋ 3.0 ＝ 7.5m

建築面積（令２条１項２号、２項）

地階は、地盤面より 1.5m 出ているとされるので建築面積に算入され、1.5m のひさしは地階部分の直上に位置するので検討しなくてよい。

したがって建築面積は、10×10 ＝ 100m²

解答　面積や高さ等の数値を算定する問題

1. 敷地面積（令２条１項一号）28 × 20 ＝ 560m²
2. 建築面積（令２条１項二号）地盤面は、最も低い地面から 1.2m（2.4/2 ＝ 1.2m）の高さとなる（令２条２項）。したがって、地階は、地盤面より 1m 以上出ているので、建築面積に算入する。よって、16 × 12 ＝ 192m²
3. 延べ面積（令２条１項四号）16 × 12 ＋ 12 × 12 ＋ 8 × 12 ＝ 432m²
4. 建築物の高さ（令２条１項六号）2.4/2 ＋ 3 ＋ 3 ＋ 2 ＝ 9.2m
5. 階数（令２条１項八号）地階は事務室の用途であるので階数に算入するので、階数は 3。

32 確認申請

100%

1. 確認申請の必要な建築物等　法6条、87条、88条

建築物を建築（増築によって規定の規模になるものを含む）する場合、大規模の修繕・大規模の模様替をする場合、工作物の築造をする場合、建築物の用途変更をする場合において、建築主事等による確認の必要の有無は次の通りである。

出題パターン

・建築物や工作物を造る場合、その種類・規模によって、確認済証の交付が必要であるかの判断を行う問題である

類似の用途への用途変更（令137条の18各号）

以下の建築物間での用途変更は、確認を必要としない。

一　劇場⇄映画館⇄演芸場
二　公会堂⇄集会場
三　診療所（患者収容施設あり）⇄児童福祉施設等
四　ホテル⇄旅館
五　下宿⇄寄宿舎
その他11号まであり

1）確認申請が必要な建築物（法6条1項、令115条の3）

一号：別表第1（い）欄に掲げる特殊建築物（劇場、病院、ホテル、学校、百貨店等）でその用途に供する床面積が200m²を超えるもの。

二号：木造の建築物で次のいずれかの条件を満たすもの。
階数：3以上　　延べ面積：500m²超える
高さ：13m超える　　軒の高さ：9m超える

三号：木造以外の建築物で次のいずれかの条件を満たすもの。階数：2以上　延べ面積：200m²超える

四号：都市計画区域内、準都市計画区域内、都道府県知事が指定する区域内の建築物。

2）確認申請が必要でない建築物（法6条2項、法85条）

・防火地域及び準防火地域外において、建築物を増築、改築、移転しようとする場合で、それらに係る部分の床面積の合計が10m²以内のもの。
・仮設建築物に対する制限の緩和による次の仮設建築物。
①非常災害時の応急仮設建築物、②工事現場に設ける事務所などの仮設建築物。

3）確認申請が必要な用途変更（法87条1項）

建築物の用途を変更して、上記一号の特殊建築物とするもの（用途の変更が、令137条の17で指定する類似の用途相互間の場合を除く）。

4）確認申請が必要な工作物（法88条、令138条1項）

・煙突（ストーブの煙突を除く）：高さ6mを超えるもの。

問題　建築基準法上、全国どの場所においても、確認済証の交付を受ける必要のあるものは、次のどれか。

1. 鉄筋コンクリート造2階建、延べ面積300m²の下宿から寄宿舎への用途の変更
2. 木造2階建、延べ面積300m²、高さ8mの一戸建住宅の新築
3. 高さ7mの鉄骨造の高架水槽の築造
4. 鉄筋コンクリート造2階建、延べ面積140m²の一戸建住宅の大規模の修繕
5. 鉄筋コンクリート造平家建、延べ面積100m²の事務所から集会場への用途変更

・RC 造の柱、鉄柱、木柱等（旗ざお、電柱を除く）：高さ 15m を超えるもの。
・広告塔、広告板、装飾塔、記念塔等：高さ 4m を超えるもの。
・高架水槽、サイロ、物見塔等：高さ 8m を超えるもの。
・擁壁：高さ 2m を超えるもの。

2. 確認申請の手続き

1）建築主事による確認（法 6 条）

①建築主は確認が必要な建築物等を建築しようとする場合、確認申請書を提出し建築主事の確認を受け、確認済証の交付を受けなければならない。
②当該工事について確認済証の交付を受けた後に、当該建築物の計画において国土交通省令で定める軽微な変更を行おうとする場合、建築主は、改めて、確認済証の交付を受ける必要はない。
③建築主事は、確認申請書の受理から、原則として、前記の一号から三号については 35 日以内に、四号については 7 日以内に建築基準関係規定に適合しているかを審査し、適合していることを確認したときは当該申請者に確認済証を交付しなければならない。

2）指定確認検査機関による確認（法 6 条の 2）

指定確認検査機関によって交付された確認済証は、建築主事によって交付された確認済証とみなす。また、確認済証を交付したときは、その旨を特定行政庁に報告する。特定行政庁は、指定確認検査機関によって確認済証が交付された建築物の計画について、建築基準関係規定に適合していないと認めるとき、その旨を建築主及び指定確認検査機関に通知しなければならない。この場合、当該確認済証はその効力を失う。

3. 法の適用除外　法 3 条

次の建築物は、建築基準法及びこれに基づく命令や条例を適用しない。
①文化財保護法によって、国宝、重要文化財等に指定又は仮指定された建築物。
②旧重要美術品等の保存に関する法律によって、重要美術品等と認定された建築物。
③文化財保護法 98 条 2 項の条例等の保存建築物で、特定行政庁の指定したもの。
④①、②、③であったものの原型を再現する建築物で、特定行政庁が認めたもの。
⑤建基法等が施行又は適用される際、現に存する建築物、敷地や現に建築、修繕、模様替の工事中の建築物等。

解　答　**確認済証の交付を必要とする建築物や工作物を問う問題**

1.（法 87 条 1 項、令 137 条の 18 第五号、法 6 条 1 項一号、別表第 1（い）欄（2）項）下宿から寄宿舎への用途変更は、類似の用途相互間の変更であるため、確認不要。2.（法 6 条 1 項二号）木造で階数 2、延べ面積 500m²、高さ 13m、軒の高さ 9m 以下の建築物の新築において、確認不要。3.（法 88 条 1 項、令 138 条 1 項四号）高さが 8m 以下の高架水槽は、確認不要。
4.（法 6 条 1 項三号）2 以上の階数を有する鉄筋コンクリート造の建築物の大規模の修繕は、**確認が必要**。5.（法 87 条 1 項及び法 6 条 1 項一号）延べ面積 100m² 以下の特殊建築物への用途変更による確認の規定の準用においては、確認不要。

正解　4

33 建築手続き総合

120%

1. 工事完了検査

出題パターン

・各種建築手続きに対する提出者・提出先の関係を問う問題
・手続きに添えるべき図面等を問う問題

1）建築主事による工事完了検査（法7条）

①建築主は、確認済証の交付を受けた建築物の工事を完了したときは、原則として、その日から4日以内に建築主事に到達するように検査を申請する。

②建築主事等（建築主事、主事の委任を受けた吏員）は、申請の受理から7日以内に建築基準関係規定に適合しているかどうかを検査し、適合していると認めるときは建築主に対して検査済証を交付しなければならない。

建築主事と指定確認検査機関

確認申請、中間検査申請、完了検査申請の手続きが建築主事だけでなく、指定確認検査機関でも取り扱えるようになった。手続きの違いをしっかり覚えよう！

2）指定確認検査機関による工事完了検査（法7条の2）

①指定確認検査機関が、工事完了の日から4日が経過する日までに、完了検査を引き受けた場合においては、建築主は、建築主事に完了検査の申請をする必要がない。

②指定確認検査機関は、完了検査を引き受けた場合、その旨を証する書面を建築主に交付し、その旨を建築主事に通知しなければならない。

③指定確認検査機関は、当該工事が完了した日又は当該検査の引受けを行った日のいずれか遅い日から7日以内に検査をしなければならない。

④指定確認検査機関は、工事完了検査をした建築物及びその敷地が建築基準関係規定に適合していると認めたとき、建築主に対して検査済証を交付しなければならない。この場合において、当該検査済証は建築主事によって交付された検査済証とみなす。

⑤指定確認検査機関は、工事完了検査の結果を特定行政庁に報告しなければならない。

⑥特定行政庁は、指定確認検査機関が行った検査の結果が建築基準関係規定に適合しない旨の報告を受けたとき、遅滞なく、当該工事の停止等の命令その他必要な措置を講ずる。

問 題　建築手続きに関する次の文章内の**不適当な語句**を訂正しよう。

1. $10m^2$を超える建築物の除却の工事を施工する者は、その旨を建築主事に届け出なければならない。
2. 特定行政庁が指定する建築物の所有者は、当該建築物について定期に、一級建築士に調査させて、その結果を特定行政庁に報告しなければならない。
3. 建築確認を受けた建築物の工事が完了した場合は、工事施工者は、建築主事の検査を申請しなければならない。
4. 建築主は、建築物を建築する場合は、原則として、特定行政庁に届け出なければならない。

2. 中間検査

1）中間検査（法 7 条の 3、令 11 条）

①建築主は、特定工程に係る工事が終えたときは、建築主事の検査（中間検査）を申請しなければならない。特定工程には、階数 3 以上の鉄筋コンクリート共同住宅の 2 階の床及びこれを支持する梁に鉄筋を配置する工事の工程などがある。

②建築主は、建築工事が特定工程を含む場合において、当該特定工程に係る工事を終えたときは、原則として、その日から 4 日以内に建築主事に到達するように、検査を申請しなければならない。

③特定行政庁は、特定工程を指定することができる。また、特定工程後の工程に係る工事は、中間検査合格証の交付を受けた後でなければ、これを施工してはならない。

④建築主事又は指定確認検査機関が、中間検査によって建築基準関係規定に適合したと認めた建築物等の部分については、完了検査を要しない。

2）建築主事による中間検査（法 7 条の 3）

①建築主事等は、建築主事が中間検査の申請を受理した日から 4 日以内に、当該申請に係る工事中の建築物等が建築基準関係規定に適合するかどうかを検査しなければならない。

②建築主事等は、中間検査をした場合において、工事中の建築物等が建築基準関係規定に適合していると認めたときは、建築主に対して中間検査合格証を交付しなければならない。

3）指定確認検査機関による中間検査（法 7 条の 4）

①指定確認検査機関が、特定工程に係る工事を終えた日から 4 日が経過する日までに、中間検査を引き受けた場合においては、建築主は、建築主事に中間検査の申請をする必要がない。

②指定確認検査機関は、中間検査を引き受けた場合、その旨を証する書面を建築主に交付し、その旨を建築主事に通知しなければならない。

③確認検査機関は、中間検査をした建築物及びその敷地が建築基準関係規定に適合していると認めたとき、建築主に対して中間検査合格証を交付しなければならな

> **●覚えておこう**
> 本項では、次の事柄についても覚えよう。
> □指定確認検査機関が行う中間検査、工事完了検査の内容
> □中間検査について、特定工程の指定から合格証の交付までの手続き

解答　建築手続きに関する総合問題

1. （法 15 条 1 項）建築物除却届は建築主事を経由して、「都道府県知事」に届け出る。
2. （法 12 条 1 項）調査は、一級建築士のほかに、二級建築士又は国土交通大臣が定める資格を有する者が行える。
3. （法 7 条 1 項）工事完了検査の申請は、建築主が行う。
4. （法 15 条 1 項）建築工事届は、建築主が「都道府県知事」に届け出る。

正解 4

い。この場合において、当該中間検査合格証は建築主事によって交付された中間検査合格証とみなす。

④指定確認検査機関は、検査の結果を特定行政庁に報告しなければならない。

⑤特定行政庁は、指定確認検査機関が行った検査の結果が建築基準関係規定に適合しない旨の報告を受けたとき、遅滞なく当該工事の停止等の命令その他必要な措置を講ずる。

4）建築物の使用制限（法７条の６）

法６条一号から三号までの建築物を新築する場合又はこれらの建築物（共同住宅以外の住宅、居室を有しない建築物を除く）の増築、改築、移転、大規模の修繕・模様替の工事で、廊下等の避難施設や消火栓等の消火設備などを含むものをする場合において、建築主は、検査済証の交付後でなければ、当該建築物を使用してはならない。ただし、次の場合を除く。

①特定行政庁が、安全上、防火上及び避難上支障がないと認めたとき。

②建築主事又は指定確認検査機関が、安全上、防火上及び避難上支障がないものとして国土交通大臣が定める基準に適合していると認めたとき。

③工事完了申請が受理された日（指定確認検査機関が検査を引き受けた場合、引受けに係る工事が完了した日又は引受けを行った日のうち遅い日）から７日を経過したとき。

3. 建築物の維持保全　法８条

建築物の所有者、管理者又は占有者は、その建築物の敷地、構造、及び建築設備を常時適法な状態に維持するように努めなければならない。また、必要に応じ、その建築物の維持保全に関する準則又は計画を作成しなければならない。

4. 違反建築物に対する措置　法９条、法98条

特定行政庁は、建築基準法令の規定に違反した建築物又は建築物の敷地については、当該建築主、工事請負人（下請人を含む）、現場管理者又は敷地の所有者、管理者、占有者に対して、当該工事の施工の停止等を命ずることができる。また、その命令に違反した者は、懲役又は罰金に処せられる。

5. 保安上危険な建築物等の所有者等に対する指導及び助言　法９条の４

特定行政庁は、建築物の敷地、構造又は建築設備について、損傷、腐食その他の劣化が生じ、そのまま放置すれば保安上危険となるおそれが認める場合においては、所有者、管理者又は占有者に対して、当該建築物又は敷地の維持保全に関し必要な指導及び助言

問題　次の建築手続きについて、（　）に適語を入れよう。

手続き	提出者	提出先
確認申請	（①）	（②）
定期報告	（③）	（④）
道路位置指定申請	（⑤）	（⑥）
建築工事届	（⑦）	（⑧）
工事の完了検査申請	（⑨）	（⑩）
中間検査申請	（⑪）	（⑫）

報告（法 12 条 5 項）

特定行政庁 建築主事 建築監視員	敷地、構造、建築設備用途、工事の計画、施工の状況に関して報告を求めることができる →	所有者、管理者、占有者、建築主、設計者、工事監理者、工事施工者、指定確認検査機関

をすることができる。

6. 建築物に対する報告（定期報告）　法 12 条 1 項

法 6 条 1 項一号に掲げる特殊建築物及び令 16 条に掲げる階数 5 以上で延べ面積 1,000 m^2 を超える事務所等の所有者（所有者と管理者が異なる場合は管理者）は、当該建築物の敷地、構造及び建築設備について、定期に、その状況を一級建築士若しくは二級建築士又は国土交通大臣が定める資格を有する者（建築物調査員）に調査させて、その結果を特定行政庁に報告しなければならない。

7. 届出　法 15 条

建築工事届は、建築主が建築主事を経由して都道府県知事に届け出る。

建築物除却届は、工事施工者が建築主事を経由して都道府県知事に届け出る。

ただし、これらの届は、当該建築物又は工事に係る部分の床面積の合計が 10m^2 以内の場合を除く。

8. 道路位置指定の申請　法 42 条 1 項五号、則 9 条

道路位置指定の申請は、当該道を築造しようとする者が特定行政庁に提出する。

9. 用途の変更に対する法律の準用　法 87 条 1 項

建築主は、建築物の用途変更に係る確認済証の交付を受けた場合において、当該工事を完了したときは、建築主事に届けなければならない。

10. 確認の表示　法 89 条 1・2 項

建築、大規模の修繕、大規模の模様替の工事の施工者は、当該工事現場の見易い場所に建築主、設計者、工事施工者、工事の現場管理者の氏名や確認済の表示をしなければならない。また、当該工事に係る設計図書を当該工事現場に備えておかなければならない。

11. 不服申立て　法 95 条

建築審査会の裁決に不服のある者は、国土交通大臣に対して再審査請求をすることができる。

解 答　手続きに対応する提出者・提出先を覚えよう

手続き	提出者	提出先
確認申請	建築主	建築主事、指定確認検査機関
定期報告	所有者、管理者	特定行政庁
道路位置指定申請	道を築造しようとする者	特定行政庁
建築工事届	建築主	都道府県知事
工事の完了検査申請	建築主	建築主事、指定確認検査機関
中間検査申請	建築主	建築主事、指定確認検査機関

34 天井高・床高・階段等

60%

1. 天井の高さ　令21条

①居室の天井の高さは、2.1m以上とする。

②天井の高さは、床面から測り、1室で天井の高さが異なるときはその平均の高さとする。

$$天井の高さ=\frac{室断面積}{底辺}又は\frac{室容積}{床面積}$$

2. 床の高さと防湿　令22条

最下階の居室の床が木造の場合は、床下に通風を得るために次のような規定がある。ただし、床下をコンクリート、たたき等で覆うなどの防湿措置を施した場合を除く。

①直下の地面から床仕上げ面までの高さを45cm以上とする。

②外壁の床下部分には、壁の長さ5m以下ごとに面積300cm²以上の換気孔を設け、ねずみなどの侵入を防ぐための格子や網を設ける。

出題パターン

・階段に関しては、建築物の種類に対して踏面、けあげの寸法が適法であるかを問う問題

・天井高に関しては、天井高さを算出し、法に適合するかを問う問題

・床高と防湿については、一般構造に関する問題で、頻出される

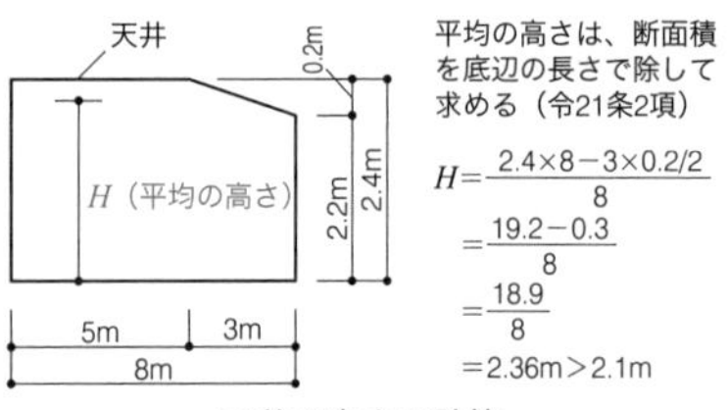

天井の高さの計算

3. 階段　令23条

①階段及び踊場の幅、けあげ、踏面の寸法は次表の通りである。ただし、屋外階段の幅は、令120条（直通階段の設置）又は令121条（2以上の直通階段の設置）の規定による直通階段にあっては90cm以上、その他は60cm以上とする。

②回り階段の踏面寸法は、踏面の狭い方の端から30cmの位置で測定する。

③階段及び踊場の幅は仕上げの有効幅で測定する。このとき、手すり及び階段の昇降を安全に行うための設備（高さ50cm以下に設けた階段昇降機等）は、幅が10cmを限度にないものとみなし算定する。

問題　次の文中の（　）に適語を入れよう。

・最下階の居室の床が木造である場合、その外壁の床下部分には、原則として、壁の長さ（①）以下ごとに、面積（②）以上の換気孔を設けなければならない。また、床下をコンクリート等で防湿上有効に覆わない場合、床の高さは、直下の地面からその床面まで（③）以上とする。

・住宅の居室の天井高さは、（④）以上とする。

・階段の幅が（⑤）を超える場合、中間に手すりを設けなければならない。ただし、けあげが（⑥）以下、かつ、踏面（⑦）以上の場合を除く。また、高さ（⑧）以下の階段の部分には適用しない。

・階段に代わる傾斜路の勾配は、（⑨）を超えてはならない。

階段の寸法

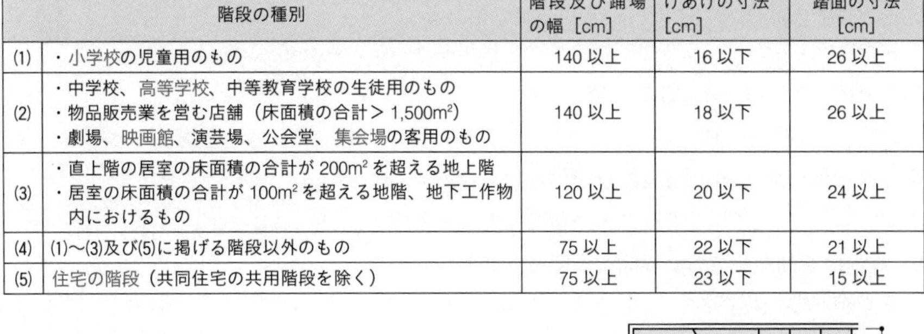

	階段の種別	階段及び踊場の幅［cm］	けあげの寸法［cm］	踏面の寸法［cm］
(1)	・小学校の児童用のもの	140 以上	16 以下	26 以上
(2)	・中学校、高等学校、中等教育学校の生徒用のもの ・物品販売業を営む店舗（床面積の合計＞ 1,500m²） ・劇場、映画館、演芸場、公会堂、集会場の客用のもの	140 以上	18 以下	26 以上
(3)	・直上階の居室の床面積の合計が 200m² を超える地上階 ・居室の床面積の合計が 100m² を超える地階、地下工作物内におけるもの	120 以上	20 以下	24 以上
(4)	(1)～(3)及び(5)に掲げる階段以外のもの	75 以上	22 以下	21 以上
(5)	住宅の階段（共同住宅の共用階段を除く）	75 以上	23 以下	15 以上

4. 踊場　令 24 条

踊場は、学校、劇場、店舗等の階段は、高さが 3m 以内ごとに、その他の階段は 4m 以内ごとに設ける。また、直階段の踊場の踏幅は、1.2m 以上とする。

5. 手すり　令 25 条

①階段には、どちらか一方の側に、必ず手すりを設けなければならない。また、階段及び踊場の両側（手すりが設けられた側を除く）には側壁を設ける。ただし、階段の高さが 1m 以下の場合には手すりや側壁は設けなくてもよい。

②階段の幅が 3m を超える場合は、中間に手すりを設ける。ただし、けあげが 15cm 以下、かつ、踏面 30cm 以上の場合は除く。

(a) 回り階段の踏面寸法

(b) 手すりなどのある場合の有効幅

踏面寸法と有効幅

手すり
階段は、いくら両側に側壁があったとしても、どちらか一方には、手すりを設けなければならない。

6. 傾斜路　令 26 条

階段に代わる傾斜路の勾配は 1/8 以下で、表面は粗面とし、滑りにくい材料で仕上げる。

7. 特殊な階段　令 27 条、令 129 条の 9 五号

昇降機機械室用階段、物見塔用階段その他特殊の用途に専用する階段については、階段・踊場・手すりの規定は適用しない。ただし、昇降機機械室用階段は、けあげ 23cm 以下、踏面 15cm 以上とし、両側に側壁又は手すりを設ける。

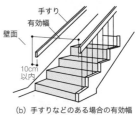

・一戸建住宅の回り階段の踏面寸法は、踏面の狭い方の端から（⑩）の位置において（⑪）以上としなければならない。

・エレベーターの機械室にのみ通ずる階段は、踏面（⑫）以上、けあげ（⑬）以下とする。

解答　床、天井、階段に関する寸法の規定を覚えよう

① 5m　② 300cm²　③ 45cm　④ 2.1m　⑤ 3m　⑥ 15cm　⑦ 30cm　⑧ 1m　⑨ 1/8　⑩ 30cm
⑪ 15cm　⑫ 15cm　⑬ 23cm

35 採光

70%

1. 必要採光面積　法28条1項

住宅、学校などの居室のうち、居住のための居室、教室などは採光のための開口部を設けなければならない。住宅の居室では、当該居室の床面積の1/7以上とする。

出題パターン

・「採光に有効な部分の面積」を算定する問題。定番として算定法をマスターしよう

1）採光に有効な部分の必要開口部面積（令19条）

採光が必要な建築物の居室では、窓等の開口部で採光に有効な部分の面積の当該室の床面積に対する割合は、下表の通りである。ただし、ふすま、障子等随時開放することができるもので仕切られた2室は1室とみなす。

採光が必要な建築物の居室（令19条）

	居室の種類	割合
(1)	・幼稚園、小学校、中学校、高等学校、中等教育学校の教室	1/5
(2)	・保育所の保育室	
(3)	・病院、診療所の病室	1/7
(4)	・寄宿舎の寝室、下宿の宿泊室	
(5)	・児童福祉施設等*の寝室（入所者が使用するものに限る） ・児童福祉施設等（保育所を除く）の居室のうち、入所者、通所者に対する保育、訓練、日常生活に必要な便宜の供与等の目的のために使用されるもの	
(6)	・(1)以外の学校の教室	1/10
(7)	・病院、診療所、児童福祉施設等の居室のうち、入院患者、入所者の談話、娯楽等の目的のために使用されるもの	

＊児童福祉施設等：児童福祉施設、助産所、身体障害者社会参加支援施設、保護施設、婦人保護施設、老人福祉施設、有料老人ホーム、母子保健施設、障害者支援施設、地域活動支援センター、福祉ホーム、障害福祉サービス事業の用に供する施設をいう。

2. 採光に有効な部分の面積の算定　令20条

算定問題の傾向

「採光に有効な部分の面積」の算定方法は、ほぼ毎年出題されるので必ずマスターしておこう。

1）採光に有効な部分の面積の算定

採光に有効な部分の面積の算定は次式による。

採光に有効な部分の面積＝$\Sigma\ (A_i \cdot \lambda_i)$

A_i：開口部の面積

λ_i：採光補正係数

問題　第二種低層住居専用地域内（建築基準法第86条第10項に規定する公告対象区域外とする。）において、図のような断面をもつ幼稚園の1階に教室（開口部は幅1.5m、面積3m²とする。）を計画する場合、建築基準法上、「居室の採光」の規定に適合する当該教室の床面積の最大値を求めよう。ただし、図に記載されているものを除き、採光のための窓その他の開口部はないものとし、国土交通大臣が定める基準は考慮しないものとする。

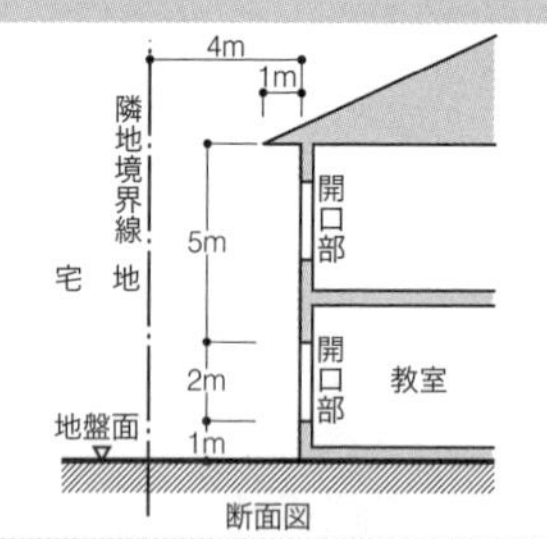

断面図

採光補正係数

用途地域		採光補正係数（λ_i）	限界条件（C）
(1)	住居系用途地域	$\frac{D}{H}\times 6-1.4$	7m
(2)	工業系用途地域	$\frac{D}{H}\times 8-1$	5m
(3)	商業系用途地域 指定のない区域	$\frac{D}{H}\times 10-1$	4m

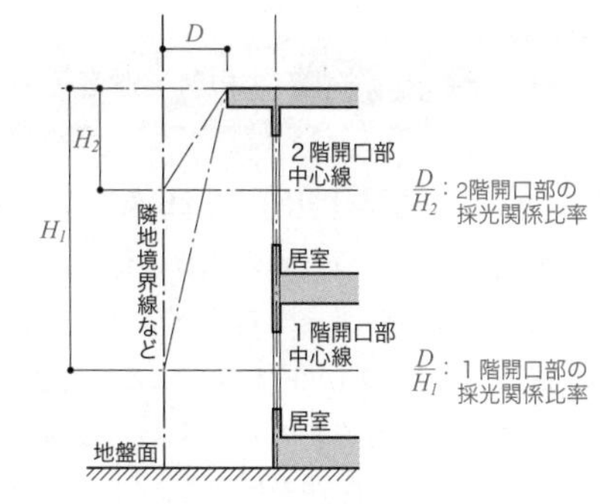

2）採光補正係数の算定

①採光補正係数（λ_i）は、用途地域、区域の区分に応じて算定する。公式は上表の通り。

②採光関係比率は、D/H で算定する。

D：窓の直上の最も突出した建築物の部分から隣地境界線等までの水平距離とする。ただし、窓等の開口部が道に面する場合の隣地境界線は、道の反対側の境界線とし、公園、広場、川などに面する場合の隣地境界線はこれらの幅の 1/2 外側にあるものとする。

H：窓の直上で隣地境界線などに近い最も突出した建築物の部分から窓の中心までの距離とする。

③次の場合、採光補正係数の計算結果を以下のように取り扱う。

- 天窓の場合は、採光補正係数の計算結果を 3 倍する。
- 開口部の外側に幅 90cm 以上の縁側がある場合は計算結果を 0.7 倍する。
- 採光補正係数の計算結果が 3 を超える場合は、3 とする。
- 開口部が道に面する場合で計算結果が 1 未満の場合は採光補正係数は 1 とする。
- 開口部が道に面しない場合で水平距離が限界条件 C 以上であり、かつ、計算結果が 1 未満の場合は、採光補正係数は 1 とする。
- 開口部が道に面しない場合で水平距離が限界条件 C 未満であり、かつ、計算結果が負の場合は、採光補正係数は 0 とする。

法令用語①

以上、以下→≧、≦を意味し、その数値を含む。
超える、未満→>、<を意味し、その数値を含まない。

解答　**採光に有効な部分の面積の算定**

（令 20 条）採光に有効な部分の面積＝開口部面積×採光補正係数（λ）

第二種低層住居専用地域の採光補正係数 $\lambda=(D/H)\times 6-1.4$

ただし、λが 3 を超えときは 3 とする。

$\therefore \lambda=(3/6)\times 6-1.4=1.6$

採光に有効な部分の面積＝ $3\times 1.6=4.8\text{m}^2$

（令 19 条 3 項）幼稚園の教室の必要採光面積は、床面積の 1/5 以上である。したがって、当該教室の床面積の最大値は、$4.8\times 5=24\text{m}^2$

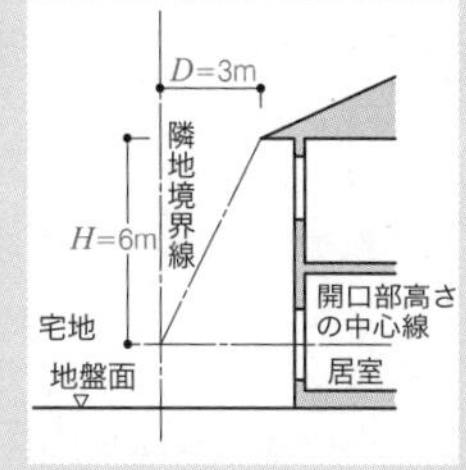

36 建築設備　換気・遮音等

90%

1. 換気の必要な居室　法28条、令20条の3

出題パターン

「換気」に関する問題が「遮音」に比べ多く出題される傾向である。どちらも出題されない年度には、「一般構造」に関する問題中に混合問題として出題される

①居室には換気のための窓その他の開口部を設け、その換気に有効な部分の面積（有効換気面積）は、その居室の床面積の1/20以上とする。ただし、令20条の2又は令129条の2の5に定める換気設備を設ける場合は、有効換気面積を確保しなくてもよい。

有効換気面積とは換気可能な実開口部の面積をいい、引違い窓の場合は1/2となる。なお、ふすま、障子等で仕切られた2室は1室とみなす。

②劇場、映画館、演芸場、観覧場、公会堂、集会場の居室又はかまど、こんろ他の火を使用する器具（令20条の3）を設けた調理室、浴室等には、換気設備を設けなければならない。ただし、密閉式燃焼器具を設けた室、床面積100m²以内の住宅又は住戸の調理室（発熱量12kW以下の火を使用する器具を設けた室に限る）で当該調理室の床面積の1/10（0.8m²未満の時は0.8m²）以上の開口部を換気上有効に設けた室、発熱量6kW以下の火を使用する器具を設けた室で換気上有効な開口部を設けた場合を除く。

2. 化学物質の発散に対する衛生上の措置　法28条の2、令20条の5

居室において、ホルムアルデヒド及びクロルピリホスの発散による衛生上の支障がないよう、原則として、所定の機械換気設備を設けなければならない。

3. 劇場等の換気設備　令20条の2

劇場、映画館、演芸場、観覧場、公会堂、集会場の居室に設ける換気設備は、機械換気設備又は中央管理方式の空気調和設備としなければならない。

高さ31mを超える建築物又は各構えの床面積の合計が1,000m²を超える地下街に設ける機械換気設備及び中央管理方式の空気調和設備の制御及び作動状態の監視は、中央管理室において行う。

4. ホルムアルデヒドに関する技術的基準　令20条の7

①居室（常時解放された開口部を通じて居室と相互に通気が確保される廊下を含む）の壁、床、天井、建具などの内装については、ホルムアルデヒドに関する技術的基準が

問題　採光・遮音に関する記述のうち、正しいものに○、誤っているものに×をつけよう。

1. 天窓は、それがある位置に関係なく、窓の面積の3倍の面積を、採光に有効な部分の面積とみなす。
2. 公園に面する開口部について、採光に有効な部分の面積を算定する場合、その公園の境界線までの距離を考慮する必要はない。
3. 水洗便所に、照明設備と換気設備を設け、窓を設けなかった。
4. 学校の職員室においては、開口部で採光に有効な部分の面積は、原則として、職員室の床面積の1/10以上としなければならない。

適用される。

②ホルムアルデヒド発散材料として国土交通大臣が定める建築材料のうち、夏季に表面積1m²につきホルムアルデヒドの発散量が0.12mg/時を超えるものを「第一種ホルムアルデヒド発散建築材料」、0.02mg/時を超え0.12mg/時以下のものを「第二種ホルムアルデヒド発散建築材料」、0.005mgを超え0.02mg/時以下のものを「第三種ホルムアルデヒド発散建築材料」といい、0.005mg/時以下のものはこれらの材料に該当しないものとみなす。

5. 便所の換気　令28条

便所には、採光及び換気のための直接外気に接する窓を設けなければならない。ただし、水洗便所には、これに代わる設備を設ければよい。

6. 遮音　法30条、令22条の3

長屋、共同住宅の各住戸間の界壁は、小屋裏または天井裏まで達するものとするほか、その構造を令22条の3に適合する遮音性能を有するものとしなければならない。

建築物に設ける排水のための配管設備の設置、構造（令129条の2の4）

①排出する雨水又は汚水の量および水質に応じ有効な容量、傾斜及び材質を有すること。
②配管設備には、排水トラップ、通気管等を設置する等衛生上必要な措置を取ること。
③配管設備の末端は、公共下水道、都市下水路等の排水施設に有効に接続すること。
④汚水に接する部分は、不浸透質の耐水材料で造ること。

● EXERCISE

集会室（床面積の合計42m²、天井の高さ2.5mとする）に機械換気設備を設けるに当たり、ホルムアルデヒドに関する技術的基準による必要有効換気量（Vr）の計算をしなさい。

（注）⟷は、常時開放された開口部を示す。

▶（令20条の8）

Vr［m³/時］＝nAh

n：1時間当たりの換気回数（住宅等の居室0.5、その他の居室0.3）

A：居室の床面積［m²］（集会室に対して常時解放された開口部を通じてこれと相互に通気が確保されている収納、玄関・廊下を含む）

$Vr = 0.3 \times (24 + 2 + 2 + 10) \times 2.5 = 28.5$［m³/時］

解答　採光・遮音に関する問題。換気に関する問題はEXERCISEでチェック

1. × 天窓は、採光に有効な面積の3倍の面積を有するものとみなす。
2. × 採光補正係数を求めるに当たって、開口部が公園、広場、川などに面する場合、隣地境界線はこれらの幅の1/2外側にあるものとする。
3. ○ 便所には、採光及び換気のための窓を設けなければならないが、水洗便所は、これに代わる照明設備と換気設備があればよい。
4. × 学校について、教室以外の居室については、採光のための開口部を設ける規定はない。

37 構造計算

50%

1. 構造計算を必要とする建築物　法 20 条

次表の建築物は、構造計算により、安全を確かめる。

構　造	階数	延べ面積	高さ	軒の高さ
木造建築物	≧ 3	> 500m²	> 13m	> 9m
木造以外の建築物	≧ 2	> 200m²	−	−
石造、れんが造、CB 造、無筋コンクリート造			> 13m	> 9m

出題パターン

構造計算の原則から荷重、外力まで幅広く知識を問う。

2. 保有水平力計算　令 82 条

保有水平耐力計算は、構造耐力上主要な部分の断面に生ずる長期及び短期の各応力度を次表に掲げる式によって計算する。

力の種類	荷重及び外力について想定する状態	一般の場合	多雪区域	備考
長期に生ずる力	常時	$G+P$	$G+P$	建築物の転倒、柱の引抜き等を検討する場合、P は建築物の実況に応じて積載荷重を減らした数値による。
	積雪時		$G+P+0.7S$	
短期に生ずる力	積雪時	$G+P+S$	$G+P+S$	
	暴風時	$G+P+W$	$G+P+W$	
			$G+P+0.35S+W$	
	地震時	$G+P+K$	$G+P+0.35S+K$	

G：固定荷重によって生ずる力（令 84 条）
P：積載荷重によって生ずる力（令 85 条）
S：積雪荷重によって生ずる力（令 86 条）
W：風圧力によって生ずる力（令 87 条）
K：地震力によって生ずる力（令 88 条）

3. 層間変形角　令 82 条の 2

地震力により、地上部分の各階に生ずる層間変形角は、1/200（建築物の部分に著しい損傷が生ずる恐れのない場合 1/120）以内であることを確かめる。

4. 荷重と外力

1）積載荷重（令 85 条）

建築物の積載荷重は、実況に応じて計算するほか、次表の数値から求めることができる。

			床の構造計算用 [N/m²]	大梁、柱、基礎の構造計算用 [N/m²]	地震力計算用 [N/m²]
1	住宅の居室、住宅以外の寝室、病室		1,800	1,300	600
2	事務室		2,900	1,800	800
3	教室		2,300	2,100	1,100
4	百貨店、店舗の売場		2,900	2,400	1,300
5	劇場、映画館、演芸場、観覧場、公会堂、集会場の客席	固定席	2,900	2,600	1,600
		その他	3,500	3,200	2,100
6	自動車車庫、自動車通路		5,400	3,900	2,000
7	廊下、玄関又は階段		3 から 5 までの室に連絡するものは、5 の「その他」の数値による。		
8	屋上広場又はバルコニー		1 の数値による。ただし、学校・百貨店は 4 の数値による。		

※倉庫業を営む倉庫の床の積載荷重は、実況に応じて計算した数値が 3,900N/m² 未満であっても、3,900N/m² としなければならない。

2）**積雪荷重**（令 86 条）…p.178 参照

①積雪荷重＝積雪の単位重量×屋根の水平投影面積×その地方の垂直積雪量

②積雪の単位重量は、積雪量 1cm ごとに 20N/m^2（雪おろしをする場合は低減できる）

③屋根の積雪荷重＝積雪荷重×屋根形状係数（μb）

$\mu b=\sqrt{\cos(1.5\beta)}$　　β：屋根勾配［単位：度］（60° を超える場合は 0）

3）**風圧力**（令 87 条、H12 告示 1454 号）…p.179 参照

風圧力＝速度圧×風力係数

4）**地震力**（令 88 条）…p.178 参照

①地上部分の地震力＝当該部分から上部の固定荷重と積載荷重（多雪区域は積雪荷重を加える）の和×地震層せん断力係数（C_i）

②地下部分の地震力＝当該部分の固定荷重と積載荷重の和×水平震度（k）

5. 建築材料の種類による応力度　令90条、令91条

建築材料の種類による長期応力度に対する短期応力度の割合は、原則として、右表の通りである。この割合は、圧縮、引張、曲げ、せん断応力度とも同じである。

建築材料等	長期許容応力度に対する短期許容応力度の割合
一般構造用鋼材	1.5 倍
鋳鉄	1.5 倍
ボルト	1.5 倍
コンクリート	2 倍

6. 地盤の許容応力度　令 93 条

地盤の許容応力度は、地盤調査の結果に基づいて定めなければならない。ただし、地盤の種類に応じて次表の数値によることができる。

地盤	長期に生ずる力に対する許容応力度（kg/m^2）	短期に生ずる力に対する許容応力度（kg/m^2）
岩盤	1,000	長期に生ずる力に対する許容応力度の 2 倍
固結した砂	500	
土丹盤	300	
密実な礫層	300	
密実な砂質地盤	200	
砂質地盤（地震時に液状化のおそれのないもの）	50	
硬い粘土質地盤	100	
粘土質地盤	20	
固いローム層	100	
ローム層	50	

38 構造強度

120%

1. 木造　令 40 条〜令 49 条

出題パターン

構造強度については、「木造」「RC 造」「S 造」の出題頻度が高い。内容は、それぞれの構造について広く浅く出題されている

木造に関する規定は、茶室、あずまや、延べ面積が 10 m² 以内の物置・納屋は適用しない。

1）土台及び基礎（令 42 条）

柱の下部には土台を設けなければならない。ただし、直接当該柱を基礎に緊結する場合などを除く。

2）柱（令 43 条）

①柱の太さ（柱の小径／梁等の横架材の距離）は、次の基準を満たすこと。

②地階を除く階数が 2 を超える建築物の柱は、原則として、13.5cm を下回ってはならない。

柱 建築物	柱間隔 10m 以上の柱、学校、保育所、劇場、映画館、演芸場、観覧場、公会堂、物品販売業の店舗（床面積 10m² 以下を除く）、公衆浴場の柱		左欄以外の柱	
	最上階又は平屋	その他の階	最上階又は平屋	その他の階
土蔵造り等	1/22	1/20	1/25	1/22
金属板葺等	1/30	1/25	1/33	1/30
瓦葺等	1/25	1/22	1/30	1/28

③柱の所要断面積の 1/3 以上を欠き取る場合は、その部分を補強する。

④階数 2 以上の建築物のすみ柱は、通し柱としなければならない。ただし、接合部を通し柱と同等以上の耐力に補強した場合を除く。

⑤柱の有効細長比は、150 以下とする。

3）梁（令 44 条）

梁、桁その他の横架材には、その中央部付近の下側に耐力上支障のある欠込みをしてはならない。

4）筋かい（令 45 条）

①引張筋かいは、木材で 1.5cm × 9cm 以上、鉄筋で径 9mm 以上でなければならない。

②圧縮筋かいは、3cm × 9cm 以上の木材を使用しなければならない。

③筋かい端部は、柱と横架材の仕口に接近して、ボルト、かすがい、釘等で緊結する。

問 題　屋根を金属板で葺き、壁を金属サイディング張りとした木造2階建、延べ面積120m²、高さ 8m の物品販売業を営む店舗において、横架材の相互間の垂直距離が 1 階にあっては 2.8m、2 階にあっては 2.7m である場合、1 階及び 2 階の構造耐力上主要な部分である柱の張間方向及び桁行方向小径の必要寸法の最小値を求めなさい。

④筋かいには欠込みをしてはならない。ただし、たすき掛けをするためにやむを得ない場合で、補強を行った場合を除く。

5）構造耐力上必要な軸組（令 46 条）

①木造建築物は、水平力に対する安全のため、各階の張り間方向及び桁行方向に、壁、筋かいをつり合いよく配置しなければならない。ただし、次の場合を除く。

・柱及び横架材に基準に適合した集成材を使用し、柱の脚部が RC 造の布基礎に緊結した土台又は RC 造基礎に緊結している。

・方づえ、控柱、控壁があって構造耐力上支障がないもの。

②原則として、床組及び小屋梁組の隅角には火打材を使用し、小屋組には振れ止めを設けなければならない。

③階数が 2 以上又は延べ面積が 50m² を超える建築物には、各階の張り間方向及び桁行方向のそれぞれについて、筋かい等を入れた壁（構造耐力上必要な軸組）を建築物の床面積（対地震力）と見付面積（対風圧力）に応じて算出した長さ以上入れる。

組積造の塀（令 61 条）
①高さは 1.2m 以下とする。
②壁厚は、その部分から壁頂までの垂直距離の 1/10 以上とする。
③原則として、長さ 4m 以下ごとに、その部分における壁厚の 1.5 倍以上突出した控壁を設ける。

2. 補強コンクリートブロック造　令 62 条の 2 ～ 8

1）耐力壁（令 62 条の 2 ～ 8）

①耐力壁に囲まれた部分の水平投影面積は、60 m² 以下とする。

②各階の張り間及び桁行方向の耐力壁の長さの合計は、その階の床面積 1 m² につき 15cm 以上とする。

③耐力壁厚は、15cm 以上かつ耐力壁の水平力に対する支点間距離の 1/50 以上とする。

④耐力壁の壁頂には、原則として、臥梁（がりょう）又は RC 造の屋根版を設けなければならない。

⑤臥梁の有効幅は、20cm 以上かつ耐力壁の水平力に対する支点間距離の 1/20 以上とする。

⑥コンクリートブロックは、その目地塗面の全部にモルタルが行きわたるように組積し、鉄筋を入れた空洞部及び縦目地に接する空洞部は、モルタル又はコンクリートを充填（じゅうてん）する。

2）塀（令 62 条の 8）

①高さは 2.2m 以下とする。

②壁の厚さは 15cm（高さ 2m 以下の塀は 15cm（高さ 2m 以下の塀は 10cm）以上とする。

③壁頂及び基礎には横に、壁の端部及び隅角部には縦に、径 9mm 以上の鉄筋を配置する。

解　答　物品販売業を営む店舗（床面積の合計が 10m² 以内のものを除く）において、屋根を金属板で葺き、壁を金属サイディング張りとした場合、柱の小径は、その柱に接する横架材の相互間の垂直距離に 1 階にあっては 1/25、2 階にあっては 1/30 を乗じた値以上とする。

1 階の柱の小径：280cm×1/25 ＝ 11.2cm

2 階の柱の小径：270cm×1/30 ＝ 9.0cm

④壁内には径 9mm 以上の鉄筋を縦横に 80cm 以下の間隔で配置すること。

⑤長さ 3.4m 以下ごとに所定の控壁を設ける（高さ 1.2m 以下の塀を除く）。

⑥③及び④の規定により配置する鉄筋の末端は、かぎ状に折り曲げて、縦筋にあっては壁頂及び基礎の横筋に、横筋にあってはこれらの縦筋に、それぞれかぎ掛けして定着すること。ただし、縦筋をその径の 40 倍以上基礎に定着させる場合にあっては、縦筋の末端は、基礎の横筋にかぎ掛けしないことができる。

⑦基礎の丈は 35cm 以上とし、根入れの深さは 30cm 以上とすること（高さ 1.2m 以下の塀を除く）。

3. 鉄筋コンクリート造　令 71 条〜 79 条の 4

1）耐久性関係規定

①コンクリートの 4 週圧縮強度は、12N/mm²（軽量骨材を使用の場合 9N/mm²）以上とする。

②コンクリート打込み中及び打込み後 5 日間はコンクリートの温度を 2℃ 以上に保つ。

③鉄筋に対するコンクリートのかぶり厚さの最小値は下表の通りである。

	構造部分	かぶり厚さの最小値
(1)	耐力壁以外の壁、床	2cm
(2)	耐力壁、柱、梁	3cm
(3)	土に接する壁・柱・床・梁・布基礎の立上り部分	4cm
(4)	基礎（布基礎の立上り部分を除く）*	6cm

＊捨コンクリート部分を除く。

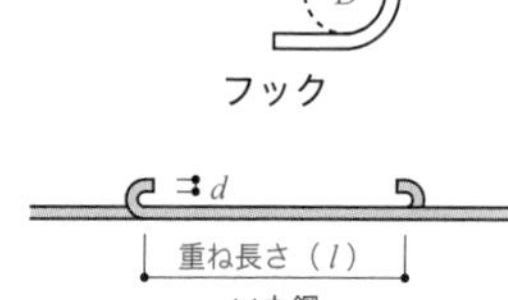

フック

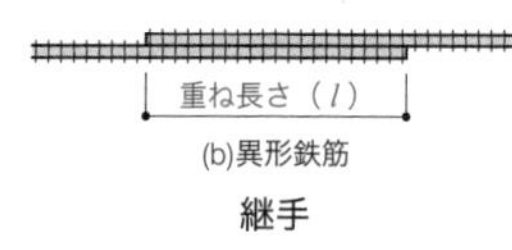

継手

2）耐久性関係規定以外の規定

①丸鋼、異形鉄筋を使用した柱・梁の出隅部分、煙突では、鉄筋の末端をかぎ状に折り曲げてコンクリートから抜け出さないよう定着させる。

②主筋等の継手の重ね長さは、引張力の最も小さい部分に設ける場合主筋等の径の 25 倍（軽量骨材使用時 30 倍）以上とし、その他の部分に設ける場合 40 倍（軽量骨材使用時 50 倍）以上とする。

③柱に取り付ける梁の引張鉄筋は、柱の主筋に溶接する場合を除き、柱に定着される部分の長さをその径の 40 倍（軽量骨材使用時 50 倍）以上とする。

④梁は、複筋梁とし、これにあばら筋を梁の丈の 3/4（臥梁にあっては 30cm）以下の間

問題　図のような木造瓦葺（かわらぶき）平家建延べ面積 80m² の建築物に、構造耐力上必要な軸組として、厚さ 4.5cm で幅 9cm の木材の筋かいを入れた軸組を設ける場合、張り間方向の軸組の長さの合計の最小値を算出しよう。ただし、特定行政庁による区域の指定等はないものとする。

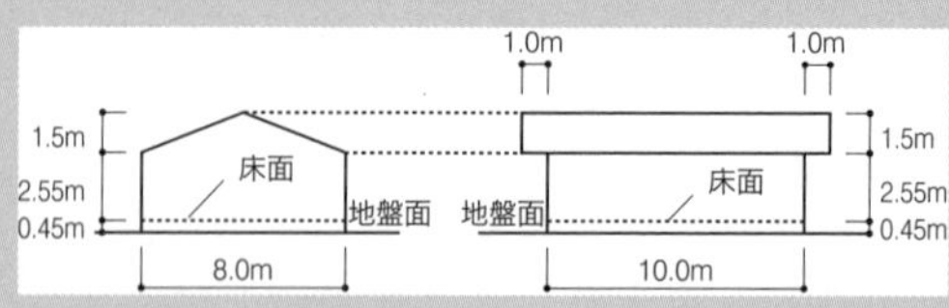

隔で配置しなければならない。

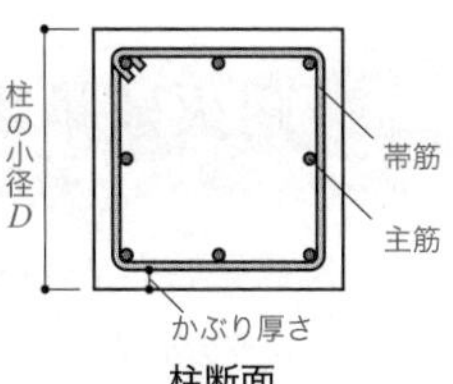

柱断面

⑤柱の主筋は、4本以上とする。

⑥帯筋は、径6mm以上、間隔を柱頭柱脚部で10cm以下、柱中央部で15cm以下とする。

⑦帯筋比は、0.2%以上とする。

⑧柱の小径は、その構造耐力上必要な支点間距離の1/15以上とする。

⑨柱の主筋断面積の和は、コンクリート断面積の0.8%以上とする。

⑩床版の厚さは、8cm以上、かつ、短辺方向における有効張り間長さの1/40以上とする。床版の最大曲げモーメントを受ける部分における引張鉄筋の間隔は、短辺方向において20cm以下、長辺方向において30cm以下、かつ、床版の厚さの3倍以下とする。

⑪耐力壁の厚さは、12cm以上とする。

⑫耐力壁は、径9mm以上の鉄筋を縦横に30cm（複配筋の場合、45cm）以下の間隔で配置する。ただし、平屋建ての建築物にあっては、その間隔を35cm（複配筋の場合、50cm）以下とすることができる。

⑬壁式構造の耐力壁の長さは、45cm以上とする。

4. 鉄骨造　令63条〜令70条

①構造耐力上主要な部分の材料は、炭素鋼、ステンレス鋼を用い、圧縮応力又は接触応力が作用する部分についてのみ、鋳鉄を用いることができる。

②構造耐力上主要な部分である圧縮材の有効細長比は、柱では200以下、柱以外では250以下とする。

③構造耐力上主要な部分である柱の脚部は、滑節構造である場合を除き、基礎に緊結しなければならない。

④構造耐力上主要な部分である鋼材の接合は、原則として、接合される鋼材が炭素鋼では高力ボルト接合、溶接接合、リベット接合とし、接合される鋼材がステンレス鋼では高力ボルト接合、溶接接合とする。

⑤高力ボルト、ボルト、リベットの相互間の中心距離は、径の2.5倍以上とする。

⑥高力ボルトの穴径はd（高力ボルト径）＋2mm以下、$d \geqq 27$mmの場合はd＋3mm以下とする。

⑦ボルト穴径はd(ボルト径)＋1mm以下、$d \geqq 20$mmの場合はd＋1.5mm以下とする。

解答

（令46条4項）地震力に対する壁量（l_1）の計算

$l_1 \times 2$（表1 (4)）$\geqq 0.15$（表2）$\times 80$（床面積）　$\therefore l_1 \geqq 6$m

風圧力に対する壁量（l_2）の計算

$l_2 \times 2$（表1 (4)）$\geqq 0.5$（表3 (2)）$\times \{(1.5 \times 12) + 10 \times (2.55 - 1.35)\}$　$\therefore l_2 \geqq 7.5$m

必要壁量は$l_1 < l_2$より、7.5m

39 耐火建築物等

30%

1. 耐火建築物等としなければならない特殊建築物　法27条、令109条の2の2、110条

出題パターン

出題頻度は少ないが、「耐火建築物等」にしなくてもよいものを見つける問題が出題される可能性あり

不特定多数の人々が利用する特殊建築物は、火災に対して安全なように、その用途・階数・規模によって、下表の通り耐火建築物等としなければならない。

耐火建築物等とは、耐火建築物、準耐火建築物、特定避難時間倒壊等防止建築物、耐火構造建築物の四つをいう。

特定避難時間倒壊等防止建築物、耐火構造建築物又は準耐火建築物としなければならない特殊建築物
（法27条、別表1、令110条～110条の3、H27告示255）

<table>
<tr><th colspan="2" rowspan="2">用途</th><th colspan="2">特定避難時間倒壊等防止建築物または耐火構造建築物*1としなければならない場合</th><th>特定避難時間倒壊等防止建築物または準耐火建築物としなければならない場合</th></tr>
<tr><th>各用途に使う階</th><th>各用途に使う部分の床面積の合計</th><th>各用途に使う部分の床面積の合計</th></tr>
<tr><td rowspan="2">(1)</td><td>劇場、映画館、演芸場</td><td>3階以上の階、主階が1階にないもの</td><td rowspan="2">客席が200m^2以上、屋外観覧席では1,000m^2以上</td><td rowspan="2">—</td></tr>
<tr><td>観覧場、公会堂、集会場</td><td rowspan="4">3階以上の階</td></tr>
<tr><td>(2)</td><td>病院、ホテル、旅館、下宿*2、共同住宅*2、寄宿舎*2
令115条の3第一号</td><td>—</td><td>2階部分が300m^2以上（病院などでは患者収容施設が2階にある場合）</td></tr>
<tr><td>(3)</td><td>学校*3、体育館*3
令115条の3第二号</td><td>—</td><td>2,000m^2以上</td></tr>
<tr><td>(4)</td><td>百貨店、マーケット、展示場、キャバレー、ダンスホール、遊技場
令115条の3第三号</td><td>3,000m^2以上</td><td>2階部分が500m^2以上</td></tr>
</table>

＊1：法27条1項の規定に適合する建築物で、特定避難時間倒壊等防止建築物を除く。
＊2：次の建築物は、建築物の周囲に幅員3m以上の通路を設けるなどの防火に対する安全性のための対策がなされた場合、所定の性能を有する特定避難時間倒壊等防止建築物とすることができる。
・下宿、共同住宅、寄宿舎で、地階を除く階数が3で、3階を当該用途に使うもの
・学校、体育館

耐火建築物等について

耐火建築物→耐火構造＋延焼の恐れのある部分に防火設備
準耐火建築物→準耐火構造＋延焼の恐れのある部分に防火設備
特定避難時間倒壊等防止建築物→主要構造部準耐火構造及び所定の性能（令110条一号）を有する特殊建築物＋延焼の恐れのある部分に防火設備

問　題　次の建築物のうち、建築基準法上、耐火建築物等としなくてもよいものはどれか。ただし、防火地域及び準防火地域外にあるものとする。

1. 各階の床面積が300m^2の2階建の児童福祉施設
2. 1階を床面積300m^2の飲食店、2階を床面積150m^2の演芸場とする2階建の建築物
3. 各階の床面積が300m^2で、1階を物品販売業を営む店舗、2階を共同住宅とする2階建の建築物
4. 各階の床面積が150m^2の3階建の倉庫

耐火建築物または準耐火建築物としなければならない特殊建築物（法 27 条、別表 1）

	用途	耐火建築物としなければならない場合		耐火建築物または準耐火建築物としなければならない場合
		各用途に使う階	各用途に使う部分の床面積の合計	各用途に使う部分の床面積の合計
(1)	倉庫	—	3 階以上の部分が 200m² 以上	1,500m² 以上
(2)	自動車車庫、自動車修理工場 令 115 条の 3 第四号	3 階以上の階	—	150m² 以上
(3)	令 116 条の表の数量以上の危険物の貯蔵または修理場	—	—	全部

2. 耐火建築物等に求められる性能　法 27 条

耐火建築物等は、耐火性能によって次のように区分される。なお、建築物の種類によっては耐火構造建築物と耐火建築物が同時に該当する場合がある。また、建築物の種類および主要構造部の種類によって特定避難時間倒壊等防止建築物と準耐火建築物が同時に該当する場合がある。

耐火建築物等の耐火性能（法 27 条、法 2 条九号の二・九号の三、令 109 条の 2 の 2、令 110 条）

	主要構造部	外壁の開口部	
		延焼のおそれのある部分	左記以外で他の外壁の開口部から火災が到達するおそれのあるもの
耐火構造建築物	耐火構造または耐火性能が確認されたもの	屋内への遮炎性能	屋内への遮炎性能
耐火建築物		屋内外への遮炎性能	—
特定避難時間倒壊等防止建築物	特定避難時間倒壊および延焼を防止する構造	屋内への遮炎性能	屋内への遮炎性能
準耐火建築物	法 2 条九号の三イまたは法 2 条九号の三ロ	屋内外への遮炎性能	—

● EXERCISE

準耐火建築物である木造 3 階建共同住宅に関する記述について（　）に適語を入れよう。

- （①）耐火基準に適合する準耐火構造とし、（②）内には建築してはならない。
- 原則として、避難上有効な（③）等を設ける。
- 建築物の周囲には、原則として、幅員（④）以上の通路を設ける。
- 準防火地域内では、原則として、外壁の開口部に（⑤）を設ける。

▶ ① 1 時間　②防火地域　③バルコニー　④ 3m　⑤防火設備

解答　耐火建築物等としなければならない特殊建築物を問う問題

1. 2. 3. 2 階の床面積が 300m² 以上の児童福祉施設（法 27 条 1 項二号、別表第 1（は）欄（2）項、令 115 条の 3 第一号）、主階が 1 階にない演芸場（法 27 条 1 項四号）、2 階の床面積が 300m² 以上の共同住宅（法 27 条 1 項二号、別表第 1（は）欄（2）項）は、「耐火建築物等」とする。

4.（法 27 条）各階の床面積が 150m² の倉庫は、耐火建築物等にしなくてもよい。

正解 4

40 防火区画・間仕切壁等 65%

1. 防火区画　令112条

出題パターン
問題は令112条から114条までの狭い範囲からの出題である。条文をしっかり読みこなそう

1）面積区画（令112条1項～6項）

①主要構造部を耐火構造又は準耐火構造等とした建築物は、床面積の合計1,500m²（スプリンクラー設備等の消火設備を設けた場合、床面積は1/2とすることができる）以内ごとに防火区画しなければならない。ただし、劇場、映画館、演芸場、観覧場、公会堂、集会場の客席、体育館、工場等用途上やむを得ないものや階段室、昇降機の昇降路（昇降ロビーを含む）で防火区画されたものを除く。

②法27条3項の規定により準耐火建築物とした特殊建築物（1時間耐火基準に適合するものを除く）は、床面積の合計500m²（スプリンクラー設備等の消火設備を設けた場合、床面積は1/2とすることができる）以内ごとに防火区画し、かつ、防火上主要な間仕切壁を準耐火構造とし、天井の全部が強化天井又は所定の部分が強化天井であるものを除き、小屋裏又は天井裏に達せしめなければならない。

③法27条3項の規定により準耐火建築物とした特殊建築物（1時間耐火基準に適合したもの）は、延べ面積1,000m²以内ごとに防火区画する。

④②③の規定について、体育館・工場において天井（天井がない場合は屋根）及び壁の室内に面する部分の仕上げを準不燃材料としたものには適用しない。

2）高層区画（令112条7項～10項）

建築物の11階以上の部分では、各階の床面積の合計100m²以内ごとに防火区画しなければならない。ただし、壁（床面から1.2m以下の部分を除く）、天井の下地及び仕上げを準不燃材料で造る場合200m²に緩和され、不燃材料で造る場合は500m²に緩和される。

3）竪穴区画（令112条11項～15項）

主要構造部を準耐火構造としたもので、地階又は3階以上に居室を有するものの住戸部分（長屋・共同住宅の住戸でその階数が2以上のもの、吹抜き部分、階段部分、昇降機の昇降路部分、ダクトスペース部分）は、当該部分とその他の部分を防火区画しなければならない。ただし、階数3以下で延べ面積200m²以下の一戸建て住宅又は長屋・共同住宅の住戸のうち階数3以下で床面積の合計200m²以下のものの竪穴部分を除く。

問題　建築物の防火区画に関する次の記述のうち、**誤っているもの**はどれか。ただし、全館安全検証法による安全性の確認は行わず、自動式の消火設備も設けないものとする。

1. 建築基準法27条3項の規定により、1時間耐火基準に適合する準耐火建築物で延べ面積1,500m²の木造3階建共同住宅は、床面積の合計1,000m²以内ごとに防火区画する。
2. 主要構造部を準耐火構造とした4階建ての共同住宅で、メゾネット形式の住戸（住戸の階数が2で、かつ、床面積の合計が130m²であるもの）においては、住戸内の階段の部分とその他の部分とを防火区画しなくてもよい。

4）異種用途区画（令112条18項、法27条）

自動車車庫（＞50m²）が住宅の一部にある場合や建築物の一部が映画館など耐火建築物としなければならない特殊建築物の場合、当該部分とその他の部分を防火区画しなければならない。

> **強化天井（令112条4項一号）**
> 下方からの通常の火災時の火熱に対して上方への延焼有効に防止するもので国土交通大臣認定されたもの等

5）全館避難安全検証法による適用除外（令129条の2）

全館避難安全検証法により安全性が確かめられた建築物については、高層区画、竪穴区画、異種用途区画の規定を適用しない。

2. 防火区画を貫通する配管等　令112条20項・21項

①給水管、配電管等が防火区画の床、壁を貫通する場合、当該管と防火区画とのすき間をモルタル等の不燃材料で埋めなければならない。

②換気、暖房、冷房の設備の風道が、防火区画を貫通する場合、原則として、自動閉鎖式の特定防火設備を設けなければならない。

3. 防火壁　法26条、令113条

耐火・準耐火建築物及び畜舎等を除く建築物は、延べ面積1,000m²以内ごとに防火壁又は防火床で区画しなければならない。防火壁は次の構造とする。

・耐火構造とし、かつ、自立する構造とする。

・木造の建築物においては、無筋コンクリート造又は組積造としない。

・防火壁に設ける開口部の幅及び高さは、それぞれ2.5m以下とし、かつ、これに特定防火設備で所定の構造であるものを設ける。

4. 界壁、間仕切壁、隔壁　令114条

①長屋又は共同住宅の界壁は、準耐火構造とし、小屋裏又は天井裏に達せしめる。

②学校、病院、診療所（病室を有しないもの除く）、児童福祉施設等（令19条）、ホテル、旅館、下宿、寄宿舎、マーケットは、防火上主要な間仕切壁を準耐火構造とし、天井を強化天井とする場合を除き、小屋裏又は天井裏に達せしめなければならない。

③建築面積が300m²を超える建築物の小屋組が木造である場合、原則として、小屋裏の直下の天井の全部を強化天井とするか、桁行間隔12m以内ごとに小屋裏に準耐火構造の隔壁を設けなければならない。

④給水管、配電管等が、上記の界壁、間仕切壁、隔壁を貫通する場合、その隙間をモルタルその他の不燃材料で埋めなければならない。

---

3. 延べ面積200m²の3階建共同住宅において、主要構造部を準耐火構造とした場合、階段の部分とその他の部分とを防火区画しなければならない。

解答　防火区画を必要とする部分を問う問題

1. 令112条5項　2. 令112条11項　3.（令112条11項二号）階数が3以下で、床面積の合計が200m²以内の共同住宅は防火区画しなくてもよい。

正解　3

41 避難施設等 85%

1. 避難施設の適用の範囲　令 117 条

避難施設に関する以下の規定は、次の建築物に適用する。

①法別表第 1(い)欄(1)項～(4)項に掲げる特殊建築物。

②階数 3 以上の建築物。

③採光に有効な開口部面積が床面積の 1/20 未満の居室を有する階。

④延べ面積が 1,000m^2 を超える建築物。

出題パターン

ある用途の建築物について、非常用の照明装置や直通階段等の避難施設の必要の有無や、避難に関係する扉、廊下、排煙設備の構造について問う問題が出題される

2. 客席からの出口の戸　令 118 条

劇場、映画館、演芸場、観覧場、公会堂、集会場の客席からの出口の戸は、内開きとしてはならない。

3. 廊下の幅　令 119 条

廊下の幅は、右表に掲げる数値以上とする。

用途＼配置	中廊下	片廊下
小・中・高等学校の児童、生徒用廊下	2.3m	1.8m
・病院の患者用廊下 ・共同住宅の共用廊下（住戸面積の合計＞ 100m^2） ・居室の床面積の合計が 200m^2（地階は 100m^2）を超える階の廊下（3 室以下の専用のものを除く）	1.6m	1.2m

4. 直通階段の設置　令 120 条

①建築物の避難階以外の階（地下街を除く）においては、避難階又は地上に通ずる直通階段を設けなければならない。なお、居室の各部分からその一つに至る歩行距離が、居室の種類や主要構造部の構造に応じて定められた下表の数値以下としなければならない。

居室の種類＼構造		主要構造部が準耐火構造又は不燃材料	左欄以外
(1)	令 116 条の 2 第一号に該当する窓その他の開口部を有しない居室 別表第 1（い）欄（4）項の百貨店、マーケット、展示場等の特殊建築物の居室	30m	30m
(2)	別表第 1（い）欄（2）項の病院、診療所、ホテル等の特殊建築物の居室	50m	30m
(3)	(1)、(2) の居室以外の居室	50m	40m

②主要構造部が準耐火構造であるか不燃材料で造られている建築物の居室で、当該居室

問題　次の文中の（　）に適語を入れよう。

・共同住宅で、各階の居室の床面積の合計が、原則として、それぞれ 100m^2 を超える場合、2 以上の（①）を設けなければならない。

・集会場における客席からの出口の戸は、（②）としてはならない。

・病院における病室には、非常用の（③）を設けなくてもよい。

・小学校における児童用の片廊下の幅は、（④）以上としなければならない。

・中学校には、（⑤）を設けなくてもよい。

・排煙設備の風道は、（⑥）で造らなければならない。

及びこれから地上に通ずる主たる廊下、階段その他の通路の壁及び天井（天井がない場合屋根）の室内に面する部分（回り縁、窓台を除く）の仕上げを準不燃材料でしたものは、表の数値に10mを加える。ただし、15階以上の階の居室を除く。

階（令129条の2）と全館（令129条の2の2）
①階避難安全検証法→火災時において、当該建築物の階からの避難が安全に行われることを検証する方法。
②全館避難安全検証法→火災時において、当該建築物からの避難が安全に行われることを検証する方法。

5. 2以上の直通階段の設置　令121条

次に該当する避難階以外の階には、2以上の直通階段を設けなければならない。

- 劇場、映画館、演芸場、観覧場、公会堂、集会場で客席、集会室を有する階及び店舗（床面積の合計≧1,500m²）で売場を有する階。
- キャバレー、カフェー、ナイトクラブ、バーの用途に供する階で、客席を有するもの。
- 病院、診療所における病室の床面積の合計又は児童福祉施設等における主な用途に供する居室の床面積の合計が、それぞれ50m²（主要構造部が準耐火構造又は不燃材料で造られている場合100m²）を超える階。
- ホテル、旅館、下宿における宿泊室の床面積の合計又は共同住宅における居室の床面積の合計、寄宿舎における寝室の床面積の合計が、それぞれ100m²（主要構造部が準耐火構造又は不燃材料で造られている場合200m²）を超える階。

6. 避難階段の設置　令122条

①原則として、建築物の5階以上の階又は地下2階以下に通ずる直通階段は避難階段又は特別避難階段とし、建築物の15階以上の階又は地下3階以下に通ずる直通階段は特別避難階段としなければならない。ただし、主要構造部が耐火構造の建築物で、床面積100m²以内ごとに防火区画される場合を除く。

②3以上の階を店舗（≧1,500m²）とする場合、2以上の直通階段を設け、避難階段又は特別避難階段とする。また、5階以上の売場に通ずるものは1以上を、15階以上の売場に通ずるものはすべてを特別避難階段としなければならない（令121条1項二号参照）。

7. 避難階段の構造　令123条

①以下に示す④～⑥（開口部・窓・出入口）の部分を除き、耐火構造の壁で囲む。

②階段室の天井（天井がない場合は屋根）及び壁の室内に面する部分は、仕上げを不燃

解答　**避難施設に関する総合問題**

①直通階段（令121条1項四号、2項）主要構造部が耐火構造、準耐火構造又は不燃材料で造られている場合200m²以上となる。

②内開き（令118条）

③照明装置（令126条の4第二号）

④1.8m（令119条）中廊下で2.3m以上とする。

⑤排煙設備（令126条の2第1項二号）学校には排煙設備を設けなくてもよい。

⑥不燃材料（令126条の3第1項二号）

材料とし、かつ、下地を不燃材料で造る。

③階段室には、窓その他採光上有効な開口部又は予備電源を有する照明設備を設ける。

④原則として、階段室の屋外に面する壁に設ける開口部（所定の性能の防火設備ではめ殺し戸は除く）は、階段室以外の当該建築物に設けた開口部、階段室以外の当該建築物の壁・屋根（耐火構造の壁・屋根を除く）から 90cm 以上の距離に設ける。

⑤階段室の屋内に面する壁に窓を設ける場合、面積は $1m^2$ 以内とし、かつ、所定の性能の防火設備ではめ殺し戸であるものとする。

⑥階段室に通ずる出入口には、所定の性能を有する防火設備・構造であるものを設ける。この場合、直接手で開くことができ、かつ、自動的に閉鎖する戸は避難の方向に開くことができること。

⑦階段は、耐火構造とし、避難階まで直通すること。

7. 屋外への出口　令 125 条

①避難階においては、階段から屋外への出口の一つに至る歩行距離は、令 120 条に規定する数値以下、居室（避難上有効な開口部を有する場合を除く）の各部分から屋外の出口の一つに至る歩行距離は、令 120 条に規定する数値の 2 倍以下とする。

②劇場、映画館、演芸場、観覧場、公会堂、集会場の客用に供する屋外への出口の戸は、内開きとしてはならない。

注目 8. 屋上広場の手すり　令 126 条

屋上広場又は 2 階以上にあるバルコニーの周囲には、安全上必要な高さ 1.1m 以上の手すり壁、さく、金網を設けなければならない。

9. 排煙設備の設置　令 126 条の 2

別表第 1（い）欄（1）項～（4）項の特殊建築物で、延べ床面積 $500m^2$ を超えるものなどには、排煙設備を設けなければならない。ただし、学校、体育館などのスポーツ練習場等（学校等という）を除く。

学校等とは（令 126 条の 2 第 1 項二号）

学校（幼保連携型認定こども園を除く）、体育館、ボーリング場、スキー場、スケート場、水泳場、スポーツ練習場

10. 排煙設備の構造　令 126 条の 3

①床面積 $500m^2$ 以内ごとに防煙壁で区画する。

②排煙口、風道等に接する部分は、不燃材料で造る。

③排煙口には、手動開放装置を付ける。

問 題　建築物の避難施設等に関する記述のうち、誤っているものはどれか。

1. 2 階建て、各階の床面積がそれぞれ $200m^2$ の物品販売業を営む店舗（避難階は 1 階）は、避難階以外の階から避難階又は地上に通ずる 2 以上の直通階段を設けなければならない。
2. 建築物に非常用の進入口を設けなければならない場合、それぞれの進入口の間隔は、40m 以下としなければならない。
3. 2 階建ての耐火建築物である幼保認定こども園の避難階以外の階において、主たる用途に供する居室及びこれから地上に通ずる主たる廊下、階段その他の通路の壁及び天井の室内に面する部分の仕上げを準不燃材料としたものについては、居室の各部分から避難階又は

11. 非常用の照明装置の設置　令126条の4

別表第1（い）欄（1）項～（4）項の特殊建築物や階数3以下かつ延べ面積500m²を超える建築物の居室及びこれに通ずる廊下、階段等には、非常用の照明装置を設けなければならない。ただし、一戸建住宅、長屋・共同住宅の住戸、病院の病室、学校等を除く。

出題に関して
耐火性能検証法、防火区画検証法、階避難安全検証法、区画避難安全検証法、全館避難安全検証法及び国交省認定による安全の確認は行わないものとして問題を解く。

12. 非常用の照明装置の構造　令126条の5

①照明は、直接照明とし、床面において1lx以上の照度とする。
②照明器具の構造は、火災時温度が上昇した場合も著しく照度が低下しないこと。
③予備電源を設けること。

13. 非常用の進入口の設置　令126条の6

原則として、建築物の高さ31m以下の部分にある3階以上の階には、非常用の進入口を設けなければならない。ただし、所定のエレベーターを設置している場合、道又は道に通ずる幅員4m以上の通路その他の空地に面する各階の外壁面に窓その他の開口部（直径1m以上又は幅1.2m以上のもので格子等のないもの）を長さ10m以内ごとに設けている場合を除く。

14. 非常用の進入口の構造　令126条の7

①進入口は、道又は道に通ずる幅員4m以上の通路その他の空地に面する各階の外壁面に設ける。
②進入口の間隔は、40m以下とする。
③進入口は、幅75cm、高さ1.2m、床面からの高さ80cm以下とする。
④進入口は、外部から解放し又は破壊して室内に侵入することができること。
⑤進入口には、奥行1m、長さ4m以上のバルコニーを設けること。
⑥進入口又はその近くに外部から見やすい方法で赤色灯の標識を掲示し、非常用の進入口である旨を赤色で表示する。

15. その他　令129条の2～2の2

階避難安全検証法及び全館避難安全検証法によって、安全性が確かめられた建築物には、廊下の幅（令119条）、直通階段の設置（120条）等の避難施設に関する規定が一部適用されない。

地上に通ずる直通階段の一つに至る歩行距離を60m以下としなければならない。

解　答

1. （令121条1項）該当しないので2以上の直通階段を設ける必要はない。
2. 令126条の7第二号
3. 令120条1項表・2項、令117条、別表1（い）欄（2）項、令115条の3第一号

正解 1

42 内装制限

50%

1. 内装制限　法35条の2、令128条の3の2～129条

出題パターン
・内装制限を受ける建築物であるかを問う設問 ・居室、廊下、階段の室内について内装の材料を問う設問

建築物は、その用途、規模等によって壁・天井の内装を不燃材料、準不燃材料、難燃材料によって仕上げなければならない。

内装制限を受ける建築物は、次の通りである。

①劇場、映画館、演芸場、観覧場、公会堂、集会場（法別表第1（い）欄（1）項）の用途で、耐火建築物の場合で客席の床面積400m²以上のもの、準耐火建築物又はその他の建築物の場合で客席の床面積100m²以上のもの。

②病院、診療所（病室あり）、ホテル、旅館、下宿、共同住宅、寄宿舎等（法別表第1（い）欄（2）項）の用途で、耐火建築物の場合で3階以上の階の床面積の合計が300m²以上のもの、準耐火建築物の場合で2階（病院、診療所では病室がある場合に限る）の床面積300m²以上のもの、その他の建築物の場合で床面積の合計200m²以上のもの。

③百貨店、マーケット、展示場、キャバレー、カフェー、ナイトクラブ、バー、ダンスホール、遊技場等（法別表第1（い）欄（4）項）の用途で、耐火建築物の場合で3階以上の階の床面積の合計が1,000m²以上のもの、準耐火建築物の場合で2階の床面積500m²以上のもの、その他の建築物の場合で床面積の合計200m²以上のもの。

④自動車車庫、自動車修理工場の用途に供する特殊建築物。

⑤地階又は地下工作物内に設ける①～③の用途に供する特殊建築物。

⑥床面積50m²を超える居室で、窓等で排煙のために開放できる部分（天井から下方80cm以内にある部分に限る）の面積が、当該床面積の1/50未満のもの（排煙無窓居室）。

⑦温湿度調整を必要とする作業室等の居室で、必要採光面積を確保できないもの（採光無窓居室）。

⑧すべての建築物（学校等を除く）。

・階数3以上、かつ、延べ面積500m²を超える建築物。

・階数2、かつ、延べ面積1,000m²を超える建築物。

・階数1、かつ、延べ面積3,000m²を超える建築物。

問題　法第35条の2の規定による内装制限に関する次の記述で、正しいものはどれか。ただし、窓その他の開口部を有しない居室、地階及び自動式の消火設備はないものとする。

1. 自動車車庫の壁の床面からの高さが1.2m以下の部分は、内装制限を受けない。
2. 3階建、延べ面積500m²の博物館は、すべて内装制限を受ける。
3. 平家建で、延べ面積が1,000m²を超える建築物（学校等を除く。）は、すべて内装制限を受ける。
4. 木造3階建、延べ面積150m²の一戸建住宅の3階にあるコンロその他火を使用する設備を設けた調理室は、内装制限を受けない。

⑨階数２以上の住宅において、こんろその他火気使用の設備を設けた調理室、浴室等の室（最上階を除く）。また、住宅の用途以外の建築物（主要構造部を耐火構造としたものを除く）において、こんろその他火気使用の設備を設けた調理室、浴室、乾燥室、ボイラー室、作業室等の室（これらを「内装の制限を受ける調理室等」という）。

2. 適用除外　令128条の５第７項

内装制限の規定は、スプリンクラー設備、水噴霧消火設備、泡消火設備等で、自動式のもの及び法126条の３に適合する排煙設備を設けた建築物の部分には適用しない。

内装制限を受ける建築物（令128条の4）

<table>
<tr><th colspan="2" rowspan="2">用途</th><th colspan="3">構造</th><th colspan="2">内装の材料</th></tr>
<tr><th>耐火建築物又は特定避難時間倒壊等防止建築物（1時間以上）</th><th>準耐火建築物又は特定避難時間倒壊等防止建築物（45分以上1時間未満）</th><th>その他の建築物</th><th>居室等</th><th>廊下・階段</th></tr>
<tr><td>①</td><td>劇場、映画館、演芸場、観覧場、公会堂、集会場</td><td>客席≧ $400m^2$</td><td colspan="2">客席≧ $100m^2$</td><td rowspan="3">壁（≦ 1.2mを除く）及び天井→難燃材料又はこれに準ずるもの（3階以上に当該用途の居室がある場合の当該天井（回り縁・窓台を除く）→準不燃材料）</td><td rowspan="9"></td></tr>
<tr><td>②</td><td>病院、診療所（病室あり）、ホテル、旅館、下宿、共同住宅、寄宿舎等
令115条の3第一号</td><td>当該用途に供する3階以上の床面積の合計
≧ $300m^2$</td><td>当該用途に供する2階床面積
≧ $300m^2$</td><td>当該用途に供する床面積の合計≧ $200m^2$</td></tr>
<tr><td>③</td><td>百貨店、マーケット、展示場、キャバレー、カフェー、ナイトクラブ、バー、ダンスホール、遊技場等
令115条の3第三号</td><td>当該用途に供する3階以上の床面積の合計
≧ $1,000m^2$</td><td>当該用途に供する2階床面積
≧ $500m^2$</td><td>当該用途に供する床面積の合計
≧ $200m^2$</td></tr>
<tr><td>④</td><td>自動車車庫、自動車修理工場</td><td colspan="3">すべてに制限適用</td><td rowspan="4">壁及び天井→準不燃材料又はこれに準ずるもの</td></tr>
<tr><td>⑤</td><td>地階又は地下工作物内に設ける①～③の用途に供する特殊建築物</td><td colspan="3">すべてに制限適用</td></tr>
<tr><td>⑥</td><td>床面積 $50m^2$ を超える排煙無窓居室</td><td colspan="3">すべてに制限適用</td></tr>
<tr><td>⑦</td><td>温湿度調整を必要とする作業室等の採光無窓居室</td><td colspan="3">すべてに制限適用</td></tr>
<tr><td>⑧</td><td>すべての建築物（学校等*及び③の用途に供する建築物の高さ31m以下の部分を除く）</td><td colspan="3">・階数3以上で延べ面積 $500m^2$ を超える建築物
・階数2で延べ面積 $1,000m^2$ を超える建築物
・階数1で延べ面積 $3,000m^2$ を超える建築物
[学校等は内装制限を受けない]</td><td>壁（≦ 1.2mを除く）及び天井→難燃材料又はこれに準ずるもの</td></tr>
<tr><td>⑨</td><td>内装の制限を受ける調理室等</td><td>—</td><td colspan="2">階数2以上の住宅における、最上階以外のすべての室</td><td></td></tr>
</table>

＊：学校、体育館、ボーリング場、スキー場、スケート場、水泳場、スポーツ練習場（令126条の2）

解答　内装制限を受ける建築物を問う問題

1.（令128条の5第2項、令128条の4第1項二号）自動車車庫の壁は、全面にわたって準不燃材料又は準不燃材料による仕上げに準ずるものとして、国土交通大臣が定める方法と材料の組み合わせによって仕上げなければならない。2.（令128条の4第2項）3階建の場合、$500m^2$ を超える建築物については、すべて内装制限を受けるが、博物館の用途の特殊建築物は、内装制限を受けない。3.（令128条の4第3項）階数1の場合、延べ面積 $3,000m^2$ を超えるものが内装制限を受ける。4.（令128条の4第4項）階数2以上の住宅において、最上階の調理室等は内装制限を受けないので正しい。

正解 4

43 道路・敷地

100%

1. 道路の定義　法 42 条

道路とは、次の①～⑤にあてはまる幅員 4m 以上（特定行政庁が指定する区域内は 6m 以上）のものをいう。ただし、⑥にあてはまる幅員が 4m 未満のもの（地下におけるものを除く）も道路とする。

出題パターン

「～は道路である。」という道路の定義に関する設問、道路内に建築できる建築物に関する設問、私道の変更・廃止に関する設問が多く出題される。また、応急仮設建築物の接道条件も出題されることがある

①道路法による道路で、国道、都道府県道、市町村道など。

②都市計画法、土地区画整理法、旧住宅地造成事業に関する法律、都市再開発法などによる道路。

③この法律が適用される際、既に存在した道（既存道路）。

④道路法、都市計画法、土地区画整理法、都市再開発法などによる新設又は変更の事業計画のある道路で、2 年以内にその事業が執行される予定のものとして特定行政庁が指定したもの（事業執行予定道路）。

⑤土地を建築物の敷地として利用するために、政令の基準（令 144 条の 4）に適合して築造しようとする道で、築造しようとする者が特定行政庁から位置指定を受けたもの（位置指定道路）。

⑥法が適用される際、すでに建築物が建ち並んでいる幅員 4m（特定行政庁が指定する区域内は 6m）未満の道で、特定行政庁が指定したもの（2 項道路）。

位置指定道路の基準（令 144 条の 4）

①原則として、両端が他の道路に接続していること。

②安全のために次のような構造とすること。

・道が屈曲又は道路に接続する箇所には、一辺が 2m の 2 等辺三角形のすみ切りを設ける。

・砂利敷などのぬかるみとならない構造とする。

・原則として、縦断勾配が 12% 以下とし、階段状となる部分を設けない。

・道及びこれに接する敷地内の排水に必要な側溝、街渠（がいきょ）などを設ける。

2. 接道義務　法 43 条、法 85 条

①建築物の敷地は、建築基準法上の道路（自動車専用道路、特定高架道路等を除く）に 2m 以上接しなければならない。ただし、特定行政庁が建築審査会の同意を得て許可したものを除く。

②災害があった場合において建築する郵便局等の公益上必要な用途に供する応急仮設建築物や工事を施工するために現場に設ける事務所等の仮設建築物の敷地は、道路に接

問 題　都市計画区域内における道路に関する次の記述のうち、正しいものに○、誤っているものに×をつけよう。

1. 工事を施工するため現場に設ける事務所の敷地は、道路に 2m 以上接しなければならない。
2. 都市再開発法により新設された幅員 6m の道路は、建築基準法上の道路である。
3. 道路内であっても、特定行政庁の許可を受ければ、公衆便所を建築することができる。
4. 建築物の敷地は、原則として、建築基準法上の道路に 1.5m 以上接しなければならない。
5. 地区計画に基づき指定された予定道路内には、敷地を造成するための擁壁を突き出して築造してはならない。

しなくてもよい。

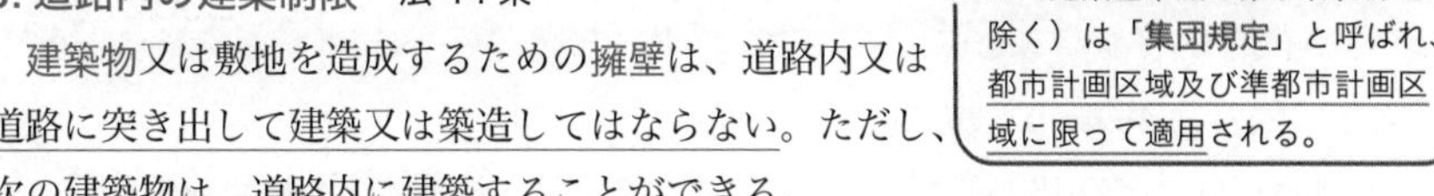

法の条文の構成

建築基準法の第3章(8節を除く)は「集団規定」と呼ばれ、都市計画区域及び準都市計画区域に限って適用される。

3. 道路内の建築制限　法44条

建築物又は敷地を造成するための擁壁は、道路内又は道路に突き出して建築又は築造してはならない。ただし、次の建築物は、道路内に建築することができる。

①地盤面下に設ける建築物で、建築に当たっては、公道では道路管理者、私道では土地所有者などの承諾を必要とする。

②公衆便所、派出所など公益上必要な建築物で、特定行政庁が通行上支障がないと認めて建築審査会の同意を得て許可した建築物。

③地区計画区域内における自動車専用道路又は特定高架道路などの上空や路面下に設ける建築物で、当該地区計画の内容に適合し、かつ、政令(令145条)の基準に適合するもので、特定行政庁が安全上、防火上、衛生上支障がないと認めるもの。

④公共用歩廊(アーケード)や政令(令145条)に定める道路上空の渡り廊下、高架道路の路面下に設ける建築物等で、特定行政庁が建築審査会の同意を得て許可したもの。

4. 私道の変更・廃止　法45条

私道の変更又は廃止によって接道義務に適合しなくなるような敷地が生じる場合、特定行政庁はこれを禁止又は制限することができる。

5. 壁面線による建築制限　法47条

建築物の壁・これに代わる柱、高さ2mを超える門・塀は、原則として壁面線を超えて建築してはならない。

法令用語②

①及び、並びに→「及び」は複数の語句が同じ重要度で並ぶ場合に用い、語句が三つ以上並ぶ場合は「、」でつなぎ最後の語句の前に「及び」を用いる。「並びに」は「及び」でつながれた語句のグループを並列的につなぐ場合に用いる。
読み方の例 (法20条)→(自重、積載荷重、積雪、風圧、土圧及び水圧)並びに(地震その他の振動及び衝撃)に対して…

②又は、若しくは→「又は」は複数の語句が選択的に並ぶ場合に用い、語句が三つ以上並ぶ場合は「、」でつなぎ最後に「又は」を用いる。また、「若しくは」でつながれた語句のグループを選択的につなぐ場合に「又は」を用いる。この場合、「若しくは」は小さくくくり、「又は」は大きくくくる。
読み方の例 (法2条)→(電気、ガス、給水、排水、換気、暖房、冷房、消火、排煙若しくは汚物処理)の設備又は(煙突、昇降機若しくは避雷針)をいう。

6. 特定行政庁は、私道の変更を制限することができる。
7. 特定行政庁の指定区域内においては、幅員が6.5m以上でなければ道路に該当しない。

解答　**道路、敷地などに関する総合問題**

1. ×(法85条2項)現場事務所は、原則として第3章(接道義務を含む)の規定を適用しない。2. ○(法42条1項二号)　3. ○(法44条1項二号)　4. ×(法43条1項)道路に2m以上接しなければならない。5. ○(法68条の7第4項及び法44条1項)　6. ○(法45条1項)　7. ×(法42条1項)特定行政庁が指定する区域内では幅員6m以上とする。

44 用途制限

200%

1. 用途地域　法 48 条、別表第 2

用途地域には、次の 13 種類があり、法別表第 2 では、（い）項～（は）項及び（ち）には建築することができる建築物が掲げられ、これら以外には建築することができない建築物が掲げられている。なお、用途地域ごとの建築物の用途制限を次頁の表にまとめた。

出題パターン

与えられた条件の建築物が、指定の用途地域内に建築することができるかを問う問題が出題される

①第一種低層住居専用地域　②第二種低層住居専用地域
③第一種中高層住居専用地域　④第二種中高層住居専用地域
⑤第一種住居地域　⑥第二種住居地域
⑦準住居地域　⑧田園住居地域
⑨近隣商業地域　⑩商業地域
⑪準工業地域　⑫工業地域
⑬工業専用地域

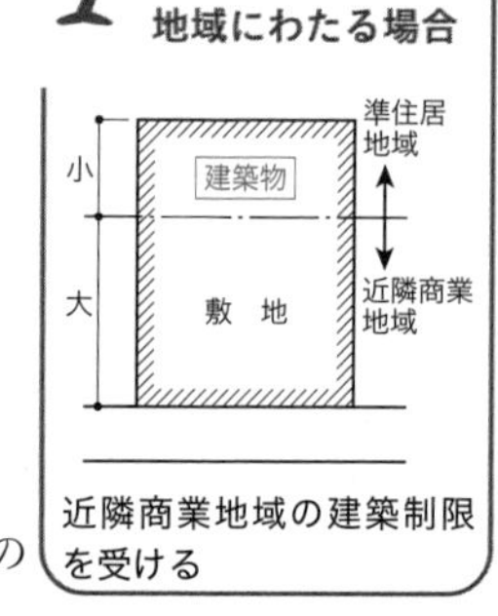

2. 敷地が 2 以上の用途地域にわたる場合　法 91 条

建築物の敷地が 2 種以上の用途地域にわたる場合は、敷地の過半（1/2 以上）に属する用途制限を適用する。

3. 第一種低層住居専用地域内に建築できる兼用住宅　令 130 条の 3

第一種低層住居専用地域内において、延べ面積の 1/2 以上が居住の用に供し、かつ、事務所、店舗等の床面積が 50 m²以下の兼用住宅のうち、次のものは建築することができる。

①事務所（汚物運搬車、危険物運搬車の駐車施設をもつものを除く）
②日用品販売の店舗、食堂、喫茶店
③理髪店、美容院、クリーニング取次店、質屋、貸衣装屋、貸本屋等
④洋服店、畳屋、建具屋、自転車店、家庭電気器具店等（原動機出力 0.75kW 以下）
⑤パン屋、米屋、豆腐屋、菓子屋（原動機出力 0.75kW 以下）
⑥学習塾、華道教室、囲碁教室
⑦美術品、工芸品を制作のためのアトリエ、工房（原動機出力 0.75kW 以下）

問 題　次の建築物のうち、原則として、建築してはならないものはどれか。

1. 第一種低層住居専用地域内の診療所
2. 第一種中高層住居専用地域内の 4 階建、並べ面積 800m² の保健所（各階を当該用途に供する）
3. 第二種中高層住居専用地域内のバッティング練習場
4. 近隣商業地域内の延べ面積 400m² の日刊新聞の印刷所
5. 第一種低層住居専用地域内の、床面積 50m² クリーニング取次店部分を設けた、延べ面積 240m² の平家建兼用住宅

建築物の用途制限（別表第2）

	一低住専	二低住専	一中高層住専	二中高層住専	一種住居	二種住居	準住居	田園住居	近隣商業	商業	準工業	工業	工業専用
神社、寺院、教会等	○	○	○	○	○	○	○	○	○	○	○	○	○
巡査派出所、公衆電話所等	○	○	○	○	○	○	○	○	○	○	○	○	○
保育所、公衆浴場、診療所（19ベット以下）	○	○	○	○	○	○	○	○	○	○	○	○	○
住宅、共同住宅、寄宿舎、下宿	○	○	○	○	○	○	○	○	○	○	○	○	×
事務所・店舗等の部分が一定規模以下の兼用住宅	○	○	○	○	○	○	○	○	○	○	○	○	×
学校、図書館	○	○	○	○	○	○	○	○	○	○	○	○	×
老人ホーム、福祉ホーム等	○	○	○	○	○	○	○	○	○	○	○	○	×
老人福祉センター、児童厚生施設	△	△	○	○	○	○	○	△	○	○	○	○	○
地方公共団体の支庁・支所、郵便局	△	△	△	○	○	○	○	△	○	○	○	○	○
一定の店舗・飲食店等（≦ 150m²、≦ 2階）	×	○	○	○	○	○	○	○	○	○	○	○	△
一定の店舗・飲食店等（≦ 500m²、≦ 2階）	×	×	○	○	○	○	○	△	○	○	○	○	△
上記以外の物品販売のための店舗、飲食店	×	×	×	△	△	△	△	×	○	○	○	△	×
事務所等	×	×	△	△	△	○	○	×	○	○	○	○	○
税務署、警察署、保健所、消防署	×	×	△	○	○	○	○	×	○	○	○	○	○
大学、高等専門学校、専修学校、病院（20ベット以上）	×	×	○	○	○	○	○	×	○	○	○	×	×
ホテル、旅館（≦ 3,000m²）	×	×	×	×	○	○	○	×	○	○	○	×	×
ホテル、旅館（＞ 3,000m²）	×	×	×	×	×	○	○	×	○	○	○	×	×
自動車教習所（≦ 3,000m²）	×	×	×	×	○	○	○	×	○	○	○	○	○
自動車教習所（＞ 3,000m²）	×	×	×	×	×	○	○	×	○	○	○	○	○
ボーリング場・スケート場・水泳場・スキー場・ゴルフ練習場・バッティング練習場（≦ 3,000m²）	×	×	×	×	○	○	○	×	○	○	○	○	×
ボーリング場・スケート場・水泳場・スキー場・ゴルフ練習場・バッティング練習場（＞ 3,000m²）	×	×	×	×	×	○	○	×	○	○	○	○	×
マージャン屋、ぱちんこ店、射的場、勝馬投票券発売所、場外車券売場	×	×	×	×	×	○	○	×	○	○	○	○	×
カラオケボックス等	×	×	×	×	×	○	○	×	○	○	○	○	○
キャバレー、料理店、ナイトクラブ、ダンスホール等	×	×	×	×	×	×	×	×	×	○	○	×	×
個室付浴場、ヌードスタジオ	×	×	×	×	×	×	×	×	×	○	×	×	×
自動車車庫（≦ 300m²、≦ 2階、附属のものを除く）	×	×	○	○	○	○	○	×	○	○	○	○	○
自動車車庫（＞ 300m²、＞ 2階、附属のものを除く）	×	×	×	×	×	×	○	×	○	○	○	○	○
倉庫業の倉庫	×	×	×	×	×	×	○	×	○	○	○	○	○
劇場、映画館、演芸場、観覧場（客席＜ 200m²）	×	×	×	×	×	×	○	×	○	○	○	×	×
劇場、映画館、演芸場、観覧場（客席≧ 200m²）	×	×	×	×	×	×	×	×	○	○	○	×	×

○：原則として建築できる　△：条件により建築できる（令130条の3～8等参照）　×：原則として建築できない

4. 卸売市場等の特殊建築物の位置　法51条

都市計画区域内における卸売市場、火葬場、と畜場、汚物処理場、ごみ焼却場等の処理施設は、都市計画においてその敷地の位置が決定しているものでなければ、新築又は増築してはならない。ただし、都道府県都市計画審議会の議を経て特定行政庁が許可した場合を除く。

解答　指定の用途地域内に建築物を建築することができるかを問う

1. （別表第2（い）項八号）該当するので、建築することができる。
2. （別表第2（は）項七号、令130条の5の4第一号）該当するので、建築することができる。
3. （別表第2（に）項三号、令130条の6の2）該当するので、建築できない。
4. （別表第2（り）項）該当しないので、建築することができる。
5. （別表第2（い）項二号、令130条の3第三号）該当するので、建築することができる。

正解 3

45 建ぺい率

100%

1. 建ぺい率の制限　法 53 条 1 項

建ぺい率とは、建築面積の敷地面積に対する割合をいい、次式で表される。また、建ぺい率の制限は、下表のように用途地域の種類やその他の区域によって、それぞれ限度が設けられている。

$$建ぺい率 = \frac{建築面積}{敷地面積}$$

出題パターン

- 与えられた条件の敷地で建ぺい率の最高限度を求める問題
- 図示された敷地内に建築できる建築物の建築面積の最高限度を算出する問題
- 建ぺい率と容積率の混合問題

用途地域別の建ぺい率制限

敷地条件など／用途地域・区域	建ぺい率			
	都市計画で定める数値	(a)特定行政庁の指定する角地等	(b)防火地域内の耐火建築物、準防火地域内の耐火・準耐火建築物等	(a)+(b)の場合
第一・二種低住専地域 第一・二種中高層住専地域 田園住居地域・工業専用地域	3/10、4/10 5/10、6/10	+ 1/10	+ 1/10	+ 2/10
第一・二種・準住居地域 準工業地域	5/10、6/10 8/10	+ 1/10	+ 1/10 *	+ 2/10 *
近隣商業地域	6/10、8/10	+ 1/10	+ 1/10 *	+ 2/10 *
商業地域	8/10	+ 1/10	制限なし	制限なし
工業地域	5/10、6/10	+ 1/10	+ 1/10	+ 2/10
用途地域の指定のない区域（都市計画区域内、準都市計画区域内）	3/10、4/10、5/10 6/10、7/10 （特定行政庁が指定）	+ 1/10	+ 1/10	+ 2/10

＊ 8/10 と指定された地域は制限なし。

2. 建ぺい率の緩和　法 53 条 3 項

次の①、②のどちらかに該当する場合には、定められた建ぺい率の割合にそれぞれ 1/10 を、両方に該当する場合には 2/10 を加算することができる。

①建ぺい率の限度が 8/10 とされている地域以外の地域で、防火地域内にある耐火建築物又は準防火地域内の耐火・準耐火建築物等。

②街区の角にある敷地又はこれに準ずる敷地で、特定行政庁指定の区域内にある建築物。

3. 敷地が 2 以上の用途地域にわたる場合　法 53 条 2 項

建築物の敷地が二つ以上の用途地域にわたる場合の建築面積の最高限度は、EXERCISE

問題　耐火建築物を建築する場合、次の敷地に対する建ぺい率（建築面積の敷地面積に対する割合）の最高限度を答えよう。ただし、角地の指定はないものとする。なお、（　）は都市計画で定められた建ぺい率を示す。

1. 第一種住居地域内（8/10）で、かつ、防火地域内の敷地
2. 準工業地域内（6/10）で、かつ、準防火地域内の敷地
3. 工業地域内（6/10）で、かつ、防火地域内の敷地
4. 近隣商業地域内（8/10）で、かつ、準防火地域内の敷地
5. 商業地域内で、かつ、防火地域内の敷地

● EXERCISE

図のように二つの用途地域にわたる敷地において、耐火建築物を新築する場合、新築することができる建築物の建築面積の最高限度を算出しよう。ただし、図に記載されているものを除き、地域、地区等及び特定行政庁の指定等はないものとする。

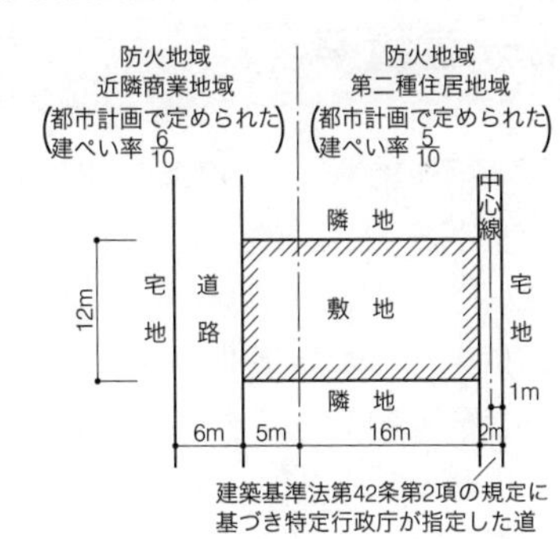

▶各用途地域の建ぺい率の限度にそれぞれの敷地面積を乗じ、それらのすべてを合計する。ただし、当該敷地が幅員4m未満の道路に接しているので、道路中心線より2m後退した位置（道路の反対側の敷地が宅地の場合）が道路境界線とみなす。

近隣商業地域$(6/10 + 1/10) \times 60 = 42\text{m}^2$、第二種住居地域$(5/10 + 1/10) \times \{12 \times (16 - 1)\} = 108\text{m}^2$

∴建築面積の最高限度　$42 + 108 = 150\text{m}^2$

のようにそれぞれの用途地域の敷地面積に当該建ぺい率を乗じた値を合計したものが建築面積の最高限度である。

4. 隣地側に壁面線の指定などがある場合　法53条4項

敷地の隣地側に壁面線の指定や地区計画などによる壁面の位置制限がある場合、特定行政庁が安全上、防火上及び衛生上支障がないと認めて建築審査会の同意を得て許可したものの建ぺい率は、その許可の範囲内において制限を緩和される。

5. 建ぺい率の適用除外　法53条6項

次の建築物は、建ぺい率の制限が適用されない。

①建ぺい率の限度が8/10とされている地域内で、かつ、防火地域内にある耐火建築物又は準防火地域内の耐火・準耐火建築物等。

②巡査派出所、公衆便所、公共用歩廊等

③公園、広場、道路、川などの内にある建築物で、特定行政庁が安全上、防火上及び衛生上支障がないと認めて建築審査会の同意を得て許可したもの。

6. 敷地が防火地域の内外にわたる場合　法53条7項

建築物の敷地が防火地域の内外にわたる場合において、敷地内のすべての建築物が耐火建築物等であれば、敷地全体が防火地域とみなして建ぺい率の制限を適用する。

6. 第一種住居地域内（6/10）で、かつ、準防火地域内の敷地
7. 準住居地域内（5/10）で、かつ、防火地域内の敷地
8. 工業地域内（5/10）で、かつ、準防火地域内の敷地
9. 近隣商業地域内（6/10）で、かつ、防火地域内の敷地
10. 商業地域内で、かつ、準防火地域内の敷地

解答　**建ぺい率の最高限度を求める問題**

1. 制限なし　2. 7/10　3. 7/10　4. 制限なし　5. 制限なし　6. 7/10
7. 6/10　8. 6/10　9. 7/10　10. 制限なし

46 容積率

190%

1. 容積率の制限　法 52 条 1、2 項

容積率とは、建築物の延べ面積の敷地面積に対する割合をいう。　容積率＝延べ面積／敷地面積

容積率の限度は、原則として、都市計画によって定められた容積率以下としなければならないが、前面道路幅員が 12m 未満の場合は、用途地域の種類に応じて前面道路幅員に低減係数を乗じて算定された容積率と比較して小さい方の数値が適用される。

出題パターン

図示された敷地又は図示された建築物の各階床面積から、容積率を算定する際の延べ面積を算出する問題や特定道路に接続する敷地について建築することができる延べ面積の最高限度を算出する問題が出題される

前面道路幅員（前面道路が二つ以上ある場合は幅員が最大のもの）に乗じる低減係数は、住居系用途地域は 4/10（特定行政庁が定める区域は 6/10）、その他の用途地域又は用途地域の指定のない区域は 6/10（特定行政庁が定める区域は 4/10 又は 8/10）である。

都市計画区域内の容積率制限

敷地条件 ／ 用途地域・区域	容積率(a)又は(b)のうち小さいほうの値	
	(a)都市計画で定める数値	(b)前面道路 12m 未満の場合の数値
第一種低層住居専用地域 第二種低層住居専用地域 田園住居地域	5/10、6/10、8/10、10/10、15/10、20/10	前面道路幅員[m] × 4/10 (特定行政庁が定める区域は 6/10)
第一種中高層住居専用地域 第二種中高層住居専用地域 第一種住居地域 第二種住居地域 準住居地域	10/10、15/10、20/10、30/10、40/10、50/10	
近隣商業地域 準工業地域		前面道路幅員［m］× 6/10 (特定行政庁が定める区域は 4/10 又は 8/10)
商業地域	20/10、30/10、40/10、50/10、60/10、70/10 80/10、90/10、100/10、110/10、120/10、130/10	
工業地域 工業専用地域	10/10、15/10、20/10、30/10、40/10	
高層住居誘導地区 (居住の用途に供する床面積の合計が延べ面積の 2/3 以上の建築物)	当該建築物がある用途地域の都市計画によって定められた容積率の 1.5 倍以下で、当該建築物の居住の用途に供する部分の床面積のその床面積に対する割合に応じて政令で定める方法により算出した数値までの範囲内で、高層住居誘導地区に関する都市計画により定められたもの	
用途地域の指定のない区域 (市街化調整区域を含む)	5/10、8/10、10/10、20/10、30/10、40/10 のうち特定行政庁が定める	

※敷地が 2 以上の道路に接するときは、そのうちの最大の道路幅員を前面道路幅員とする。

問題　都市計画区域内における建築物の容積率（延べ面積の敷地面積に対する割合）の制限及びその容積率を算定する際の延べ面積に関する次の記述のうち、建築基準法上、**誤っているもの**はどれか。

1. 敷地内に 2 以上の容積率の異なる地域がある場合においては、それぞれの容積率に当該敷地面積を乗じて計算した延べ面積の合計について容積率の制限を受ける。
2. 用途地域の指定のない区域内の建築物についても、容積率の制限を受ける。
3. 共同住宅の共用の廊下又は階段の用に供する部分の床面積は、原則として、延べ面積には算入しない。

2. 敷地が二つ以上の用途地域にわたる場合　法 52 条 7 項

建築物の敷地が二つ以上の用途地域にわたる場合、原則として、建築することができる延べ面積の限度は、次の EXERCISE に示すようにそれぞれの用途地域についての敷地面積と容積率の限度から個々の延べ面積の限度を求め、それらを合計する。

● EXERCISE

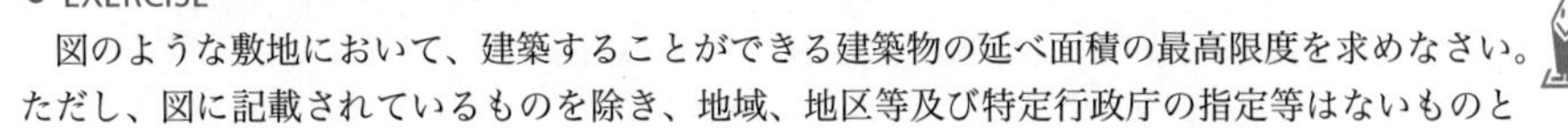

図のような敷地において、建築することができる建築物の延べ面積の最高限度を求めなさい。ただし、図に記載されているものを除き、地域、地区等及び特定行政庁の指定等はないものとし、建築物には、共同住宅、自動車車庫等の用途に供する部分及び地階はないものとする。

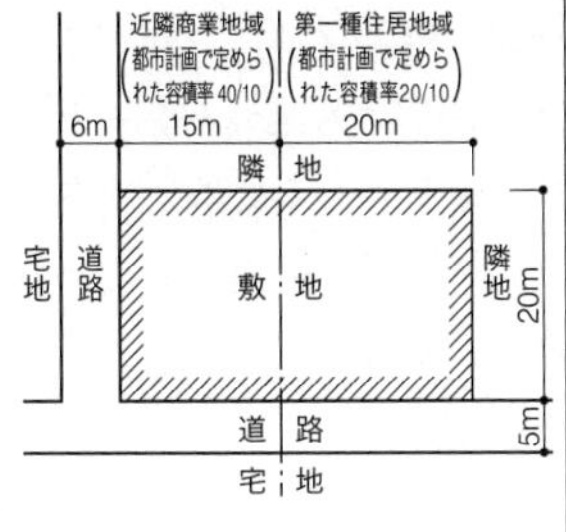

▶①近隣商業地域の敷地部分

・指定容積率：40/10 ＞前面道路容積率：6 × 6/10 ＝ 36/10

・建築可能な延べ面積　20 × 15 × 36/10 ＝ 1,080m²

②第一種住居地域の部分

・指定容積率：20/10 ＜前面道路容積率：6 × 4/10 ＝ 24/10

・建築可能な延べ面積　20 × 20 × 20/10 ＝ 800m²

③敷地全体の建築可能な延べ面積の最大値

・1,080 ＋ 800 ＝ 1,880m²

この面積以下であれば、敷地のどの部分に建築してもよい。

3. 容積緩和

1）住宅の地階部分の容積緩和（法 52 条 3 項）

地階のうち、天井が地盤面から高さ 1m 以下にある住宅の用途に供する部分の床面積は、建築物の住宅部分の床面積の合計の 1/3 を限度に延べ面積に算入しない。

● EXERCISE

下図の専用住宅を建築する場合、容積率を算定する際の延べ面積はいくらか。ただし、自動車車庫等の用途に供する部分はないものとする。

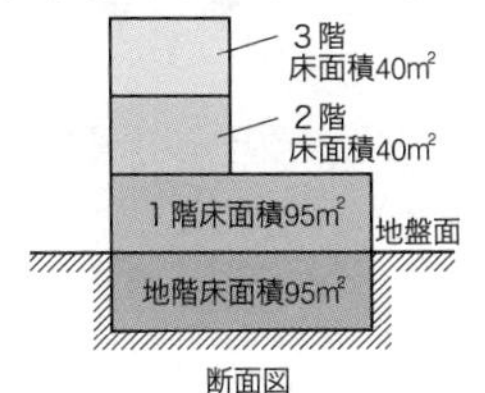

断面図

▶住宅の地階の床面積は、住宅の用途に供する部分の床面積の合計の 1/3 を限度として延べ面積に算入しない。

（40 ＋ 40 ＋ 95 ＋ 95）× 1/3 ＝ 90m²

∴ 90m² を限度に地階の床面積に算入しない。

・容積率を算定する際の延べ面積

40 ＋ 40 ＋ 95 ＋（95 － 90）＝ 180m²

4. 住宅の地階でその天井が地盤面からの高さ 1m 以下にあるものの床面積は、50m² を限度として、延べ面積には算入しない。

解　答　**容積率全般の記述に関して、誤りを見つける問題**

1. （法 52 条 7 項）正しい
2. （法 52 条 1 項六号）正しい
3. （法 52 条 6 項）正しい
4. （法 52 条 3 項）当該建築物の床面積の合計（住宅の用途に限る）の 1/3 を限度に延べ面積に算入しない。

正解 4

2）エレベーターの昇降路、共同住宅の共用の廊下等に対する緩和（法 52 条 6 項、令 136 条の 6）

①エレベーターの昇降路の部分は延べ面積に算入しない。

②共同住宅・老人ホーム等において、共用の廊下又は階段の用に供する部分の床面積は延べ面積に算入しない。ただし、昇降機の機械室用の階段など住宅以外の用途の階段を含まない。

老人ホーム等とは（法 52 条 3 項）
老人ホーム、福祉ホームその他これに類するもの。

3）第一種住居地域等の内にある住宅の容積率の緩和（法 52 条 8 項）

第一・二種住居地域、準住居地域、近隣商業地域、商業地域、準工業地域（高層住居誘導地区、特定行政庁が都道府県都市計画審議会等の議を経て指定する区域を除く）において、敷地内に政令（令 135 条の 15 第 2 項）で定める規模以上の道路に接する空地を有し、かつ、その敷地面積が政令（令 135 条の 15 第 3 項）で定める規模以上である住宅の容積率は、都市計画で定められた容積率の 1.5 倍を限度に緩和される。

4）特定道路による容積率の緩和（法 52 条 9 項、令 135 条の 18）

建築物の敷地が幅員 6m 以上 12m 未満の前面道路に接続しているとき、この前面道路が敷地から幅員 15m 以上の道路（特定道路）に 70m 以内の範囲で接続する場合は、下図に示す計算式によって前面道路幅員を割り増して容積率を算定することができる。

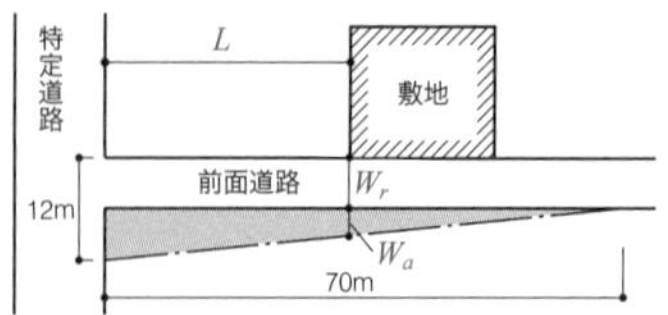

$W_a =$ $(12 - W_r)(70 - L)/70$

W_a：前面道路に割り増しされる幅員［m］

W_r：前面道路幅員［m］

L：特定道路から敷地までの前面道路の距離［m］

4. 容積率算定の特例

1）計画道路に接する敷地（法 52 条 10 項）

下図のように敷地が都市計画で定める計画道路に接する場合、特定行政庁の許可により、これを前面道路とみなせる。ただし、計画道路内の敷地は敷地面積に算入できない。

問 題 図のような第一種住居地域内にある敷地に、建築することができる延べ面積の最大限度を求めなさい。ただし、図に記載されているものを除き、地域、地区及び特定行政庁の指定等はなく、建築物には、住宅、自動車車庫等の用途に供する部分及び地階はないものとする。

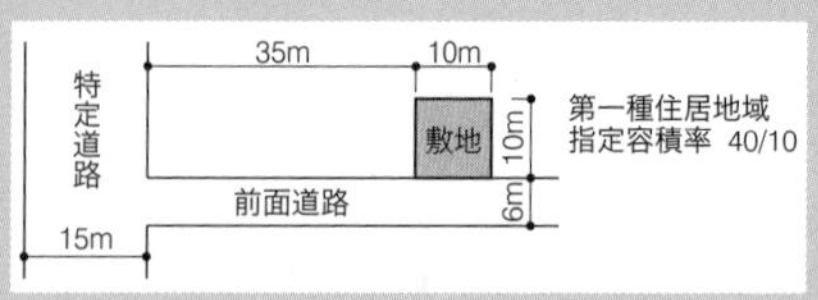

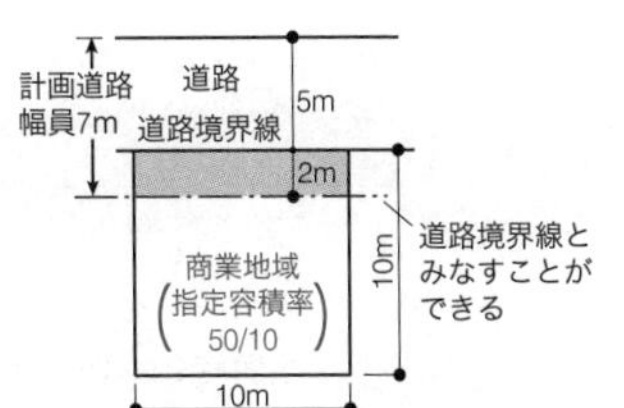

①計画道路による特例の許可をうけない場合
前面道路容積率＝5×6/10＝30/10＜指定容積率＝50/10
∴容積率＝30/10
建築可能な延べ面積＝10×10×30/10＝300 m²

②計画道路による特例の許可をうける場合
前面道路容積率＝7×6/10＝42/10＜指定容積率＝50/10
∴容積率＝42/10
建築可能な延べ面積＝8×10×42/10＝336 m²

計画道路による容積率算定の特例

2）壁面線の指定がある敷地（法 52 条 11・12・13 項）

下図のように敷地内に壁面線の指定がある場合、特定行政庁が許可した建築物は、壁面線を道路境界線とみなして容積率の算定を行うことができる。また、住居系地域では、特定行政庁の許可を必要とせず、壁面線を道路境界線とみなすことができる。ただし、前面道路幅員に 6/10 を乗じた値が容積率の上限となる。なお、前面道路と壁面線の間の敷地は敷地面積に算入できない。

①壁面線による特例を適用しない場合
前面道路容積率＝4×4/10＝16/10＜指定容積率＝30/10
∴容積率＝16/10
建築可能な延べ面積＝10×20×16/10＝320 m²

②壁面線による特例の適用する場合
前面道路容積率＝5×4/10＝20/10＜指定容積率＝30/10かつ
4×6/10＝24/10
(容積率緩和の上限は、前面道路幅員×6/10としなければならない)
∴容積率＝20/10
建築可能な延べ面積＝9×20×20/10＝360 m²
(壁面線より道路側の敷地の面積は算入しない)

壁面線による容積率算定の特例

3）その他（法 52 条 14 項）

機械室の割合の大きい建築物や敷地の周囲に公園、広場、道路などのある建築物は、特定行政庁の許可によって容積率の限度を超えることができる。

5. 容積率算定の基礎となる延べ面積　令 2 条 1 項四号、3 項

次の建築物の部分は、容積率算定において所定の面積を限度に延べ面積に算入しない。

①自動車車庫等部分	1/5	④自家発電設備設置部分	1/100
②備蓄倉庫部分	1/50	⑤貯水槽設置部分	1/100
③蓄電池設置部分	1/50	⑥宅配ボックス設置部分	1/100

解 答　特定道路による容積率緩和の計算問題

$$W_a = \frac{(12-6)\times(70-35)}{70} = 3\text{m}$$

前面道路容積率＝（6 ＋ 3）× 4/10 ＝ 36/10 ＜指定容積率＝ 40/10

∴容積率＝ 36/10

建築可能な延べ面積＝ 10 × 10 × 36/10 ＝ 360m²

47 高さ制限

100%

1. 絶対高さの制限

1）絶対高さの制限の原則（法 55 条 1 項）

第一種低層住居専用地域、第二種低層住居専用地域又は田園住居地域内の建築物の高さは、10m 又は 12m のうち都市計画で定められた数値以下とする。

2）制限の緩和（法 55 条 2 項）

絶対高さの制限が 10m の地域において、令 130 条の 10 に掲げる条件を満たす建築物で特定行政庁が低層住宅に係る良好な住居の環境を害するおそれがないと認めるものは 12m とすることができる。

3）適用の除外（法 55 条 3・4 項、法 44 条 2 項）

次の建築物は適用を除外される。

①敷地の周囲に広い公園、広場、道路などの空地を有し、低層住宅に係る良好な住居の環境を害するおそれのないと認めて特定行政庁が建築審査会の同意を得て許可したもの。

②学校などの建築物で、特定行政庁が建築審査会の同意を得て許可したもの。

出題パターン

図示された敷地内の建築物について、指定された地点に建築できる建築物の高さの最高限度を求める問題が多く出題される

絶対高さ制限の緩和（令 130 条の 10）

①（1 − 建ぺい率の制限値 + 1/10）以上の空地があること。

②敷地面積が、原則として、1,500m² 以上であること。ただし、特定行政庁は、規模が 750m² ～ 1,500m² の範囲内で別に定めることができる。

重要 2. 道路斜線制限

1）道路斜線制限の原則（法 56 条 1 項一号）

建築物の各部分の高さは、次図(左)に示すように前面道路の反対側の境界線からの水平距離(L)に、住居系地域においては 1.25（第一・二低住専を除く地域で、幅員 12m 以上の道路に接する場合は 1.5）を乗じた数値以下、その他の地域においては 1.5 を乗じた数値以下とする。

道路斜線制限の適用範囲は、法別表第 3（は）欄に掲げられた適用距離（L）の数値までとする。

地盤面が道路より高い場合

敷地の地盤面が前面道路より 1m 以上高い場合、道路はその高低差から 1m を減じた値から 1/2 だけ高い位置にあるものとする。

道路に沿って設けられる門・塀（令 130 条の 12）

道路に沿って設けられた高さ 2m 以下の門・塀（高さ 1.2m を超えるものは、その超える部分を網状とする）は、外壁後退の緩和に影響しない。

問 題　近隣商業地域内に図のような建築物を建築する場合、建築基準法上、前面道路に関係する建築物の各部分の高さの制限（道路斜線制限）による A 点における建築物の高さの限度はいくらか。ただし、敷地と道路との高低差、門及び塀はないものとする。

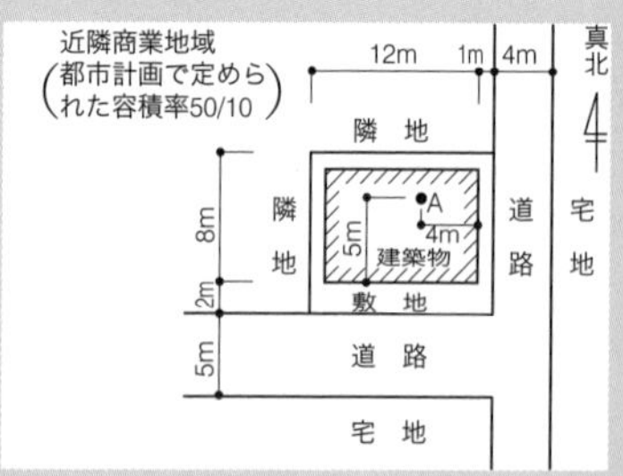

2）制限の緩和

①外壁面が後退している場合（法 56 条 2 項〜 4 項、令 130 条の 12）

建築物の外壁が、前面道路の境界線から後退している場合、前面道路の反対側の境界線は、下図(右)に示すように外壁面が後退している距離の分だけ外側にあるものとする。また、外壁面の後退には、地盤面下の部分及び令 130 条の 12 に掲げる物置、ポーチ、門、塀などを含まない。

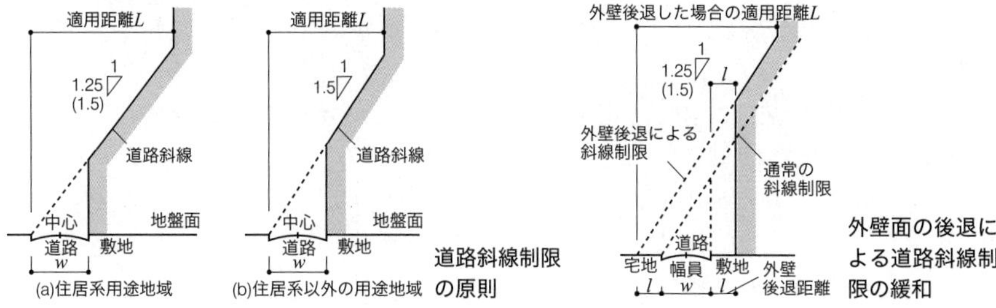

道路斜線制限の原則

外壁面の後退による道路斜線制限の緩和

②敷地が二つの前面道路に接する場合（法 56 条 6 項、令 132 条）

建築物の敷地が、下図(左)のように二つの前面道路に接している場合、広い方の幅員の道路境界線からその道路幅員の 2 倍以内、かつ、35m 以内の区域及び幅員の狭い方の前面道路の中心線から 10m を超える区域については、狭い方の道路幅員は広い幅員の道路と同じ幅員であるものとみなす。

③公園などがある場合（法 56 条 6 項、令 134 条）

前面道路の反対側に公園、広場、水面その他これに類するものがある場合、前面道路の反対側の境界線は公園などの反対側の境界線とする（下図(右)参照）。

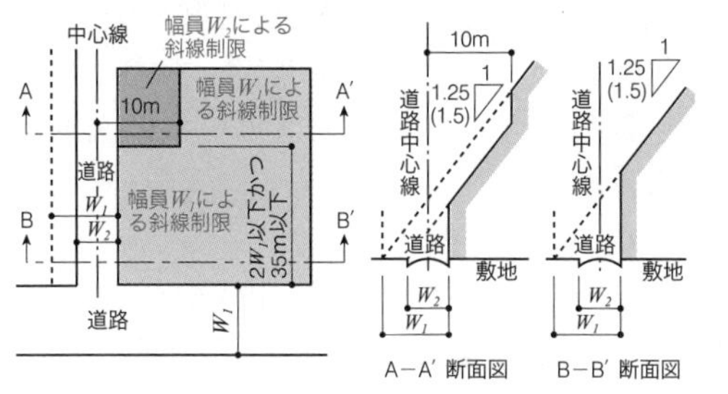

敷地が二つの前面道路に接する場合

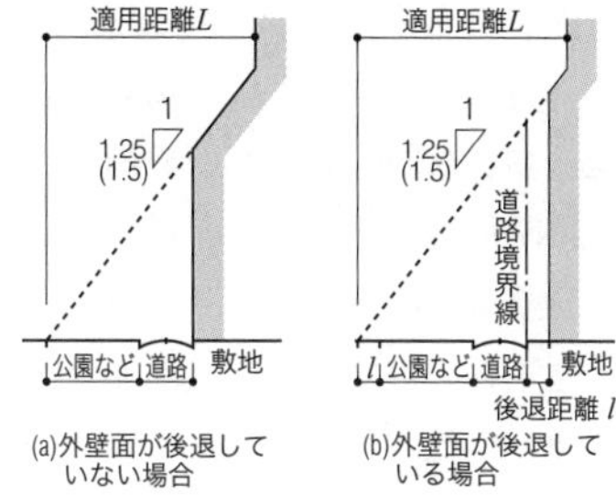

公園などがある場合

解 答　**道路斜線制限による建築物高さの算定**

別表第 3(に)欄より、近隣商業地域の道路斜線の勾配は 1.5 となる。容積率は 30/10（都市計画容積率 50/10 ＞前面道路容積率 5×6/10 ＝ 30/10）なので、(は)欄より、適用距離 20m である。

南側道路(幅員 5m)からの道路斜線制限…法 56 条 2 項の建築物後退による緩和は 2m である。

$(2 + 5 + 2 + 5) \times 1.5 = 21\text{m}$

東側道路(幅員 4m)からの道路斜線制限…令 132 条より、A 点は南側道路幅員の 2 倍以内、かつ、35m 以内の距離にあるため、東側道路からの算定においても幅員 5m とみなす。また、建築物後退による緩和は 1m である。$(1 + 5 + 1 + 4) \times 1.5 = 16.5\text{m}$　∴高さ制限は、16.5m

3. 隣地斜線制限

1）隣地斜線制限の原則（法 56 条 1 項二号）

建築物の各部分の高さは、右図のように用途地域の区分により、一定の高さを起点として隣地境界線から建築物の部分までの距離（l_b）に応じて次のように制限される。

①第一・二種中高層住専、第一・二種・準住居地域

建築物の高さ（h）≦ 20m ＋ 1.25 l_b

特定行政庁が定める区域

建築物の高さ（h）≦ 31m ＋ 2.5 l_b

②近隣商業・商業・準工業・工業専用地域、高層住居誘導地区（住宅部分面積 2/3 以上）

建築物の高さ（h）≦ 31m ＋ 2.5 l_b

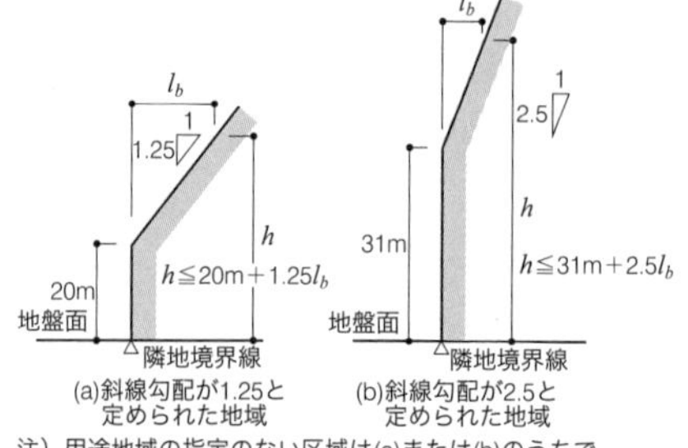

(a)斜線勾配が1.25と定められた地域　(b)斜線勾配が2.5と定められた地域

注）用途地域の指定のない区域は(a)または(b)のうちで特定行政庁が定める

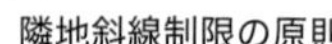

隣地斜線制限の原則

2）敷地が 2 以上の地域にわたる場合（法 56 条 5 項）

敷地が 2 以上の用途地域にわたる場合、建築物の各部分の高さは、右図のようにその部分の属する地域の制限を受ける。

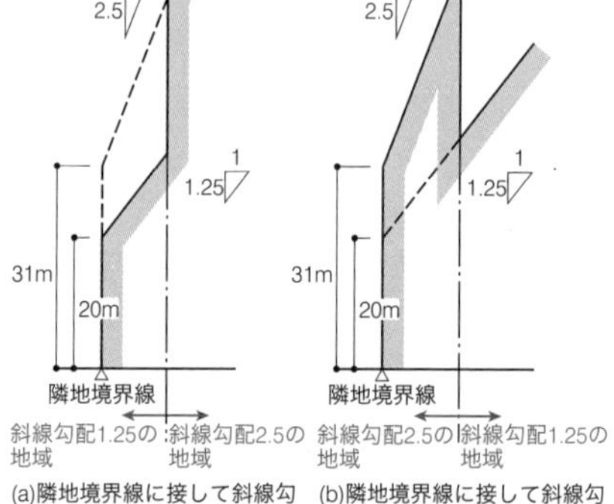

(a)隣地境界線に接して斜線勾配1.25の地域がある場合　(b)隣地境界線に接して斜線勾配2.5の地域がある場合

敷地が 2 以上の用途地域にわたる場合

3）制限の緩和

①外壁面が後退している場合（法 56 条 1 項二号）

住居系用途地域では高さ 20m を、その他の地域・地区では高さ 31m を超える建築物の部分について、外壁が隣地境界線から後退している場合、隣地境界線は、外壁面が後退している距離の分だけ外側にあるものとする。なお、加算される後退距離は、外壁面から隣地境界線までの距離のうち最小のものとする。

②公園などに接する場合（法 56 条 6 項、令 135 条の 3 第 1 項一号）

建築物の敷地が公園（都市公園法施行令 2 条 1 項一号に規定する公園を除く）、広場、水面その他これに類するものに接する場合、当該隣地境界線は、公園などの幅の 1/2 だけ外側にあるものとする。

問　題　第一種低層住居専用地域内に図のような建築物を建築する場合、建築基準法上、A 点における建築物の高さの限度を求めよう。ただし、都市計画において定められた建築物の高さの限度は 12m とし、敷地、隣地及び道路の相互間の高低差並びに門及び塀はないものとする。なお、適用距離は 20m とする。

真北
隣地
4m
A
3m
隣地
建築物
隣地
8m
敷地
4m
道路
6m
宅地

4. 北側斜線制限

1）北側斜線制限の原則（法 56 条 1 項三号）

第一・二種低住専・田園住居地域内、又は、第一・二種中高層住居専用地域内での建築物の各部分の高さは、右図のように一定の高さを起点として、建築物の外壁面から前面道路の反対側の境界線又は隣地境界線までの真北方向の水平距離（l_n）に応じて、次のように算定される。ただし、第一・二種中高層住居専用地域で日影規制の対象に指定されている区域は北側斜線制限を適用しない。

①第一・二種低住専・田園住居地域

建築物の高さ（h）≦ 5m ＋ 1.25 l_n

②第一・二種中高層住居専用地域

建築物の高さ（h）≦ 10m ＋ 1.25 l_n

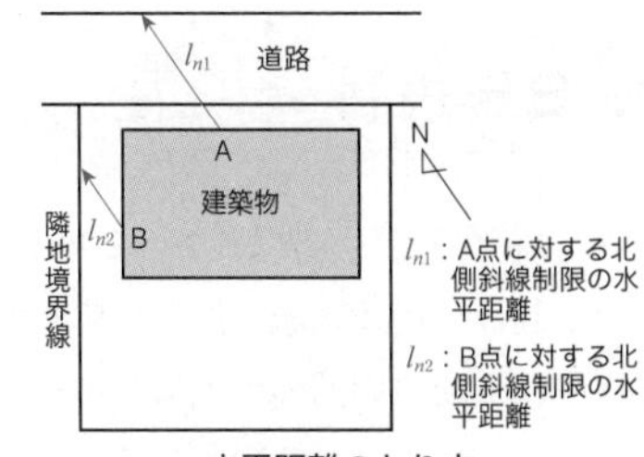

水平距離のとり方

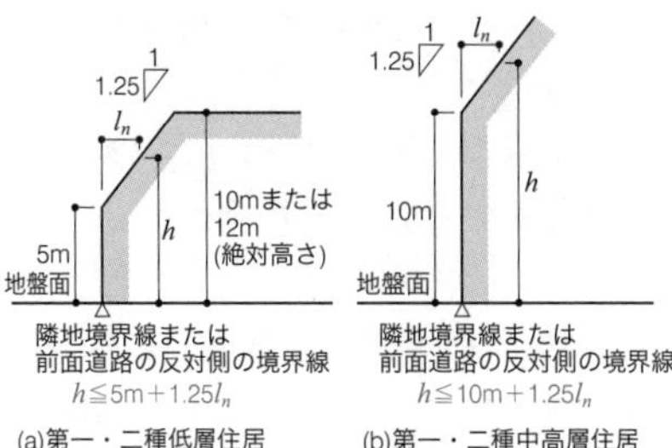

北側斜線制限の原則

2）敷地が 2 以上の地域にわたる場合（法 56 条 5 項）

敷地が 2 以上の用途地域にわたる場合、建築物の各部分の高さは、右図に示すようにその部分の属するそれぞれの地域の制限を受ける。

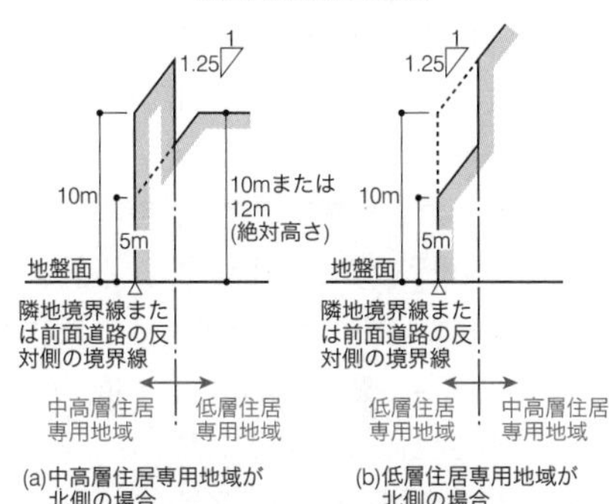

敷地が 2 以上の地域にわたる場合

3）制限の緩和（法 56 条 6 項、令 135 条の 4 第 1 項一号）

敷地の北側前面道路の反対側に水面、線路敷その他これらに類するもの（公園、広場は含まれない）がある場合又は建築物の敷地が北側で水面、線路敷その他これらに類するもの（公園、広場は含まれない）に接する場合、前面道路の反対側の境界線は、水面、線路敷などの幅の 1/2 だけ外側にあるものとみなす。

解 答　**法 55、56 条より、建築物の高さの限度を算出する総合問題**

第一種低層住居専用地域内における建築物の高さは、道路斜線制限（壁面後退による緩和も含む）、北側斜線制限、絶対高さの制限のうち最も小さい値とする。

①道路斜線制限（法 56 条 1 項一号、2 項及び別表第 3（に）欄）(4 ＋ 6 ＋ 4 ＋ 8) × 1.25 ＝ 27.5m

②北側斜線制限（法 56 条 1 項三号）　4 × 1.25 ＋ 5 ＝ 10.0m

③都市計画による絶対高さの制限（法 55 条 1 項）　12.0m

∴高さの限度は、10.0m となる。

（第一・二種低層住居専用地域及び田園住居地域には隣地斜線制限の適用はない）

48 日影規制

80%

1. 日影規制の適用　法56条の2第1項、別表第4

日影規制は、用途地域の区分に応じて一定規模以上の建築物が、敷地の周囲の土地に日影を一定時間以上生じさせないようにするためのもので、地方公共団体が、条例によって、対象区域及び制限される日影時間を定める。

出題パターン

・法56条の2及び法別表第4の内容について問う問題

・記述について正誤を問うもので、建築物の高さと日影規制の混合問題となることもある

1）対象区域

（法56条の2第1・4項、法57条の5第4項、法60条3項）

日影規制の対象区域は、第一・二種低層住専地域、田園住居地域、第一・二種中高層住専地域、第一・二種・準住居地域、近隣商業地域、準工業地域、用途地域の指定のない区域の全部又は一部である。また、日影規制を受けない区域に建てられる高さ10mを超える建築物で、冬至日において日影が対象区域に生じる場合は、当該対象区域内にある建築物とみなして日影規制を適用する。なお、高層住居誘導地区内（法56条の2第4項を除く）の建築物及び特定街区内の建築物については日影規制を適用しない。

2）対象建築物（法56条の2第1項、別表第4）

①第一・二種低層住専地域、田園住居地域：軒の高さが7mを超える建築物又は地階を除く階数が3以上の建築物

②第一・二種中高層住専地域、第一・二種・準住居地域、近隣商業地域、準工業地域：高さが10mを超える建築物

③用途地域の指定のない区域：地方公共団体が指定する①、②のうちの建築物

3）測定の高さ（法56条の2第1項、別表第4）

測定する位置は、平均地盤面から①の用途地域は1.5m、②の用途地域は4m又は6.5mの高さの水平面うちから地方公共団体が条例で指定する。

2. 日影時間の測定　法56条の2第1項、別表第4

日影時間の測定範囲は、右図のように敷地境界線から5mを超え10m以内の範囲と、10mを超える範囲に

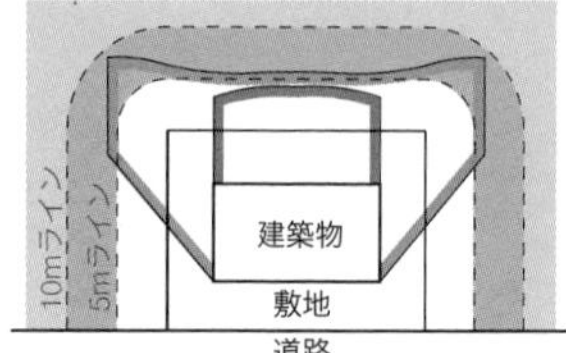

日影時間の測定範囲

問 題　中高層建築物の日影規制に関する次の記述について（　）に適語を入れよう。

・第一種低層住居専用地域内においては、原則として、平均地盤面からの高さが（①）の水平面に生じる日影について規制する。

・第二種低層住居専用地域内においては、原則として、軒の高さが（②）を超える建築物又は地階を除く階数が（③）以上の建築物について、日影規制を適用する。

・用途地域の指定のない区域内においても、日影規制が（④）される場合がある。

・（⑤）内（法56条の2第4項を除く）及び（⑥）内の建築物においては、日影規制は適用しない。

分けられ、それぞれについて日影時間が規制されている。ただし、対象区域外の部分及び対象建築物の敷地内を除く。

3. 同一敷地内に 2 以上の建築物がある場合　法 56 条の 2 第 2 項

同一敷地内に 2 以上の建築物がある場合において、敷地内に規制の対象となる建築物があればすべてを一つの建築物とみなし、対象とならない建築物も日影規制を受ける。

4. 制限の緩和　法 56 条の 2 第 3 項、令 135 条の 12

①建築物の敷地が道路、水面、線路敷などに接する場合の敷地境界線は、これらの幅の 1/2 だけ外側にあるものとする。ただし、幅が 10m を超える場合は道路などの反対側の境界線より 5m 内側を敷地境界線とみなす。

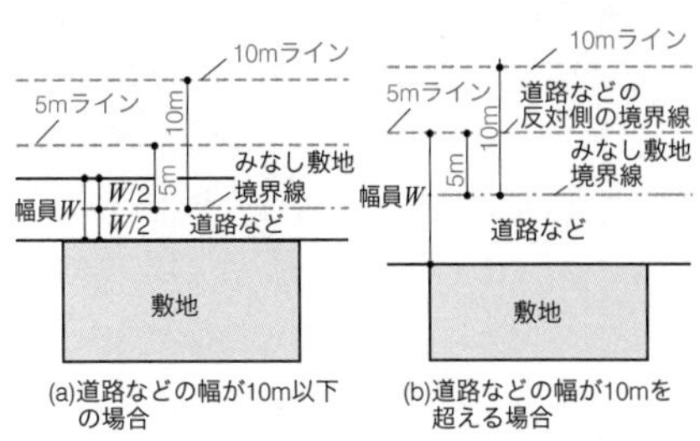

道路などに接する場合の緩和

②建築物の敷地の平均地盤面が、隣地の地盤面より 1m 以上低い場合、当該地盤面は当該高低差から 1m を減じたものの 1/2 だけ高い位置にあるものとみなして日影規制を適用する。

5. その他　法 56 条の 2 第 4・5 項、令 135 条の 13、別表第 4

①対象区域外のある高さが 10m を超える建築物で、冬至日において、対象区域内の土地に日影を生じさせるものは、対象建築物として日影規制を受ける。

②対象建築物が日影規制の異なる区域の内外にわたる場合、それぞれの区域内に対象建築物があるものとして日影規制を受ける。

③平均地盤面からの高さとは、当該建築物が周囲の地面と接する位置の平均の高さにおける水平面からの高さをいう。

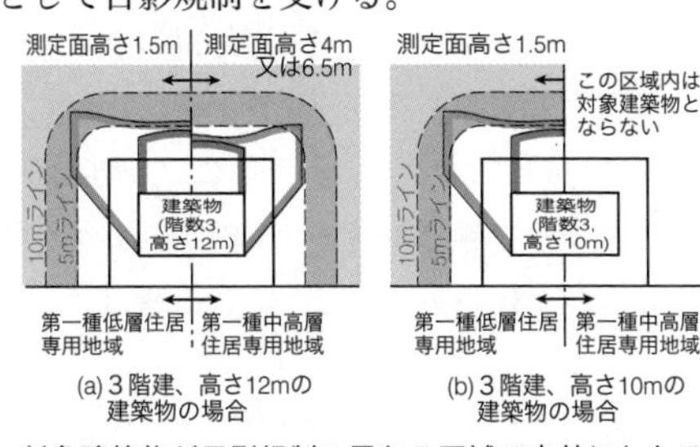

対象建築物が日影規制の異なる区域の内外にわたる場合

- 同一の敷地内に 2 以上の建築物がある場合は、これらを（⑦）の建築物とみなす。
- 日影規制の対象区域は、地方公共団体の（⑧）で指定する。
- 近隣商業地域内においては、原則として、高さが（⑨）を超える建築物について、日影規制を適用する。

解答　日影規制に関する総合問題

① 1.5m　② 7m　③ 3　④適用　⑤高層住居誘導地区　⑥特定街区　⑦ 1　⑧条例　⑨ 10m

49 防火・準防火地域

100%

1. 防火地域内の建築制限　法 61 条、64 条、令 136 条の 2

階数≧ 3 又は延べ面積＞ 100m² の建築物は、耐火建築又はこれと同等以上の延焼防止時間となる建築物とし、その他の建築物は耐火建築物、準耐火建築物又はこれと同等以上の延焼防止時間となる建築物としなければならない。ただし、門又は塀で高さ 2m 以下のものを除く。

建築物に付属する高さ＞ 2m の門又は塀は延焼防止上支障のない構造としなければならない。

防火地域内にある看板、広告塔、装飾塔などの工作物で建築物の屋上に設けるもの又は高さ＞ 3m のものは、その主要な部分を不燃材料で造り又は覆わなければならない。

出題パターン

- 防火・準防火地域に関して（法 61 ～ 65 条）広く出題
- 耐火建築物にしなければならないかを問う問題
- 建築物の仕上げ材料（不燃材料他）を問う問題

ひっかけ対策

耐火・準耐火建築物を問う問題は法 61 条の他に法 27 条（耐火建築物等としなければならない特殊建築物）も検討すること！

2. 準防火地域内の建築制限　法 61 条、令 136 条の 2

地階を除く階数≧ 4 の建築物又は延べ面積＞ 1,500 m² の建築物は耐火建築物又はこれと同等以上の延焼防止時間となる建築物とし、地階を除く階数＝ 3 かつ延べ面積≦ 1,500 m² の建築物又は地階を除く階数≦ 2 かつ 500 m² ＜延べ面積≦ 1,500 m² の建築物は耐火建築物、準耐火建築物又はこれと同等以上の延焼防止時間となる建築物としなければならない。ただし、門・塀で高さ 2m 以下のもの又は建築物（木造建築物等を除く）に附属するものを除く。

木造建築物に付属するものは、延焼防止上支障のない構造としなければならない。

木造建築物等で地階を除く階数≦ 2 かつ延べ面積≦ 500m² のものは、外壁及び軒裏で延焼のおそれのある部分を防火構造（令 108 条）とし、かつ、次の①又は②とすることができる。

① 「外壁開口部設備」（外壁の開口部で延焼のおそれのある部分に設ける防火設備）に建築物の周囲において発生する通常の火災による火熱が加えられた場合、火熱開始後 20 分間当該加熱面以外の面（屋内に面するものに限る）に炎を出さないもの

② 「特定外壁部分等」（外壁・軒裏で延焼のおそれのある部分及び外壁開口部設備）の

問 題　次の記述のうち、建築基準法上、**誤っている**ものはどれか。ただし、地階及び防火壁はないものとし、防火・準防火地域以外の地域、地区等は考慮しないものとする。

1. 防火地域内の高さ 2m の看板で、屋上に設けるものは、その主要構造部を不燃材料で造り又は覆わなければならない。
2. 建築物が防火地域及び準防火地域にわたる場合においては、その全部について防火地域内の建築物に関する規定が適用される。
3. 準防火地域内の建築物で、外壁が耐火構造のものは、その外壁を隣地境界線に沿って設けることができる。

構造に応じて算出した延焼防止時間以上のもの

なお、木造建築物等を除く建築物は、外壁開口部設備に限って上記①又は②の基準に適合するものとすることができる。

3. 防火地域・準防火地域内の共通の制限法　62条、63条、令136条の2の2

①屋根の構造は、市街地における通常の火災による火の粉により、防火上有害な発炎をしないもの及び屋内に達する防火上有害な溶融、亀裂その他の損傷を生じないものとしなければならない。

②外壁が耐火構造の建築物は、その外壁を隣地境界線に接して設けることができる。

4. 建築物が防火地域などの内外にわたる場合　法65条

一つの建築物が、2以上の地域にわたって建っている場合、原則として、下図(a)のように制限の厳しい地域の規定が適用される。ただし、(d)のように建築物が、緩い地域側で、防火壁（令113条）によって区画されている場合、防火壁より制限の緩い地域側に立つ建築物の部分については、その地域の規定が適用される。

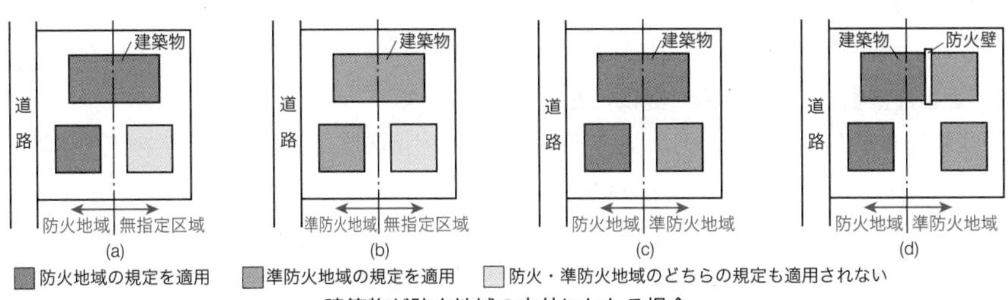

建築物が防火地域の内外にわたる場合

5. 特定防災街区整備地区内の建築制限　法67条

特定防災街区整備地区内にある建築物は、耐火建築物又は準耐火建築物としなければならない。ただし、次の①から④に該当する建築物を除く。

①延べ面積≦ 50m² 以内の平家建ての附属建築物で、外壁及び軒裏が防火構造のもの

②卸売市場の上家、機械製作工場その他これらと同等以上に火災の発生の恐れのない建築物で、主要構造部が不燃材料で造られたもの

③高さ＞ 2m の門又は塀で、不燃材料で造り又は覆われたもの

④高さ≦ 2m の門又は塀

4. 準防火地域内にある3階建て、延べ面積300m² の診療所（患者の収容施設のないもの）は、耐火建築物にしなければならない。

解答　防火・準防火地域内の建築物についての問題

1. （法64条）正しい　2. （法65条）正しい　3. （法63条）正しい

4. 患者の収容施設のない診療所は、法27条の適用はない。法61条、令136条の2第二号より、準防火地域内で3階建て1,500m² 以下の建築物は、準耐火建築物又はこれと同等以上の延焼防止時間となる建築物とすることができ、耐火建築物とする必要はない。　**正解** 4

50 実体規定総合　集団規定・単体規定

130%

1. 法の適用除外

出題パターン

実体規定のうちで、総合問題としていろいろな条から集めたものや、他のどれにも属さないものを集めて出題

1）国宝・重要文化財等（法３条）

次の建築物は、建築基準法令の規定（建基法、これに基づく命令、条例の規定）を適用しない。

①文化財保護法によって、国宝、重要文化財などに指定又は仮指定された建築物。

②旧重要美術品等の保存に関する法律によって、重要美術品等と認定された建築物。

③文化財保護法98条2項の条例その他の条例の定めにより保存建築物として、特定行政庁が建築審査会の同意を得て指定したもの。

④①、②の建築物又は③の保存建築物であったものの原型を再現する建築物で、特定行政庁が建築審査会の同意を得て、その再現を認めたもの。

⑤建基法令が施行又は適用される際、現に存する建築物や建築工事中の建築物など。

注目 2）仮設建築物に対する制限の緩和（法85条）

①非常災害があった場合において、発生区域及び隣接区域で特定行政庁が指定する区域内は、災害により破損した建築物の応急の修繕又は次に該当する応急仮設建築物で災害発生日から１か月以内に工事に着手するものは建築関係法令の規定を適用しない。ただし、防火地域内に建築するものを除く。

・国、地方公共団体、日本赤十字社が災害救助のために建築するもの。

・被災者が自ら使用するために建築する延べ面積30m²以内のもの。

②災害があった場合に建築する停車場、郵便局、官公署等公益上必要な用途に供する応急仮設建築物又は施工現場に設ける事務所、下小屋、材料置場等の仮設建築物は建基法の一部を適用しない。ただし、防火・準防火地域内にある延べ面積＞50m²のものを除く。

③仮設興行場、博覧会建築物、仮設店舗等の仮設建築物について、特定行政庁は、1年以内の期限を定めての建築許可が可能で、このとき、建築基準法の規定の一部を適用しない。

④国際的な規模の会議のために１年を超えて使用する特別の必要がある仮設興業場等について、安全上、防火上及び衛生上支障なく、かつ、公益上やむを得ないと認める場

問題　次の記述に関して、建築基準法上、正しいものを三つ選びなさい。

1. 消防法第９条は、建築基準関係規定に該当する。
2. 建築協定は、市街化区域内においてのみ締結することができる。
3. 特定行政庁が違反建築物の工事の請負人又は現場監理者に対して、工事の施工の停止又は違反の是正措置を命じた場合、その命令に違反した者は、懲役又は罰金に処せられる。
4. 工事施工者は、工事に係る設計図書を工事現場に備えておかなければならない。
5. 非常災害が発生した場合、被災者が自ら使用するために建築する延べ面積40m²の応急仮設建築物については、建築確認を要しない。

合、特定行政庁は、1年を超える期間を定めてその建築を許可することができる。

3）伝統的建造物群保存地区（法85条の3）

文化財保護法の規定による伝統的建造物群保存地区内においては、市町村は、国土交通大臣の承認を得て、建築基準法令の規定の一部を適用せず、又は制限を緩和できる。

注目 2. 敷地面積の最低限度　法53条の2

用途地域内において、都市計画により敷地面積の最低限度が定められた場合、次の場合を除き当該敷地面積はその数値以上でなければならない。ただし、最低限度は200m²以下とする。

・制限を除外されるもの…①建ぺい率の限度が8/10の地域内で、かつ、防火地域内の耐火建築物。②公衆便所、派出所など。③敷地の周囲に広い公園などがあり、特定行政庁が市街地の環境を害するおそれがないと認め許可したもの。④特定行政庁が用途上又は構造上やむを得ないと認め許可したもの。

・適用を除外されるもの…原則として、制限の適用時に敷地面積が既に限度以下のもの。

3. 建築協定　法69条

建築協定は、土地の所有者等が、住宅地の環境や商店街の利便の維持増進のために建築物や土地に対して、敷地、位置、構造、用途、形態、意匠、建築設備についての基準を定める制度である。建築協定を結ぶことができる区域は、市町村が条例によって、都市計画区域の内外を問わず、これを定めることができる。

4. 便所　令28～35条

便所には、採光及び換気のため直接外気に接する窓を設けなければならない。ただし、水洗便所で、これに代わる設備をした場合を除く。

5. 工作物への準用　法88条、令138条

次の工作物は、建築確認など建基法の一部が準用される。

①煙突（ストーブの煙突を除く）：高さ＞6m ②RC造の柱、鉄柱、木柱等（旗ざお、電柱を除く）：高さ＞15m ③広告塔、広告板、装飾塔、記念塔等：高さ＞4m ④高架水槽、サイロ、物見塔等：高さ＞8m ⑤擁壁：高さ＞2m ⑥乗用エレベーター又はエスカレーターで観光用のもの（一般交通用を除く）⑦ウォーターシュート、コースター等の高架の遊戯施設 ⑧メリーゴーラウンド、観覧車、オクトパス、飛行塔等の回転運動をする遊戯施設で、原動機を使用するもの

解答　**実体規定のうち、他の分野に属さないものについての総合問題**

1. 令9条一号
2. （法69条）市町村が条例で定める区域内で適用されるもので、市街化区域外であっても可能である。
3. 法98条1項一号及び法9条1項
4. 法89条2項
5. （法85条1項二号）延べ面積＞30m²の応急仮設建築物の建築は、建築確認を要する。

正解 1・3・4

51 建築士法

100%

1. 用語の定義　士法２条

> **出題パターン**
> ・最も多く出題されている問題のパターンは、「建築物を新築する場合、二級建築士が設計してはならないもの」を見つける問題
> ・その他には、総則、建築士の業務、建築士事務所についての正誤問題

①二級建築士…都道府県知事の免許を受け、二級建築士の名称を用いて、設計、工事監理等の業務を行う者。

②設計図書…建築物の建築工事実施のために必要な図面(現寸図を除く）及び仕様書をいう。

③設計…その者の責任において、設計図書を作成することをいう。

④工事監理…その者の責任において、工事を設計図書と照合し、それが設計図書のとおりに実施されているかいないかを確認することをいう。

2. 建築士でなければできない設計・工事監理　士法３条〜３条の３

建築物の設計又は工事監理を行うことができる建築士の資格の区分を下表に示す。

建築士でなければできない設計監理

<table>
<tr><th colspan="2">構　造</th><th colspan="4">木　造</th><th colspan="3">鉄筋コンクリート造、鉄骨造、石造、れんが造、コンクリートブロック造、無筋コンクリート造</th></tr>
<tr><td colspan="2" rowspan="2">高　さ
階　数</td><td colspan="3">高さ13mかつ軒高9m以下</td><td rowspan="2">高さ13mまたは軒高9mを超えるもの</td><td colspan="2">高さ13mかつ軒高9m以下</td><td rowspan="2">高さ13mまたは軒高9mを超えるもの</td></tr>
<tr><td>階数1</td><td>階数2</td><td>階数3以上</td><td>階数2以下</td><td>階数3以上</td></tr>
<tr><td rowspan="6">延べ面積［m²］
（増改築などはその面積）</td><td>≦30</td><td colspan="2" rowspan="2">だれでもできる</td><td rowspan="4">一級、二級建築士</td><td rowspan="6">一級建築士</td><td>だれでもできる</td><td rowspan="3">一級、二級建築士</td><td rowspan="3"></td></tr>
<tr><td>≦100</td><td rowspan="2">一級、二級建築士</td></tr>
<tr><td>≦300</td><td colspan="2">一級、二級、木造建築士</td></tr>
<tr><td>≦500</td><td colspan="2">一級、二級建築士</td><td colspan="3" rowspan="3">一級建築士</td></tr>
<tr><td>≦1000</td><td colspan="3"></td></tr>
<tr><td>1000<</td><td></td><td colspan="2"></td></tr>
</table>

※ で示した規模の学校、病院、劇場、映画館、観覧場、公会堂、オーディトリアムのある集会場、百貨店については、一級建築士でなければできない。

3. 免許　士法４条、５条、５条の２、10条

①免許の登録…二級建築士の免許は、二級建築士名簿に登録することによって行う。

②格欠事由…士法の規定に違反して建築士の免許を取り消され、その取消しの日から起算して５年を経過しない者は、建築士の免許を受けることはできない。

③住所等の届出…二級建築士は、免許証の交付の日から 30 日以内に、次の事項（士則８条)を免許を受けた都道府県知事に届け出なければならない。また、届出事項に変更

問 題　次の建築物を新築する場合、二級建築士が設計してはならないものはどれか。

1. 鉄筋コンクリート造２階建、延べ面積 250m²、高さ 7m の診療所
2. 木造平家建、延べ面積 1,200m²、高さ 5m の倉庫
3. 鉄骨造３階建、延べ面積 200m²、高さ 9m の喫茶店兼用住宅
4. 木造２階建、延べ面積 800m²、高さ 8m の学校
5. コンクリートブロック造平家建、延べ面積 150m²、高さ 3m の自動車修理工場

があったときは、その日から30日以内にその旨を、免許を受けた都道府県知事及び住所地の都道府県知事に届け出なければならない。

i）登録番号、登録年月日

ii）本籍、住所、氏名、生年月日、性別

iii）建築業務の従事者→業務の種別、勤務先の名称、所在地

④懲戒…都道府県知事は、その免許を受けた二級建築士が業務に関して不誠実な行為をしたときは、当該二級建築士に対して戒告、若しくは1年以内の期間を定めて業務の停止を命じ、又はその免許を取り消すことができる。

4. 建築士の業務　士法18条～22条

1）業務執行（士法18条）

①建築士は、その業務を誠実に行い、建築物の質の向上に努めなければならない。

②建築士は、設計を行う場合においては、これを法令又は条例の定める建築物に関する基準に適合するようにしなければならない。

③建築士は、設計を行う場合においては、設計の委託者に対し、設計の内容に関して適切な説明を行うように努めなければならない。

④建築士は、工事監理を行う場合において、工事が設計図書のとおりに実施されていないと認めるときには、直ちに、工事施工者に注意を与え、もし工事施工者がこれに従わないときは、その旨を建築主に報告しなければならない。

2）設計の変更（士法19条）

他の建築士の設計した設計図書の一部を変更する場合において、当該建築士の承諾を求めることのできない事由があるとき、又は承諾が得られなかったときは、自己の責任において、その設計図書の一部を変更することができる。

3）業務に必要な表示行為（士法20条）

二級建築士は、設計を行った場合又は設計図書の一部を変更した場合、その設計図書に二級建築士たる表示をして記名しなければならない。

建築士は、工事監理を終了したときは、直ちに、その結果を文書で建築主に報告しなければならない。

建築士は、大規模の建築物の建築設備に係る設計に際し、建築設備に関する知識及び技能につき大臣が定める資格を有する者の意見を聴いたときは、設計図書又は報告書にその旨を記載しなければならない。

4）その他の業務（士法21条）

解答　**二級建築士が設計することができる建築物の範囲を問う問題**

この問題を解くポイントは、一級建築士でなければ設計してはならない建築物を見つけることである。つまり、士法3条1項に該当する建築物を探せばよい。

1. 士法3条1項三号　2. 士法3条1項二号及び四号　3. 士法3条1項三号　4.（士法3条1項一号）延べ面積500m²を超える学校は、一級建築士の設計でなければならない。5. 士法3条1項三号

正解 4

二級建築士は、一級建築士でなければ設計又は工事監理をしてはならない建築物であっても、原則として、「建築工事契約に関する事務、建築工事の指導監督、建築物に関する調査、鑑定及び建築法令等に基づく手続の代理等の業務（木造建築士は、木造建築物に関する業務に限る）」を行うことができる。

5）定期講習（士法22条の2、士則17条の36）

建築士事務所に属する二級建築士は、直近の二級建築士講習を受けた日の属する年度の翌年度の開始の日から起算して3年以内に、二級建築士定期講習を受けなければならない。

6）知識・技能の維持向上（士法22条）

建築士は設計及び工事監理に必要な知識及び技能の維持向上に努めなければならない。

5. 建築士事務所

1）登録（士法23条、23条の2、23条の5、士則18条）

①二級建築士又はこれらの者を使用する者は、他人の求めに応じ報酬を得て、設計等を行うことを業としようとするときは、二級建築士事務所を定めて、所定の登録を受けなければならない。また、登録の有効期間は5年で、更新の登録を受けようとする者は、有効期間満了の日前30日までに登録申請書を提出する。

②登録申請者は、必要事項を記載した登録申請書をその建築士事務所を所管する都道府県知事に提出しなければならない。

③建築士事務所の登録を受けた者（建築士事務所の開設者）は、登録事項の変更があったときには、2週間以内に、その旨を当該都道府県知事に届け出なければならない。

建築士事務所の登録事項（士法23条の2）

①名称・所在地
②一級・二級・木造建築士事務所の別
③登録申請者の氏名
④管理建築士の氏名・資格種別

2）建築士事務所の管理（士法24条）

①2級建築士事務所は、専任の2級建築士が管理しなければならない。

②建築士事務所を管理する建築士（管理建築士という）は、建築士として建築物の設計、工事管理等に関する所定の業務に3年以上従事した後、登録講習機関が行う管理建築士講習の課程を修了した建築士でなければならない。

③管理建築士は、建築士事務所の業務に関する技術的事項を総括する。

④管理建築士は、建築士事務所の開設者と異なる場合、開設者に対し、技術的観点から

問題　建築士の業務に関する次の記述のうち、建築士法上、**正しい**ものはどれか。

1. 二級建築士は、一級建築士の設計した設計図書を変更することはできない。
2. 二級建築士は、一級建築士でなければ設計又は工事監理をしてはならない建築物について、建築工事契約に関する事務、建築工事の指導監督等の業務を行うことができる。
3. 建築士が、工事監理を行う場合、工事が設計図書のとおりに実施されていないと認めるときは、直ちに、建築主事に連絡しなければならない。

その業務が円滑かつ適正に行わるように必要な意見を述べるものとする。

⑤建築士事務所の開設者は、当該事務所の管理建築士から建築士事務所の業務に係る所定の技術的事項に関し、その業務が円滑かつ適切に行われるような意見が述べられた場合には、その意見を尊重しなければならない。

3）再委託の制限（士法 24 条の 3）

①建築事務所の開設者は、委託者の許諾を得た場合においても、委託を受けた設計又は工事監理の業務を建築士事務所の開設者以外の者（無登録の事務所など）に委託してはならない。

②建築事務所の開設者は、委託者の許諾を得た場合においても、委託を受けた設計又は工事監理（延べ面積 300m² を超える建築物の新築工事に限る）の業務を、一括して他の建築士事務所の開設者に委託してはならない。

4）帳簿の備付け・保存と図書の保存（士法 24 条の 4）

①建築士事務所の開設者は、その業務に関する所定の帳簿（磁気ディスク等も可）を備え、これを各事業年度末日から 15 年間保存しなければならない。

②建築士事務所の開設者は、その業務に関する所定の図書を、作成した日から 15 年間保存しなければならない。

5）書類の閲覧（士法 24 条の 6）

建築士事務所の開設者は、業務の実績を記載した書類等を、当該書類等を備え置いた日から起算して 3 年を経過する日までの間、当該建築士事務所に備え置き、設計等を依頼しようとする者の求めに応じ、閲覧させなければならない。

6）重要事項説明（士法 24 条の 7）

①建築士事務所の開設者は、管理建築士等が、設計受託契約又は工事監理受託契約の締結をしようとするときは、あらかじめ建築主に対して、重要事項の説明をさせなければならない。

②建築士事務所の開設者が、建築主との工事監理受託契約の締結に先立って管理建築士等に重要事項の説明をさせる際には、管理建築士等は、当該建築主に対し、所定の建築士免許証又は建築士免許証明書を提示しなければならない。

7）罰則（士法 38 条）

一級建築士でなければ設計又は工事監理をしてはならない建築物の新築に係る設計をした二級建築士は、1 年以下の懲役又は 100 万円以下の罰金に処せられる。

解答　二級建築士の業務に関する問題

1. （士法 19 条）二級建築士が設計できる建築物について、承諾を得ることが不可能な場合、自己責任において、その設計図書の一部を変更することができる。
2. （士法 21 条）どのような規模の建築物であっても、建築工事契約に関する事務、指導監督等の業務は、建築士の免許の種類に関係なく行うことができる。
3. （士法 18 条 4 項）直ちに、工事施工者に注意を与え、これに従わないときは、建築主に報告する。

正解 3

52 関係法令総合

100%

1. 都市計画法

出題パターン

都市計画法、バリアフリー新法、耐震改修促進法、品確法は、総合問題として、五者択一の選択肢で出題される

1）用語の定義

①特定工作物（都計法 4 条 11 項）

コンクリートプラントその他周辺の地域の環境の悪化をもたらすおそれがある工作物（第一種特定工作物）又はゴルフコースその他大規模な工作物で政令（令 1 条）で定めるもの。

②開発行為（都計法 4 条 12 項）

主として建築物の建築又は特定工作物の建設の用に供する目的で行う土地の形質の変更をいう。

②公共施設（都計法 4 条 14 項）

道路、公園、下水道、緑地、広場、河川、運河、水路及び消防の用に供する貯水施設の公共の用に供する施設をいう。

2）開発行為の許可（都計法 29 条、令 19 条）

都市計画区域又は準都市計画区域内において開発行為をしようとするものは、あらかじめ、国土交通省令で定めるところにより都道府県知事（指定都市等の区域内では指定都市等の長）の許可を受けなければならない。ただし、次の①～③の開発行為を除く（一部分のみ）。

①市街化区域、区域区分が定められていない都市計画区域又は準都市計画区域内において行う開発行為で、その規模が下表の区域区分に応じて定める規模未満のもの。

市街化区域	1,000m²	市街化の状況により無秩序な市街化を防止するために特に必要があると認められる場合	300m² 以上 3,000m² 未満
区域区分が定められていない都市計画区域、準都市計画区域	3,000m²	市街化の状況等により特に必要があると認められる場合	300m² 以上 3,000m² 未満

②市街化調整区域、区域区分が定められていない都市計画区域又は準都市計画区域内で、農業、林業、漁業の用に供する令 20 条の建築物又はこれらの業務を営む者が居住する

問題 次のうち、都市計画法上、都道府県知事の許可を受けなければならないものはどれか。

1. 市街化調整区域内で、土地区画整理事業の施行として行う 50,000m² の開発行為
2. 市街化区域内で、ぱちんこ屋を建築するために行う 2,000m² の開発行為
3. 市街化区域内で、市街地再開発事業の施行として行う 8,000m² の開発行為
4. 市街化調整区域内で、公民館を建築するために行う 600m² の開発行為
5. 市街化調整区域内で、農業を営む者の住宅を建築するために行う 400m² の開発行為
6. 都市計画施設の区域内で、木造平家建、延べ面積 150m² の事務所の改築

建築物の建築のために行う開発行為。

③駅舎、図書館、公民館など公益上必要な建築のための開発行為（病院は除く）。

3）開発許可を受けた土地以外の土地の建築制限（都計法43条、同令35条）

市街化調整区域のうち、開発許可を受けた開発区域以外の区域内では、都道府県知事の許可を受けなければ建築物を新築、改築、用途変更してはならない。ただし、以下の建築物を除く。

農業、林業、漁業の用に供する建築物（都計令20条）

・畜舎、蚕室、温室、育種苗施設、家畜人工授精施設、孵卵育雛施設、搾乳施設、集乳施設他
・堆肥舎、サイロ、種苗貯蔵施設、農機具等収納施設他
・家畜診療の用に供する建築物
・用排水機、取水施設他
・建築面積90m²以内の建築物

①周辺の市街化調整区域内に居住している者の日常生活のため必要な物品の販売、加工、修理等の業務の用に供する延べ面積50m²以内（業務に供する部分の延べ面積が全体の延べ面積の50%以上のものに限る）の店舗などの新築で、当該市街化調整区域内に居住している者が自ら当該業務を営むために行うもの。

②医療系に基づく病院、診療所

4）都市計画施設等の区域内における建築規制（都計法53条、同令37条）

都市施設（都計法11条）

都市計画で定められた道路、公園、水道、河川、学校、病院などの施設

都市計画施設の区域又は市街地開発事業の施行区域内において、建築物の建築をしようとする者は、都道府県知事の許可を受けなければならない。ただし、階数が2以下で、かつ、地階を有しない木造の建築物の改築又は移転を除く。

4）建築制限等（都計法37条）

開発許可を受けた開発区域内の土地において、公告があるまでの間は、原則として、建築物を建築し、又は特定工作物を建設してはならない。

バリアフリー法

1）用語の定義（バリアフリー法2条、令4、5、6条、則3条）

①特定建築物…学校、病院、劇場、観覧場、集会場、展示場、百貨店、ホテル、事務所、共同住宅、老人ホームその他多数の者が利用する政令（令4条）で定める建築物又はその部分で、これに附属する特定施設を含む。

②特別特定建築物…不特定かつ多数の者が利用するもの

バリアフリー法とは

「高齢者、障害者等の移動等円滑化の促進に関する法律」を一般にバリアフリー法という。

解答　開発許可を必要とする開発行為を求める問題

1. 都計法29条1項五号
2. （都計法29条1項一号及び令19条1項）1,000m²以上の開発行為は、開発許可が必要。
3. 都計法29条1項六号
4. 都計法29条1項三号
5. 都計法29条1項二号
6. 都計法53条1項一号、同令37条

正解 2

や主として高齢者、障害者等が利用する特定建築物であって、移動等円滑化が特に必要なものとして政令（令5条）で定める以下のもの。

特別支援学校、病院または診療所、劇場・観覧場・映画館又は演芸場、集会場又は公会堂、展示場、百貨店・マーケットなどの物品販売業を営む店舗、ホテル又は旅館、保健所・税務署などの官公署、老人ホーム・福祉ホームなど、老人福祉センター・児童厚生施設・身体障害者福祉センターなど、体育館・水泳場・ボーリング場又は遊技場、博物館・美術館又は図書館、公衆浴場、飲食店、理髪店などのサービス業を営む店舗、公衆便所、公共用歩廊

重要 ③建築物特定施設…出入口、廊下、階段（踊場を含む）、傾斜路（踊場を含む）、昇降機、便所、ホテル又は旅館の客室、敷地内の通路、駐車場、浴室又はシャワー室

2）特別特定建築物の建築等における基準適合義務等（バリアフリー法14条、同令9条）

①建築主等は、特別特定建築物の床面積2000m²（公衆便所は50m²）以上の建築をしようとするときは、当該特別特定建築物を建築物移動等円滑化基準に適合させなければならない。

②建築主等は、その所有し、管理し、又は占有する新築特別特定建築物を建築物移動等円滑化基準に適合するように維持しなければならない。

③地方公共団体は、その地方の自然的社会的条件の特殊性により、条例によって、特別特定建築物に特定建築物を追加したり、建築の規模を2000m²未満で別に定めたり、建築物移動等円滑化基準に条例で必要な事項を付加することができる。

3）特定建築物の建築等における努力義務（バリアフリー法16条）

特定建築物を建築しようとする者や特定施設の修繕又は模様替をしようとする者は、当該特定建築物又は建築物特定施設を「利用円滑化基準」に適合させるために必要な措置を講ずるよう努めなければならない。

4）計画の認定と認定建築物の容積率の特例（バリアフリー法17条、19条）

①特定建築物の建築等及び維持保全の計画の認定申請は、計画の認定の申請をしようとする者が所管行政庁に対して行う。

②計画の認定を受けた特定建築物（「認定建築物」という）における特定施設の床面積について、その一部を容積率算定の基礎となる延べ面積に不算入とすることができる。

問 題 「建築物の耐震改修の促進に関する法律」に規定する特定既存耐震不適格建築物に該当するものは、次のうちどれか。ただし、いずれの建築物も地震に対する安全性に係る建築基準法又はこれに基づく命令若しくは条例の規定に適合しない建築物で同法第3条第2項の規定の適用を受けているものとする。

1. 延べ面積800m²の2階建税務署
2. 延べ面積800m²の2階建美術館
3. 延べ面積1,300m²の3階建倉庫
4. 延べ面積1,300m²の3階建病院
5. 延べ面積800m²の4階建旅館

❖耐震改修促進法

耐震改修促進法とは
建築物の耐震改修の促進に関する法律」を一般に「耐震改修促進法」とよぶ。

1）特定既存耐震不適格建築物の所有者の努力
（耐震改修促進法 14 条）

特定建築物の所有者は、当該特定建築物の耐震診断を行い、必要に応じ耐震改修を行うよう努めなければならない。

2）特定既存耐震不適格建築物（耐震改修促進法 14 条、同令 6、7 条）

特定既存耐震不適格建築物とは、学校、体育館、病院、劇場、観覧場、集会場、展示場、百貨店、事務所、老人ホームその他法 14 条各号に掲げる建築物などのうち、政令で定める規模以上の既存耐震不適格建築物（要安全確認計画記載建築物を除く）をいう。

3）建築物の耐震改修の計画の認定（耐震改修促進法 17 条）

①建築物の耐震改修をしようとする者は、建築物の耐震改修の計画を作成し、所管行政庁の認定を申請できる。

②所管行政庁は、建築物の耐震改修計画の認定の申請があった場合、基準に適合すると認めるとき、計画の認定をすることができる。また、基準に適合していれば、既存の不適格状態が存続するものであってもよい。

③耐火構造の一部を模様替する耐震改修においては、耐火建築物とすべき規定に必ずしも適合するものでなくてもよい。

④建築物の耐震改修の計画が建基法 6 条 1 項の規定による確認が必要である場合、所管行政庁が認定をしたときは、建基法 6 条 1 項の規定による確認済証の交付があったものとみなす。この場合において、所管行政庁は、その旨を建築主事に通知する。

2. 品確法（住宅の品質確保の促進等に関する法律）

1）用語の定義（品確法 2 条）

①住宅…人の居住の用に供する家屋又は家屋の部分。

②新築住宅…新たに建設された住宅で、まだ人の居住の用に供したことのないもの（建設工事の完了日から 1 年を経過したものを除く）。

2）日本住宅性能表示基準（品確法 3 条）

国土交通大臣及び内閣総理大臣は、利害関係人の意向に適切に反映するように、かつ、その適用に当たって同様な条件下にある者に対して不公正に差別を付することがないように日本住宅性能基準を定めなければならない。

解答 バリアフリー法、耐震改修促進法とも関係法令の総合問題として出題される

1. 2.（耐震改修促進法 14 条一号、同令 6 条 1 項十八・十号及び 2 項）延べ面積＜ 1,000m²、階数＜ 3 であるので特定既存耐震不適格建築物に該当しない。
3.（耐震改修促進法 14 条、同令 6 条 1 項）倉庫は該当しない。
4.（耐震改修促進法 14 条、同令 6 条 2 項）階数≧ 3 かつ延べ面積≧ 1,000m² であるので、特定建築物に該当する。
5.（耐震改修促進法 14 条、同令 6 条 1 項六号及び 2 項）階数≧ 3 以上であるが、延べ面積＜ 1,000m² であるので、特定既存耐震不適格建築物に該当しない。

正解 4

3）住宅性能評価書等と契約内容（品確法６条）

住宅の建設工事の請負人は、設計住宅性能評価書の写しを請負契約書に添付した場合は、請負人が請負契約書に反対の意思を表示していなければ、当該設計住宅性能評価書の写しに表示された性能を有する住宅の建設工事を行うことを契約したものとみなす。

4）住宅紛争処理支援センターと業務（品確法82・83条）

国土交通大臣は、指定住宅紛争処理機関の行う紛争処理の業務の支援その他住宅購入者の利益の保護及び住宅に係る紛争の迅速かつ適正な解決を図ることを目的として設立された財団法人を、住宅紛争処理支援センター（センター）に指定できる。センターの業務の一つとして、評価住宅及び評価住宅以外の住宅の建設工事の請負契約又は売買契約に関する相談、助言及び苦情の処理を行うことが規定されている。

重要 5）住宅新築工事における請負人の瑕疵担保責任（品確法94条）

住宅新築契約又は新築住宅の売買契約においては、住宅の構造耐力上主要な部分又は雨水の浸入を防止する部分として政令で定めるもの（構造耐力又は雨水の浸入に影響のないものを除く）について、注文者又は買主に引き渡した時から10年間、所定の瑕疵担保責任を義務づけており、これに反する特約で注文者又は買主に不利なものは無効とされる。

重要 6）瑕疵担保責任期間の伸長（品確法97条）

住宅新築契約又は新築住宅の売買契約における瑕疵担保責任の期間は、注文者又は買主に引き渡した時から20年以内とすることができる。

3. 建設業法

1）建設業の許可（業法３条）

建設業を営もうとする者は、区分によって国土交通大臣または都道府県知事の許可を受けなければならない。ただし、政令で定める軽微な建設工事のみを請け負うことを営業とする者は除く。

2）建設業の許可を必要としない軽微な建設工事（業令１条の２）

次の工事を行う場合、元請負人と下請け人の区別はなく建設業の許可を必要としない。

・工事１件の請負代金が1,500万円未満の建築一式工事

・延べ面積が150 m^2未満の木造住宅工事

・請負代金が500万円未満の建築一式工事以外の建設工事

問 題　次の記述のうち、**誤っている**ものはどれか。

1. 品確法上、「新築住宅」とは、新たに建設された住宅で、まだ人の居住の用に供したことのないもの（建設工事の完了の日から起算して１年を経過したものを除く）をいう。
2. 品確法上、住宅を新築する建設工事の請負契約において、請負人は、注文者にひき渡した時から10年間、住宅の構造上主要な部分等の瑕疵について担保の責任を負うが、特約によりその期間を短縮することができる。
3. 2階建て、延べ面積140m^2の木造住宅の新築工事の場合、建設業法上、建設業の許可を受けなくても当該工事を請け負うことを営業とすることができる。

3）一括請負の禁止（業法 22 条、業令 6 条の 3）

建設業者は、請け負った建設工事を一括して他人に請け負わせてはならない。ただし、共同住宅の新築以外の建設工事で、あらかじめ発注者の書面などによる承諾を得た場合を除く。

4）下請負人の変更請求（業法 23 条）

注文者は、元請けの建設業者に対して、建設工事の施工につき著しく不適当と認められる下請負人があるときは、その変更を請求することができる。ただし、あらかじめ注文者の書面による承諾を得て選定した下請負人を除く。

5）主任技術者の設置（業法 26 条）

建設業者は、その請け負った建設工事をするときは、当該建築現場に主任技術者（下請契約がある場合、その下請負代金の額によっては監理技術者）を置かなければならない。このとき、請負代金の額が 4,000 万円（建築一式工事では 8,000 万円）以上の重要な建設工事（業令 27 条）において、主任技術者又は監理技術者は、工事現場ごとに専任のものでなければならない。

4. 消防法

住宅用防災機器の設置（消防法 9 条の 2、同令 5 条の 6・7）

住宅用防災機器の設置及び維持に関する条例の制定に関する基準においては、就寝の用に供する居室及び当該居室が存する階（避難階を除く）から直下階に通ずる屋内階段等に、原則として、住宅用防災機器又は住宅用防災報知設備の感知器を設置し、及び維持しなければならない。

5. 民法

1）建物築造に関する距離保存（民法 234 条）

建物を築造するには、原則として、隣地境界線より 50cm 以上の距離を保たなければならない。

2）観望に関する制限（民法 235 条）

隣地境界線より 1m 未満の距離において、他人の宅地を見通すことのできる窓又は縁側（ベランダを含む）を設けるものは、原則として、目隠しを付けなければならない。

6. 宅地建物取引業法

1）宅地建物取引業（宅建業法 2 条）

---

4. 2 階建て、延べ面積 350m² の飲食店を新築する場合、消防法上、原則として、自動火災報知設備を設置しなければならない。

解 答

1. （品確法 2 条 2 項）
2. （品確法 94 条 2 項）注文者に対して不利となる特約は無効である。
3. （建設業法 3 条 1 項、同令 1 条の 2 第 1 項）
4. （消防令 21 条 1 項 3 号、別表第 1（3）項）

正解 2

不動産（宅地又は建物）の売買・交換、不動産の売買・交換・貸借の代理・仲介を業として行うものをいう。

2）重要事項の説明（宅建業法 35 条）

宅地建物取引業者は、建物の売買の相手方等に対して、その契約が成立するまでの間に、宅地建物取引士をして、所定の事項を記載した書面等を交付して説明をさせなければならない。

7. 特定住宅瑕疵担保責任の履行の確保等に関する法律

1）定義（住宅瑕疵担保履行法２条１・５・６・７項、品確法 94・95 条）

重要 ①住宅建設又は住宅販売瑕疵担保責任保険契約は、国土交通大臣の承認を受けた場合を除き、変更又は解除をすることができない。

②住宅建設又は住宅販売瑕疵担保責任保険契約は、住宅を新築する建設工事の発注者又は新築住宅の買主が、当該建築工事の請負人である建設業者又は当該新築住宅の売主である宅地建物取引業者から新築住宅の引き渡しを受けた時から 10 年以上の期間にわたって有効でなければならない。

2）住宅建設又は住宅販売瑕疵担保保証金の供託
（住宅瑕疵担保履行法３条１・２項、11 条１・２項）

「新築住宅の請負人である建設業者」又は「売主である宅地建物取引業者」は、原則として、瑕疵担保保証金の供託又は瑕疵担保責任保険契約のいずれかを行わなければならない。

重要 8. 宅地造成等規制法

1）宅地造成とは（宅地造成規制法２条、令３条）

宅地以外の土地を宅地にするため又は宅地において行う土地の形質の変更で次のものをいう。

①切土で、当該切土をした土地の部分に高さが 2m を超える崖を生ずるもの。

②盛土で、当該盛土をした土地の部分に高さが 1m を超える崖を生ずるもの。

③切土と盛土を同時にする場合で、当該盛土をした土地の部分に高さが 1m 以下の崖を生じ、かつ、当該切土及び盛土をした土地の部分に高さが 2m を超える崖を生ずるもの。

④①から③に該当しない切土又は盛土で、当該切土又は盛土をする土地の面積が 500 m^2 を超えるもの。

問題　用語について、それを規定している法律を語群より選びなさい。

	語群
1. 建築主事	あ：消防法
2. 取引主任者	い：建設業法
3. 安全管理者	う：都市計画法
4. 建設工事紛争審査会	え：建築基準法
5. 開発審査会	お：宅地建物取引業法
6. 防火管理者	か：労働安全衛生法
7. 特定建築物	き：バリアフリー法

2）宅地造成に関する工事の許可（宅地造成規制法８条）

宅地造成工事規制区域内の「宅地造成」は、原則として、都道府県知事の許可を受けなければならない。

9. 長期優良住宅の普及の促進に関する法律

1）維持保全（法２条３項、令１・２・３条）

次に掲げる住宅の部分又は設備について、点検又は調査を行い、必要に応じ修繕又は改良を行うことをいう。

①住宅の基礎・壁・柱・小屋組等の構造耐力上主要な部分

②住宅の屋根・外壁又はこれらに設ける開口部の戸・枠の建具など雨水の浸入を防止する部分

③住宅の給水又は排水のための配管設備

2）長期優良住宅建築等計画の認定（法５条）

①住宅の建築をして、自らその建築後の住宅の維持保全を行おうとする者は、「長期優良住宅建築等計画」を作成し、所管行政庁の認定を申請することができる。

②建築後の住宅の譲受人に譲渡しようとする分譲事業者は、当該譲受人と共同して、「長期優良住宅建築等計画」を作成し、所管行政庁の認定を申請することができる。

重要 3）長期優良住宅建築等計画の認定基準（法６条第１項五号、則４条二号）

長期優良住宅建築等計画の認定を受けようとする住宅は、少なくとも1階の床面積（階段部分を除く）が40 m²以上であり、次の住宅の区分に応じた面積とする。

①一戸建て住宅は、原則として、床面積の合計が75 m²以上でなければならない。

②共同住宅は、原則として、1戸の床面積の合計（共用部分の床面積を除く）が40 m²以上でなければならない。

③住宅の維持保全の期間は、建築後30年以上でなければならない。

4）認定を受けた長期優良住宅建築等計画の変更（法８条１項、則７条）

認定を受けた者は、長期優良住宅建築等計画の変更をしようとするときは、所管行政庁の認定を受けなければならない。ただし、住宅の建築に関する工事の完了時期が6月以内の範囲で遅れるなど軽微な変更を除く。

10. 建設工事に係る資材の再資源化等に関する法律

1）発注者の責務（法６条）

解答

1. え（建築基準法4条1項）
2. お（宅地建物取引業法15条1項）
3. か（労働安全衛生法11条1項）
4. い（建設業法25条1項）
5. う（都市計画法78条1項）
6. あ（消防法8条1項）
7. き（バリアフリー法2条十八号）

発注者は、その注文する建設工事について、分別解体等及び建設資材廃棄物の再資源化等の促進に努めなければならない。

2）対象建設工事の届出（法10条1項、法9条1・3項、令2条）

次の建設工事の発注者又は自主施工者は、工事に着手する日の7日前までに、所定の事項を都道府県知事に届出なければならない。

①特定建設資材を用いた建築物に係る解体工事で当該工事に係る部分の床面積が80m^{2}以上のもの。

②建築物に係る新築又は増築工事について、当該建築物（増築工事はその部分のみ）の床面積の合計が500m^{2}以上のもの。

③②に該当しない新築又は増築工事で請負代金が1億円以上のもの。

11. 都市の低炭素化の促進に関する法律

低炭素建築物新築等計画に認定（法53条）

①市街化区域等内において、低炭素化のための建築物の新築等をしようとする者は、「低炭素建築物新築等計画」を作成し、所管行政庁の認定を申請することができる。

②「低炭素建築物新築等計画」には、次の事項を記載しなければならない。

・建築物の位置

・建築物の延べ面積・構造・設備・用途、敷地面積

・低炭素化のための建築物の新築等に係る資金計画

12. 建築物のエネルギー消費性能の向上に関する法律

建築物の建築に関する届出（法19条1項、令8条1項）

建築主は、次の行為をしようとするときは、工事に着手する日の21日前までに、当該行為に係る建築物のエネルギー消費性能の確保のための構造及び設備に関する計画を所管行政庁に届け出なければならない。

・特定建築物以外の建築物の新築で床面積の合計が300m^{2}以上のもの。

・建築物の増築又は改築で、当該部分の床面積の合計が300m^{2}以上のもの（特定建築行為に該当するものを除く）。

13. 法令集について

1）試験会場への持ち込み可能法令集について

学科II（建築法規）の試験では、法令集の使用が認められています。ただし、「建築士

問 題 次の記述について、（　）に適語を入れなさい。

1. 「特定住宅瑕疵担保責任の履行の確保等に関する法律」上、「住宅販売瑕疵担保責任保険契約」は、新築住宅の買主が、当該新築住宅の売主である宅地建物取引業者から当該新築住宅の引渡を受けた時から（①）以上の期間にわたって有効でなければならない。
2. 「建築物のエネルギー消費性能の向上に関する法律」上、建築主は、特定建築物以外の建築物で床面積の合計が（②）未満のものを新築する場合は、当該行為に係る建築物のエネルギー消費性能の確保のための構造及び設備に関する計画を所管行政庁に届けなくてもよい。
3. 「都市の低炭素化の促進に関する法律」上、「低炭素建築物新築等計画」には、建築物の

試験会場持ち込み可能」等と書かれたものを選んでください。もし、使用が認められていない法令集を使用した場合には、退場を命じられますので、十分注意して下さい。

2）法令集への書込み、見出しの貼付けについて

試験会場へ持ち込む法令集には、次に掲げる簡単なもの以外は書き込んだり、貼り付けたりしてはいけません。したがって図や計算式は書き込むことはできないので十分注意して下さい。

イ．目次、見出し及び関連法令・条文等の指示（法令、章、節、条等の名称、番号及び掲載ページを限度とする）

ロ．改正年月日

ハ．アンダーライン

関連条文等の指示例

> 第30条（長屋又は共同住宅の各戸の界壁）
>
> 長屋又は共同住宅の各戸の界壁は、次に掲げる基準に適合するものとしなければならない。
>
> 一　その構造が、隣接する住戸からの日常生活に伴い生ずる音を衛生上支障がないように低減するために界壁に必要とされる性能に関して政令で定める技術的基準に適合するもので、国土交通大臣が定めた構造方法を用いるもの又は国土交通大臣の認定を受けたものであること。
>
> 令114条P202　令22条の3 P160　昭45建告1827
>
> 二　小屋裏又は天井裏に達するものであること。

見出しの貼付け方

見出しは、法の順序に沿って貼っていくのではなく、問題の出題傾向別に揃えて貼っていくと便利でしょう。

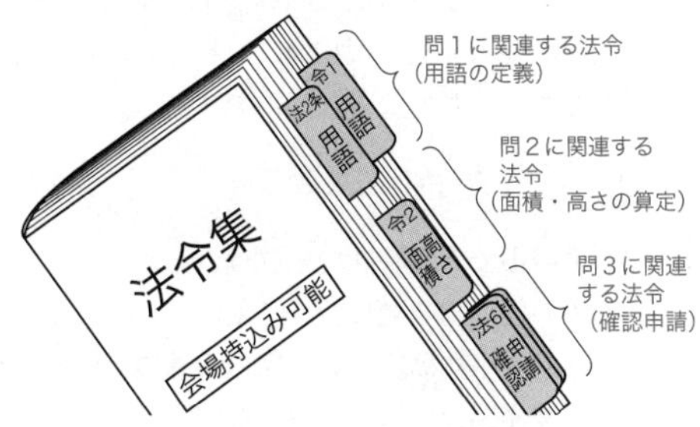

（③）、建築物の（④）・（⑤）・（⑥）及び（⑦）並びに（⑧）、炭素化のための建築物の新築等に係る（⑨）を記載しなければならない。

解　答

① 10年（特定住宅瑕疵担保責任履行法2条6項四号）

② 300m²（建築物のエネルギー消費性能の向上に関する法律19条1項一号、同令8条1項）

③ 位置、④　延べ面積、⑤　構造、⑥　設備、⑦　用途

⑧ 敷地面積

⑨ 資金計画（都市の低炭素化の促進に関する法律53条1項・2項）

受験の心得　二の巻

具体的な勉強のコツ

大切なことは、興味を持ち集中して勉強することです。忙しい皆さんには、まず、効率よく楽しんで学べる自分なりのスタイルを確立することをおすすめします。

其の一　勉強をする環境を計画しよう

仕事をしながら受験勉強のための時間を作るのはなかなかできるものではありません。もし、一緒に勉強する仲間がいるときには、場所と時間を決めて、勉強する環境をつくりましょう。一人で進めていくときには、「朝の１時間」とか「日曜日の午前中」など時間と場所を固定することがポイントです。

其の二　いつもこの本を持ち歩こう

ちょっとした時間がある時に、いつもこの本を持ち歩きパラパラとみることが、記憶の定着につながります。また「ここのところはどうだったかな？」と疑問に思ったときにはすぐチェックして、明日には持ち越さないことが大切。「どうだったかな」と思うときは、記憶があいまいな状態なので、いつでもどこでも繰り返し確認しましょう。

其の三　わからない単語はすぐに調べよう

コンパクトな建築用語の辞書はいつも手元においておきましょう。できれば、図解された用語辞典や、インターネットのWEBでは図や写真などから検索できるサイトがよいでしょう（例：Google日本のイメージ検索　URL；http://www. google. co. jp）。

学科II（建築法規）では、持ち込み可能な法令集がありますので、日頃から使い込んで慣れておくことも必要です。

其の四　休憩のススメ

家の中での長時間の勉強は、とかくストレスがたまるものです。そんなときには、実際の建築物を見に行くことが、とてもよい休憩になり、よい勉強にもつながっていきます。中には、自分の家の設備機器に名称シールや試験に出る留意事項をメモしてその関係部分にはり、毎日ながめることでイメージとして覚えて成功した受験生もいました。休憩も大切な勉強の一部です。

学科III │ 建築構造

	項　目	R05	R04	R03	R02	R01	H30	H29	H28	H27	H26
53	用語と単位・断面の性質	●	●	●	●	●	●	●	●	●	●
54	応力度・許容応力度	●	●	●	●	●	●	●	●	●	●
55	力のモーメント・釣合・合成と分解										
56	反力		●								
57	静定梁	●	●	●	●	●	●	●	●	●	●
58	静定ラーメン	●	●	●	●	●	●	●	●	●	●
59	静定トラスの応力	●	●	●	●	●	●	●	●	●	●
60	座屈（座屈長さ・座屈荷重）	●	●	●	●	●	●	●	●	●	●
61	荷重及び外力	●●	●	●●	●	●●	●●	●●	●●	●●	●●
62	地盤及び基礎	●	●	●	●	●	●	●	●	●	●
63	木構造	●●●	●●●	●●●	●●●	●●●	●●●	●●●	●●●	●●●	●●●
64	補強コンクリートブロック造・壁式鉄筋コンクリート造	●	●	●	●	●		●	●	●	●
65	鉄筋コンクリート造	●●	●●	●●	●●	●●	●●●	●●	●●	●●	●●
66	鉄骨構造	●●	●●	●●	●●	●●	●●	●●	●●	●●	●●
67	構造計画	●●	●	●●	●●	●●	●●	●●	●●	●●	●●
68	木材	●	●	●	●	●	●	●	●	●	●
69	コンクリート（材料・強度）	●	●	●	●	●	●	●●	●●	●●	●●
70	コンクリート（調合）	●	●	●	●	●	●				
71	鋼材・金属材料	●	●	●	●	●	●	●	●	●	●
72	その他の各種材料			●	●	●	●	●	●		●
73	建築材料（用途）	●	●	●		●				●	●
74	建築材料（全般）	●	●		●		●	●	●	●	

項目別・各年度の出題数　●…1問、●●…2問、●●●…3問

（原表では出題数を丸の濃淡で示す：薄い●…1問、中間の●…2問、濃い●…3問）

53 用語と単位・断面の性質

150%

1. 用語と単位

下記に示す用語と単位は、出題頻度が非常に高いものである。特に、単位は確実に覚える必要がある。

出題パターン

「用語と単位」は、用語を一つ示し、同じ単位を問う問題である。「断面の性質」は、断面二次モーメントの図心と座標軸に関する三つの出題パターンである

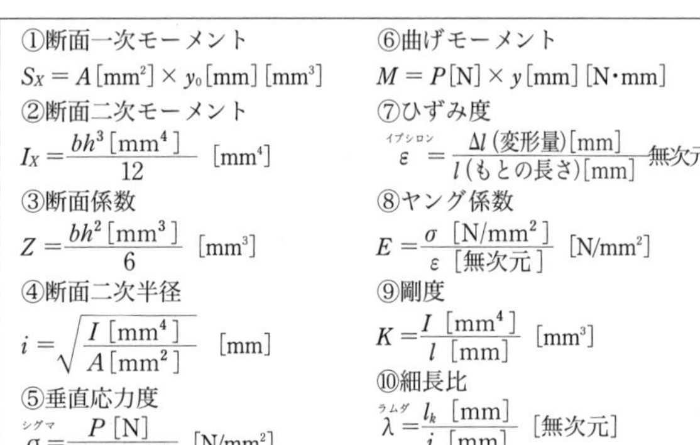

①断面一次モーメント
$S_X = A\,[\mathrm{mm^2}] \times y_0\,[\mathrm{mm}]$ [mm³]

②断面二次モーメント
$I_X = \dfrac{bh^3\,[\mathrm{mm^4}]}{12}$ [mm⁴]

③断面係数
$Z = \dfrac{bh^2\,[\mathrm{mm^3}]}{6}$ [mm³]

④断面二次半径
$i = \sqrt{\dfrac{I\,[\mathrm{mm^4}]}{A\,[\mathrm{mm^2}]}}$ [mm]

⑤垂直応力度
シグマ $\sigma = \dfrac{P\,[\mathrm{N}]}{A\,[\mathrm{mm^2}]}$ [N/mm²]

⑥曲げモーメント
$M = P\,[\mathrm{N}] \times y\,[\mathrm{mm}]$ [N・mm]

⑦ひずみ度
イプシロン $\varepsilon = \dfrac{\Delta l\,(\text{変形量})\,[\mathrm{mm}]}{l\,(\text{もとの長さ})\,[\mathrm{mm}]}$ 無次元]

⑧ヤング係数
$E = \dfrac{\sigma\ [\mathrm{N/mm^2}]}{\varepsilon\ [\text{無次元}]}$ [N/mm²]

⑨剛度
$K = \dfrac{I\ [\mathrm{mm^4}]}{l\ [\mathrm{mm}]}$ [mm³]

⑩細長比
ラムダ $\lambda = \dfrac{l_k\ [\mathrm{mm}]}{i\ [\mathrm{mm}]}$ [無次元]

図心軸について

断面二次モーメントは、図心軸の一致がポイント。中空断面やみぞ形断面は、図心と座標軸が一致する矩形を考えよう！

2. 断面の性質

断面二次モーメントは部材の曲げ変形や曲げ応力度、座屈荷重、座屈応力度などを求める際に用いる。図心と座標軸の位置関係によって、出題形式は次の3つに大別される。

1）図心を通る X・Y 軸に関する断面二次モーメント

$$I_X = \frac{bh^3}{12}\ [\mathrm{mm^4}]、\ I_Y = \frac{b^3h}{12}\ [\mathrm{mm^4}]$$

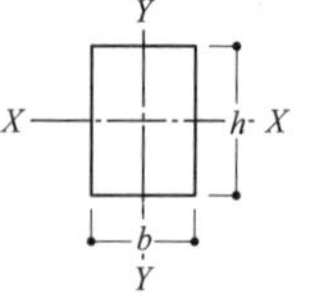

【問題】

図のような長方形断面の X 軸及び Y 軸に関する断面二次モーメントをそれぞれ I_X、I_Y としたとき、それらの比 $I_X : I_Y$ を求めよう。

【解答】

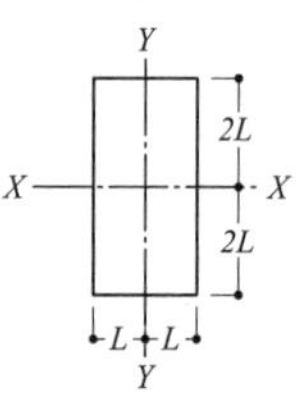

図心と座標軸が一致している。

$$I_X = \frac{bh^3}{12} = \frac{2L \times (4L)^3}{12} = \frac{32L^4}{3}、\ I_Y = \frac{b^3h}{12} = \frac{(2L)^3 \times 4L}{12} = \frac{8L^4}{3}$$

よって、$I_X : I_Y = \dfrac{32L^4}{3} : \dfrac{8L^4}{3} = 4 : 1$

問題 図のような断面A及び断面Bにおいて、X 軸に関する断面二次モーメントをそれぞれ I_{XA}、I_{XB} としたとき、それらの比 $I_{XA} : I_{XB}$ を求めよう。

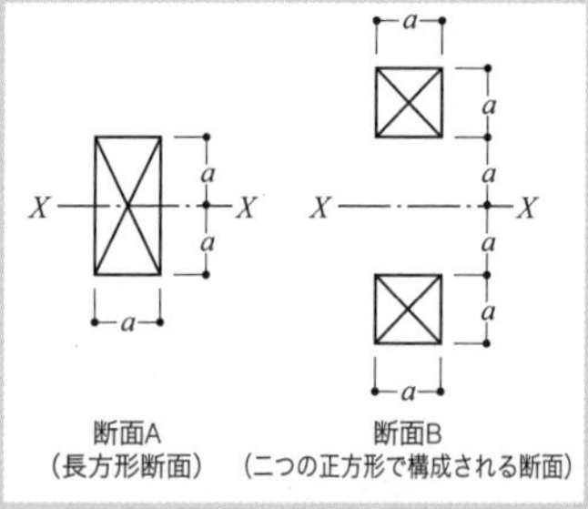

2）図心を通る中空断面及びみぞ形断面の X 軸に関する断面二次モーメント

$$I_X=\frac{(BH^3-bh^3)}{12}\ [\mathrm{mm}^4]$$

中空断面　みぞ形断面

【問題】

図のようなＨ型断面の X 軸に関する断面二次モーメントを求めよう。

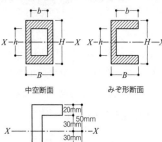

【解答例 1】

図心と座標軸が一致する矩形（くけい）

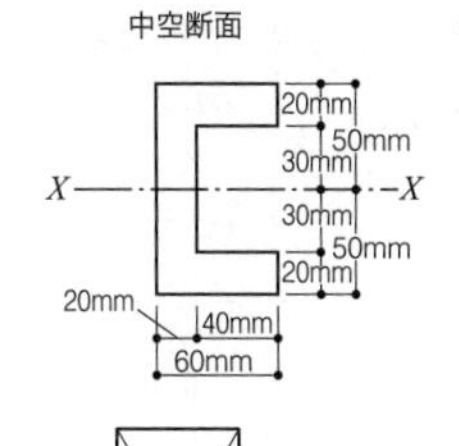

上記公式より、$I_X=\dfrac{(BH^3-bh^3)}{12}$

よって、$I_X=\dfrac{(60\times100^3-40\times60^3)}{12}=4{,}280{,}000\mathrm{mm}^4$

$=428\times10^4\mathrm{mm}^4$

【解答例 2】

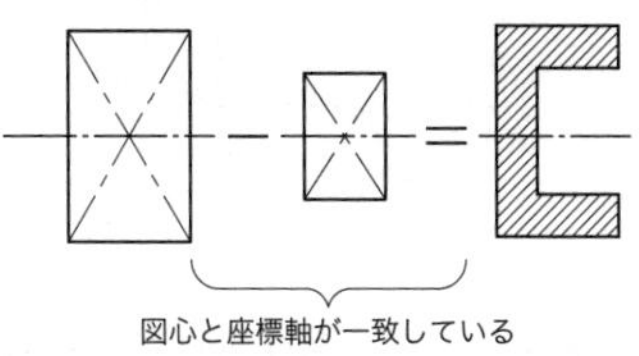

全体から中空部分を引くと、

$$I_X=\frac{bh^3}{12}=\frac{60\times100^3}{12}-\frac{40\times60^3}{12}=4{,}280{,}000\mathrm{mm}^4$$

$=428\times10^4\mathrm{mm}^4$

3）図心が座標軸から平行に離れた X 軸に関する断面二次モーメント

$$I_X=\frac{bh^3}{12}+A\times y_0^2\ [\mathrm{cm}^4]\ （平行軸定理）$$

y_0：座標軸から図心までの距離

【問題】

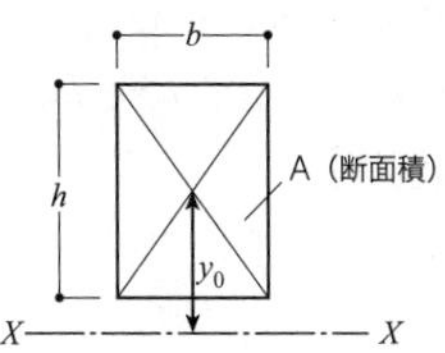

図のような長方形断面の X 軸に関する断面二次モーメントを求めよう。

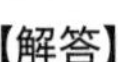

【解答】

図心と座標軸が一致せず平行に離れている。

$$I_X=\frac{bh^3}{12}+A\times y_0^2\ （平行軸定理）$$

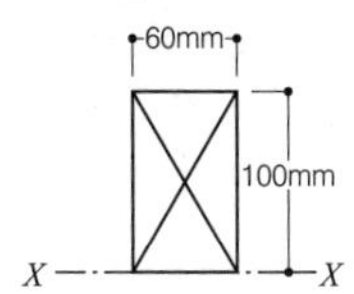

よって、$I_X=\dfrac{60\times100^3}{12}+6{,}000\times50^2=20{,}000{,}000\mathrm{mm}^4$

$=2{,}000\times10^4\mathrm{mm}^4$

解　答　断面二次モーメントに関する基本問題。図心と座標軸が一致する矩形を考えよう！

①断面Ａは図心と座標軸が一致している。よって、$I_{XA}=\dfrac{a\times(2a)^3}{12}=\dfrac{2}{3}a^4$

②断面Ｂは図心が座標軸から平行に離れている。しかし、図のように全体から中空部分を引くと図心軸が一致する。

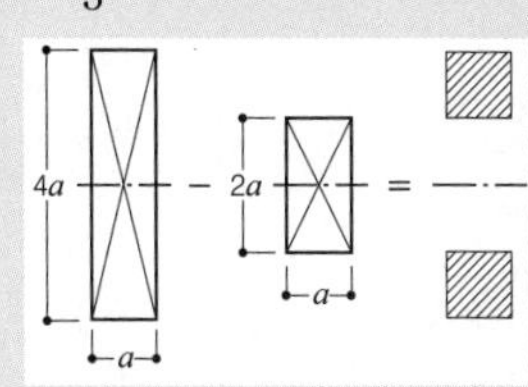

$$I_{XB}=\frac{a\times(4a)^3}{12}-\frac{a\times(2a)^3}{12}=\frac{14}{3}a^4$$

よって、$I_{XA}:I_{XB}=\dfrac{2}{3}a^4:\dfrac{14}{3}a^4=1:7$

54 応力度・許容応力度

100%

1. 曲げ応力度・許容応力度

梁に集中荷重が生じると、部材内部に曲げ応力度が生じる。曲げ応力度は、中立軸から最も離れた材の縁で最大曲げ応力度 σ_b となる。

最大曲げ応力度 $\sigma_b = \dfrac{M_{max}}{Z}$

出題パターン

応力度は、以下に示す三つの出題形式である。①最大曲げ応力度、②許容曲げモーメントに達するときの荷重、③最大応力度になるときの梁の長さを求める問題である

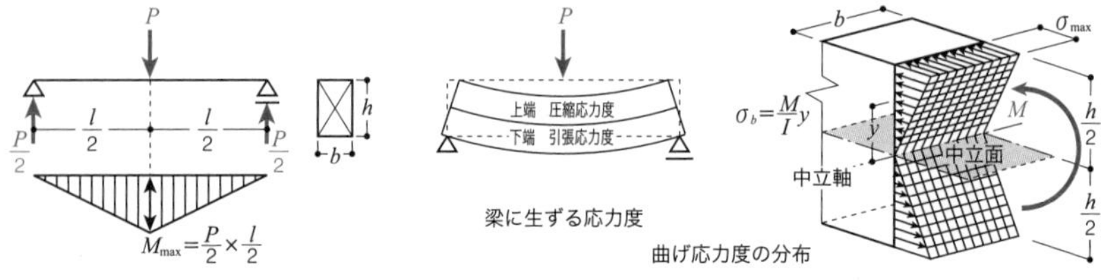

1）部材に生じる最大曲げ応力度を求める

【問題】

図のような荷重を受ける単純梁に断面120mm × 200mmの部材を用いたとき、その部材に生じる最大曲げ応力度を求めよう。

5,000N
3,000mm　2,000mm
5,000mm
200mm
120mm
部材断面

【解答】

①反力を求める。

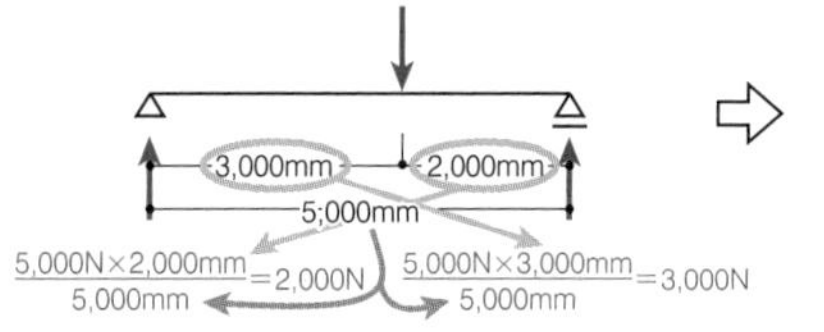

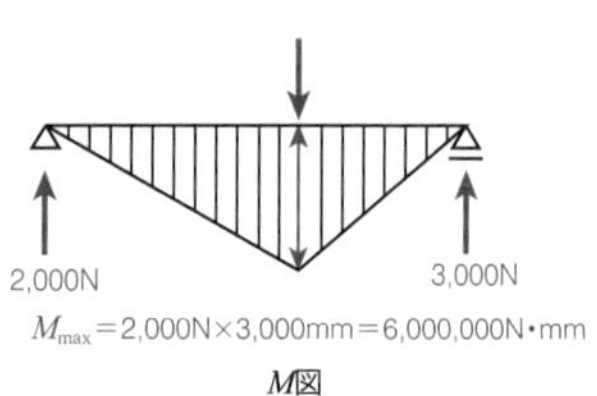

M図

問題 図のような荷重を受ける片持梁に断面120mm × 200mmの部材を用いたとき、その部材に生じる最大曲げ応力度を求めよう。

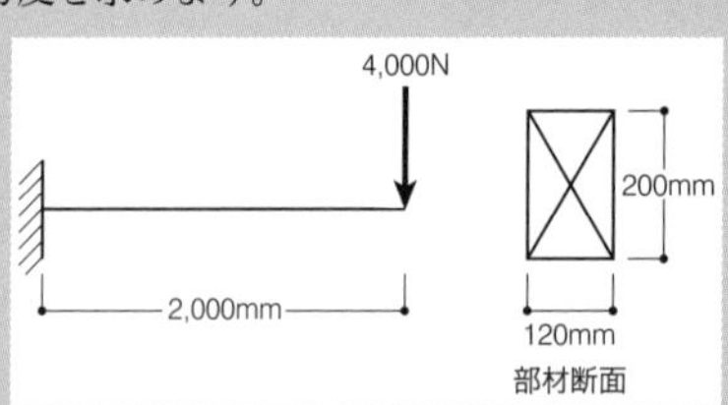

単純梁において、外力が一つの場合の反力は、"たすき掛け"の式より求められる。

②最大曲げモーメント M_{max} を求める。

$M_{max} = 2{,}000\text{N} \times 3{,}000\text{mm} = 6{,}000{,}000\text{N}\cdot\text{mm}$、

若しくは $M_{max} = 3{,}000\text{N} \times 2{,}000\text{mm} = 6{,}000{,}000\text{N}\cdot\text{mm}$

③断面係数 Z を求める。

断面係数 $Z = \dfrac{bh^2}{6} = \dfrac{120\times200^2}{6} = 800{,}000\text{mm}^3$

④最大曲げ応力度 σ_b を求める。

最大曲げ応力度 $\sigma_b = \dfrac{M_{max}}{Z} = \dfrac{6{,}000{,}000}{800{,}000} = 7.5\text{N/mm}^2$

2）部材が許容曲げモーメントに達するときの荷重 P を求める

【問題】

図のような荷重を受ける単純梁に断面200mm × 300mmの部材を用いた場合、その部材が許容曲げモーメントに達するときの荷重 P を求めよう。ただし、部材の許容曲げ応力度は、10N/mm² とし、自重は無視するものとする。

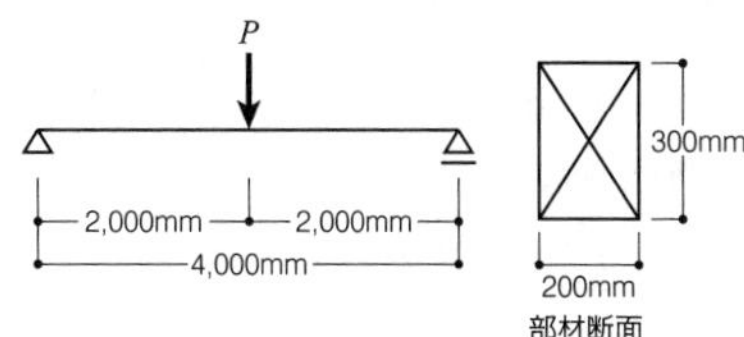

【解答】

曲げ応力度 $\sigma_b = \dfrac{M}{Z} \leqq f_b$（許容曲げ応力度）…(1)

①反力を求め、M_{max} を求める。

$M_{max} = \dfrac{P}{2} \times 2{,}000\text{mm} = 1{,}000P\,\text{N}\cdot\text{mm}$

②断面係数 Z を求める。

$Z = \dfrac{bh^2}{6} = \dfrac{200\times300^2}{6} = 3{,}000{,}000\text{mm}^3$

③(1)式より P を求める。

$f_b = \dfrac{M}{Z}$

題意により、許容曲げ応力度 $f_b = 10\text{N/mm}^2$

$10 = \dfrac{1{,}000P}{3{,}000{,}000}$

$10 \times 3{,}000{,}000 = 1{,}000P \quad \therefore P = 30{,}000\text{N}$

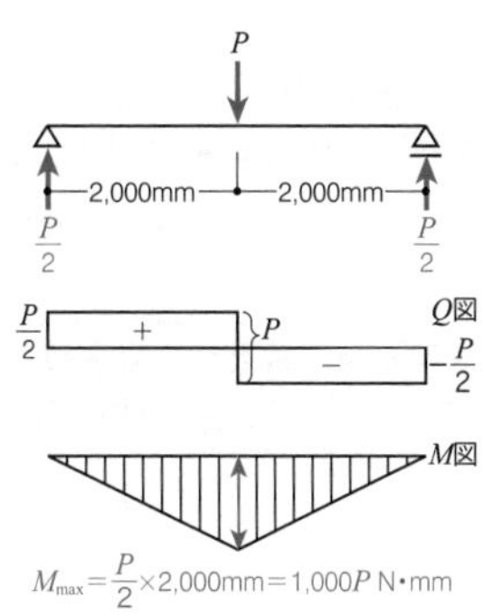

解答 最大曲げ応力度に関する基本問題。最大曲げモーメントが重要。計算ミスに注意！

①最大曲げモーメント M_{max} を求める。

$M_{max} = 4{,}000\text{N} \times 2{,}000\text{mm} = 8{,}000{,}000\text{N}\cdot\text{mm}$

②断面係数 Z を求める。

断面係数 $Z = \dfrac{bh^2}{6} = \dfrac{120\times200^2}{6} = 800{,}000\text{mm}^3$

③最大曲げ応力度 σ_b を求める。

最大曲げ応力度 $\sigma_b = \dfrac{M_{max}}{Z} = \dfrac{8{,}000{,}000}{800{,}000} = 10\text{N/mm}^2$

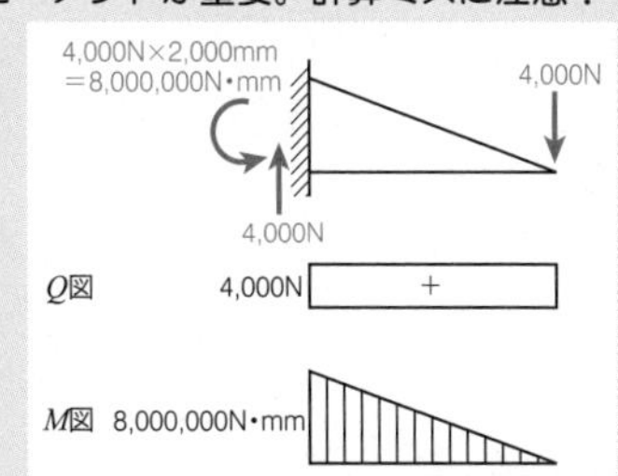

【問題】

図のような等分布荷重w［N/mm］を受ける単純梁に断面120mm × 200mmの部材を用いた場合、その部材が許容曲げモーメントに達するときの荷重W［N］を求めよう。ただし、部材の許容曲げ応力度は、10N/mm²とし、自重は無視するものとする。

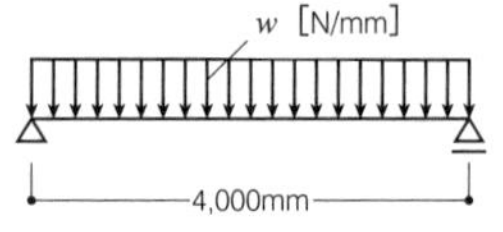

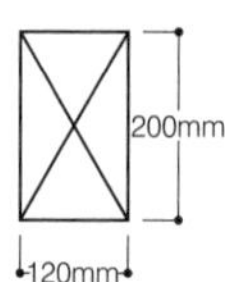

部材断面

【解答】

曲げ応力度 $\sigma_b = \dfrac{M}{Z} \leqq f_b$（許容曲げ応力度）…(1)

①等分布荷重を受ける単純梁におけるM_{max}を公式より求める。

$$M_{max} = \frac{wl^2}{8} = \frac{w \times 4{,}000^2}{8} = 2{,}000{,}000\,w\ \mathrm{N \cdot mm}$$

②断面係数Zを求める。

$$Z = \frac{bh^2}{6} = \frac{120 \times 200^2}{6} = 800{,}000\mathrm{mm}^3$$

③(1)式よりwを求める。

$$f_b = \frac{M}{Z}$$

題意により、許容曲げ応力度f_b = 10N/mm²

$$10 = \frac{2{,}000{,}000w}{800{,}000}$$

$$10 \times 800{,}000 = 2{,}000{,}000w \quad \therefore w = 4\mathrm{N/mm}$$

よって、$W = w \times l = 4 \times 4{,}000 = 16{,}000\mathrm{N}$

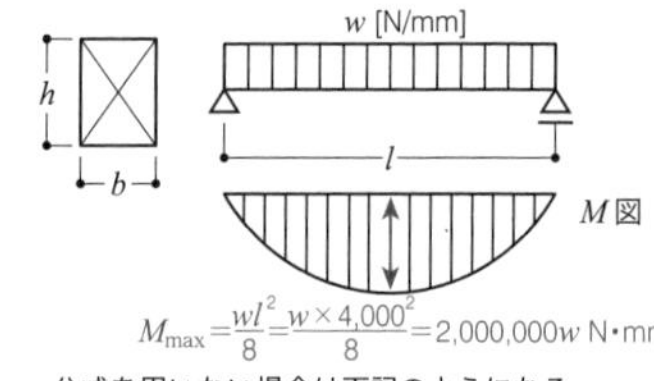

$M_{max} = \dfrac{wl^2}{8} = \dfrac{w \times 4{,}000^2}{8} = 2{,}000{,}000w$ N・mm

公式を用いない場合は下記のようになる
等分布荷重を一点集中荷重に直し、反力を求める

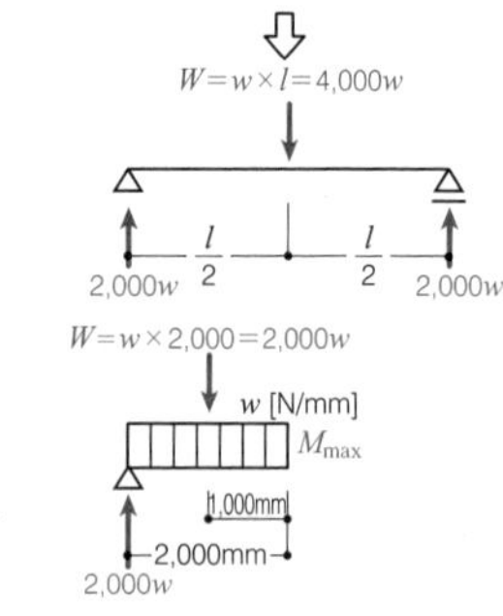

M_{max}=2,000w×2,000−2,000w×1,000=2,000,000w N・mm

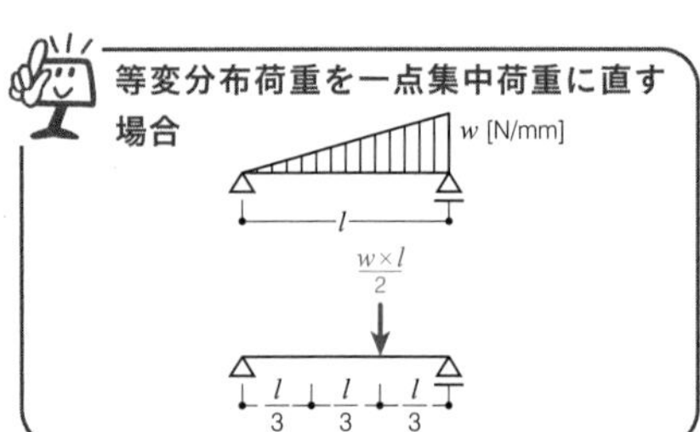

等変分布荷重を一点集中荷重に直す場合
w [N/mm]
l
w×l/2
l/3
l/3
l/3

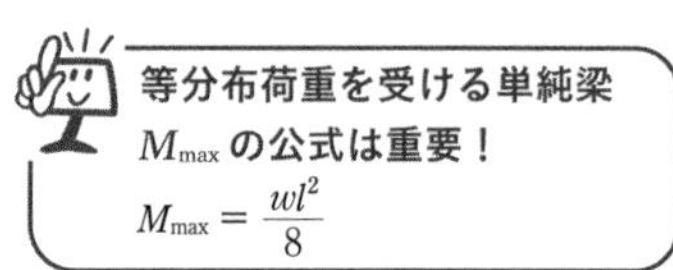

等分布荷重を受ける単純梁
Mmax の公式は重要！
Mmax = wl²/8

問題 図のような集中荷重Pを受ける単純梁にA、Bの部材を用いる場合、部材Bの許容曲げモーメントの大きさを部材Aと等しくするための部材Bの幅xの値を求めよう。

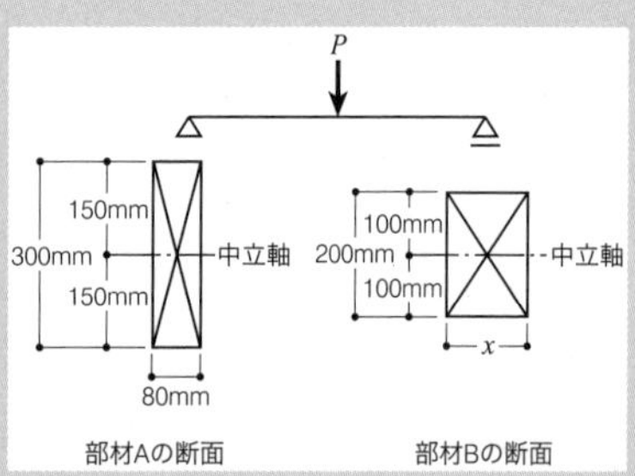

3）最大曲げ応力度となるときの梁の長さ *l* を求める。

【問題】

図のような集中荷重を受ける単純梁に断面200mm × 300mmの部材を用いた場合、最大曲げ応力度が10N/mm²となるときの梁の長さ l を求めよう。ただし、部材の断面は一様で自重は無視するものとする。

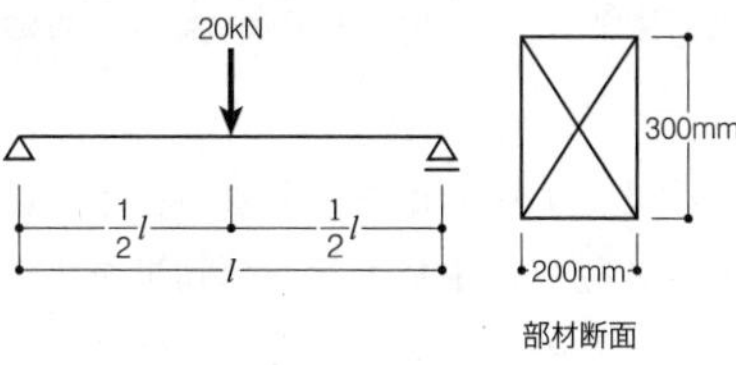

【解答】

①反力を求める（kN → N）。

$$20{,}000\text{N} \times \frac{1}{2} = 10{,}000\text{N}$$

②最大曲げモーメント M_{max} を求める。

$$M_{max} = 10{,}000 \times \frac{l}{2} = 5{,}000l\,\text{N·mm}$$

③断面係数 Z を求める。

$$Z = \frac{bh^2}{6} = \frac{200 \times 300^2}{6} = 3{,}000{,}000\text{mm}^3$$

最大曲げ応力度 $\sigma_b = \dfrac{M_{max}}{Z}$ …(1)

(1)式より l を求める。

$$M_{max} = \sigma_b \times Z \cdots (2)$$

題意により、最大曲げ応力度 $\sigma_b = 10\text{N/mm}^2$

(2)式に M_{max}、σ_b、Z を代入すると、

$$5{,}000l = 10 \times 3{,}000{,}000 \quad \therefore l = 6{,}000\text{mm}$$

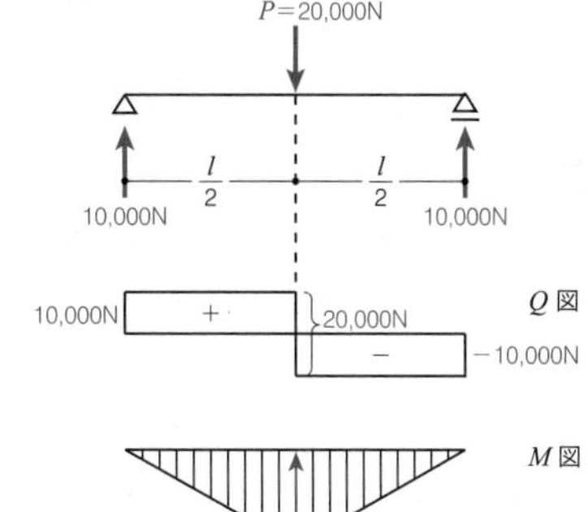

出題の形式は三つのパターン

①部材断面に生じる最大曲げ応力度は？

②部材が許容曲げ応力度に達するときの荷重は？

③最大曲げ応力度となるときの梁の長さは？

三角関数について

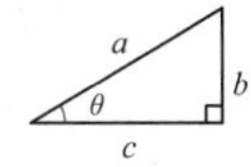

$\cos\theta = \dfrac{c}{a}$（$\therefore c = a \cdot \cos\theta$）

$\sin\theta = \dfrac{b}{a}$（$\therefore b = a \cdot \sin\theta$）

$\tan\theta = \dfrac{b}{c}$（$\therefore b = c \cdot \tan\theta$）

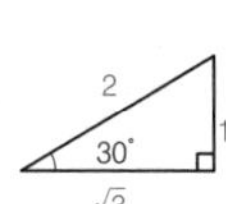

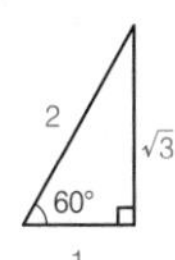

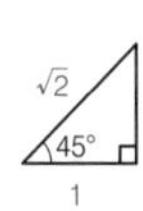

解 答　**許容応力度に関する応用問題**

曲げ応力度 $\sigma_b = \dfrac{M}{Z} \leqq f_b$（許容曲げ応力度）

よって、許容曲げ応力度 $f_b = M$（曲げモーメント）$/Z$（断面係数）

部材A、Bの許容曲げモーメントを等しくすると、$\dfrac{M}{Z_A} = \dfrac{M}{Z_B}$ となる。

$\dfrac{M}{(80 \times 300^2)/6} = \dfrac{M}{(x \times 200^2)/6}$ となり、$80 \times 300^2 = x \times 200^2$

$x = \dfrac{80 \times 300^2}{200^2}$　　よって、$x = 180\text{mm}$

55 力のモーメント・釣合・合成と分解

50%

1. 力のモーメント

出題パターン

基本的な力の釣合やモーメントを求める問題である。また、力の釣合条件やバリニオンの定理は以降の項目に関連するのでしっかりと把握したい

物体に力を加えるとある点を中心に回転しようとする効果が生じる。この効果を力のモーメントという。モーメントの大きさは、力Pと回転の中心点までの垂直距離との積で表し、符号は、時計回りを（+）、反時計回りを（−）とする。

$M = P$（力）$\times y$（垂直距離）　単位：N・m 又は kN・m など

【問題】

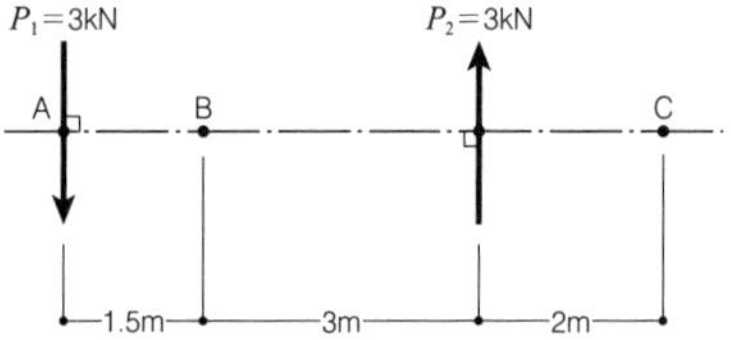

図のような平行な二つの力P_1、P_2によるA、B、Cの各点におけるモーメントM_A、M_B、M_Cを求めよう。

【解答】

モーメント $M = P$（力）$\times y$（垂直距離）

$M_A = - P_2 \times 4.5\text{m} = - 3\text{kN} \times 4.5\text{m} = - 13.5\text{kN・m}$

$M_B = - P_1 \times 1.5\text{m} - P_2 \times 3\text{m} = - 3\text{kN} \times 1.5\text{m} - 3\text{kN} \times 3\text{m} = - 13.5\text{kN・m}$

$M_C = - P_1 \times 6.5\text{m} + P_2 \times 2\text{m} = - 3\text{kN} \times 6.5\text{m} + 3\text{kN} \times 2\text{m} = - 13.5\text{kN・m}$

2. 作用点の違う力の釣合

作用点の違ういくつかの力の釣合は、合力が0であると同時に任意の点に対する力のモーメントの総和が0になることである。よって、力の釣合条件は、$\Sigma X = 0$、$\Sigma Y = 0$、$\Sigma M = 0$になる。

【問題】

図のように四つの力（P_1～P_4）が釣合っているとき、P_2の値を求めよう。

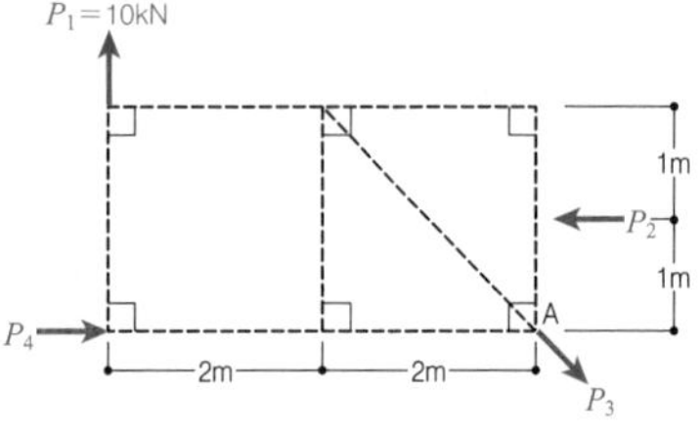

【解答】

P_3の始点をA点として、力の釣合条件より求める。

$\Sigma M_A = 0$ より

問　題　図のような平行な二つの力P_1、P_2によるA、B、C、Dの各点のモーメントを求めよう。

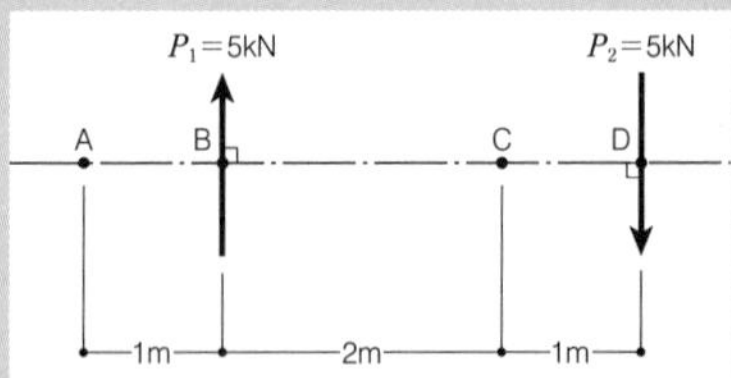

$10\text{kN} \times 4\text{m} - P_2 \times 1\text{m} = 0 \quad \therefore P_2 = 40\text{kN}$

3. 平行な力の分解と合成

バリニオンの定理により平行な力の合力を求める。「ある点に対するいくつかの力のモーメントの合計は、それらの合力のある点に関するモーメントに等しい」。これをバリニオンの定理という。

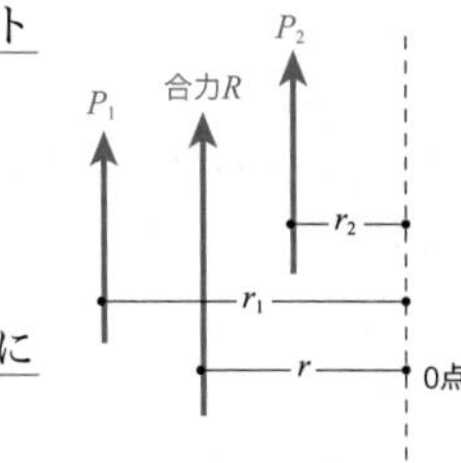

①合力 $R = P_1 + P_2$ バリニオンの定理 $R \times r = \Sigma M_0$

②合力 R を任意の位置 r に仮定し、作用位置を求める。

$r = \dfrac{\Sigma M_0}{R}$ r の値が（－）の場合は、任意の仮定の位置が逆になる。

【問題】

図のような分布荷重が作用するとき、A 点から荷重の合力の作用線までの距離を求めよう。

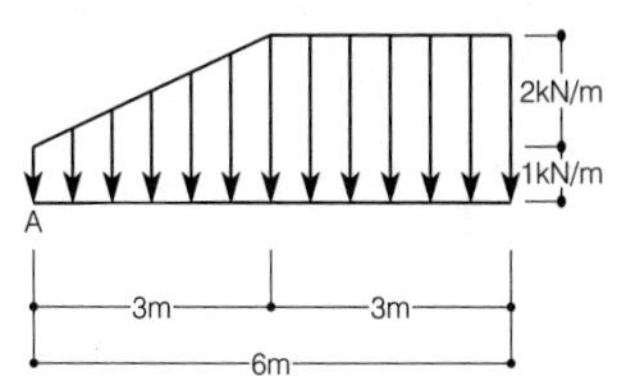

【解答】

①分布荷重を三つの領域に分けて P_1、P_2、P_3 を求める。

$P_1 = 1\text{kN/m} \times 3\text{m} = 3\text{kN}$

$P_2 = 2\text{kN/m} \times 3\text{m} \times \dfrac{1}{2} = 3\text{kN}$

$P_3 = 3\text{kN/m} \times 3\text{m} = 9\text{kN}$

② 3 力の合力 R を求める。

$R = 3\text{kN} + 3\text{kN} + 9\text{kN} = 15\text{kN}$

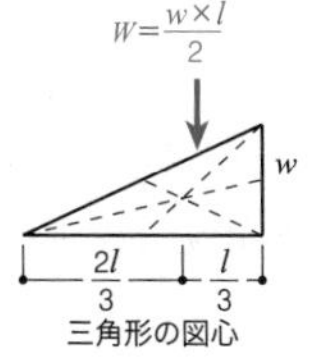

三角形の図心

③合力 R は、A 点から右側 r の距離にあるものと仮定し、距離 r を求める。

バリニオンの定理より、$R \times r = \Sigma M_A$

$15\text{kN} \times r = 3\text{kN} \times 1.5\text{m} + 3\text{kN} \times 2\text{m} + 9\text{kN} \times 4.5\text{m}$

$\therefore r = 3.4\text{m}$

よって、r が（＋）であるため、合力 R は仮定通り A 点から右側に 3.4m の位置である。

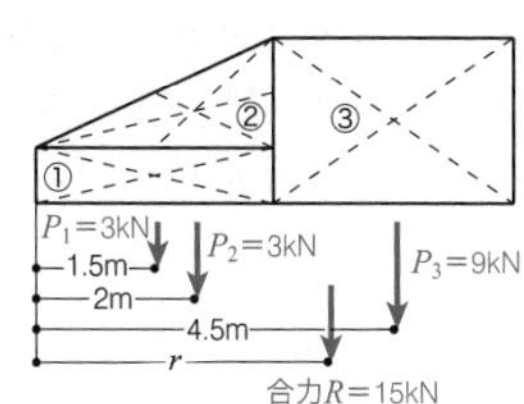

解 答　モーメントに関する基本問題

モーメント $M = P$（力）$\times y$（垂直距離）

$M_A = -5\text{kN} \times 1\text{m} + 5\text{kN} \times 4\text{m} = 15\text{kN·m}$

$M_B = 5\text{kN} \times 3\text{m} = 15\text{kN·m}$

$M_C = 5\text{kN} \times 2\text{m} + 5\text{kN} \times 1\text{m} = 15\text{kN·m}$

$M_D = 5\text{kN} \times 3\text{m} = 15\text{kN·m}$

56 反力　60%

1. 反力

構造物に外力が作用した場合、構造物の支点には外力と釣合い、静止の状態を保つための力が生じる。このような外力に対して釣合う力を反力という。

出題パターン

単純梁系の出題頻度が高い。出題形式は、反力あるいは荷重と反力との比を求める問題である。また、3ヒンジラーメンの反力もチェックする必要がある

2. 支点と反力数

種類	支点構造	記号と向き	反力の種類
移動支点(ローラー)			垂直反力 V
回転支点(ピン)			垂直反力 V 水平反力 H
固定支点(フィクス)			垂直反力 V 水平反力 H 支持モーメント R_M

荷重の符号
水平反力
→(+)　←(−)
垂直反力
↑(+)　↓(−)
支持モーメント
(+)　(−)

外力P　水平反力H　垂直反力V　垂直反力V

単純梁

支持モーメントR_M　外力P　水平反力H　垂直反力V

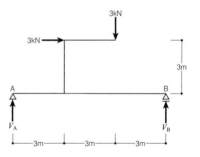

片持梁

【問題】

図のような荷重を受ける骨組みの支点A、Bに生じる垂直反力V_A、V_Bを求めよう。

3kN　3kN　3m　A　B　V_A　V_B　3m　3m　3m

【解答】

① V_A、V_Bを上向きに仮定する。

②力の釣合条件($\Sigma X=0$、$\Sigma Y=0$、$\Sigma M=0$)より反力を求める。

$\Sigma M_B=0$ より、

$V_A\times 9\text{m}+3\text{kN}\times 3\text{m}-3\text{kN}\times 3\text{m}=0$

$\therefore V_A=0\text{kN}$

$\Sigma Y=0$ より、$V_A-3\text{kN}+V_B=0$　$\therefore V_B=3\text{kN}$（仮定通り。上向き）

問 題　図のような荷重を受ける骨組みの支点A、Bに生じる垂直反力V_A、V_B及び水平反力H_Aを求めよう。

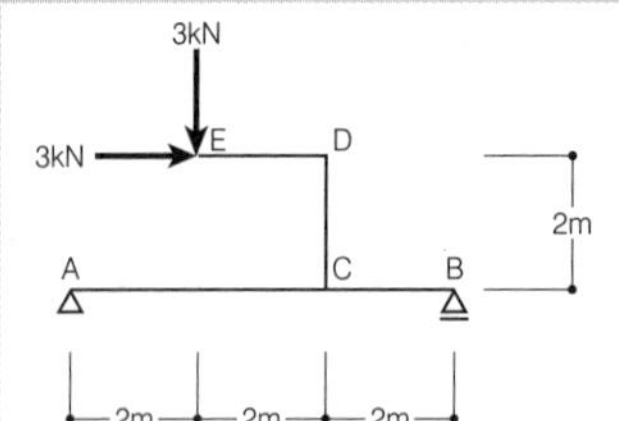

【問題】

図のような単純梁における荷重の比を $P_1 : P_2 = 5 : 4$ としたとき、支点反力の比 $V_A : V_B$ を求めよう。

【解答】

① V_A を下向き、V_B を上向きに仮定する。

②力の釣合条件（$\Sigma X = 0$、$\Sigma Y = 0$、$\Sigma M = 0$）より反力を求める。

$\Sigma M_A = 0$ より、

$- 5\text{kN} \times 2\text{m} - V_B \times 3\text{m} + 4\text{kN} \times 4\text{m} = 0 \quad \therefore V_B = 2\text{kN}$（仮定通り。上向き）

$\Sigma Y = 0$ より、

$- V_A + 5\text{kN} + 2\text{kN} - 4\text{kN} = 0 \quad \therefore V_A = 3\text{kN}$（仮定通り。下向き）

よって、$V_A : V_B = 3 : 2$ となる。

【問題】

図のような荷重を受ける静定ラーメンの支点A、Bに生じる垂直反力及びAに生じる水平反力の大きさと向きを求めよう。

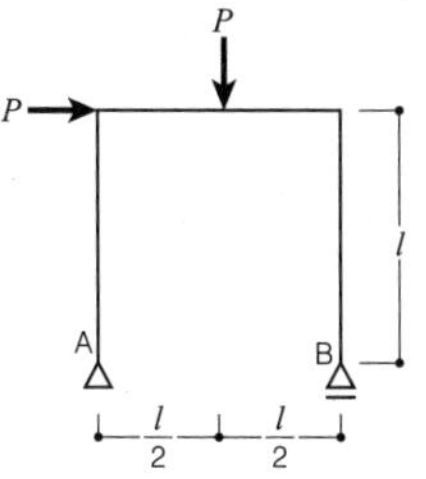

【解答】

① V_A、V_B を上向きに、H_A を左向きに仮定する。

②力の釣合条件（$\Sigma X = 0$、$\Sigma Y = 0$、$\Sigma M = 0$）より反力を求める。

$\Sigma M_B = 0$ より、

$$V_A \times l + P \times l - P \times \frac{l}{2} = 0$$

$\therefore V_A = - 0.5P$（仮定と逆。下向き）

$\Sigma Y = 0$ より、

$- 0.5P - P + V_B = 0$

$\therefore V_B = 1.5P$（仮定通り。上向き）

$\Sigma X = 0$ より、

$P - H_A = 0$

$\therefore H_A = P$（仮定通り。左向き）

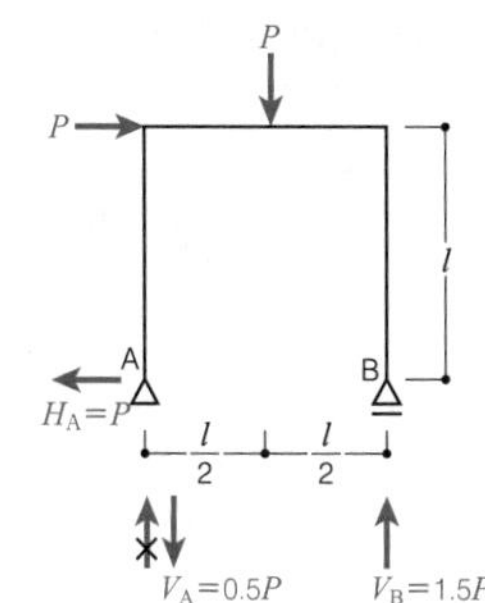

解 答　**単純梁に関する基本問題。まずは、ΣM＝0より垂直反力を求める**

① V_A、V_B を上向きに、H_A を右向きに仮定する。

②力の釣合条件（$\Sigma X = 0$、$\Sigma Y = 0$、$\Sigma M = 0$）より反力を求める。

$\Sigma M_A = 0$ より、$3\text{kN} \times 2\text{m} + 3\text{kN} \times 2\text{m} - V_B \times 6\text{m} = 0 \quad \therefore V_B = 2\text{kN}$（仮定通り。上向き）

$\Sigma Y = 0$ より、$V_A - 3\text{kN} + V_B = 0 \quad \therefore V_A = 1\text{kN}$（仮定通り。上向き）

$\Sigma X = 0$ より、$3\text{kN} + H_A = 0 \quad \therefore H_A = - 3\text{kN}$（仮定と逆。左向き）

57 静定梁

70%

1. 応力

構造物に荷重が作用すると、それに釣合うように支点には反力が生じる。荷重によって各部材には変形が生じ、この変形に対応して部材内部には、応力が生じる。

1) 応力の種類

軸方向力	せん断力	曲げモーメント
(+) 引張力	(+) 時計回り	(+)
(−) 圧縮力	(−) 反時計回り	(−)
N	Q	M

出題パターン

単純梁や片持梁に荷重が生じたときの、ある点における曲げモーメントを求める問題である。荷重状態は一点集中や等分布荷重である

2) 応力の解き方

①反力を求める。

②軸方向力・せん断力・曲げモーメントを考える。

軸方向力：部材の材軸方向に生じ、材を伸縮させようとする一対の力である。

せん断力：材軸に対して垂直方向に生じ、はさみで切断しようとする一対の力である。

曲げモーメント：部材を曲げようとする一対のモーメントである。

水平部材の場合、↶↷を（+）、↷↶を（−）とする。

3) 応力図の描き方

1．軸方向力図（N図）

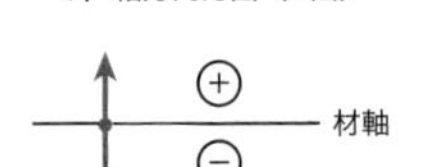

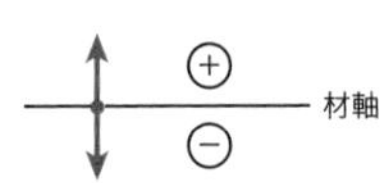

3．曲げモーメント図（M図）

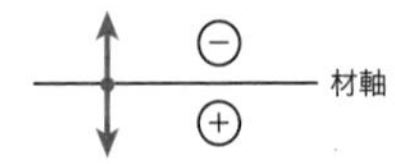

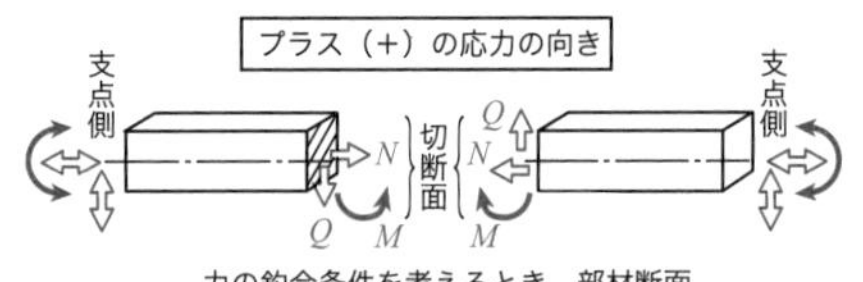

力の釣合条件を考えるとき、部材断面には(+)の各応力の向きを仮定する

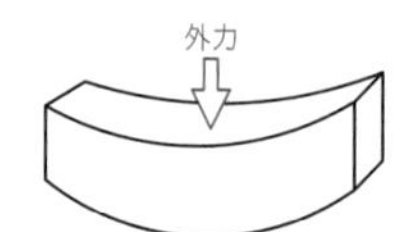

部材下側が引張を受ける
M図は、引張を受ける側に描く

問題 図のような荷重を受ける片持梁のA点に、曲げモーメントが生じない場合の荷重をそれぞれP_1、P_2としたとき、それらの比（$P_1:P_2$）として正しいものはどれか。

	$P_1:P_2$
1.	1 : 1
2.	1 : 2
3.	2 : 5
4.	3 : 2
5.	3 : 5

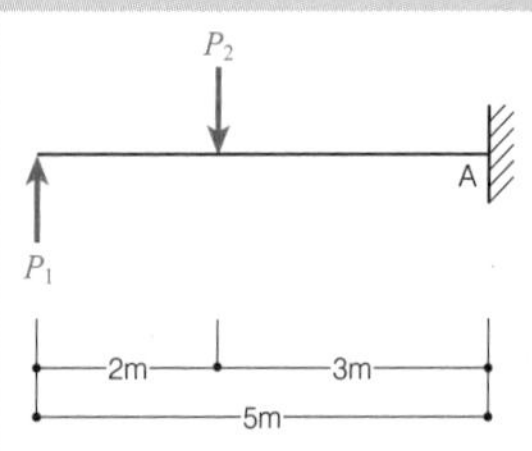

【問題】

図のような荷重を受ける単純梁のA点における曲げモーメントの大きさを求めよう。ただし、モーメントの符号は、梁の下側に引張力が働く場合を正とする。

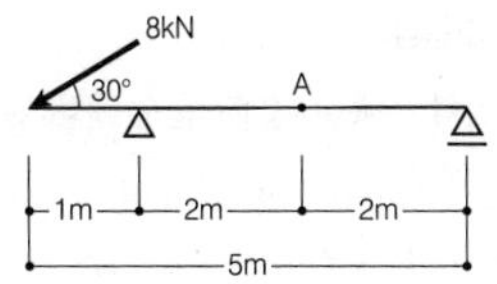

【解答】

8kNをP_x、P_yに分解する。

$P_x = 8\text{kN} \times \cos30° = 4\sqrt{3}\,\text{kN}$、$P_y = 8\text{kN} \times \sin30° = 4\text{kN}$

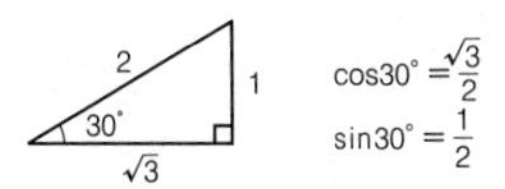

①反力を求める

i）V_B、V_Cに上向きの反力を仮定する。

ii）力の釣合条件より反力を求める。

力の分解

$\Sigma M_C = 0$より、

$-4\text{kN} \times 5\text{m} + V_B \times 4\text{m} = 0$

$\therefore V_B = 5\text{kN}$（仮定通り。上向き）

$\Sigma Y = 0$より、

$-4\text{kN} + 5\text{kN} + V_C = 0$

$\therefore V_C = -1\text{kN}$（仮定と逆。下向き）

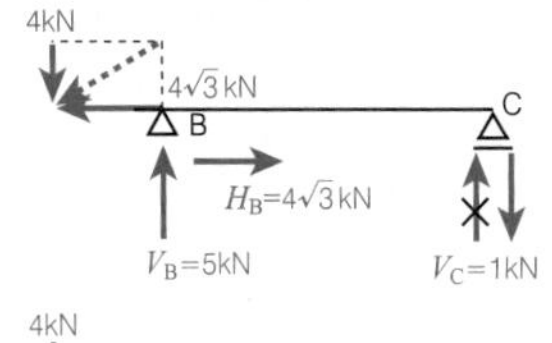

②左端部〜A間における曲げモーメント$M_{A右}$

力の釣合条件より$M_{A右}$を求める。

$\Sigma M_A = 0$より、

$-4\text{kN} \times 3\text{m} + 5\text{kN} \times 2\text{m} - M_{A右} = 0$

$\therefore M_{A右} = -2\text{kN·m}$

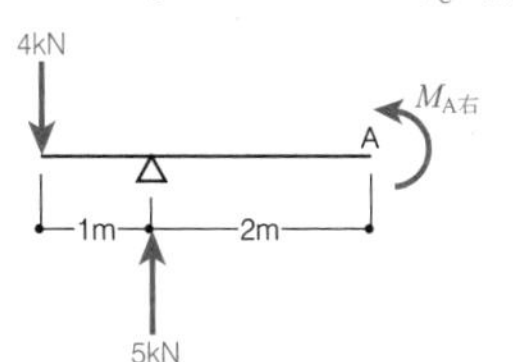

若しくは、

②′右端部〜A間における曲げモーメント$M_{A左}$

力の釣合条件より$M_{A左}$を求める。

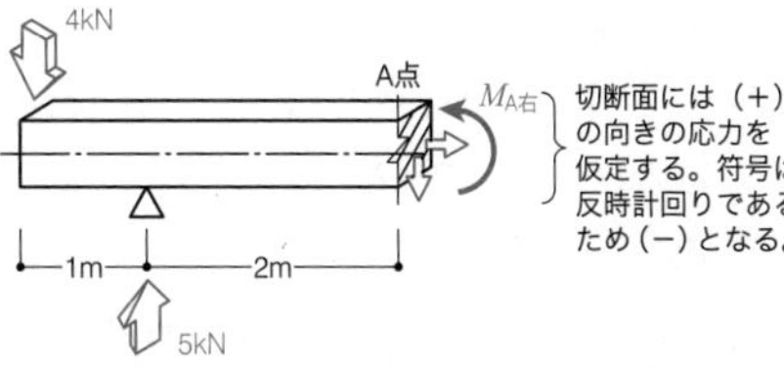

$\Sigma M_A = 0$より、

$1\text{kN} \times 2\text{m} + M_{A左} = 0 \quad \therefore M_{A左} = -2\text{kN·m}$

よって、A点における曲げモーメントM_Aは、-2kN·mである。

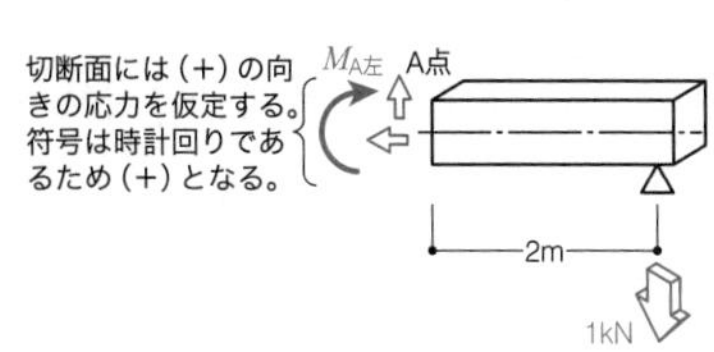

解答 静定梁に関する応用問題。A点における曲げモーメント$M_A = 0$がポイント

題意により、A点での曲げモーメントが0である。力の釣合条件より求める。

$M_A = 0$より、$P_1 \times 5\text{m} - P_2 \times 3\text{m} = 0$

$5P_1 = 3P_2$

$P_1 = \frac{3}{5}P_2$

$P_1 : P_2 = \frac{3}{5}P_2 : P_2 = 3 : 5$

よって、$P_1 : P_2 = 3 : 5$

正解 5

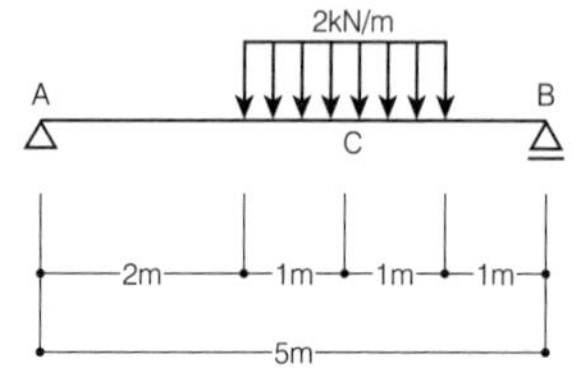

【問題】

図のような荷重を受ける単純梁において支点Aから右側に3m離れた点Cにおける曲げモーメントの大きさを求めよう。

【解答】

等分布荷重を集中荷重に置き換える。

$W = 2\text{kN/m} \times 2\text{m} = 4\text{kN}$

①反力を求める

ここでは、2通りの方法を示す。

ⅰ）“たすき掛け”により反力を求める。

ⅱ）力の釣合条件より反力を求める。

V_A、V_Bを上向きに仮定する。

$\Sigma M_B = 0$より、

$V_A \times 5\text{m} - 4\text{kN} \times 2\text{m} = 0$

$\therefore V_A = 1.6\text{kN}$（仮定通り。上向き）

$\Sigma Y = 0$より、

$1.6\text{kN} - 4\text{kN} + V_B = 0$

$\therefore V_B = 2.4\text{kN}$（仮定通り。上向き）

②A～C間における曲げモーメントM_C

D～C間の等分布荷重を集中荷重に置き換える。

$W = 2\text{kN/m} \times 1\text{m} = 2\text{kN}$

力の釣合条件よりM_Cを求める。

$\Sigma M_C = 0$より、

$1.6\text{kN} \times 3\text{m} - 2\text{kN} \times 0.5\text{m} - M_C = 0$

$\therefore M_C = 3.8\text{kN·m}$

よって、C点における曲げモーメントM_Cは、3.8kN·mである。

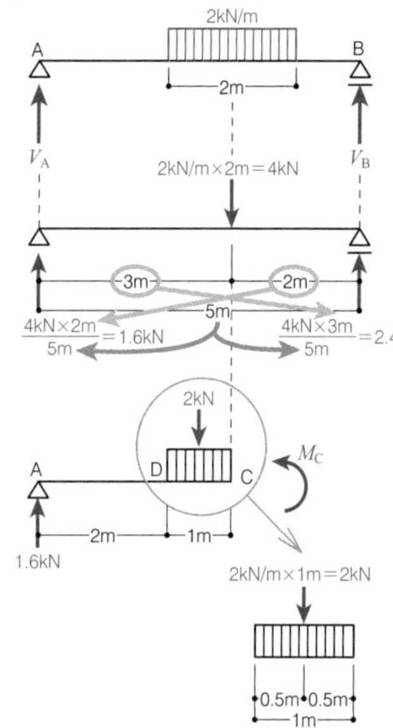

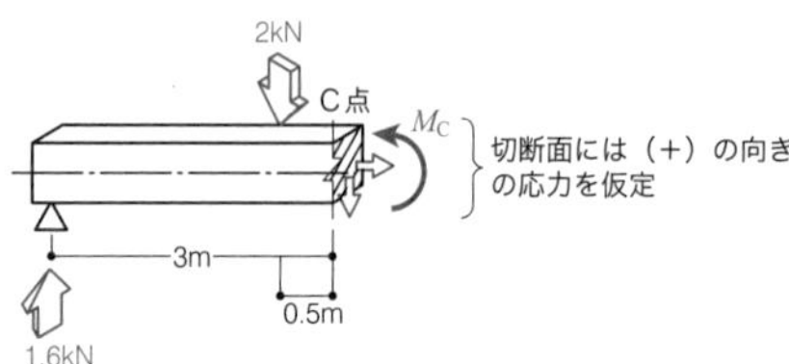

問 題　図のような荷重を受ける単純梁のC点における曲げモーメントの大きさを求めよう。

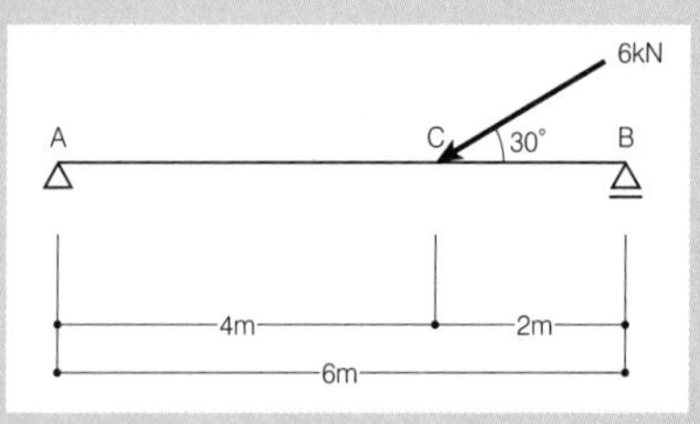

【問題】

図のような等分布荷重を受けるA、B点を支点とした単純梁の中央部C点における曲げモーメントの大きさを求めよう。

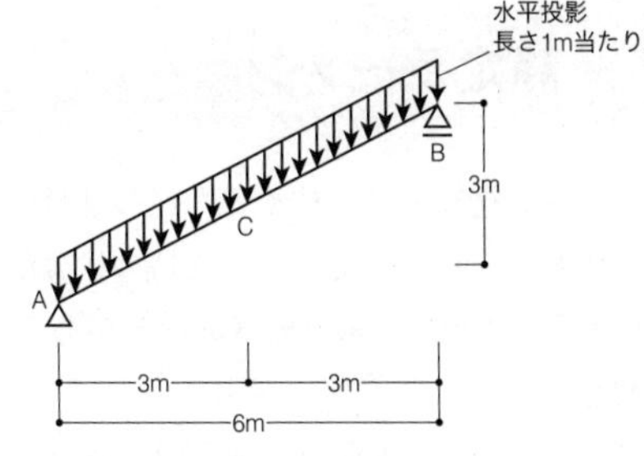

【解答】

等分布荷重を集中荷重に置き換える。

$W = 2kN/m \times 6m = 12kN$

①反力を求める

反力は、外力が左右対称であるため、

$V_A = V_B = 12/2 = 6kN$

②A～C間における曲げモーメント M_C

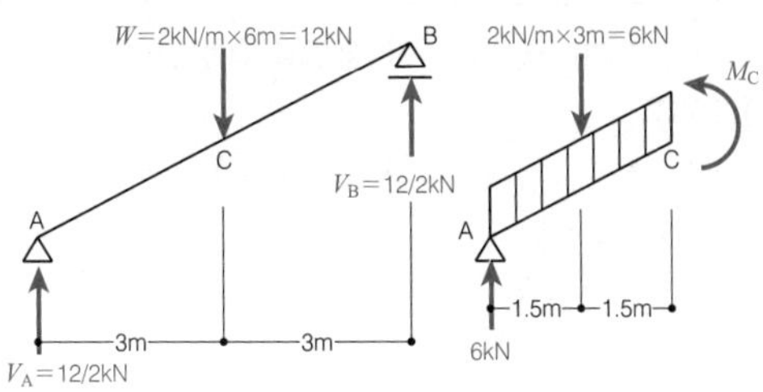

A～C間の等分布荷重を集中荷重に置き換える。

$W_C = 2kN/m \times 3m = 6kN$

力の釣合条件より M_C を求める。

$\Sigma M_C = 0$ より、

$6kN \times 3m - 6kN \times 1.5m - M_C = 0$

$\therefore M_C = 9kN \cdot m$

よって、C点における曲げモーメント M_C は、$9kN \cdot m$ である。

反力の仮定の仕方

構造物に対して、外力6kNが時計回りに生じている。よって、この力に釣合うために、垂直方向の反力 V_A を下向き、V_B を上向きとし、反時計回りになるように仮定する。

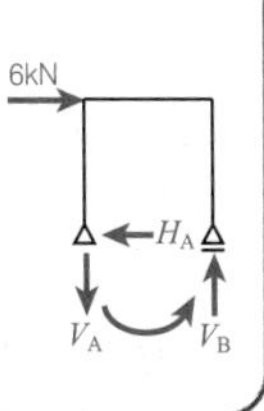

曲げモーメントにおける「応力の（＋）の向きと符号」

①切断面：部材端部の垂直方向の力の向きに関係なく、（＋）の向きを仮定する。

②計算式：$M_{x右}$は反時計回り。よって、（－）

：$M_{x左}$は時計回り。よって、（＋）

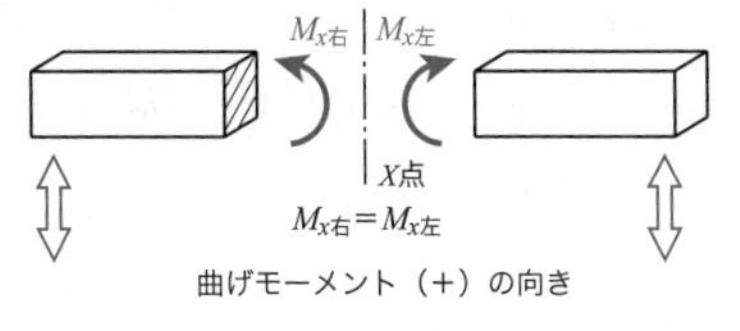

曲げモーメント（＋）の向き

解答　単純梁に関する基本問題。まず、角度をもった外力は、分力に分解する

6kNを P_x、P_y に分解すると

$P_x = 6kN \times \cos30° = 6kN \times \frac{\sqrt{3}}{2} = 3\sqrt{3}\,kN$

$P_y = 6kN \times \sin30° = 6kN \times \frac{1}{2} = 3kN$

反力"たすき掛け"により V_A、V_B を求める。

C点における曲げモーメント

$\Sigma M_C = 0$ より、$1kN \times 4m - M_C = 0$　$\therefore M_C = 4kN \cdot m$

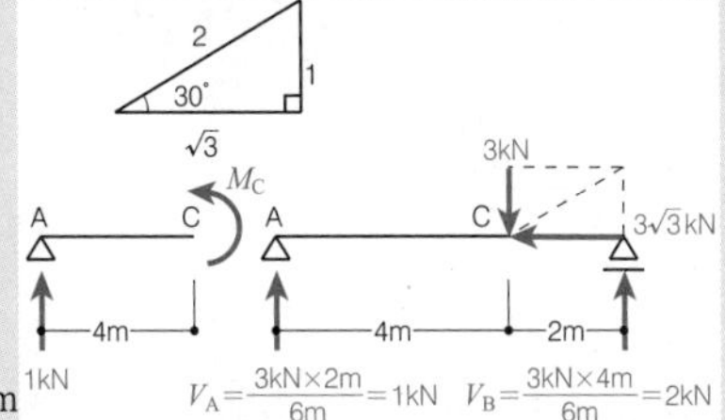

58 静定ラーメン

80%

ラーメン構造とは、柱や梁などの部材が剛に接合されて一体となった骨組である。支持の状態から片持梁系・単純梁系・3ヒンジ系ラーメンなどがある。

出題パターン

反力やある点における曲げモーメントやせん断力を問う問題、そして曲げモーメント図に関する問題と全般にわたって出題されている。まずは、反力を求めることが基本である

【問題】

図のような荷重を受ける静定ラーメンの反力及びC点に生じる曲げモーメントを求めよう。

【解答】

①図のように各支点に反力を仮定し、力の釣合条件より求める。

$\Sigma M_A = 0$ より、

$-V_B \times 5\text{m} + 5\text{kN} \times 4\text{m} = 0$

$\therefore V_B = 4\text{kN}$(仮定通り。上向き)

$\Sigma Y = 0$ より、

$-V_A + 4\text{kN} = 0 \quad \therefore V_A = 4\text{kN}$(仮定通り。下向き)

$\Sigma X = 0$ より、

$5\text{kN} - H_A = 0 \quad \therefore H_A = 5\text{kN}$ (仮定通り。左向き)

②B～C間における曲げモーメント $M_{C左}$

$\Sigma M_C = 0$ より、

$-4\text{kN} \times 2.5\text{m} + M_{C左} = 0 \quad \therefore M_{C左} = 10\text{kN·m}$

若しくは、

②′A～C間における曲げモーメント $M_{C右}$

$\Sigma M_C = 0$ より、

$-4\text{kN} \times 2.5\text{m} + 5\text{kN} \times 4\text{m} - M_{C右} = 0$

$\therefore M_{C右} = 10\text{kN·m}$

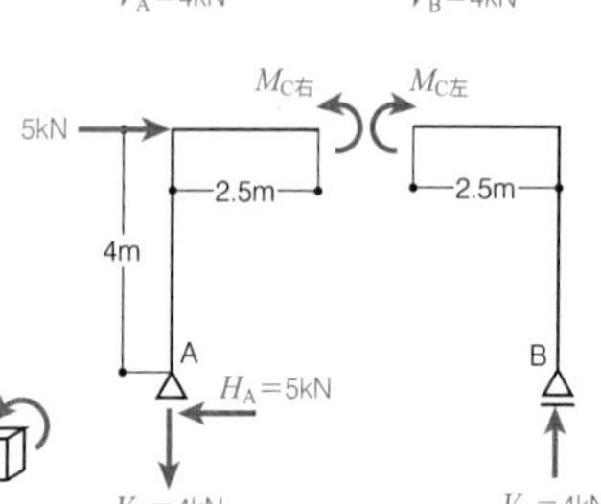

よって、C点における曲げモーメント M_C は、10kN·m である。

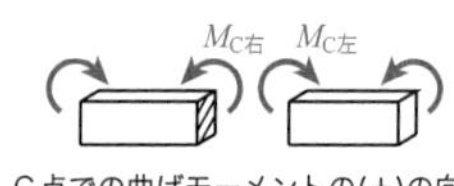

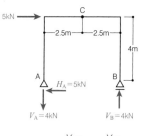

C点での曲げモーメントの(+)の向き

問題 図のような荷重 P を受ける静定ラーメンの支点Dに生じる水平反力 H_D 及び垂直反力 V_D としたとき、それらの比($H_D : V_D$)として、正しいものはどれか。

	$H_D : V_D$
1.	1 : 1
2.	1 : 2
3.	2 : 1
4.	5 : 6
5.	6 : 5

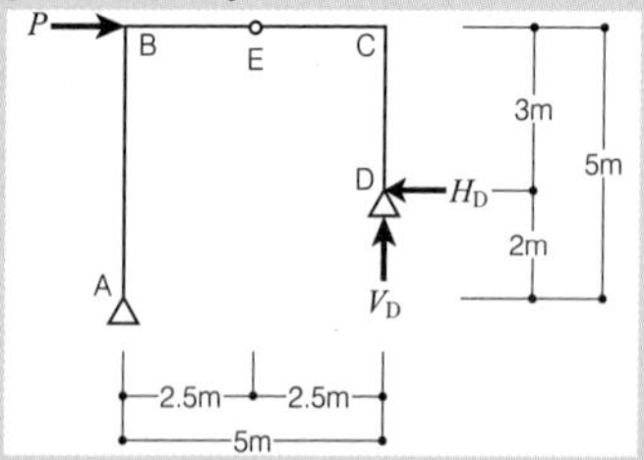

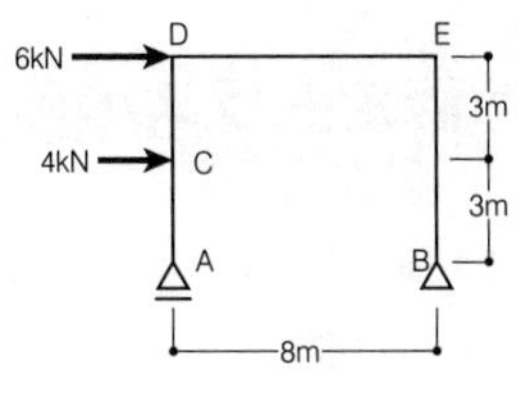

【問題】

図のような水平力を受ける静定ラーメンの柱 CD、梁 DE 及び柱 BE に生じるせん断力を求めよう。

【解答】

①反力：支点 A に V_A を下向き、支点 B に V_B を上向き、H_B を左向きに仮定する。

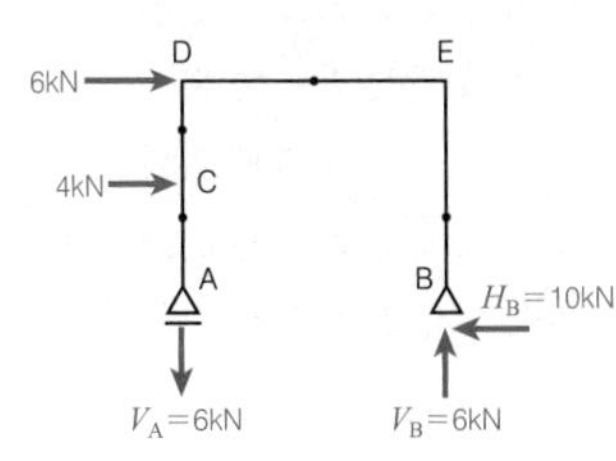

$\Sigma M_B = 0$ より、

$-V_A \times 8m + 6kN \times 6m + 4kN \times 3m = 0$

$\therefore V_A = 6kN$（仮定通り。下向き）

$\Sigma Y = 0$ より、

$-6kN + V_B = 0 \quad \therefore V_B = 6kN$（仮定通り。上向き）

$\Sigma X = 0$ より、

$6kN + 4kN - H_B = 0 \quad \therefore H_B = 10kN$（仮定通り。左向き）

②力の釣合条件より、各部材に生じるせん断力を求める。

i）A ～ C 間におけるせん断力 Q_{AC} を求める。

$\Sigma X = 0$ より、$Q_{AC} = 0 \quad \therefore Q_{AC}$（柱 AC）$= 0$

ii）C ～ D 間におけるせん断力 Q_{CD} を求める。

$\Sigma X = 0$ より、$4kN + Q_{CD} = 0 \quad \therefore Q_{CD}$(柱 CD)$= -4kN$

iii）D ～ E 間におけるせん断力 Q_{DE} を求める。

$\Sigma Y = 0$ より、

$-6kN - Q_{DE} = 0 \quad \therefore Q_{DE}$（梁 DE）$= -6kN$

iv）B ～ E 間におけるせん断力 Q_{BE} を求める。

$\Sigma X = 0$ より、

$-10kN + Q_{BE} = 0 \quad \therefore Q_{BE}$（柱 BE）$= 10kN$

門形構造物

単純梁形に置き換え、部材に生じる力を考える。

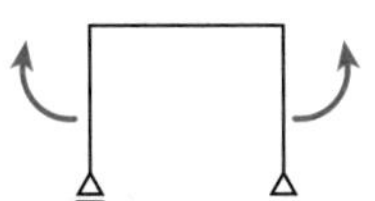

門形構造物の垂直部材は、矢印側に部材を伸ばし単純梁形とし、切断面（端部）に（＋）の向きの応力を仮定する。

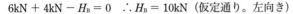

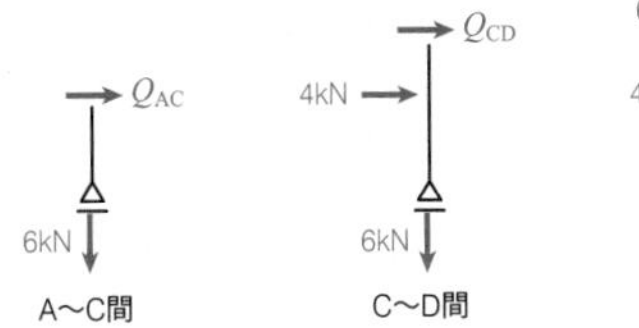

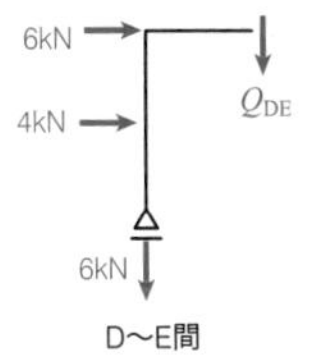

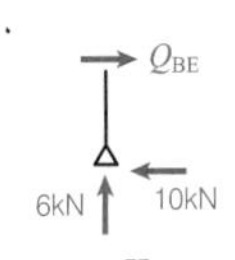

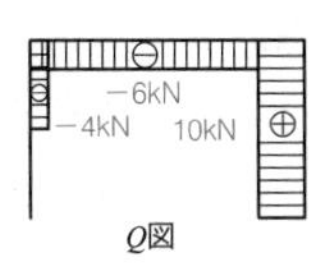

解 答　**3ヒンジ系ラーメンの反力は、ヒンジ部より左右の構造物を切り離して考えよう！**

①3 ヒンジ系ラーメンの滑節点は、曲げモーメントが 0 になる。

②滑節点で構造物を切り離しても、釣合っている。

③反力は、左右の構造物のどちらかで考える。

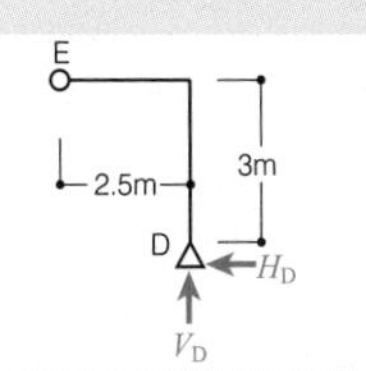

D ～ E 間において、釣合条件を考える。

$\Sigma M_E = 0$ より、$-V_D \times 2.5m + H_D \times 3m = 0$

$H_D = \frac{2.5}{3} V_D = \frac{5}{6} V_D \quad \therefore H_D : V_D = \frac{5}{6} V_D : V_D = 5:6$

よって、$H_D : V_D = 5:6$

正解 4

59 静定トラスの応力

100%

部材の節点がピン接合された三角形の骨組みをトラスという。接合部が滑節点で、荷重が節点に働くことで部材に生じる応力は全て軸方向力となる。解き方には、力の釣合条件によって解く「節点法」と「切断法」がある。節点法は、トラス端部節点より部材応力を順次求めてゆく方法であるのに対し、切断法はトラスを切断し、その切断した部材の応力を釣合式を利用して求める方法である。

出題パターン

「節点法」若しくは「切断法」のいずれかが必ず出題されている。まずは、共通事項である応力が0になる部材の見分け方が重要である

1. 節点法

節点に集まる荷重や部材応力が節点ごとに釣合状態にあることから、それぞれ横方向の釣合式Σ$X = 0$、縦方向の釣合式Σ$Y = 0$の2式を連立させて未知部材応力を節点ごとに解く方法。図のように応力が未知の部材が2以下の節点より解き進める。

<解き方の順序>

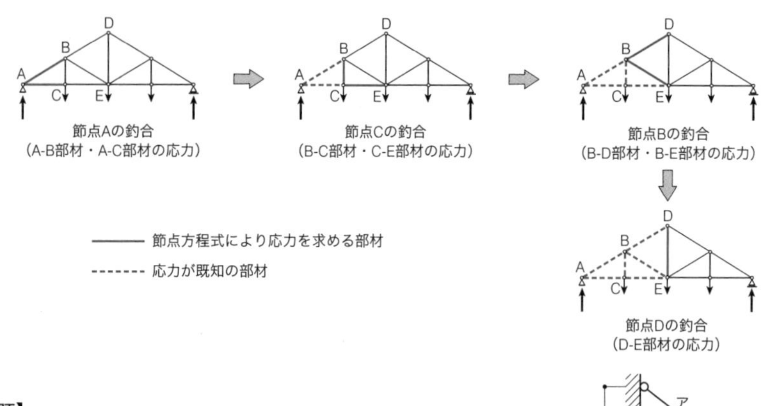

【問題】

図のような荷重を受けるトラスにおいて、部材ア、イ、ウ、エに生じる応力を求めよう。ただし、引張を+、圧縮を−とする。

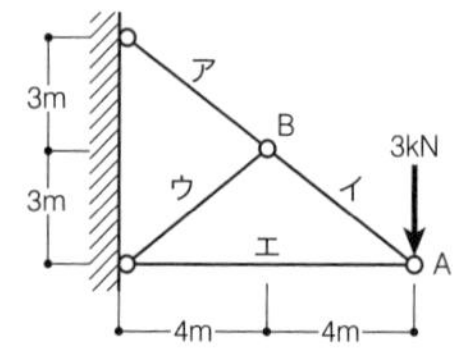

問題 図のような荷重を受けるトラスにおいて、部材A、B、C、Dに生じる応力を求めよう。ただし、引張を+、圧縮を−とする。

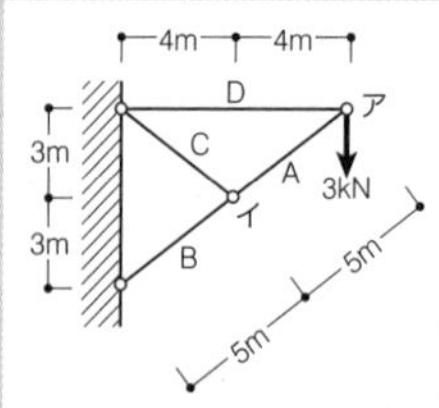

【解答】

節点法にて解く。

・各部材の応力は、引張の向きに仮定する（節点に作用する力は、節点から出て行く方向）。

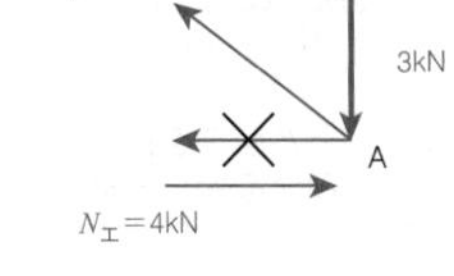

$N_イ$の分力

・応力が 0 になる部材を探す。

・各節点での釣合を利用して解くが、応力が未知の部材が 2 部材以下である節点から解いてゆく。

①A 節点における力の釣合条件より、部材イ、エの応力 $N_イ$、$N_エ$を求める。$\Sigma Y=0$ より、

$$-3\text{kN}+N_イ\times\frac{3}{5}=0 \quad \therefore N_イ=5\text{kN}$$（仮定通り。引張）

$\Sigma X=0$ より、

$$-N_エ-5\text{kN}\times\frac{4}{5}=0 \quad \therefore N_エ=-4\text{kN}$$（仮定と逆。圧縮）

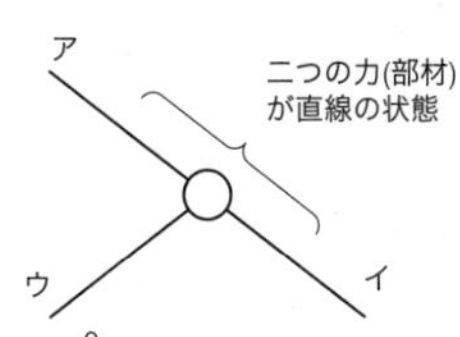

A点

②B 節点における力の釣合条件より、部材ア、ウの応力 $N_ア$、$N_ウ$を求める。一つの節点に三つの部材が集合している場合、そのうちの二つが直線状態であれば、残りの部材の応力は 0 になる。よって、部材ウは 0 になる。

二つの力(部材)が直線の状態
ア
ウ
イ
0

$\Sigma X=0$ より、

$$-N_ア\times\frac{4}{5}+5\text{kN}\times\frac{4}{5}=0$$

$\therefore N_ア=5\text{kN}$（仮定通り。引張）

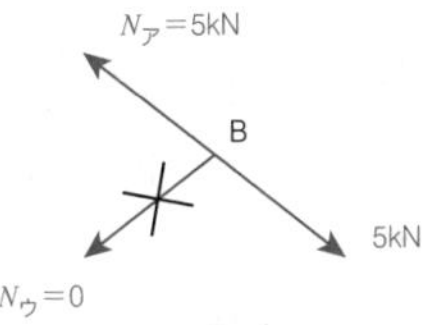

B点

静定・不静定について
静定構造物とは、釣合式のみで反力や応力が計算できる構造物。不静定構造物とは、釣合式と変形の条件式で反力・応力が計算できる構造物。

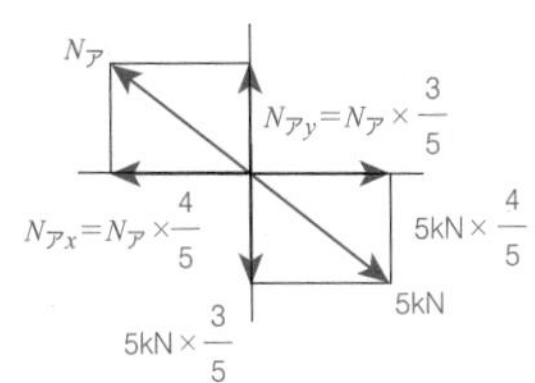

$N_ア$の分力

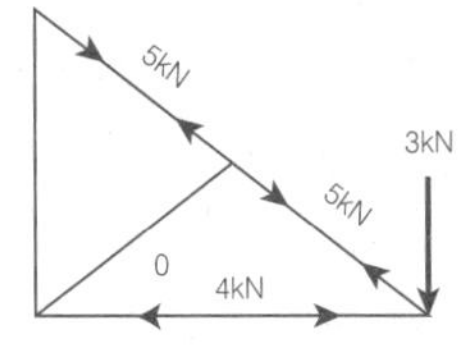

解 答　各部材の応力は、引張の向きに仮定する

（ア点）$\Sigma Y=0$ より、

$-N_A\times 3/5-3\text{kN}=0 \quad \therefore N_A=-5\text{kN}$（仮定と逆。圧縮）

$\Sigma X=0$ より、$-N_D+5\text{kN}\times 4/5=0 \quad \therefore N_D=4\text{kN}$（仮定通り。引張）

（イ点）$\Sigma X=0$ より、

$-N_B\times 4/5-5\text{kN}\times 4/5=0 \quad \therefore N_B=-5\text{kN}$（仮定と逆。圧縮）

部材 C は、一つの節点に三つの部材が集合し、そのうち二つが直線状態であるため応力が 0 となる。

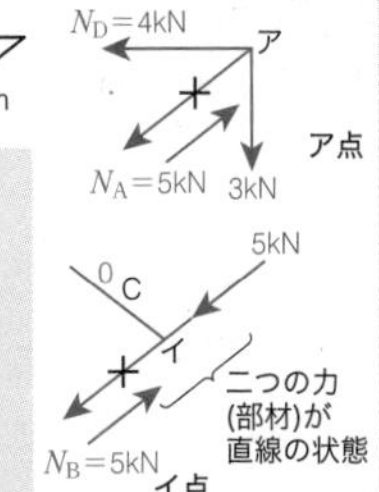

応力が０となる部材

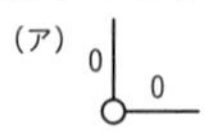

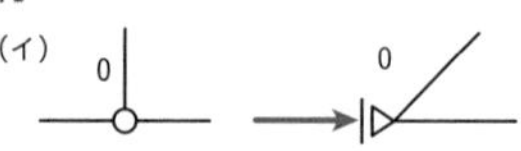

（ア）一つの節点に一直線上にない二つの部材のみが集合している場合、両部材とも応力は、0となる。

（イ）一つの節点（支点）に三つの部材（力）が集合している場合、そのうちの二つが直線状態であれば、残りの部材の応力は0となる。

引張と圧縮

節点

部材が節点を押す力
（部材応力：圧縮）

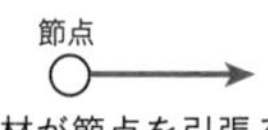

部材が節点を引張る力
（部材応力：引張）

直角三角形と力の分解

ピタゴラスの定理より、斜線は5mとなる。

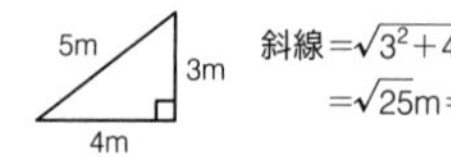

$$斜線 = \sqrt{3^2+4^2}\,\mathrm{m} = \sqrt{25}\,\mathrm{m} = 5\mathrm{m}$$

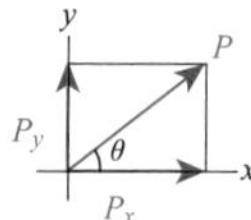

$$P_x = P\times\cos\theta = P\times\frac{4}{5}$$

$$P_y = P\times\sin\theta = P\times\frac{3}{5}$$

【問題】

図のような荷重を受けるトラスにおいて、部材ア、イ、ウ、エに生じる応力を求めよう。

【解答】

反力を求める。V_A、V_Bを上向き、H_Bを左向きに仮定する。

$\Sigma M_B = 0$ より、

$$-V_A\times 8\mathrm{m} + 60\mathrm{kN}\times 4\mathrm{m} + 40\mathrm{kN}\times 6\mathrm{m} = 0$$

$\therefore V_A = 60\mathrm{kN}$（仮定通り。上向き）

$\Sigma Y = 0$ より、$V_B - 60 + 60 = 0$　$\therefore V_B = 0$

① C点において、部材ア、イの応力を求める。

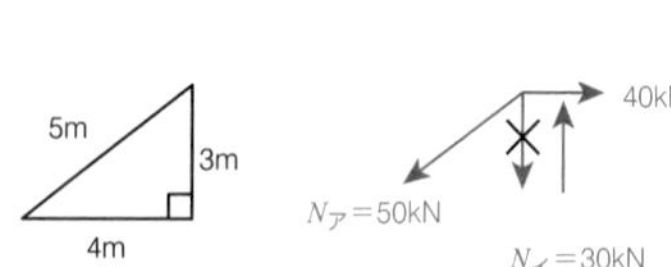

$\Sigma X = 0$ より、

$$-N_ア\times\frac{4}{5} + 40\mathrm{kN} = 0$$

$\therefore N_ア = 50\mathrm{kN}$（仮定通り。引張）

$\Sigma Y = 0$ より、

$$-50\mathrm{kN}\times\frac{3}{5} - N_イ = 0$$

$\therefore N_イ = -30\mathrm{kN}$（仮定と逆。圧縮）

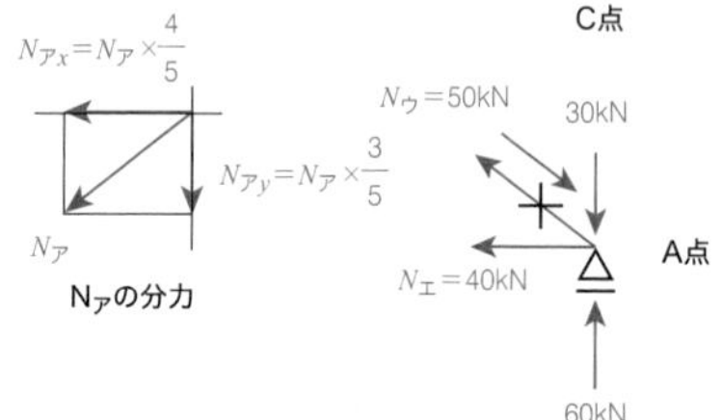

問　題　図のような荷重を受ける静定トラスにおいて、部材Aに生じる軸方向力を求めよう。ただし、軸方向力は引張力を「＋」、圧縮力を「－」とする。

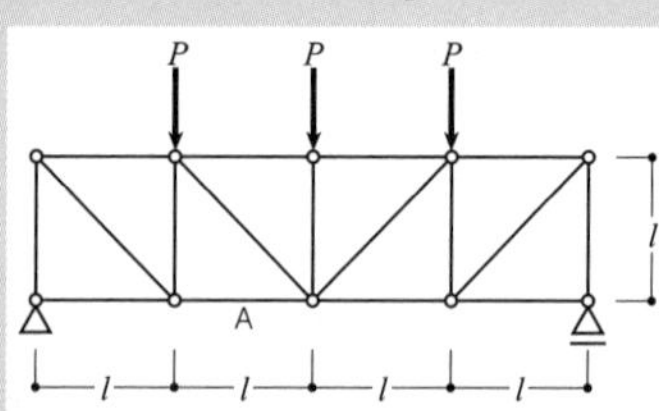

②A点において、部材ウ、エの応力を求める。

$\Sigma Y = 0$ より、

$$N_{ウ} \times \frac{3}{5} - 30\text{kN} + 60\text{kN} = 0$$

$\therefore N_{ウ} = -50\text{kN}$（仮定と逆。圧縮）

$\Sigma X = 0$ より、

$$50\text{kN} \times \frac{4}{5} - N_{エ} = 0 \quad \therefore N_{エ} = 40\text{kN}$$（仮定通り。引張）

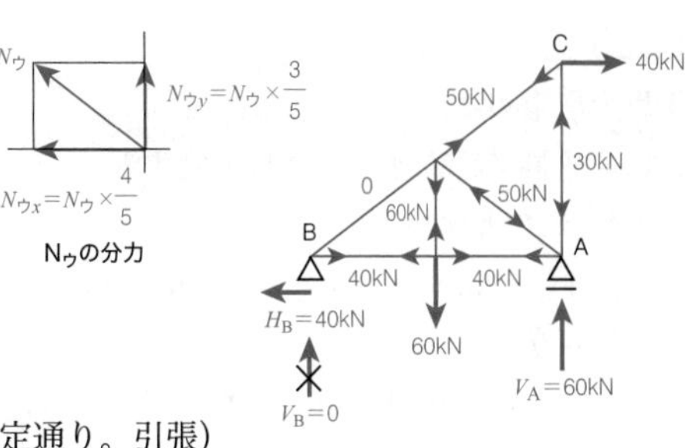

2. 切断法

図のように応力を求めたい部材（A・B）を含む3部材以下でトラスを切断し、その切断面にもともと作用していた応力を荷重（仮想）として作用させ、トラスをもとの釣合状態に戻す。釣合状態にある構造物の釣合式（$\Sigma X = 0$、$\Sigma Y = 0$、$\Sigma M = 0$）を利用して未知応力（仮想として作用させた荷重）を求める。

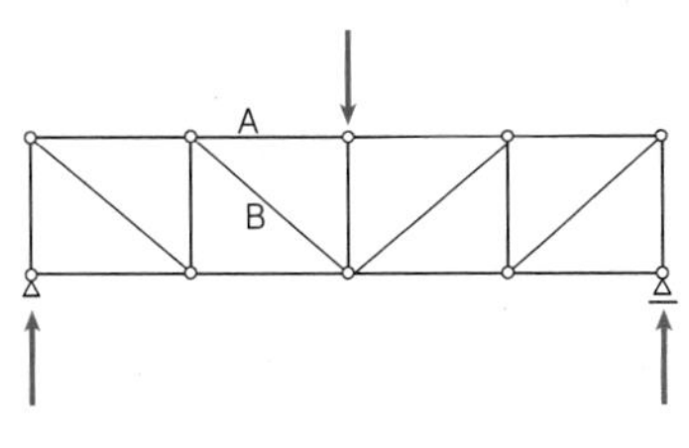

A、Bを含む3部材で切断

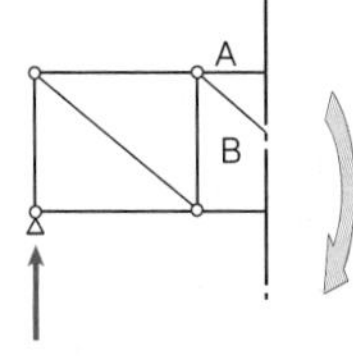

トラスは不安定になり崩壊する

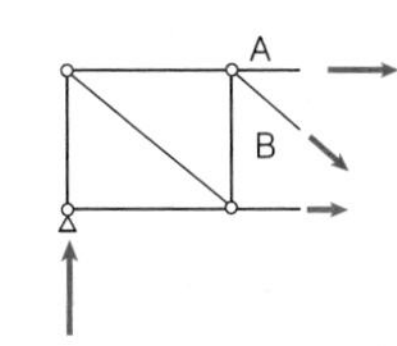

切断面に元々作用していた応力を荷重として作用させる（構造物は釣合状態に戻る）

【問題】

図のような荷重を受けるトラスにおいて、斜材ア、イに生じる軸方向力を求めよう。ただし、軸方向力は引張力を「＋」、圧縮力を「－」とする。

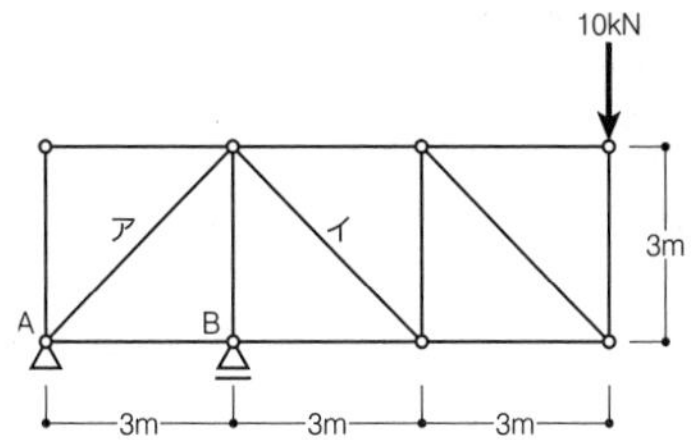

解答　切断法に関する基本問題。$\Sigma M = 0$の設定箇所がポイント

反力を求める。

構造物及び外力が対称形である。よって、$3P/2 = 1.5P$ となる。

部材Aの箇所で切断し、軸方向力を仮定する。

$\Sigma M_D = 0$ より、

$$1.5P \times l - N_A \times l = 0$$

$\therefore N_A = 1.5P$（仮定通り。引張）

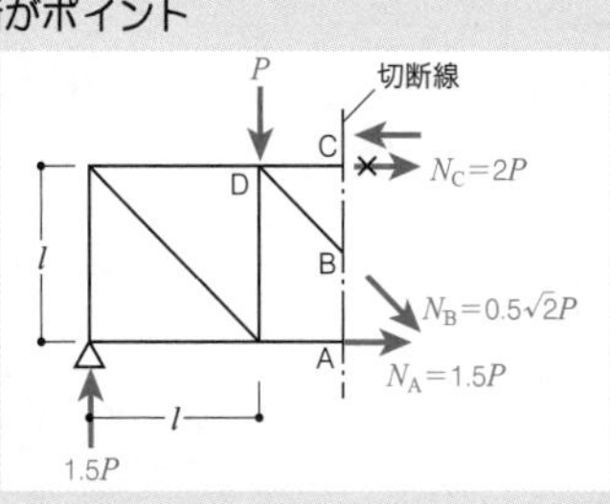

【解答】

①反力を求める。

V_A を下向き、V_B を上向きに仮定する。

$\Sigma M_B = 0$ より、

$- V_A \times 3\text{m} + 10\text{kN} \times 6\text{m} = 0 \quad \therefore V_A = 20\text{kN}$(仮定通り。下向き)

$\Sigma Y = 0$ より、

$- 20\text{kN} - 10\text{kN} + V_B = 0 \quad \therefore V_B = 30\text{kN}$(仮定通り。上向き)

②斜材アの軸方向力 $N_ア$ を求める。

斜材アの箇所で切断し、軸方向力 $N_ア$ を引張りの向きに仮定する。

$\Sigma Y = 0$ より、

$$- 20\text{kN} + N_ア \times \frac{1}{\sqrt{2}} = 0$$

$\therefore N_ア = 20\sqrt{2} \fallingdotseq 28\text{kN}$(仮定通り。引張)

③斜材イの軸方向力 $N_イ$ を求める。

斜材イの箇所で切断し、軸方向力 $N_イ$ を引張りの向きに仮定。

$\Sigma Y = 0$ より、

$$- 20\text{kN} + 30\text{kN} - N_イ \times \frac{1}{\sqrt{2}} = 0$$

$\therefore N_イ = 10\sqrt{2} \fallingdotseq 14\text{kN}$(仮定通り。引張)

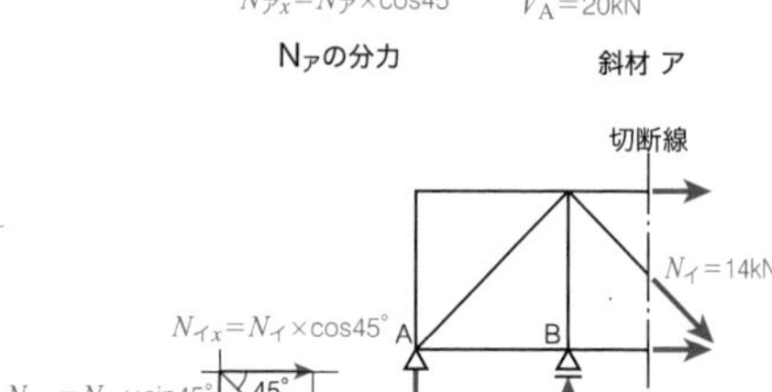

【問題】

図のような荷重を受けるトラスにおいて、部材ア、イ、ウに生じる軸方向力を求めよう。ただし、軸方向力は引張力を「＋」、圧縮力を「－」とする。

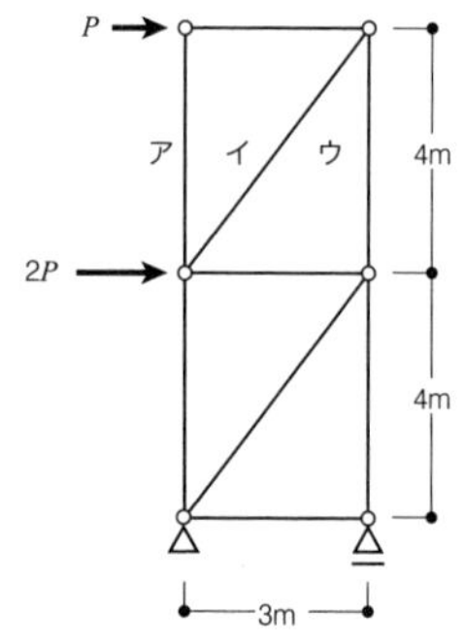

問 題 図のような外力を受ける制定トラスにおいて、部材A、B、Cに生じる軸方向応力の値を求めよう。ただし、軸方向力は、引張を「＋」、圧縮を「－」とする。

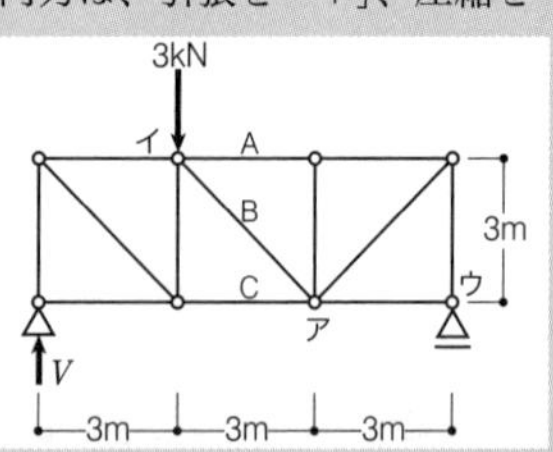

【解答】

①反力を求める。

V_Aを下向き、V_Bを上向き、H_Aを左向きに仮定する。

$\Sigma M_B = 0$ より、

$$P \times 8\text{m} + 2P \times 4\text{m} - V_A \times 3\text{m} = 0$$

$\therefore V_A = \dfrac{16}{3}P$（仮定通り。下向き）

$\Sigma Y = 0$ より、

$-\dfrac{16}{3}P + V_B = 0 \quad \therefore V_B = \dfrac{16}{3}P$（仮定通り。上向き）

$\Sigma X = 0$ より、

$P + 2P - H_A = 0 \quad \therefore H_A = 3P$（仮定通り。左向き）

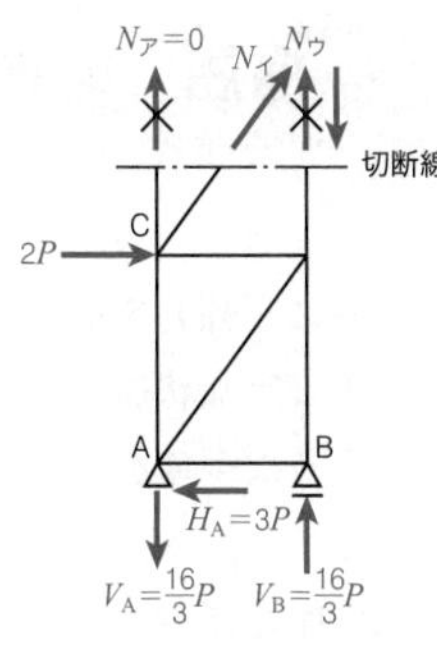

②部材アの軸方向力$N_ア$を求める。

一つの節点に三つの力が集合している場合、そのうちの二つが直線状態であれば残りの部材は0になる。よって、$N_ア$は0である。

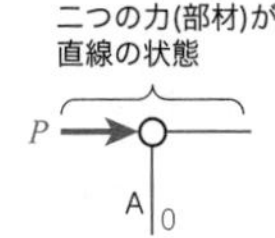

③部材イの軸方向力$N_イ$を求める。

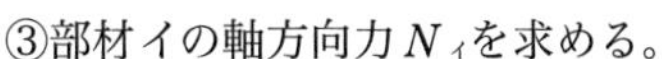

$\Sigma X = 0$ より、

$-3P + 2P + N_イ \times \dfrac{3}{5} = 0 \quad \therefore N_イ = \dfrac{5}{3}P$（仮定通り。引張）

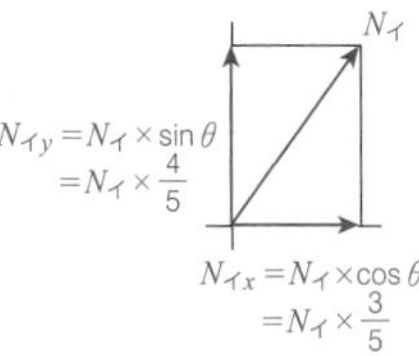

Nイの分力

④部材ウの軸方向力$N_ウ$を求める。

$\Sigma M_C = 0$ より、

$$3P \times 4\text{m} - \frac{16}{3}P \times 3\text{m} - N_ウ \times 3\text{m} = 0$$

$\therefore N_ウ = -\dfrac{4}{3}P$（仮定と逆。圧縮）

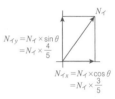

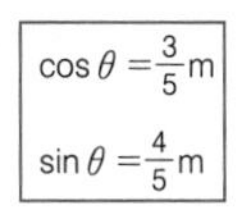

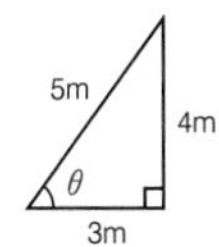

または、$\Sigma Y = 0$

$-\dfrac{16}{3}P + \dfrac{16}{3}P + \dfrac{5}{3}P \times \dfrac{4}{5} + N_ウ = 0 \qquad \therefore N_ウ = -\dfrac{4}{3}P$（仮定と逆。圧縮）

解答　**切断法で求める応力は、３つの釣合式を使う**

反力Vを求める。支点ウを中心にモーメントの釣合式をたてると、

$-V \times 9\text{m} + 3\text{kN} \times 6\text{m} = 0 \quad V = +2\text{kN}$（上向き）

RとNの延長線上の交点（節点ア）におけるモーメントは、

$\Sigma M_ア = 2\text{kN} \times 6\text{m} - 3\text{kN} \times 3\text{m} + P \times 3\text{m} = 0 \quad P = -1\text{kN}$(圧縮)

$\Sigma Y = 0$ より　　$+2\text{kN} - 3\text{kN} - R\sin 45^\circ = 0$

$R = -\dfrac{1}{\sin 45^\circ} = -\sqrt{2}\ \text{kN}$（圧縮）

$\Sigma M_イ = 2\text{kN} \times 3\text{m} - N \times 3\text{m} = 0 \qquad N = 2\text{kN}$（引張）

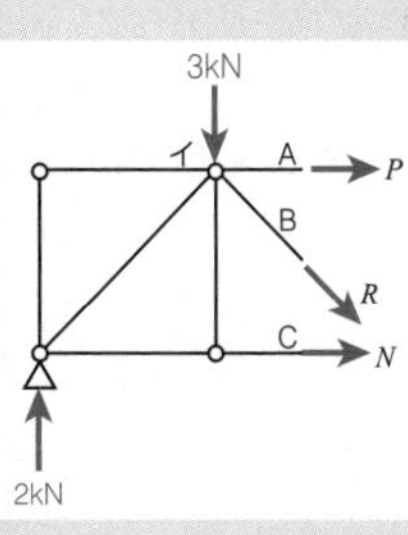

60 座屈　座屈長さ・座屈荷重

100%

1. 座屈

長柱に圧縮力を加えると、ある限界以上に達したとき急に不安定な状態となり、急速に折れ曲がってしまう。このような現象を座屈という。

出題パターン

ある断面をもつ柱の弾性座屈荷重の大小を問う問題や材端の支持条件の異なる柱の座屈長さを求める問題である。他に弾性座屈荷重の読解にも注意する

2. 弾性座屈荷重

弾性座屈荷重とは、長柱に圧縮力を徐々に加えていったとき、座屈が起こる限界荷重をいう。

弾性座屈荷重は、ヤング係数E、断面二次モーメントIに比例し、座屈長さl_kの2乗に反比例する。よって、座屈長さl_kが大きいほど弾性座屈荷重は小さくなる。

座屈による変形は、座屈長さl_{kx}、l_{ky}と断面二次半径i_x、i_yの割合（縦長比λ_x、λ_y）の大きい方の軸周りに座屈が起こる。なお座屈は、材料の圧縮強度には無関係である。

$$N_k=\frac{\pi^2 EI}{{l_k}^2}\ \text{(座屈荷重)}\qquad \sigma_k=\frac{\pi^2 E}{\lambda^2}\ \text{(座屈応力度)}$$

ただし、λ：細長比（λ_x、λ_y）　$\lambda=\dfrac{l_k}{i}$　i：断面二次半径（i_x、i_y）　l_k：座屈長さ（l_{kx}、l_{ky}）

3. 座屈長さ

材端の支持状態により、座屈長さは下記の通り。

座屈長さ l_k

材端の支持状態	一端自由 他端固定	両端固定 （水平移動拘束）	一端ピン 他端固定	両端ピン （水平移動拘束）
	材長＝l　l_k	l_k	l_k	l_k
l_k	$2l$	$0.5l$	$0.7l$	l

ひっかけ対策

長柱が圧縮力を受けると部材は座屈方向に折れ曲がる。この座屈方向に直交する軸が弱軸である。

弱軸に対する断面二次モーメント

$$I=\frac{b^3\times h}{12}$$

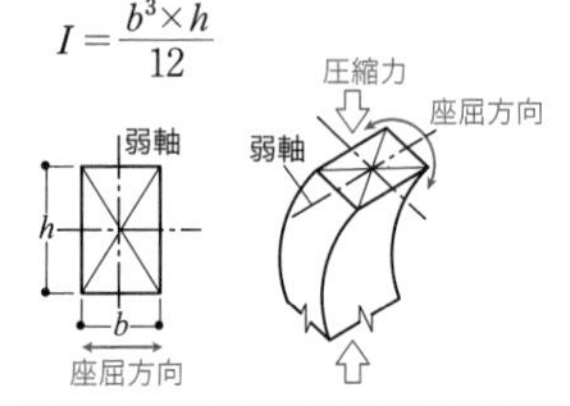

問 題　図のような材の長さと材端の支持条件が異なる柱A、B、Cの座屈荷重をP_A、P_B、P_Cとしたとき、それらの大小関係を求めよう。ただし、すべての柱の材質及び断面形式は同じとする。

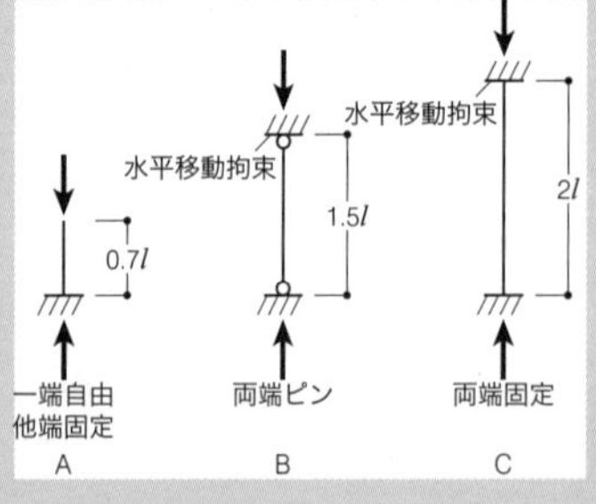

【問題】

図のような長さlの柱（材端条件は、両端固定、水平移動拘束とする）に圧縮力Pが作用したとき、次のlとIの組合せのうち、弾性座屈荷重が最も大きくなるものはどれか。ただし、Iは断面二次モーメントの最小値とし、それぞれの柱は同一材料で、断面は一様とする。

	l	I
1.	100cm	1,000cm^4
2.	200cm	3,000cm^4
3.	200cm	5,000cm^4
4.	250cm	5,000cm^4
5.	300cm	9,000cm^4

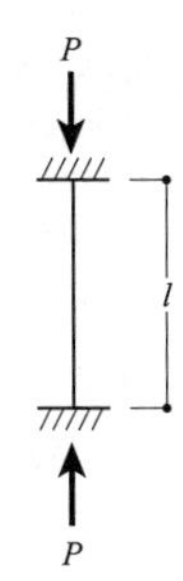

【解答】

弾性座屈荷重は、$N_k = \pi^2 EI/l_k^2$で表される（E：ヤング係数、I：断面二次モーメント、l_k：座屈長さ）。ここでは、材端条件である両端固定の座屈長さは$l_k = 0.5l$となる。

題意により、ヤング係数は等しいので、I/l_k^2が最大のものが、弾性座屈荷重が最も大きくなる。

1. $\dfrac{I}{l_k^2}=\dfrac{I}{(0.5l)^2}=\dfrac{1,000}{(0.5\times100)^2}=0.4$
2. $\dfrac{I}{l_k^2}=\dfrac{I}{(0.5l)^2}=\dfrac{3,000}{(0.5\times200)^2}=0.3$
3. $\dfrac{I}{l_k^2}=\dfrac{I}{(0.5l)^2}=\dfrac{5,000}{(0.5\times200)^2}=0.5$
4. $\dfrac{I}{l_k^2}=\dfrac{I}{(0.5l)^2}=\dfrac{5,000}{(0.5\times250)^2}=0.32$
5. $\dfrac{I}{l_k^2}=\dfrac{I}{(0.5l)^2}=\dfrac{9,000}{(0.5\times300)^2}=0.4$

よって、3 ＞ 1 ＝ 5 ＞ 4 ＞ 2 となる。

【問題】

図のような断面をもつ長柱A、B、Cの弾性座屈荷重をそれぞれP_A、P_B、P_Cとしたとき、それらの大小関係を求めよう。

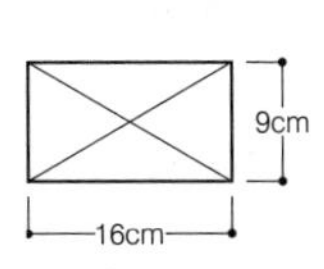

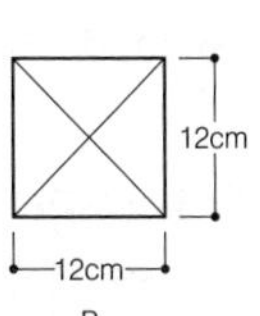

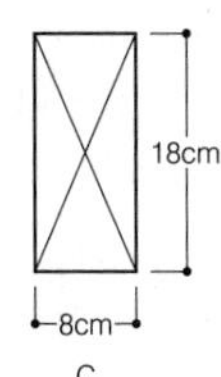

【解答】

ヤング係数及び座屈長さが等しいので、弾性座屈荷重は、弱軸に対する断面二次モーメントIの大きさによって決まる。

$I_A=\dfrac{16\times9^3}{12}=972\text{cm}^4$、$I_B=\dfrac{12\times12^3}{12}=1,728\text{cm}^4$、$I_C=\dfrac{8^3\times18}{12}=768\text{cm}^4$

よって、$P_B > P_A > P_C$となる。

解答　**座屈に関する基本問題。材端の支持条件で座屈長さが決定される**

長柱の座屈荷重は、座屈長さl_kの2乗に反比例する。

よって、座屈長さが小さいほど、座屈荷重は大きくなる。

柱A、B、Cの座屈長さ

$l_{kA} = 2l = 2 \times 0.7l = 1.4l$

$l_{kB} = l = 1.5l$

$l_{kC} = 0.5l = 0.5 \times 2l = 1l$

$l_{kC} < l_{kA} < l_{kB}$。よって、$P_C > P_A > P_B$となる。

61 荷重及び外力

150%

1. 荷重全般

建築物に作用する荷重は、固定荷重（G：建築物自体の荷重）、積載荷重（P：人間や家具などの荷重）、積雪荷重（S）、風圧力（W）、地震力（K）などがある。一般の場合、長期荷重（応力）は、固定荷重＋積載荷重であり、短期荷重（応力）は、長期荷重＋（地震力と風圧力のうち大きい方）である（p.102 表参照）。

出題パターン

地震力に関する問題がよく出題されている。特に、地上部分と地下部分に作用する場合の違いがポイントである。また、風圧力・速度圧の公式も重要である

①応力算定は、地震力と風圧力とが同時に作用しないものとして計算する。

②積載荷重は、一般に「室の用途」と「構造計算を行う部材の種類」や「荷重の種類」に応じて異なった値となる。同一用途でも「床」→「大梁、柱又は基礎」→「地震力」の順に積載荷重は小さく算定される。

③屋根の積雪荷重は、勾配が 60 度以下の場合、屋根勾配が穏やかなほど大きくなり、勾配が 60 度を超える場合は、0 とすることができる。

④地下外壁に作用する水圧は、地下水位面からの地下外壁の深さが深いほど大きい。

⑤多雪区域の長期応力は、一般の場合の長期荷重（固定荷重＋積載荷重）に積雪荷重の 70％を加えた値とする。

⑥多雪区域の地震時の応力は、固定荷重（G）＋積載荷重（P）＋ 0.35 ×積雪荷重（S）＋地震力（K）で計算する。

2. 地震力

建築物に作用する地震力は、地上部分に作用する場合と地下部分に作用する場合がある。

1）建築物の地上部分に作用する地震力

その階より上部の建築荷重（固定荷重と積載荷重の和）に地震層せん断力係数を乗じて計算する。

【計算例】

2 階建の建築物の 1 階の構造耐力上主要な部分に生

ひっかけ対策

①誤「地上部分に作用する地震力は、地震層せん断力係数にその階より下部の重量を乗じる」→その階より上部の重量。

②誤「地震層せん断力係数は、上階になるほど小さくなる」→上階ほど大きくなる。

③「地下部分に作用する地震力は、当該部分の固定荷重と積載荷重にせん断力係数を乗じる」→水平震度を乗じる。

問題　荷重及び外力に関する次の文章内の不適当な語句を訂正しよう。

1. 3 階建の建築物の 2 階部分の設計用地震力は、2 階の水平震度に 2 階より下部の重量を乗じて計算する。
2. 速度圧は、建築物の高さに比例する。
3. 応力の算定は、一般に、地震力と風圧力とが同時に作用するものとして計算する。
4. 多雪区域の地震時の応力は、固定荷重＋積載荷重＋ 0.7 ×積雪荷重によって計算する。
5. 屋根の積雪荷重は、雪止めがない場合、屋根の勾配は緩やかなほど小さい。

じる地震力を求めよう。ただし、1階の地震層せん断力係数 C_1 は 0.2 とし、屋根部分の固定荷重と積載荷重の和を W_R、2階部分の固定荷重と積載荷重の和を W_2 とする。

ここでの上部の建築荷重は、屋根部分と2階部分（$W_R + W_2$）になる。

したがって、地上部分に作用する地震力は、0.2 ×($W_R + W_2$)となる。

2）建築物の地下部分に作用する地震力

当該部分の固定荷重と積載荷重の和に、水平震度 k を乗じて求める。

3）設計用地震力に関する事項

①一次設計用の標準せん断力係数（ベースシア係数）C_0 の値は、一般に 0.2 以上とする。

②地震層せん断力係数 C_i は、一般に上階になるほど大きくなる。

③地震力は、建築物の固定荷重と積載荷重の和が大きいほど大きい。

④屋根葺材を軽量化することは、建築物に作用する地震力の低減につながることから、耐震上有効である。

⑤地震地域係数 Z は、その地方の過去の地震記録に基づく震害の程度及び地震活動の状況などに応じて 1.0 ～ 0.7 までの範囲において国土交通大臣が定める数値である。

⑥振動特性係数 R_t は、地盤の周期（地盤種別）と建築物の固有周期によって定まる値で、建築物の固有周期が長くなるほど小さくなる。

⑦地震層せん断力係数 $C_i = Z \cdot R_t \cdot A_i$（高さ方向の C_i の分布係数）$\cdot C_0$

3. 風圧力と速度圧

風圧力＝速度圧×風力係数　　　速度圧＝ 0.6 × E × V_0^2

E ：建築物の屋根の高さ及び周辺状況に応じて算出した数値

V_0：その地方の台風の記録により定められた風速

①速度圧は建築物の高さが高いほど大きくなるとは限らない。

②風力係数は、建築物の形状等によって算出される係数である。

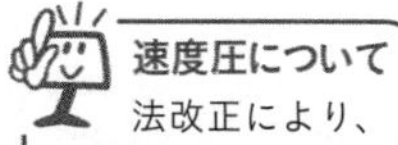

速度圧について

法改正により、速度圧は、建築物の高さだけでなく、周囲の状況も考慮するようになった。

荷重・外力の算定

- 住宅の居室の床：1,800N/m²
- 教室の床：2,300N/m²
- 事務室、百貨店又は店舗の売場の床：2,900N/m²
- 積雪荷重（一般地域）：20N/m²
　　　　（多雪地域）：30N/m²
- 鉄筋コンクリートの単位容積重量：24kN/m³
- コンクリートの単位容積重量：23kN/m³

解答　荷重及び外力に関する基本問題

1. 建築物の地上部分に作用する地震力は、その階より上部の重量に、地震層せん断力係数を乗じて計算する。
2. 高さだけではなく、建築物周辺の状況に応じて算出する。
3. 応力の算定は、一般に地震力と風圧力とが同時に作用しないものとする。
4. 多雪区域の長期応力である。地震時の応力は、固定荷重＋積載荷重＋ 0.35 ×積雪荷重＋地震力で計算する。
5. 緩やかであると雪が積もりやすくなり、積雪荷重は大きくなる。

62 地盤及び基礎

100%

1. 地盤

- 地層…洪積層は、沖積層より古い時代の層で、支持地盤として安定しており、地耐力が大きい。
- 砂質土層の液状化現象…砂質土は、地下水位面以深にある飽和砂質土層のN値が小さいほど、液状化が起こりやすい。液状化とは、水で飽和した砂が、振動・衝撃などによる間隙(げき)水圧の上昇のためにせん断抵抗を失う現象である。水で飽和したゆるい砂層は、地震時に噴砂などを伴う液状化現象を起こすことがある。
- 粘土層の圧密沈下…粘土層は、長期間圧縮力を受けると、圧密沈下を起こしやすいので、基礎底面下の粘性土層については、圧密沈下を検討する。
- 地下水位…地下水位が高いほど、地下外壁に作用する力は大きくなる。
- 土の粒径…土の粒径の大小関係は上表の通り、礫(れき)＞砂＞シルト＞粘土＞コロイドの順である。
- 地耐力…一般に、標準貫入試験によるN値の大きい地盤ほど、地耐力が大きいが、標準貫入試験によるN値が同じであっても、砂質土と粘性土とでは地耐力が異なることがある。

出題パターン

地盤及び基礎構造に関する記述についての正誤問題として、毎年出題されている

土の名称と粒径

名称		粒径［mm］
礫(れき)		2以上
砂	粗砂	2～0.42
	細砂	0.42～0.074
シルト		0.074～0.005
粘土		0.005～0.001
コロイド		0.001未満

標準貫入試験

ボーリングロッドの先端に外径5.1cm内径3.5cmのチューブを取り付け、重さ63.5kgのハンマーを75cmの高さからの自由落下により打撃貫入させる。このとき、チューブが30cm貫入するのに要する打撃回数（N値）から土の締まり具合を推定する試験。

2. 基礎

1）基礎の種類

①直接基礎とは、基礎スラブからの荷重を直接地盤に伝える形式の基礎のことである。直接基礎の場合、一般に、基礎の根入れ深さが深いほど地盤の支持力が大きくなる。

②独立フーチング基礎とは、単一の柱からの荷重を独立したフーチングによって支持する基礎のことで、布基礎やべた基礎に比べて、不同沈下の抑制に不利である。

問題 地盤及び基礎構造に関する次の文章内の不適当な語句を訂正しよう。

1. 沖積層は、洪積層よりも地耐力が大きい。
2. 不動沈下を減少させるには、地中梁の剛性は小さい方がよい。
3. 摩擦杭とは、軟弱な地層を貫いて硬い層まで到達し、主としてその先端抵抗で支持させる杭のことである。
4. 粘土層は、長期間にわたって圧縮力を受けると、液状化現象を起こしやすい。
5. 一つの建築物において、支持地盤の深さが異なる場合、深さに応じて異なった基礎形式を採用することが望ましい。

③支持杭とは、軟弱な地層を貫いて硬い層まで到達し、主としてその先端抵抗で支持させる杭のことである。

④摩擦杭とは、上部構造が比較的軽量な場合や硬質地盤が得られない場合に、杭表面と土との摩擦力によって建築物を支持させる杭である。

地盤の許容応力度（建基令93条）

地盤	長期許容応力度［kN/m²］
岩盤	1,000
固結した砂	500
土丹盤	300
密実な礫層	300
密実な砂質地盤	200
砂質地盤*	50
堅い粘土質地盤	100
粘土質地盤	20
堅いローム層	100
ローム層	50

＊地震時に液状化のおそれのないもの。

2）基礎の設計

①同一建築物の基礎には、不同沈下等の障害を生じないようにするため、なるべく異種の基礎の併用を避ける。

②地中梁（基礎梁）の剛性を大きくすることは、建築物の一体性を高め、不同沈下の影響を減少させるために有効である。

③基礎における鉄筋に対するコンクリートのかぶり厚さには、捨コンクリートの部分を含めない。

④鉄筋コンクリート造建築物の基礎の設計においては、一般に、風圧力について考慮しなくてよい。

⑤接地圧とは基礎スラブ又は杭先端と地盤の間に作用する圧力のことである。

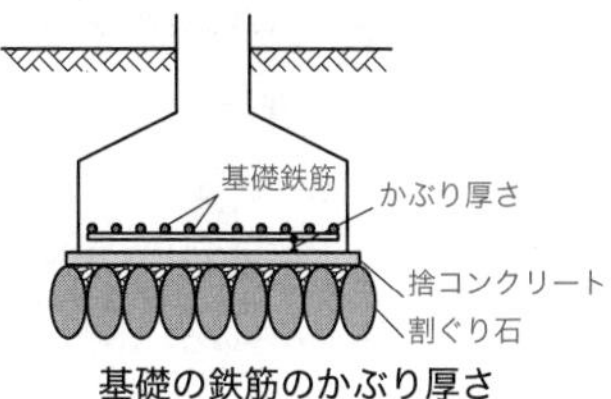

基礎の鉄筋のかぶり厚さ

3）杭基礎

①杭基礎の許容支持力は、杭の支持力のみによるものとし、一般に、基礎スラブ底面における地盤の支持力を加算しない。

②場所打ちコンクリート杭の断面積は、杭の全長にわたって各部分の設計断面積以下であってはならない。また、杭底部は、支持層に確実に到達させ、通常1m以上支持層中に貫入させる。

③既製コンクリート杭の1本の長さは15m以下とし、杭の中心間隔は、杭頭部の径の2.5倍以上かつ75cm以上とする。

④スライムとは、地盤を削孔する際の孔壁の切くずやそれが孔底にたまったものをいう。

⑤木杭を使用する場合には、腐朽防止のため、常水面以深に確実に配置する。

解答　地盤及び基礎に関する総合問題

1. 沖積層は、洪積層よりも地耐力が小さい。
2. 不動沈下を減少させるには、地中梁の剛性は大きい方がよい。
3. 摩擦杭とは、杭表面と土との摩擦力で支持させる杭で、支持杭は、軟弱な地層を貫いて硬い層まで到達し、主としてその先端抵抗で支持させる杭である。
4. 粘土層は、長期間にわたって圧縮力を受けると、圧密沈下を起こしやすい。
5. 一つの建築物には、不同沈下の原因となるため、異なった基礎形式を併用してはならない。

63 木構造

295%

注目 1. 木造建築物における部位・部材などの名称の組合せ

> **出題パターン（用語問題）**
> 部材の名称とそれを使用する部位の組合せを問う問題が毎年出題される。
> 次に、構造設計・接合に関する問題が多く出題され、合計3問出題される。

- 真壁…散(ち)りじゃくり→塗り壁で、壁材の乾燥収縮によって柱との間にできる隙間(すきま)を防ぐために柱に掘る溝。
- 心持ち材…背割(せわ)り→心持ち材の表面に乾燥収縮による亀裂が生じないように、あらかじめ背の部分の材軸方向に、樹心までの深さの鋸目(のこめ)を入れること。
- 階段…側桁→階段の踏み板を両端で支える斜材。
- 床…ぞうきんずり→板床において、幅木(はばき)を用いない場合の床板と壁下に接する部分に打ち付ける細長い横木。
- 手すり…親柱→階段手すりの両端に設けられた太い化粧柱。親柱の間に設けられた化粧材を手すり子という。
- 軒げた…面戸板(めんどいた)→軒げた上部で、隣り合う垂木の間にできるすき間を埋める板。
- 軒先…広小舞(ひろこまい)→軒先で、垂木の上に取り付けられる水平方向に長い材。
- 壁…木ずり→モルタル壁等の塗り壁において、下地として取り付ける小幅板。
  胴縁→板張りやせっこうボード張り下地として、柱に水平に取り付ける小幅板。
- 小屋組…合掌(がっしょう)→洋小屋組において、トラスを構成する斜材。トラスの底辺部分の横架材を陸梁(ろくばり)という。
- 天井…野縁→天井板を吊る。野縁受→野縁に直角方向に配置し、これを吊る。
  吊木(つりぎ)→野縁と野縁受の交差した位置で野縁受を吊る。

重要 2. 構造設計

> **柱の抜け防止**
> 筋かいによって柱に引張力が生じることがある。この力によって、柱が土台から引き抜かれないように、柱下部の接近した位置でアンカーボルトやホールダウン金物で、基礎に十分緊結する。

1）柱

①柱の柱脚及び柱頭の仕口は、軸組の種類と柱の配置に応じて選択する。

②大きな鉛直力を負担する柱では、強度だけでなく土台へのめり込みについても検討しなければならない。

③2階建の建築物における隅柱又はこれに準ずる柱は、

問題 木造建築物の部材の名称について、それに関連する部位、部材を線で結ぼう。

1. 面戸板 ・	・a. 軒桁
2. 広小舞 ・	・b. 階段
3. 側桁 ・	・c. 洋小屋
4. 合掌 ・	・d. 真壁
5. 散りじゃくり ・	・e. 心持ち材
6. 背割り ・	・f. 軒先

一般に、通し柱とする。

④控柱は、地震力等の水平力を負担する斜材で、筋かいと同等の効果がある。

⑤一般に、構造耐力上主要な柱の所要断面積を1/3以上欠き取る場合には、その部分を補強する。

2）梁

①梁の端部は、抜け落ちないように羽子板ボルトなどで緊結する。

②小屋梁に丸太を使用する場合、所要断面寸法は、丸太の末口寸法による。

③小屋梁の断面寸法は、荷重の状態、スパン、梁間隔等を考慮し適切なものとする。

ひっかけ対策

丸太の所要断面寸法は、末口寸法で表す。末口に比べ断面寸法の大きい元口は誤り。

④曲げモーメントを生じる梁は、たわみについても検討する。

⑤スパンの大きな横架材は、強度だけでなくたわみについても検討しなければならない。

⑥梁の欠込みが材の引張側にある場合は、材の圧縮側にある場合より強度上著しく不利である。

3）筋かい

①筋かいの端部における仕口は、筋かいの種類に応じた耐力を有する接合方法とする。

②筋かいの端部は、柱と横架材との仕口に接近して、釘、金物などで緊結する。

③筋かいの端部は、壁倍率に対応した力に抵抗できる方法で緊結する。

④筋かいを有効なものとするために、筋かいの上端部が取り付く柱の下部に近接した位置にアンカーボルトを設ける。

⑤構造用面材と筋かいを併用した一般的な軸組の倍率は、それぞれの倍率の和とするが、5を超える場合は5とする。

⑥同じ構面内の筋かいは、一方向だけに傾けて配置するのではなく、反対の向きにも抵抗できるように、できるだけバランスよく両方の向きに同じ数を入れることが望ましい。

⑦筋かいを有効なものとするために、三角形を構成する柱の上下を土台・梁などに金物などで緊結する。

⑧筋かいと間柱が交差する部分では、間柱を欠き込む。

⑨風圧力によって小屋組が倒れないようにするために、小屋筋かいを設けることがある。

解答　**木構造の名称に関する問題**

1とa、2とf、3とb、4とc、5とd、6とe

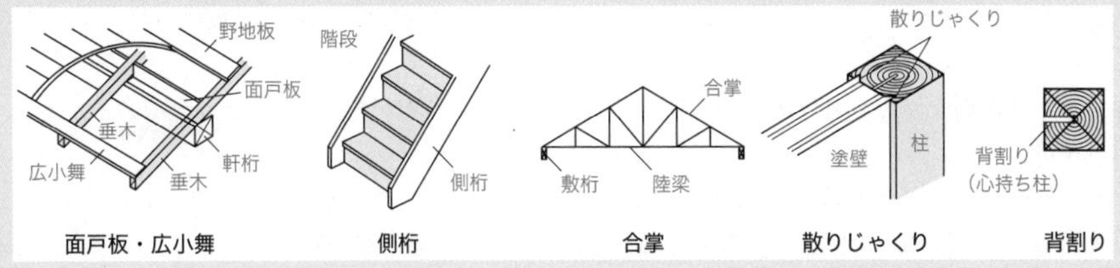

4）床

①床の下地板として構造用合板を直張りすると、床面の水平剛性を高めるのに有効である。

②水平トラスや火打梁は、各骨組を連結して水平方向の剛性を確保するために入れる。

5）その他

①布基礎に設けた換気口は、地震時には構造的に弱点となることがある。

②建築物の幅が高さに比べて狭い場合、特に隅柱と土台を十分に緊結する。

耐風設計

木構造の耐力壁の耐風設計において、必要耐力壁の有効長さは、見付面積が大きいほど長くなる。したがって、けた行方向に細長い建築物は、張り間方向の面に比べてけた行方向の面のほうが風を受ける見付面積が大きくなるので直角方向である張り間方向の必要壁量が大きくなる。

③下屋やオーバーハングがある場合、当該部分の水平構面の剛性を確保する。

④木造軸組構法では、継手位置をそろえると、その位置が弱点となるおそれがあるので、継手位置を分散させる。

3. 耐風設計

①建築物の外周に接して吹抜けを設ける場合、その吹抜け部分の胴差については、水平方向の力を考慮する。

②屋根の棟や軒先部分には、局部的に大きい吹上げの力が加わることがある。

③屋根は、風をはらむ形状にならないようにする。

④塔状の建築物においては、耐力壁の脚部に引抜きの力が生じることがある。

重要 4. 耐力壁

木質構造の建築物には、その見付面積と床面積から、張り間方向及びけた行方向それぞれに壁倍率に応じて耐力壁を設けなければならない。

出題パターン（耐力壁）

壁倍率の算定、有効長さを求める場合の条件等、配置計画を問う問題

1）壁倍率

①面材耐力壁には、その材料に応じて釘打ちの方法と倍率が定められている。

②ボード類を釘で打ち付けた大壁造の耐力壁の倍率は、そのボード類の材料及び釘の種類・間隔によって決められている。

③軸組の片面に同じボードを２枚重ねて釘打ちした壁の倍率は、そのボードを１枚で用いたときの壁の倍率を２倍にした値とすることはできない。

問 題　次の文中の（　）に適語を入れよう。

- 地震力に対して必要な耐力壁の有効長さは、屋根葺材が軽いほうが（①）。
- 一般に、筋かいを入れた耐力壁の場合、その耐力壁の見付けについて、高さに対する幅の比は、（②）以上とする。
- 壁と筋かいを併用した軸組の倍率は、それぞれの倍率の和が5.0を超えた場合であっても、（③）とする。
- 木材の筋かい（断面3cm × 9cm）を入れた軸組の倍率は、土塗壁を設けた場合より（④）。
- 構造用合板を用いた壁は、真壁造でも、（⑤）とすることができる。

④木材の筋かい（断面 3cm × 9cm）を入れた軸組の倍率は、土塗壁を設けた軸組の倍率より大きい。

⑤構造用合板による真壁造の面材耐力壁の倍率は、貫タイプに比べて、受材タイプのほうが大きくなる。

壁倍率（建基令 46 条）

木材の筋かい（断面 3cm × 9cm）→倍率は 1.5
木材の筋かい（断面 1.5cm × 9cm）→倍率は 1.0
木材の筋かい（断面 4.5cm × 9cm）→倍率は 2.0
土塗壁→倍率は 0.5

2）有効長さ

①風圧力に対して必要な耐力壁の有効長さは、一般に、見付面積に基づいて算定するもので、床面積には関係しない。

②けた行方向に細長い建築物の場合、一般に、風圧力に対して必要な耐力壁の有効長さは、けた行方向に比べて、張り間方向のほうが長い。

③風圧力に対して必要な耐力壁の有効長さを求める場合、平家建の建築物と 2 階建の建築物の 2 階部分とでは、見付面積に乗ずる数値は同じである。

耐力壁の必要有効長さ

建基令 46 条より、土蔵造り等屋根葺き材料が重い建築物は、耐力壁の必要有効長さが長くなり、金属板等軽い屋根葺き材料を用いた建築物は、短くなる。

④地震力に対して必要な単位床面積当たりの耐力壁の有効長さは、一般に、屋根葺材に軽いものを用いる場合に比べて、重いものを用いる場合のほうが長くなる。

⑤地震力に対して必要な単位床面積当たりの耐力壁の有効長さは、床面積に直接関係し、見付面積には関係しない。

⑥各階の床面積が等しい 3 階建の建築物の場合、地震力に対して必要な耐力壁の有効長さは、上階になるほど短くなる。

3）その他

①真壁造の面材耐力壁は、受け材タイプと貫タイプに分類される。

②構造用合板を用いた壁は、真壁造でも、耐力壁とすることができる。

5. 耐力壁の配置

建築物の重心と剛心の位置がずれるとその建築物にねじれが生じる。ねじれを防ぐためには、重心と剛心を一致させればよい。したがって、耐力壁は、上下左右とも対称に配置したものが最もよい。

・地震力に対して必要な単位床面積当たりの耐力壁の（⑥）は、一般に、屋根葺材の種類によって異なる。
・筋かいと間柱が交差する部分では、（⑦）を欠き込む。
・圧縮力を負担する木材の筋かいは、厚さ（⑧）以上、幅 9cm 以上とする。
・風圧力に対して必要な耐力壁の有効長さは、一般に、（⑨）に基づいて算定する。

解答　**木構造に関する総合問題**

①短い　② 1/3　③ 5.0　④大きい　⑤耐力壁　⑥有効長さ　⑦間柱　⑧ 3cm　⑨見付面積

6. 接合

1）釘接合部

①釘接合部の引抜耐力は、樹種及び釘径が同じであれば、一般に、釘の打込み長さが長いほど大きい。

②釘接合部の耐力は、一般に、側材として木材を用いる場合より、鋼板を用いる場合のほうが大きい。

③引張材の端において、釘を力の加わる方向に1列に10本以上並べて打つ場合、接合部の釘1本当たりの許容せん断耐力を低減する必要がある。

出題パターン

接合について
・木質構造の釘接合部及びボルト接合部に関する問題
・図示された接合金物の名称を問う問題

ひっかけ対策

ボルトと釘を併用する場合、ボルトの許容耐力と釘の許容耐力との和を接合部の許容耐力とすることはできない。

2）ボルト接合部

①ボルト接合部の許容引張耐力は、ボルトの材質、ボルトの径、座金の寸法及び樹種が同じ場合、ボルトの長さに関係しない。

②ボルトの締付けは、一般に、座金が木材にわずかにめり込む程度とする。

③ボルト接合部においては、ボルト孔の径をボルトの径より大きくすると、初期すべりを生じる。

3）釘及びボルトの接合部

①1か所の接合部にボルトと釘を併用する場合、個々の耐力のみで安全となるよう設計しなければならない。また、それぞれの接合の特性としては、ボルト接合は一般に粘り強く、釘接合は初期剛性が大きい。

②釘接合部及びボルト接合部においては、割れの生じないように、端あき及び縁あきを適切にとる。

7. 継手

①目違い（めちがい）継ぎは、幅木又は長押等に用いられる継手で、筋目の違うほぞによる継手である。

②台持（だいもち）継ぎは、桁又は梁等に用いられる継手で、二つの部材を重ね合わせてボルト締めとする。

③そぎ継ぎは、垂木等に用いられる継手で、釘打ち又は接着剤により接合する。

④添板（そえいた）継ぎは、二つの部材の木口を突き付け、その側面に添木をあて、ボルト締め又は釘打ちにより接合する。

⑤相欠き（あいかき）継ぎは、二つの部材を等分に欠き取り、ボルト締め又は釘打ちにより接合する。

問 題　次の記述に最も関連する継手を答えよう。

1. 土台又は桁等に用いられる継手で、鎌状の突起により接合する。
2. 桁又は梁等に用いられる継手で、二つの部材を重ね合わせてボルト締めとする。
3. 垂木等に用いられる継手で、釘打ち又は接着剤により接合する。
4. 二つの部材の木口を突き付け、その側面に添木をあて、ボルト締め又は釘打ちにより接合する。
5. 二つの部材を等分に欠き取り、ボルト締め又は釘打ちにより接合する。
6. 筋目の違うほぞによる継手である。

8. 接合金物の名称

A：ホールダウン金物（引寄せ金物）…柱又は枠組壁工法のたて枠が引抜き力によって土台から抜けるのを防ぐために柱脚部に取り付け、基礎と緊結する金物である。

B：かど金物…柱と土台又は桁を緊結する。

C：シヤープレート…主として、ボルトを用いての木材と鋼板の接合に用いられる。

D：ラグスクリュー…大型の木ねじともいうべきもので木材と木材、又は、木材と鋼板の接合に用いられる。

E：メタルプレートコネクター…木構造のトラス節点の側面に押し付けて部材を相互に接合する金物である。

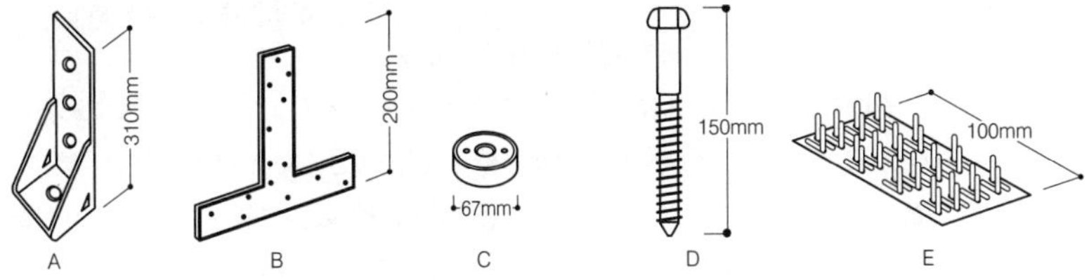

9. 枠組壁工法

①構造耐力上主要な部分に使用する枠組材の品質は、構造部材の種類に応じて、規格が定められている。

②アンカーボルトは、その間隔を 2m 以下とし、かつ、隅角部及び土台の継手の部分に配置する。

③基礎は、1 階の外周部耐力壁及び内部耐力壁の直下に設ける。

④耐力壁線相互の距離は、12m 以下とする。ただし、構造計算により構造耐力上安全であることを確かめる場合を除く。

⑤耐力壁の隅角部には、3 本以上のたて枠を用いる。

⑥耐力壁の上部には、当該耐力壁の上枠と同じ断面寸法の頭つなぎを設ける。

⑦耐力壁線に設ける開口部の幅は、4m 以下とし、かつ、幅の合計は当該耐力壁線の長さの 3/4 以下とする。

⑧耐力壁の壁材としてせっこうボードを取り付けるための釘としては、GNF40 又は SNF45 を用いる。ねじを用いる場合は WSN 又は DTSN とする。

解 答　横架材の継手を答える問題

1. 鎌継ぎ、2. 台持継ぎ、3. そぎ継ぎ、4. 添板継ぎ、5. 相欠き継ぎ、6. 目違い継ぎ

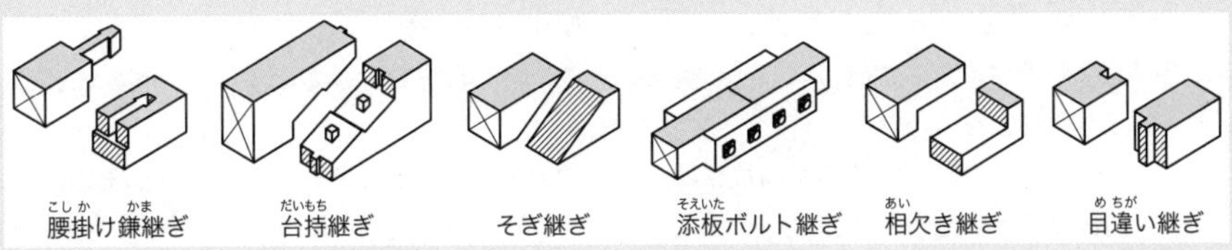

64 補強コンクリートブロック造・壁式鉄筋コンクリート造 100%

1. 補強コンクリートブロック造

1）耐力壁

出題パターン

・構造や構造設計に関する記述の問題
・基本的に壁式鉄筋コンクリート造と補強コンクリートブロック造のどちらかが毎年出題されている。過去には、組石造が出題された年もある

①コンクリートブロックは、品質によりA種、B種、C種に分けられ、圧縮強度の大きさはC＞B＞Aの順である。

②耐力壁の中心線により囲まれた部分の水平投影面積は、60 m²以下とする。

③壁量とは、ある階において、張り間方向とけた行方向の2方向について、それぞれの耐力壁の長さの合計をその階の床面積で除した値である。また、それぞれの方向の壁量の合計は、その階の床面積1 m²につき15cm以上とする。

④耐力壁の厚さは、15cm以上、かつ、対隣壁（耐力壁に直交して接着する二つの隣り合う耐力壁等）の中心線間距離の1/50倍以上とする。対隣壁の中心線間距離に対する制限は、壁の面外方向に作用する外力に対して安全となるように定められた規定である。

⑤耐力壁の長さは、55cm以上、かつ、両側に開口部がある場合は、原則として、その高さの平均値の30%以上とする。

⑥建築物の外周隅角部には、耐震上有効となるように、できるだけ耐力壁をL型又はT型に配置し、平面上つり合いよく配置する。

⑦耐力壁の基礎は、鉄筋コンクリート造の基礎梁を有効に設けた場合を除いては、一体の鉄筋コンクリート造の布基礎とする。

⑧上階の耐力壁は、原則として、下階の耐力壁の上に配置する。

⑨端部及び隅角部には、φ 12以上の鉄筋を縦に配置し、φ 9以上の鉄筋を縦横に80cm

耐力壁における縦筋・横筋の規定

①縦筋の末端は、かぎ状に折り曲げ、径の40倍以上を基礎、臥梁、屋根版等に定着させる。
②横筋の末端はかぎ状に折り曲げる。ただし、耐力壁の末端以外における異形鉄筋の末端を除く。
③横筋の継手の重ね長さは、溶接する場合を除き、径の25倍以上とする。
④横筋の末端を他の耐力壁又は構造耐力上主要な柱に定着させる場合、溶接する場合を除き、定着長さは径の25倍以上とする。

問 題 補強コンクリートブロック造2階建、延べ面積200m²の建築物に関する次の記述のうち、正しいものはどれか。

1. 耐力壁の縦筋は、溶接接合によれば、コンクリートブロックの空洞部内で継ぐことができる。
2. 1階の耐力壁の壁頂には、鉄筋コンクリート造の臥梁（がりょう）を設けなくてもよい。
3. 耐力壁の横筋が異形鉄筋の場合、耐力壁の端部以外の部分における末端は、かぎ状に折り曲げなければならない。
4. 壁量は、一つの階の張り間方向及びけた行方向のすべての耐力壁の長さの合計をその階の床面積で割った値とする。

補強コンクリートブロック造の塀の構造

①高さは、2.2m 以下とする。
②壁の厚さは、塀の高さ＞ 2m で 15cm 以上、塀の高さ≦ 2m で 10cm 以上とする。
③壁頂及び基礎には横に、壁の端部及び隅角部には縦にそれぞれ ϕ 9 以上の鉄筋を配置する。
④壁内には、ϕ 9 以上の鉄筋を縦横に 80cm 以下の間隔で配置する。
⑤塀の高さが 1.2m を超える場合、長さ 3.4m 以下ごとに、ϕ 9 の鉄筋を配置した控壁で基礎の部分において壁面から高さの 1/5 以上突出したものを設ける。
⑥縦筋の末端は、壁頂及び基礎の横筋に、原則として、かぎ掛けして定着する。
⑦塀の高さが 1.2m を超える場合、基礎の丈は 35cm 以上とし、根入れ深さは 30cm 以上とする。

以内の間隔で配置する。

2）臥梁

①階数が 1 の建築物で、壁頂に RC 造の屋根版が接着する場合を除いて、各階の耐力壁の壁頂には RC 造の臥梁を設けなければならない。

②臥梁有効幅は、20cm 以上かつ、耐力壁の水平力に対する支点間距離の 1/20 以上とする。

3）目地及び空洞部

①コンクリートブロックは、その目地塗面の全部にモルタルが行きわたるように組積し、鉄筋を入れた空洞部及び縦目地に接する空洞部はモルタル又はコンクリートで埋める。

②耐力壁、門、塀の縦筋は、溶接等による接合を除き、空洞部内で継いではならない。

2. 壁式鉄筋コンクリート造

①耐力壁の実長は、45cm 以上、かつ、同一実長を有する部分の高さの 30％以上とする。

②平面形状が長方形でないものは、構造計算によって構造耐力上安全であることを確かめなければならない。

③壁梁のせいは、45cm 以上とする。また、軒の高さは 20m 以下とする。

④地上 2 階建の場合、耐力壁の厚さは、原則として、15cm 以上とする。

組積造

①組積材は、目地塗面の全部にモルタルを行きわたらせ、芋目地ができないように組積する。
②壁の長さ（対隣壁の中心線間の距離）は、10m 以下とする。
③壁の基礎は、一体の鉄筋コンクリート造又は無筋コンクリート造の布基礎とする。

組積造の塀の構造

①高さは、1.2m 以下とし、基礎の根入れ深さは、20cm 以上。
②各部分の塀の厚さは、その部分から壁頂までの垂直距離の 1/10 以上。
③原則として、長さ 4m 以内ごとに定められた大きさの控壁を設ける。

解答　**補強コンクリートブロック造に関する問題**

2. 1 階壁頂には臥梁を、2 階壁頂には臥梁又は RC 造の屋根版を設ける。
3. この場合、かぎ状に折り曲げなくてもよい。
4. 壁量は、各階の張り間方向及びけた行方向のそれぞれの方向について、耐力壁の長さの合計をその階の床面積で割った値とする。

正解　1

65 鉄筋コンクリート構造

200%

鉄筋コンクリート構造は、コンクリートが引張力に対して弱いため、部材断面の主として引張力の働く部分に、鉄筋を入れて補強した構造である。
構造形式としてはラーメン構造、壁式構造がよく用いられるが、シェル構造にも適用される場合がある。

出題パターン
・構造や構造設計に関する問題
・主筋の配筋について、図示されたものから正解を選ぶ問題
・梁の許容曲げモーメントを求める問題

1. 柱と帯筋

①柱の小径は、一般に、その構造耐力上主要な支点間の距離の1/15以上とする。

②柱の間隔は、階高や梁せい等を考慮して6～7m程度とする。

③柱の主筋は、主として、曲げモーメント及び軸方向力に抵抗する。

RC造の破壊形式
せん断破壊は、曲げ破壊に比べて脆性的な破壊形式であり、構造物の決定的な崩壊をもたらすおそれがある。したがって、曲げ破壊が先行するよう部材を設計する。

④柱のコンクリート全断面積に対する主筋全断面積の割合は、0.8%以上とする。

⑤柱の主筋は、D13又はϕ 13以上かつ4本以上とし、帯筋と緊結する。

⑥腰壁、垂れ壁と一体となった柱は、有効長さが短くなり（短柱）、大きなせん断力が作用する。これによって、曲げ破壊よりせん断破壊が先行し、粘りのない脆性的な破壊形式になる。したがって、短柱が生じないように、腰壁や垂れ壁の配置に注意する。

⑦柱は、一般に、負担している軸方向圧縮力が大きくなると、変形能力が低下し、粘りのない脆性的な破壊が生じやすくなる。

帯筋比の算定

$$\text{帯筋比}(p_w)=\frac{\text{1組の帯筋断面積}(2a_w)}{\text{柱幅}(b)\times\text{帯筋間隔}(x)}$$

a_w：帯筋1本当たりの断面積
b、d：柱の幅
x：帯筋間隔

地震力の方向
主筋
帯筋
b
d
柱の配筋

主筋
帯筋
x x x x x

問題 鉄筋コンクリート構造の構造設計に関する次の記述のうち、正しいものはどれか。

1. 柱の粘り強さを増すために、帯筋の間隔を大きくした。
2. 柱の間隔は、階高や梁せい等を考慮して6～7m程度とした。
3. 梁せいは、長期たわみの影響なども考慮して、スパンの1/20程度とした。
4. 短柱が生じるように、腰壁や垂れ壁を配置した。
5. 耐震壁に開口部を設ける必要が生じたが、その影響を考慮せずに設計した。
6. 梁に設備用の貫通口を設ける場合、構造的には柱に近接して設けるほうが望ましい。

⑧建築物の隅柱は、中柱に比べて、地震時の軸力変動が大きい。

⑨柱の帯筋の径は、6mm 以上とする。

⑩柱の帯筋比は、0.2%以上とする。

⑪帯筋は、コンクリートとともにせん断力に抵抗し、柱主筋の外側に巻くように配置するため、主筋を拘束し座屈を防ぐ効果をもつ。

> **柱のせん断補強**
> ①スパイラル筋は、柱の主筋にらせん状に巻き付けるせん断補強筋である。
> ②柱頭、柱脚はせん断力が大きく作用するので、中央部に比べて密に帯筋を配置するとせん断補強に、より効果的。

⑫帯筋は、密に設けることにより、たとえ柱がせん断破壊しても、軸力を保持し、急激な耐力低下を防ぐ。

⑬帯筋は、コンクリートとともにせん断力に抵抗するもので、曲げモーメントに抵抗する効果は、一般に、期待できない。

⑭帯筋の効果は、端部の定着形状により異なる。一般に、末端部にフックを設け、135 度以上に折り曲げて内部のコンクリートに定着させる。

⑮スパイラル筋は、部材の強度や粘り強さを増すうえで、端部にフックを有する帯筋よりも効果がある。

⑯帯筋やあばら筋の間隔を小さくすると、一般に、部材を粘り強くする効果がある。

2. 梁

①梁せいは、長期たわみの影響なども考慮して、スパンの 1/10 程度とする。

②柱が鉄筋コンクリート造であっても、スパンが大きい場合には、梁を鉄骨造とすることがある。

③比較的スパンの大きな梁や片持梁に対しては、曲げひび割れやクリープを考慮して設計する。

④梁のあばら筋比は、0.2%以上とする。

⑤梁の引張鉄筋比がつり合い鉄筋比以下の場合、許容曲げモーメントは、引張鉄筋の断面積に比例する。

> **クリープ**
> クリープとは、部材に作用する荷重の大きさが弾性の範囲内であっても、その作用期間が長いとひずみが増大する現象。

⑥梁に設備用の貫通口を設ける場合、構造的には柱に近接して設けるのは望ましくない。

⑦柱に近い梁端部は、一般にせん断、曲げの応力が大きいため、弱点となりやすい。

⑧柱に取り付ける梁の引張鉄筋の定着長さは、その径の 40 倍以上とする。

解答　鉄筋コンクリート構造に関する総合問題

1. 柱の粘り強さを増すためには、帯筋の間隔を小さくする。
3. 梁せいは、スパンの 1/10 程度とする。
4. 短柱が生じると柱は、せん断破壊の危険があるので、腰壁や垂れ壁の配置には注意する。
5. 耐震壁に開口部を設ける必要が生じたときには、構造上その影響を考慮した設計とする。
6. 柱に近い梁端部は一般に応力が大きいため、貫通口を設けることは望ましくない。貫通口は、比較的応力の小さな梁端部からスパンの 1/4 程の位置に設けるのが望ましい。

正解 2

3. 床スラブ

①床スラブ各方向の全幅について、コンクリート全断面積に対する鉄筋全断面積の割合は、0.2%以上とする。

②床スラブには、風圧力や地震力などの水平力を柱や耐震壁に伝達する働きもある。

③床スラブについては、鉛直荷重だけでなく地震時などに作用する水平力に対して安全であるかどうかを検討する。

許容曲げモーメント（M）の算定

RC 造の梁において、引張鉄筋が先に許容引張応力度に達する場合、次の式が成り立つ。

$M = a_t \cdot f_t \cdot j$

a_t：引張鉄筋の断面積の和

f_t：主筋の許容引張応力度

j：応力中心間距離

$j = 7/8 \times d$

d：梁の有効せい

例）$a_t = 20\text{cm}^2$、$f_t = 20\text{kN/cm}^2$ の場合

$M = 20 \times 20 \times 7/8 \times 64 = 224\text{kN·m}$

4. 壁

①耐震壁は、地震時において、主に、水平力に抵抗する。

②耐震壁の壁板のせん断補強筋比は、直交する各方向に関し、それぞれ 0.25%以上とする。

③耐震壁に開口部を設ける場合は、構造上その影響を考慮して設計する。

④耐震壁が平面上で縦・横両方向につり合いよく配置されていない建築物は、地震時にねじれ振動を起こしやすくなる。壁が適切に配置されると、一般に、水平力によって生じる変形は小さい。

⑤階段やその他の床開口のために、床スラブと連結されない耐震壁は、水平力が伝達されないので、地震力に対して有効に働かないことがある。

5. 鉄筋の継手

①鉄筋の継手は、原則として、部材応力の小さい箇所で、かつ、常時はコンクリートに圧縮応力が生じている部分に設ける。

② D35 以上の異形鉄筋には、原則として、重ね継手を設けてはならない。

③径の異なる鉄筋の重ね継手の長さは、細いほうの鉄筋を基準として算出する。

④柱の鉄筋をガス圧接する場合の継手位置は、同じ高さとせず、相互にずらして設けることを原則とする。

⑤同一種類の鉄筋で、圧接の性能に支障がなければ、製造会社の異なる鉄筋相互であってもガス圧接継手を設けてもよい。

問題　次の文中の（　）に適当な数値を入れよう。

- 柱の小径は、一般に、その構造耐力上主要な支点間の距離の（①）以上とする。
- 柱の主筋の断面積の和は、コンクリートの断面積の（②）%以上とする。
- 柱の主筋は、D（③）又はϕ（③）以上かつ（④）本以上とし、帯筋と緊結する。
- 柱の帯筋は、径を（⑤）mm 以上とし、帯筋比を（⑥）%以上とする。
- 帯筋の末端部のフックは、（⑦）度に折り曲げて内部のコンクリートに定着させる。
- 梁のあばら筋比は、（⑧）%とした。
- D（⑨）以上の異形鉄筋には、原則として、重ね継手を設けてはならない。

6. 大梁主筋の配筋方法

①鉄筋コンクリート構造の大梁主筋（上端筋）の配筋には、下図のような方法がある（l は、所要の定着長さを示す）。

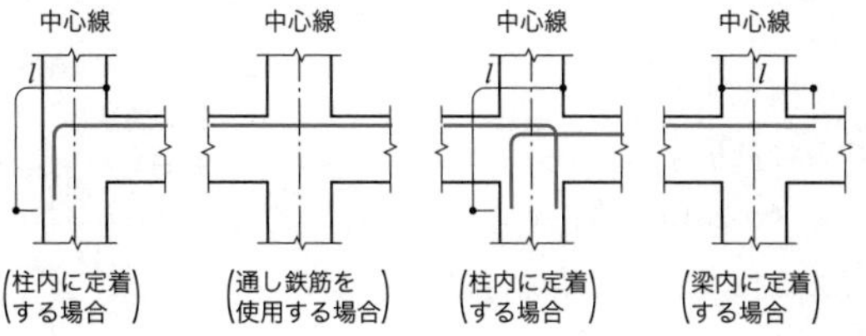

②梁の主筋を柱に定着させる場合、原則として、主筋の折り曲げの起点は、柱の中心線を超えなければならない。

③コンクリートのかぶり部分は、鉄筋を保護して部材に耐久性と耐火性を与える。

7. 主筋の配置

鉄筋コンクリート造の主筋は、原則として、曲げモーメントを受ける部材の引張側に配置する。下図は、梁に生じる曲げモーメントと主筋の関係を表したものである。

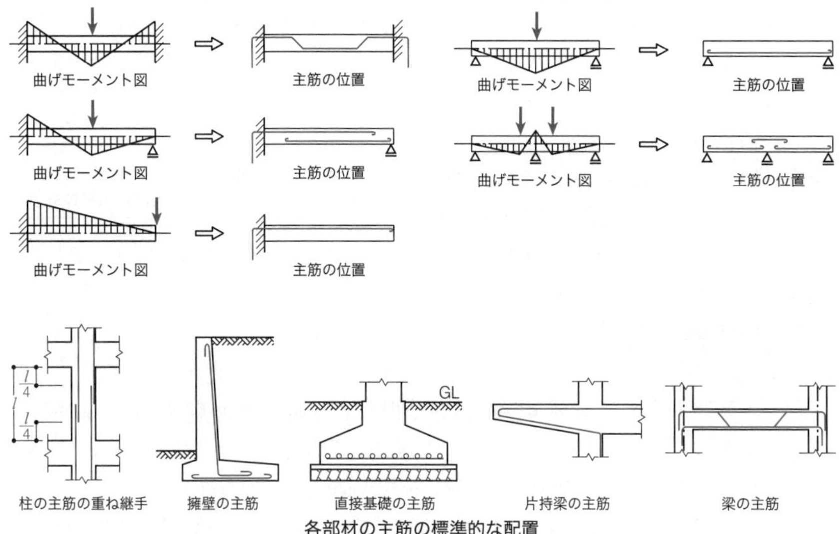

各部材の主筋の標準的な配置

・耐震壁の壁板のせん断補強筋比は、直交する各方向に関し、それぞれ（⑩）%以上とする。

・壁式鉄筋コンクリート造において、軒の高さは（⑪）m 以下とし、壁梁のせいは、（⑫）cm 以上とする。

・壁式鉄筋コンクリート造の耐力壁は、長さ（⑬）cm 以上、厚さ（⑭）cm 以上（複配筋の場合（⑮）cm 以上）とし、つり合いよく配置しなければならない。

解答　鉄筋コンクリート構造に関する数値もしっかり覚えよう！

① 1/15 ② 0.8 ③ 13 ④ 4 ⑤ 6 ⑥ 0.2 ⑦ 135 ⑧ 0.2 ⑨ 35 ⑩ 0.25 ⑪ 20 ⑫ 45 ⑬ 45 ⑭ 12 ⑮ 18

66 鉄骨構造

200%

1. 梁各部の名称と働き

出題パターン

・鉄骨構造は、構造や構造設計に関する記述問題又は用語や記号に関する問題と接合に関する問題の計2問が出題される

・接合問題では、算定問題も出題されるようになった

・フランジ…曲げに抵抗する。
・ウェブ…せん断力に抵抗する。
・スチフナー…ウェブの座屈を防止する。
・フィラー…接合する板厚が異なる場合に隙間にはさみ込んで板厚をそろえるためのはさみ板。
・ラチス…せん断力による軸方向力に抵抗する。

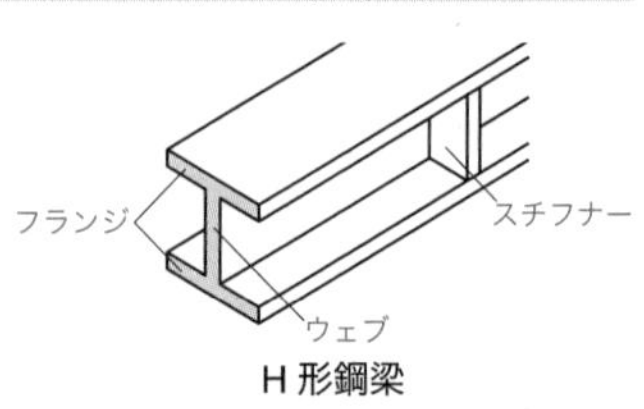

H 形鋼梁

2. 鋼材の種類の記号

①構造用鋼材の種類の記号は、それぞれの鋼材の種別を表したあとに引張強さの下限値［N/mm^2］をつけて表す。例えば、SM400A は、溶接構造用圧延鋼材で引張強さの下限値が 400N/mm^2 を表す。

②一般構造用圧延鋼材 SS490 は、溶接構造には使用できないので、400N/mm^2 より大きい強度が必要な溶接材には SM 490 以上の SM 材を用いる。また、一般構造用軽量形鋼 SSC400 は、板厚の薄い場合、腐食や溶接に対して十分な注意を要する。

構造用鋼材の種類

・SS 材…一般構造用圧延鋼材
・SN 材…建築構造用圧延鋼材
・SM 材…溶接構造用圧延鋼材
・SSC 材…一般構造用軽量形鋼
・STK 材…一般構造用炭素鋼鋼管
・STKR 材…一般構造用角形鋼管

③鉄筋は、丸鋼を SR、異形鉄筋を SD の記号で表し、これに続いてRが付いたものは再生棒鋼を示す。アルファベット記号のあとの数字は降伏点強さ又は耐力の下限値［N/mm^2］をつけて表す。

3. 鉄骨構造の設計

1）座屈

①幅厚比…鉄骨部材は、平板要素の幅厚比や鋼管の径厚比（部材の幅又は径／部材厚さ）が小さいほど、局部座屈を起こしにくい。また、部材がほぼ降伏点に達するまで局部座屈を起こさないようにするため、平板要素の幅厚比が定められている。

②座屈…梁の横補剛材などの座屈を拘束するための補剛材には、剛性と強度が必要であ

問 題 鉄骨構造の梁に関する各部材の主な働きとして、最も適当なものを線で結ぼう。

1. フランジ ・	・a. せん断力による軸方向力に抵抗する
2. ウェブ ・	・b. 板厚をそろえる
3. スチフナー ・	・c. 曲げに抵抗する
4. フィラー ・	・d. せん断力に抵抗する
5. ラチス ・	・e. ウェブの座屈を防止する

解 答 1とc、2とd、3とe、4とb、5とa

る。また、材端の支持条件によって、座屈のおそれの度合いは異なる。

③細長比…細長比が大きい部材ほど許容圧縮応力度は小さい。例えば、細長比の大きい柱では、圧縮力によって座屈のおそれが大きくなり、許容圧縮応力度を小さくする。

2）設計

①トラス部材の応力の算定に当たっては、一般に、部材の伸縮の影響は考慮しない。

②主要な梁材のたわみは、通常の場合は、スパンの 1/300 以下とする。

③柱脚の接合形式のうち、根巻型及び埋込型は、一般に、固定柱脚として設計される。

④柱脚部の固定度を上げるためには、一般に、露出型より埋込型のほうが有効である。

⑤引張材の有効断面積は、ボルトなどの穴による断面欠損を考慮して算出する。

⑥山形鋼、みぞ形鋼などをガセットプレートの片側だけに接合する場合は、偏心の影響を考慮して設計する。

⑦建築物の構造耐力上主要な部分において、鋳鉄は、一般に、引張応力が存在する部分には使用しない。

⑧構造用鋼材の短期許容応力度は、長期許容応力度の 1.5 倍とする。

⑨鋼材に多数回の繰返し荷重が作用すると、その応力の大きさが降伏点以下の範囲であっても破断することがある。

⑩鋼材は、火災時に熱せられると強度が低下するので、耐火構造とする場合は、耐火被覆を施して主要構造部を保護する。

3）筋かいの設計

①平鋼の筋かいを、ガセットプレートに高力ボルト接合する場合、平鋼の有効断面積は、ボルト孔による欠損面積を減じたものとする。

②水平力を負担する筋かいの軸部が降伏する場合においても、その筋かいの端部及び接合部は破断しないようにする。

③山形鋼を用いた引張筋かいを、ガセットプレートの片側だけに接合する場合、山形鋼の有効断面積は、突出脚の 1/2 の断面積を減じたものとする。

④筋かいを有する階の設計用応力は、その階に作用する水平力のうち、筋かいが負担する水平力の割合が大きくなるほど割増しする。

⑤筋かい材の断面を決める場合の構造用鋼材の短期許容応力度は、長期許容応力度の 1.5 倍とする。

問題 日本工業規格による鋼材等の種類の記号の説明として、適当なものを線で結ぼう。

1. SS400 ・	・a．鉄筋コンクリート用の異形棒鋼の一種
2. SM490A ・	・b．一般構造用圧延鋼材の一種
3. SN490B ・	・c．鉄筋コンクリート用の丸鋼の一種
4. SD345 ・	・d．溶接構造用圧延鋼材の一種
5. SR295 ・	・e．建築構造用圧延鋼材の一種

解答 1とb、2とd、3とe、4とa、5とc

4. 鉄骨の接合

1）溶接の設計上の注意

①応力を伝達すべき溶接継目の形式は、一般に、突合せ溶接・すみ肉溶接・部分溶込み溶接に大別される。

②溶接継目ののど断面に対する許容応力度は、溶接作業の方法に応じて異なる値を用いる。

③アンダーカットとは、溶接の止端において母材が掘られて、溶着金属が満たされないでみぞとなって残っている部分をいう。

④溶接継目の交差を避けるため、片方の部材にスカラップを設ける。

⑤突合せ溶接の始端・終端には、欠陥の発生を避けるため、補助板としてエンドタブを用いる。

ひっかけ対策

溶接作業の方法により、溶接継目ののど断面に対する許容応力度を低減する場合がある。

溶接継目に生じる応力度 p

$$p=\frac{P}{\Sigma(a-l)}\leqq f_w$$

P：溶接継目に生じる引張力、圧縮力又はせん断力［N/mm²］

a：有効のど厚［mm］

$a=s$（突合せ溶接）

$a=0.7s$（すみ肉溶接）

s：サイズ［mm］

l：有効長さ［mm］

f_w：許容応力度

⑥突合せ溶接は、応力を伝達する接合法で最も理想的。

⑦突合せ溶接は、全長にわたり断続しないように溶接する。

⑧突合せ溶接部の内部欠陥の検査方法は、一般に、超音波探傷試験による。

⑨すみ肉溶接部の有効面積は、（溶接の有効長さ）×（溶接の有効のど厚）により計算する。また、すみ肉溶接部の許容耐力は、（有効面積）×（許容応力度）により計算する。ただし、溶接の有効長さは、（溶接の全長）－２×（サイズ）とする。

⑩応力を伝達するすみ肉溶接の有効長さは、すみ肉溶接のサイズの10倍以上、かつ、40mm以上を原則とする。

⑪側面すみ肉溶接の有効長さが、すみ肉溶接のサイズの30倍を超える場合は、許容応力

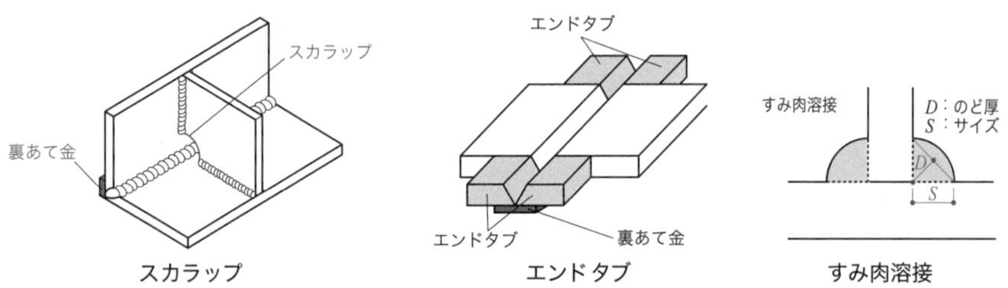

スカラップ　　エンドタブ　　すみ肉溶接

問題　鉄骨構造の接合に関する次の記述のうち、正しいものはどれか。

1. 一つの継手に普通ボルトと高力ボルトを併用する場合、応力を普通ボルトと高力ボルトで分担することができる。
2. 応力を伝達するすみ肉溶接の有効長さは、原則として、すみ肉溶接のサイズの10倍以上で、かつ、40mm以上とする。
3. 溶接継目の交差を避けるため、片方の部材にエンドタブを設けた。
4. すみ肉溶接部の有効面積は、（溶接の有効長さ）×（溶接のサイズ）により計算した。
5. 構造計算に用いる重ね継手のすみ肉溶接のサイズは、厚いほうの母材の厚さ以下とする。

度を低減する。

⑫構造計算に用いる重ね継手のすみ肉溶接のサイズは、薄い方の母材の厚さ以下とする。

⑬応力を伝達する溶接の重ね継手は、原則として、2列以上のすみ肉溶接とする。

⑭部分溶込み溶接は、主として、せん断力に耐えるもので、引張応力、曲げ応力、繰返し応力を受ける場所には用いない。

2）ボルト、高力ボルトの設計上の注意

①高力ボルトの締付けは、トルクコントロール法又はナット回転法などにより、標準ボルト張力が得られるように行う。

②高力ボルトの相互間の中心距離（ピッチ）は、ボルト径の2.5倍以上とする。

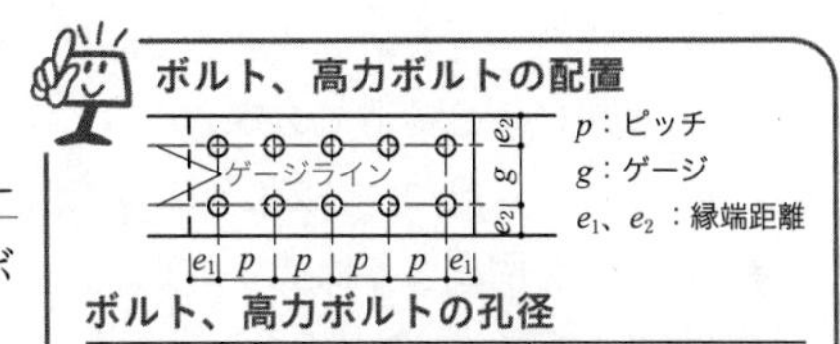

ボルト、高力ボルトの孔径

	高力ボルト		ボルト	
径 d（mm）	$d<27$	$d≧27$	$d<20$	$d≧20$
孔径D（mm）	$D≦d+2$	$D≦d+3$	$D≦d+1$	$D≦d+1.5$

③高力ボルトの許容せん断力は、設計ボルト張力やすべり係数を考慮して定められている。また、高力ボルトの摩擦接合において、二面摩擦の許容せん断力は、一面摩擦の2倍の許容せん断力とすることができる。

④一つの継手に高力ボルトと溶接を併用する場合で、高力ボルト接合が溶接より先に施工されるときには、溶接継目と応力を分担させることができる。ただし、高力ボルトとボルトを併用した場合には、全応力を高力ボルトに負担させる。

⑤ボルトは、振動、衝撃又は繰り返し応力を受ける接合部には、使用してはならない。

5. 溶接記号

下図は、鉄骨造の柱・梁の仕口における溶接方法などを示したもので、溶接記号は、日本工業規格（JIS）によるものである。

①ダイアフラムと柱フランジの接合は、すみ肉溶接である。

②梁フランジと柱フランジの接合は、V形突合せ溶接である。

③ダイアフラムと柱ウェブの接合は、すみ肉溶接である。

④梁ウェブと柱フランジの接合は、ウェブ両面からの連続すみ肉溶接である。

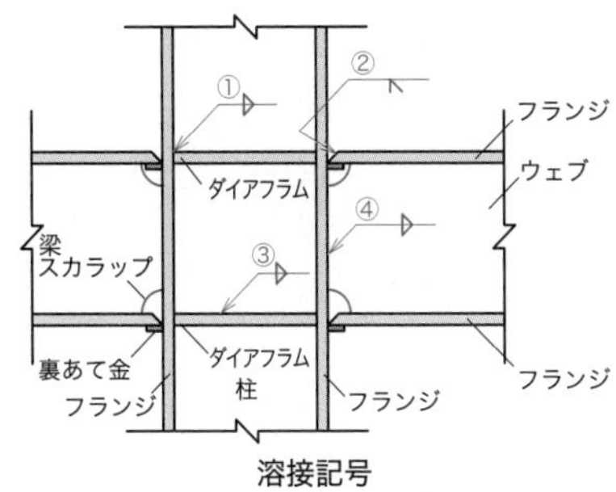

溶接記号

解答　鉄骨構造の接合に関する問題

1. 普通ボルトと高力ボルトを併用する場合、全応力を高力ボルトが負担するよう設計する。
3. 溶接継目の交差を避けるための切り欠きは、スカラップである。
4. すみ肉溶接部の「有効面積」は、(溶接の有効長さ) × (溶接の有効のど厚)。
5. 重ね継手のすみ肉溶接のサイズは、薄いほうの母材の厚さ以下とする。

正解 2

67 構造計画

100%

1. 構造種別

出題パターン

・構造種別ごとの特徴を問う問題や、建築物の構造計画上の注意点についての記述問題

・毎年出題されているが、様々な構造体についての基礎から躯体に至るまで、多岐にわたって出題される

・ラーメン構造…一般に、各節点で部材が剛に接合されている骨組による構造である。

・トラス構造…一般に、各節点がピンで接合され、各部材が三角形を構成する構造である。

・フラットスラブ構造…梁を用いないで、鉄筋コンクリートの屋根スラブや床スラブが梁を兼ね、このスラブをキャピタル付きの柱で支持する構造である。

・空気膜構造…構造体の内部と外部の空気圧の差により、膜面に張力・剛性を与えて形状を保つ構造である。

・シェル構造…屋根などの構造体に薄い曲面板を用いて外力を曲面内応力で処理する構造である。

・壁式鉄筋コンクリート構造…板状の壁体と屋根スラブや床スラブを一体的に組み合わせた構造である。

・プレキャスト鉄筋コンクリート構造…主要な構造部分を工場生産による RC 部品で組み立てる構造である。

重心と剛心

建築物の各階において、重さの中心である重心と、強さの中心である剛心との距離ができるだけ小さくなるように、耐力壁を配置する。これによって偏心によるねじれが小さくなる。

2. 構造計画

①建築物の耐震性は強度と靭性によって評価されるが、靭性が乏しい場合には、強度を十分に大きくする必要がある。

②地震時にねじれが生じないようにするため、建築物の重心と剛心との距離をできるだけ小さくなるように計画する。

③大きなスパンの梁やスラブの設計においては、強度だけでなく、たわみや振動に対する検討も重要である。

④床組や陸梁のたわみを減少させるには、梁せいを大きくしたりスパンを短くする。

⑤エキスパンションジョイント（伸縮継手）で接している建築物は、構造計算上は、それぞれ別の建築物とみなす。

問題 建築物の構造計画に関する次の記述のうち、正しいものを選びなさい。

1. 建築物の各部分が、エキスパンションジョイントのみで接している場合、構造計算においては、一体の建築物とみなす。
2. 水平力に対する剛性は、一般に、鉄骨造の建築物よりも RC 造の建築物のほうが小さい。
3. 建築物の耐震性は強度と靭（じん）性によって評価されるが、靭（じん）性が乏しい場合には、強度を十分に大きくする必要がある。
4. 各階の重心と剛心との距離は、なるべく大きくなるようにする。
5. 地震力によって生じる層間変形角は、各階の差がなるべく大きくなるようにする。

⑥地震力によって生じる層間変形角は、各階の差がなるべく小さくなるようにする。
⑦建築物の上下階の水平力に対する剛性の差を、できるだけ小さくなるように計画する。
⑧ピロティ形式を採用した建築物は、層崩壊しないように柱の靭(じん)性を大きくする。
⑨床組や陸梁の面内剛性を高めるためには、水平トラスや火打材を用いて補強した。
⑩木造建築物では、床、屋根の面内剛性を大きくし、地震力や風圧力に対して建築物の各部が一体となって抵抗するようにする。

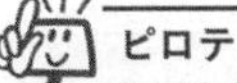

ピロティ
①ピロティ…独立した柱又は壁のみで構成された吹放しの空間である。
②ピロティ階…剛性小→地震力集中し崩壊のおそれ→柱の靭性を大きくする。

ひっかけ対策
①誤「木造において、床組や陸梁のたわみを減少させるために、水平トラスや火打材で補強した」→水平トラスや火打材の補強はたわみの減少に関係しない。
②水平力に対する剛性は、S 造の建築物より RC 造の建築物のほうが大きい。

⑪風の強い地域に建てる木造建築物の屋根に、重い材料を用いるとよい。
⑫木造建築物の基礎は、一般に、一体の鉄筋コンクリート造の布基礎とするが、軟弱地盤に建てる場合、鉄筋コンクリート造のべた基礎とするとよい。
⑬鉄筋コンクリート造において、水平力に対する剛性を大きくするためには、耐力壁を設けるとよい。また、上下階の耐力壁は、できるだけ平面的に一致するように計画する。
⑭水平力に対する剛性は、一般に、鉄筋コンクリート構造建築物よりも鉄骨構造建築物のほうが小さい。
⑮鉄骨造においては、材料の粘り強さを生かすような接合部の設計を行う。
⑯鉄骨造において、強度だけではなく、たわみや振動も考慮した部材寸法とする。
⑰鉄骨造において、各階の壁面に筋かいを設けると、水平力に対する剛性を大きくできる。

3. 構造計算に関する用語

・層間変形角…地震時において、各階の上下の相対変形量と階高との比。
・剛性率と偏心率…剛性率は、耐震設計における建築物の各階の剛性の平均に対する当該階における剛性の割合をいい、偏心率は、耐震設計における建築物の各階の水平剛性に対する偏心距離（重心から剛心までの距離）の割合をいう。
・保有水平耐力…耐震設計において、建築物が終局状態のときの水平耐力。
・速度圧…風圧力の算定において、建築物の高さ、周辺地域の地表面の状況、建設地の台風による風速を考慮した数値。

解答　構造計画に関する総合問題

1. 建築物の各部分が、エキスパンションジョイントのみで接している場合、構造計算においては、それぞれ別の建築物とみなす。
2. 水平力に対する剛性は、一般に、S 造よりも RC 造の建築物のほうが大きい。
4. 各階の重心と剛心との距離は、なるべく小さくなるようにする。
5. 地震力によって生じる層間変形角は、各階の差がなるべく小さくなるようにする。

正解 3

III 構造

68 木材

100%

1. 木材の強度　許容応力度

出題パターン

・木材の強度では許容応力度と含水率、特性では含水率との関係がポイント

・集成材や合板は、使用される箇所や特徴をつかんでおく

①繊維方向は、せん断強さより圧縮強さのほうが大きい。

②繊維方向のせん断強さは、引張強さよりも小さい。せん断強さは、引張強さの1/10程度である。

・ひのき1級の基準強度は、せん断では2.1N/mm²、引張では30.6N/mm²である。

③繊維方向のせん断強さは、曲げ強さより小さい。

④木材の繊維方向の長期許容曲げ応力度は、長期許容引張応力度よりも大きい。

⑤繊維方向のほうが繊維に直角方向よりも強度は大きい。

2. 木材の強度　含水率

①同じ含水率の場合、木材の強度は、比重が大きいものほど大きい。

②木材の強度は、含水率が30%以上のときはあまり変化しないが、30%以下では含水率が小さくなればなるほど強度は大きくなる。

3. 乾燥収縮率・含水率

①繊維方向より繊維に直角方向のほうが大きい。

②大小関係は、年輪の接線（円周）方向B＞年輪の半径方向A＞繊維方向Cである。

③含水率が20%以下では、収縮率は含水率にほぼ正比例する。

④含水率は、気乾状態より繊維飽和点のほうが大きい。

⑤含水率は、温度と相対湿度によって変化する。

⑥同じ含水率の場合、比重が小さいものほど熱伝導率は小さい。

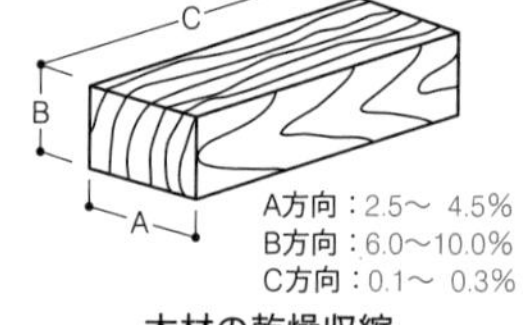

木材の乾燥収縮

4. 腐朽

①辺材は、樹液が多いため、心材より腐朽しやすい。

②木材の細菌による腐朽は、水分がなければ起こらない。

③乾燥した木材、又は、水中に没している木材は、腐朽しにくい。

問　題　木材に関する次の文章内の不適当な語句を訂正しよう。

1. 繊維方向の圧縮強度は、せん断強度より小さい。
2. 繊維方向のせん断強さは、曲げ強さより大きい。
3. 心材は、辺材より腐朽しやすい。
4. 強度は、繊維に直角方向のほうが繊維方向より大きい。
5. 節は、強度上の弱点とならない。
6. 含水率は、温度と気圧によって変化する。
7. 心去り材は、心持ち材よりひび割れしやすい。

5. 集成材

①集成材とは、ひき板又は小角材等を繊維方向へ平行にして、厚さ、幅及び長さの方向に集成接着した一般材をいう。
②大断面材や長尺材の製造が可能である。
③割れやくるいの発生が少ない。
④樹種が同じ場合、構造用集成材の繊維方向の許容応力度は、普通構造材（木材）より大きい。また、強度のばらつきが少ない。

ひっかけ対策

①誤「集成材とは、丸太及び角材などを薄く削り出した単板を、その繊維方向を交互に直交させて接着した材料である」→これは合板の説明と合わせたものである。
②誤「集成材は、強度のばらつきが大きいので、造作用に限って用いられる」→強度のばらつきは小さい。
③水分を含んで重い材＝強いと勘違いしやすいが、逆に、乾燥して軽くなるにしたがい強度は増加する。

⑤繊維方向の許容応力度は、常時湿潤状態において用いる場合、低減しなければならない。
⑥集成材は、所要寸法のものが容易に得られるので造作用や、構造用に多く用いられる。
⑦構造用集成材は、屋外でも使用されるので、その製造に当たっては、造作用集成材に比べて耐久性に優れた接着剤を用いる。

6. 合板

①合板は、木材のもつ方向による性質の違いを少なくした板材料である。
②構造用合板は、木構造の耐力壁の面材として使用できるが、普通合板は使用不可。
③構造用合板の１級は、２級より高強度で品質がよい（強度での分類は１・２級）。
④構造用合板は、耐水性能により特類と１類に区分される。
⑤普通合板の１類のものは、２類や３類のものより耐水性がよく、屋根や床下地材に適する。
⑥構造用単板積層材（LVL）はロータリー単板の繊維方向を平行にして接着したもの。
⑦合板の規格は、日本農林規格（JAS）によって決められている。
⑧尿素樹脂系接着剤を使用した合板等を用いる場合、接着剤からホルムアルデヒドが放散されるので、良好な環境にするためには、放散が少ない合板等を用いる。

7. 燃焼・炭化ほか

①燃焼での表面の炭化層は内部を燃えにくくする。炭化速度：0.6mm/分
②木材は、260～270℃以上で可燃性ガスが多く発生しはじめ、口火があれば発火する。
③木材は、水分による膨張のほうが熱による膨張よりも大きい。
④辺材は、心材より耐久性が小さく、蟻害（シロアリの食害）を受けやすい。

解答　木材の強度・特性の基本事項を問う

1. 繊維方向の圧縮強度は、せん断強度より大きい。
2. 繊維方向のせん断強さは、曲げ強さより小さい。
3. 心材は、辺材より腐朽しにくい。
4. 強度は、繊維方向のほうが繊維に直角方向より大きい。
5. 節は、一般に、強度上の弱点となる。
6. 含水率は、温度と相対湿度によって変化する。
7. 心持ち材は、心去り材よりひび割れしやすい。

69 コンクリート　材料・強度

190%

1. セメント

①セメントは大別すると、ポルトランドセメントと混合セメントの二つである。

②ポルトランドセメントは石灰石と粘土が主原料である。

③セメントは、硬化する際に収縮する。

④セメントの強度は硬化体の空隙（げき）率に大きく影響される。

⑤水和後のセメントがアルカリ性を示すのは、水和によって $Ca(OH)_2$ が生成するからである。

⑥セメントは、粉末が微細なものほど、水和反応が速い。

⑦セメントは、水と反応して硬化する水硬性材料である。

⑧高炉セメントB種を用いたコンクリートの特性は、初期強度はやや小さいが、長期材齢強度は大きい。高炉セメントA種の強度発現は、普通ポルトランドセメントと同程度である。

出題パターン

・セメントの種類と特性、コンクリートの強度やある条件における性質などは、キーワードとその内容を簡潔に結びつけて理解しよう

・スランプ、単位水量、混和剤なども関連づけて覚えよう

セメントの種類

1）ポルトランドセメント
①普通ポルトランドセメント
②早強ポルトランドセメント
③超早強ポルトランドセメント
④中庸熱ポルトランドセメント

2）混合セメント
①高炉セメント
②シリカセメント
③フライアッシュセメント

3）特殊セメント
①白色ポルトランドセメント
②アルミナセメント

2. コンクリートの各種強度

1）圧縮・引張強度

①コンクリートの圧縮強度は、引張強度の10倍程度である（逆：引張強度は、圧縮強度の1/10程度）。引張強度が20～30kg/cm² 程度の場合、圧縮強度は300kg/cm² 程度である。

②コンクリートの強度が大きいものほど、一般に、ヤング係数は大きい。

③圧縮強度が大きくなるほど、圧縮強度に対する引張強度の割合は小さくなる。

④圧縮強度試験時のコンクリートの強度は、供試体の乾湿の状態によって異なる。

⑤コンクリートの短期許容圧縮応力度は、長期許容圧縮応力度に2を乗じた値である。長期許容圧縮応力度は、設計基準強度に1/3を乗じた値である（建基令91条）。

⑥軽量コンクリートの許容応力度（F は設計基準強度）

長期許容圧縮応力度＝$F/3$　　長期許容引張応力度＝$F/30$

問題　コンクリートに関する次の文章内の不適当な語句を訂正しよう。

1. セメントには、凝結時間を調整するために、細骨材が加えられている。
2. ブリーディング量が多いコンクリートは、垂直鉄筋に沿った沈みひび割れを誘発することがある。
3. コンクリートの乾燥収縮率は、一般に、単位水量が多いものほど小さい。
4. コンクリートの酸性化は、一般に、水和反応によって生成した $Ca(OH)_2$ が空気中の CO_2 の作用を受けて、徐々に $CaCO_3$ に変化することによって生じる。
5. コンクリートの圧縮強度は、一般に、水セメント比が大きいものほど大きい。

ひっかけ対策

①誤「セメントは、水和後、乾燥させると強度が増大するので気硬性材料である」→水硬性材料
②誤「コンクリートの長期許容圧縮応力度は、設計基準強度に 2/3 を乗じた値である」→ 1/3
③誤「コンクリートは、早期に乾燥を受け、水分が蒸発すると、強度が高くなる」→早期材齢に乾燥を受け水分が蒸発すると、水和反応が弱まり、乾燥収縮によって強度が低下する。

普通ポルトランドセメントを用いたコンクリートとその他のセメントを用いたコンクリート

①早強ポルトランドセメントのコンクリートのほうが、水和熱は大きい。
②高炉セメントのコンクリートのほうが、酸類、海水などによる侵食に対する抵抗性は大きい。
③フライアッシュセメントのコンクリートのほうが、ワーカビリティーは向上し、水和熱は小さい。
④中庸熱ポルトランドセメントのコンクリートのほうが、水和熱は小さい。
⑤シリカセメントのコンクリートのほうが、化学的抵抗性は大きく、水密性が高い。

長期許容せん断応力度＝$F/30$　短期許容応力度は、長期のそれぞれの数値の 2 倍。
例）設計基準強度 21N/mm^2 の軽量コンクリートの短期許容圧縮応力度は 14N/mm^2。

⑦コンクリートの強度の大小関係は、圧縮強度＞曲げ強度＞引張強度である。
⑧コンクリートの圧縮強度は、一般に、セメント水比が同じであれば、スランプが 8cm の場合も 18cm の場合も、ほぼ同じである。スランプは、単位水量と細骨材率に関係し、水セメント比が同じであればコンクリートの圧縮強度はほぼ同じである。
⑨コンクリートと鉄筋との付着強度は、コンクリートの圧縮強度が大きいほど大きい。
⑩長期間貯蔵したセメントを用いたコンクリートの圧縮強度は、一般に、低下する。
⑪コンクリートは、養生温度が低くなると強度発現は遅くなる。また、養生時に湿潤状態を保たないと、強度発現が妨げられる。
⑫円柱供試体の圧縮強度は、高さ／直径の比が小さくなるほど大きくなるが、同じ比率の場合、寸法が小さくなるほど大きくなる。
⑬コア供試体の圧縮強度は、高さ（h）と直径（d）との比（h/d）の影響を受ける。

2）水結合材比（水セメント比）・セメント水比

①コンクリートの圧縮強度は、水セメント比が小さいものほど大きい。水量の割合が少ないほど、コンクリートの圧縮強度は強くなる。また、セメント水比（水セメント比の逆数）は、セメント量の割合が多いほど、強度も大きくなる。
②セメント水比が同じであれば、コンクリートの圧縮強度は、一般に、空気量 1%の増加に対し、4 ～ 6%の割合で低下する。

解答　セメントとコンクリートの性質について問う

1. セメントには、凝結時間を調整するために、せっこうが加えられている。
2. ブリーディング量が多いコンクリートは、水平鉄筋に沿った沈みひび割れを誘発することがある。
3. コンクリートの乾燥収縮率は、一般に、単位水量が少ないものほど小さい。
4. コンクリートの中性化は、一般に、水和反応によって生成した $Ca(OH)_2$ が空気中の CO_2 の作用を受けて、徐々に $CaCO_3$ に変化することによって生じる。
5. コンクリートの圧縮強度は、一般に、セメント水比が大きいものほど大きい。

3）混和剤

①AE剤は、コンクリート中に無数の微細な気泡を生じさせることによって、ワーカビリティー（作業のしやすさの程度）及び耐久性を向上させるが、コンクリートの空気量が6%程度以上になると、圧縮強度は低下する。

②化学混和剤としてAE剤を用いたコンクリートは、ワーカビリティーがよくなり、凍結融解に対する抵抗性や耐久性を増加する。

③混和剤は所定の使用量を大幅に超えて添加すると、コンクリートの品質が低下する。

④調合強度とは、品質のばらつきや養生温度などを考慮して、設計基準強度に割増しをした強度である。

⑤高性能AE減水剤は、高い減水性能と良好なスランプ保持性能を有するもので、特に、コンクリートの高強度化・高耐久性化を図ることができる。

⑥防錆(せい)剤は、鉄筋が使用材料中に含まれる塩化物によって腐食することを抑制する。

⑦高炉スラグは、ワーカビリティーを良好にするとともに、水和熱を低減させ、塩化物イオンの浸透などを抑制する。

⑧フライアッシュは、ワーカビリティーを良好にするが、一般に、中性化速度が速くなる。また、水和熱は、フライアッシュの混入である程度低減することができる。

3. スランプ

①スランプ試験とは、高さ30cmのスランプコーンに練り混ぜたコンクリートをつめて、コーンを持ち上げ崩れたコンクリートの下がり量（スランプ値）を測定する。軟らかければスランプ値は大きくなる。

②コンクリートは、スランプの大きいものほど軟らかく分離を起こしやすい。

③普通コンクリートのスランプは、品質基準強度が

スランプ

ひっかけ対策

①誤「塩化物含有量が許容値を超える場合であっても、コンクリートが中性化していなければ、鉄筋は腐食しない」→もっともらしい理由をつけて誤りを正解のように説明している。正しくは、コンクリート中に塩化物が一定量以上存在すると、塩化物イオンによって鋼材に腐食が生じる。

②誤「コンクリートの乾燥収縮率は、一般に、単位水量が多いものほど小さい」→乾燥収縮は、セメントとの化学反応に関係しない余分な水の蒸発によるため、これを小さくするには、単位水量をできる限り少なくすればよい。

問　題　コンクリートに関する次の文章内の**不適当な語句**を訂正しよう。

1. 高炉セメントB種を用いたコンクリートは、化学抵抗性が小さい。
2. JISではコンクリートの耐久性確保のため、セメント中アルカリ量の下限値を定めている。
3. 山砂を用いたコンクリートは、川砂を用いたコンクリートに比べて、乾燥収縮が小さいので、ひび割れは生じにくい。
4. 海砂を用いたコンクリートは、コンクリートが中性化していなければ、一定量以上の塩分が存在しても、鉄筋が腐食しない。
5. コンクリートにAE剤を用いると、凍結融解に対する抵抗性は小さくなる。

33N/mm² 以上の場合 21cm 以下、33N/mm² 未満の場合、18cm 以下とする。

4. 骨材

①軽石などの天然軽量骨材を使用すると、ひび割れが生じやすくなったり中性化が早くなったりする。

②骨材内の有機不純物はセメントの水和反応の進行を妨げる。

③アルカリ骨材反応は、骨材中の鉱物とセメントに含まれるアルカリ物質との反応によって生ずる。

アルカリシリカ反応（アルカリ骨材反応）

骨材中のある種の鉱物とセメントに含まれるアルカリとの反応によって生成した物質が、吸水によって膨張する現象である。

④吸水率の高い骨材を使用すると、コンクリート中に水分が多くなり、これが凍結・膨張し凍害を起こす。

⑤砕石骨材の粒形は、一般に、実績率で判断される。砕石でも粒子が球形に近いものは実積率が大きく、粒子が細長かったり扁平の場合、実積率は小さくなる。実積率が大きいと流動性がよくなる。

⑥ JIS では、耐久性確保のため、セメント中のアルカリ量の上限値を定めている。

5. 単位水量・単位結合材量（単位セメント量）

①単位水量が少ないコンクリートほど、乾燥収縮量は小さい。逆に乾燥収縮に伴い発生するひび割れは、単位水量が多いものほど発生しやすい。

②コンクリートの水和発熱に伴い発生するひび割れは、単位セメント量が多いものほど発生しやすい。セメントの種類としては、早強ポルトランドセメントは、水和熱が高く、低熱ポルトランドセメント、中庸熱ポルトランドセメント、フライアッシュセメントは水和熱が小さい。

6. コンクリートの性質ほか

①コンクリートの中性化は、一般に、水和反応によって生成した Ca（OH）$_2$が空気中のCO_2の作用を受けて、徐々に$CaCO_3$に変化することによって生じる。

②水素イオン濃度(pH)は 12 ～ 13 のアルカリ性を示し、鉄筋に対する錆止め効果がある。

③フレッシュコンクリートは、強アルカリ性を示す。

④プレストレストコンクリートは PC 鋼材により計画的にコンクリートへプレストレスを与えたものである。

⑤硬化した普通コンクリートの気乾単位容積重量は、およそ 23kN/m³ である。

解 答　コンクリートの骨材とその性質について問う

1. 高炉セメント B 種を用いたコンクリートは、化学抵抗性が大きい。
2. JIS ではコンクリートの耐久性確保のため、セメント中アルカリ量の上限値を定めている。
3. 山砂を用いたコンクリートは、川砂を用いたコンクリートに比べて、乾燥収縮が大きく、ひび割れを生じやすい。
4. 海砂を用いたコンクリートは、コンクリートが中性化していない場合でも、一定量以上の塩分が存在すると、鉄筋が腐食しやすくなる。
5. コンクリートに AE 剤を用いると、凍結融解に対する抵抗性は大きくなる。

70 コンクリート 調合

10%

1. コンクリートの調合

調合とは、セメント・水・細骨材（砂）・粗骨材（砂利）の割合を調整し、強度・ワーカビリティーなどが要求通りに得られるようにすること。

出題パターン

・コンクリートの調合では、コンクリートの性質を左右するセメント・水・細骨材（砂）・粗骨材（砂利）について、基本的な内容を知っておく必要がある

・ここでのキーワードは、「水セメント比」である

①ワーカビリティーとは、まだ固まらないコンクリートの軟らかさの程度による作業性のしやすさをいう。スランプ試験により、その程度を判定する。

②コンクリートの空気量[%]が多いと、強度は低下する。

③骨材の粒度分布が悪いとワーカビリティーが低下し、さらに軽量骨材などを使うと強度が落ちる。

2. 水セメント比

セメントに対する水の重量百分率であり、その値が小さいほど圧縮強度は大きくなる。

①コンクリートの中性化は、水セメント比が大きいほど早くなる。

②コンクリートの透水性は、水セメント比が大きいほど大きくなる。

③コンクリートの乾燥収縮は、水セメント比が大きいほど大きくなる。

④コンクリートのクリープは、水セメント比が大きいほど大きくなる。クリープは、継続的にかかる荷重によるひずみのことである。

⑤水セメント比の最大値65%、単位セメント量の最小値270kg/m^3、単位水量の最大値185kg/m^3、「建築工事標準仕様書 鉄筋コンクリート工事（JASS 5）」で規定している。

3. 調合設計

①調合表はプレーンコンクリートの例。使用材料の絶対容積と質量を記号で表している。

単位セメント量［kg/m^3］：C

水セメント比［%］：$\dfrac{W}{C}\times 100$

細骨材率［%］：$\dfrac{V_s}{V_s+V_g}\times 100$

絶対容積［ℓ/m^3］				質量［kg/m^3］			
水	セメント	細骨材	粗骨材	水	セメント	細骨材	粗骨材
V_w	V_c	V_s	V_g	W	C	S	G

※質量における細骨材及び粗骨材は、表面乾燥飽水状態とする。

問 題 コンクリートの強度に関する次の文章内の不適当な語句を訂正しよう。

1. セメント水比が同じであれば、コンクリートの引張強度は、一般に、空気量1%の増加に対し、4～6%の割合で低下する。
2. コンクリートの圧縮強度は、一般に、セメント水比が同じであっても、スランプが8cmと18cmの場合では差がある。
3. コンクリートと鉄筋との付着強度は、一般に、コンクリートの圧縮強度が小さいほど大きい。
4. コンクリートの引張強度は、一般に、圧縮強度の1/3程度である。
5. コア供試体の圧縮強度は、高さ（h）と直径（d）との比（h/d）の影響は受けない。

空気量［%］：$(1{,}000 - V_w - V_c - V_s - V_g) \times \frac{100}{1{,}000}$

練上がりコンクリートの単位容積質量［kg/m³］：$W + C + S + G$

②右表は、コンクリートの調合表の一部である。この表によって求められる事項と計算式を確認しよう。

単位水量［kg/m³］	絶対容積［ℓ/m³］			質量［kg/m³］		
	セメント	細骨材	粗骨材	セメント	細骨材	粗骨材
160	92	265	438	291	684	1,161

※質量における細骨材及び粗骨材は、表面乾燥飽水状態とする。

・セメント水比

$= \frac{セメントの質量}{水の質量}$

・水セメント比［%］

$= \frac{水の質量}{セメントの質量} \times 100$

$= \frac{160}{291} \times 100 \fallingdotseq 55$［%］

事　項	計算式
セメントの比重	$\frac{291}{92} \fallingdotseq 3.16$
コンクリートの空気量［%］	$\{1,000-(160+92+265+438)\} \times \frac{100}{1,000} = 4.5$
細骨材率［%］	$\frac{265}{265+438} \times 100 \fallingdotseq 37.7$
練上がりコンクリートの単位容積質量［kg/m³］	$160 + 291 + 684 + 1{,}161 = 2{,}296$
セメント水比	$\frac{291}{160} \fallingdotseq 1.82$

③下表は、2種類のコンクリートA、Bに関する調合表の一部である。セメント及び骨材の種類は、A、Bいずれも同じものとし混和剤は使用しないものとする。この表に関する次の記述を確認しよう。

コンクリート	単位水量［kg/m³］	重量［kg/m³］		
		セメント	細骨材	粗骨材
A	176	391	707	1,088
B	186	286	868	986

・スランプ値は、通常、単位水量で決まるのでAよりBのほうが大きい。
・圧縮強度は水セメント比で決まるので、水セメント比の小さいAのほうがBより強度が大きい。
・単位容積重量は単位水量とセメント、細骨材、粗骨材の合計であり、二つともほぼ同じである。
・水和熱はセメント量によって決まる。したがって、AよりBのほうが小さい。
・中性化は、水セメント比の大きいBのほうがAより早い。

解答　コンクリートの圧縮・引張強度と水セメント比について問う

1. セメント水比が同じであれば、コンクリートの圧縮強度は、一般に、空気量1%の増加に対し、4～6%の割合で低下する。
2. コンクリートの圧縮強度は、一般に、セメント水比が同じであれば、スランプが8cmの場合も18cmの場合も、ほぼ同じである。
3. コンクリートと鉄筋の付着強度は、一般に、コンクリートの圧縮強度が大きいほど大きい。
4. コンクリートの引張強度は、一般に、圧縮強度の1/10程度である。
5. コア供試体の圧縮強度は、高さ（h）と直径（d）との比（h/d）の影響を受ける。

71 鋼材・金属材料

100%

1. 鋼材の性質

①鉄・炭素・けい素・マンガン・燐（りん）・硫黄（いおう）の各元素が、鋼の成分である。この中の炭素が、硬さやもろさ、粘り強さなどの性質に影響を及ぼす。鋼材の引張強さは、炭素含有量が0.8%前後のときに最大となる。

②鋼材を焼入れすると、強さ・硬さ・耐摩耗性は増大するが、粘り強さがなくなりもろさが増大する。

③鋼材の種別を示すSS400の400は、引張強さの下限値が400N/mm^{2}を意味する。

④鋼材は、炭素含有量が多くなると強度は大きくなるが、硬質となり溶接性は低下する。SS400は溶接材に用いるがSS490以上のSS材は溶接構造で使用できない。

⑤鋼材の引張強度は、約250℃で最大となり、低下はおよそ300℃から始まる。500℃で常温の約半分になり、1,000℃でほぼ0となる。

⑥鋼は温度によって伸縮するので、鋼材が露出している建築物では、伸縮に対応できる構造とする。

出題パターン

・鋼材の強度や粘り強さといった性質は、炭素の含有量や温度などに関係する

・鋼材以外の金属材料の性質についても知っておこう

鋼材の炭素含有量の大小による性質

	炭素量→大	炭素量→小
強　度	◎	△
粘り強さ	△	◎

JISによる鋼材の記号

記号	鋼材の名称
SS	一般構造用圧延鋼材
SM	溶接構造用圧延鋼材
SN	建築構造用圧延鋼材
SSC	一般構造用軽量形鋼
SR、SRR	丸鋼（棒鋼）
SD、SDR	異形鉄筋（異形形鋼）
F	摩擦接合用高力ボルト
STK	一般構造用炭素鋼管

⑦丸鋼（SR材）、異形鉄筋（SD材）の許容応力度（Fは基準強度）長期許容圧縮・引張応力度＝$F/1.5$、短期＝Fとする。

⑧建築構造用耐火鋼（FR鋼）は、一般の鋼材と比べ、温度上昇に伴う強度の低下は小。

⑨常温での鋼材と普通コンクリートの線膨張係数は、ほぼ同じで約1×10^{-5}/℃である。

⑩異形鉄筋を用いたほうが、丸鋼の場合よりも付着強度が大きい。

⑪SN材は、JISにより建築構造用圧延鋼材として、鉄骨建築物固有の要求性能を考慮して規格化されたものである。

⑫長さ10mの棒材は、常温では、鋼材の温度が10℃上がると約1mm伸び、全長にわたって100N/mm^{2}の引張応力度を生ずる場合、約5mm伸びる。

問題　鋼材に関する次の文章内の不適当な語句を訂正しよう。

1. 常温において、鋼材の線膨張係数は、普通コンクリートの線膨張係数より小さい。
2. 鋼材に含まれる炭素含有量が増えると、粘り強さが増す。
3. JISにおける一般構造用圧延鋼材SS400の400は、引張強さの上限値（400N/mm^2）を表している。
4. JISにおける鋼材の種類の記号SN400AのSNは、一般構造用圧延鋼材を表している。
5. 一般の鋼材の引張強さは、温度が450～500℃程度で最大となり、それ以上の温度になると急激に低下する。

ひっかけ対策

①誤「鋼材を焼入れすると、強さ・硬さ・耐摩耗性が減少するが、粘り強くなる」→強さなどは増大するが、粘り強さがなくなりもろくなる。
②誤「鋼材に含まれている硫黄は、鋼材を粘り強くする」→硫黄ではなく、炭素。
③誤「鋼材は耐火性に優れている」→常識で判断できるが、深読みすると間違えてしまう。鋼材は、不燃材料であるが耐火性は有していない。コンクリートは、耐火性がある。
④誤「鋼材の線膨張係数は、常温において、普通コンクリートの線膨張係数の約10倍である」→鋼材とコンクリートはほぼ同じである。過去には、「2倍」がある。よく出題される選択肢である。
⑤誤「SS490材は、SM490A材に比べて、溶接構造に適している」→SS490以上のSS材は溶接構造に用いることができない。SS400より大きな強度の必要な溶接材には、SM490以上のSM材（溶接構造用圧延鋼材）を用いる。

⑬鋼材の比重は、普通コンクリートの3倍以上、アルミニウムの約3倍である。
⑭JISにおける鋼材の種類の記号SN400AのSNは建築構造用圧延鋼材を表し、SM490AのSMは溶接構造用圧延鋼材を表す。
⑮異形棒鋼の溶鋼分析値の化学成分比率は棒鋼の種類により上限値が異なる場合がある。

2. ヤング係数

①鋼材のヤング係数は、フックの法則の比例定数で、応力度をひずみ度で割ったもの。材料の強度や炭素含有量に関係しない。鋼材（常温）のヤング係数は約2.06×10^5 N/mm^2。
②鋼材の温度が高くなると、一般に、ヤング係数及び降伏点は低下する。

3. 鋼材とコンクリートの比較

鋼材は①引張強度→大きい、②耐火性→劣る、③強度のばらつき→小、④粘り強さ→大、⑤常温では、熱膨張係数はほぼ等しい、⑥破壊するまでの変形量が大きく靭（じん）性に富む。

4. 腐食

①鋼材の腐食防止には、酸素と水のうちのいずれか一方を遮断すればよい。
②希薄アルカリ性の高い環境のもとでは、鋼材は、腐食しにくい。
③イオン化傾向の大きい金属材料（鋼）のほうが小さい材料（銅）より腐食しやすい。
④海辺近くの建築物のように、塩分の飛来を受ける鋼材は、腐食しやすい。
⑤鋼材に直流電流が流れ込むと、鋼材が著しく腐食する場合がある。
⑥鋼を熱間圧延して製造するときに生じる黒い錆（さび）（黒皮）は、鋼の表面に皮膜を形成するので防食効果がある。
⑦鋼材は異種金属と接触すると、電食（電気化学作用により、腐食する現象）しやすい。

解答　**鋼材の基本事項と性質について問う**

1. 常温において、鋼材の線膨張係数は、普通コンクリートの線膨張係数とほぼ同じである。
2. 鋼材に含まれている炭素含有量が増えると、強度が増し、脆くなりやすくなる。
3. JISにおける一般構造用圧延鋼材SS400の400は、引張強さの下限値（400N/mm^2）を表している。
4. JISにおける鋼材の種類の記号SN400AのSNは、建築構造用圧延鋼材を表している。
5. 一般の鋼材の引張強さは、温度が250～300℃程度で最大となり、それ以上の温度になると急激に低下する。

72 その他の各種材料 90%

注目 1. 塗料

出題パターン

塗料、ガラス、釘については、それぞれの種類や性能・特性などを理解しておこう

各種塗料の性質と用途は次の通りである。

①鉛丹（えんたん）は、オレンジ色の錆（さび）止めペイントとして、鋼材の下塗りに用いられる。

②エッチングプライマーは、塗装用下地として密着性と防錆（せい）性を付与するので、亜鉛めっき面やアルミニウム面に用いられる。

③アルミニウムペイントは、熱線を反射し、温度上昇を防ぐので、鉄骨屋根や配管などの塗装に用いられる。

④ラッカーエナメルは、乾燥が速く、主に屋内の木部の塗装に用いられる。

⑤油性調合ペイントは、耐候性、耐水性は大きいが、耐酸性、耐アルカリ性には乏しく、モルタル面やコンクリート面への使用には適さない。耐アルカリ性のある塗料としては、合成樹脂エマルションペイント、塩化ビニル樹脂エナメルなどがある。

⑥カシュー樹脂塗料は、常温乾燥が可能で、その塗膜はうるしに似た外観と性能をもつ。

⑦クリヤラッカーは耐水性に劣るが、透明で光沢があるため屋内の木部の塗装に適する。

⑧オイルステインは、木部表面への着色や防腐対策に用いられ耐候性がある。

⑨合成樹脂エマルションペイントは、水性塗料である。内外部の壁面などに使用される代表的な塗料で、水で希釈でき経済性と作業性に優れている。耐アルカリ性があるのでコンクリート面やモルタル面に塗装できる。

⑩エポキシ樹脂塗料は、耐水性・耐薬品性に優れ、金属やコンクリートの塗装に用いられる。

⑪セラックニスは、速乾性であり、木材の節止めなどに用いられる。

ひっかけ対策

①誤「合成樹脂エマルションペイントは、油性なので、コンクリート面やモルタル面の塗装に適さない」→水性であり、コンクリート（アルカリ性）塗装できる。

②誤「合わせガラスは、複数枚の板ガラスを専用スペーサーを用いて一定間隔に保ち、中空部に乾燥空気を封入したもので、断熱性が高く、結露しにくい」→これは、複層ガラスの解説文である。また、合わせガラスの解説文で強化ガラスのひっかけもある。

問題 各種塗料に関する次の文章内の不適当な語句を訂正しよう。

1. 油性調合ペイントは、耐水性・耐油性・耐薬品性に優れているので、金属やコンクリートの塗装に広く用いられている。
2. オイルステインは、速乾性であり、木材の節止めなどに用いられる。
3. セラックニスは、アルカリに弱いので、モルタルやコンクリート面の塗装には適さない。
4. クリアラッカーは、耐候性に優れ、木部の着色、防腐などに用いられる。
5. 合成樹脂エマルションペイントは、油性塗料であるので、外壁の塗装には適さない。

● EXERCISE

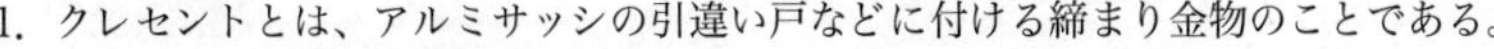

建具金物に関する次の記述のうち、**最も不適当な**ものはどれか。

1. クレセントとは、アルミサッシの引違い戸などに付ける締まり金物のことである。
2. 丁番とは、開き扉を片側で支持し、繰り返しの開閉に耐える機構をもつ金物のことである。
3. 戸車とは、引戸などの開閉を円滑にするために、その下框（かまち）に取り付ける車のことである。
4. 扉などに取り付ける締まり金物を鍵（かぎ）といい、それを開閉する金物を錠（じょう）という。
5. ドアクローザーとは、ドアを自動的に閉めるための装置のことである。

▶ 4. 締まり金物を錠といい、それを開閉する金物を鍵という。

2. ガラス

試験問題文と解説文

建築材料は数も多く、試験での出題の範囲も多くなり、その対策としてどう勉強を進めれば良いのか考えるところでもある。この本では、できる限り過去に出題された問題の文章を使って説明しているので、何回も読むことにより、問題の言い回しに慣れてほしい。

①合わせガラスは、2枚の板ガラスの間に中間膜（透明なプラスチックシート）をはさみ全面接着したもので、破損しても破片が飛び散らない。

②強化ガラスは、熱処理によって板ガラスを軟化点近くまで加熱した後に常温の空気を均一に吹き付けて急冷したもので、破壊すると細粒状となる。強度は、普通ガラスの3～5倍で、衝撃力や風圧力などに対して強い。

③網入板ガラスは、板ガラス内に金属の網が入っているため、ガラスが割れた場合の破片の飛散防止に有効である。防火性が認められていて防火設備に認定されている。線入りガラスは、ガラスの飛散防止効果はあるが、防火性はない。

④熱線吸収板ガラスは、可視光線や太陽ふく射熱を吸収する目的で用いられる。

⑤複層ガラスは複数枚の板ガラスを専用スペーサーを用いて一定間隔に保ち、中空部に乾燥空気を封入したもので、断熱性が高く結露しにくい。

⑥ SSG構法は、サッシを用いずに板ガラスを止め付ける構法で、構造シーラントを用いて板ガラスを金属支持部材に接着固定する。

3. 釘

①せっこうボード用釘はGN釘ともいい、間柱などの木構造の下地に打ち付けられる。

②太め鉄丸釘はCN釘ともいい、枠組壁工法の接合部などに用いられる。

③シージングインシュレーションファイバーボード用釘はSN釘ともいい、同じ長さの鉄丸釘（N釘）に比べて頭部の径が大きく、めり込みにくい。

解答 各種塗料の性質や性能について問う

1. エポキシ樹脂塗料は、耐水性・耐油性・耐薬品性に優れているので、金属やコンクリートの塗装に広く用いられている。
2. セラックニスは、速乾性であり、木材の節止めなどに用いられる。
3. 油性調合ペイントは、アルカリに弱いので、モルタルやコンクリート面の塗装には適さない。
4. オイルステインは、耐候性に優れ、木部の着色、防腐などに用いられる。
5. 合成樹脂エマルションペイントは、内外部の壁面などに使用される水性塗料である。

73 建築材料　用途　40%

1. 建築材料の用途

1）床・壁

①パーティクルボードは、木材の小片を接着剤により成形熱圧した板材で、床下地などに用いられる。
②フローリングブロックは、床の仕上げ材に用いられる。
③シージングせっこうボード…外壁の下地材
④シーリング材…外壁の目地材
⑤テラゾブロックは、人造石の一種で主として室内の壁や床などの仕上げ材に使用される。
⑥インシュレーションボード（軟質繊維板）は、防音性及び断熱性に優れているので、内壁の下地材や天井材、畳床（たたみどこ）として用いられる。
⑦シージングインシュレーションファイバーボードは、外壁や屋根瓦の下地等に用いられる。
⑧磁器質タイルは、吸水率が小さく、外装材としても用いられる。
⑨せっこうボードは耐水性、耐衝撃性に劣り、壁や天井などの下地材に用いられる。

出題パターン

・各建築材料の用途（使用箇所と使われ方）を覚えておこう
・材料の性能については、建築物の各部位においてその材料が効果的に使われているかを関連づけて理解しておく必要がある

キーワード

よく出題されている用語は、「せっこうボード」である。また、これは数回、正解にもなっている。まず、最初に覚えるべき材料である。他には、複層ガラス・ALCパネル・テラゾブロックなどが数回出題されている。

2）その他

①アクリルゴム系防水材→コンクリート外壁の防水
②ポリサルファイド系シーリング材→コンクリート外壁のタイル張りの目地材。

2. 建築材料の性能

1）断熱材

①グラスウールは、断熱性は高いが透湿性も大きいので、壁などの断熱材とする場合には、防湿材料と併せて用いられる。湿度の高いところへの使用は、保水性が小さく断熱性の低下のおそれのない発泡プラスチック系の断熱材が適している。
②硬質ウレタンフォームは吸水性・透湿性の小さな断熱材であり、仕上げ材でない。

問 題　建築材料に関する次の文章内の不適当な語句を訂正しよう。

1. 化学反応形（二液形）の接着剤は、木質系下地材にプラスチック床材を接着する場合に用いられる。
2. せっこうボードは、耐衝撃性に優れているので、階段室や廊下の床仕上げ材に用いられる。
3. ボンドブレーカーは、コンクリート壁のタイル張りの目地材として用いられる。
4. パーティクルボード（軟質繊維板）は、防音性及び断熱性に優れているので、内壁の下地材や畳床（たたみどこ）として用いられる。
5. ALCパネルは、重量があるが耐火性に優れており、鉄骨の耐火被覆材として用いられる。

● EXERCISE

建築材料と主な用途に関する組合せで、正しいものに○、誤まっているものに×をつけよう。

1. 硬質ウレタンフォーム―断熱材　2. ロックウール―吸音材・耐火被覆材
3. シージングせっこうボード―外壁の下地材　4. せっこうラスボード―仕上げ材
5. アクリルゴム系防水材―コンクリート外壁の防水　6. シーリング材―外壁の目地材
7. フローリングブロック―床の仕上げ材　8. パーティクルボード―仕上げ材
9. テラゾブロック―エントランスホールの床の下地材

▶1. ○　2. ○　3. ○　4. ×下地材　5. ○　6. ○　7. ○　8. ×下地材　9. ×仕上げ材

③ロックウールは、軽量で断熱性や吸音性に優れており、高温にも耐える。

④ポリスチレンフォームは、発泡プラスチック系の断熱材で、透湿性や吸水性が少なく、耐候性や耐薬品性にも優れている。

2）仕上げ材

①ドロマイトプラスターは、乾燥収縮によりひび割れやすいので、すさなどを混ぜる。

ひっかけ対策

①誤「せっこうボードは、耐衝撃性に優れているので、…」→耐衝撃性はない。

②誤「硬質ウレタンフォームは、耐水性及び耐摩耗性に優れるため、床仕上げ材として適している」→断熱材に用いられ、耐水性などはない。

③誤「酢酸ビニル樹脂系の接着剤は、耐水性を必要とする箇所に用いられる」→耐水性はないので注意。

②繊維壁材は、室内の調湿作用や吸音性はあるが浴室などに用いるのは好ましくない。

③大理石は、風雨によって光沢が消えることや空気中の酸化物によって汚染されるなどの欠点があるため、外装材よりも内装材のほうが適している。

3）構造材・接着剤ほか

①コンクリートは、アルカリ性なので、内部の鋼材の錆(さび)の発生を防ぐ効果がある。

② ALC パネルは、軽量で断熱性・耐火性に優れているが、吸水性が大きい。

③酢酸ビニル樹脂接着剤で、エマルション形は木工用に、溶剤形はコンクリートと木材や金属との接着に広く用いられているが、耐水性を必要とする用途には適さない。

④ボンドブレーカーは、シーリング材が三面接着により破断するのを防止する。

⑤建築用シーリング材は、水密性、接着性及び変形に対する追従性などが要求される。

⑥塗装工事における塗料の塗付け量は、通常、1m^2当たりの重量で指定する。

⑦化学反応形（二液形）の接着剤は、耐水性、接着強度などの点で優れたものが多い。

⑧異種の金属材料間に水分があると電食作用が生じやすい。

解答　**ボードやパネル、接着剤などの建築材料について問う**

1. 酢酸ビニル樹脂系の接着剤は木質系下地材にプラスチック床材を接着する場合に使用する。
2. せっこうボードは、耐衝撃性に劣っており、壁や天井などの下地材として用いられる。
3. ポリサルファイド系のシーリング材は、コンクリート壁のタイル張りの目地材に使用する。
4. インシュレーションボード（軟質繊維板）は、防音性及び断熱性に優れているので、内壁の下地材や畳床(たたみどこ)として用いられる。
5. ALC パネルは、軽量で、耐火性に優れているので、鉄骨の耐火被覆材として用いられる。

74 建築材料 全般

70%

1. 建築材料の特性

1）構造材

①木構造の住宅の土台には、ひのきなどの耐久性の高い木材や防腐処理木材を用いる。

②構造用合板は、接着剤の耐水性を考慮した接着性能によって分類される。

③ ALC パネルは、軽量気泡コンクリート板の略で、寒冷地では凍害を受けやすい。

出題パターン

建築材料の特性については、構造材・下地材・仕上げ材などにまとめ、性能と特徴を理解しておこう

材料の熱伝導率［W/m･K］と断熱性

材料	熱伝導率
ロックウール保温板	0.042
グラスウール保温板	0.047
ポリスチレンフォーム保温板	0.047
木材	0.17
ALC パネル	0.17
木片セメント板	0.19
せっこうボード	0.20
硬質繊維板	0.21
セメントモルタル	1.5
陶磁器質タイル	1.5

※材料の断熱性は熱伝導率によって決まる。
→数値が大きいほど熱を伝えやすく、小さいほど断熱性能がよい。

重要 2）下地材

①せっこうボードは、合板と比べて衝撃に対しては弱いが防火性能（火災時の伝熱防止、燃焼の抑制）に優れている。また、吸水率が大きく、吸水すると著しい強度低下を起こす。

②パーティクルボードは、木材の小片を接着剤で固め、加圧成型した板材であり、家具・建築下地、内装などに用いられる。一般に、方向による強度の差が小さく、遮音性・断熱性が高い。また、難燃性を有するものもあるが、耐火性には優れていない。耐水性に関しては、製作時に使用される接着剤の種類によって、ある程度の耐性を持つものもある。

③ハードボード（硬質繊維板）は、耐腐朽性に優れるので、外壁下地に用いられる。

④木片セメント板は、木片とセメントを圧縮成形したものであり、防火性や断熱性がある。

⑤繊維強化セメント板は、防火性に優れているので、内装制限を受ける部分の内壁材及び天井材に適している。

⑥けい酸カルシウム板は、耐火性に優れているので、鉄骨構造の耐火被覆に適している。

⑦ラスシートは、角波亜鉛鉄板の上面にメタルラスを溶接したものであり、モルタルのはく落やひび割れを防止するうえで効果がある。

⑧ポリエチレンフィルムは、吸湿によって結露、腐食、凍害などが生ずるおそれのある

問 題 建築材料に関する次の文章内の**不適当な語句**を訂正しよう。

1. 酢酸ビニル樹脂系エマルション形接着剤は、耐アルカリ性に優れているので、コンクリート面にタイルを張るのに適している。
2. 普通合板1類は、防火性に優れているので、内装制限を受ける部分の内壁材及び天井材に適している。
3. 大理石は、耐酸性・耐火性に優れているので、内壁よりも外壁の装飾用石材に適している。
4. せっこうボードは、耐水性に優れているので、屋根下地材や床下地材に適している。
5. 大理石は、耐火性に優れているので、鉄骨構造の耐火被覆に適している。

材料を保護するために、壁内や床下において、防湿材として用いられる。

⑨ポリスチレンフォーム保温材や硬質ウレタンフォーム保温材などの発泡プラスチック系の断熱材は、可燃性である場合が多いため、内外装材に不燃材料を使用するなどの配慮が必要であるが、保水性が低いため繊維系断熱材のような設計・施工上の留意点は少ない。

ひっかけ対策

①誤「パーティクルボードは、木材などの植物質繊維を加圧成形した板材で、耐火性に優れている」→難燃性を有するものもあるが、耐火性には優れていない。

②誤「花こう岩は、磨くと光沢が得られ、耐火性に優れている」「花こう岩は、高温でも火害を受けることがないので、耐火被覆材として用いられる」→耐火性はない。同じ火成岩のうち、安山岩（鉄平石）は、耐火性に優れている。

3）仕上げ材

①大理石は、硬質で強度は大きいが、耐火性に乏しいので、外壁よりも内壁の装飾用石材に適している。磨くと光沢が得られるが、耐酸性に劣る。花こう岩に比べて、耐候性に劣り、屋外では風化を受けやすい。

②石張り仕上げの目地等に生じる白い綿状の結晶物は、エフロレセンス（白華）である。

③磁器質タイルは、吸水率が小さく、凍害が生じにくい。外装材としても用いられる。

④モザイクタイルの素地の質は、磁器質であり、吸水性はほとんどない。

⑤粘土がわらの曲げ破壊荷重の下限値は、JIS（A5208）によって定められている。

⑥かわらやタイルのうわ薬には、表面からの吸水や透水を少なくする効果がある。

⑦硬質塩化ビニル雨どいは、一般に、酸やアルカリに強く、腐食しにくいが、温度の変化によって、伸縮や剛性の低下が生じやすい。

⑧ステンレス鋼は、一般の鋼材に比べ、腐食しにくい。

⑨シーリング材は、建築構成材の目地部分やガラスのはめ込み部など、水密性・気密性や変形に対する緩衝効果などが要求される部分に用いられる。

4）その他

①せっこうプラスターは、セメントモルタルに比べて、硬化時間が短い。せっこうプラスター及びセメントの凝結開始時間は、共に1時間以上であるが、終結時間はせっこうプラスターは8時間以内で、セメントは10時間以内である。

②せっこうは、火災時に結合水が蒸発することによって熱を奪うので、防火性を有する。

③銅板などのイオン化傾向の小さい金属材料に接する鋼材は、腐食しやすい。

④アルミニウム材は、溶融点が低いので、特定防火設備には適さない。

解答　接着剤やボード類の特性について問う

1. 酢酸ビニル樹脂系エマルション形接着剤は、耐水性、耐アルカリ性に劣るので、コンクリート面にタイルを張るのには適さない。
2. 繊維強化セメント板は、防火性に優れているので、内装制限を受ける部分の内壁材及び天井材に適している。
3. 大理石は、耐酸性・耐火性に乏しいので、外壁よりも内壁の装飾用石材に適している。
4. 普通合板1類は、耐水性に優れているので、屋根下地材や床下地材に適している。
5. けい酸カルシウム板は、耐火性に優れているので、鉄骨構造の耐火被覆に適している。

受験の心得　三の巻

試験での留意点

さて、いよいよ実際の試験です。ここでは本番で実力を発揮するためのアドバイスを述べておきましょう。

其の一　ケアレスミスをしない

通常の問題は「不適当なものを選べ」となっています。まれに、適当なものを選べという問題を解こうとすると、今まで不適当なものばかりを探し続けてきた頭では、選択肢にある不適当なものを選んでしまいがちです。ケアレスミスとは、不注意による失敗のことですが、これは適当なものを選ぶ問題が出てきたときに、その問題文に明確なアンダーラインを引くなど、ちょっとした工夫で防ぐことができます。

其の二　試験での時間配分

午前中の学科Ⅰ（建築計画）と学科Ⅱ（建築法規）では、2学科合わせて3時間で解答します。建築計画は、判断のしにくい解答やあいまいな正解があるため、意外と点数が取れない学科です。わかりにくいところで悩んでしまうと時間を無駄（むだ）に費（つい）やすことになり、後の学科Ⅱ（建築法規）に影響を与えます。そこで、半分より少し短い1時間10分程度で計画を終え、残りの1時間50分を法規に充（あ）てます。法規は持ち込みの法令集に慣れることはもちろんですが、法令集を引かなくても解答できる問題を少しでも多くすることが合格へのポイントになります。

午後の学科Ⅲ（建築構造）と学科Ⅳ（建築施工）では、比較的、過去問を忠実に出題してくれる建築施工のほうが、短時間で取り組むことができるので、構造の計算問題などをあせってやらないようにしましょう。時間配分は、建築構造に2時間、建築施工に1時間程度でよいでしょう。構造の計算問題も苦手意識を持つ人が多いようですが、本当に基本的な所を押さえておけば、対応できます。

其の三　難問の捨て方

難しい問題も必ず出題されます。このような問題は、受験者のすべてが同じことを感じます。こんなときは無理に時間をかけず、あっさり切り捨てましょう。各学科の最低合格ラインは例年25問中13問ですが、4学科の合計では4倍の52問ではなく、60～64問が合格ラインになっているようです。1学科9問程度は落とせると考えると気分的に楽になるでしょう。しかし、過去に出題されたような問題ばかりが出題されるわけではないので、過去問では各学科20問以上はできるようにしておきましょう。

学科IV ｜ 建築施工

	項　目	R05	R04	R03	R02	R01	H30	H29	H28	H27	H26
75	施工計画・工程管理	●	●	●	●	●	●	●	●	●	●
76	材料管理・安全管理	●●	●	●●	●●	●●●	●●	●●	●●	●●	●●
77	各種申請手続き・工事監理		●	●	●		●	●	●		●
78	仮設工事	●	●	●	●	●	●	●	●	●	●
79	地盤調査・地業・基礎工事	●●	●●	●●	●●	●●	●●	●●	●●	●●	●●
80	鉄筋工事（継手・定着）	●	●	●				●	●	●	●
81	鉄筋工事（加工・組立て）				●	●	●			●	
82	型枠工事	●	●	●	●	●	●	●	●	●	●
83	コンクリート工事（運搬・打込み）	●	●	●	●		●	●	●	●	●
84	コンクリート工事（全般）	●	●	●	●	●●	●	●	●		●
85	鉄骨工事	●●	●●	●●	●●	●●	●●	●●	●●	●●	●●
86	補強コンクリートブロック工事		●	●	●	●	●	●	●	●	●
87	木工事	●●	●●	●●	●●	●●	●●	●●	●●	●●	●●
88	防火工事・屋根工事	●	●	●	●	●	●	●	●	●	●
89	左官工事		●			●		●		●	
90	タイル工事	●	●	●	●		●		●		●
91	塗装	●	●	●	●	●	●	●	●	●	●
92	建具・ガラス工事	●	●	●		●			●	●	●
93	内装工事・断熱工事				●		●	●			
94	設備工事	●	●	●	●	●	●	●	●	●	●
95	各種工事・改修工事・総合	●	●	●	●	●●	●	●	●	●	●
96	施工用語・施工機械器具	●		●				●	●	●	●
97	積算	●	●	●	●	●	●	●	●	●	●
98	測量		●		●		●				
99	工事請負契約・仕様書・設計図書	●	●	●	●	●	●	●	●	●	●

項目別・各年度の出題数　●…1 問、●…2 問、●…3 問

75 施工計画・工程管理

100%

1. 施工計画

施工計画は、施工者が工事契約・設計図書に基づき適切な工法を選択し、工期内に安全で能率的かつ経済的な施工方法・手段を具体的に計画することをいう。

出題パターン

ネットワーク工程表又は施工計画に関する正誤問題からの出題である。例年、出題パターンは、ほぼ同じである

今後の出題予測

これからの施工計画は、建設現場から出される廃棄物のリサイクルなど「環境保全」に配慮した計画を立案する必要がある。

1）施工計画立案に当たっての事前調査

①設計図書の十分な理解
②現場の敷地内外の調査
③施工機械の選定と施工方法の決定
④作業順序と労務計画
⑤資材数量の把握と搬入方法
⑥環境保全

2）施工計画の立案作業

①実行予算の作成、②工事工程表の作成、③施工計画図の作成

試験対策は下記の3点

①「施工計画にさしあたり必要でない事項」・「施工計画書に、通常記載しない事項」
②「工程表の作成」は、どの工事で工期の短縮を行うか？
③「ネットワーク工程表」は、工期の所要日数の計算

重要 施工計画にさしあたり必要でない事項

・確認申請の手続きは、建築主が工事着工前に行うものであり、施工者が申請するものではない。
・施工図及び原寸図は、主要な部位の詳細図で、実際に工事を進める上で必要な図面である。よって、施工計画段階では必要ない。

3）施工計画書に記載する事項

①安全・衛生計画、②工程計画、③工法計画、④仮設計画、⑤品質計画、⑥労務計画

施工計画書に通常記載しない事項

・資金計画・実行予算など費用に関することは、施工計画書に記載しない。

2. 工程管理

工程管理は、設計図書に示された建築物の品質を確保し、実行予算内で所定の工期内に完成させるための計画である。

問題 工程表の作成に関する次の記述のうち、**誤っている**ものはどれか。

1. 雨天の見込日数を考慮すると同時に、各工事の1日の作業量を均一にする。
2. 全体工程表のほかに、月間工程表及び工種別工程表を作成する。
3. 工期の短縮を図る場合は、仕上工事の工程で行うようにする。
4. 工程表として、バーチャート工程表とネットワーク工程表の2種類を用いた。
5. 土工事の工程は変動しやすいので、工期に十分な余裕を見込んだ。

1）工程表

①バーチャート工程表…縦軸に各工事名を列記し、横軸に年月日をとり、各作業の着手日と終了日を棒線で示し、所要日数を棒線の長さで表したものである。工事期間が簡単に理解できるが、各工事の相互関係がわかりにくい。

②ネットワーク工程表…○印と矢印で表示された工程表である。作業の順序関係が明確に示され各作業の相互関係がわかりやすいが、作成に専門の経験を要する。

2）工程表の作成

①基礎工事・仕上工事は、工程が変動しやすいので工期に十分な余裕を見込む。

②工期の短縮は、躯体工事で行う。

③各工事の1日の作業量を均一にする。全体工程表のほかに、月間工程表及び工種別工程表を作成する。

3）ネットワーク工程表

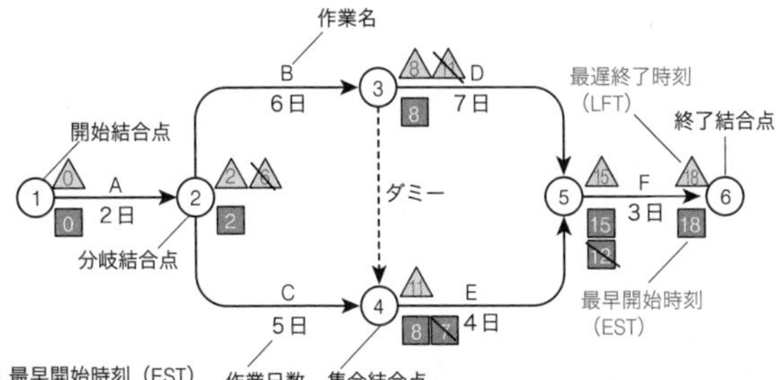

最早開始時刻（EST）の計算

結合点	EFTの計算	EST
①		0
②	0 +2=2	2
③	2 +6=8	8
④	2 +5=7 8 +0=8 最大値 8	8
⑤	8 +7=15 8 +4=12 最大値 15	15
⑥	15 +3=18	18

最遅終了時刻（LFT）の計算

結合点	LSTの計算	LFT
⑥		18
⑤	18−3=15	15
④	15−4=11	11
③	11−0=11 15−7=8 最小値 8	8
②	8−6=2 11−5=6 最小値 2	2
①	2−2=0	0

時間計算

最早開始時刻(EST)…各作業を最も早く始められる時刻。

最早終了時刻(EFT)…各作業を最も早く終了できる時刻。

最遅開始時刻(LST)…工期に遅れない範囲で、各作業を最も遅く開始してもよい時刻

最遅終了時刻(LFT)…工期に遅れない範囲で、各作業を最も遅く終了してもよい時刻

解 答　工程表の作成に関する基本問題

仕上工事は、最終工事で多くの関連作業を含んでいる。また、他の工事の遅れの影響も受け工期の短縮はできない。通常、工期の短縮は躯体工事で行う。右図はバーチャート工程表の例。

正解 3

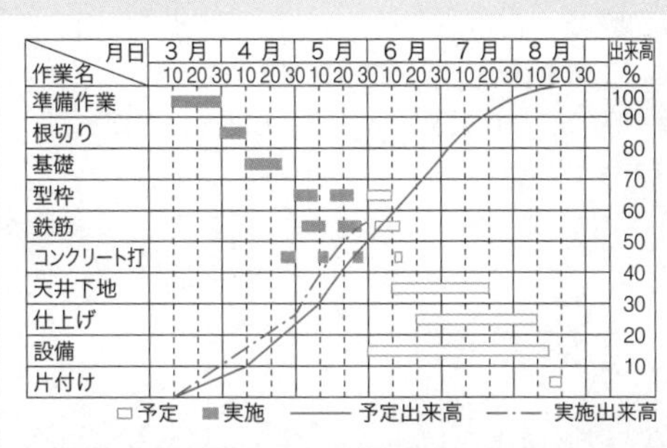

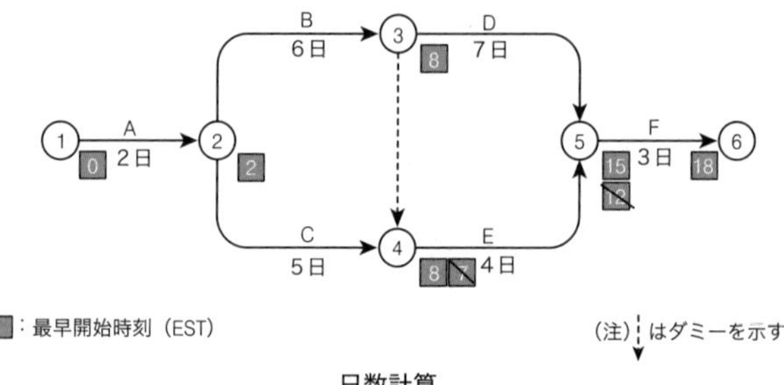

日数計算

作業日数の計算

1. ABEF の工期＝ 2 ＋ 6 ＋ 4 ＋ 3 ＝ 15 日
2. ABDF の工期＝ 2 ＋ 6 ＋ 7 ＋ 3 ＝ 18 日
3. ACEF の工期＝ 2 ＋ 5 ＋ 4 ＋ 3 ＝ 14 日

よって、工事全体は、最短 18 日で終了し、クリティカルパスは、A → B → D → F の経路となる。

1. ③‥‥‥▶④は、ダミーという矢線で、作業ではなく、作業の関連を表す。ここでは、B 作業に拘束され、E 作業の開始は工事開始から 8 日目となる。

各作業日数が増減した場合の計算例

① C の作業日数が 2 日増加すると 5 日＋ 2 日＝ 7 日、A → C → E → F の工期＝ 2 ＋ 7 ＋ 4 ＋ 3 ＝ 16 日。よって、工事全体の作業日数に影響がない。

② D の作業日数が 1 日増加すると 7 日＋ 1 日＝ 8 日、A → B → D → F の工期＝ 2 ＋ 6 ＋ 8 ＋ 3 ＝ 19 日。よって、工事全体の作業日数は 1 日増加する。

③ B の作業日数が 2 日減少すると 6 日－ 2 日＝ 4 日、A → B → D → F の工期＝ 2 ＋ 4 ＋ 7 ＋ 3 ＝ 16 日、A → C → E → F の工期＝ 2 ＋ 5 ＋ 4 ＋ 3 ＝ 14 日。よって、工事全体の作業日数は 2 日減少する。

A → B → D → F の経路において、作業日数の増減は工期全体の増減につながる。

3. クリティカルパスとフロート

開始結合点から終了結合点に至る作業の経路をパスという。パスは複数になるが、作業日数が最も大きいパスがクリティカルパスであり、工事全体の作業日数になる。

クリティカルパス間において、作業日数が 1 日でも増減すれば工事全体の作業日数に

問 題 下記に示すネットワーク工程表に関して、工事全体の作業日数、E 作業日数のフリーフロート及び C 作業を 5 日短縮すると全体工期を何日短縮できるか。

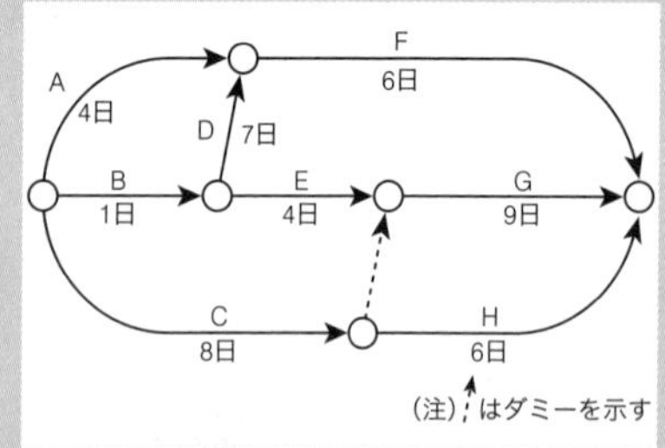

トータルフロート(TF)とフリーフロート(FF)の計算

作業名	トータルフロート(TF)	フリーフロート(FF)
A	2−(0＋2)＝0	2−(0＋2)＝0
B	8−(2＋6)＝0	8−(2＋6)＝0
C	11−(2＋5)＝4	8−(2＋5)＝1
D	15−(8＋7)＝0	15−(8＋7)＝0
E	15−(8＋4)＝3	15−(8＋4)＝3
F	18−(15＋3)＝0	18−(15＋3)＝0

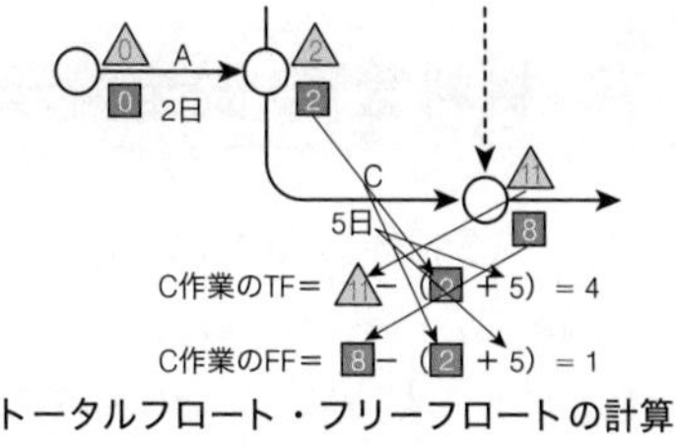

トータルフロート・フリーフロートの計算

影響する。すなわち、クリティカルパスの経路は、余裕日数（トータルフロート・フリーフロート）が0になる。

トータルフロート(TF)…ある作業でとれる総余裕日数。その作業を最早開始時刻で始め、最終時刻で終了するときに生じる余裕日数である。

フリーフロート(FF)…後続作業に影響せず、その作業で自由に使える余裕日数である。

トータルフロート及びフリーフロートの計算例

C 作業のトータルフロート＝後続の LFT －（C 作業の EST ＋作業日数）

C 作業のフリーフロート＝後続の EST －（C 作業の EST ＋作業日数）

ネットワーク工程表の結果

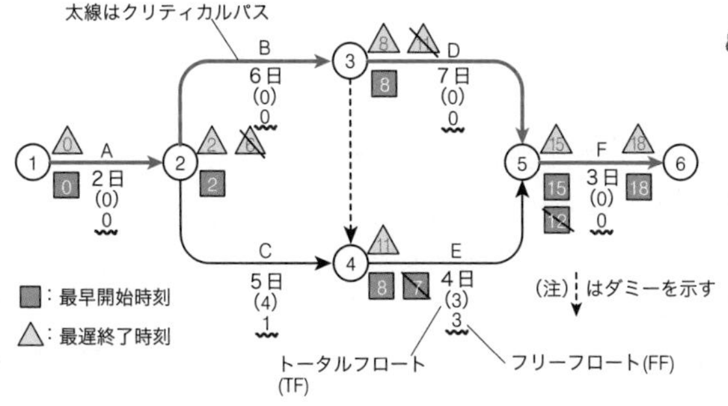

ネットワーク工程表に関する問題形式

①工事全体の作業日数は？
②クリティカルパスの経路は？
③ある作業の作業日数が増減した場合の工事全体に及ぼす影響は？
④ある作業の作業日数が増減した場合の後続作業に及ぼす影響は？
⑤トータルフロートおよびフリーフロートの計算は？

解答　ネットワーク工程表の作業日数を問う総合問題

①工事全体の作業日数：AF の工期＝4＋6＝10 日、BDF＝1＋7＋6＝14 日、B＋E＋G＝1＋4＋9＝14 日、CH＝8＋6＝14 日、CG の工期＝8＋9＝17 日

よって、クリティカルパスは、C→G となり全体の作業日数は、17 日となる。

②E 作業日数のフリーフロート：8－（1＋4）＝3 日

③C 作業を 5 日短縮すると、8－5＝3 日、CG の工期＝3＋9＝12 日

よって、17－14（BDF 若しくは、BEG の工期）＝3 日の短縮となる。

76 材料管理・安全管理

110%

1. 工事現場における材料管理

現場における各種材料は、汚損、破損、腐朽が生じないようにするために、下記に示す方法で材料を保管する。

①鉄筋は、直接、地面に接しないように角材（かい木）の上に置きシート で養生する。

②アスファルトルーフィングやビニル壁紙は、吸湿や折損を考慮して屋内の乾燥した場所に立て置きで保管する。平積みや井桁積みは、積み重ねによる折損の原因になるので避ける。

③コンクリート型枠用合板は、直射日光を受けると、コンクリート表面の硬化不良を起こすので、平積みにし、シートで養生する。

④セメントは、吸湿、風化を考慮して、出入口以外に開口部のない気密性の高い倉庫に保管する。床は湿気を防ぐため地盤面より 30cm 以上高くする。また、積み重ねによる圧縮凝固は避ける。

⑤瓦は、破損を考慮して種類別に小端立（こばだて）とする。

⑥塗料は、周囲の建築物から 1.5m 離れている独立した平家建の倉庫に保管する。

⑦ガラスは、転倒に注意し立置きで保管する。

⑧高力ボルトは、乾燥した場所に保管し、施工直前に包装を解き使用する。

出題パターン

「材料管理」は基本問題が多いが、「安全管理（確保）」は、足場や安全管理に関する具体的な数値が出題されている

ひっかけ対策

各材料の以下の言葉にひっかからないよう気をつけよう！

①セメント→風通しのよい

②アスファルトルーフィング・ビニル壁紙→折りくせがつかない

③コンクリート型枠用合板→十分に乾燥

④瓦→破損を考慮する

2. 工事現場における安全管理（確保）

現場における危害防止が最も重要である。特に、下記に示す危険が伴う作業及び足場等に関する安全事項には留意する。

①足場の組立てと作業床の設置は、2m 以上の高さで作業を行う場合に必要である。作業床の幅は 40cm 以上とし、床材間の隙間（すきま）は 3cm 以下とする。

②墜落の危険のある箇所には、高さ 95cm の手摺を設けなければならない。ただし作業上やむを得ない場合は、必要な部分に限り臨時に取り外すことができる。

問 題　工事現場における材料管理又は安全確保に関する次の文章内の不適当な語句を訂正しよう。

1. コンクリート型枠用合板は、直射日光に十分に当てて乾燥させた。
2. 巻いたビニル壁紙は、くせがつかないように井桁積みにして保管した。
3. 高さが 2m の箇所で作業を行うとき、墜落の危険性がないのでそのまま作業を行った。
4. 建築足場の登り桟橋の高さが 2.1m の場合、その勾配を 35 度とした。
5. 深さ 1.5m の根切り工事なので、山留めの必要性はないと判断した。

● EXERCISE

建築工事現場から排出される廃棄物のうち、「廃棄物の処理及び清掃に関する法律」に基づく**特別管理産業廃棄物に該当する**ものは、次のうちどれか。

1. 地業工事に伴って生じた廃ベントナイト泥水を含む汚泥
2. 工作物の除去に伴って生じた木くず
3. 石綿建材除去事業に伴って生じた飛散するおそれのある石綿（アスベスト）
4. 工作物の除去に伴って生じたコンクリートの破片
5. 工作物の除去に伴って生じたガラスくず

▶**特別管理産業廃棄物**とは、一般廃棄物及び産業廃棄物のうち「爆発性・毒性・感染症など人体又は生活環境に被害を生ずるおそれのある廃棄物」をいう。この他、PCB（ポリ塩化ビフェニル）や医療機関から排出される感染性産業廃棄物などがある。また、吹付けアスベストの除去作業は、石綿作業主任者を選任し、乾燥などによる飛散防止措置をとる必要がある。ここでは3. が該当する。3. を除く選択肢は、**産業廃棄物**に該当する。

今後の出題予測

①近年、危害防止の観点から「作業主任者の選任」に関する選択肢が増えている。高さに関わる組立て・解体・掘削作業は要注意。

②過去数回、特別管理産業廃棄物に該当するものが出題された。環境問題を考えると、今後また出題が予測される。

③高さが2m以上の登り桟橋の勾配は、30度以下とし、15度を超える場合は、滑止めを設ける。

④単管足場の建地（たてじ）の間隔は、けた行方向1.85m以下、張り間方向1.5m以下とする。また、積載荷重は400kgを限度とする。

⑤移動はしごは、幅30cm以上の丈夫な構造とし、滑止め装置を取り付ける。また、はしごの上端は60cm以上突き出させる。

⑥投下設備を設けず不要資材を投下できる高さは、3m未満である。

⑦スレート葺等の屋根上で作業をする場合は、幅30cm以上の歩み板を設け防網を張り、踏み抜きによる墜落を防止する。

⑧深さが1.5m以上の根切り工事は、安全上支障がない場合を除き、山留（やまど）めを設けなければならない。また、2m以上の地山掘削作業は、作業主任者の選任が必要である。

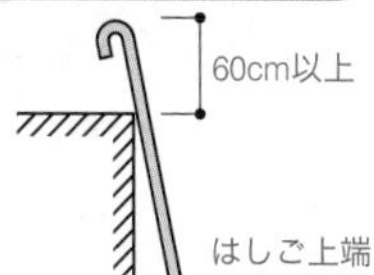

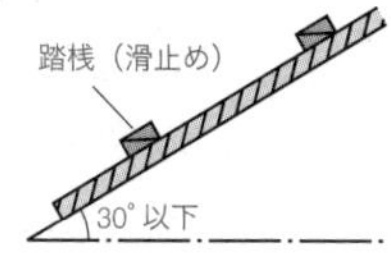

登り桟橋

3. 高さが5m以上で作業主任者の選任が必要な工事

①足場・鉄骨造の組立て及び解体作業、②鉄筋コンクリート造の解体作業、③木造建築物（軒の高さ5m以上）の構造部材の組立て作業

解答　材料管理及び安全確保に関する基本問題

1. コンクリート型枠用合板は、直射日光は不可である。ここでは「十分に当てて乾燥させた」に注意する。2. ビニル壁紙やアスファルトルーフィングなどの巻もの材料は、折れぐせがつかないように立て置きで保管する。「くせがつかない」に注意する。3. 2m以上の高さで作業を行う場合は、足場の組立てと作業床の設置が必要である。4. 高さが2mを超える登り桟橋の勾配は、30度以下である。なお、30度を超える場合は階段とする。5. 深さが1.5m以上の根切り工事では、まず安全上の検討が必要である。安全上支障がない場合を除き、山留めを設けなければならない。

77 各種申請手続き・工事監理

50%

1. 建築工事に関する各種申請手続

建築工事を適正かつ安全に施工するに際して、各種官公庁へ申請・届出の手続きが必要である。下記に示す一覧表は、出題頻度の高い各種申請・届出の抜粋である。

出題パターン

「各種申請手続き」は、申請・届出とその提出先との組合せ問題である。また、「工事監理」は、建築士の工事監理業務がよく出題されている

建築工事に関する各種申請・届出・提出先等の一覧表

関係法令	申請・届出	提出先	提出時期
消防法	危険物貯蔵所設置許可申請	消防署を置く市町村は、市町村長 それ以外は都道府県知事	作業開始前
	圧縮アセチレンガス、液化石油ガスの貯蔵所設置許可申請	消防署長	作業開始前
道路交通法	道路使用許可申請	警察署長	使用開始前
道路法	道路占用許可申請	道路管理者	使用開始前
労働安全衛生法	クレーン等設置届	労働基準監督署長	作業開始前
	安全管理者選任報告	労働基準監督署長	作業開始前
建築基準法	工事完了検査申請	建築主事または指定確認検査機関	工事完了時
	建築工事届・建築物除却届	都道府県知事	着工前
	確認申請書	建築主事または指定確認検査機関	着工前

2. 道路使用許可と道路占用許可の違い

①道路使用許可…道路交通法では、「道路において一定の行為をしようとする場合」となっている。よって、道路で工事又は作業をする場合に道路使用許可が必要である。

今後の出題予測

過去問では、「危険物貯蔵所設置許可申請」の出題頻度が非常に高い。また、道路使用許可と道路占用許可の違いも重要。

②道路占用許可…道路の占用とは、「道路に一定の工作物・物件を設置し、継続して道路を使用すること」と定義されている。よって、工事に伴う道路上への仮囲い・足場・落下防護棚などの設置あるいは工事用車両のための乗入れ施設の設置などをする場合に道路占用許可が必要である。

3. 建築士の工事監理業務

工事監理者は、建築主から委嘱され工事が設計図書のとおりに実施されているかを監

問題 建築工事に伴う諸手続きに関する次の文章内の不適当な語句を訂正しよう。

1. 道路上でクレーン車を使い工事をするので、道路占用許可申請を警察署長に提出した。
2. 床面積が 20m² の建築物を建築するので、建築工事届を建築主事に提出した。
3. 建築現場において事業場の安全管理者を選任したので、消防署長に報告した。
4. 計画通知をして行った官庁工事が完了したので、都道府県知事に通知した。
5. 液化石油ガス 300kg の貯蔵用タンクを設置するので、都道府県知事に届け出た。

● EXERCISE

建築工事に関する申請・届出等とその提出先を組み合せよう。

1. 道路占用許可申請 ・　　・ａ．都道府県知事
2. クレーン設置届 ・　　・ｂ．道路管理者
3. 建築物除却届 ・　　・ｃ．警察署長
4. 工事完了検査申請 ・　　・ｄ．労働基準監督署長
5. 道路使用許可申請 ・　　・ｅ．建築主事又は指定確認検査機関

▶１とｂ、２とｄ、３とａ、４とｅ、５とｃ

理する。工事が設計図書どおりに実施されていないと認めるときは、直ちに工事施工者に注意を与えこれに従わないときは、その旨を建築主に報告しなければならない。

建築士は、設計及び工事監理を行うほか建築工事契約に関する事務、建築工事の指導監督、建築物に関する調査又は鑑定及び建築に関する法令又は条例に基づく手続きの代理業務を行うことができる。

①施工者に設計意図を正確に伝える。

②施工者が提出した施工計画・工程表などを検討し承諾する。

③施工者が作成した施工図を検討し承諾する。

④設計意図を伝えるための詳細図を作成し、施工者に指示する。

⑤建築設備の機械器具を設計図書に照らして検討し、承諾する。

⑥建築主の代理人として、施工について指示・立会いを行い、施工状況の確認をする。

⑦工事の完成を確認し、契約の目的物の引渡しに立ち会う。

> **工事管理と監理**
> ①施工者の工事管理業務
> ・施工計画
> ・工程表
> ・施工図
> ・下請業者の選定
> ②建築士の工事監理業務
> ・施工者が作成したものを検討・承諾する
> ・工事が設計図書のとおりに実施されているかを指導監督及び手続きの代理業務

4. 施工者の工事管理業務

施工者の工事管理業務には、品質・工程・作業・安全等の管理があるが、試験では下記の３点がよく出題されている。

①施工図の作成、②実施工程表の作成、③工事の下請業者の選定

ただし、下請負業者が工事の施工に不適当と認められる時は、工事監理者は、請負者に対して必要な措置を要求できる。

解答　組合せ以外の問題形式にも対応できるようにしよう！

1. 道路で工事をする場合は、道路使用許可申請を当該所轄の警察署長に提出する。道路占用許可申請は、工事に伴う仮囲いや足場等を設置する場合である。2. 床面積が10m²を超える建築物を建築する場合は、建築工事届を都道府県知事に提出する。3. 安全管理者選任報告は、労働基準監督署長に提出する。4. 工事完了検査申請は、建築主事又は指定確認検査機関である。5. 液化石油ガスや圧縮アセチレンガスなどの火災予防又は消防活動に重大な支障を生ずるおそれのある貯蔵用タンクを設置する場合は、消防署長に届け出る。

78 仮設工事

100%

仮設工事は、総合（共通）仮設工事と直接仮設工事に分けられる。総合仮設工事は、工事実施に当たり間接的に必要な仮設物で、仮囲い・工事事務所・電力、給排水設備などがある。直接仮設工事は、工事実施に直接必要な仮設物で、足場・やり方・クレーンなどである。

このうち足場は、構造形式により2本の建地で作業床を受け通路を構成する本足場と1本の建地に布を抱き合わせた一側（ひとがわ）足場に分類できる。

出題パターン

単管足場の「安全基準」「作業床」「登り桟橋」及び「仮囲い」に関する具体的な数値が問われる

ひっかけ対策

①木造住宅でも仮囲いが必要なときは？

②鉄骨造・鉄筋コンクリート造の建築物で仮囲いが必要でないときは？

1. 仮囲い

工事現場と外部とを隔離する仮設構築物である。以下に示す建築物の工事においては、現場周囲に対する災害の防止のため、高さ 1.8m 以上の仮囲いの設置が必要。

①木造の建築物で高さが 13m 若しくは軒の高さが 9m を超えるもの。

②鉄骨造・鉄筋コンクリート造など木造以外の建築物で2以上の階数を有するもの。

2. 直接仮設工事の用語

①縄張りは、工事開始に先立ち、設計図書に基づいて縄を張って建築物の位置を決定する仮設表示物で、工事監理者の承認が必要である。

②ベンチマーク（水準点）は、建築物の高さ及び位置の基準をしるしたもので敷地内外の既存の工作物に設定するか、杭を用いて移動しないように養生する。

③やり方は、建築物の高低、位置、方向、通り芯を定めるために建築物の隅々、その他の位置に設置する仮設表示物である。

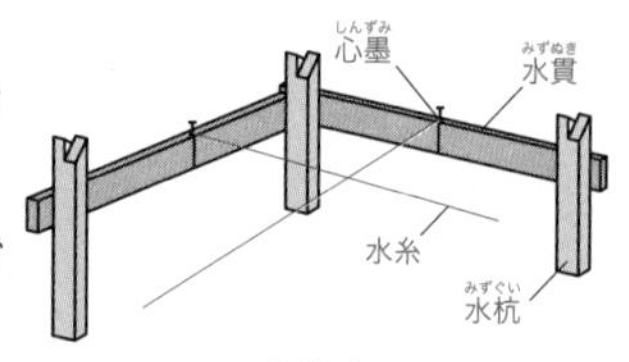

やり方

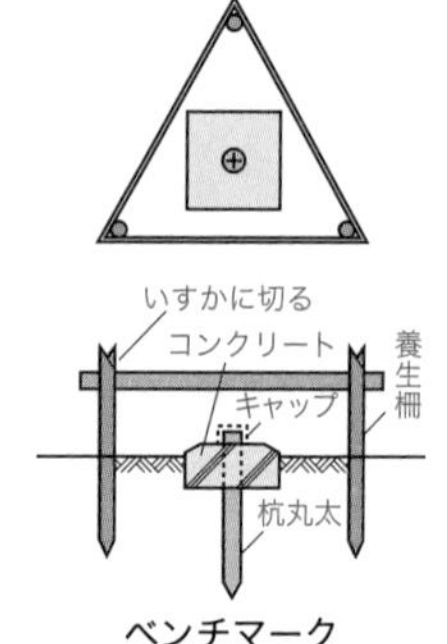

ベンチマーク

問題 仮設工事に関する次の文章内の不適当な語句を訂正しよう。

1. 鉄筋コンクリート造2階建住宅の新築工事では、現場の周囲に仮囲いを設けなかった。
2. 敷地境界線から 4m の距離にある外壁の修繕において、工事箇所が高さ 3m 以内であったため、そのまま工事を行った。
3. 軒の高さが 9m を超える木造2階建住宅の工事現場の周囲には、危害防止のために高さ 1.5m の仮囲いを設けた。
4. 高さが 3m の作業場所から不要資材を投下する場合、投下設備を設けないで行った。
5. はしご道のはしごの上端を、床から 50cm 突出させた。

④水盛(みずも)りは、縄張りで決定した建築物の位置に、根切りなどの工事に支障のないように水杭を打ち、水準点からの一定の高さを測定して、各水杭に同じ高さの水準の印をつけることをいう。

⑤心出(しんだ)しは、水貫に柱や壁の心墨をしるすことをいう。

⑥墨出(すみだ)しは、工事に必要な寸法の基準となる位置、高さなどを所定の場所に表示する作業である。

> **落下物に対する防護措置**
> 過去問においては、外壁の修繕等の工事の場合の措置が出題されている。つまり、高さに関係なく周囲を帆布で覆うなどの防護措置が必要となる。また、「投下設備」に関する出題頻度は高い。

3. 落下物に対する防護措置

①建築物が隣地境界線から5m以内で、高さ7m以上から落下するおそれのある工事の場合は、金網や帆布などで覆い、防護棚（朝顔）を設ける。
ただし、外壁の修繕、はつり、除去などの工事の場合は、高さに関係なく周囲を帆布で覆うなどの防護措置をとる必要がある。

②建築物が隣地境界線から5m以内で高さ3m以上から物を投下する場合は、ダストシュート等の投下設備を設ける。

③防護棚（朝顔）は、高さ10m以上では1段以上、高さ20m以上では2段以上設ける。一般には、1段目を5m以下に設け、2段目以上は、下段より10m以下ごとに設ける。

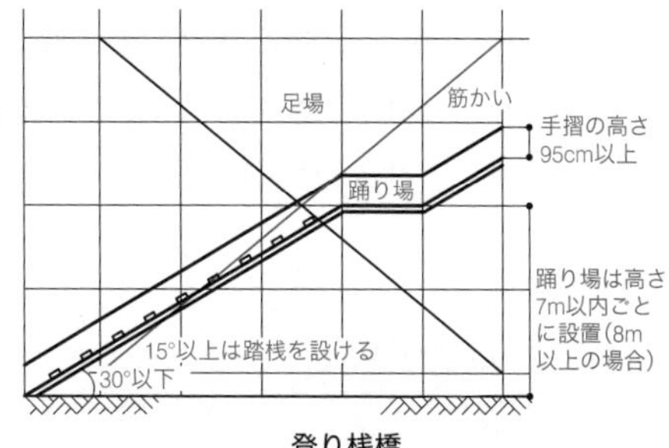

登り桟橋

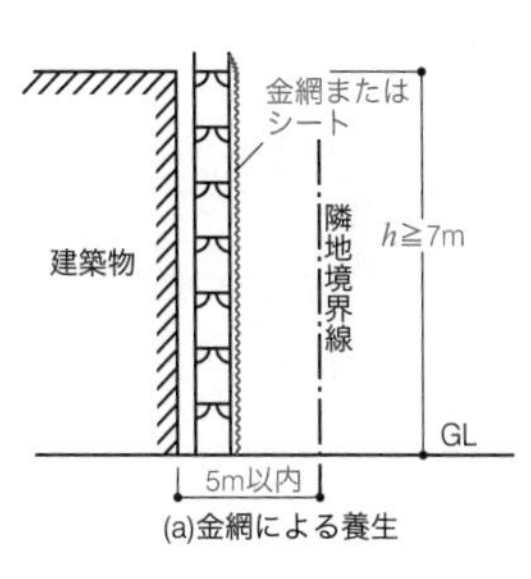

(a)金網による養生

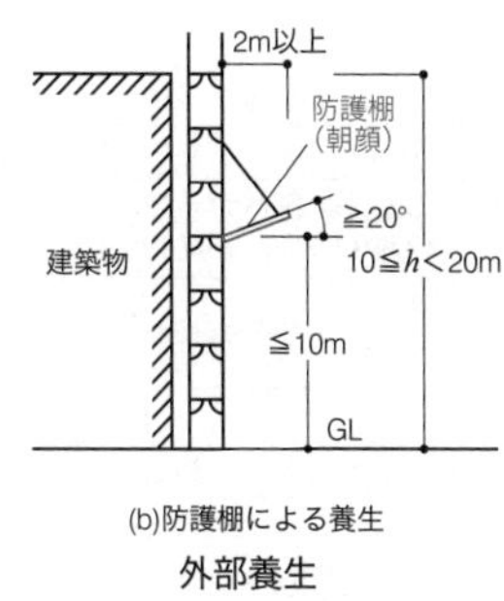

(b)防護棚による養生

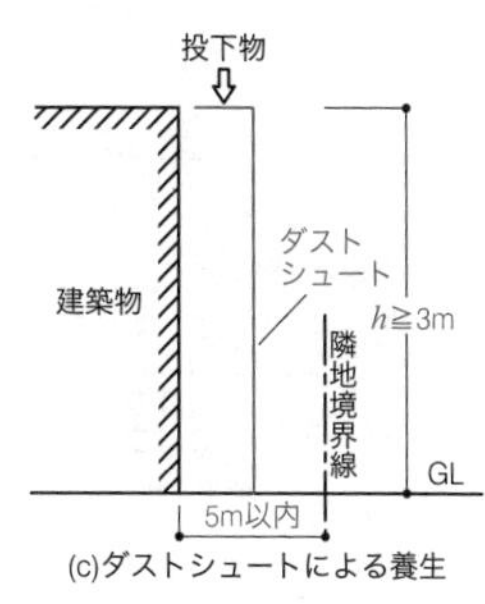

(c)ダストシュートによる養生

外部養生

解答　仮設工事に関する総合問題。仮囲いに関する問題は要注意

1. 木造以外の建築物で2階建以上の場合は、住宅でも仮囲いが必要である。
2. 外壁の修繕などの工事を行う場合は、高さに関係なく防護措置をとる必要がある。
3. 木造住宅でも軒の高さが9m若しくは高さが13mを超える場合は、高さ1.8m以上の仮囲いが必要である。
4. 投下設備は、建築物が隣地境界線から5m以内で高さ3m以上から不要物を投下する場合に必要である。
5. はしご道のはしごの上端は、床から60cm以上突き出させる。

4. 単管足場

①建地の間隔は、けた行方向 1.85m 以下、はり間方向 1.5m 以下とする。

②地上第一の布の高さは、地盤面より 2m 以下に設ける。

③壁つなぎの間隔は、垂直方向 5m 以下、水平方向 5.5m 以下とする。垂直・水平方向が同値でないので注意する。

④建地間の積載荷重は 400kg を限度とする。

⑤建地の脚部は、滑り又は沈下を防止するためベース金具で補強し、その下に敷板を敷かなければならない。

足場の安全基準

まずは、建地の間隔、地上第一の布及び壁つなぎの間隔を図で確認しよう！図を併用すると以外と容易に覚えられる。

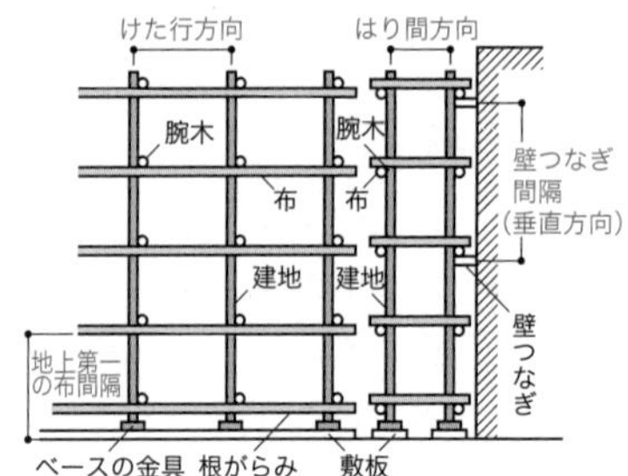

単管足場

5. 枠組足場

建枠（主枠）・交差筋かい・布枠・継手金具・ベース金具などを用いて組立てる。枠組足場は、単管足場に比べて組立て・解体が容易で安全上、有利である。

①壁つなぎの間隔は、垂直方向 9m 以下、水平方向 8m 以下とする。

②組立・解体作業中の墜落防止のために、手摺先行工法とする。

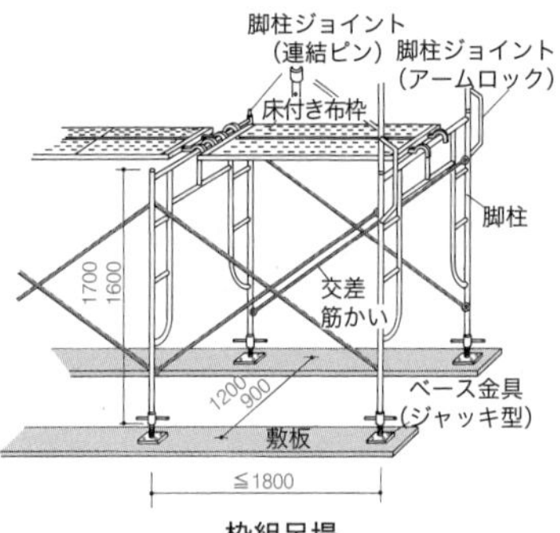

枠組足場

足場の安全基準

		単管足場	くさび緊結式足場	枠組足場
建地の間隔		けた行方向：1.85m 以下 はり間方向：1.5m 以下	けた行方向：1.85m 以下 はり間方向：1.5m 以下	主枠の高さ：2m 以下 主枠の間隔：1.85m 以下
地上第一の布		2m 以下	2m 以下	−
壁つなぎ	垂直方向	5m 以下	5m 以下	9m 以下
	水平方向	5.5m 以下	5.5m 以下	8m 以下
荷重限度		建地間の積載荷重は 400kg を限度とする		−

※布板一側足場の建地間の最大積載荷重は、150kg を限度とする。
※くさび緊結式足場は高さ 31m 以下の場合とする。

問題 足場に関する次の文章内の不適当な語句を訂正しよう。

1. 高さ 12m の枠組足場における壁つなぎの間隔については、垂直方向を 8m とし、水平方向を 9m とした。
2. 鋼管足場の組立てに当たって、建地の脚部にベース金具を用い、地盤上に直接建てた。
3. 単管足場の建地の間隔を、けた行方向 1.9m、はり間方向 1.2m とした。
4. 単管足場の壁つなぎ間隔を垂直方向 5.5m、水平方向 6.0m とした。
5. 単管足場の地上第一の布は、地盤面からの高さ 2.5m の位置に設けた。

● EXERCISE

足場に関する次の文章内の不適当な語句を訂正しよう。

1. 地盤面からの高さが 2.1m の位置に設ける作業床の幅は、30cm とした。
2. 足場板を支点の上で長手方向に重ね、その重ねた部分の長さを 15cm とした。
3. 高低差が 2.1m の登り桟橋は、勾配が 30 度であるため滑り止めは設けなかった。
4. 高さが 2.8m の位置にある足場の作業床において、作業床からの手摺の高さを 75cm とし、中桟を設けた。
5. 単管足場の建地の間隔を、けた行方向 1.7m、はり間方向 1.3m とし、建地間の最大積載荷重を、500kg と表示した。
6. 高さ 8m の登り桟橋においては、踊り場を高さ 8m ごとに設ける。

▶1. 高さが 2m 以上の作業床の幅は、40cm 以上必要。また、床材の隙間は 3cm 以下とする。 2. 足場板を重ねる場合、支点上で 20cm 以上重ねる。 3. 高低差 2m 以上の登り桟橋の勾配は 30 度以下、15 度を超える場合は滑り止めが必要。
4. 手摺などに対する荷重が衝撃的で頻度が少なくない箇所では、95cm 以上、それ以外の箇所は、90cm 以上の手摺と中桟を安全上、設置する（JASS2 解説表 5.25。労衛則では、高さ 85cm 以上の丈夫な手摺を設けると規定されている）。
5. 単管足場における建地間の積載荷重は 400kg を限度とする。ただし、布板一側足場の建地間の積載荷重は、150kg を限度とする。 6. 高さが 8m 以上の登り桟橋においては、高さ 7m 以内ごとに踊り場を設ける。

6. 作業床　労衛則 563 条

2m 以上の高さで作業を行う場合は、作業床を設ける。

①幅 40cm 以上、床材間の隙間 3cm 以下とする。
②床材（足場板）は幅 20cm 以上、厚さ 3.5cm 以上の厚板とする。また、長手方向に重ねる場合、支点の上で 20cm 以上重ねる。

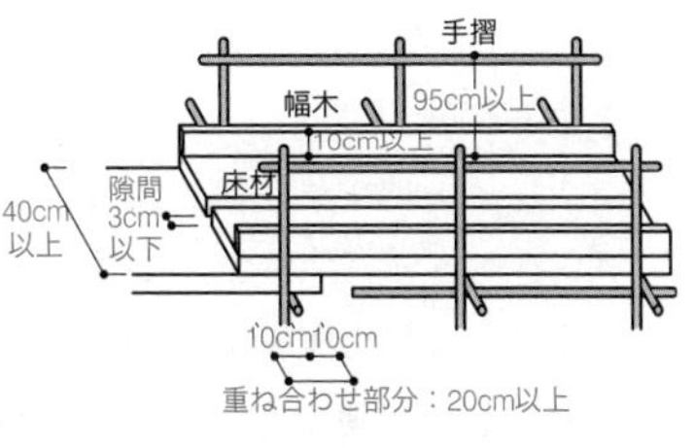

作業床

③物体の落下防止のために、両側に高さ 10cm 以上の幅木を設ける。

7. 登り桟橋　労衛則 552 条

①勾配は 30 度以下とし、15 度を超える場合は、滑り止めを設ける。ただし、階段を設けたもの又は高さが 2m 未満で丈夫な手掛を設けたものは、この限りではない。
②高さ 85cm 以上の手摺を設け、高さが 8m 以上の場合は、7m 以内ごとに踊り場を設ける。

解答　**足場に関する総合問題。単管足場と枠組足場の壁つなぎの数値は確実に覚える**

1. 枠組足場における壁つなぎの間隔は、垂直方向 9m 以下、水平方向 8m 以下とする。
2. 建地の脚部は、沈下を防止するためベース金具で補強し、その下に敷板を用いなければならない。よって、建地を直接、地盤上に建ててはならない。
3. 単管足場の建地の間隔は、けた行方向 1.85m 以下、はり間方向 1.5m 以下である。
4. 単管足場の壁つなぎ間隔は、垂直方向 5m、水平方向 5.5m 以下とする。
5. 単管足場の地上第一の布は、地盤面からの高さ 2m 以内の位置に設ける。

79 地盤調査・地業・基礎工事 100%

1. 地盤調査

出題パターン
・地盤の調査方法と調査事項との組合せ問題
・セメントミルク工法は、重要
・杭工事における支持地盤の到達確認

ひっかけ対策
①捨てコンリート地業は、「地盤強化が目的」→？
②セメントミルク工法のオーガーの回転は？

①ボーリング…ロッド（鉄棒）の先端にビットを取付け、回転させながら各地層の土を採取し、地盤構成を調べる。一般に標準貫入試験と併せて行われる。
②サウンディング…ロッドの先端に付けた抵抗体を地盤に挿入し、貫入、回転、引抜きなどを行い、その抵抗から地盤の性状を調査する方法。
③標準貫入試験…各地層の硬軟を調べるためにロッドの先端に標準貫入試験用サンプラーを取付け、63.5kgのハンマーを75cmの高さから自由落下させて各地層を30cm貫入させるのに必要な打撃回数N値を求める試験。

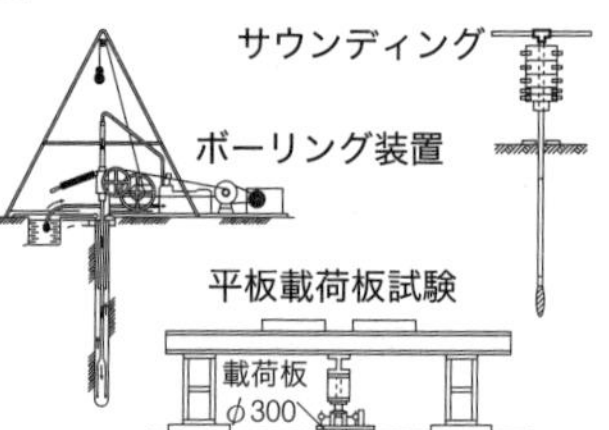

④ベーン試験…十字形の羽根(ベーン)を地中で回転させ、その抵抗から粘土地盤のせん断強さを調べる試験。
⑤平板載荷試験…支持地盤に設置した載荷板に荷重を加え、載荷荷重と地盤の沈下量の関係から地耐力を求める試験。
⑥電気探査…地中に電流を流し、各地層の電気抵抗から基盤の深さを求める。

2. 地業

地業（じぎょう）は、地盤の支持力を補強して基礎を支える部分、若しくはその作業をいう。
①地肌（じはだ）地業…堅固で良質な地盤を支持面とする地業。
②砂地業…軟弱地盤に砂を充てんし、地盤を改良する地業。
③砂利地業…比較的良好な地盤で、根切り底に砂利(砕石)を敷き並べて突き固める地業。
④割石地業…根切り底に割石(岩石を打ち割って作った石材)を小端立てに並べて、砂利を充てんし、ランマーなどで突き固める地業。

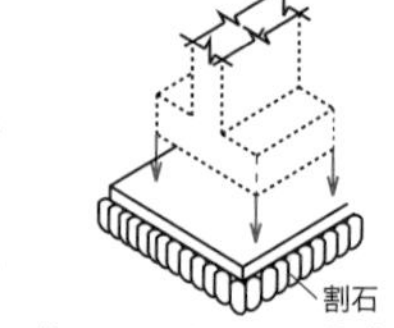

捨てコンクリート地業

⑤捨てコンクリート地業…割石地業などの上にコンクリートを打設して、墨出し作業や

問題 地業・基礎工事等に関する次の文章内の不適当な語句を訂正しよう。

1. 電気探査は、地盤の性状を調査するものであり、平板載荷試験は地盤構成を調べる試験である。
2. 杭工事における騒音及び振動の測定は、作業場所付近において行った。
3. アースドリル工法による掘削において、支持地盤への到達の確認を、掘削深度及び回転バケットの回転速度により判断した。
4. 法付けオープンカット工法は、腹起しを使用する山留め工法である。
5. セメントミルク工法においては、アースオーガーを逆回転させながら引き抜いた。

建込み作業を行うための工事であり、地盤強化が目的ではない。

3. 土工事・基礎工事

①根切り…基礎工事で所定の位置まで地盤を掘削すること。

②山留め（やまどめ）…根切りによる周囲の地盤の崩壊を防止するための工事で、親杭横矢板工法・水平切張り工法などがある。

③かま場…根切り底の一部を掘り下げて集水し、ポンプで揚水する簡単な排水方法。

④ウェルポイント工法…真空ポンプを使って地下水を強制的に揚水し排水する工法。

⑤床付け（とこづけ）…根切り底のことで、機械掘削する場合は、床付け面より浅い位置で止め手掘り仕上げとし、地盤をかく乱しないようにする。

⑥基礎工事の作業工程は、根切り→山留め→地業→基礎である。

4. 杭工事

杭には、杭先端を硬い地層で支える支持杭と杭の外周面と地層との摩擦力で支える摩擦杭がある。また、施工法により、打撃による打込杭や地盤を掘削し杭を埋め込む埋込杭、現場でつくる大口径の場所打ちコンクリート杭がある。

①セメントミルク工法は、アースオーガーで掘削した孔に既製杭を建て込む工法である。掘削は、孔壁の崩壊を防止するため安定液をオーガー先端から噴出し、所定の深度に達した後、根固め液（セメントミルク）に切り換え注入する。その後、杭周固定液に切り換えアースオーガーを正回転させながら引き上げる（掘削土は全排出する）。

②ソイルセメント柱列山留め壁工法は、掘削した地盤にセメントミルク（水＋セメント）を注入し、掘削土と混合かくはんをしながら、ソイルセメントの山留め壁（骨組みにはH形鋼などを挿入）をつくる工法である。

③親杭横矢板工法は、H形鋼などを親杭として建込み、掘削しながら親杭の間に横矢板をはめ込んで山留め壁をつくる工法である。止水性がないため良質な地盤に適する。

④杭打工事による騒音及び振動の測定は、作業場所の敷地境界線で行う。

⑤杭工事の掘削において、支持地盤への到達確認は掘削深度と排出される土で確認する。打撃工法における既製コンクリート杭では、打込み深さと貫入量で確認する。

⑥節付コンクリート杭は、杭に節をつけて支持力を大きくした摩擦杭である。

⑦既製コンクリート杭を作業地盤面以下に打ち込む場合には、やっとこを用いて打つ。

⑧既製コンクリート杭の継手は、アーク溶接による溶接継手とする。

解答　ひっかけ問題です。問題をよく読んで答えよう

1. 電気探査は、基盤の深さを調べるものであり、平板載荷試験は地耐力を求めるものである。2. 騒音等の測定は、作業場所の隣地境界線で行う。3. 支持地盤の確認は、回転速度ではなく排出される土や掘削抵抗等で判断する。ここでは、打撃工法との違いに注意する。4. 法付け（のりつけ）オープンカット工法は、敷地に余裕がある場合に用いられる山留め工法である。矢板や支保工などを必要としない、ゆるやかな法面をつけながら地盤を掘削する方法である。5. セメントミルク工法は、掘削土が全排出土であるため、オーガーは土が孔に落ちないように正回転で引き上げる。

80 鉄筋工事　継手・定着

100%

1. 鉄筋の継手

鉄筋の継手には、細径の重ね継手と太径のガス圧接継手、溶接継手、特殊継手がある。ガス圧接は、接合部に圧力を加え、ガス炎で加熱し接合する方法である。太径の異形鉄筋は、上記以外の特殊な継手方法とする。また、継手位置は、引張応力の小さい位置に設け、同一箇所に集中しないようにする。

出題パターン

「ガス圧接」は、圧接部の合否基準・不良圧接部の措置・圧接部の品質検査の三つの出題パターン。「継手・定着」は、基本問題が中心である

①柱の主筋の継手中心位置は、梁上端から500mm以上1,500mm以下かつ柱の内法高さの3/4以下とする。

②大梁上端筋（うわばきん）の継手中心位置は、スパンの中央部分とする。

③大梁下端筋（したばきん）の継手中心位置は、柱の内面からスパンの1/4以内とする。

④径の異なる鉄筋の重ね継手長さは、細い鉄筋径の倍数とする。

⑤D35以上の異形鉄筋は、かぶり厚さに亀裂が生じるために重ね継手はできない。

⑥隣り合う鉄筋の継手位置は、重ね継手においては継手長さの0.5倍程度ずらすものとする。また、ガス圧接の継手位置では400mm以上ずらす。

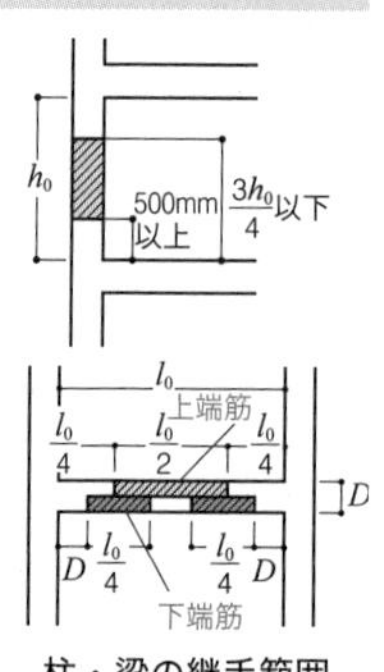

柱・梁の継手範囲

⑦異形鉄筋の末端にフックを付けた場合は、鉄筋の種類、コンクリートの設計基準強度に応じて、継手長さを10dもしくは15d短くできる。

L
L
a
a=0.5L

重ね継手

2. 鉄筋の定着

鉄筋の定着とは、部材接合部で一方の部材の鉄筋を延ばし他方の部材内に埋込み、引き抜けないようにすることをいう。

①末端のフックは、定着長さに含まない。

②梁主筋を柱内に定着する場合は、柱せいの3/4倍以上のみ込ませる。

③スラブ下端筋の異形鉄筋の定着長さは鉄筋径の10倍かつ150mm以上とする。

④定着長さは、鉄筋の種類、コンクリートの設計基準強度、フックの有無で決定とする。

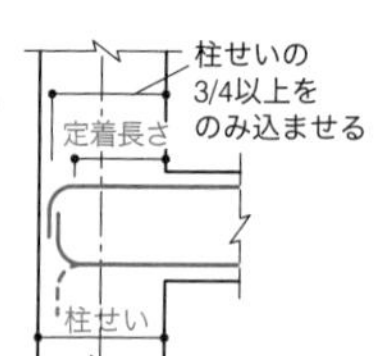

梁筋の柱内への定着

問題　鉄筋コンクリートにおける鉄筋の継手・定着に関する次の文章内の**不適当な語句**を訂正しよう。

1. 梁の主筋を柱内に定着する場合、鉄筋を柱の中心軸の位置で垂直に折り曲げた。
2. 筋径D22の鉄筋と鉄筋径D29の鉄筋をガス圧接した。
3. 大梁の主筋をガス圧接継手とし、隣り合う主筋の継手の位置は、300mmずらした。
4. 全ての圧接部で外観試験を行い、全数が合格と判定されたので抜取り試験を省略した。
5. 重ね継手の長さの指定が40dの場合、“D10とD13”の継手長さは、520mm以上必要である。

● EXERCISE

図のような鉄筋コンクリート造の柱及び梁において、鉄筋の継手中心位置として、**最も不適当**なものはどれか。

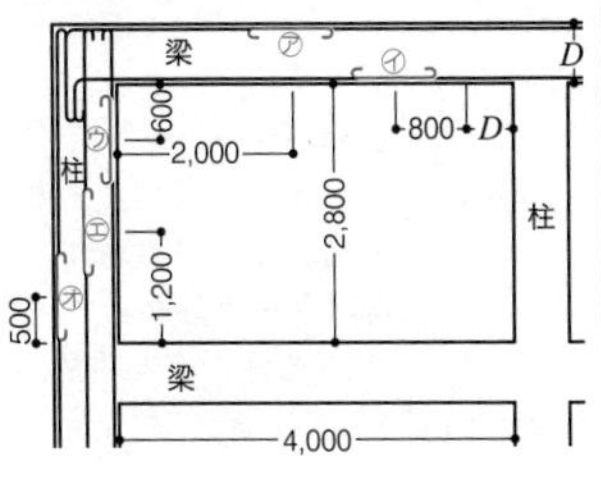

▶㋐の大梁上端筋の継手中心位置：スパン中央部分

㋑の大梁下端筋の継手中心位置：柱の内面（梁せいの部分を逃げて）からスパン 1/4 以内

㋒が誤り。柱主筋の継手中心位置：柱の内法高さ 1/4 以内は継手を設けてはならない。ここでは、2,800 × 1/4 = 700mm 以内は、設けてはならない。

㋓の柱主筋の継手中心位置：梁上端から 500mm 以上かつ柱の内法高さの 3/4 以下

㋔の柱主筋の継手中心位置：梁上端から 500mm 以上

3. ガス圧接部の外観検査の合否基準

①圧接部のふくらみの直径：鉄筋径の 1.4 倍以上（径の違う鉄筋の場合、細い方の鉄筋径の 1.4 倍以上）

②圧接部のふくらみの長さ：鉄筋径の 1.1 倍以上

③圧接部の軸心のくい違い(偏心量)：鉄筋径の 1/5 以下

④圧接面とふくらみのずれ：鉄筋径の 1/4 以下

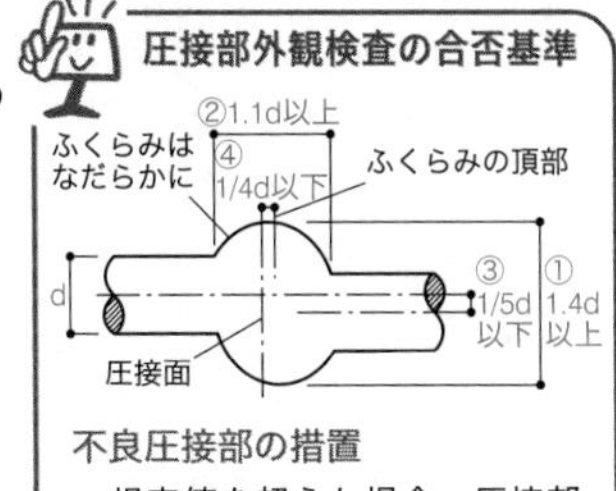

4. ガス圧接部の品質検査

ガス圧接の品質検査には、すべての圧接部に対して目視で行う全数検査（外観検査）と外観検査に合格した圧接部に対して行う抜取り検査がある。抜取り検査には、非破壊検査である超音波探傷試験と破壊検査である引張試験がある。

5. ガス圧接継手の注意事項

①鉄筋の種類が異なる場合は、一部の鉄筋の組合せを除き、原則として圧接継手をしてはならない。

②鉄筋径が異なる場合は、同一種類の鉄筋でも、その径又は呼び名の差が 5mm を超える場合は、圧接継手をしてはならない。

③ガス圧接部分の収縮は、1 か所につき 1d 〜 1.5d 縮むため、短縮量を見込んで加工する。

④ガス圧接の有資格者は、資格種別に応じて作業可能範囲が規定される。

解答　径の異なる鉄筋の継手には要注意！

1. 主筋を柱内に定着する場合、柱せいの 3/4 倍以上の位置で折り曲げるのが原則である。
2. 鉄筋径が異なる場合は、径の差が 5mm を超える場合は、ガス圧接をしてはならない。
3. 隣り合う主筋の継手の位置は、400mm 以上ずらす必要がある。
4. 目視で行う外観試験に合格した圧接部に対して、抜取り試験を行う。
5. 径が異なる鉄筋の重ね継手の長さは、細い鉄筋の倍数とする。よって、40 × D10 = 400mm 以上必要である。

IV 施工

81 鉄筋工事　加工・組立て

100%

1. 鉄筋の加工

①鉄筋の切断は、シヤカッターが一般であるが、ガス圧接では切断面の平滑さや直角度が要求されるため電動カッターにより切断しなければならない。

②鉄筋の曲げ加工は、鉄筋折曲げ機を用いて、常温若しくは冷間加工とする。また、コイル状の鉄筋は、直線器にかけて用いる。

③異形鉄筋は、付着力が大きいため、一般にフックを必要としないが、次の部分には、必ずフックを設けるように規定されている。

・柱及び梁の出隅部分の鉄筋、煙突に用いる鉄筋、あばら筋及び帯筋、片持ちスラブの上端筋の先端

④点付け溶接はタップ溶接の一種で、金属を断続的に溶接しつなぎあわせる溶接方法。断続隅肉溶接ともいう。原則的に行わないが、承認を受けた場合は必ず予熱して行う。

出題パターン

基本的な設問から難易度の高い設問まで幅広く出題されている。かぶり厚さ・鉄筋相互のあき・点付け溶接などの基本問題は、よく出題されている

出隅部分のフック

出隅部分は、火災時にはく落しやすいため、フックを設ける。

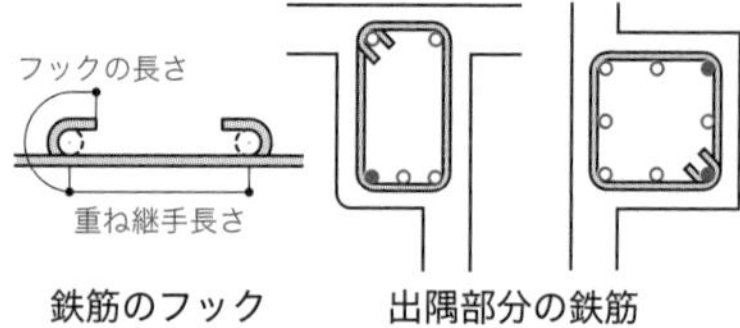

鉄筋のフック　　出隅部分の鉄筋

2. 鉄筋の組立て

①組立ての結束線は、径0.8mm以上のなまし鉄線を使用し、その端部は躯体の中心方向に折り曲げる。

● EXERCISE

粗骨材の最大寸法が20mm、柱主筋D22の鉄筋相互のあきは？

▶20mm × 1.25 = 25mm、D22 × 1.5 = 33mm よって、33mm以上必要である。

②鉄筋相互のあきは、コンクリートが分離することなく密実に打ち込まれるように過小にならないようにし、次の値のうち最大のもの以上とする。(a)粗骨材の最大寸法の1.25倍以上かつ25mm以上、(b)異形鉄筋の呼び名の値の1.5倍以上とする。

③柱主筋の台直し（柱心のずれの補正）は、コンクリートをはつり取って鉄筋を1/6以下の勾配で常温にて穏やかに曲げる。

問題　鉄筋コンクリート工事における、鉄筋の加工・組立てに関する次の文章内の不適当な語句を訂正しよう。

1. 梁の鉄筋のかぶり厚さは、主筋の外側からコンクリートの表面まで測定した。
2. 鉄筋のかぶり厚さの確保のために、モルタル製のスペーサーを入れた。
3. 使用する鉄筋がJIS規格品であったので、鉄筋の材料試験は省略した。
4. 鉄筋径D25の鉄筋を梁主筋に用い、鉄筋相互のあきは、35mmとした。
5. 柱主筋の台直しが必要だったので、主筋の付け根で、急に曲げて修正した。

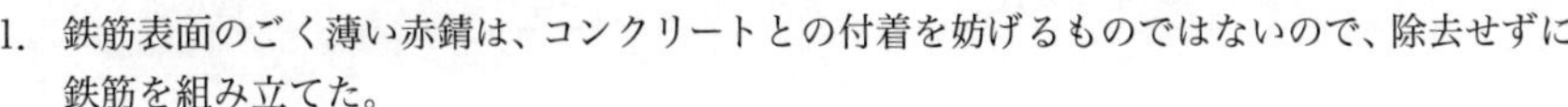

● EXERCISE

ひっかけ問題。正誤を答えてみよう。

1. 鉄筋表面のごく薄い赤錆は、コンクリートとの付着を妨げるものではないので、除去せずに鉄筋を組み立てた。
2. 特記がない場合の帯筋の加工寸法の検査において、加工後の外側寸法の誤差が＋ 10mm であったので、合格とした。
3. 鉄筋の加工において、見込んでおくべきかぶり厚さは、必要な最小かぶり厚さに施工誤差 5mm を加えた値を基準とした。

▶ 1. ○鉄筋表面のごく薄い赤錆は、コンクリートとの付着も良好で害はないが、粉状の赤錆は、付着を低下させるためワイヤブラシ等で除去する必要がある。 2. ×特記がない場合、加工後の外側寸法の誤差は、± 5mm 以内である。 3. ×必要な最小かぶり厚さに施工誤差 10mm を加えた値とする。

④鉄筋の組立順序は、一般に柱→壁→梁→スラブの順序で組立てる。

⑤鉄筋の加工において、見込んでおくべきかぶり厚さは、最小かぶり厚さに 10mm を加えた値を標準とする。

⑥鉄筋（あばら筋・帯筋・スパイラル筋）の加工寸法の許容差は、加工後の外側寸法の± 5mm 以内である。

ひっかけ対策

鉄筋の最少かぶり厚さは「最外側の主筋の外側から」→「主筋」ではなく「帯筋やあばら筋」。

3. 鉄筋のかぶり厚さ

①かぶり厚さは、部材（柱・梁など）の最外側の帯筋やあばら筋の外側から測定する。なお、基礎などの土に接する部分のかぶり厚さは、捨てコンクリートの厚さを含まない。

②柱及び梁の主筋に D29 以上を使用する場合は、主筋のかぶり厚さを径の 1.5 倍以上確保する。

③かぶり厚さの調整は、鉄筋を折り曲げて行うのではなく、コンクリートの増打ち（ましうち）で行う。

かぶり厚さ＝
最小かぶり厚さ＋10mm
あき
主筋
帯筋又は
あばら筋
柱の場合：帯筋
梁の場合：あばら筋

鉄筋のかぶり厚さとあき

④スペーサーは、コンクリート製・鋼製に限定し、側面に限りプラスチック製でもよい。モルタル製は、強度及び耐久性が不十分であるため使用しない。

⑤梁配筋におけるスペーサー間隔は、1.5m 程度とし、端部は 1.5m 以内とする。

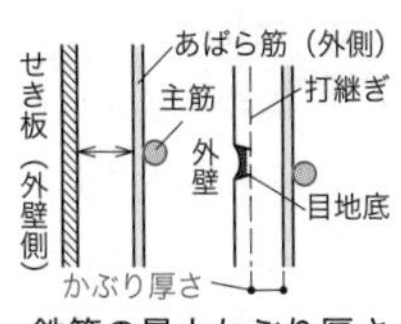

鉄筋の最小かぶり厚さ

解答 1. 4. 5. は鉄筋工事の加工・組立てに関する基本問題

1. 梁の鉄筋のかぶり厚さは、主筋ではなくあばら筋の外側からである。2. スペーサーは、コンクリート製・鋼製に限定されている。モルタル製のスペーサーは、強度及び耐久性が不十分であるため使用できない。3. 鋼材検査証明書（ミルシート）を監理者に提出し承諾を得なければ、材料試験を省略することができない。4. ここでは、異形鉄筋の呼び名の数値の 1.5 倍以上となり、D25 × 1.5 ＝ 37.5mm 以上必要となる。5. 主筋の台直し（柱心のずれの補正）は好ましくないが、必要な場合は、コンクリートをはつりとって、鉄筋を常温で穏やかに曲げて行う。決して加熱してはならない。

82 型枠工事 100%

1. 型枠の材料

出題パターン

型枠の存置期間と取り外し・パイプサポート（支柱）・支柱の盛替えなどの基本問題が出題される中で、型枠の存置期間の出題頻度は非常に高い

①せき板は、コンクリートに直に接する板材で木製・鋼製・アルミ製などがある。

②支保工は、せき板を所定の位置に固定するための仮設構造物で、支柱（パイプサポート）・水平つなぎ材・端太（ばた）材などで構成される。

③緊結材は、各型枠部材を相互に結合する金物で以下のものがある。

・セパレータ………せき板の間隔を一定に保つ金具
・フォームタイ……型枠締付け用のボルト
・コラムクランプ…柱型枠用の締付け金具
・ターンバックル…ねじによる引締め金具

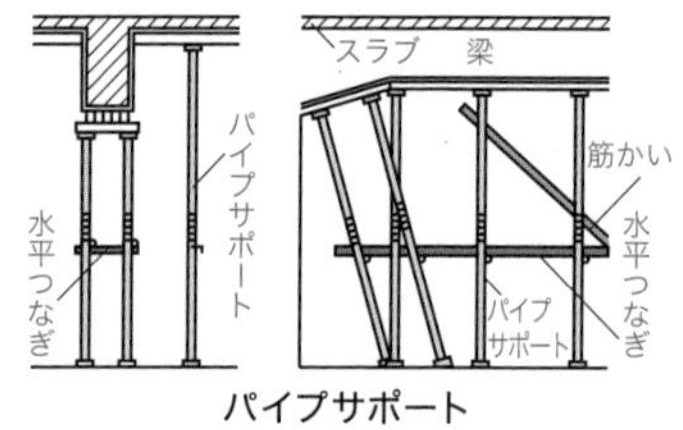

パイプサポート

注目 2. 型枠の組立て

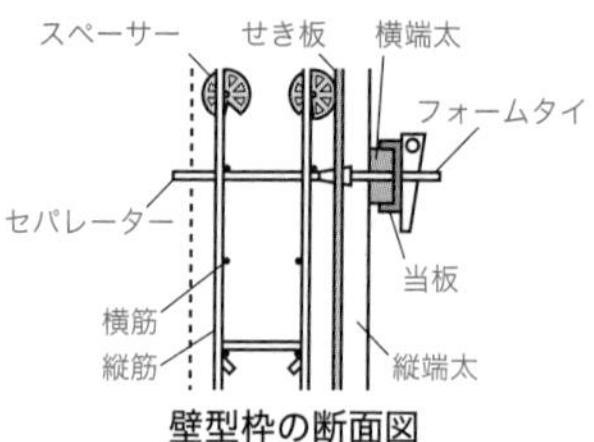

壁型枠の断面図

①組立て順序は、一般に柱→内壁→大梁→小梁→床→外壁の順序で組立てる。
せき板の組立ては、型枠の存置期間の関係で垂直面を先、水平面を後に取り外せるように組立てる。
また、型枠は、足場ややり方などの仮設物に連結させると足場等からの振動を受け、狂いの原因となるため連結させない。

②パイプサポート（支柱）は、2本継ぎまでとし、接合は4本以上のボルト又は専用金具で継ぐ。また、高さが3.5mを超える場合は、2m以内ごとに水平つなぎ材を2方向に設ける。

③木製せき板は、太陽光線によりセメントの硬化阻害物質が増すので直射日光に当てないようにシートなどで保護する。

④上下階の支柱は、平面上同じ位置に設ける。

⑤柱の型枠は、加工・組立て時のゴミを除去するため下部に掃除口を設ける。

問題 型枠工事に関する次の文章内の不適当な語句を訂正しよう。

1. 梁下の支柱は、コンクリートの圧縮強度が設計基準強度の85%に達したので取り外した。
2. 柱のせき板（短期及び標準）は、コンクリートの圧縮強度が $10N/mm^2$ 以上に達したことを確認されるまで取り外しができない。
3. 壁のせき板（短期及び標準）は、存置期間中の平均気温が15℃ 以上で所要の日数を経過したが、圧縮強度試験を行っていないので取り外しができない。
4. コンクリートの若材齢の収縮変形を防ぐために、床版下の支柱の盛替えを頻繁に行った。
5. 最下階の土間の支柱は、地盤をしっかりと固めたので、支柱脚部に足場板を敷かなかった。

● EXERCISE

ひっかけ問題の定番。正誤を答えてみよう。

1. 梁のせき板は、梁下のせき板を取り外した後に取り外した。
2. 型枠は、剛性を確保するために、足場に連結した。

▶ 1. × 取り外し方が逆　2. × 仮設物に連結してはならない。「剛性」の言葉に注意。

---

⑥型枠の強度及び剛性の計算は、コンクリート施工時の振動・衝撃による鉛直荷重・水平荷重及びコンクリートの側圧について行う。

⑦型枠は、現場合わせの型枠を少なくし可能な限り転用する。

型枠存置期間

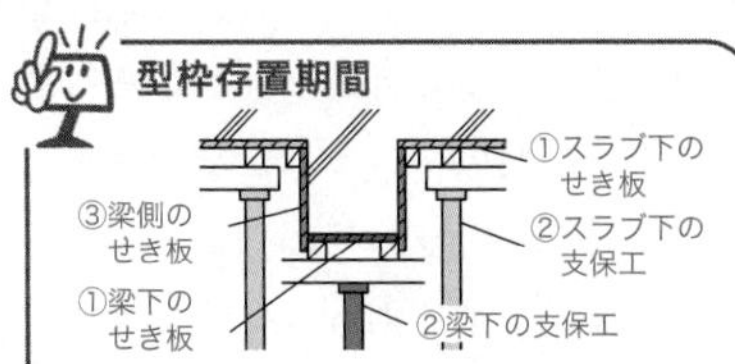

①梁下のせき板は、支保工を外さないと、外せない。
②設計基準強度の 100%以上の圧縮強度が必要。
③壁・梁側のせき板は、5N/mm² 以上の圧縮強度が必要。
よって、③→②→①の順で取り外す。
〈注〉上記の②より早く支保工を取り外す場合は、コンクリートの圧縮強度が最低12N/mm² 以上であることを確認する。

3. 型枠の取り外し（存置期間）

①梁下・スラブ下のせき板…梁下・スラブ下の支保工を取り外した後に、取り外す。

②梁下・スラブ下の支保工…コンクリートの圧縮強度が設計基準強度の 100%以上に達したことが確認されるまでとする。

③柱・壁・梁側面のせき板（計画供用期間の級が短期及び標準の場合）…コンクリートの圧縮強度が 5N/mm² 以上に達したことが確認されるまでとする。ただし、せき板存置期間中の平均気温が 10℃ 以上で所定の存置期間の日数以上を経過すれば、圧縮強度試験を行わずにせき板を取り外すことができる。

④柱・壁・梁側面のせき板（計画供用期間の級が長期及び超長期の場合）…コンクリートの圧縮強度が 10N/mm² 以上に達したことが確認されるまでとする。

⑤せき板を取り外した後は、コンクリートの湿潤養生を所定の材齢まで行う。

4. 支柱の盛替え

支柱の盛替えは、一度支柱を取り外し、再び支柱を立て直す作業である。資材等の搬出をする場合を除き原則として行わない。やむを得ず行う場合は、工事監理者の承認が必要である。ただし、大梁の支柱の盛替えは、してはならないと規定されている。

解　答　**型枠の取り外し（存置期間）に関する定番問題**

1. 梁下･スラブ下の支柱の最小存置期間は、コンクリートの圧縮強度が設計基準強度の 100%以上に達したことが確認されるまでとする。2. コンクリートの圧縮強度が 5N/mm² 以上に達したことを確認できれば、せき板を取り外すことができる。3. 所定の最小存置期間（平均気温が 10℃ 以上の場合）の日数以上を経過していれば、圧縮強度試験を省略し、せき板を取り外すことができる。4. 若材齢コンクリートの荷重負担は圧縮強度に影響を及ぼすため、支柱の盛替えは、必要以上に行わない。5. 「しっかり」固めても、脚部の足場板（敷板）は必要である。

83 コンクリート工事　運搬・打込み

100%

出題パターン

「コンクリート工事」からは全般も含めて1〜2問出題されている。各部材（柱・梁・スラブ）の打込み・打継ぎ及び終了時間・コンクリートの打継ぎなどの基本的な問題が多い。全般に比べると、年度による難易度の差はみられない

1. 運搬

コンクリートの運搬は、分離・漏れ・品質の変化などが起こらないように注意する。

①コンクリートの練混ぜ開始から打込み終了までの時間は、25℃未満で120分、25℃以上で90分以内とする。

②コンクリートの荷卸しに際しては、直前にトラックアジテータのドラムを高速で回転させ、コンクリートを撹拌（かくはん）し、均一にする。

外気温	コンクリートの打込み終了までの時間	コンクリートの打重ね時間の間隔
25℃未満	120分	150分
25℃以上	90分	120分

③運搬及び打込みの際には、いかなる場合も加水をしてはならない。スランプを回復させるため流動化剤を添加する場合は、工事管理者の承認を受けて行う。

④圧送に先立ち、品質の変化防止と、下地面との接着をよくするため、富調合のモルタルを圧送する。

コンクリート打込み

①コンクリートの打込み終了及び打継ぎ時間の各時間差は、30分である。90分を起点に考えると案外、楽に覚えられる。

②コンクリートの打込みの基本は、横流しの禁止・一度打止めし安定させる・遠くから近くの3点！

2. 打込み

重要 1）打込みの基本

①コンクリート温度が2℃を下回るおそれのある場合は、コンクリートを寒気から保護し、打ち込み後5日間以上コンクリートの温度を2℃以上に保つ。

②せき板及び打継面は、打込み前に散水をするが、寒冷時は水が凍るので実施しない。

③低い位置から打込み、型枠内部の横流しは避ける。

④全体が均一な高さを保つように一度打止めし、十分突き締めて次の層を打込む。

⑤原則として、遠いほうから近いほうに打込む。

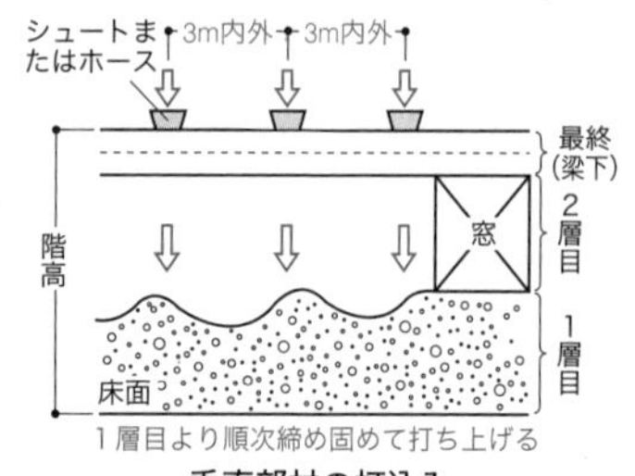

垂直部材の打込み

2）梁の打込み

①梁下で一度打止めし、コンクリートを安定させ、順次、上端まで打ち足していく。

問題　コンクリート工事に関する次の文章内の**不適当な語句**を訂正しよう。

1. 梁の打込みは、柱・壁の打込みを梁下で一度止めずに、上端まで連続して行った。
2. コンクリートの締固めは、鉄筋に振動機を当てることにより確実に行った。
3. コンクリートの練混ぜ開始から打込み終了までの時間は、温度に関係なく120分以内とした。
4. 高さ5mの柱の打込みに、直接フレキシブルホースを使用して、確実に打込んだ。
5. 片持スラブ部分には、ポンプ工法によるコンクリートの輸送管の配置を確実に行った。

②梁の全高を同時に両端から中央に向かって打つ。

③せいが高い梁は、スラブと一緒に打ち込まず、梁だけを先に打ち込む。

3）柱の打込み

①高い柱の打込みは、縦型シュートを使用し、コンクリートが分離しないようにする。

②梁筋と柱筋が交差している箇所は、骨材が詰まり分離しやすいので、コンクリートを一度、スラブ又は梁で受けた後、柱各方向から打込む。

4）スラブの打込み

①コンクリートが凝結する前には、収縮によるひび割れを防ぐためコンクリート表面をタンパーで軽く叩き骨材を安定させる（タンピング）。

②遠方から手前に打込む。

5）その他の打込み

①階段を含む打込み区画は、階段まわりから打込む。

②片持ちのベランダやパラペットの打込みは、これを支持する構造体部分と一体打ちとし、防水上、途中に打継ぎをつくらない。

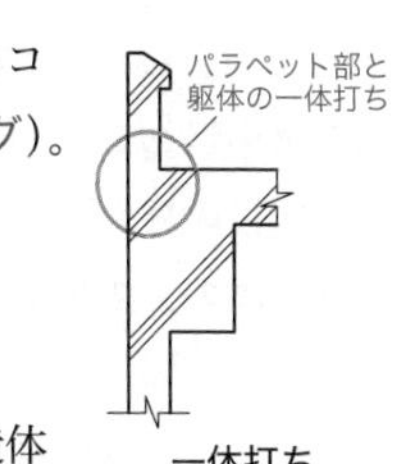

一体打ち

3. コンクリートの打継ぎ

①柱及び壁の水平打継ぎ位置は、スラブ、壁梁又は基礎の上端。

②梁及びスラブの鉛直打継ぎ位置は、せん断応力の小さいスパンの中央又は端から 1/4 付近とする。

③打継ぎ面は、レイタンス等を取り除き、健全なコンクリートを露出させ、散水により湿潤状態を保つ。そして、上部のコンクリートと一体となるように施工し、コールドジョイントを防止する。

④コンクリートの打重ね時間の間隔は 25℃ 未満で 150 分、25℃ 以上で 120 分以内が目安。

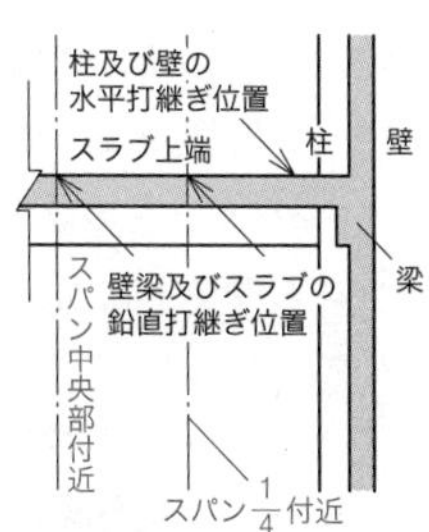

水平及び垂直打継ぎ位置

4. 振動機による締固め方法

①垂直に挿入し、挿入間隔は 60cm 程度以下とする。

②振動機の先端は、その下層に入れ、鉄筋や型枠などに接触させない。

③加振時間は、1 か所につき 5 ～ 15 秒程度（ペーストが上面に浮くまで）とする。

④振動機は、コンクリートの流し込みの補助として使用してはならない。

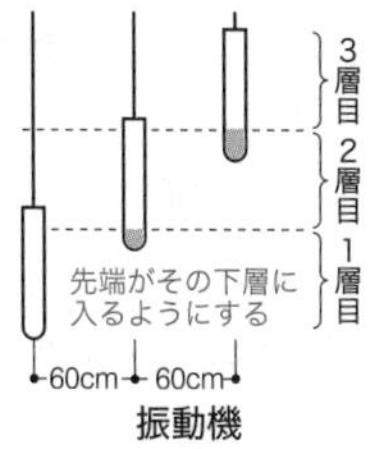

振動機

解 答　コンクリート工事の打込みに関する基本問題。「確実」の言葉には注意しよう！

1. 梁の打込みは、必ず梁下で一度打止めし、コンクリートを安定させ順次打ち足していく。
2. 振動機は、鉄筋等に接触させてはならない。「確実」の言葉に注意する。
3. コンクリートは、温度が高いほど凝結時間が早い。よって、温度には大きく関係する。
4. 高い柱の場合は、縦型シュートを使用する。フレキシブルホースから、直接コンクリートを打込むと、コンクリートが分離するので避ける。
5. 片持スラブ部分への配管は、打込み時の振動により配筋を乱すので行ってはならない。

84 コンクリート工事　全般

100%

1. コンクリートの品質管理

出題パターン

難易度が高く、傾向が絞りにくい。近年は、コンクリートの品質管理・打上り後の欠陥と防止対策・調合、強度などが出題されている

1）コンクリートの強度試験用供試体

①供試体の個数は、1材齢、1回の試験につき、それぞれ3個とする。

②試験用試料の採取は、普通コンクリートにおいては工事現場の荷卸し地点とする。軽量コンクリートは、圧送後の性状が変化しやすいためポンプの筒先とする。

③供試体の工事現場での養生は、標準養生、現場水中養生又は現場封かん養生とし、直射日光や通風のよい乾燥した場所は避ける。

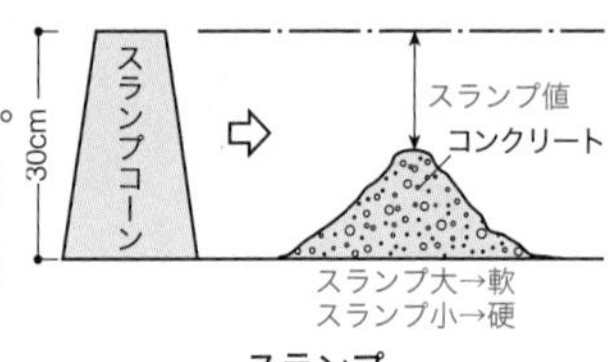

スランプ

2）スランプ

コンクリートの軟らかさを示す基準。生コンを発注する際の所要スランプは、荷卸し地点における値とし、スランプの許容差は、最大で± 2.5cm 以内とする。

細骨材率

細骨材率が大きくなる→隙間が大きくなり単位セメント量が増大する→単位水量が増大→スランプが大

粒度分布

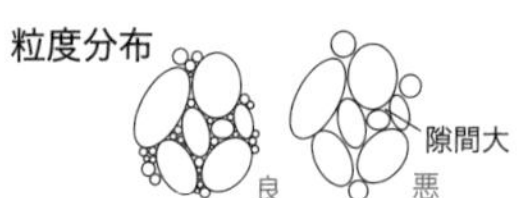

3）コンクリートの塩化物量

コンクリートに含まれる塩化物量は、塩化物イオン量として 0.30kg/m³ 以下とする。

重要 2. コンクリートの調合・強度

①コンクリートの強度は、水結合材比（水セメント比）で決まり、小さいほど増加する。

②単位粉体量（単位セメント量）・単位水量・細骨材率は、品質が得られる範囲内で小さくする。

③ AE 剤は、単位水量を減少させワーカビリティー（施工軟度）もよくする。

④スランプの大小は、コンクリートの施工性、耐久性、品質に影響を与える。

⑤気温が高いほど凝結時間が早く、初期材齢の強度は高い。

注目 3. 鉄筋コンクリートの施工対策

①コンクリートの打込み速度は、振動機の締固め能力とポンプの運搬能力を考慮する。

問 題　コンクリート全般に関する次の文章内の不適当な語句を訂正しよう。

1. スランプを小さくすると、コンクリート強度は増加する。
2. コンクリートの強度試験用供試体の工事現場での養生は、通風のよい乾燥した場所とした。
3. AE 剤は、単位水量を減少させ、ワーカビリティーを悪くする。
4. 打設されるコンクリートのスランプと所要スランプとの差が 3cm であったので、許容範囲内とした。
5. コールドジョイントとは、コンクリート表面を軽く叩き、浮き出た骨材を内部に押さえ平坦に仕上げることである。

②気温が高い夏期の工事は、コンクリートの打継ぎ時間はできるだけ短くする。
③コンクリート打込み後の養生は、直射日光や通風を避け、散水などで湿潤を保つ。
④寒冷期において凍害のおそれがある場合、コンクリート打込み後5日間以上は、コンクリート温度を2℃以上に保つ必要がある。
⑤コンクリートの打込み後、少なくとも1日間は、その上を歩行や、墨出し作業などをしてはならない。
⑥コンクリート打込み後の湿潤養生期間は、普通ポルトランドセメントで5日以上、早強ポルトランドセメントで3日以上とする。ただし、計画供用期間が短期及び標準の場合は10N/mm² 以上、長期及び超長期の場合は、15N/mm² 以上に達したことを確認すれば、以降の湿潤養生を打ち切ることができる。

コンクリートの打上り後の欠陥と対策

	内 容	対 策
初期強度の不足	コンクリート打込み後の強度不足	打込み後の養生は、十分な水分を与え、シートをかけて適当な温度に保つ（湿潤養生）
コールドジョイント	先に打込まれたコンクリートと後から打込まれたコンクリートが一体にならない継ぎ目をいう	コンクリートの打込みは、できるだけ中断しないよう連続的に行う。打継面は湿潤状態を保つ
スクリーニング	かぶり厚さが小さいため粗骨材がせき止められ鉄筋が露出すること	型枠及び鉄筋は、かぶり厚さが不足しないよう組み立てる
ジャンカ	コンクリートの締固めが十分でない場合に生じる空隙	コンクリートが分離しないように、低い位置から平均に落とし込む
沈みき裂	単位水量が大きく打込み速度が速いと、コンクリート面が沈下し発生するき裂のこと	締め固めやタンピングの不足。コンクリートの単位水量を小さくし、打込み速度を遅くする

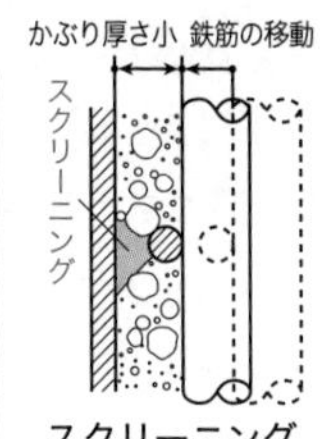

スクリーニング

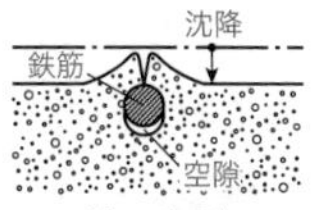

沈みき裂

コンクリートの種類

	内 容
暑中コンクリート	気温が高くコンクリートのスランプの低下や水分の急激な蒸発などのおそれのある時期に施工されるコンクリート
寒中コンクリート	コンクリート打込み後の養生期間に、コンクリートが凍結するおそれのある時期に施工されるコンクリート
マスコンクリート	部材断面の最小寸法が大きく、かつセメントの水和熱による温度上昇で有害なひび割れが入るおそれがあるコンクリート
フレッシュコンクリート	まだ凝結が生じていないコンクリートをいう。打込み作業中は、目視によりワーカビリティの安定を確認する
普通コンクリート	普通骨材を用いるコンクリートをいう。普通骨材は、砂利、砕石、再生骨材、スラグ砕石などをいう

鉄筋コンクリート造の床スラブのひび割れ防止対策

①単位セメント量・単位水量・スランプ・細骨材率は、できるだけ小さくする。
②打込み後、コンクリートは凝結前にタンピングを十分に行う。
③コンクリートの打込み速度は、速くしない。

解 答　**1.の選択肢は要注意。コンクリートの調合・強度はコンクリート工事全般の基本事項**

1. コンクリート強度は、水セメント比によって決定される。スランプの大小は、コンクリートの施工性に影響を与える。2. 養生温度をできるだけ建物等に近い条件になるようにし、水中又は飽和湿気中とする。なお、設置場所は、乾燥を考慮して直射日光及び通風は避ける。3. AE剤は、錬り混ぜることによりコンクリート中に気泡を連行し、作業性を向上させる。その結果、単位水量を減少できる。4. 所要スランプとの差は、最大で± 2.5cm 以内である。5. タンピングである。コールドジョイントは、先に打込まれたコンクリートと後から打込まれたコンクリートとの不良打継ぎ箇所である。

85 鉄骨工事

100%

1. 工事における鉄骨の加工

出題パターン

鉄骨工事全般または高力ボルトからの出題である。高力ボルト接合面の塗装・仮締めボルトなど過去問からの出題が比較的多い

①鉄骨工事（工場加工）の進行過程

工作図→原寸図→型板取り→ひずみ直し→けがき→切断→穴あけ→組立て→接合→検査→塗装→発送

②基準巻尺の確認（テープ合わせ）は、工事現場と工場現場で別々の基準鋼巻尺を使用するため、鋼巻尺の確認（テープ合わせ）を製作開始前に行う。

③けがきは、原寸の型板で、鋼材に加工の形状を表す作業。

マーキング

2. 接合方法

1）高力ボルト接合

高力ボルト接合とは、締付ける部材間の接触面の摩擦抵抗で力を伝達する接合方法。

①ボルトの締付けは、一次締め→マーキング→本締めの3段階で行う。一次締めは、トルクレンチで、本締めは、電動インパクトレンチで締付ける。本締め完了後は、マーキングのずれで、とも回りの有無の確認を必ず行う。

②1群の高力ボルトの締付けは、ひずみを周辺に逃すために中央部から周辺部に向かって行う。

③接合面（摩擦面）は、摩擦力を低下させる塗装などは行わない。黒皮（ミルスケール）・油などは、取り除き、自然放置して赤錆状態を確保する。なお、ミルスケールの除去は、座金外径の2倍程度の範囲とする。

④鋼材の接触面のまくれは、平グラインダー掛けにより取り除き、平らに仕上げる。

⑤トルシア型高力ボルトは、専用の締付け機を使って、ピンテールが破断するまで締付ける。ピンテールの破断で締付け確認ができるが、本締め完了後は、必ずマーキングのずれによるとも回りの有無の確認を行う。

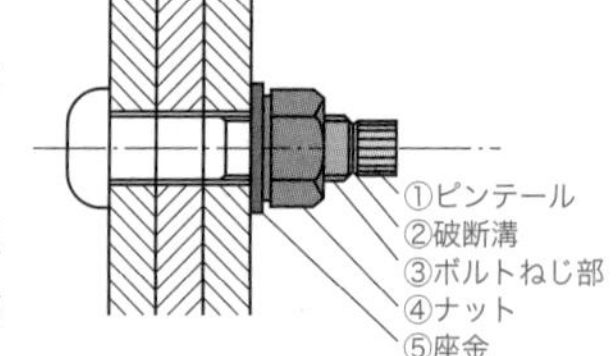

トルシア型高力ボルト

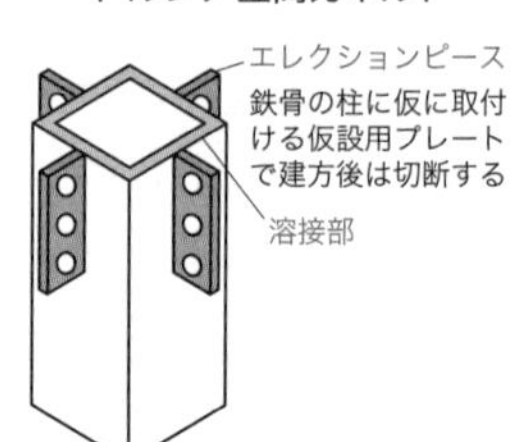

柱の溶接継手

問題 鉄骨工事に関する次の文章内の**不適当な語句**を訂正しよう。

1. 溶接の余盛りは、断面欠損を補うため、できるだけ多く盛り上げた。
2. 高力ボルト接合において、接合部の摩擦面に一様に赤く見える程度の錆が発生していたので作業を中止した。
3. 本締めにはトルシア型高力ボルトを使用したので、マーキングのずれによるとも回りの有無の確認は行わなかった。
4. 高力ボルト摩擦接合部の摩擦面には、締付けに先立ち防錆塗装を行った。
5. 建方時に使用する仮締めボルトは、本接合に用いるボルトより小さめの径のものを用いた。

⑥高力ボルト孔心の食違いが、2mm以下の場合は、リーマー掛けで孔の位置を修正する。

⑦接合面の肌すき（すき間）が、1mmを超える場合は、フィラー板（薄板）を挿入する。

⑧作業場所の温度が0℃以下になり、着氷のおそれがある場合は、締付け作業を行わない。

母材との隙間が1mmを超える場合

2）溶接接合

①本溶接工及び仮付け溶接工は、有資格者とする。

②作業姿勢は、確実な施工ができる下向き姿勢を基本とする。

③余盛り（補強盛り）は、応力が集中し欠陥が生じやすいので必要以上に盛り上げない。

④超音波探傷試験は、溶接部内部の欠陥検査方法である。

⑤吸湿の疑いのある溶接棒は、再乾燥させて使用する。

⑥エンドタブは、欠陥の発生を防ぐため溶接部の両端部に設ける補強板である。

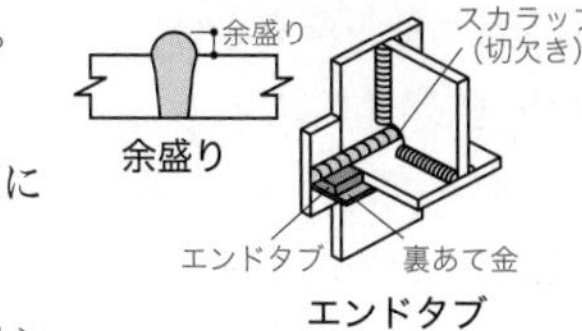

エンドタブ

⑦気温が－5℃を下回る場合は、溶接を行ってはならない。

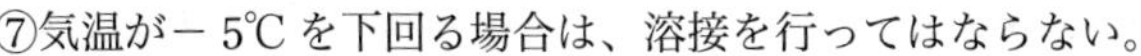

3. 鉄骨建方（たてかた）

①ベースプレート下面のモルタルは、あと詰め中心塗り工法とし、流動性のよい無収縮性モルタルを用いる。

②アンカーボルトの位置修正は、台直しは行わず、ベースプレートのボルト孔で調整する。また、アンカーボルトの先端は、ねじ山が3山以上出るようにする。

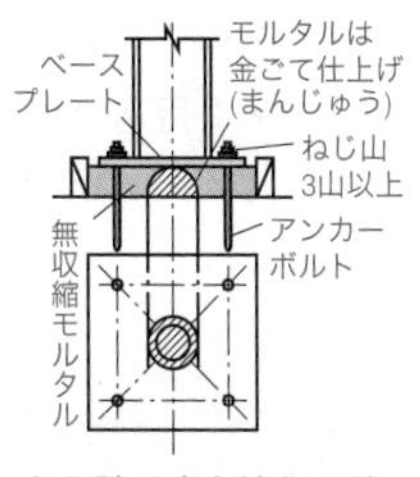

あと詰め中心塗り工法

③高力ボルト継手の仮ボルトの本数は、Ⅰ群のボルト数の1/3程度かつ2本以上とする。

④仮締めボルトの径は、本接合のボルトと同軸径のボルトとする。

⑤ターンバックル付き筋かいを利用しての建入れ直しは、締付けが不均一になるので行なってはならない。

⑥筋かいによる補強作業は安全上、当日に行うものとし、翌日に持ち越してはならない。

4. 塗装

鋼材には、錆止め（防錆）塗装が施されるが、下記の箇所には塗装をしてはならない。

①コンクリートに埋め込まれる部分、②高力ボルト摩擦接合部分、③耐火被覆材を吹き付ける部分、④組立による部材の肌合わせ部分、⑤ピン・ローラーなどに密着する部分。

解答　1. 4. の選択肢はひっかけ問題の定番。2．3．の選択肢も要注意！

1. 余盛りは、応力が集中するので最小の余盛りとする。「断面欠損を補う」に注意する。2. 自然発生した赤錆は、すべり係数が0.45以上確保できるものとする。よって、作業を中止する必要はない。3. トルシア型高力ボルトは、ピンテールの破断で締付け確認ができるが、必ずとも回りの有無の確認も行う。4. 摩擦接合部の摩擦面には、摩擦力を低下させる塗装をしてはならない。「防錆」に注意する。5. 仮締めボルトの径は、本接合に用いる径と同じとする。また、仮ボルトの本数は、1群のボルト数の1/3程度かつ2本以上とする。

86 補強コンクリートブロック工事

100%

1. 積み方

①フェイスシェルは、厚い方を上にして積む。

②かぶり厚さは、20mm 以上とし、フェイスシェルの厚さは除いたものとする。

③隅角部から中央部に向かい水平に積上げる。

④１日の積上げ高さは、1.6m（8 段）以内とする。

⑤空洞部を利用した電気配管工事は可能である。水道・ガス配管は、埋め込んではならない。

⑥縦筋の位置がずれている場合は、極端な台直しは行わず、支障のない程度にブロックを欠いて修正する。

⑦目地モルタルの塗付けは、適度に水湿しを行い、水平目地部分はブロック全面に、縦目地部分は接合面にそれぞれ隙間なく均等に塗る。

2. ブロック空洞部に充てんするモルタル

①鉄筋を入れた空洞部及び縦目地に接する空洞部には、ブロック２段以下ごとにモルタルを充てんする。

②打継ぎ位置は、ブロックの天端から 5cm 程度下げた位置で突き固める。

3. 耐力壁の配筋

①縦筋の定着…縦筋は、ブロック空洞部内では溶接する場合を除き、継いではならない。１本の縦筋を基礎から立上げ、臥梁（がりょう）に定着させる。縦筋の末端は、かぎ状に折り曲げ、定着長さは 40d とする。

出題パターン

例年、基本的な問題が出題されている。積み方・空洞部に充てんするモルタル・耐力壁の配筋などは出題頻度が非常に高い

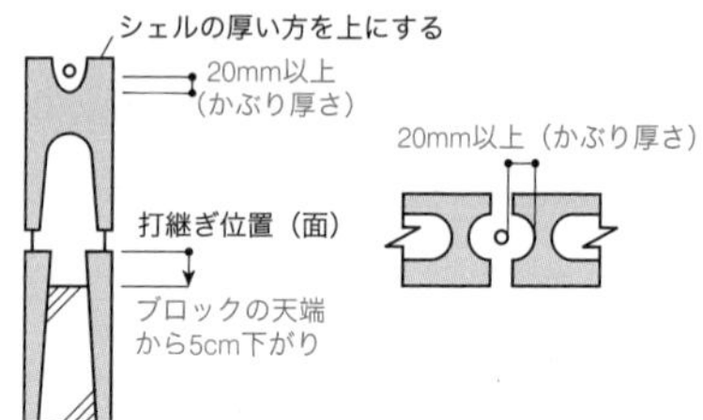

ブロックの積み方とかぶり厚さ

ひっかけ対策

①充てんモルタルの問題は、年度によりいろいろ惑わす言葉があるが、結論は「2 段以下ごとに充てん」するということ。

②継手に関しては、まず縦筋 or 横筋の確認が重要！　縦筋は、溶接継手のみ可能。

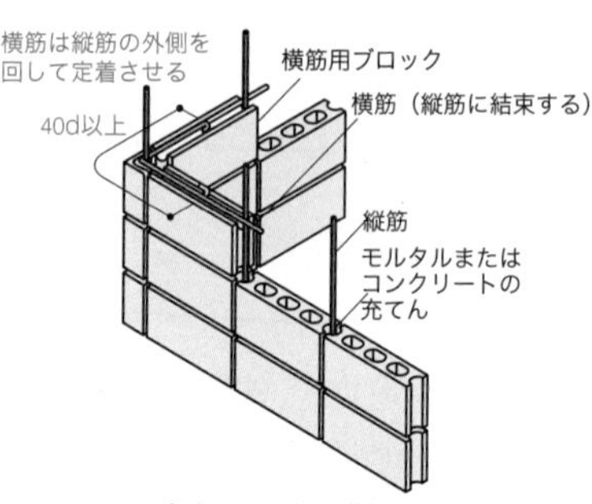

隅角部の縦筋・横筋の配筋

問 題　補強コンクリートブロック工事に関する次の文章内の不適当な語句を訂正しよう。

1. 耐力壁のブロックは、水平目地のモルタルをフェイスシェル部分にのみ塗布し、積み上げた。
2. ブロック上端から 40mm 程度下げた箇所で、空洞部の充てんコンクリートを打ち継いだ。
3. ブロックは、中央部から積みはじめ、順次、隅角部に向かって水平に積む。また、1 日の積上げ高さは 1.8m とした。
4. ブロックの空洞部を通して水道の配管を行う場合、鉄筋のかぶり厚さに支障のないように空洞部の片側に寄せて配管を行った。
5. 耐力壁の鉄筋のかぶり厚さは、フェイスシェルの厚さを含めて 20mm とした。

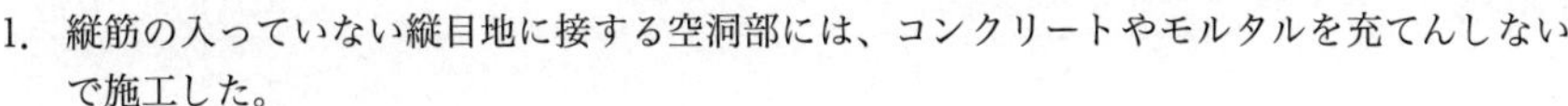

● EXERCISE

ひっかけ問題。文章をよく読み、正誤を判断しよう。

1. 縦筋の入っていない縦目地に接する空洞部には、コンクリートやモルタルを充てんしないで施工した。
2. 耐力壁の横筋の継手は、ブロック空洞部内では継いではならない。ただし、溶接接合の場合は、この限りでない。

▶1. × ここでは、鉄筋の有無に関わらず縦目地に接する空洞部には、ブロック2段以下ごとにモルタルを充てんする。この他に縦目地空洞部や配筋する空洞部などの表現があるが全て同じである。

2. × これは、縦筋の場合である。横筋は、ブロック空洞部内で所定の長さを確保し重ね継手を設けることができる。

学科Ⅲ（構造）におけるコンクリートブロック造のポイント

・コンクリートブロックの圧縮強さの大小関係は、C種＞B種＞A種である。
・耐力壁の構造耐力上有効な厚さには、仕上げ部分の厚さを含まない。
・耐力壁の横筋が異形鉄筋の場合、耐力壁の端部以外の部分における末端は、かぎ状に折り曲げなくてよい。
・建築物の外周隅角部に、耐力壁をL型又はT型に配置することは、耐震上有効である。
・壁量とは、ある階において、張り間方向とけた行方向のそれぞれの耐力壁の長さの合計をその階の床面積で除した値である。つまり、張り間方向とけた行方向の二つの壁量がある。

②横筋の定着及び重ね継手長さ…横筋は、直交壁がない場合、壁端部の縦筋に180°フックによりかぎ掛けとする。ただし、直交壁がある場合は、直交壁に定着させるか、直交壁の横筋に重ね継手とする。壁鉄筋の重ね継手長さは45dとし、定着長さは40dとする。

③端部及び隅角部…12mm以上の縦筋を配筋し、他の部分は、9mm以上の鉄筋を縦横に80cm以内の間隔で配置する。

4. 補強コンクリートブロック造の塀　高さ1.2m以上の場合

①高さは、2.2m以下とする。

②壁の厚さは、高さ2m以下の場合は10cm、2mを超える場合は15cm以上とする。

③控壁は、3.4m以下ごとに設ける。

④基礎の高さは、35cm以上とする。

⑤根入れの深さは、30cm以上とする。

高さ1.2m以上の補強コンクリートブロック塀

左記の内容は、学科Ⅲでも出題されている。復習も兼ねてしっかりと勉強しよう！

解答　補強コンクリートブロック造における総合問題

1. 水平目地部分のモルタルはブロック全面に、縦目地部分は接合面に、それぞれ隙間なく均等に塗る。
2. 充てんコンクリートの打継ぎ箇所は、ブロック上端から50mm程度下げた位置である。
3. ブロックは、隅角部から中央部に向かって水平に積む。また、1日の積上げ高さは1.6m（8段）以内である。
4. ブロックの空洞部の利用は、電気配管工事のみである。
5. 鉄筋のかぶり厚さは、フェイスシェルの厚さを除いて20mm以上である。

87 木工事

100%

1. 継手

出題パターン
一時期出題のなかった接合金物や継手・加工、これらを複合した問題が出題されている。

継手は、木材の長さを増すために、二つの材を一直線上に継ぎたすことをいう。

①根太(ねだ)の継手位置は、同一線上とならないように乱継ぎとし、和室畳床の根太間隔は450mm程度とする。

②大引(おおびき)の継手は床束心から150mm程度持ち出した位置で、腰掛け蟻継(ありつ)ぎ、釘2本打ちとする。

③縁甲板(えんこういたば)張りの継手位置は、受材の心で乱継ぎとし、さねはぎ、隠し釘打ちとする。

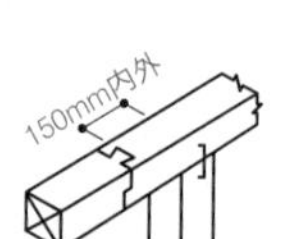

大引の継ぎ手位置

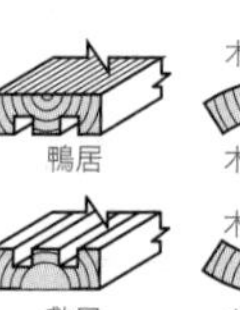

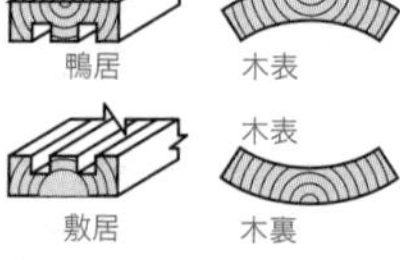

敷居・鴨居の溝じゃくり

2. 加工

①敷居及び鴨居の加工においては、木表側が水分を多く含み凹面に反るくせがあるため木表側に溝じゃくりを施す。

・敷居は、木裏(きうら)を下端にして使う。
・鴨居は、木表(きおもて)を下端にして使う。

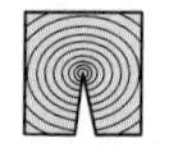

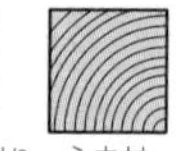

木材の乾燥と変形

②柱には、樹心を含む心持材(しんもちざい)と樹心を含まない心去材(しんさりざい)がある。樹心を含む心持材は、ひび割れが生じやすいため、見えがくれ面に、ひび割れ防止の背割(せわ)りを施す。

③敷居の取付けは、一方を目違(めちが)い入れ、他方を横栓(よこせんう)打ちの隠し釘打ちとする。

3. 接合

①板材に釘打ちする場合の釘の長さは、原則として材厚の2.5倍以上とする。

②木工事の仕口(しぐち)と接合金物

仕口は二つの材を直角方向に接合すること。在来工法では部材の接合箇所により所定の仕口と接合金物で補強する。

接合箇所	仕 口	接合金物
小屋梁と軒桁	かぶとあり掛け	羽子板ボルト
通し柱と2階床梁	かたぎ大入れ短ほぞ差し	羽子板ボルト
通し柱と胴差	かたぎ大入れ短ほぞ差し	かね折り金物
土台と火打土台	かたぎ大入れ	大釘打ち
隅柱と土台	扇ほぞ又は短ほぞ差し	かど金物

かぶとあり掛け

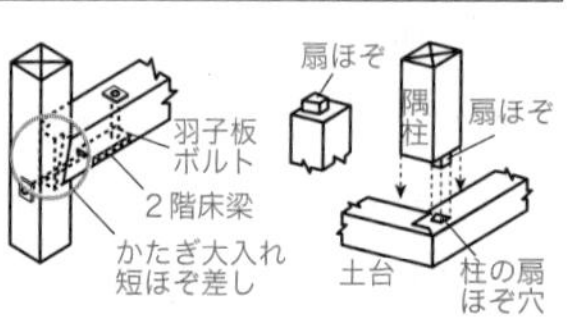

かたぎ大入れほぞ差し　扇ほぞ差し

問題 木工事に関する次の文章内の不適当な語句を訂正しよう。

1. 仕上材の縁甲板の継手の位置は、受材の心で通りよくそろえた。
2. 心去材の化粧柱には、見えがくれ面に背割りを行う必要がある。
3. 1階の柱下部に筋かいが取り付く場合、その柱心から400mmの位置に、アンカーボルトを埋め込んだ。
4. 大引の継手は、床束心の上で、腰掛けあり継ぎ、釘2本打ちとした。
5. 厚さ16mmの畳下床板の継手位置は、根太上とし、長さ32mmの釘で打ち付けた。

③接合金物と主用途

接合金物	用　途	接合金物	用　途
かね折り金物	通し柱と胴差の隅角部の補強	短ざく金物	管柱相互の連結
羽子板ボルト	小屋梁と軒桁との連結	ひねり金物	垂木と母屋・垂木と軒桁の接合
かど金物	引張りを受ける柱と土台・横架材との接合	筋かいプレート	筋かいと柱・横架材との一体的接合

ひっかけ対策
敷居及び鴨居の加工は、年度により惑わす文章表現がある。基本は二つ！
①見えがくれ面に木裏を使う。
②木表側に溝じゃくりを施す。

4. 枠組壁工法

枠組壁工法は、木材で組まれた枠組に構造用合板や、その他これに類するものを打ち付けた床及び壁によって建築物を構築する工法である。よって、通し柱は、必要としない。また、床根太間隔が500mmを超える場合の床材は、15mm以上とする。

枠組壁工法の建方は、土台→床枠組→壁枠組→頭つなぎ→小屋組の順で行う。

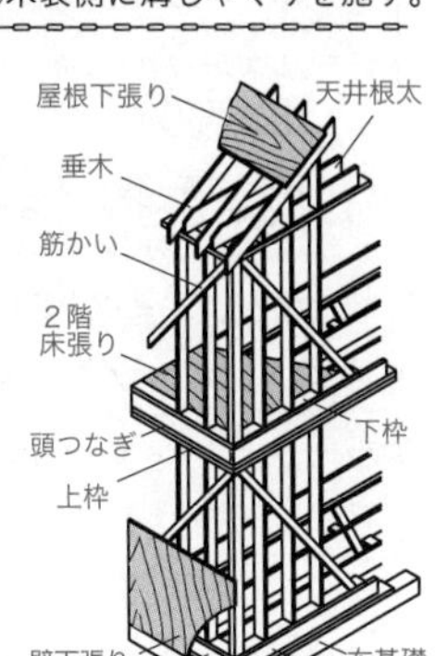

枠組壁工法

5. その他

①防腐・防蟻処置は、環境に配慮した表面処理用防腐剤を使用し、2回塗りとする。

②土台等で継伸しをやむを得ず行う場合、使用する部材の長さは1mを限度とする。

③JAS規格の合板は、接着の程度（耐水性能）により特類から2類までのタイプがあり、使用する箇所により使い分ける。

・特類：屋外又は常時湿潤状態な箇所（構造用合板）。
・1類：断続的に湿潤状態又は洗面室などの水掛かり箇所（コンクリート型枠用合板）。
・2類：時々湿潤状態な箇所（内装・家具などの一般使用合板）。

④住宅等のホルムアルデヒド放散量を規制するため、居室内の内装及び天井裏に用いる建築材料については、F☆☆☆☆以上とする。

⑤せっこうボード張り用の壁胴縁の取付間隔は300mm内外とし、せっこうラスボードは450mm内外とする。また、天井の吊木は、900mm内外である。

⑥下張り用床板の合板は、厚さ12mmのコンクリート型枠用合板（JAS日本農林規格）。

⑦耐力壁（大壁造り）下部のアンカーボルトの取付けは、両端の柱心より200mm内外とする。

解 答　木工事における基本問題。３．の選択肢は要注意。図と併せて確認しよう

1. 縁甲板の継手の位置は、受材の心で乱に継ぐ。継手は、平面的にも立体的にも同一箇所に集中してはならない。
2. 心去材は、断面に樹心を含んでいないのでひび割れ防止の背割りをする必要はない。
3. アンカーボルトの取付けは、柱脚部に筋かいが付く場合、柱心より200mm内外とする。大壁造りにおける耐力壁下部も同様となる。
4. 大引の継手位置は、床束心の上ではなく、床束心から150mm程度持ち出した位置である。
5. 釘の長さは、板厚の2.5倍以上とする。よって、16mm × 2.5 = 40mm以上必要である。

88 防水工事・屋根工事

100%

1. 各種の防水工事

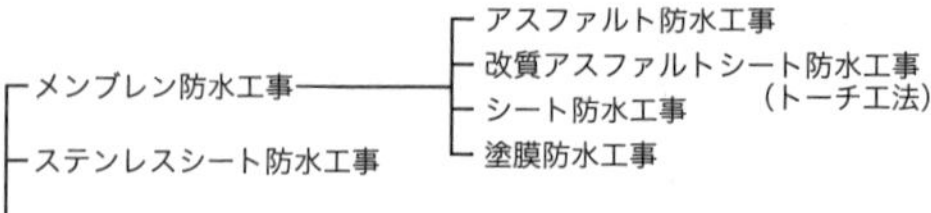

メンブレン防水工事：不透水性の皮膜で防水層を形成する防水工事
シーリング工事：開口部まわりや屋根・壁の伸縮目地などから雨水浸入防止のためのシーリング材を充てんする工事

出題パターン

アスファルト防水工事または防水工事全般からの出題である。例年、過去問を中心に出題されている。特に、アスファルト防水工事の出題頻度は、非常に高い

2. 防水工事の基本事項

①アスファルトプライマーは、下地コンクリートが十分乾燥した後に塗る。

②ルーフドレンまわり及び出隅、入隅部分などは、ルーフィング又はシートの増張りを平場より先に行う。

3. アスファルト防水工事

アスファルト防水工事は、アスファルトルーフィング類を加熱して溶解したアスファルトで数層張付けて防水層を形成する工事。

1）材料

①アスファルトプライマー…防水層下地とアスファルトとの接着をよくするためのもので、下地を十分に乾燥させ、はけなどで施工範囲の全面に均一に塗布し、乾燥させる。

②アスファルトルーフィング…有機質繊維を原料とする原紙にアスファルトを浸透させたシート状の防水紙。

詰めモルタル
特殊ルーフィング
アスファルトフェルト（増張り）
シーリング材
100mm
100mm
40mm以上
伸縮目地
押えれんが
600mm内外
伸縮調整目地 25mm以上
3m内外
保護コンクリート
アスファルト防水層
養生モルタル

屋上アスファルト防水

2）施工上の注意点

①アスファルト溶解がま…施工場所の近くに設置する。

②アスファルトルーフィング…水下側から水上側へ張り重ねる。

・重ね幅は、縦横に100mm以上とする。

・上下の重ねが同一箇所にならないようにする。

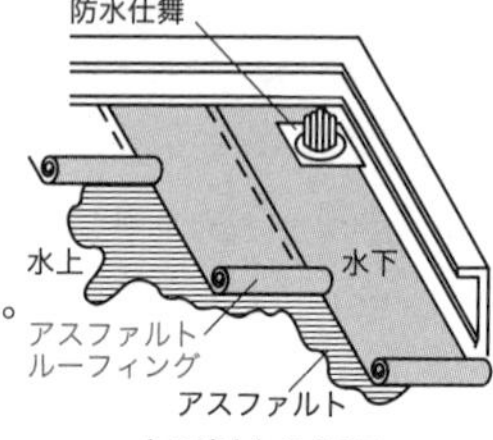

水下側より張る

問題 防水工事に関する次の文章内の不適当な語句を訂正しよう。

1. アスファルト防水層の保護コンクリートの伸縮目地は、深さを保護コンクリート厚さの1/2程度とした。
2. 下地コンクリートの乾燥が不十分なので、アスファルトプライマー塗りは入念に行う。
3. アスファルトルーフィングの継目は、水下側のルーフィングが水上側のルーフィングの上になるよう張り重ねた。
4. シートの下地への接着は、シートの接合部・立上がり部・立下がり部に限り行った。
5. シート防水工事で、屋根スラブとパラペットが交差する入隅部分は、45度の勾配とした。

・コンクリートスラブの打継ぎ箇所には、幅 50mm の絶縁テープを張り付け、その上に幅 300mm のストレッチルーフィングを増張りする。

③屋根スラブとパラペットとの交差する入隅部分…半径 50mm の丸面または、45 度の勾配に仕上げる（出隅は 45 度に仕上げる）。

④平場の保護コンクリート（ひび割れ防止）

・伸縮調整目地…設置位置は、パラペットや壁の立上りの仕上げ面から、水平方向に 600mm 程度とし、間隔は縦横 3m 以内とする。また、深さは、保護コンクリートの下面に達するまでとする。

・溶接金網…伸縮調整目地内ごとに設置し、敷き込み重ね幅は、1 節半以上かつ 150mm 以上とする。

・厚さ…こて仕上げとする場合は、水下で 80mm 以上、床タイル張り等の仕上げをする場合は、60mm 以上とする。

⑤屋根露出防水層（工法）の最上層は、砂付きストレッチルーフィングを使用する。

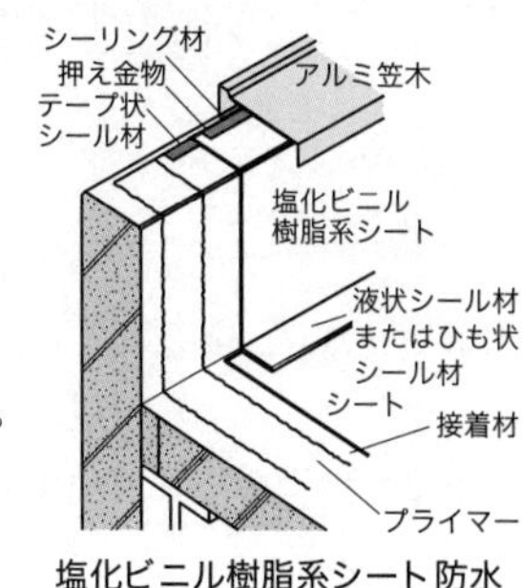

塩化ビニル樹脂系シート防水

4. シート防水

ビニル系やゴム系などのシート状材料を用いて防水層を形成する工事である。

①シートの下地への接着…下地に接着剤を塗布し、接着剤の適正な乾燥状態を見計らい、引張りを与えないようにローラで圧着し、シートを全面接着させる。

②屋根スラブとパラペットとの交差する入隅部分…直角に仕上げる。

③シートの接合幅…塩化ビニル系は 40mm・ゴム系は 70（非加硫系）～ 150（加硫系）mm

④下地が ALC パネルの場合…シートの張付けに先立ち、ALC パネルの目地部に絶縁テープを張付ける。

⑤シート立上り部の末端部…金物で固定し、シーリング材を充填する。

5. シーリング工事

雨水の浸入防止のために、屋根や壁の目地などにシーリング材を充填する工事である。動きのある目地にはバックアップ材（目地深さが大）やボンドブレーカー（目地深さが小）を用いて、目地底にシーリング材が付着しないように二面接着とする。ただし、動きの小さな目地及び建具枠回りには緩衝材を省略した三面接着も可能とする。

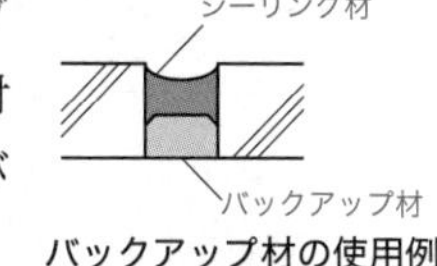

バックアップ材の使用例

解答　1．～3．はアスファルト防水工事、4．5．は、シート防水の基本問題

1. 保護コンクリートの伸縮目地の深さは、保護コンクリートの下面に達するまでである。
2. アスファルトプライマーは、水分があると付着が悪いので、下地だけは十分乾燥させて施工する。このほか、「表面の乾燥を待って塗布」という惑わす言葉があるので注意する。
3. アスファルトルーフィングは、原則として水下側から水上側へ張り上げていく。重ね幅は、100mm 程度とし上下の重ねが 1 か所にならないように施工する。
4. シート防水のシート下地への接着は、全面接着とする。
5. シート防水のパラペットの入隅部分は直角であり、45 度の勾配はアスファルト防水である。

89 左官工事

100%

1. セメントモルタル塗り

1）順序

下塗り ⟶ むら直し ⟶ 中塗り ⟶ 上塗り

むら直し：
- 面積が小：下塗り後すぐに行い、14日以上放置
- 面積が大：14日後行い、7日以上放置

富調合（強度が大） ⟶ 貧調合（強度が小）

下地との接着を強くする：セメントに対して砂の割合が小さい ⇨ ひび割れを防ぐ：セメントに対して砂の割合が大きい

出題パターン

例年「セメントモルタル塗り」からの出題が非常に多い。他の塗り方の出題もあるが、左官工事の基本であるセメントモルタル塗りに重点を置いてみよう

①下塗りは、2週間以上放置し、ひび割れを十分発生させる。

②中塗りは、水湿し（散水）を施し、吸水性を調整した後行う。

③上塗りは、中塗りの硬化の程度を見計らい行う（中塗りに引き続き、翌日くらいまでに行われる）。

2）各層のモルタル調合と仕上げ面

	下塗り	中塗り	仕上げ
セメント：砂	1：2.5	1：3	1：3～3.5
塗り面の仕上げ状態	金ぐしで荒らし目をつける	定規塗りにより平坦に仕上げる	こてむらのないように仕上げる

ひっかけ対策

年度により、中塗り後の吸水の調整の言葉がなく、他の選択肢との兼ね合いで正解の場合もある。中塗り後の処置には注意しよう！

3）コンクリート壁下地の調整

①コンクリート表面に硬化不良等がある場合は、デッキブラシ等で水洗いを行う。

②打継ぎ、コールドジョイント部分で漏水のおそれがある箇所は、防水処理を行う。

4）塗り厚及び作業上の注意点

①1回の塗り厚は、7mm以下とする（床を除く）。

②総塗り厚は、25mm以下とし25mmを超える場合は、溶接金網などの下地補強が必要である。ただし、骨材として左官用軽量発泡骨材を用いる場合は、その総塗り厚は10mm以下とする。

③1回に練り混ぜるモルタルの量は、60分以内に使い切れる量とする。

④塗り面の早期乾燥防止は、通風を避けるため窓等を閉めた状態で行う。

問題 セメントモルタル塗り工事に関する次の文章内の不適当な語句を訂正しよう。

1. 下塗り直後は、乾燥を速めるため、窓を開け送風機を使用した。
2. コンクリート壁の下地面に、モルタルの接着を妨げるものがあったので、下地面を傷めるため水洗いだけで済ませた。
3. 3回塗りの下塗り厚さは、10mmとした。
4. 上塗りには、下塗りに比べて富調合で強度の大きいものを用いた。また、下塗りよりきれいに仕上げるため、細目の砂を使用した。
5. 中塗りは、下塗りを1週間放置してひび割れを十分発生させ、水湿しの後に行った。

● EXERCISE

左官工事に関する次の文中の（　）に、適する用語を記入しよう。

・せっこうプラスター塗りの上塗りは、加水後（①）分以上経過したものは使用できない。
・ビニル床シートのセメントモルタルの塗り厚は、シートの厚さを含めて（②）mm とする。
・床のモルタル塗りは、下地コンクリート硬化後、（③）時期に塗付ける。
・セメントモルタル塗りの下塗り面には、金ぐしを用いて（④）を付けた。
・セメントモルタル塗りの砂は、調合に関係なく（⑤）砂を使用する。
・むら直しは、部分的に小さい場合は下塗りに続けて行うが、大きい場合は（⑥）日以上放置する。

▶①90　②30　③早い　④目荒し　⑤荒　⑥7

⑤2℃以下の場合は、凍害を起こすので作業を中止するか5℃以上に保つようにする。
⑥中塗りは、一般部分に先立ち、出隅・入隅を定規塗りとし平坦に塗り付ける。
⑦床面へのモルタル塗付けは、下地コンクリート硬化後、早い時期に行う。
⑧ビニル床シートのモルタルの塗り厚は、仕上げ材の厚さを含んで30mmとする。

5）モルタル塗りのひび割れ防止

①1回の塗り厚を薄くする。②軟錬りを避ける。③急激な乾燥を避ける。④下塗り、上塗りとも荒目の砂を使用する。⑤調合は、貧調合とする。

2. その他の塗り

1）せっこうプラスター塗り

せっこうプラスターは、収縮性のある石灰と膨張性のあるせっこうを混合し、緩結材を加えたもので硬化が早く、ひび割れが少ない。

①下塗り及び中塗りは、加水後120分以上、上塗りは90分以上経過したプラスターは使用しない。
②上塗りは、中塗りの水引き具合を見計らい、吸水調整剤を全面に塗布し、乾燥した後、仕上げごてで仕上げる。

ラス下地

2）しっくい塗り

順序：下塗り→むら直し→鹿子（かのこ）ずり→中塗り→上塗り

3）セルフレベリング床工法

コンクリート下地などにセルフレベリング材の流動性を利用して、平滑な床面を仕上げる工法である。セルフレベリング材塗り後、硬化するまでは窓や開口部をふさぐ。

解答　**セメントモルタル塗り工事に関する基本問題**

1. 下塗りは、十分時間をかけて、ひび割れを発生させる必要がある。よって、早期に乾燥させてはならない。2. 下地面にモルタルの接着を妨げるものがあった場合は、デッキブラシを使って確実に除去する。「下地面を傷めない」の言葉に注意する。3. 3回塗りの1回の下塗り厚さは、6mmを標準とする。4. 上塗りは、下塗りに比べて砂の割合が大きい貧調合とする。また、細砂は作業性は良いが収縮が大きくはく離の原因になるので、下塗り、上塗りとも、砂は荒砂を使用する。「きれいに仕上げる」に注意する。5. 中塗りは、下塗り後2週間以上放置する。「ひび割れを十分発生させ、水湿し」の言葉に注意する。

90 タイル工事

100%

1. 改良積上げ張り

下地モルタル塗りは中塗りまで行い、タイル裏全面に張付けモルタルを平らに塗り付け、木づちでたたき締めて張り付ける工法。下地モルタルへの吸水調整剤の塗布は行わない。

①張付け方…下部から上部へ連続して張り上げる。

②１日の張付け高さ…1.5m 以内

③張付けモルタル塗り厚…内壁 13 〜 18mm、外壁 7 〜 10mm

④張付けモルタルの調合…セメント 1：砂 2 〜 3

出題パターン

例年、各種のタイル張り工事に関する内容。タイルの張付け方、塗り厚、調合など過去問を中心とした出題形式である

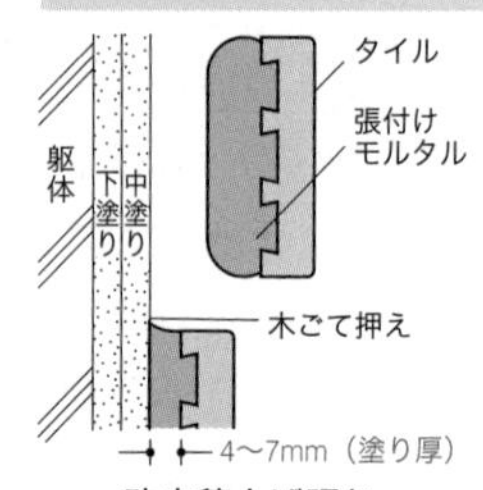

改良積上げ張り

2. 密着張り　ビィブラート工法

下地モルタル面に張付けモルタルを塗り、振動機（ビィブラート）でタイルを埋込むようにして張る。

①張付け方…上部から下部へ１段おきに張り、その後間を埋めるように張り進める。

②張付けモルタルの塗付け面積…20 分以内（$2m^2$ 以下）

③張付けモルタルの塗り厚…5 〜 8mm

④張付けモルタルの調合…セメント 1：砂 1 〜 2

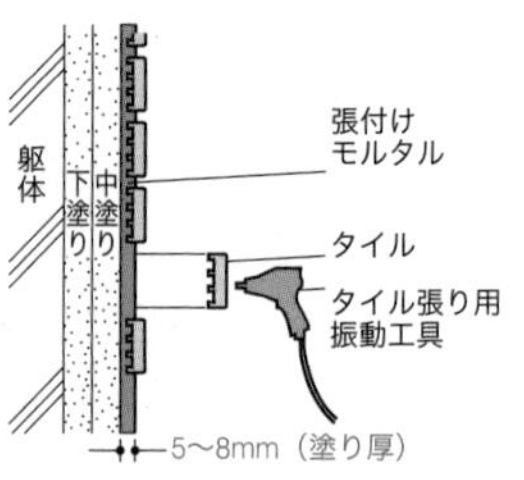

密着張り

3. 改良圧着張り

下地モルタル面とタイル裏面に、張付けモルタルを塗り、タイルを張り付ける工法である。

①張付けモルタルの塗付け面積…60 分以内（$2m^2$ 以下）

②張付け方…上部から下部へ連続して張り進める。

③張付けモルタルの塗り厚…下地側 4 〜 6mm、タイル裏面 3 〜 4mm

④張付けモルタルの調合…セメント 1：砂 2 〜 2.5

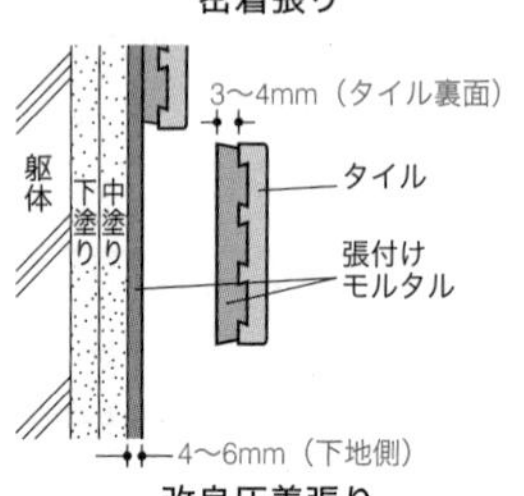

改良圧着張り

4. 接着剤張り（内壁のみ）

下地モルタルを金ごて仕上げとし、塗り厚 3mm 程度で接

問　題　タイル工事に関する次の文章内の**不適当な語句**を訂正しよう。

1. 壁の改良積上げ張りにおいて、上部から下部へ張り、1 日の張付け高さは 1.5m とした。
2. 外壁の二丁掛けタイルの密着張りにおいて、下部から上部へ張付け、張付け用モルタルの塗り厚は、10mm 程度とした。
3. 一般床タイルの張付けモルタルの調合は、容積比でセメント 1：砂 3 とした。
4. 壁の接着剤張りは、接着剤の 1 回の塗付け面積は、60 分以内に張り終える面積とした。
5. 壁の改良圧着張りにおいて、張付けモルタルの 1 回の塗付け面積は、30 分以内に張り終える面積にしなければならない。

着剤を塗布し、くし目ごてでくし目を立て、タイルを張り付ける工法である。

①接着剤の塗付け面積…30 分以内（3m² 以下）

②下地の乾燥…夏期で 1 週間、その他の季節で 2 週間以上、十分乾燥させる。

③張付け面…くし目ごてを用いて、くし目を立てる。

④張付け方…接着剤の硬化を見計らって、上部から下部へ連続して張り進める。

5. モザイクタイル張り

下地モルタル面に張付けモルタルを二度塗り付け、合計の塗り厚は 3 ～ 5mm とする。モルタル層が軟らかいうちにユニットにつくられたモザイクタイル（裏張り台紙付き）を張付け、たたき板で目地部分にモルタルが盛り上がるまでたたき締めて張付ける工法である。台紙は、モルタルが硬化後、水湿しをしてはがす。

6. マスク張り工法　改良モザイクタイル張り

モザイクタイルの裏面に、所定のマスク（穴あきの型板）を使って張付けモルタルをすばやく塗り付け、タイル張りを行う工法である。この工法は、モザイクタイル張りの錬り置き時間の問題を解決するために開発されたものである。

7. タイル張りの留意事項

①外壁に設ける伸縮調整目地の深さは、コンクリート躯体の表面までとし、目地幅は 10mm 以上とする。

②窓や出入口まわりの役物タイルは、一般部に先立ち張り付ける。

③張付けモルタルには、乾燥防止のため保水剤を使用する。

④化粧目地詰めは、タイル張り付け後 24 時間以上経過後、タイル厚の 1/2 以内とする。

⑤一般床タイルの張付けモルタルの調合は、セメント 1：砂 1 ～ 2 とする。

⑥石張りにおける敷きモルタルの調合は、セメント 1：砂 4 とする。

各タイル張りの出題傾向

①改良積上げ張り…張付け高さ及び張付けモルタルの塗り厚

②密着張り…張付けモルタルの塗り厚及び張付け方

③改良圧着張り及び接着剤張り…モルタルの塗付け面積

④タイル張りの張付けモルタルの調合…セメント：砂＝1：2

タイル張り工法と張付けモルタルの塗付け面

工法	塗付け面
密着張り 接着剤張り モザイク張り	下地面のみ
改良積上げ張り マスク張り	タイル裏面のみ
改良圧着張り	下地面とタイル裏面

タイル寸法

選択肢の文中に二丁掛け等の言葉があるが、張付け方やモルタルの塗り厚などの基本事項で正誤を判断しよう！

小口タイル…108 × 60mm

二丁掛け……227 × 60mm

三丁掛け……227 × 90mm

IV 施工

解答　タイル工事の基本問題。張付けモルタルの塗り厚や塗付け面積の値は重要！

1. 改良積上げ張りの張付け方は、下部から上部へ連続して張り上げる。
2. 密着張りは、上部から下部へ 1 段おきに張り進める。また、張付け用モルタルの塗り厚は、5 ～ 8mm 程度とし、タイルの大きさと厚さで決定する。
3. 一般床タイルの張付けモルタルの調合は、容積比でセメント 1：砂 1 ～ 2 である。
4. 接着剤張りにおいて、接着剤の 1 回の塗付け面積は、30 分以内である。
5. 改良圧着張りにおいて、張付けモルタルの 1 回の塗付け面積は、60 分以内である。

91 塗装

100%

注目 1. 素地の調整　素地ごしらえ

出題パターン

素地と塗料との組合せ問題である。出題される塗料は限られているため十分対応できる

1）**木部の素地調整**…節止めには、周辺にセラックニスを塗布し、割れには合成樹脂エマルションパテを充填する。

2）**鋼板面（鉄部）の素地調整**

①油類の場合は、溶液又は溶剤洗浄とする。

②錆の場合は、ワイヤブラシなどの手工具と併せて、圧縮空気を用いて高速で砂を吹き付け清掃するサンドブラスト法とする。

③素地調整は、部材の組立て前に行う。

3）**亜鉛めっき面の素地調整**…汚れや油類を除去し、エッチングプライマーを塗布する。

4）**コンクリート・モルタル面の素地調整**…下地の吸い込みが多い場合は、合成樹脂エマルションシーラーを塗布。ひび割れ、穴埋めには合成樹脂エマルションパテを充填する。

5）**アルミニウム面の素地調整**…事前に、酸化皮膜処理を行う。

重要 2. 各種塗装の適応する素地面と特徴

過去問からの抜粋であるが、特に塗料と素地面との関係が重要である。

塗　料	素地面	特　徴
合成樹脂調合ペイント	屋内外：鉄鋼面・亜鉛めっき鋼面 屋内外：木部	建築内外部の一般鉄部・木部に使用される代表的な着色塗料。はけ塗り作業に適する
フタル酸樹脂エナメル	屋内外：鉄鋼面・亜鉛めっき鋼面	合成樹脂調合ペイントより平滑性や美装性に優れている。建築内外部の着色仕上げ
合成樹脂エマルションペイント	屋内外：コンクリート・モルタル・せっこうボード・プラスター	建築内外部の壁面・天井などに使用される代表的な着色塗料
合成樹脂エマルション模様塗料	屋内：コンクリート・モルタル・せっこうボード・プラスター	建築内部の着色仕上げ
マスチック塗材	コンクリート・モルタル・ALC パネル	ハンドローラーを用いて、凹凸仕上げにする
アクリル樹脂系非水分散形塗料	屋内：コンクリート・モルタル	建築内部の着色仕上げ
アクリルシリコン樹脂エナメル	屋外：コンクリート・モルタル・鉄鋼面・亜鉛めっき鋼面	特に耐候性に優れている
ウレタン樹脂ワニス	屋内木部のみ	建築内部の家具・フローリングなどの透明塗装仕上げに適している。耐候性に優れている
（オイル）ステイン	屋内木部のみ	生地仕上げで（オイル）ステインで着色し、ワニスなどで仕上げる
クリヤーラッカー	屋内木部のみ	建築内部の造作材・家具などの透明塗装仕上げ適している。乾燥が早い

問　題　室内の塗装工事に関する次の文章内の**不適当な語句**を訂正しよう。

1. 合成樹脂エマルションペイントを、鋼板面に塗装した。
2. 屋外のコンクリート面は、アクリル樹脂系非水分散形塗料塗りとした。
3. 木部にワニスを塗って、その上にオイルステインで仕上げた。
4. フタル酸樹脂エナメルを、モルタル面に塗装した。
5. 鋼板面の素地ごしらえにおいて、油類の除去をサンドブラスト法で行った。

● EXERCISE

室内における塗装に関する素地と塗料を組み合せよう。

1. 一般木部 ・　　・a．塩化ビニル樹脂エナメル
2. ALC パネル ・　　・b．ウレタン樹脂
3. モルタル ・　　・c．フタル酸樹脂エナメル
4. 亜鉛めっき鋼板・　　・d．マスチック塗材

▶1とb、2とd、3とa、4とc

3. 塗装工法と用具

①マスチック塗材…ローラーブラシで凹凸に仕上げる。

②吹付け塗装…スプレーガンは、素地面に対して直角に保ち、1回ごとの吹付け幅の1/3を重ねながら吹き付ける。吹付圧は、湿度に関係なく常に一定にする。

4. 注意事項

①コンクリート素地面の乾燥期間（塗装可能となる養生期間）は、冬期で4週間以上、夏期で3週間以上とする。

②作業時は、低温・多湿を避け、気温が5℃以下、湿度が85%以上のときは、作業を中止する。

③中塗り及び上塗りは、各層の色を変えて違いがわかるようにする。

コンクリート素地面の乾燥期間

年度により、塗料名が記されている場合があるが、塗料の種類に関わらず乾燥期間は共通である。

④コンクリート系素地面のみに適する塗料は、屋内と屋外の違いが重要である。

⑤合成樹脂エマルションパテ（一般型）は、耐水性に劣るため外部には用いない。

⑥シーリング面に塗装仕上げを行う場合は、シーリング材が硬化したのちに行う。

⑦木部のクリアラッカー塗りにおいて、下塗りにはウッドシーラーを用いる。

素地面と塗料

抜粋の塗料は必ず覚える必要がある。そこで、少し大胆だが試験対策と割り切って、下記に示すように、コンクリート面及び木部に対して適 or 不適を考えると以外と理解しやすい。

①コンクリート系素地面のみ適する塗料→合成樹脂エマルションペイント・マスチック塗材

②コンクリート系素地面のみ不適な塗料→フタル酸樹脂エナメル・合成樹脂調合ペイント

③木部素地面のみ適する塗料→クリヤーラッカー・ウレタン樹脂・（オイル）ステイン

・着色（ステイン）して、透明仕上げ（クリヤー・ワニス）

・一般木部には、速乾性のクリヤーラッカー

・耐久性が必要なフローリングにはウレタン樹脂

解 答　塗装工事関する基本問題。コンクリート面に対して、適 or 不適が重要ポイント！

1. 合成樹脂エマルションペイントは、屋内外のコンクリート・モルタル面のみに適する。
2. アクリル樹脂系非水分散形塗料は、屋内のコンクリート面に適する。
3. 最初にオイルステインで着色し、ワニスで表面を仕上げる。
4. フタル酸樹脂エナメルは、コンクリート・モルタル面・木部のみ不適である。
5. 鋼板面の素地ごしらえにおいて、油類の除去は溶剤洗浄とする。サンドブラスト法は、錆の除去の場合に用いる。

92 建具・ガラス工事

100%

1. 木製建具

出題パターン

年度により難易度の高い選択肢が出題されているが、まずは含水率及び丁番・アルミサッシの接触腐食防止などの基本問題から学習しよう

①十分乾燥した心去材を使用し、含水率は、天然乾燥材では18%以下、人工乾燥材は15%以下とする。

②建具用丁番は、建具の高さが2m未満は2枚、2m以上2.4m以下は3枚とする。

③木製建具の保管は、基本的には立て置きであるが、フラッシュ戸は平積みとする。フラッシュ戸は、木材の骨組みに合板を張り合わせたもので、反りは3mm以内とする。

2. アルミニウム合金製建具　アルミサッシ

①コンクリート及び鋼材に接する部分は、必ず保護塗膜が必要である。アルミサッシは、耐アルカリ性が低く、また、鋼材と接触腐食を起こすので、アクリル系塗料などを塗布する。

②アルミサッシの保管は、強度が鋼材の1/3と小さいため養生に注意し立て置きとする。

③木造軸組への取付けは、ステンレス釘とする。

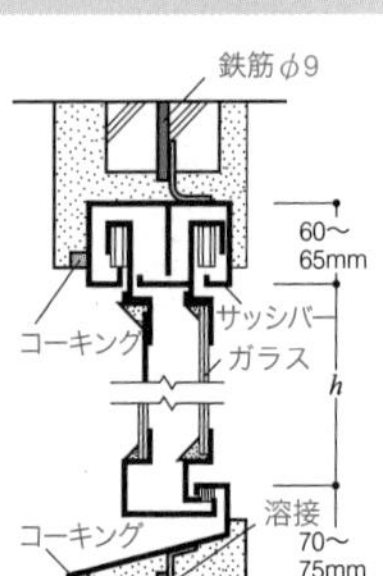

建具取付け断面

3. 取付け及び建具用金物に関する共通事項

①屋内の水掛り部分以外では、仮留め用のくさびを残したままモルタルを充填することができる。

②外部に面する建具には、防水剤入りのモルタルを充填する。また、充填モルタルの調合は、容積比でセメント 1：砂 3 とする。

③建具枠まわりにはシーリングを施し、雨仕舞をよくする。

④アルミサッシ用金物が亜鉛合金及び黄銅製の場合、クロムめっき又は塗装仕上げを行う。

⑤便所、洗面所、浴室の類に用いる金物でステンレス以外のものは、クロムめっきを行う。

4. ガラス工事

①ガラスの取付け（はめ込み）には、グレイジングガスケット構法やシーリング材構法がある。ガラス端部とサッシ枠が接触しないように、ゴム状のガスケット（グレイジ

問題　建具・ガラス工事に関する次の文章内の不適当な語句を訂正しよう。

1. 防煙垂れ壁に型板ガラスを使用した。
2. アルミサッシがモルタルに接する部分は、サッシの保護塗膜をはがし、付着性をよくした。
3. アルミサッシは変形しやすいので、現場内での仮置きは平積みとした。
4. 外部に面した建具に複層ガラスをはめ込むに当たり、下端のガラス溝に径3mmの水抜き孔を3箇所設けた。
5. 建具の保管に当たって、フラッシュ戸は立てかけとし、格子戸は平積みとした。

● EXERCISE

アルミサッシの接触腐食に関して、正誤を判断しよう！

1. 現場でアルミサッシ部材の寸法を切りつめ、モルタルに接する部分にそのまま使用した。
2. アルミサッシの表面にモルタルが付着したので、柔らかい布と清水で除去した。

▶1. × モルタルに接する部分は、アクリル樹脂系塗料を塗り保護塗膜をつくる。
2. ○ 布で拭き取るだけでは不十分である。よって、水での除去が必要。

ングチャンネル・グレイジングビード）やシーリング材などを用いて固定する。ただし、強化ガラス及び複層ガラスの留め材には、ガスケットを使用しない。ガスケットは、サッシ枠にガラスをはめ込むための周囲に巻き付けるゴム状のクッション材である。ガラスのはめ込みに必要なかかり代は、ガラスの厚さで決定される。

②防煙垂れ壁は、網入り又は線入り板ガラスとする。なお、防煙垂れ壁（防煙壁）は、不燃材料で造る、又は覆われたものと規定されている。

ガラスの厚さとかかり代

ガラスの厚さ	かかり代
単板ガラス 6.8mm 以下	6.5mm 以上
単板ガラス 8mm 及び 10mm	ガラス厚以上
複層ガラス 18mm 以下	15mm 以上

③外部に面する複層ガラスには、径 6mm 以上の水抜き孔を 2 箇所以上設ける。また、セッティングブロックによるせき止めがある場合には、セッティングブロックの中間に 1 箇所追加する。小口処理においては、下辺小口及び縦小口下端から 1/4 の高さまでには、防錆テープやガラス用防錆塗料を用いて防錆処置を行う。

④ガスケット（グレイジングチャンネル）は、排水性がないため継目は下端ではなく、上端とする。

⑤ガラスブロック積みにおいて、平積みの目地幅の寸法は、8mm 以上 15mm 以下とする。また、伸縮調整目地は、6m 以下ごとに 10 〜 25mm とする。

気をつけたい選択肢

①アルミサッシとモルタル及び鋼材との接触防止→**アクリル樹脂系塗料**などの**保護塗膜**
②外部に面するガラス建具→下端の溝に径 6mm 以上の**水抜き孔 2 か所以上**・小口には**防錆処置**・**防水剤入り**の充填モルタル
③フラッシュ戸の反り→ **3mm 以内**
④木製建具の含水率の違い→**天然乾燥材 18%以下**・**人工乾燥材 15%以下の心去材**
⑤シーリング材の施工→目地の動きの大小による**二面接着**（バックアップ材・ボンドブレーカー）と**三面接着**

解答　**4．の選択肢以外は、建具・ガラス工事の基本問題**

1. 防煙垂れ壁は、ガラスの割れを防止するために網入り又は線入り板ガラスとする。
2. アルミサッシは、耐アルカリ性が低いので必ず保護塗膜が必要である。「付着性をよくした」に注意する。
3. アルミサッシは、強度が弱いので平積みをすると上部からの圧縮荷重で変形する。よって、立て置きで保管する。
4. 径 6mm 以上の水抜き孔を 2 箇所以上設ける。
5. フラッシュ戸は平積みとし、ガラスを含む一般建具は、立て置きとする。

93 内装工事・断熱工事

100%

1. 木造住宅の断熱工事

①外壁内の結露を防ぐために、断熱材の室内側には防湿層を、室外側に通気層を設ける。防湿層にはポリエチレンフィルムを用い、継目は木下地の上に設け100mm以上重ね合わせる。

②外壁内に給湯・給水配管がある場合は、断熱材を配管の外側に設け、結露防止を行う。

③最下階の床は、断熱材を入れ、床下換気口を設ける。また、床下の地面には防湿措置を講じる。

④天井は全面に断熱材を敷き込み、屋根裏に換気口を設ける。天井に埋込照明がある場合、加熱による発火防止のため、断熱材で覆わない。

2. 内装工事について

①地下部分や脱衣室など水分の影響を受けやすい箇所は、エポキシ樹脂系又はウレタン樹脂系の接着剤を用いる。また、洗面室まわりの壁下地材料は、耐水を考慮してJAS普通合板1類を使用する。

②仕上げに用いる化粧合板の切断は、化粧面を上にして行う。また、フローリングの割付け（張り方）は、乱張りとし室の中心から両側に張り分ける。

③せっこうボードは、水分を吸収すると強度が低下するので床面には直付けしない。また、壁下地には、テーパーエッジやベベルエッジを有するせっこうボードを用いて、テーパー部分の継目にジョイントコンパウンドをむらなく塗り付け目地なし処理とする。

④せっこうボードの直張り（じかばり）用接着剤の乾燥期間

出題パターン

「断熱工事」は防湿・通気層の設け方、「内装工事」は、エポキシ系接着剤、せっこうボードがよく出題されている

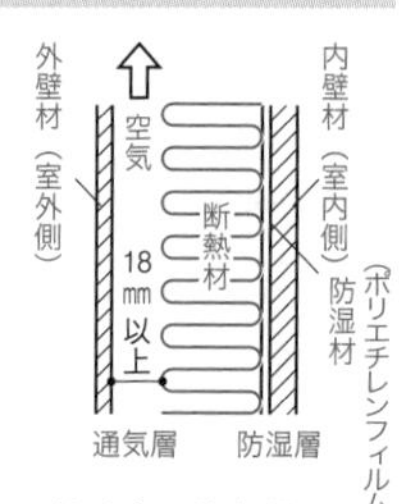

外壁内の換気措置

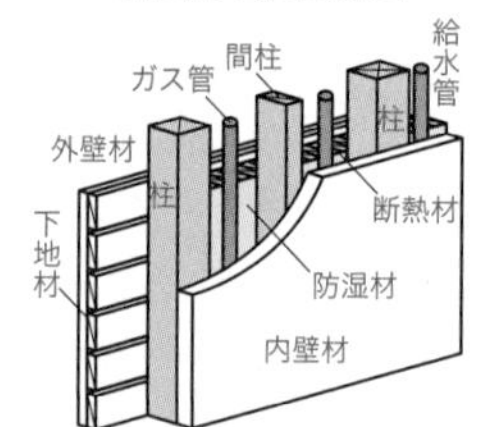

外壁内に配管がある場合

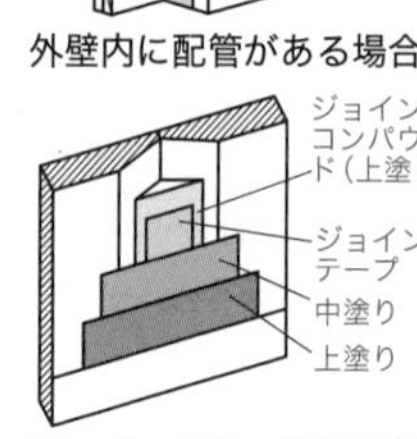

テーパー部分の継目処理

テーパーエッジ　ベベルエッジ

問題 木造住宅における内装工事又は断熱工事に関する次の文章内の不適当な語句を訂正しよう。

1. 脱衣室、便所におけるビニル床タイルの張付けには、アクリル樹脂系接着剤を用いた。
2. 洗面室の壁下地材料として、JAS（日本農林規格）による普通合板2類を用いた。
3. 外壁内の結露を防ぐために、グラスウール断熱材の室内側を透湿性のある材料で覆う。
4. 壁の下地のせっこうボード張りにおいて、テーパー付きせっこうボードの継目処理に早強ポルトランドセメントを用いて目地なし処理とした。
5. 天井の仕上げに用いる化粧合板の切断は、化粧裏面から行った。

・仕上げ材に通気性がある場合：7 日以上

・仕上げ材に通気性がない場合：20 日以上

上記の日数を放置し乾燥を確認後、仕上げ材を張り仕上げる。

⑤木造下地にせっこうボードを直張りする場合、留め付け用釘の間隔は、ボード周辺部 100 ～ 150mm とする。また、コンクリート下地に直張りする場合の接着剤の間隔は、ボード周辺部 150 ～ 200mm とする。

⑥ニードルパンチカーペットの敷込みは、接着剤を使用してカーペットを床に固定する全面接着工法とする。織じゅうたんは、グリッパー（板に釘を打ち付けたもの）を部屋の周囲に固定し、じゅうたんを引っ掛けて敷き詰めるグリッパー工法を用いる。

⑦冬期の床シート張りにおいて、室温が 5℃ 以下の場合は採暖して、室温 20℃ 程度に保ちながら施工する。

⑧ビニル床シートの張付けは、十分伸縮するまで仮敷きし、巻きぐせを取って切断する。

3. 木造住宅における内装・断熱工事と使用材料

木造住宅における各内装工事のポイントは次の通り。

数年ごとに試験に出題され、要注意。

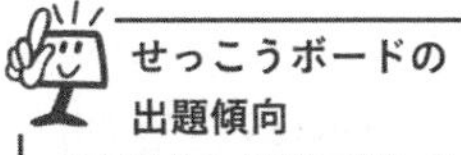

せっこうボードの
出題傾向
①目地なし処理に関して
②接着材の放置期間は？
③直張りの釘の間隔は？

木造住宅における内装・断熱工事と使用材料

内装工事・断熱工事	使用材料
洗面室まわりの壁仕上げの下地	普通合板１類
せっこうボード張りの目地なし仕上げ	テーパー付きせっこうボード
せっこうボードのテーパー部分の継目処理	ジョイントコンパウンド
洗面所内の壁のせっこうボードの留付け	ステンレス鋼製釘
地階床のビニル床シート張りの接着	エポキシ樹脂系接着剤
外壁のグラスウール断熱材部分の防湿	ポリエチレンフィルム
布基礎コンクリートの断熱（打込み工法）	ポリスチレンフォーム

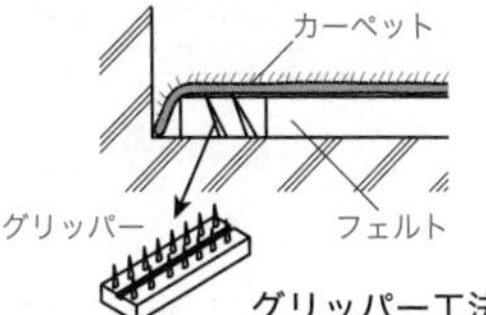

グリッパー工法

● EXERCISE

防湿層（材）の設け方に関して、正誤を判断しよう！

1. 外壁内の結露を防ぐため、グラスウール断熱層の屋外側を厚さ 0.15mm のポリエチレンフィルムで覆った。
2. 浴室まわりの外壁に、グラスウール断熱材を採用したので、その屋外側に防湿層を設けた。

▶ 1. × 屋外側→室内側　2. × 防湿層（材）は、部屋の用途に関わらず室内側に設ける

解答　**木造住宅における内装工事又は断熱工事に関する基本問題**

1. 地下部分の最下階など湿気や水の影響を受けやすい箇所には、2 液混合形のエポキシ樹脂系接着剤又は 1 液性のウレタン樹脂系接着剤を用いる。
2. 洗面室などの水掛かり又は湿度の高い箇所は、耐水性の優れた普通合板 1 類を用いる。
3. 外壁内の結露防止には、断熱材の室内側を透湿性ではなく、防湿性のある材料（ポリエチレンフィルム）で覆う。
4. テーパー付きせっこうボードの継目処理は、ジョイントコンパウンドを用いる。
5. 化粧合板の切断は、化粧上面から行う。

94 設備工事

100%

1. 給水設備工事

出題パターン

給水・排水設備、衛生設備（トラップ）及び警報設備の取付け位置からよく出題されている

①給水管と排水管の水平間隔は、50cm 以上とし、必ず給水配管が上方になるようにする。また、給排水管の地中埋設深さは、一般敷地内では 30cm 以上、車両道路では 60cm 以上とし、寒冷地では、凍結深度以上とする。

②給湯管は、温水が金属を腐食させるため、耐熱性硬質塩化ビニル管、架橋ポリエチレン管、銅管などとする。

③洗浄弁型の大便器の給水管径は、25mm 以上とする。

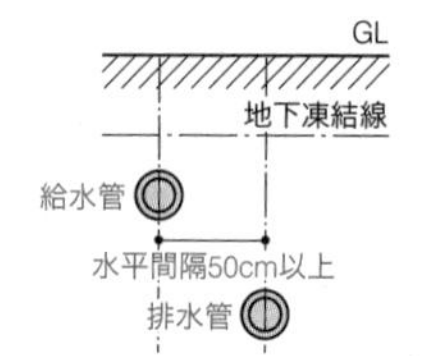

給水・排水配管の水平間隔

2. 排水設備工事

①洗たく機やプールなどの排水は、排水管に直結せず間接排水とし、汚水の逆流を防ぐ。

②排水横走り管の最小勾配は、細いものほど急勾配にする。管径 65mm 以下は 1/50、75 及び 100mm は 1/100、125mm は 1/150、150mm 以上では 1/200 とし、流速が 0.6m/s を下回らないようにする。

③雨水ますは、底部に深さ 15cm 以上の泥だめを設ける。また、汚水ますには底面中央に管があり、ますの底は管に向かって勾配を有する。

④雨水排水の立て管は、汚水排水管又は通気管と兼用、又はこれらの管と連結してはならない。

⑤通気管はトラップの封水の保護や排水管内の換気のために設け、立て管に向かって上り勾配とし、凹凸のないように設ける。また、末端の開口部が、換気口や開口部付近にあるとき、開口部上端より 60cm 以上立ち上げる。

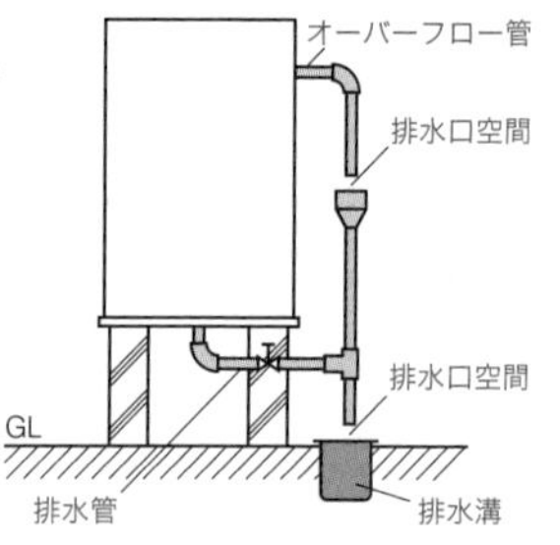

受水槽の間接排水

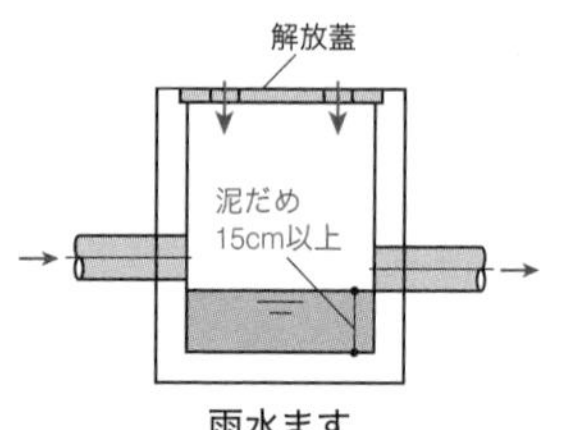

雨水ます

3. トラップ

トラップは、排水管からの臭気や害虫などの侵入防止のために設ける設備である。

問題 設備工事における内装工事又は断熱工事に関する次の文章内の不適当な語句を訂正しよう。

1. 給水管と排水管を平行に地中に埋設する場合、両配管の水平間隔を 30cm 以上とし、給水管が排水管の下方になるようにした。
2. 寒冷地以外における一般敷地内の給水管の地中埋設深さは、土かぶりを 20cm とした。
3. 排水立て管をエレベーターシャフト内に設け、防露措置を施した。
4. 洗浄弁型の大便器の給水管径を 20mm とした。

①手洗器の排水管には、P形・S形トラップ、排水横枝管には、U形トラップ、床排水にはベルトラップを設ける。また、トラップの封水深は、5cm以上10cm以下とする。

②トラップ付きの阻集器がある排水経路は、他のトラップを設けてはならない（二重トラップの防止）。

トラップ各部名称

4. 警報設備の取付け位置

① LPガス（プロパンガス）のガス漏れ警報設備の上端は、LPガスが空気より重いため床面から30cm以内、かつ燃焼器から水平距離4m以内に取り付ける。

②自動火災報知設備の感知器の下端は、天井面から下方に30cm以内に取り付ける。

③住宅用防災警報器は、天井面から下方0.15m以上0.5m以内の位置にある壁の屋内に面する部分もしくは壁または梁から0.6m以上離れた天井の屋内に面する部分に取り付ける。

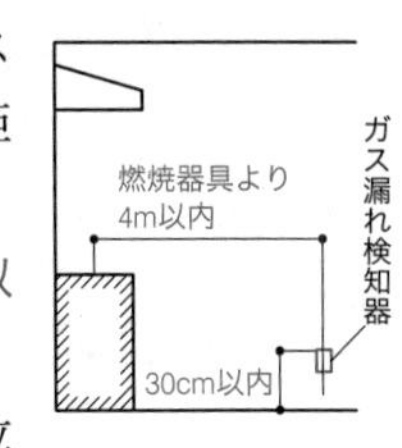

LPガス警報設備

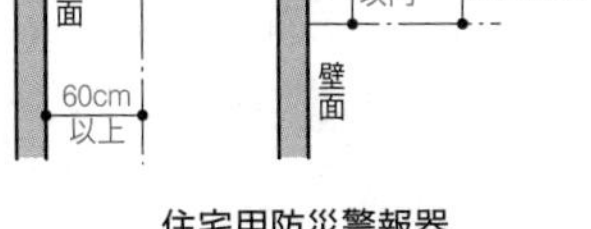

住宅用防災警報器

5. その他の設備工事

①エレベーターシャフト内は、排水立て管などエレベーターに必要でない配管設備は、設けてはならない。

②屋内電気配線とガス管・水道管との間隔は、15cm以上離す。

③防露・保温材は、筒、帯又は板とし、特記がない限り、厚さ20mmの保温筒とする。

④スイッチボックスの取り付けは、周辺のメタルラスの切り取りまたは、木板、樹脂板で絶縁する。

⑤浴室ユニットの「床の防水措置」はユニットに防水性があり、考慮する必要はない。

⑥換気設備のダクトは、住戸内から住戸外に向かって先下がりの勾配とする。

⑦給湯配管は、加熱により配管に伸縮が生じるため、必要に応じて伸縮継手を設ける。

ひっかけ対策

上下関係の問題

①地中に埋設する給水管と排水管の関係

② LPガスのガス漏れ警報設備の取り付け位置→床 or 天井

解答　設備工事に関する基本問題。給排水に関連する数値は確実に覚える

1. 両配管の水平間隔は50cm以上とし、給水管が排水管の上方になるようにする。
2. 一般敷地内において、給水管の地中埋設深さは、30cm以上必要である。
3. エレベーターシャフト内には、エレベーターに必要な配管設備以外は設けない。
4. 洗浄弁型の大便器の給水管径は、25mm以上必要である。

95 各種工事・改修工事・総合 80%

1. 塗装工事

屋内外の素地面の違いに注意する。

①アクリル樹脂エナメルは、屋外のコンクリート系素地面に適し、アクリル樹脂系非水分散型塗料は、屋内のコンクリート系素地面に適する。

②合成樹脂エマルションペイントは、屋内外のコンクリート系・せっこうボード、プラスター面に適し、合成樹脂エマルション模様塗装は、屋内の上記の素地面に適する。

③合成樹脂エマルションパテは、屋内のコンクリート系・せっこうボード・木部の素地ごしらえに適する。

④アクリルシリコン樹脂エナメルは、屋外のコンクリート・モルタル面・鉄鋼面・亜鉛めっき鋼面に適する。

⑤フタル酸樹脂エナメル・合成樹脂調合ペイントは、屋内外の亜鉛めっき鋼面・鉄鋼面、屋内の木部に適する。

⑥亜鉛めっき鋼面は、塗膜との付着性を高めるために、エッチングプライマーを塗布する。

出題パターン

例年、左官・内装・塗装・防水工事からの出題が多い。比較的、過去問からの出題頻度が高いので、十分対応できる

吹付け塗装について

・スプレーガンは素地面に対して直角
・1回ごとの吹付け幅の約1/3を重ねる
・吹付け圧は、湿度に関係なく一定

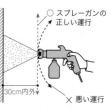

吹付け塗装

2. 左官工事

①調合は、下地に近い下塗ほど富調合とし、仕上げに近い上塗りほど貧調合とする。

②中塗りは、下塗り乾燥後（2週間以上放置）、水浸しを行い、一般部分に先立ち、隅・角などの形を決めるために定規塗りを行い平坦に仕上げる。

③壁のモルタル塗りにおいて、総塗り厚が25mmを超える場合は下地補強が必要である。

④せっこうプラスターの上塗りは、中塗りの硬化状態を見計らい塗り重ねる。

3. 内装工事

①ビニル床シートの張付けは、十分伸縮するまで仮敷きし、巻きぐせを取り切断する。

②タイルカーペットの張付けは、簡単にはがせて補修が行える粘着はく離形接着剤とする。

問題 各種工事に関する次の文章内の不適当な語句を訂正しよう。

1. 壁のモルタル塗りにおいて、総塗り厚が25mmなので、ステンレス製ラス張りを確実に行った後、モルタルを塗り付けた。
2. ユニットバスは、防水措置をしていない床に据え付けてはならない。
3. 内装工事において、ビニル床シートの張付けは、シートの搬入後、直ちに実際の寸法に合わせて切断して張り付けた。
4. 壁の張り石工事において、大理石の引き金物は、スチール製のものを用いた。
5. 玄関まわりの外壁は、モルタル金ごて仕上げ、合成樹脂調合ペイント塗りとした。

● EXERCISE

各種工事に関する次の文中の（　）に、適する用語を記入しよう。

1. 内装工事のフローリングは、割付墨に合わせて、室の（①）から（②）に向かって張る。
2. 壁下地のせっこうボード張りで、（③）処理とするためにテーパー付きせっこうボードを用いた。
3. 左官工事において、セメントモルタル塗りの中塗りは、一般部分に先立ち隅、角などの形を決めるために、（④）を行う。
4. 塗装工事において、亜鉛めっき鋼面には、素地ごしらえとして（⑤）を塗布した。
5. 設備工事において、排水横走り管は、管径が（⑥）ものほど急な勾配にした。

▶①中心　②両側　③目地なし　④定規塗り　⑤エッチングプライマー　⑥細い

③湿気の影響を受ける箇所では、エポキシ樹脂系又はウレタン樹脂系の接着剤を用いる。

④フローリングの割付け（張り方）は、室の中心から両側に張り分ける。

⑤壁下地のせっこうボード張りを目地なし処理にするには、テーパーエッジ、ベベルエッジを有するせっこうボードを使用する。

⑥張り石工事で取り付ける金物は、ステンレス製や黄銅など耐食性に優れた材料とする。

4. 防水工事

①伸縮調整目地の深さは、保護コンクリートの下面に達するまでとする。また、目地底にシーリング材が付着しないようにバックアップ材を挿入し二面接着とする。

②アスファルト防水工事において、アスファルトプライマーは、下地コンクリートを十分乾燥させた後、均一に塗布する。

5. 改修工事

①外壁のひび割れ部分には、屋外などの特殊条件に優れたエポキシ樹脂を注入する。

②既存防水層撤去後のコンクリートの下地は、ポリマーセメントモルタルで補修する。ひび割れが 2mm 以上では、U カットのうえポリウレタン系シーリング材を充填する。

③かぶせ工法において、既存枠へ新規に建具を取り付ける場合、小ねじの留付け間隔は中間部で 400mm 以下とする。

④連続繊維補強工法は、柱にエポキシ樹脂を含ませた炭素繊維シートを巻き付ける。

⑤モルタル塗り仕上げ外壁の改修工事において、充填工法の適用範囲は、欠損部分の面積が 1 箇所当たり 0.25m^2 以下とする。

解答　1．～4．の選択肢は基本問題。5．は塗装に関する応用問題

1. モルタル塗りにおいて、総塗り厚が 25mm を超える場合は、下地補強が必要である。
2. ユニットバスは、防水性が備えられているため、防水措置をしていない床でも問題はない。
3. ビニル床シートの張付けは、シートの搬入後、十分伸縮するまで仮敷きし、巻ぐせを取り除いた後、所定の寸法に切断する。
4. 張り石工事における取付け金物は、ステンレス製や黄銅などの耐食性に優れた材料とする。
5. 合成樹脂調合ペイントは、木部・鉄部には適応するが、モルタル面には不適である。

96 施工用語・施工機械器具

100%

1. 工事と工法・機械

出題パターン

工事と工法との組合せと施工機械・器具の使用に関する具体的な設問である

1）排水工事

①ウェルポイント工法…根切りの周囲に吸水管を挿入し、強制排水する工法。

②ディープウェル工法…根切り底から孔を掘削し井戸管を設け、ポンプで揚水する。

③かま場工法…根切り底の一部を掘り下げ排水ピットを設け、ポンプで揚水する。

2）杭地業工事

①場所打ちコンクリート杭…現場でつくる大口径の杭で、所定の位置に孔をあけ、その中に鉄筋かごを挿入しコンクリートを打設する杭である。

②埋込杭…アースオーガーで掘削後、杭を挿入する工法で、打撃による打込杭のような騒音が生じない。

オーガーで掘削
セメントミルク（根固め液）の注入
既製杭の挿入
杭周固定液

セメントミルク工法

場所打ちコンクリート杭
- オールケーシング（ベノト）工法
- リバースサーキュレーションドリル工法
- アースドリル工法

埋込杭
- セメントミルク工法
- 中掘り工法

・アースオーガー：スクリューを回転させながら地盤を掘削する機械である

・バイブロハンマー：上下方向の振動力で杭を圧入または、引抜く機械である

3）山留め工事

親杭横矢板
鋼矢板（シートパイル）
腹起し
腹起し
切張り
支柱

山留め工法の例

山留め壁の部材
- 鋼矢板
- 親杭横矢板
- ソイルセメント
- 場所打ちコンクリート

山留め壁及び支保工のある工法
- 水平切梁工法
- アイランド工法
- 地盤アンカー工法（切梁や支柱の代わりにアンカーで山留め壁を支持）

山留め壁がない工法
- 法付けオープンカット工法

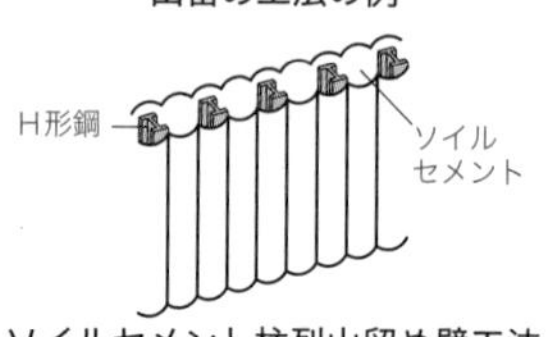

ソイルセメント柱列山留め壁工法

4）鉄筋工事

①グリップジョイント工法…さや管に双方の鉄筋を挿入し、油圧式ジャッキで締付けて

問 題 施工機械・器具の使用に関する次の文章内の不適当な語句を訂正しよう。

1. アースオーガーは、地盤の整地転圧に使用する。
2. 鋼矢板の引抜きに、トルクレンチを使用した。
3. ウエルポイント工法は、山留め工事に用いられる工法である。
4. オールケーシング（ベノト）工法は、排水工事に用いられる工法である。
5. バックホウは、機械の接地面より高い位置の掘削に適している。

接合する方法である。D29以上の太径異形鉄筋の継手に適している。

②バーベンダー…鉄筋の折り曲げ機

③シャーカッター…鉄筋の切断機

5）鉄骨工事

①インパクトレンチ…圧縮空気を利用して高力ボルトの本締めに使用する器具。

②トルクレンチ…高力ボルトの一次締めに使用する器具。

③トラッククレーン…低層の鉄骨建方や資材の揚重作業に適している。

6）型枠工事

スライディングフォーム工法…サイロや煙突の施工において、型枠を上部に移動しながらコンクリートを連続して打設する型枠工法である。

7）防水工法

トーチ工法…ルーフィングの重ね合わせた部分をトーチバーナで加熱し、改質アスファルトルーフィングを溶解させながら下地に密着させる防水工法である。

● EXERCISE

工事とそれに用いる工法を組み合せよう。

1. 鉄筋工事　a．グリップジョイント工法
2. 防水工事　b．親杭横矢板工法
3. 型枠工事　c．トーチ工法
4. 山留め工事　d．ウエルポイント工法
5. 排水工事　e．スライディングフォーム工法

▶1とa、2とc、3とe、4とb、5とd

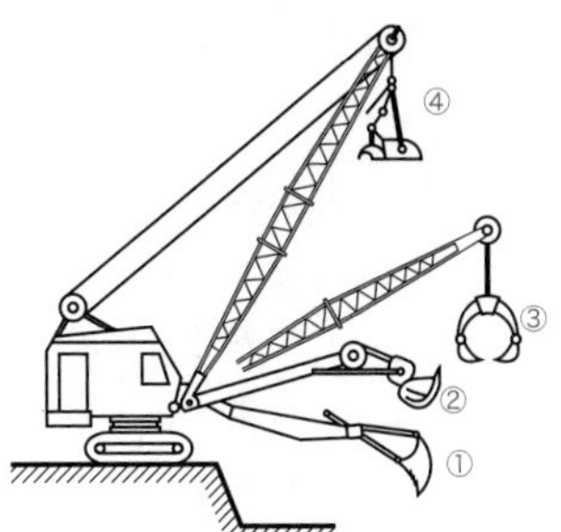

掘削用機械のアタッチメント
①バックホウ（ドラッグショベル）
②パワーショベル
③クラムシェル
④ドラッグライン

2. 施工機械・器具

①バックホウ…地盤面より低い位置の掘削に適し、溝掘り・水中掘削も可能である。

②パワーショベル…機械の接地面より高い位置の掘削に適している。

③クラムシェル…バケットを吊し、その口の開閉で土砂を掘削する。

④ドラッグライン…機械の接地面より低い位置の掘削に適し、掘削半径が大きい。

⑤スクレーパー…掘削・積込み・運搬・敷ならしを連続的に行うことが可能である。

⑥振動コンパクター…振動を与えながら地盤を締め固める転圧用機械である。

⑦コンクリート振動機（バイブレーター）…密実なコンクリートを打込むためのもの。

⑧ローリングタワー…移動式組立て足場で、高い天井作業に適している。

⑨ウインチ…揚重作業で使用する器具である。

解答　施工機械に関する定番問題。バックホウとパワーショベルとの違いがポイント！

1. アースオーガーは地盤掘削機械。地盤の整地転圧は、振動コンパクターやグレーダーである。
2. 鋼矢板や杭などの圧入や引抜きは、バイブロハンマーを用いる。トルクレンチは、鉄骨工事における高力ボルトの一次締めに使用する。
3. ウエルポイント工法は、根切り工事における地下水の排水工事である。
4. オールケーシング（ベノト）工法は、杭地業工事であり、場所打ちコンクリート杭の一つである。
5. バックホウは、地盤面より低い位置の掘削に適している。

97 積算

100%

1. 工事価格の構成

下記に示す工事価格の構成は、穴埋め問題や正誤を問う形でよく出題されているので要注意である。

出題パターン

「工事価格の構成」や「工事数量の算出」からの出題頻度が高い。また、各材料の数量の算出及び割増率に関わる数値は、確実に把握する必要がある

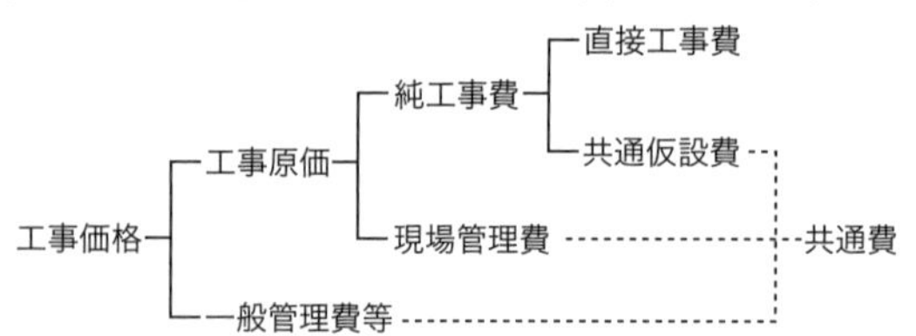

工事価格…工事原価と一般管理費等を合わせたもの。

工事原価…純工事費と現場経費を合わせたもの。

純工事費…直接工事費と共通仮設費を合わせたもの。

直接工事費…建築物をつくるために直接必要な費用で、材料費・施工費・運搬費などがある。

複合単価…材料費や施工費など 2 種類以上の費用を合わせたもの。

諸経費…現場管理費と一般管理費を合わせたもの。

共通費…共通仮設費、現場管理費及び一般管理費を合わせたもの。

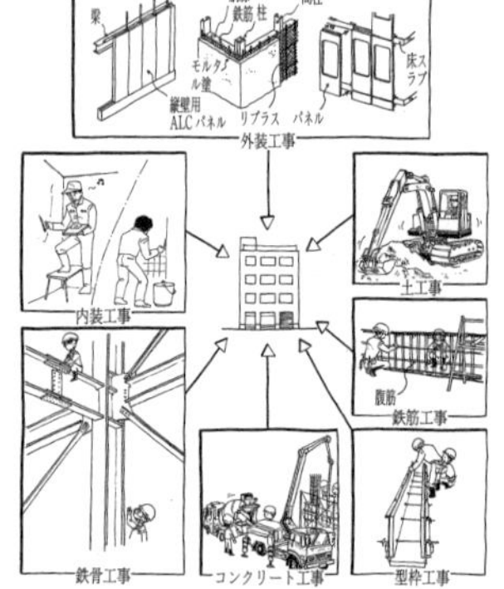

直接工事費の例

直接仮設費…直接工事に必要な、やり方や内外の足場などの費用。

共通仮設費…現場事務所・光熱・電力用水など。

歩掛り（ぶがかり）…ある条件のもとで施工された工事の実績数量。

2. 工事数量の算出

①設計数量…設計図書から算出した正味の数量。

例）コンクリート量・モルタル塗り面積・杭・建具など

②所要数量…設計数量に施工上、必要な割増しを含んだ数量。

例）木材・鉄筋・ボルト・鋼板など。

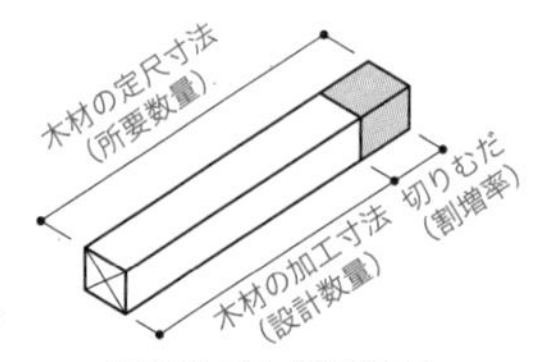

設計数量と所要数量

問題 建築工事における積算に関する次の文章内の不適当な語句を訂正しよう。

1. 工事原価は、直接工事費と共通仮設費とを合わせたものである。
2. 木材の造作材の所要数量は、図面に記入されている仕上寸法どおりに算出した。
3. 鉄骨の溶接数量は、溶接部の種類、断面形状ごとに長さを求め、すみ肉溶接脚長 12mm に換算した延べ長さで算出した。
4. 鉄筋コンクリートの型枠の数量において、30cm 角の換気扇用開口部は、型枠不要部分としてその面積を差し引いて算出した。
5. 鉄筋の所要数量は、鉄筋の設計数量の 5%増とした。

● EXERCISE

図のような木造住宅の寄棟屋根の面積を求めよう。

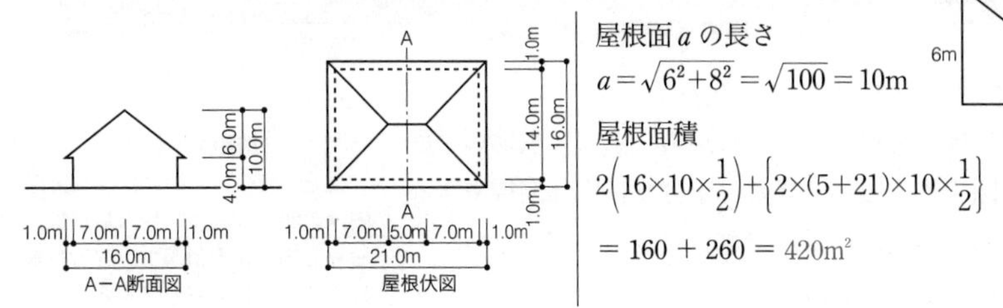

屋根面 a の長さ

$a=\sqrt{6^2+8^2}=\sqrt{100}=10\text{m}$

屋根面積

$2\left(16\times10\times\frac{1}{2}\right)+\left\{2\times(5+21)\times10\times\frac{1}{2}\right\}$

$=160+260=420\text{m}^2$

屋根面 a 6m 8m

所要数量＝設計数量＋予測数量

予測数量＝設計数量×割増率

設計数量に対する割増率

形鋼、平鋼	5%	ボルト	4%
鋼板	3%	床用フローリング	10%
鉄筋	4%	内装用合板	15%

③計画数量…施工計画に基づいて算出した数量（設計図に図示されていない数量）。

例）根切り量・盛土・足場面積など。

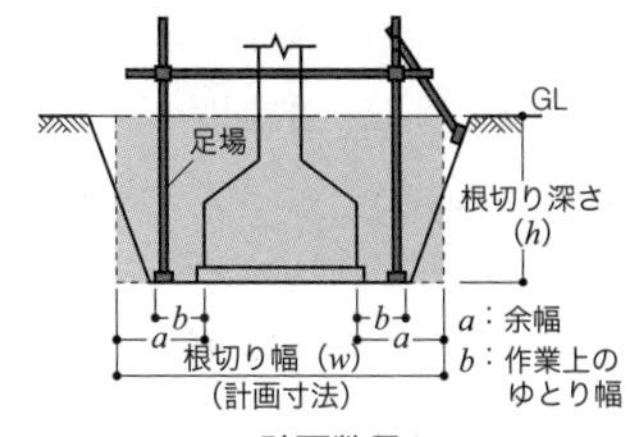

計画数量

3. 各材料の数量算出

①木材の造作材の所要数量は、図面に記入されている仕上げ寸法に、削り代を見込んだ数量とする。

②鉄骨の溶接数量は、溶接部の種類、断面形状ごとに長さを求め、すみ肉溶接脚長 6mm に換算した延べ長さで算出した。

③型枠の数量は、各部材の接続部の面積が 1.0m² を超える場合、型枠不要部分としてその面積を差し引いて算出する。

④鉄筋コンクリート造のコンクリート数量は、鉄筋及び小口径管類によるコンクリートの欠除はないものとみなして算出する。

⑤建具の塗装面積数量は、統計値の係数を利用して算出する。

⑥アンカーボルト類は、設計図書から算出した正味の数量（設計数量）とする。

⑦遣り方の数量は、建築面積より算出する。

⑧土砂量は、掘削による増加や盛土の締固めによる減少を考慮しない、地山数量とする。

⑨根切り土量は、施工上の余裕や必要な法（のり）勾配を見込んだ計画数量とする。

⑩砂利敷や割栗石は、設計図書から算出した正味の数量（設計数量）とする。

解 答　1. は工事価格の構成。2. ～4. は各材料の数量算出。5. は工事数量の算出

1. 工事原価は、純工事費と現場経費を合わせたものである。
2. 木材の造作材の所要数量は、仕上寸法に、削り代を見込んだ数量とする。
3. 鉄骨の溶接数量は、すみ肉溶接脚長 6mm に換算した延べ長さで算出する。
4. 型枠の数量は、面積が 1.0m² を超える場合、型枠不要部分としてその面積を差し引いて算出する。ここでは、0.09m² となり差し引く必要はない。
5. 鉄筋の所要数量は、鉄筋の設計数量の 4%増とする。

98 測量 100%

1. 平板測量

平板測量は、現場で測量しながら、同時に敷地の平面形状を作図することができる。十分な精度は期待できないが、簡便で迅速に作業ができ、欠測の心配がない。

出題パターン

閉合トラバースによる多角形内角の和の誤差や、レベル測量における高低差を計算し、標高を求める問題が出題されている

2. トラバース測量

測点を結んでできる多角形（閉合トラバース）又は折れ線（解放トラバース）の各辺の距離や角度を、巻尺やトランシットを用いて測定する比較的精密な測量である。n 角形の内角の和は、$180 \times n - 360$ で計算される。

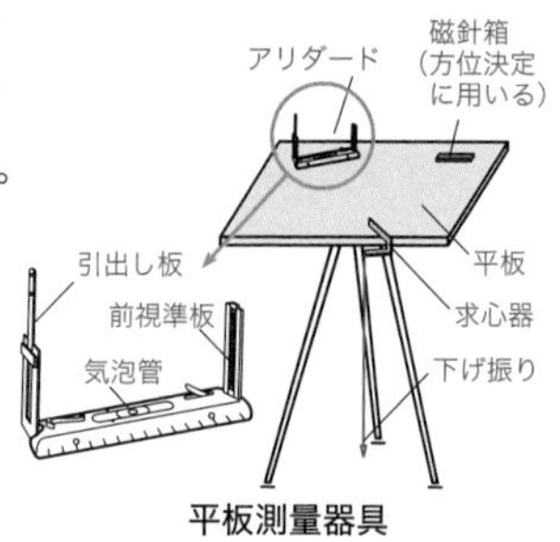

平板測量器具

3. 水準測量

水準測量は、2 点間の高低差をレベルや標尺を用いて測定する測量である。水準測量の基準となる点を水準点（ベンチマーク）といい、この点は基準面から正確に求められている。なお、各地点の高さ（標高）は、基準面からの鉛直距離を示している。

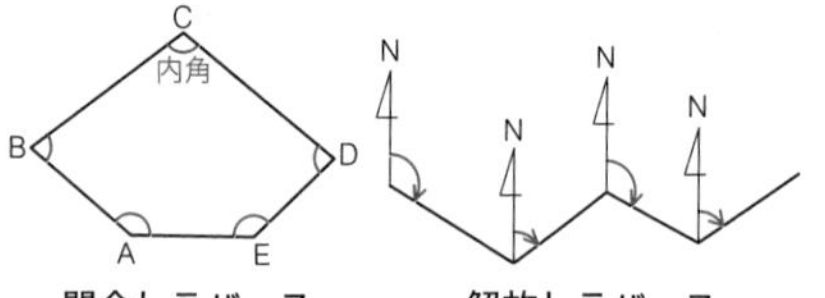

閉合トラバース　　解放トラバース

注目 4. 水準測量における高低差の計算

2 点 A、B の差 h を高低差といい、A 点の標尺の読みを後視（back sight 略 B. S）、B 点の標尺の読みを前視（fore sight 略 F. S）という。

●各種測量等に使用する機器

- □アリダードー平板上で目標を視準し、その方向の視準線を図面上に描く機器
- □トランシット（セオドライト）ー望遠鏡と目盛盤から構成され、方向角と高度角を精密に測定する機器
- □レベルー水平に据えた望遠鏡により、測点に立てた標尺の目盛を読んで高低差を測定する機器
- □プラニメーターー平面上の図形の輪郭をなぞることによって、測輪の回転数で面積を測定する機器
- □トータルステーションー標点間の距離と角度を同時に計測できる測量機器。コンピューターを内蔵し、測量結果を記憶できる。
- □ GPS ーアメリカ軍が開発した人工衛星を利用した測位システム。現在では他国の衛星も利用した衛星測位システム GNSS と呼んでいる。

問 題　図に示す高低測量において、A 点の標高が 7m であった場合の D 点の標高を求めよう。

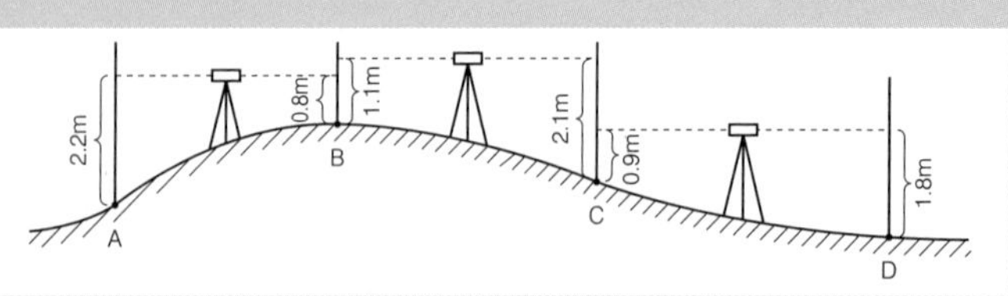

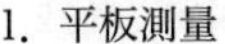
● EXERCISE

各種測量とその説明を組み合せよう。

1. 平板測量　　　・　　　・a．レベルと標尺（箱尺）等を用いて高低差を測定する測量
2. トラバース測量・　　　・b．アリダード、巻尺等を用いて距離や方位を測定し、現場で紙上に図解する測量
3. 水準測量　　　・　　　・c．トランシットと巻尺等を用いて距離や水平角度を測定する比較的精密な測量
4. 進測法　　　　・　　　・d．見通しのよい地形に適している平板測量
5. 放射法　　　　・　　　・e．見通しの悪い地形に適している平板測量

▶1とb、2とc、3とa、4とe、5とd

A点の標高をh_Aとすると、B点の標高h_Bは以下のようになる。

B点の標高$h_B = h_A +$（B. S − F. S）

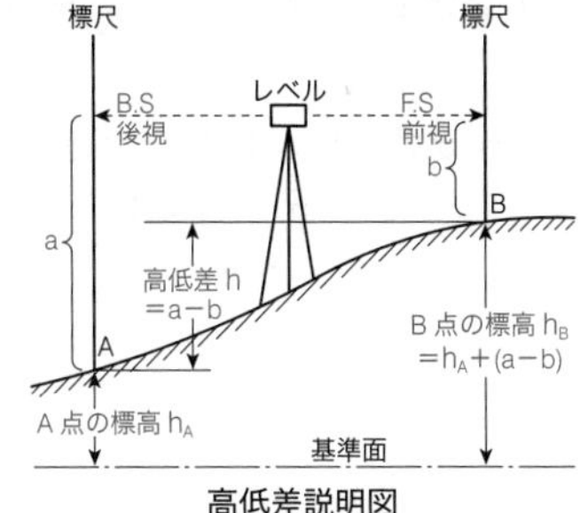

高低差説明図

【問題】

図に示す高低測量において、A点の標高が8mであった場合の各点の標高を求めよう。

【解説】

A点の標高をh_Aとした場合、B、C、D点での標高は、下記のようになる。

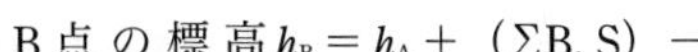

B点の標高$h_B = h_A +$（ΣB. S）−（ΣF. S）= 8 +（3.5）−（1.1）= 10.4m（ΣB. S：後視の総合計、ΣF. S：前視の総合計）

C点の標高h_C = 8 +（3.5 + 2.4）−（1.1 + 4.8）= 8m

D点の標高h_D = 8 +（3.5 + 2.4 + 2.1）−（1.1 + 4.8 + 3.3）= 6.8m

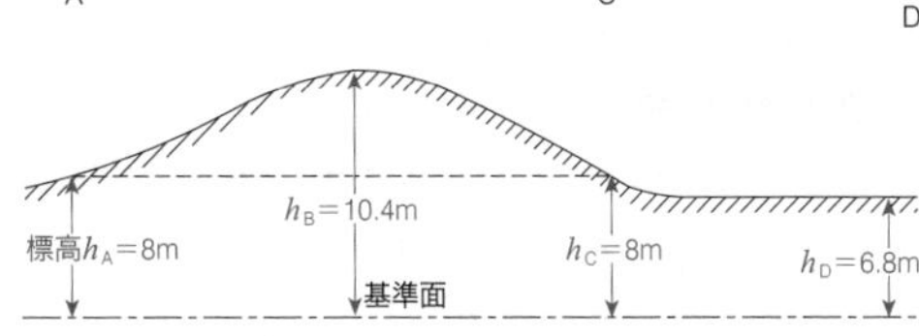

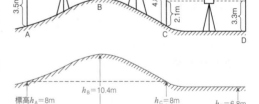

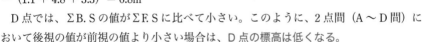

D点では、ΣB. Sの値がΣF. Sに比べて小さい。このように、2点間（A～D間）において後視の値が前視の値より小さい場合は、D点の標高は低くなる。

解答

A点の標高をh_Aとした場合B、C、D点での標高は下記のようになる。

B点の標高$h_B = h_A +$（ΣB. S）−（ΣF. S）　　ΣB. S：後視の総合計

$= h_A +$（2.2）−（0.8）　　ΣF. S：前視の総合計

C点の標高$h_C = h_A +$（2.2 + 1.1）−（0.8 + 2.1）

D点の標高$h_D = h_A +$（2.2 + 1.1 + 0.9）−（0.8 + 2.1 + 1.8）

h_A = 7mなので、h_D = 6.5mとなる。

99 工事請負契約・仕様書・設計図書

100%

出題パターン

「工事請負契約」と「仕様書・設計図書」から毎年交互に出題されている。契約約款や仕様書に記載しない事項及び設計図書の優先順位などがよく出題されている

1. 工事請負契約の必要書類

①工事請負契約書
②工事請負契約約款
③設計図書

2. 工事請負契約書の記載事項

①工事内容
②工事着手の時期及び工事完成の時期
③工事完成後における請負代金の支払い時期及び方法
④物価変動に基づく請負代金額の変更に関する事項
⑤契約に関する紛争の解決方法
⑥天災その他の不可抗力による損害の負担に関する事項

・主任技術者の氏名及び資格に関する事項及び官公庁への届出に関する事項は、工事請負契約書に記載する必要はない。

印紙　工事請負契約書

発注者＿＿＿＿＿＿＿＿＿＿＿＿と
請負者＿＿＿＿＿＿＿＿＿＿＿＿とは
（工事名）＿＿＿＿＿＿＿＿＿＿＿工事の施工について、つぎの条項と添付の工事請負契約約款、設計図＿＿枚、仕様書＿＿冊とにもとづいて、工事請負契約を結ぶ。

1. 工事場所＿＿＿＿＿＿＿＿＿＿
2. 工　期　着手　平成＿＿年＿＿月＿＿日
　　　　　契約の日から＿＿＿＿日以内
　　　　　完成　平成＿＿年＿＿月＿＿日
　　　　　着手の日から＿＿＿＿日以内
3. 引渡の時期　完成の日から＿＿＿＿日以内
4. 請負代金額　金＿＿＿＿＿＿＿＿
　うち　工事価格＿＿＿＿＿＿＿＿
　　取引に係る消費税及び地方消費税の額＿＿＿＿
（注）請負代金額は、工事価格に、取引に係る消費税及び地方消費税の額を加えた額。
5. 請負代金の支払　前払　契約成立の時に＿＿＿＿
　　　　　　　　　部分払＿＿＿＿＿＿

　　　　　支払請求締切日＿＿＿＿＿＿
　　　　　完成引渡の時に＿＿＿＿＿＿

監理者としての責任を負うためここに記名押印する。
監理者　＿＿＿＿＿＿＿＿

工事請負契約書

重要 3. 工事請負契約約款

契約の内容を細かく記載したもので、一般に、「民間七会連合協定工事請負契約約款」、「公共工事標準請負契約約款」などがある。

1）瑕疵（かし）担保期間

引渡しの日から、木造では1年、コンクリート造・金属造・石造では、2年である。ただし、瑕疵が請負者の故意又は重大な過失による場合は、1年を5年に、2年を10年とする。住宅に関しては、住宅の品質確保の促進等に関する法律（H11年、略して品確法）により10年となっている。

問題　工事請負契約・仕様書に関する次の文章内の不適当な語句を訂正しよう。

1. 仕様書は、契約図書には含まれない。
2. 設計図書の優先順位は、特記仕様書→標準仕様書→現場説明書→図面である。
3. 工事請負契約書には、主任技術者の氏名及び資格の記載が必要である。
4. 通常、請負工事中の出来形部分と工事現場に搬入した工事材料に、火災保険を掛けるのは発注者である。
5. 工事請負契約書には、官公庁への届出に関する事項を記載する必要がある。

● EXERCISE

工事請負契約・仕様書に関する次の記述のうち、**最も不適当な**ものはどれか。

1. 現場代理人が監理技術者を兼任した。
2. 請負者は、発注者に承諾を得たので請け負った工事を一括して第三者に請け負わせた。
3. 仕様書には、材料の規格・品質の指定が含まれている。
4. 仕様書には、工事費の内訳明細が含まれる。
5. 仕様書には、図面では表すことができない事項を文章等で示している。

▶4. 仕様書には、工事費の内訳明細が含まれない。

2）一括下請負・一括委任の禁止

請負者は、発注者の書面による承諾を得なければ、請け負った工事を一括して第三者に請け負わせてはならない。

3）現場代理人・監理技術者について

現場代理人・監理技術者又は主任抜術者及び専門技術者は、これを兼ねることができる。

4）火災保険（損害保険）

通常、請負工事中の出来形部分と工事現場に搬入した工事材料に、火災保険を掛ける者は、請負者である。また、証券の写しを発注者に提出する。

4. 仕様書・設計図書

設計図書は、設計図と仕様書からなり、この他に現場説明書や質問書回答書も含まれる。仕様書とは、設計図では表現できない事項を文章で記載したものである。

①共通仕様書又は標準仕様書…建築工事における、材料の種類・品質・検査方法・施工の順序・方法などが記載されている。

②特記仕様書…共通（標準）仕様書に記載されていない、当該工事に特有な事項について記載されている。

③現場説明書…設計図書に記載されていない現場に関する様々な内容が記載されている。

・構造計算書及び工事費の内訳明細書などの事項は、仕様書に記載する必要はない。

5. 設計図書の優先順位

建築工事における設計図書の相互にくい違いがある場合は、下記の優先順位とする。

質問回答書→現場説明書→特記仕様書→図面→共通仕様書

解 答　工事請負契約・仕様書に関する基本事項

1. 工事請負契約は、工事請負契約書、工事請負契約約款、設計図書からなる。仕様書は、設計図書に含まれるので契約図書となる。
2. 現場説明書→特記仕様書→図面→標準仕様書
3. 工事請負契約書には、主任技術者の氏名及び資格に関する事項は記載する必要がない。
4. 工事現場に関する火災保険は、請負者が掛けるものである。
5. 工事請負契約書には、官公庁への届出に関する事項は記載しなくてよい。

民間七会連合協定工事請負契約約款

多様な工事において、一般的に利用できる契約条件の基本的要件をそなえ、かつ想定されるさまざまな履行上のリスク発生時の措置方法などを明確にした、民間工事における代表的な工事請負契約書類。ここで取り上げているのは、過去に二級建築士試験で出題された問題に関する条文である。

第 19 条（H26）

施工のため第三者に損害を及ぼしたときは、受注者がその損害を賠償する。ただし、その損害のうち発注者の責めに帰すべき理由により生じたものについては、発注者の負担とする。

第 28 条　工事の変更、工期の変更（H29、H26）

(3) 受注者は、発注者に対して、この工事の内容の変更（施行法等を含む。）及び当該変更に伴う請負代金の増減額を提案することができる。この場合、発注者は、その書面による承諾によりこの工事の内容を変更することができる。

第 22 条　損害保険（H29）

(1) 受注者は、この工事の施行中、この工事の出来形部分と工事現場に搬入した、工事材料、建築設備の機器などに火災保険又は建設保険を付し、その証券の写しを発注者に提出する。設計図書等に定められたその他の損害保険についても同様とする。

第 1 条　総則

（H27）

(5) 発注者は、受注者、管理者又は設計者（その者の責任において設計図書を作成した者をいう。）の求めにより、設計意図を正確に伝えるため設計者が行う質疑応答又は説明の内容を受注者及び管理者に通知する。

（H27、H30）

(6) この約款の各条項に基づく協議、承諾、承認、確認、通知、指示、請求等は原則として、書面により行う。

第 33 条　解除に伴う措置（H26）

(1) この工事の完成前にこの契約を解除したときは、発注者がこの工事の出来形部分ならびに検査済みの工事材料及び設備の危機（有償支給材料を含む。）を引き受けるものとして、発注者が受ける利益に応じて受注者に請負代金を支払わなければならない。

第 4 条　請負代金内訳書、工程表（H30）

(3) 受注者は、この契約を締結したのち速やかに工程表を発注者及び管理者に提出する。

第 10 条　現場代理人、監理技術士など（H30）

(1) 受注者は、工事現場における施工の技術上の監理をつかさどる監理技術者又は主任技術者を定め、書面をもってその氏名を発注者に通知する。

第 32 条　受注者の中止権（H30）

(1) 次の各号にあたるとき、受注者は、発注者に対し、書面をもって、相当の期間を定めて催告してもなお解消されないときは、この工事を中止することができる。

a. 発注者が前払い又は部分払を遅滞したとき。

二級建築士試験
学科の試験

試　験　問　題

令和５年
二級建築士「学科の試験」問題

学科Ⅰ（建築計画）

	1st	2nd	3rd
正解チェック	/25	/25	/25

問題 1 日本の歴史的な建築物に関する次の記述のうち、**最も不適当な**ものはどれか。

1. 唐招提寺金堂（奈良県）は、和様の建築様式で、一重、寄棟造りであり、前面１間を吹放しとしている。
2. 銀閣と同じ敷地に建つ東求堂（とうぐどう）（京都府）は、書院造りの先駆けであり、四室のうちの一室は同仁斎（どうじんさい）といわれ、四畳半茶室の最初と伝えられている。
3. 伊勢神宮内宮正殿（三重県）は、神明造りの建築物であり、式年遷宮によって造替が続けられている。
4. 浄土寺浄土堂（兵庫県）は、阿弥陀三尊を囲む四本の柱に太い繋虹梁（つなぎこうりょう）が架かり、円束と挿肘木による組物が支える大仏様の建築物である。
5. 三仏寺投入堂（鳥取県）は、修験の道場として山中に営まれた三仏寺の奥院であり、岩山の崖の窪（くぼ）みに建てられた日吉造りの建築物である。

問題 2 建築物とその設計者との組合せとして、**最も不適当な**ものは、次のうちどれか。

1. 国立京都国際会館――――大谷幸夫
2. 広島平和記念資料館―――村野藤吾
3. 東京文化会館―――――前川國男
4. 塔の家―――――――東孝光
5. 住吉の長屋――――――安藤忠雄

問題 3 建築環境工学に関する次の記述のうち、**最も不適当な**ものはどれか。

1. 人工光源の演色性を表す演色評価数は、その数値が小さくなるほど、色の見え方に関する光源の特性が自然光に近くなる。
2. 熱放射によって、ある物体から他の物体へ伝達される熱の移動現象は、真空中においても生じる。
3. 照度の均斉度は、室内の照度分布の均一さを評価する指標であり、その数値が１に近いほど均一であることを示している。
4. 昼光率は、全天空照度に対する、室内における**ある**点の昼光による照度の比率である。

5. 音における聴感上の三つの要素は、音の大きさ、音の高さ、音色である。

問題 4 室内の空気環境に関する次の記述のうち、**最も不適当な**ものはどれか。

1. 室における全般換気とは、室全体に対して換気を行い、その室における汚染質の濃度を薄めることをいう。
2. 送風機を給気側又は排気側のどちらかに設ける場合、室内の汚染空気を他へ流出させないようにするには、排気側へ設ける。
3. 空気齢とは、室内のある点の空気が、流出口までに達するのに要する平均時間のことをいう。
4. 透湿とは、多孔質材料等の壁の両側に水蒸気圧差がある場合、水蒸気圧の高いほうから低いほうへ壁を通して湿気が移動することである。
5. 居室の必要換気量は、一般に、居室内の二酸化炭素濃度の許容値を基準にして算出する。

問題 5 伝熱・断熱に関する次の記述のうち、**最も不適当な**ものはどれか。

1. 壁体の総合熱伝達率は、「対流熱伝達率」と「放射熱伝達率」の合計である。
2. 断熱材の熱伝導抵抗は、一般に、水分を含むと大きくなる。
3. 外壁の構成材料とその厚さが同じであれば、断熱材を躯体の室内側に配置しても、屋外側に配置しても熱貫流率は等しくなる。
4. 鉄筋コンクリート造の建築物において、外断熱工法を用いると、躯体のもつ熱容量を活用しやすくなり、内断熱工法を用いるよりも室温の変動を小さくすることができる。
5. 木造の建築物において、防湿層を外壁の断熱層の室内側に設けることは、外壁の内部結露の防止に効果的である。

問題 6 図に示す湿り空気線図中のA点の湿り空気（乾球温度15℃ 相対湿度40%）及びB点の湿り空気（乾球温度30℃、相対湿度50%）に関する次の記述のうち、**最も不適当な**ものはどれか。

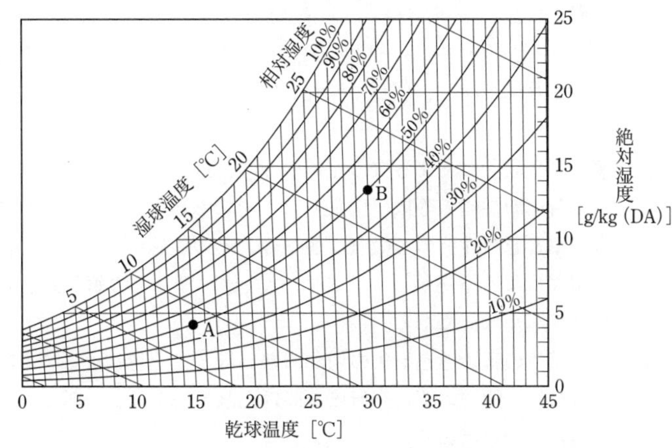

1. A 点の空気を乾球温度 30℃まで加熱すると、相対湿度は約 16%となる。
2. A 点の空気に含まれる水蒸気量は、B 点の空気に含まれる水蒸気量の約 30%である。
3. B 点の空気が 15℃の壁面に接触すると、壁の表面に結露が発生する。
4. A 点の空気を B 点の空気と同様な状態にするには、加熱及び乾燥空気 1kg 当たり 9g 程度の加湿が必要となる。
5. A 点の空気と B 点の空気を同じ量だけ混合すると、「乾球温度 22.5℃、相対湿度約 45%」の空気となる。

問題 7 北緯 35 度のある地点における日照・日射に関する次の記述のうち、**最も不適当な**ものはどれか。

1. 冬至の日に終日日影となる部分を、永久日影という。
2. 地表面放射と大気放射の差を、実効放射（夜間放射）という。
3. 開口部に水平な庇を設ける場合、夏期における日射遮蔽効果は、東面より南面のほうが大きい。
4. 南向き鉛直面の可照時間は、夏至の日より冬至の日のほうが長い。
5. 夏至の日の終日日射量は、南向き鉛直面より水平面のほうが大きい。

問題 8 色彩に関する次の記述のうち、**最も不適当な**ものはどれか。

1. 明所視において、同じ比視感度の青と赤であっても、暗所視では赤よりも青のほうが明るく見える。
2. 色光の加法混色において、赤（R）、緑（G）、青（B）を同じ割合で混色すると、黒色になる。
3. 低明度で低彩度の場合、同じ色であっても、面積が大きくなると明度や彩度は低く感じられる。
4. マンセル色相環において、対角線上に位置する色同士を同じ割合で混色すると、無彩色になる。
5. 「文字や記号からイメージする色」と「色彩から認識する色」の 2 つの異なる情報が相互に干渉し、理解に混乱が生じる現象をストループ効果という。

問題 9 音響設計に関する次の記述のうち、**最も不適当な**ものはどれか。

1. 空気音遮断性能の等級（D_r 値）は、その数値が大きいほど性能が優れている。
2. 床衝撃音遮断性能の等級（L_r 値）は、その数値が小さいほど性能が優れている。
3. 室用途による室内騒音の評価値（*NC* 値）は、その値が大きいほど、許容される騒音レベルは低くなる。
4. 窓や壁体の音響透過損失の値が大きいほど、遮音による騒音防止の効果は高い。
5. 板状材料と剛壁の間に空気層を設けた吸音構造は、一般に、高音域よりも低音域の吸音に効果がある。

問題 10 環境評価・地球環境等に関する次の記述のうち、**最も不適当な**ものはどれか。

1. CASBEE（建築環境総合性能評価システム）は、建築物が消費する年間の一次エネルギーの収支を正味ゼロ又はマイナスにすることを目指した建築物を評価する手法である。
2. ヒートアイランド現象は、人工排熱、地表面の人工被覆及び都市密度の高度化等の人間活動が原因で都市の気温が周囲より高くなる現象である。
3. SDGs（持続可能な開発目標）は、2030 年を達成年限とする国際目標であり、「水・衛生」、「エネルギー」、「まちづくり」、「気候変動」等に関する項目が含まれている。
4. カーボンニュートラルは、二酸化炭素をはじめとする温室効果ガスの「排出量」から、植林、森林管理等による「吸収量」を差し引いて、合計を実質的にゼロにすることである。
5. 再生可能エネルギーは、太陽光・風力・地熱・水力・バイオマス等の温室効果ガスを排出しないエネルギー源である。

問題 11 住宅の計画に関する次の記述のうち、**最も不適当な**ものはどれか。

1. 食器棚（幅 1,800mm、奥行 450mm）と 6 人掛けの食卓があるダイニングの広さを、内法面積で 13m^2 とした。
2. 寝室の気積を、1 人当たり 6m^3 とした。
3. 高齢者の使用する居室の作業領域の照度を、JIS の照明設計基準の 2 倍程度とした。
4. 階段の昇り口の側壁に設ける足元灯の高さを、昇り口の 1 段目の踏面から上方に 300mm とした。
5. 2 階にあるバルコニーにおいて、バルコニーの床面からの高さが 500mm の腰壁の上部に設置する手摺（すり）の高さを、腰壁の上端から 900mm とした。

問題 12 集合住宅の計画に関する次の記述のうち、**最も不適当な**ものはどれか。

1. 住戸の自由な間取りを実現するために、入居希望者が組合をつくり、住宅の企画・設計から入居・管理までを運営していくコーポラティブハウスとした。
2. 車椅子使用者の利用を考慮して、主要な経路の廊下には、50m 以内ごとに 140cm 角以上の車椅子の転回が可能なスペースを設けた。
3. 専用面積が小さい住戸で構成する集合住宅を、メゾネット型とした。
4. 中廊下型の集合住宅において、住棟を南北軸とし、その東西に住戸を並べる配置とした。
5. 居住部分の内装仕上げや設備等を入居者や社会の変動に応じて容易に改修・更新することができる、スケルトン・インフィル住宅とした。

問題 13 事務所ビルの計画に関する次の記述のうち、**最も不適当な**ものはどれか。

1. 事務室の空調設備は、室内をペリメーターゾーンとインテリアゾーンに分け、それぞれの負荷に応じて個別制御ができるように計画した。

2. 事務室において、人が椅子に座ったときの視界を遮り、立ったときに全体を見通すことができるようにパーティションの高さを、120cmとした。
3. 事務室において、在席率が80%と想定されたので、個人専用の座席を設けず、スペースを効率的に利用するために、フリーアドレス方式で計画した。
4. 地下階に設ける駐車場において、各柱間に小型自動車が並列に3台駐車できるように、柱スパンを9mとした。
5. 基準階の平面プランとして、片コア（偏心コア）タイプを採用したので、コア部分にも、外光・外気を取入れやすい計画とした。

問題 14 教育施設等の計画に関する次の記述のうち、**最も不適当な**ものはどれか。

1. 保育所の計画において、幼児用便所は保育室の近くに設けた。
2. 図書館の開架閲覧室において、書架の間隔を、車椅子使用者の通行を考慮して210cmとした。
3. 図書館の開架閲覧室において、照明は書架の最下部まで十分な照度が得られるように計画した。
4. 小学校の計画において、図書室・視聴覚室・コンピュータ室の機能を統合したメディアセンターを設け、1クラス分の人数が利用できる広さとした。
5. 教科教室型の中学校において、学校生活の拠点となるホームベースを、教室移動の動線から離して、落ち着いた奥まった位置に設けた。

問題 15 文化施設の計画に関する次の記述のうち、**最も不適当な**ものはどれか。

1. 美術館において、日本画を展示する壁面の照度を、JISの照明設計基準に合わせて、200lx程度とした。
2. コンサートホールにおいて、演奏者と聴衆との一体感を生み出すことを意図して、ステージを客席が取り囲むシューボックス型の空間形式を採用した。
3. 劇場において、ホワイエをもぎり（チケットチェック）の後に配置し、歓談などもできるように広めに計画した。
4. 博物館において、学芸員の研究部門は、収蔵部門に近接して配置した。
5. 美術館において、展示室に加え、ワークショップやアーティスト・イン・レジデンス等、多様な活動ができる空間を計画した。

問題 16 建築物の床面積及び各部の勾配に関する次の記述のうち、**最も不適当な**ものはどれか。

1. ユニット型指定介護老人福祉施設において、1人用個室の内法寸法による床面積を、15m²とした。
2. 保育所において、5歳児を対象とした定員25人の保育室の内法寸法による床面積を、60m²とした。
3. 一戸建て住宅において、厚形スレート葺の屋根の勾配を、3/10とした。

4. 自走式の地下駐車場にある高低差4mの自動車専用傾斜路において、傾斜路の始まりから終わりまでの水平距離を、20mとした。
5. ビジネスホテルにおいて、「延べ面積」に対する「客室部門の床面積の合計」の割合を、70%とした。

問題 17 高齢者や身体障がい者等に配慮した建築物に関する次の記述のうち、**最も不適当な**ものはどれか。

1. 一戸建て住宅において、車椅子使用者のために、壁付コンセントの中心高さを、抜き差しを考慮して、床面から250mmとした。
2. 物販店舗において、外国人のために、案内表示には図記号（ピクトグラム）を用い、多言語を併記する計画とした。
3. 病院において、発達障がい者のために、外部から音や光を遮り、一人でも静かに過ごせるカームダウン・クールダウンスペースを計画した。
4. 集合住宅の共用廊下において、高齢者、障がい者等の通行の安全上支障がないように、各住戸の外開き玄関扉の前にアルコーブを設けた。
5. 公衆便所において、杖使用者等が立位を保つために、床置式の男子小便器の両側に設ける手摺（すり）の高さを、床面から850mmとした。

問題 18 防犯に配慮した一戸建て住宅の計画に関する次の記述のうち、**最も不適当な**ものはどれか。

1. 敷地境界線に近接する塀として、棘（とげ）のある低木を植栽し、その内側に縦格子の柵を設置する計画とした。
2. 敷地内空地には、歩くと足音が出るように砂利を敷く計画とした。
3. バルコニーは、雨水のたて樋や、高さのある庭木などから離し、近隣からの見通しがよい位置に計画した。
4. 庭へ出入りする掃出し窓に、網入り板ガラスを使用する計画とした。
5. 玄関と勝手口は、防犯建物部品等の錠前を有する片開き扉とし、道路等から見通しがよい位置に計画した。

問題 19 建築設備に関する用語とその説明との組合せとして、**最も不適当な**ものは、次のうちどれか。

1. 除害施設――――――――工場や事業所等から下水道への排水管接続において、規定濃度以上の有害物質等を事前に除去する施設をいう。
2. DO（溶存酸素）――――――水中に溶解している酸素の量であり、排水の汚れ具合を示す指標の一つである。
3. 顕熱――――――――――物体において、温度を変えずに相変化だけに消費される熱をいう。
4. 特殊継手排水システム――排水立て管への流入速度を減速させ、管内圧力を小さく抑える工夫をした伸頂通気システムの一種である。

5. 力率――――――――――交流回路に電力を供給するときの有効電力と皮相電力との比である。

問題 20 空気調和設備に関する次の記述のうち、**最も不適当な**ものはどれか。

1. 室内の床に放熱管を埋め込んだ放射暖房方式は、一般に、温風暖房方式に比べて、室内における上下の温度差が小さくなる。
2. 変風量単一ダクト方式は、定風量単一ダクト方式に比べて、送風機のエネルギー消費量を節減することができる。
3. 密閉回路の冷温水配管系には、一般に、膨張タンクは不要である。
4. ファンコイルユニットは、一般に、冷温水コイルを用いて冷却・加熱した空気を循環送風する小型ユニットである。
5. 10 ～ 12℃ 程度の冷風を利用した低温送風空調方式は、送風搬送動力の低減が可能であり、空調機やダクトサイズを小さくすることができる。

問題 21 給排水衛生設備に関する次の記述のうち、**最も不適当な**ものはどれか。

1. 水道直結増圧方式において、水道本管への逆流を防止するためには、一般に、増圧ポンプの吸込み側に逆流防止装置を設置する。
2. 都市ガス 13A、12A、5C 等の分類記号は、燃焼性や燃焼速度を表し、ガス器具は使用ガスに適合した専用のものを使わなければならない。
3. 便器の洗浄水に中水を利用する場合、温水洗浄便座の給水には、別途、上水を用いなければならない。
4. 通気立て管の下部は、最低位の排水横枝管より高い位置において、排水立て管に接続する。
5. サーモスタット湯水混合水栓は、あらかじめ温度調整ハンドルで設定した温度で吐水するので、火傷の心配が少ない水栓である。

問題 22 給排水衛生設備に関する次の記述のうち、**最も不適当な**ものはどれか。

1. 緊急遮断弁は、地震を感知した場合に閉止し、非常用の水を確保するために受水槽への水道引込管に取り付ける。
2. 飲食店の厨房機器における排水管の末端は、排水口空間を設ける間接排水にしなければならない。
3. 大便器において、必要な給水圧力と給水配管径は、ロータンク方式より洗浄弁（フラッシュバルブ）方式のほうが大きい。
4. バキュームブレーカーは、吐水した水又は使用した水が、逆サイホン作用により給水管に逆流することを防止するために設ける。
5. 合併処理浄化槽の規模や容量を表す処理対象人員は、排出される排水量や BOD 量が何人分に相当するかを換算したものである。

問題 23 照明計画に関する次の記述のうち、**最も不適当な**ものはどれか。

1. 照明率は、器具の配光や内装材の反射率が同じ場合、室指数が大きいほど低くなる。
2. 昼光照明は、明るさの変動はあるが、省エネルギーに寄与するため、大空間においては、特に効果的な計画が重要である。
3. 点光源による直接照度は、光源からの距離の 2 乗に反比例する。
4. 光束法によって全般照明の照明計画を行う場合、設置直後の実際の照度は、一般に、設計照度以上となる。
5. 陰影を強く出す照明計画においては、一般に、直接照明を用いる。

問題 24 防災・消防設備に関する次の記述のうち、**最も不適当な**ものはどれか。

1. 避雷設備の受雷部システムの設計には、保護角法、回転球体法、メッシュ法がある。
2. 避難口誘導灯は、その視認性に関する表示面の縦寸法と明るさにより、A 級、B 級及び C 級の 3 区分がある。
3. 非常用の照明装置に LED ランプを用いる場合は、常温下で床面において水平面照度で 2 lx 以上を確保する必要がある。
4. 非常警報設備は、火災等の感知と音響装置による報知とを自動的に行う設備である。
5. 粉末消火設備は、燃焼を抑制する粉末状の消火剤を加圧ガスで放出する消火設備であり、液体燃料の火災に有効である。

問題 25 省エネルギー等に配慮した建築・設備計画に関する次の記述のうち、**最も不適当な**ものはどれか。

1. 従来の冷却除湿方式の空調に比べて潜熱のみを効率よく除去できる、デシカント空調方式を用いた。
2. 空気搬送の圧力損失を低減するため、天井チャンバー方式を用いた。
3. 雨水利用システムにおける雨水の集水場所を、集水する雨水の汚染度を考慮して、屋根面とした。
4. 庇下部の窓面からの日射を遮蔽しつつ、庇上部の窓面から自然光を室内に導く採光手法であるライトシェルフを用いた。
5. 窓システムにおいて、ダブルスキン方式に比べて日射による窓部からの熱負荷の低減効果が高い、エアバリア方式を用いた。

学科II（建築法規）

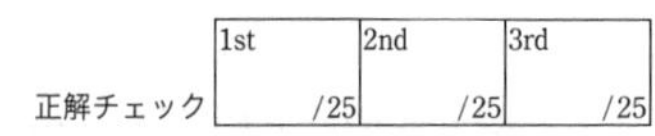

正解チェック	1st	2nd	3rd
	/25	/25	/25

問題 1 図のような地面の一部が一様に傾斜した敷地に建てられた建築物に関する建築物の高さ、階数、建築面積及び敷地面積の組合せとして、建築基準法上、**正しいもの**は、次のうちどれか。ただし、図に記載されているものを除き、特定行政庁の指定等はないものとし、国土交通大臣が高い開放性を有すると認めて指定する構造の部分はないものとする。

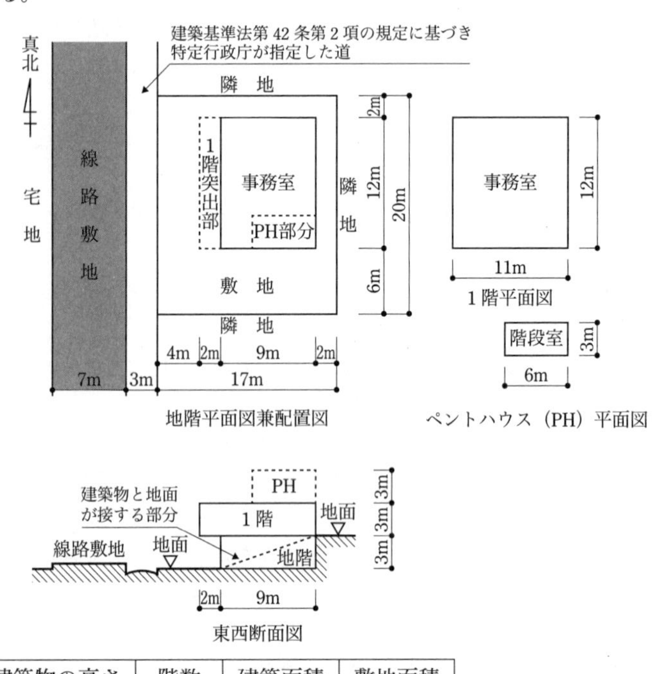

	建築物の高さ	階数	建築面積	敷地面積
1.	4.5m	2	108m^2	330m^2
2.	4.5m	2	132m^2	320m^2
3.	7.5m	3	120m^2	330m^2
4.	7.5m	3	120m^2	340m^2
5.	7.5m	3	132m^2	320m^2

問題 2 次の行為のうち、建築基準法上、**全国どの場所においても、確認済証の交付を受ける必要があるもの**はどれか。

1. 鉄骨造平家建て、延べ面積 300m^2 の、鉄道のプラットホームの上家の新築

2. 鉄骨造2階建て、延べ面積100m²の一戸建て住宅の新築
3. 鉄筋コンクリート造、高さ2mの擁壁の築造
4. 鉄筋コンクリート造2階建て、延べ面積300m²の共同住宅から事務所への用途の変更
5. 木造3階建て、延べ面積210m²、高さ9mの一戸建て住宅における、木造平家建て、床面積10m²の倉庫の増築

問題3　次の記述のうち、建築基準法上、**誤っている**ものはどれか。

1. 建築主は、階数が3以上である鉄筋コンクリート造の共同住宅を新築する場合、2階の床及びこれを支持する**はり**に鉄筋を配置する工程に係る工事を終えたときは、特定行政庁の中間検査を申請しなければならない。
2. 建築主は、都市計画区域内において木造2階建て、延べ面積90m²の一戸建て住宅を新築し、建築主事に完了検査を申請する場合、原則として、当該工事が完了した日から4日以内に建築主事に到達するようにしなければならない。
3. 消防法に基づく住宅用防災機器の設置の規定については、建築基準関係規定に該当し、建築主事又は指定確認検査機関による確認審査等の対象となる。
4. 木造2階建て、延べ面積250m²の共同住宅の新築において、指定確認検査機関が安全上、防火上及び避難上支障がないものとして国土交通大臣が定める基準に適合していることを認めたときは、当該建築物の建築主は、検査済証の交付を受ける前においても、仮に、当該建築物又は建築物の部分を使用し、又は使用させることができる。
5. 建築物の高さの最低限度が定められている区域外で、鉄骨造3階建ての共同住宅の新築工事について確認済証の交付を受けた後に、当該建築物の計画において、建築基準関係規定に適合する範囲内で、建築物の高さが減少する変更を行う場合、建築主は、改めて、確認済証の交付を受ける必要はない。

問題4　図のような平面を有する集会場（床面積の合計は42m²、天井の高さは全て2.5mとする。）の新築において、集会室に機械換気設備を設けるに当たり、ホルムアルデヒドに関する技術的基準による必要有効換気量として、建築基準法上、**正しい**ものは、次のうちどれか。ただし、常時開放された開口部は図中に示されているもの**のみ**とし、居室については、国土交通大臣が定めた構造方法は用いないものとする。

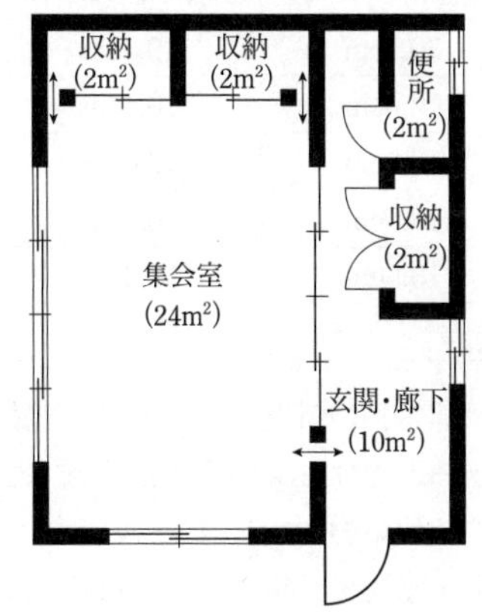

（注）⟷ は、常時開放された開口部を示す。

1. 18.0m³/時
2. 21.0m³/時
3. 28.5m³/時
4. 30.0m³/時
5. 31.5m³/時

問題 5 木造2階建て、延べ面積 100m² の一戸建て住宅の計画に関する次の記述のうち、建築基準法に**適合しない**ものはどれか。

1. 下水道法第2条第八号に規定する処理区域内であったので、便所については、水洗便所とし、その汚水管を下水道法第2条第三号に規定する公共下水道に連結した。
2. 階段に代わる高さ 1.2m の傾斜路に幅 10cm の手すりを設けたので、当該傾斜路の幅の算定に当たっては、手すりはないものとみなした。
3. 1階に設ける納戸について、床を木造とし、直下の地面からその床の上面までを 40cm とした。
4. 発熱量の合計が 12kW の火を使用する器具（「密閉式燃焼器具等又は煙突を設けた器具」ではない。）のみを設けた調理室（床面積 7m²）に、0.7m² の有効開口面積を有する開口部を換気上有効に設けたので、その他の換気設備を設けなかった。
5. 1階の居室の床下をコンクリートで覆ったので、床の高さを、直下の地面からその床の上面まで 40cm とした。

問題 6 屋根を日本瓦で葺き、壁を鉄網モルタル塗りとした木造2階建て、延べ面積 180m²、高さ 8m の保育所において、横架材の相互間の垂直距離が1階にあっては 2.8m、2階にあっては 2.6m である場合、建築基準法上、1階及び2階の構造耐力上主要な部分である柱の張り間方向及び桁行方向の小径の**必要寸法を満たす最小の数値の組合せ**は、次のうちどれか。ただし、柱の小径に係る所定の構造計算は考慮しないものとする。

	1階の柱の小径	2階の柱の小径
1.	10.5cm	10.5cm
2.	12.0cm	10.5cm
3.	12.0cm	12.0cm
4.	13.5cm	10.5cm
5.	13.5cm	12.0cm

問題 7 建築物の新築に当たって、建築基準法上、構造計算によって安全性を**確かめる必要がある**ものは、次のうちどれか。ただし、地階は設けないものとし、国土交通大臣が指定する建築物には該当しないものとする。

1. 木造平家建て、延べ面積 500m²、高さ 6m の建築物
2. 木造2階建て、延べ面積 300m²、高さ 8m の建築物

3. 鉄筋コンクリート造平家建て、延べ面積 200m²、高さ 5m の建築物
4. 補強コンクリートブロック造平家建て、延べ面積 150m²、高さ 4m の建築物
5. 鉄骨造 2 階建て、延べ面積 80m²、高さ 7m の建築物

問題 8 平家建て、延べ面積 150m²、高さ 5m の事務所における構造耐力上主要な部分の設計に関する次の記述のうち、建築基準法に**適合しない**ものはどれか。ただし、構造計算等による安全性の確認は行わないものとする。

1. 鉄骨造とするに当たって、高力ボルト接合における径 24mm の高力ボルトの相互間の中心距離を 60mm 以上とし、高力ボルト孔の径を 26mm とした。
2. 鉄骨造とするに当たって、柱以外に用いる鋼材の圧縮材の有効細長比を 210 とした。
3. 鉄筋コンクリート造壁式構造とするに当たって、耐力壁の長さは 45cm 以上とし、その端部及び隅角部には径 12mm 以上の鉄筋を縦に配置した。
4. 鉄筋コンクリート造とするに当たって、構造耐力上主要な部分であるはり（臥梁（がりょう）を除く。）は、複筋ばりとし、これにあばら筋をはりの丈の 3/4 以下の間隔で配置した。
5. 補強コンクリートブロック造とするに当たって、耐力壁の水平力に対する支点間の距離が 8m であったので、耐力壁の厚さを 15cm とした。

問題 9 建築物の防火区画、隔壁等に関する次の記述のうち、建築基準法上、**誤っている**ものはどれか。

1. 天井のうち、その下方からの通常の火災時の加熱に対してその上方への延焼を有効に防止することができるものとして、国土交通大臣が定めた構造方法を用いるもの又は国土交通大臣の認定を受けたものを、「強化天井」という。
2. 主要構造部を準耐火構造とした 4 階建ての共同住宅で、メゾネット形式の住戸（住戸の階数が 2 で、かつ、床面積の合計が 130m² であるもの）においては、住戸内の階段の部分と当該部分以外の部分とを防火区画しなくてもよい。
3. 建築基準法施行令第 136 条の 2 第二号ロに掲げる基準に適合する地上 3 階建ての事務所であって、3 階に居室を有するものの竪穴部分については、直接外気に開放されている廊下と準耐火構造の床若しくは壁又は建築基準法第 2 条第九号の二ロに規定する防火設備で区画しなければならない。
4. 延べ面積がそれぞれ 200m² を超える建築物で耐火建築物以外のもの相互を連絡する渡り廊下で、その小屋組が木造であり、かつ、桁行が 4m を超えるものは、小屋裏に準耐火構造の隔壁を設けなければならない。
5. 配電管が防火床を貫通する場合においては、当該管と防火床との隙間をモルタルその他の不燃材料で埋めなければならない。

問題 10 建築物の避難施設等に関する次の記述のうち、建築基準法上、**正しい**ものは

どれか。

1. 寄宿舎の避難階においては、階段から屋外への出口の一に至る歩行距離の制限を受けない。
2. 小学校の児童用の廊下で、両側に居室があるものの幅は、3m 以上としなければならない。
3. 中学校における建築基準法施行令第 116 条の 2 第 1 項第二号に該当する窓その他の開口部を有しない居室には、排煙設備を設けなければならない。
4. 共同住宅の住戸には、その規模にかかわらず、非常用の照明装置を設けなくてもよい。
5. 特殊建築物でなければ、その規模にかかわらず、避難階以外の階から、避難階又は地上に通ずる 2 以上の直通階段を設けなくてもよい。

問題 11 建築基準法第 35 条の 2 の規定による内装の制限に関する次の記述のうち、建築基準法上、**誤っている**ものはどれか。ただし、内装の制限を受ける「窓その他の開口部を有しない居室」はないものとする。また、火災が発生した場合に避難上支障のある高さまで煙又はガスの降下が生じない建築物の部分として、国土交通大臣が定めるものはないものとする。

1. 内装の制限を受ける特殊建築物の居室から地上に通ずる主たる廊下、階段その他の通路の床の仕上げについては、建築基準法施行令第 128 条の 5 第 1 項第二号に掲げる仕上げとしなければならない。
2. 自動車車庫の壁の室内に面する部分の仕上げのうち、床面からの高さが 1.2m 以下の部分には、難燃材料を使用することができない。
3. 内装の制限を受ける居室の窓台は、内装の制限の対象とはならない。
4. 内装の制限を受ける調理室等に天井がない場合においては、当該調理室等の壁及び屋根の室内に面する部分の仕上げが内装の制限の対象となる。
5. 地階に設ける居室で飲食店の用途に供するものを有する特殊建築物は、その構造及び規模にかかわらず、内装の制限を受ける。

問題 12 都市計画区域内における道路等に関する次の記述のうち、建築基準法上、**誤っている**ものはどれか。ただし、特定行政庁による道路幅員に関する区域の指定はないものとし、仮設建築物に対する制限の緩和は考慮しないものとする。

1. 土地区画整理法による新設の事業計画のある幅員 6m の道路で、3 年後にその事業が執行される予定のものは、建築基準法上の道路に該当しない。
2. 特定行政庁は、建築基準法第 42 条第 2 項の規定により幅員 1.8m 未満の道を指定する場合又は同条第 3 項の規定により別に水平距離を指定する場合においては、あらかじめ、建築審査会の同意を得なければならない。
3. 土地を建築物の敷地として利用するために袋路状道路を築造する場合、特定行政庁からその位置の指定を受けるためには、その幅員を 6m 以上とし、かつ、終端に自動車の転回広場を設けなければならない。

4. 建築基準法第3章の規定が適用されるに至った際、現に建築物が立ち並んでいる幅員2mの道で、特定行政庁が指定したものに接している敷地においては、当該幅員2mの道に接して建築物に附属する門及び塀を建築することができない。
5. 敷地の周囲に広い空地を有する建築物で、特定行政庁が交通上、安全上、防火上及び衛生上支障がないと認めて建築審査会の同意を得て許可したものの敷地は、道路に2m以上接しなくてもよい。

問題 13　2階建て、延べ面積300m²の次の建築物のうち、建築基準法上、**新築してはならない**ものはどれか。ただし、特定行政庁の許可は受けないものとし、用途地域以外の地域、地区等は考慮しないものとする。

1. 第一種低層住居専用地域内の工芸品工房兼用住宅で、工芸品工房の部分の床面積を150m²とし、出力の合計が0.75kWの原動機を使用するもの
2. 第二種中高層住居専用地域内の「自家用の倉庫」
3. 第二種住居地域内の「マージャン屋」
4. 工業地域内の「共同住宅」
5. 工業専用地域内の「銀行の支店」

問題 14　図のような敷地及び建築物（3階建て、各階の床面積100m²、延べ面積300m²）の配置において、建築基準法上、**新築することができる建築物**は、次のうちどれか。ただし、特定行政庁の許可は受けないものとし、用途地域以外の地域、地区等は考慮しないものとする。

1. 旅館
2. 学習塾
3. 保健所
4. 事務所兼用住宅（1階が事務所、2階及び3階が住宅）
5. カラオケボックス

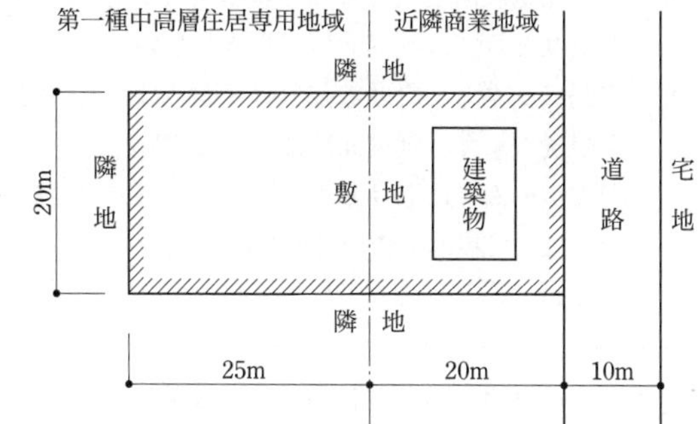

問題 15　図のような敷地において、準耐火建築物を新築する場合、建築基準法上、新築することができる建築物の**建築面積の最高限度**は、次のうちどれか。ただし、図に記載されているものを除き、地域、地区等及び特定行政庁の指定・許可等は考慮しないものとする。

1. 210m²
2. 250m²
3. 260m²
4. 290m²
5. 400m²

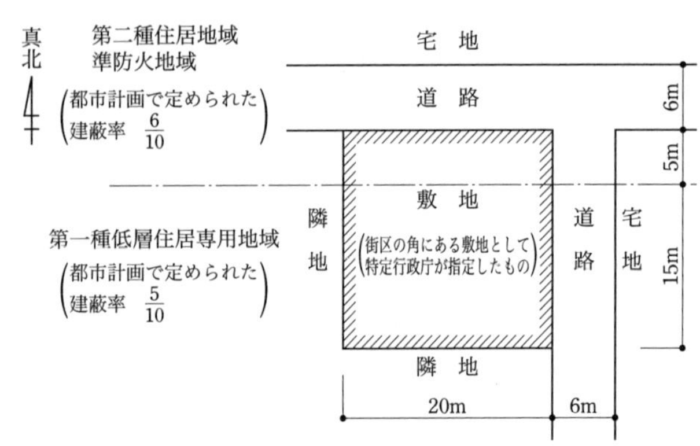

問題 16 都市計画区域内における建築物の延べ面積（建築基準法第 52 条第 1 項に規定する容積率の算定の基礎となる延べ面積）に関する次の記述のうち、建築基準法上、**正しい**ものはどれか。ただし、建築物の容積率の最低限度に関する規制に係るものは考慮しないものとする。

1. 住宅の地階で、その天井が地盤面から高さ 1m 以下にあるものの住宅に供する部分の床面積は、当該建築物の住宅の用途に供する部分の床面積の合計の 1/2 を限度として、延べ面積に算入しない。
2. 物品販売業を営む店舗に設置するエレベーター及びエスカレーターの昇降路の部分の床面積は、延べ面積に算入しない。
3. 自家発電設備を設ける部分の床面積は、当該建築物の各階の床面積の合計の 1/50 を限度として、延べ面積に算入しない。
4. 宅配ボックスを設ける部分の床面積は、当該建築物の各階の床面積の合計の 1/50 を限度として、延べ面積に算入しない。
5. 老人ホーム等に設ける専ら防災のために設ける備蓄倉庫の用途に供する部分の床面積は、当該建築物の各階の床面積の合計の 1/50 を限度として、延べ面積に算入しない。

問題 17 建築物の高さの制限又は日影規制（日影による中高層の建築物の高さの制限）に関する次の記述のうち、建築基準法上、**誤っている**ものはどれか。ただし、用途地域以外の地域、地区等及び地形の特殊性に関する特定行政庁の定め等は考慮しないものとする。

1. 建築物の敷地の前面道路に沿って塀（前面道路の路面の中心からの高さが 2.2m で、1.2m を超える部分が網状であるもの）が設けられている場合においては、前面道路の境界線から後退した建築物に対する道路高さ制限の緩和は適用されない。
2. 北側高さ制限における建築物の高さの算定においては、階段室の屋上部分の水平投影面積が当該建築物の建築面積の 1/8 以内である場合には、その階段室の高さは12mまでは当該建築物の高さに算入しない。

3. 工業地域内においては、原則として、日影規制は適用されない。
4. 日影規制が適用されるか否かの建築物の高さの算定は、平均地盤面からの高さではなく、地盤面からの高さによる。
5. 準住居地域内における高さが20m以下の建築物については、隣地高さ制限は適用されない。

問題 18 図のように、前面道路の路面の中心から1.4m高い位置にある敷地（道路からの高低差処理は法面とし、門及び塀はないものとする。）において、建築物を新築する場合、建築基準法上、A点における**地盤面からの建築物の高さの最高限度**は、次のうちどれか。ただし、道路側を除き、隣地との高低差はなく、また、図に記載されているものを除き、地域、地区等及び特定行政庁の指定・許可等はないものとし、日影規制（日影による中高層の建築物の高さの制限）及び天空率は考慮しないものとする。なお、建築物は、全ての部分において、高さの最高限度まで建築されるものとする。

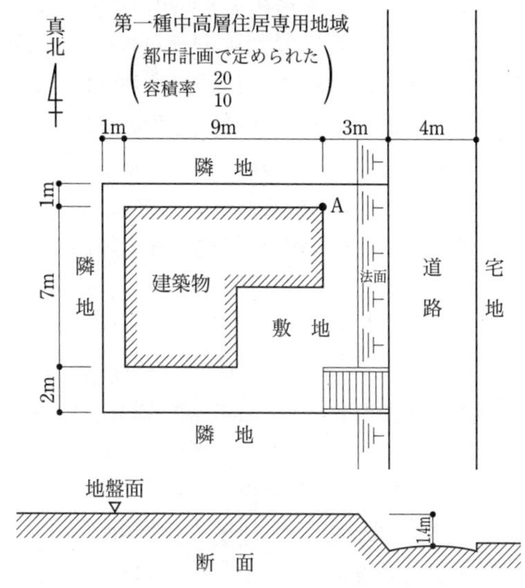

1. 7.35m
2. 11.10m
3. 11.25m
4. 11.30m
5. 11.80m

問題 19 次の記述のうち、建築基準法上、**誤っている**ものはどれか。ただし、地階及び防火壁はないものとし、防火地域及び準防火地域以外の地域、地区等は考慮しないものとする。

1. 防火地域内にある建築物に附属する高さ2mを超える塀は、延焼防止上支障のない構造としなければならない。
2. 建築物の敷地が防火地域及び準防火地域にわたる場合において、当該敷地の準防火地域内の部分のみに新築される建築物であっても、防火地域内の建築物に関する規定が適用される。
3. 防火地域内において、地上に設ける高さ3.5mの看板は、その主要な部分を不燃材料で造り、又は覆わなければならない。
4. 防火地域内の建築物で、外壁が耐火構造のものは、その外壁を隣地境界線に接して設けることができる。

5. 防火地域内において、共同住宅を新築する場合、屋根の構造は、市街地における通常の火災による火の粉により、防火上有害な発炎をしないものであり、かつ、市街地における通常の火災による火の粉により、屋内に達する防火上有害な溶融、亀裂その他の損傷を生じないものとしなければならない。

問題 20 次の記述のうち、建築基準法上、**誤っている**ものはどれか。

1. 工事を施工するために現場に設ける事務所は、建築基準法第 20 条（構造耐力）の規定が適用されない。
2. 「簡易な構造の建築物に対する制限の緩和」の規定の適用を受ける建築物は、建築基準法第 61 条（防火地域及び準防火地域内の建築物）の規定が適用されない。
3. 建築基準法第 12 条第 7 項の規定による立入検査を拒んだ者は、1 年以下の懲役又は 100 万円以下の罰金に処せられる。
4. 一団地内に 2 以上の構えを成す建築物で総合的設計によって建築されるもののうち、特定行政庁がその各建築物の位置及び構造が安全上、防火上及び衛生上支障がないと認めるものに対する建築基準法の所定の規定の適用については、当該一団地をこれらの建築物の一の敷地とみなす。
5. 文化財保護法の規定による伝統的建造物群保存地区内においては、市町村は、国土交通大臣の承認を得て、条例で、建築基準法令の所定の規定の全部若しくは一部を適用せず、又はこれらの規定による制限を緩和することができる。

問題 21 建築士事務所に関する次の記述のうち、建築士法上、**誤っている**ものはどれか。

1. 建築士は、他人の求めに応じ報酬を得て、建築物の建築に関する法令又は条例の規定に基づく手続の代理のみを業として行おうとするときであっても、建築士事務所を定めて、その建築士事務所について、都道府県知事（都道府県知事が指定事務所登録機関を指定したときは、原則として、当該指定事務所登録機関）の登録を受けなければならない。
2. 建築士事務所の開設者は、設計受託契約を建築主と締結しようとするときは、あらかじめ当該建築主に対し、管理建築士等をして、重要事項の説明をさせなければならない。
3. 建築士事務所の開設者と管理建築士とが異なる場合においては、その開設者は、管理建築士から建築士事務所の業務に係る所定の技術的事項に関し、その業務が円滑かつ適切に行われるよう必要な意見が述べられた場合には、その意見を尊重しなければならない。
4. 建築士事務所の開設者は、設計等の業務に関し生じた損害を賠償するために必要な金額を担保するための保険契約の締結その他の措置を講ずるよう努めなければならない。
5. 建築士事務所の開設者は、当該建築士事務所の業務の実績を記載した書類を、当該書類を備え置いた日から起算して 15 年を経過する日までの間、当該建築士事務所に備え置き、設計等を委託しようとする者の求めに応じ、閲覧させなければならない。

問題 22　次の記述のうち、建築士法上、**誤っている**ものはどれか。

1. 建築士事務所の開設者は、当該建築士事務所に属する建築士の氏名及び業務の実績を記載した書類を当該建築士事務所に備え置かず、又は設計等を委託しようとする者の求めに応じて閲覧させなかったときは、30 万円以下の罰金に処せられる。
2. 二級建築士は、木造 3 階建て、延べ面積 120m²、高さ 12m、軒の高さ 10m の一戸建て住宅の新築に係る設計をすることができる。
3. 二級建築士事務所の開設者は、当該二級建築士事務所を管理する専任の二級建築士を置かなければならない。
4. 建築士事務所の管理建築士は、その建築士事務所が受託しようとする業務を担当させる建築士その他の技術者の選定及び配置等の技術的事項を総括する。
5. 二級建築士は、設計図書の一部を変更した場合は、その設計図書に二級建築士である旨の表示をして記名しなければならない。

問題 23　イ～ニの記述について、「高齢者、障害者等の移動等の円滑化の促進に関する法律」上、**正しいもののみの組合せ**は、次のうちどれか。

イ．移動等円滑化経路を構成する出入口の幅は、80cm 以上でなければならない。
ロ．浴室は、「建築物特定施設」に該当する。
ハ．建築主等は、床面積 250m² の店舗併用住宅を改築するとき、当該建築物を建築物移動等円滑化基準に適合させなければならない。
ニ．建築主等は、認定を受けた特別特定建築物の建築等及び維持保全の計画の変更をしようとするときは、市町村長に届け出なければならない。

1. イとロ
2. イとハ
3. ロとハ
4. ロとニ
5. ハとニ

問題 24　次の記述のうち、「建築物のエネルギー消費性能の向上に関する法律」上、**誤っている**ものはどれか。

1. 延べ面積 300m² の観覧場（壁を有しないことその他の高い開放性を有するものとして国土交通大臣が定めるもの）を新築する場合、当該建築物を建築物エネルギー消費性能基準に適合させる必要はない。
2. 建築主は、特定建築物以外の建築物で床面積の合計が 300m² のものを新築する場合、その工事に着手する日の 7 日前までに、当該建築物のエネルギー消費性能の確保のための構造及び設備に関する計画を所管行政庁に届け出なければならない。

3. エネルギー消費性能とは、建築物の一定の条件での使用に際し消費されるエネルギー（エネルギーの使用の合理化等に関する法律第2条第1項に規定するエネルギーで、建築物に設ける空気調和設備等において消費されるもの）の量を基礎として評価される性能をいう。
4. 建築主等は、エネルギー消費性能の向上に資する建築物の新築をしようとするときは、建築物エネルギー消費性能向上計画を作成し、所管行政庁の認定を申請することができる。
5. 建築主は、その修繕等をしようとする建築物について、建築物の所有者、管理者又は占有者は、その所有し、管理し、又は占有する建築物について、エネルギー消費性能の向上を図るよう努めなければならない。

問題 25 次の記述のうち、**誤っている**ものはどれか。

1. 「民法」上、建物を築造するには、原則として、境界線から 50cm 以上の距離を保たなければならない。
2. 「住宅の品質確保の促進等に関する法律」上、新たに建設された住宅で、まだ人の居住の用に供したことのないものであり、建設工事の完了の日から起算して1年を経過していないものは、「新築住宅」である。
3. 「景観法」上、景観計画区域内において、建築物の建築等をしようとする者は、原則として、あらかじめ、所定の事項を景観行政団体の長に届け出なければならず、景観行政団体がその届出を受理した日から当該届出に係る行為に着手することができる。
4. 「建築物の耐震改修の促進に関する法律」上、特定既存耐震不適格建築物である木造2階建て、床面積の合計が 500m^2 の幼稚園の用に供する建築物の所有者は、当該建築物について耐震診断を行い、その結果、地震に対する安全性の向上を図る必要があると認められるときは、耐震改修を行うよう努めなければならない。
5. 「建設業法」上、建設業者は、下請契約を締結して、元請負人から請け負った建設工事を施工するときは、当該工事現場における建設工事の施工の技術上の管理をつかさどる主任技術者を置かなければならない。

学科Ⅲ（建築構造）

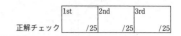

	1st	2nd	3rd
正解チェック	/25	/25	/25

問題 1 図のような断面において、図心を通りX軸に平行な図心軸に関する断面二次モーメントの値として、**正しい**ものは、次のうちどれか。

1.  40cm^4
2. 64cm^4
3. 88cm^4
4. 112cm^4
5. 160cm^4

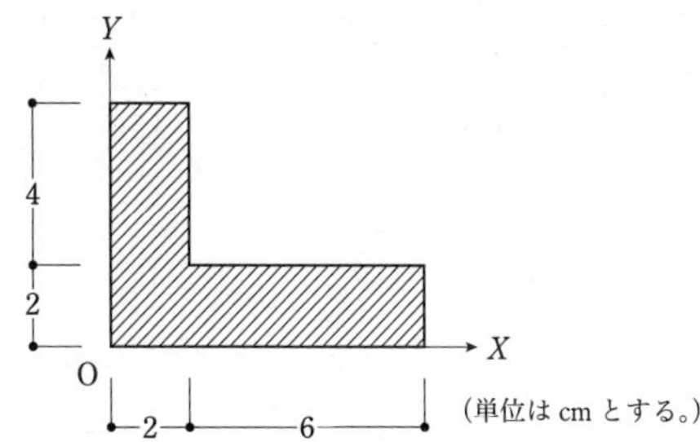

（単位は cm とする。）

問題 2 図のような荷重Pを受ける単純梁に、断面300mm×500mmの部材を用いた場合、その部材に生じるせん断応力度が、許容せん断応力度 1N/mm^2 を超えないような最大の荷重Pとして、**正しい**ものは、次のうちどれか。ただし、せん断力Qが作用する断面積Aの長方形断面に生じる最大せん断応力度τ_{max}は、下式によって与えられるものとし、部材の自重は無視するものとする。

$$\tau_{max} = 1.5\frac{Q}{A}$$

1. 100kN
2. 150kN
3. 200kN
4. 250kN
5. 300kN

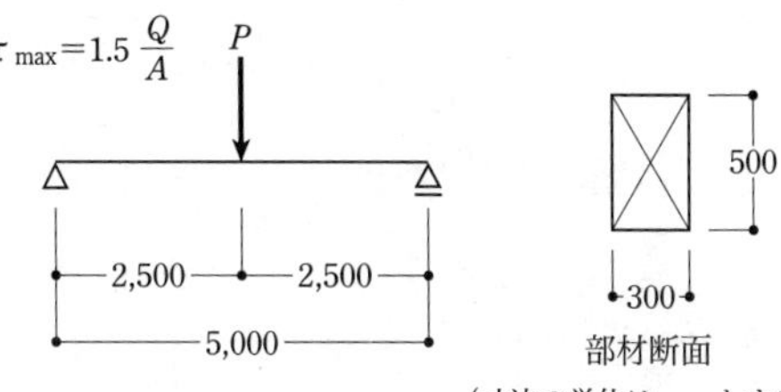

（寸法の単位は mm とする。）

問題 3 図のような荷重を受ける単純梁に生じる曲げモーメントの大きさの最大値として、**正しい**ものは、次のうちどれか。

1. 36kN･m
2. 48kN･m
3. 60kN･m
4. 64kN･m
5. 81kN･m

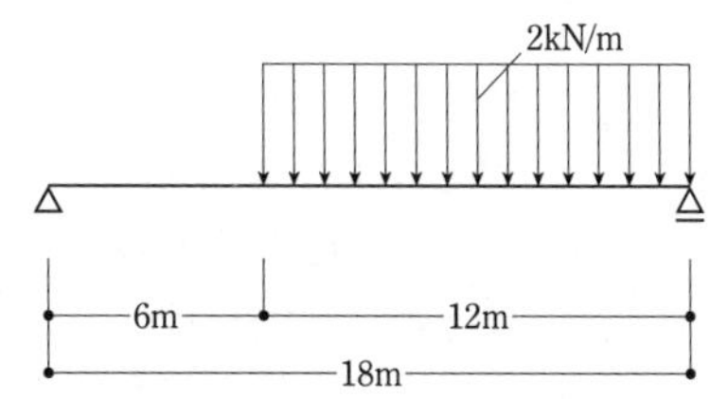

問題 4 図のような外力を受ける静定ラーメンにおいて、支点Bに生じる鉛直反力R_B、水平反力H_Bの値とE点に生じる曲げモーメントM_Eの絶対値との組合せとして、**正しい**ものは、次のうちどれか。ただし、鉛直反力の方向は上向きを「＋」、下向きを「－」

とし、水平反力の方向は左向きを「＋」、右向きを「－」とする。

	R_B	H_B	M_Eの絶対値
1.	－ 9kN	－ 6kN	0kN・m
2.	＋ 9kN	－ 6kN	54kN・m
3.	＋ 3kN	＋ 6kN	36kN・m
4.	＋ 9kN	＋ 6kN	12kN・m
5.	＋ 9kN	＋ 6kN	18kN・m

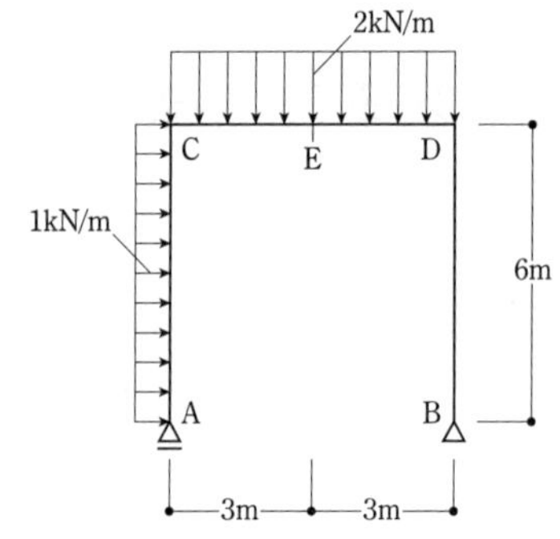

問題 5 図のような荷重を受ける静定トラスにおいて、部材A、B、Cに生じる軸方向力の組合せとして、**正しい**ものは、次のうちどれか。ただし、軸方向力は、引張力を「＋」、圧縮力を「－」とする。なお、節点間距離は全て2mとする。

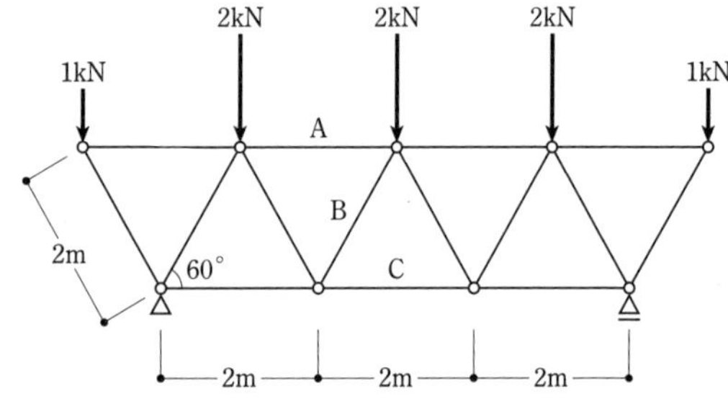

	A	B	C
1.	$-\sqrt{3}$ kN	$-\frac{2\sqrt{3}}{3}$ kN	$-\frac{4\sqrt{3}}{3}$ kN
2.	$-\sqrt{3}$ kN	$-\frac{2\sqrt{3}}{3}$ kN	$+\frac{4\sqrt{3}}{3}$ kN
3.	$-\sqrt{3}$ kN	$-\frac{2\sqrt{3}}{3}$ kN	$+\frac{2\sqrt{3}}{3}$ kN
4.	$+\sqrt{3}$ kN	$-\frac{2\sqrt{3}}{3}$ kN	$-\frac{2\sqrt{3}}{3}$ kN
5.	$+\sqrt{3}$ kN	$+\frac{2\sqrt{3}}{3}$ kN	$-\frac{4\sqrt{3}}{3}$ kN

問題 6 図のような長さl（m）の柱（材端条件は、両端ピン、水平移動拘束とする。）に圧縮力Pが作用したとき、次のlとIとの組合せのうち、**弾性座屈荷重が最も大きくなる**ものはどれか。ただし、Iは断面二次モーメントの最小値とし、それぞれの柱は同一の材質で、断面は一様とする。

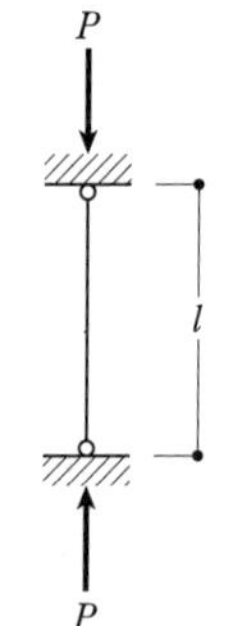

	l (m)	I (m^4)
1.	3.0	3×10^{-5}
2.	3.5	4×10^{-5}
3.	4.0	5×10^{-5}
4.	4.5	7×10^{-5}
5.	5.0	8×10^{-5}

問題 7　構造計算における荷重及び外力に関する次の記述のうち、**最も不適当な**ものはどれか。

1. 各階が事務室である建築物において、柱の垂直荷重による圧縮力を計算する場合、積載荷重は、その柱が支える床の数に応じて低減することができる。
2. 多雪区域を指定する基準は、「垂直積雪量が 1m 以上の区域」又は「積雪の初終間日数の平年値が 30 日以上の区域」と定められている。
3. 風圧力を計算する場合の速度圧 q は、その地方において定められた風速 V_0 の 2 乗に比例する。
4. 地震力の計算に用いる標準せん断力係数 C_0 の値は、一般に、許容応力度計算を行う場合においては 0.2 以上とし、必要保有水平耐力を計算する場合においては 1.0 以上とする。
5. 地震力の計算に用いる振動特性係数 R_t の地盤種別による大小関係は、建築物の設計用一次固有周期 T が長い場合、第一種地盤＞第二種地盤＞第三種地盤となる。

問題 8　多雪区域内の建築物の構造計算を許容応力度等計算により行う場合において、暴風時の応力度の計算で採用する荷重及び外力の組合せとして、**最も適当な**ものは、次のうちどれか。

凡例　G：固定荷重によって生ずる力
　　　P：積載荷重によって生ずる力
　　　S：積雪荷重によって生ずる力
　　　W：風圧力によって生ずる力
　　　K：地震力によって生ずる力

1. $G + P + 0.7S + W$
2. $G + P + 0.35S + W$
3. $G + P + 0.7S + W + K$
4. $G + P + 0.35S + W + K$
5. $G + P + S + W$

問題 9　地盤及び基礎構造に関する次の記述のうち、**最も不適当な**ものはどれか。

1. 土の粒径の大小関係は、砂＞粘土＞シルトである。

2. 地下外壁に作用する土圧を静止土圧として算定する場合の静止土圧係数は、一般に、砂質土、粘性土のいずれの場合であっても、0.5とする。
3. フーチング基礎は、フーチングによって上部構造からの荷重を支持する基礎であり、独立基礎、複合基礎、連続基礎等がある。
4. 基礎に直接作用する固定荷重は、一般に、基礎構造各部の自重のほか、基礎スラブ上部の土かぶりの重量を考慮する。
5. 布基礎は、地盤の長期許容応力度が70kN/m^{2}以上であって、かつ、不同沈下等の生ずるおそれのない地盤にあり、基礎に損傷を生ずるおそれのない場合にあっては、無筋コンクリート造とすることができる。

問題 10　木造建築物の部材の名称とその説明との組合せとして、**最も不適当な**ものは、次のうちどれか。

1. 破風板――――切妻屋根や入母屋屋根などの妻の部分に、垂木を隠すようにして取り付けた板材
2. 回り縁――――天井と壁の接する部分に取り付ける棒状の化粧部材
3. 飛梁―――――小屋組、床組における水平面において、胴差、梁、桁材に対して斜めに入れて隅角部を固める部材
4. 雇いざね―――2枚の板をはぎ合わせるときに、相互の板材の側面の溝に、接合のためにはめ込む細長い材
5. 木ずり――――しっくいやモルタルなどを塗るために、下地として取り付ける小幅の板材

問題 11　木質構造の接合に関する次の記述のうち、**最も不適当な**ものはどれか。

1. 木ねじ接合において、木材を主材として、鋼板との1面せん断接合とする場合、有効主材厚は木ねじの呼び径の6倍以上とする。
2. ドリフトピン接合において、先孔の径は、ドリフトピンと先孔との隙間の存在により構造部に支障をきたす変形を生じさせないために、ドリフトピンの径と同径とする。
3. ラグスクリュー接合において、ラグスクリューが緩む可能性があるため、潤滑剤を用いてはならない。
4. 接着接合において、木材の含水率は20%を超えない範囲で、接着される木材間の含水率の差は5%以内とする。
5. 木造軸組工法の釘接合において、木材の木口面に打たれた釘を引抜力に抵抗させることはできない。

問題 12　木造建築物の構造設計に関する次の記述のうち、**最も不適当な**ものはどれか。

1. 耐力壁両端の柱の接合金物を選定するためのN値法は、当該柱の両側の耐力壁の壁倍率の差、周辺部材の押さえ効果、長期軸力を考慮してN値を決定する方法で

ある。

2. 曲げ材の支持点付近で引張側に切欠きを設ける場合、切欠きの深さ（高さ）は、材せいの1/2以下とする。
3. 四分割法における耐力壁配置のバランスを確認するための壁率比は、小さいほうの壁量充足率を大きいほうの壁量充足率で除して求める。
4. 工場生産によりたて枠と面材とを接着したパネル壁は、実験や計算で確認された場合において、ストレスト・スキン効果を考慮して鉛直荷重に対して抵抗させることができる。
5. 引張力を負担する筋かいとして鉄筋を使用する場合、径が9mm以上のものを使用する。

問題 13　補強コンクリートブロック造に関する次の記述のうち、**最も不適当な**ものはどれか。

1. 床及び屋根が鉄筋コンクリート造であったので、耐力壁の中心線によって囲まれた部分の水平投影面積を、60m^{2}とした。
2. 2階建て、軒の高さ7m（1階の階高3.5m）の建築物に、A種の空洞ブロックを用いた。
3. 両側に開口部のある耐力壁の長さ（実長）を75cmとし、かつ、耐力壁の有効高さの30%以上を確保した。
4. 耐力壁の端部において、横筋に用いた異形鉄筋（D13）は、直交する耐力壁の内部に定着させ、その定着長さを300mmとした。
5. 耐力壁の端部において、縦筋に、異形鉄筋（D13）を用いた。

問題 14　鉄筋コンクリート構造に関する次の記述のうち、**最も不適当な**ものはどれか。

1. 柱のコンクリート全断面積に対する主筋全断面積の割合は、一般に、0.4%以上とする。
2. 柱梁接合部において、その接合部に隣接する柱の帯筋間隔が10cmの場合、接合部内の帯筋の間隔を15cm以下、帯筋比を0.2%以上とする。
3. 床スラブ各方向の全幅について、コンクリート全断面積に対する鉄筋全断面積の割合は、0.2%以上とする。
4. 梁の引張鉄筋比が、釣り合い鉄筋比以下の場合、梁の許容曲げモーメントは、引張鉄筋の断面積にほぼ比例する。
5. 鉄筋コンクリート造部材の曲げモーメントに対する断面算定は、一般に、曲げ材の各断面が材の湾曲後も平面を保ち、コンクリートの圧縮応力度が中立軸からの距離に比例するとの仮定に基づいて行う。

問題 15　鉄筋コンクリート構造の建築物において、図―1のような大梁及び図―2のような柱における主筋の重ね継手の位置ア〜キの組合せとして、**最も適当な**ものは、次

のうちどれか。なお、図中の○印は、継手の中心位置を示す。

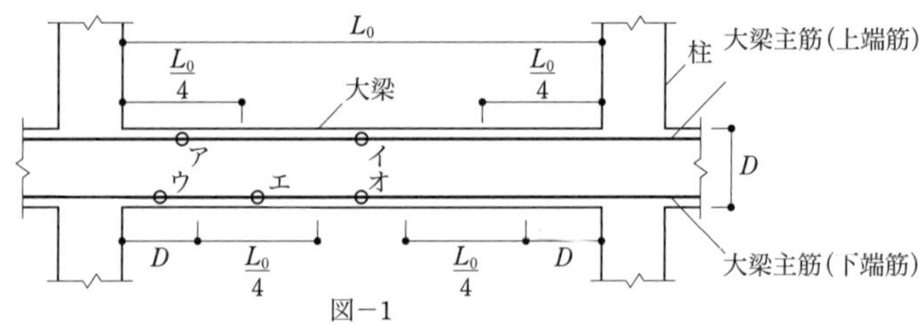

図－1

	大梁主筋の継手位置		柱主筋の継手位置
	上端筋	下端筋	
1.	ア	エ	キ
2.	ア	オ	カ
3.	イ	ウ	キ
4.	イ	エ	カ
5.	イ	オ	キ

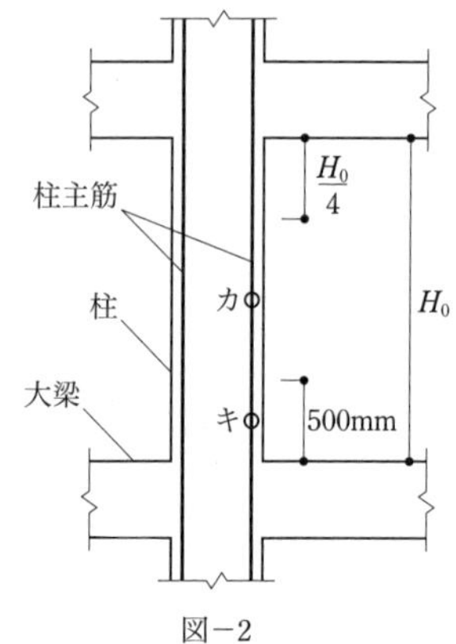

図－2

問題 16 鉄骨構造に関する次の記述のうち、**最も不適当な**ものはどれか。

1. 梁材の圧縮側フランジに設ける横座屈補剛材は、材に元たわみがある場合においても、その耐力が確保されるように、補剛材に十分な耐力と剛性を与える必要がある。
2. 長期に作用する荷重に対する梁材のたわみは、通常の場合はスパンの 1/300 以下、片持ち梁では 1/250 以下とする。
3. 根巻き形式の柱脚において、柱下部の根巻き鉄筋コンクリートの高さは、一般に、柱せいと柱幅の大きいほうの 2.0 倍以上とする。
4. 露出柱脚に作用するせん断力は、「ベースプレート下面とモルタル又はコンクリートとの摩擦力」又は「アンカーボルトの抵抗力」によって伝達するものとして算定する。
5. 角形鋼管柱に筋かい材を取り付ける場合、角形鋼管の板要素の面外変形で、耐力上の支障をきたすことのないように、鋼管内部や外部に十分な補強を行う必要がある。

問題 17 鉄骨構造の接合に関する次の記述のうち、**最も不適当な**ものはどれか。

1. 片面溶接による部分溶込み溶接は、荷重の偏心によって生じる付加曲げによる引張応力がルート部に作用する箇所には使用しない。

2. 一般に、接合しようとする母材の間の角度が60度未満又は120度を超える場合の隅肉溶接には、応力を負担させない。
3. 高力ボルト摩擦接合部の許容応力度は、締め付けられる鋼材間の摩擦力と高力ボルトのせん断力との和として応力が伝達されるものとして計算する。
4. 構造用鋼材の高力ボルト摩擦接合部の表面処理方法として、浮き錆(さび)を取り除いた赤錆(さび)面とした場合、接合面のすべり係数の値は0.45とする。
5. 高力ボルト摩擦接合において、両面とも摩擦面としての処理を行ったフィラープレートは、接合する母材の鋼種にかかわらず、400N/mm^{2}級の鋼材でよい。

問題 18 建築物の耐震設計、構造計画等に関する次の記述のうち、**最も不適当な**ものはどれか。

1. 剛性率は、「各階の層間変形角の逆数」を「全ての階の層間変形角の逆数の相加平均の値」で除した値であり、その値が大きいほど、その階に損傷が集中する危険性が高いことを示している。
2. 極めて稀(まれ)に生じる地震に対しては、できる限り多くの梁に塑性ヒンジができて全体の階が一様に塑性化するような構造計画とすることが望ましい。
3. 免震構造には、建築物の長周期化を図ることにより、地震動との共振現象を避ける働きがある。
4. 制振構造について、一般に、大地震に対しては制振装置を各層に分散配置する方式が用いられ、暴風時の居住性向上には制振装置を頂部に集中配置する方式が用いられることが多い。
5. 固有周期が短い建築物では、一般に、最大応答加速度が地面の最大加速度より大きい。

問題 19 既存建築物の耐震診断、耐震補強等に関する次の記述のうち、**最も不適当な**ものはどれか。

1. 既存の鉄筋コンクリート造建築物の耐震診断基準における第2次診断法は、梁の変形能力などは考慮せずに、柱や壁の強さと変形能力などをもとに耐震性能を判定する診断手法である。
2. 耐震スリットとは、耐震設計で考慮されていなかった既存の鉄筋コンクリート壁が、柱や架構に悪影響を及ぼし耐震性能を低下させることを防止するために設ける構造目地である。
3. 耐震壁の開口部をふさいだり壁厚を増したりすることは、既存の鉄筋コンクリート造建築物の保有水平耐力を増して強度的に地震外力に抵抗させる補強に適している。
4. 既存の鉄筋コンクリート柱における炭素繊維巻き付け補強は、柱の曲げ耐力の向上を目的とした補強方法である。
5. 既存の木造住宅の耐震診断法における一般診断法は、「壁や柱の耐力」に「耐力要素の配置等による低減係数」と「劣化度による低減係数」を乗じて、当該住宅が保有する耐力を算定する手法である。

問題 20 建築材料として使用される木材及び木質材料に関する次の記述のうち、**最も不適当な**ものはどれか。

1. 木材の真比重は、樹種によらずほぼ一定であり、樹種によって比重が異なるのは木材中の空隙率の違いによるものである。
2. スギやヒノキなどの針葉樹は軟木（やわぎ）と言われ、一般に、加工がしやすく構造材にも適している。
3. 木杭は、通常の場合、腐朽を避けるために、常水面下に設置する。
4. 構造用集成材は、繊維方向、積層方向等によって強度性能上の異方性を示す。
5. インシュレーションボードは、木材の小片（チップ）に接着剤を加えて、熱圧・成形したボードである。

問題 21 コンクリートに関する次の記述のうち、**最も不適当な**ものはどれか。

1. コンクリートの設計基準強度は、品質基準強度よりも大きい。
2. コンクリートの調合強度は、調合管理強度よりも大きい。
3. コンクリートの圧縮強度は、曲げ強度よりも大きい。
4. 単位水量が少ないコンクリートほど、乾燥収縮は小さくなる。
5. 気乾単位容積質量が大きいコンクリートほど、ヤング係数は大きくなる。

問題 22 コンクリートの材料に関する次の記述のうち、**最も不適当な**ものはどれか。

1. ポルトランドセメントは、水和反応後、時間が経過して乾燥するにしたがって強度が増大する気硬性材料である。
2. ポルトランドセメントには、凝結時間を調整するためにせっこうが混合されている。
3. 膨張材を使用することにより、硬化後のコンクリートの乾燥収縮によるひび割れを低減することができる。
4. 高炉スラグ微粉末を使用することにより、硬化後のコンクリートの水密性や化学抵抗性を向上させることができる。
5. 流動化剤を使用することにより、硬化後のコンクリートの強度や耐久性に影響を及ぼさずに、打込み時のフレッシュコンクリートの流動性を増大させることができる。

問題 23 鋼材に関する次の記述のうち、**最も不適当な**ものはどれか。

1. 常温において、SN400 材と SS400 材のヤング係数は、同じである。
2. 鋼材を焼入れすると、硬さ・耐摩耗性が減少するが、粘り強くなる。
3. 鋼材の比重は、アルミニウム材の比重の約 3 倍である。

4. 建築構造用耐火鋼（FR 鋼）は、一般の鋼材よりも高温時の強度を向上させ、600℃における降伏点が常温規格値の 2/3 以上あることを保証した鋼材である。
5. 鋼材は通常、伸びと絞りを伴って破断（延性破壊）するが、低温状態や鋼材に切欠きがある場合に衝撃力がかかると脆（ぜい）性破壊しやすくなる。

問題 24 建築材料に関する次の記述のうち、**最も不適当な**ものはどれか。

1. セラミックタイルのⅠ類は、Ⅱ類、Ⅲ類に比べて、吸水率が低い。
2. 合成樹脂調合ペイントは、コンクリート面やモルタル面の塗装には不適である。
3. 大谷石は凝灰岩の一種で、軟らかく加工が容易で耐火性に優れる。
4. 複層ガラスは、複数枚の板ガラスを一定の間隔を保ち、中空層に乾燥空気を封入したもので、断熱性が高く、結露防止に有効である。
5. 針葉樹の基準強度について、年輪の幅などの条件を一定にして比較すると、一般に、スギはベイマツよりも高い。

問題 25 建築材料に関する次の記述のうち、**最も不適当な**ものはどれか。

1. 木毛セメント板は、ひも状の木片とセメントを用いて加圧成形した板材で、保温性、耐火性、遮音性に優れ、壁や天井などの下地材として使用される。
2. せっこうボードは、防火、耐火、遮音の性能に優れ、壁内装下地材や浴室の天井などに使用される。
3. チタンは、耐食性や意匠性に優れ、屋根や内外壁に使用される。
4. ガルバリウム鋼板は、耐食性に優れ、防音材、断熱材を裏打ちしたものが、屋根や外壁材に使用される。
5. スレート波板は、セメント、補強繊維、混和材に水を混合して成形したもので、屋根や外壁材に使用される。

学科Ⅳ（建築施工）

	1st	2nd	3rd
正解チェック	/25	/25	/25

問題 1 施工計画に関する次の記述のうち、**最も不適当な**ものはどれか。

1. 施工計画の作成に当たっては、設計図書をよく検討し、不明な点や不足の情報、図面相互の不整合がないか確認する。
2. 実施工程表は、工事の施工順序や所要時間を示したものであり、月間工程表などが含まれる。
3. 工種別の施工計画書は、各工種別に使用材料や施工方法について記載した文書であり、鉄骨工事施工計画書や防水工事施工計画書などがある。
4. 施工図は、工事の実施に際して設計図を補うために作成される図面であり、総合仮設計画書やコンクリート躯体図などがある。
5. 工事の記録は、工事中の指示事項や進捗の経過、各種試験の結果を記載したものであり、工事日誌や工事写真などがある。

問題 2 工事現場における材料の保管等に関する次の記述のうち、**最も不適当な**ものはどれか。

1. 砂利を保管するに当たり、保管場所の床は、泥土等で汚れないよう周囲地盤より高くし、かつ、水勾配を設けた。
2. 押出成形セメント板は、屋内の平坦で乾燥した場所に、台木を用いて積み上げ高さを床面より1mにして保管した。
3. シーリング材は、高温多湿や凍結温度以下とならない、かつ、直射日光や雨露の当たらない場所に密封して保管した。
4. セラミックタイル型枠先付け工法に用いるタイルユニット及び副資材は、直射日光や雨水による変質や劣化などを防止するため、シート養生を行い保管した。
5. 巻いたビニル壁紙は、くせが付かないように、平積みにして保管した。

問題 3 工事現場の安全確保に関する次の記述のうち、**最も不適当な**ものはどれか。

1. 高さ1.6mの箇所での作業のため、安全に昇降するための設備を設けた。
2. 架設通路については、墜落の危険のある箇所に、高さ95cmの手摺（すり）及び高さ50cmの中桟を設けたが、作業上やむを得なかったので、必要な部分を限って臨時にこれを取り外した。
3. 高さ8mの登り桟橋において、高さ4mの位置に踊場を1箇所設けた。
4. 高さ2mの作業構台において、作業床の床材間の隙間を5cmとした。
5. 吊（つ）り足場の作業床は、幅40cmとし、かつ、隙間がないようにした。

問題 4 建築等の工事現場から排出される廃棄物に関する次の記述のうち、「廃棄物の処理及び清掃に関する法律」に照らして、**最も不適当な**ものはどれか。

1. 現場事務所から排出された書類は、一般廃棄物に該当する。
2. 建築物の改修に伴って生じたガラスくずは、一般廃棄物に該当する。
3. 建築物の解体に伴って生じた木くずは、産業廃棄物に該当する。
4. 建築物の改築に伴って取り外した、ポリ塩化ビフェニルが含まれた蛍光灯安定器は、特別管理産業廃棄物に該当する。
5. 建築物の解体において、石綿の除去作業に用いたプラスチックシートは、特別管理産業廃棄物に該当する。

問題 5 仮設工事に関する次の記述のうち、**最も不適当な**ものはどれか。

1. 200V の配電線の付近で移動式クレーンを使用するので、配電線からの離隔距離（安全距離）を 2.0m とした。
2. ベンチマークは、相互にチェックできるように 2 箇所設置し、移動しないようにそれらの周囲に養生を行った。
3. 単管足場の建地の間隔を、桁行方向 1.8m、はり間方向 1.5m とした。
4. 高さが 2.5m の登り桟橋は、滑止めのための踏桟を設けたので、勾配を 35 度とした。
5. 事前に工事監理者の承諾を得て、施工中の建築物のうち、施工済の一部を現場事務所として使用した。

問題 6 木造 2 階建て住宅の基礎工事に関する次の記述のうち、**最も不適当な**ものはどれか。

1. 割栗地業における締固めはランマー 3 回突きとし、凹凸部は目つぶし砂利で上ならしを行った。
2. 布基礎の基礎底盤の主筋には D13 を用い、その間隔を 250mm とした。
3. べた基礎の底盤には、雨水を排水するために、適切な位置に水抜き孔を設け、工事完了後にふさいだ。
4. コンクリートの打込みに際しては、コンクリートに振動を与えないように注意して打ち込んだ。
5. 普通ポルトランドセメントを使用したコンクリートの打込み後、最低気温が 15℃を下回らなかったので、型枠の存置期間を 3 日とした。

問題 7 杭工事に関する次の記述のうち、**最も不適当な**ものはどれか。

1. セメントミルク工法において、アースオーガーの回転方向は、掘削時、引き上げ時共に正回転とする。
2. アースドリル工法による掘削は、表層ケーシングを建て込み、安定液を注入しながらドリリングバケットにより掘進する。
3. オールケーシング工法による掘削は、ケーシングチューブを回転圧入しながら、ハンマーグラブにより掘進する。

4. リバース工法では、地下水位を確認し、水頭差を2m以上保つように掘進する。
5. 場所打ちコンクリート杭工法には、プレボーリング拡大根固め工法がある。

問題 8 鉄筋工事に関する次の記述のうち、**最も不適当な**ものはどれか。

1. 鉄筋表面のごく薄い赤錆（さび）は、コンクリートとの付着を妨げるものではないので、除去せずに鉄筋を組み立てた。
2. ガス圧接継手において、外観検査の結果、圧接部の片ふくらみが規定値を超えたため、再加熱し、加圧して所定のふくらみに修正した。
3. 降雪時のガス圧接において、覆いを設けたうえで、作業を行った。
4. 鉄筋相互のあきは、「粗骨材の最大寸法の1.25倍」、「25mm」及び「隣り合う鉄筋の径（呼び名の数値）の平均の1.5倍」のうち最大のもの以上とした。
5. 梁の配筋において、鉄筋のかぶり厚さを確保するためのスペーサーの配置は、特記がなかったので、間隔を1.5m程度とし、端部については0.5m程度となるようにした。

問題 9 型枠工事に関する次の記述のうち、**最も不適当な**ものはどれか。

1. 資源有効活用の面から、使用後の型枠については、コンクリートに接する面をよく清掃し、締付けボルトなどの貫通孔や破損個所を修理のうえ、剥離剤を塗布して転用、再使用した。
2. せき板として使用する材料は、特記がなかったので、広葉樹と針葉樹を複合したコンクリート型枠用合板で、JASに適合するものを使用した。
3. 支柱として使用するパイプサポートは、3本継ぎとし、それぞれ4本のボルトで継いで強固に組み立てた。
4. 計画供用期間の級が「標準」の建築物において、構造体コンクリートの圧縮強度が$5\mathrm{N/mm^2}$に達したことを確認したので、柱及び壁のせき板を取り外した。
5. 支柱の取外し時期を決定するためのコンクリート供試体の養生方法は、工事現場における封かん養生とした。

問題 10 コンクリート工事に関する次の記述のうち、**最も不適当な**ものはどれか。

1. コンクリートの練混ぜから打込み終了までの時間は、外気温が20℃であったので、120分以内とした。
2. レディーミクストコンクリートの受入れにおいて、コンクリートの種類、呼び強度、指定スランプ等が、発注した条件に適合していることを、運搬車2台に対して1台の割合で、納入書により確認した。
3. フレッシュコンクリートの試験に用いる試料の採取は、荷卸しから打込み直前までの間に、許容差を超えるような品質の変動のおそれがなかったので、工事現場の荷卸し地点とした。

4. レディーミクストコンクリートの受入検査において、コンクリートに含まれる塩化物量が、塩化物イオン量として、0.30kg/m³であったので、合格とした。
5. レディーミクストコンクリートの受入検査において、指定したスランプ18cmに対して、スランプが20cmであったので、合格とした。

問題 11 コンクリート工事に関する次の記述のうち、**最も不適当な**ものはどれか。

1. 数スパン連続した壁のコンクリートの打込みにおいて、一つのスパンから他のスパンへ柱を通過させて、横流ししながら打ち込んだ。
2. コンクリート打込み後の養生期間中に、コンクリートが凍結するおそれのある期間において、初期養生は所定の試験による圧縮強度が5N/mm²以上となるまで行った。
3. 日平均気温の平年値が25℃を超える期間のコンクリート工事において、コンクリート打込み後の湿潤養生の開始時期は、コンクリート上面のブリーディング水が消失した時点とした。
4. パラペットの立上り部分のコンクリートは、これを支持する屋根スラブと同一の打込み区画として打設した。
5. コンクリート表面の仕上がりに軽微な豆板があったので、健全部分を傷めないように不良部分をはつり、水洗いした後、木ごてで硬練りモルタルを丁寧に塗り込んだ。

問題 12 高力ボルト接合に関する次の記述のうち、**最も不適当な**ものはどれか。

1. 接合部の材厚の差により1.2mmの肌すきが生じたので、ボルトの締付けのトルク値を高めることにより修正した。
2. 一群のボルトの締付けは、群の中央部から周辺に向かう順序で行った。
3. ボルト頭部と接合部材の面が、1/20以上傾斜していたので、勾配座金を使用した。
4. 仮ボルトは、本接合のボルトと同軸径の普通ボルトを用い、締付け本数は、一群のボルト数の1/3以上、かつ、2本以上とした。
5. 一次締め終了後に行うボルトのマーキングは、ボルト軸、ナット、座金及び母材（添え板）にかけて行った。

問題 13 鉄骨工事に関する次の記述のうち、**最も不適当な**ものはどれか。

1. 架構の倒壊防止用に使用するワイヤロープは、建入れ直し用に兼用した。
2. 筋かいによる補強作業は、建方の翌日に行った。
3. 板厚が22mmの鋼材相互を突合せ継手とする完全溶込み溶接において、溶接部の余盛りの高さは、特記がなかったので、2mmとした。
4. 溶接部の清掃作業において、溶接作業に支障のない溶接面に固着したミルスケールは、除去せずにそのまま残した。
5. 隅肉溶接の溶接長さは、有効溶接長さに隅肉サイズの2倍を加えたものとした。

問題 14 ALCパネル工事に関する次の記述のうち、**最も不適当な**ものはどれか。

1. 外壁パネルを横壁アンカー構法で取り付けるに当たり、自重受け金物は、パネル積上げ段数5段ごとに設けた。
2. 外壁パネルの短辺小口相互の接合部の目地は伸縮調整目地とし、特記がなかったので、目地幅は5mmとした。
3. 外壁パネルを縦壁ロッキング構法で取り付けるに当たり、床パネルとの取り合い部分の隙間には、外壁パネルに絶縁材を張り付けたうえで、セメントモルタルを充填した。
4. 外壁パネルの外部に面する部分の目地には、シーリング材を充填した。
5. 床パネルの短辺小口相互の接合部には20mmの目地を設け、支持梁上になじみよく敷き並べた。

問題 15 木造2階建て住宅における木工事に関する次の記述のうち、**最も不適当な**ものはどれか。

1. 跳ね出しバルコニーの水勾配は、下地板で1/50とし、排水溝部分では1/200とした。
2. 垂木の固定は、くら金物SS当て、太め釘ZN40打ちとした。
3. 構造用面材による床組の補強において、105mm角の床梁を1,820mmの間隔で配置した。
4. 上下階の同位置に配置する大壁の耐力壁における構造用面材は、胴差部において面材の相互間に3mmのあきを設けた。
5. 真壁の耐力壁における構造用面材の下地は、15mm × 90mmの貫を5本設けた。

問題 16 木工事における各部の継手・仕口に関する次の記述のうち、**最も不適当な**ものはどれか。

1. 通し柱と桁の仕口は、長ほぞ差し、込み栓打ちとした。
2. 筋かいが付かない管柱と土台の仕口は、短ほぞ差し、かすがい打ちとした。
3. 天端そろえとする胴差と梁の仕口は、渡りあご掛け、羽子板ボルト締めとした。
4. 隅木の継手は、母屋（もや）心より上方で、腰掛け蟻継ぎ、かすがい打ちとした。
5. 軒桁の継手は、小屋梁の掛かる位置を避けて、追掛大栓継ぎとした。

問題 17 防水工事に関する次の記述のうち、**最も不適当な**ものはどれか。

1. アスファルト防水工事において、保護層の入隅部分には、成形緩衝材を設けた。
2. 改質アスファルトシート張付け防水工事において、コンクリート下地が、十分に乾燥した後、清掃を行い、プライマーを塗布した。
3. 加硫ゴム系シートによる合成高分子系シート張付け防水工事において、平場一般部のシートの重ね幅を、幅方向、長手方向とも100mmとした。
4. ウレタンゴム系塗膜防水工事において、防水層の下地は、出隅は通りよく45度の面取りとし、入隅は通りよく直角とした。

5. シーリング材の充填作業において、シリコーン系シーリング材が充填箇所以外の部分に付着したので、硬化前に取り除いた。

問題 18 タイル工事及び石工事に関する次の記述のうち、**最も不適当な**ものはどれか。

1. 内壁の石張りにおいて、石材を空積工法で取り付ける際に、石材の裏面とコンクリート躯体面との間隔を 15mm とした。
2. 外壁乾式工法による石材の取付けにおいて、特記がなかったので、石材間の目地幅を 10mm とした。
3. セメントモルタルによるタイル張りにおいて、タイル張りに先立ち、下地モルタルに水湿しを行った。
4. タイル工事において、下地のひび割れ誘発目地、打継ぎ目地及び構造スリットの位置には、伸縮調整目地を設けた。
5. タイル工事において、張付けモルタルの練混ぜは機械練りとし、1 回に練り混ぜる量は 60 分以内に張り終える量とした。

問題 19 塗装工事に関する次の記述のうち、**最も不適当な**ものはどれか。

1. 塗料は、気温の低下などから所定の粘度が得られないと判断したので、適切な粘度に調整して使用した。
2. パテかいは、一回で厚塗りせず、木べらを用いて数回に分けて行った。
3. 壁面のローラーブラシ塗りに当たり、隅やちり回りなどは、先行して小ばけを用いて塗装した。
4. 鉄鋼面に使用する合成樹脂調合ペイントの上塗りは、エアレススプレーによる吹付け塗りとした。
5. 外壁の吹付け塗りにおいて、スプレーガンを素地面に対して直角に保ち、1 列ごとの吹付け幅が重ならないように吹き付けた。

問題 20 建具工事、ガラス工事及び内装工事に関する次の記述のうち、**最も不適当な**ものはどれか。

1. FRP 系塗膜防水とアルミニウム製建具が取り合う箇所は、防水工事を施工した後、建具の取付けを行った。
2. 外部に面したアルミニウム製建具に網入りガラスをはめ込むに当たり、これを受ける下端ガラス溝に、径 6mm の水抜き孔を 2 箇所設けた。
3. ガラスブロック積みにおいて、伸縮調整目地の幅については、特記がなかったので、5mm とした。
4. 洗面室にビニル床シートを張り付けるに当たり、エポキシ樹脂系の接着剤を使用した。
5. コンクリート壁下地へのせっこうボードの直張りにおいて、せっこうボード張付け後 10 日放置し、仕上げに支障がないことを確認してから、表面に通気性のある壁紙を張り付けた。

問題 21 木造住宅における設備工事に関する次の記述のうち、**最も不適当な**ものはどれか。

1. 屋内の排水横管の勾配は、管径が 75mm であったので、1/150 とした。
2. 給湯管には、架橋ポリエチレン管を使用した。
3. 雨水ますには、底部の泥だめの深さが 150mm のものを用いた。
4. 寒冷地以外の一般敷地内において、特記がなかったので、給水管の地中埋設深さは、土かぶりを 400mm とした。
5. コンクリート埋込みとなる分電盤の外箱は、型枠に取り付けた。

問題 22 改修工事に関する次の記述のうち、**最も不適当な**ものはどれか。

1. 木部のクリヤラッカー塗りにおける着色は、下塗りのウッドシーラー塗布前に行った。
2. 合成樹脂エマルションペイント塗りにおいて、天井面等の見上げ部分については、研磨紙ずりを省略した。
3. コンクリート柱の耐震改修工事において、連続繊維シートを張り付けて、シートの上面に下塗りの含浸接着樹脂がにじみ出るのを確認した後、ローラーで上塗りを行った。
4. 防煙シャッター更新工事において、スラットの形状は、インターロッキング形とした。
5. 枠付き鉄骨ブレースを設置する耐震改修工事において、鉄骨が取り付く範囲の既存構造体のコンクリート面には、目荒らしを行った。

問題 23 施工機械・器具とそれを用いた作業との組合せとして、**最も不適当な**ものは、次のうちどれか。

1. ハッカー――――――鉄筋の結束
2. チェーンブロック――鉄骨骨組の建入れ直し
3. インパクトレンチ――型枠のフォームタイの締付け
4. トレミー管――――場所打ちコンクリート杭のコンクリートの打込み
5. タンパー――――――コンクリート表面のたたき締め

問題 24 建築積算に関する次の記述のうち、**最も不適当な**ものはどれか。

1. 共通仮設費は、各工事種目に共通の仮設に要する費用である。
2. 現場管理費は、工事施工に当たり、工事現場を管理運営するために必要な費用で、共通仮設費以外の費用である。
3. 一般管理費等は、工事施工に当たる受注者の継続運営に必要な費用で、一般管理費と付加利益等からなる。

4. 消費税等相当額は、工事価格に消費税及び地方消費税相当分からなる税率を乗じて算定する。
5. 共通費は、共通仮設費、現場管理費及び直接工事費に区分される。

問題 25 請負契約に関する次の記述のうち、中央建設業審議会「民間建設工事標準請負契約約款（甲）」（令和4年9月改正）に照らして、**最も不適当な**ものはどれか。

1. 請負代金額を変更するときは、原則として、工事の減少部分については監理者の確認を受けた請負代金内訳書の単価により、増加部分については時価による。
2. 受注者は、監理者の処置が著しく適当でないと認められるときは、発注者に対して異議を申し立てることができる。
3. 受注者は、契約を締結した後、速やかに請負代金内訳書及び工程表を発注者に、それぞれの写しを監理者に提出し、請負代金内訳書については、監理者の確認を受ける。
4. 発注者又は受注者は、工事について発注者、受注者間で通知、協議を行う場合は、契約に別段の定めのあるときを除き、原則として、通知は監理者を通じて、協議は監理者を参加させて行う。
5. 受注者は、契約の履行報告につき、設計図書に定めがあるときは、その定めるところにより監理者に報告しなければならない。

令和４年
二級建築士「学科の試験」問題

学科Ⅰ（建築計画）

	1st	2nd	3rd
正解チェック	/25	/25	/25

問題 1　日本の歴史的な建築物に関する次の記述のうち、**最も不適当な**ものはどれか。

1. 鹿苑寺金閣（京都府）は、方形造りの舎利殿で、最上層を禅宗様仏堂風の形式とし、二層を和様仏堂風、一層を住宅風とした建築物である。
2. 円覚寺舎利殿（神奈川県）は、部材が細く、屋根の反りが強い等の和様の特徴をもつ建築物である。
3. 旧正宗寺三匝（そう）堂（福島県）は、通称さざえ堂と呼ばれ、堂内に二重螺旋（らせん）の連続斜路を有する建築物である。
4. 薬師寺東塔（奈良県）は、本瓦葺きの三重塔であり、各重に裳階（もこし）が付いた建築物である。
5. 法隆寺金堂（奈良県）は、重層の入母屋（もや）造りの屋根をもつ堂であり、飛鳥様式で建てられた建築物である。

問題 2　歴史的な建築物とその建築様式との組合せとして、**最も不適当な**ものは、次のうちどれか。

1. アルハンブラ宮殿（スペイン）――――イスラム建築
2. シュパイヤー大聖堂（ドイツ）――――ロマネスク建築
3. サン・マルコ大聖堂（イタリア）―――ビザンティン建築
4. パリのオペラ座（フランス）―――――ルネサンス建築
5. シャルトル大聖堂（フランス）――――ゴシック建築

問題 3　建築環境工学に関する次の記述のうち、**最も不適当な**ものはどれか。

1. 熱伝導率の値が大きい材料ほど、断熱性が高い。
2. 日射量は、ある面が受ける単位面積・単位時間当たりの日射エネルギー量で表される。
3. 輝度は、光を発散する面をある方向から見たときの明るさを示す測光量である。
4. 音の強さは、音波の進行方向に垂直な単位面積を単位時間当たりに通過する音響エネルギー量で表される。
5. PMV（予測平均温冷感申告）は、温度、湿度、気流、放射の四つの温熱要素に加え、人の着衣量と作業量を考慮した温熱環境指標のことである。

問題 4 換気に関する次の記述のうち、**最も不適当な**ものはどれか。

1. 開放型燃焼器具に対する必要換気量は、一般に、燃料消費量に対する理論廃ガス量の 40 倍である。
2. 居室の空気中において、一般に、二酸化炭素の許容濃度は 0.1%（1,000ppm）であり、毒性の強い一酸化炭素の許容濃度は 0.001%（10ppm）である。
3. 温度差換気において、外気温度が室内温度よりも低い場合、中性帯よりも下方から外気が流入する。
4. 第 2 種機械換気方式は、室内を正圧に維持することにより、周辺諸室からの汚染空気の流入を防ぐものである。
5. 汚染物質が発生している室における必要換気量は、汚染物質の発生量が同じ場合、その室の容積の大小によって変化する。

問題 5 湿り空気に関する次の記述のうち、**最も不適当な**ものはどれか。

1. 絶対湿度は、乾燥空気 1kg に含まれている水蒸気の重量であり、湿り空気の温度によって変化する。
2. 水蒸気分圧は、湿り空気中の水蒸気のみで、湿り空気が占めている容積を占有したときの水蒸気の圧力である。
3. 相対湿度は、湿り空気の絶対湿度と、同じ温度における飽和絶対湿度との比である。
4. 湿球温度は、温度計の感温部を湿った布などで覆って測定した温度である。
5. 湿り空気は、露点温度以下の物体に触れると、物体の表面に露又は霜が生じる。

問題 6 イ～ニの条件に示す室の外皮平均熱貫流率の値として、**正しい**ものは、次のうちどれか。ただし、温度差係数は全て 1.0 とする。

条件

イ．屋根（天井）　：面積 $40m^2$、熱貫流率 $0.2W/(m^2\cdot K)$
ロ．外壁（窓を除く）：面積 $60m^2$、熱貫流率 $0.3W/(m^2\cdot K)$
ハ．窓　：面積 $24m^2$、熱貫流率 $2.0W/(m^2\cdot K)$
ニ．床　：面積 $40m^2$、熱貫流率 $0.2W/(m^2\cdot K)$

1. $0.02W/(m^2\cdot K)$
2. $0.10W/(m^2\cdot K)$
3. $0.50W/(m^2\cdot K)$
4. $1.00W/(m^2\cdot K)$
5. $2.00\ W/(m^2\cdot K)$

問題 7 採光・照明に関する次の記述のうち、**最も不適当な**ものはどれか。

1. 昼光率は、室内の壁や天井の表面の反射の影響を受けない。
2. 全天空照度は、直射日光による照度を含まない。
3. 光の色の三原色は、赤、緑、青である。
4. 事務室において、細かい視作業を伴う事務作業の作業面に必要な照度は、一般に、1,000lx 程度とされている。
5. 光束は、ある面を単位時間に通過する光のエネルギー量を、視感度で補正した値である。

問題 8 色彩に関する次の記述のうち、**最も不適当な**ものはどれか。

1. 床、壁、天井の内装材の色彩は、一般に、全体的に彩度を低くし、天井面は明度を高く、床面は明度を低くする。
2. マンセル表色系においては、有彩色を 5R4/14 のように表現し、5R が色相、4 が彩度、14 が明度を示している。
3. 明度と彩度を合わせて色の印象を表したものを、色調（トーン）という。
4. マンセル表色系において、各色相の中で最も彩度の高い色を、純色という。
5. 他の色に囲まれた色が周囲の色に近づいて見えることを、色の同化現象という。

問題 9 吸音・遮音に関する次の記述のうち、**最も不適当な**ものはどれか。

1. 壁を構成する材料の一部に、音響透過損失の著しく小さい部分がわずかでも含まれていると、その壁全体の音響透過損失は著しく小さくなる。
2. 中空二重壁の共鳴透過について、壁間の空気層を厚くすると、共鳴周波数は低くなる。
3. 多孔質材料は、一般に、低音域よりも高音域の吸音に効果がある。
4. 吸音材料は、一般に、音の透過率が低いので、遮音性能は高い。
5. 吸音率は、「壁の内部に吸収される音のエネルギー」と「壁を透過する音のエネルギー」の和を、「壁に入射する音のエネルギー」で除したものである。

問題 10 環境評価・地球環境に関する次の記述のうち、**最も不適当な**ものはどれか。

1. ZEH（ネット・ゼロ・エネルギー・ハウス）は、外皮の断熱性能等の向上や高効率設備、再生可能エネルギーの導入により、室内環境の質を維持しつつ、年間の一次エネルギー消費量が正味ゼロ又はマイナスとなることを目指した住宅のことである。
2. ヒートアイランド現象は、大気中の二酸化炭素などの温室効果ガスが増えることを主たる要因として気温が上昇する現象である。
3. 暖房デグリーデーは、その地域の気候条件を表す指標で、その値が大きいほど暖房に必要な熱量が大きくなる。
4. カーボンニュートラルは、二酸化炭素をはじめとする温室効果ガスの「排出量」から、植林、森林管理などによる「吸収量」を差し引いて、合計を実質的にゼロにすることである。

5. ビル風の防止対策としては、外壁面の凹凸を多くする、外壁の出隅部分を曲面にする、頻度の高い風向に対する壁面の面積を小さくするなどの手法が有効である。

問題 11 住宅の計画に関する次の記述のうち、**最も不適当な**ものはどれか。

1. 和室を江戸間（田舎間）とするに当たり、柱心間の寸法を、基準寸法（910mm）の整数倍とした。
2. 玄関のインターホンの取付け位置を、玄関ポーチの床面から 1,400mm とした。
3. 車椅子使用者に配慮し、居室の出入口の前後は段差を避け、内法（のり）寸法で 1,400mm × 1,400mm 程度のスペースを確保した。
4. 玄関のくつずりと玄関ポーチの床面との高低差を、高齢者に配慮して 30mm とした。
5. 都市型集合住宅において、2 名が居住する住居の床面積を誘導居住面積水準の目安に従って、60m^2 とした。

問題 12 集合住宅の計画に関する次の記述のうち、**最も不適当な**ものはどれか。

1. テラスハウスは、共用の中庭を中心に、それを囲んで配置される集合住宅の形式である。
2. スキップフロア型は、共用廊下のない階の住戸では、外気に接する 2 方向の開口部を設けることができる。
3. ボイド型は、階段・エレベーター等をコアとして設け、コアとつながった共用廊下の中央に吹抜けを配置した形式である。
4. フライングコリドーは、プライバシーに配慮し、片廊下型などの共用廊下を住戸から離して設けたものである。
5. スケルトンインフィル住宅は、「建築物の躯体や共用設備部分」と「住戸専有部分の内装や設備」とを明確に分けて計画することによって、住戸の更新性や可変性を高めることができる。

問題 13 文化施設に関する次の記述のうち、**最も不適当な**ものはどれか。

1. 劇場において、プロセニアムアーチの開口寸法は、客席数や上演演目により異なる。
2. 劇場の舞台において、下手（しもて）とは客席側から見て左側をいう。
3. 音楽ホールにおいて、アリーナ型は、客席がステージを取り囲む形式で、演奏者との一体感が得られやすい。
4. 美術館において、絵画を展示する場合の展示壁面の照度は、一般に、日本画より油絵のほうを低くする。
5. 美術館において、絵画用の人工照明の光源は、一般に、自然光に近い白色光とすることが望ましい。

問題 14 社会福祉施設等又は高齢者、障がい者等に配慮した建築物の計画に関する次の記述のうち、**最も不適当な**ものはどれか。

1. グループホームとは、知的障がい者や精神障がい者、認知症高齢者などが専門スタッフ又はヘルパーの支援のもと、少人数で共同生活を行う家のことである。
2. コレクティブハウスは、共同の食事室や調理室等が設けられた、複数の家族が共同で生活する集合住宅であり、高齢者用の住宅としても用いられている。
3. 車椅子使用者が利用する浴室において、浴槽の縁の高さは、洗い場の床面から55cm程度とする。
4. 高齢者が利用する洗面脱衣室において、床暖房や温風機等の暖房設備を設置することは、急激な温度変化によって起こるヒートショックを防ぐために有効である。
5. 高齢者が利用する書斎において、机上面の照度は、600～1,500 lx程度とする。

問題 15 公共建築等の計画に関する次の記述のうち、**最も不適当な**ものはどれか。

1. 図書館において、資料の検索等を行うコンピューター機器を備えた、レファレンスコーナーを設けた。
2. 診療所において、診察室は処置室と隣接させて配置した。
3. 劇場において、演目に応じて舞台と観客席との関係を変化させることができるように、アダプタブルステージ形式を採用した。
4. 中学校の教室において、「黒板や掲示板」と「その周辺の壁」との明度対比が大きくなり過ぎないように、色彩調整を行った。
5. 保育所において、保育室は、乳児用と幼児用とを間仕切りのないワンルームとし、乳児と幼児の人数比の変動に対応できるようにした。

問題 16 車椅子使用者に配慮した建築物の計画に関する次の記述のうち、**最も不適当な**ものはどれか。

1. 一戸建ての住宅において、壁付コンセントの取り付け高さを、床面から40cmとした。
2. 一戸建ての住宅において、ドアモニターや空調スイッチの高さを、床面から140cmとした。
3. 一戸建て住宅の駐車場において、駐車スペースの幅は、乗降を考慮して、3.5mとした。
4. 病院の受付において、番号札の発券機の操作ボタン及び取り出し口が、それぞれ床面から高さ60～100cm程度の範囲に納まるようにした。
5. 物販店舗において、購入した商品を袋に詰めるためのサッカー台は、上端高さを床面から75cmとし、下部スペースの奥行きを50cmとした。

問題 17 JISにおける案内用図記号とその表示事項との組合せとして、**最も不適当な**ものは、次のうちどれか。

	案内用図記号	表示事項
1.		オストメイト用設備／オストメイト
2.		介助用ベッド
3.		スロープ
4.		授乳室（男女共用）
5.		カームダウン・クールダウン

問題 18　物販店舗の防災計画に関する次の記述のうち、**最も不適当な**ものはどれか。

1. 避難階段内に、緊急時に車椅子使用者が安全に避難でき、かつ、他の避難動線等の妨げにならないように、幅 1.2m の一時待避スペースを設けた。
2. 視覚障がい者に配慮して、廊下には、避難時の妨げにならないように、壁埋込型消火器ボックスを設けた。
3. 非常用の照明装置は、避難時にまぶしさを感じさせないように、間接照明とした。
4. 便所及び便房内において、聴覚障がい者に非常警報がわかるように、フラッシュライトの光警報装置を設けた。
5. 出入口の戸を全面ガラスとするに当たって、衝突時の事故防止のため、合わせガラスを用い、横桟を設けた。

問題 19　建築設備等に関する用語とその説明との組合せとして、**最も不適当な**ものは、次のうちどれか。

1. NC－30 ―― 全てのオクターブバンドで騒音レベルが NC−30 曲線を上回っていることをいう。
2. HEMS ―― 住宅内の家電機器、給湯機器や発電設備等をネットワークでつなぎ、設備等の制御やエネルギーの可視化を行う技術である。
3. SHF ―― 空調機により空気に加えられる熱量又は空気から除去される熱量のうち、顕熱量の占める割合である。
4. IP－PBX ― 従来のアナログやデジタル回線網と IP ネットワーク相互間での通話を可能にする電話交換機である。
5. BOD ―― 生物化学的酸素要求量のことであり、水質基準を評価する指標の一つで、浄化槽設置区域では、放流水に含まれる上限値が定められている。

問題 20 空気調和設備に関する次の記述のうち、**最も不適当な**ものはどれか。

1. 床吹出し空調方式は、冷房時には、通常の天井吹出し空調方式よりも給気温度を高くする必要がある。
2. 放射冷房は、気流や温度むらによる不快感が少なく、快適な室内環境を得やすい。
3. 中央熱源方式の空気調和設備において、水方式の場合は、換気機能を有する装置が別途必要となる。
4. 冷凍機の自然冷媒には、アンモニアや二酸化炭素などが用いられている。
5. 開放式冷却塔の冷却効果は、主として、「冷却水に接触する空気の温度」と「冷却水の温度」との差によって得られる。

問題 21 建築設備に関する次の記述のうち、**最も不適当な**ものはどれか。

1. 住宅の居室においては、原則として、24 時間機械換気設備の設置が義務付けられている。
2. LP ガス（液化石油ガス）のガス漏れ警報装置の検知器は、天井から 30cm 以内に設置しなければならない。
3. さや管ヘッダ工法は、ヘッダから各給水装置まで、さや管内に挿入された一本の樹脂管で接続するため、配管の更新が容易、給水・給湯圧力の安定、湯待ち時間が短いという特徴がある。
4. 合併処理浄化槽は、定期的な点検や、たまった汚泥のくみ取りが可能な場所に設ける。
5. 給湯配管において、給湯立て管の頂部にエア抜き装置を設置すると、管内騒音が低減できる。

問題 22 給排水衛生設備に関する次の記述のうち、**最も不適当な**ものはどれか。

1. 水道水の給水栓における遊離残留塩素は、一般に、0.1mg/l 以上としなければならない。
2. 自然流下式の排水立て管の管径は、どの階においても、最下部の最も大きな排水負荷を負担する部分の管径と同一にしなければならない。
3. 集合住宅における設計用給水量は、居住者 1 人 1 日当たり 200 ～ 350l である。
4. 分流式公共下水道の雨水専用管に、敷地内の雨水排水管を接続する場合には、トラップますを設置しなければならない。
5. 給水管に取り付けるエアチャンバは、ウォータハンマによる水撃圧を吸収するために設ける。

問題 23 電気設備に関する次の記述のうち、**最も不適当な**ものはどれか。

1. 低圧屋内配線において、合成樹脂製可とう電線管をコンクリート内に埋設した。
2. 搬送動力を削減するため、送風機やポンプ等の電動機をインバータ制御とした。
3. 400V の低圧用電動機には、D 種接地工事を施した。

4. ライティングダクトを下向きに設置するに当たり、人が容易に触れるおそれがあったので、漏電遮断器を施設した。
5. 無効電流による電力損失を削減するため、誘導電動機に進相コンデンサを並列に接続した。

問題 24 照明に関する次の記述のうち、**最も不適当な**ものはどれか。

1. 演色性は、物体色の見え方に変化を起こす光源の性質である。
2. 屋内作業面の平均照度を光束法により求める場合、ランプ光束、器具台数、照明率、保守率及び作業面面積を用いて算出する。
3. 色温度の低い光源を用いた場合、一般に、暖かみのある雰囲気となる。
4. 省エネルギーのための照明制御システムには、タイムスケジュール制御、明るさセンサによる制御、熱線センサによる制御、調光センサ制御、施錠連動制御等の手法がある。
5. タスク・アンビエント照明は、ある特定の部分だけを照明する方式である。

問題 25 環境・省エネルギーに配慮した建築・設備計画に関する次の記述のうち、**最も不適当な**ものはどれか。

1. 電気設備において、配電線路における電力損失を低減するために、配電電圧を低く設定した。
2. 窓の断熱性能を高めて、年間熱負荷係数（PAL ＊：パルスター）の値を小さくした。
3. 排水再利用設備において、洗面・手洗い排水を浄化して再利用水として使用した。
4. CASBEE における BEE（環境性能効率）を高めるため、環境負荷（L）の数値が小さくなるように、かつ、環境品質（Q）の数値が大きくなるように計画した。
5. 使用する設備機器を、ライフサイクルアセスメント（LCA）により評価し選定した。

学科II（建築法規）

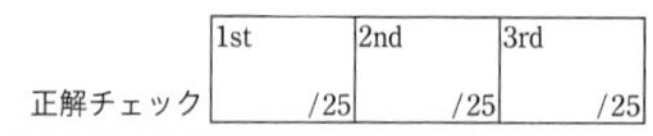

問題 1　図のような建築物の建築面積として、建築基準法上、**正しい**ものは、次のうちどれか。ただし、国土交通大臣が高い開放性を有すると認めて指定する構造の部分はないものとする。

1. 68m²
2. 72m²
3. 82m²
4. 88m²
5. 106m²

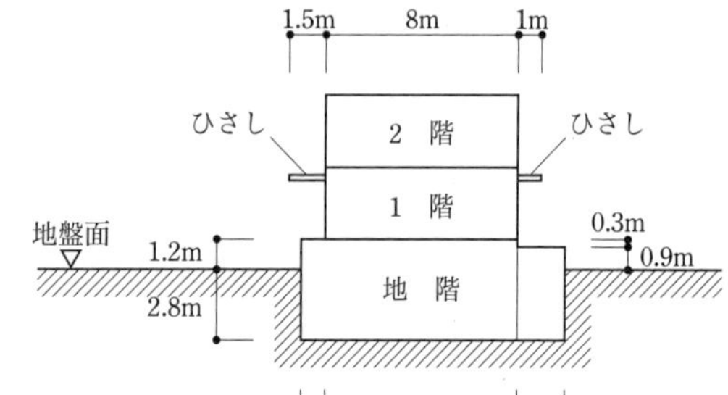

断面図

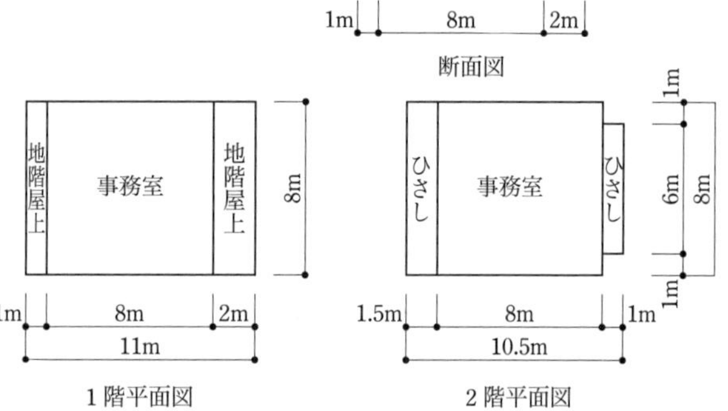

1階平面図　　2階平面図

問題 2　次の行為のうち、建築基準法上、**全国どの場所においても、確認済証の交付を受ける必要がある**ものはどれか。

1. 鉄筋コンクリート造、高さ2mの擁壁の築造
2. 鉄骨造平家建て、延べ面積200m²の飲食店の新築
3. 木造3階建て、延べ面積200m²、高さ9mの一戸建て住宅における、鉄骨造平家建て、床面積10m²の倉庫の増築
4. 木造2階建て、延べ面積200m²、高さ9mの旅館の新築
5. 木造2階建て、延べ面積300m²、高さ8mの事務所から物品販売業を営む店舗への用途の変更

問題 3　次の記述のうち、建築基準法上、**誤っている**ものはどれか。

1. 建築主は、鉄筋コンクリート造3階建て、延べ面積300m²の共同住宅の新築において、2階の床及びこれを支持する梁に鉄筋を配置する工程に係る工事を終えたときは、建築主事又は指定確認検査機関の中間検査を申請しなければならない。
2. 建築主は、建築物の用途の変更に係る確認済証の交付を受けた場合において、当該工事を完了したときは、建築主事に届け出なければならない。

3. 建築主は、都市計画区域内において、木造2階建て、延べ面積150m²の一戸建て住宅を新築し、建築主事に完了検査を申請する場合、原則として、当該工事が完了した日から7日以内に建築主事に到達するようにしなければならない。
4. 一戸建て住宅の一部である床面積20m²の部分を除却しようとする場合、当該除却の工事を施工する者は、その旨を都道府県知事に届け出なければならない。
5. 鉄骨造2階建て、延べ面積300m²の倉庫の新築において、指定確認検査機関が、安全上、防火上及び避難上支障がないものとして国土交通大臣が定める基準に適合していることを認めたときは、当該建築物の建築主は、検査済証の交付を受ける前においても、仮に、当該建築物又は建築物の部分を使用し、又は使用させることができる。

問題 4　木造2階建て、延べ面積100m²の一戸建て住宅の計画に関する次の記述のうち、建築基準法に**適合しない**ものはどれか。

1. 敷地内の排水に支障がなかったので、建築物の敷地は、これに接する道の境よりも低くした。
2. 居室に設ける開口部で、公園に面するものについて、採光に有効な部分の面積を算定するに当たり、その公園の反対側の境界線を隣地境界線とした。
3. 居間（床面積16m²、天井の高さ2.5m）に機械換気設備を設けるに当たり、「居室を有する建築物の換気設備についてのホルムアルデヒドに関する技術的基準」による有効換気量を、20m³/hとした。
4. 回り階段の部分における踏面の寸法を、踏面の狭い方の端から30cmの位置において、15cmとした。
5. 階段（高さ3.0mの屋内の直階段）の高さ1.5mの位置に、踏幅1.1mの踊場を設けた。

問題 5　図のような一様に傾斜した勾配天井部分をもつ居室の天井の高さとして、建築基準法上、**正しい**ものは、次のうちどれか。

1. 2.4m
2. 2.5m
3. 2.7m
4. 2.8m
5. 3.0m

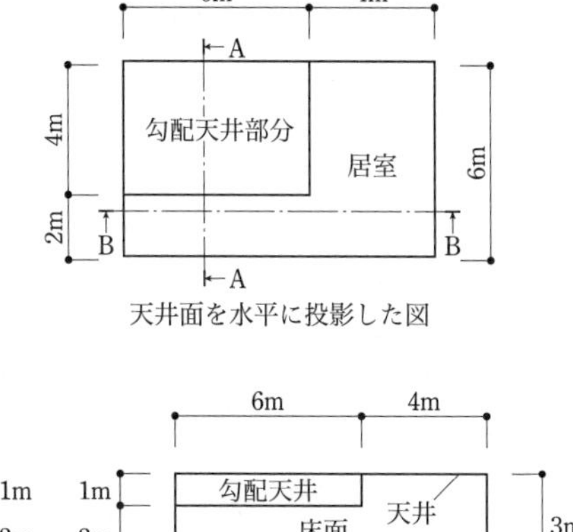

天井面を水平に投影した図

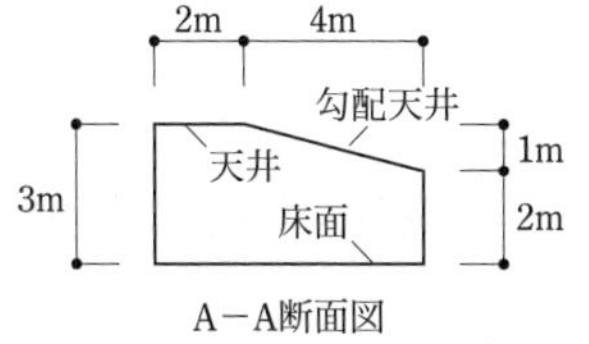

A－A断面図

B－B断面図

問題 6 図のような平面を有する木造平家建ての倉庫の構造耐力上必要な軸組の長さを算定するに当たって、張り間方向と桁行方向における「壁を設け又は筋かいを入れた軸組の部分の長さに所定の倍率を乗じて得た長さの合計（構造耐力上有効な軸組の長さ）」の組合せとして、建築基準法上、**正しい**ものは、次のうちどれか。

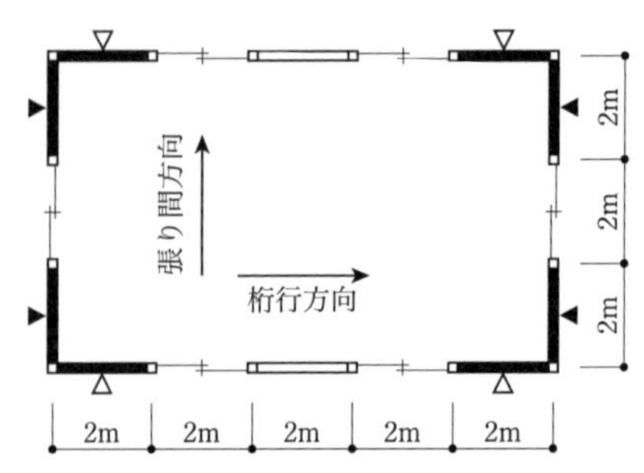

	構造耐力上有効な軸組の長さ	
	張り間方向	桁行方向
1.	40m	26m
2.	40m	24m
3.	36m	26m
4.	36m	24m
5.	32m	18m

問題 7 次の記述のうち、建築基準法上、**誤っている**ものはどれか。ただし、国土交通大臣が定める基準に従った構造計算による安全性の確認は行わないものとする。

1. 木造 3 階建て、延べ面積 250m² の一戸建て住宅に対し、鉄骨造平家建て、床面積 60m² の診療所を、エキスパンションジョイントその他の相互に応力を伝えない構造方法のみで接する形で増築する場合には、建築基準法第 20 条第 1 項に規定する基準の適用については、それぞれ別の建築物とみなされる。
2. 木造 2 階建て、延べ面積 300m² の一戸建て住宅において、構造耐力上主要な部分である 1 階の柱と基礎とをだぼ継ぎその他の国土交通大臣が定める構造方法により接合し、かつ、当該柱に構造耐力上支障のある引張応力が生じないことが国土交通大臣が定める方法によって確かめられた場合には、土台を設けなくてもよい。
3. 木造 2 階建て、延べ面積 200m² の集会場において、床組及び小屋ばり組には木板その他これに類するものを国土交通大臣が定める基準に従って打ち付けし、小屋組には振れ止めを設けなければならない。
4. 特定天井の構造は、構造耐力上安全なものとして、国土交通大臣が定めた構造方法を用いるもの又は国土交通大臣の認定を受けたものとしなければならない。
5. 工事を施工するために現場に設ける事務所において、柱に用いる鋼材は、その品質が、国土交通大臣の指定する日本産業規格に適合しなければならない。

問題 8 建築物の構造強度に関する次の記述のうち、建築基準法上、**誤っている**ものはどれか。

1. 風圧力の計算に当たり、建築物に近接してその建築物を風の方向に対して有効にさえぎる他の建築物がある場合においては、その方向における速度圧は、所定の数値の 1/2 まで減らすことができる。
2. 雪下ろしを行う慣習のある地方においては、その地方における垂直積雪量が 1m を超える場合においても、積雪荷重は、雪下ろしの実況に応じて垂直積雪量を 1m まで減らして計算することができる。
3. ローム層の地盤の長期に生ずる力に対する許容応力度は、国土交通大臣が定める方法による地盤調査を行わない場合、50kN/m^2 とすることができる。
4. 仕上げをモルタル塗としたコンクリート造の床の固定荷重は、実況に応じて計算しない場合、当該部分の床面積に 150N/m^2（仕上げ厚さ 1cm ごとに、その cm の数値を乗ずるものとする。）を乗じて計算することができる。
5. 保有水平耐力計算により、地震時における構造耐力上主要な部分の断面に生ずる短期の応力度を計算する場合、特定行政庁が指定する多雪区域においては、積雪荷重を考慮する。

問題 9 建築物の防火区画、防火壁、間仕切壁に関する次の記述のうち、建築基準法上、**誤っている**ものはどれか。

1. 主要構造部を準耐火構造とした 3 階建て、延べ面積 150m^2 の一戸建て住宅（3 階部分に居室を有するもの）においては、階段の部分とその他の部分とを防火区画しなくてよい。
2. 給水管が準耐火構造の防火区画を貫通する場合においては、当該管と準耐火構造の防火区画との隙間をモルタルその他の不燃材料で埋めなければならない。
3. 配電管が防火壁を貫通する場合においては、当該管と防火壁との隙間をモルタルその他の不燃材料で埋めなければならない。
4. 防火区画（建築基準法施行令第 112 条第 18 項に規定するものを除く。）を構成する床に接する外壁については、その接する部分を含み幅 90cm 以上の部分を準耐火構造とするか、外壁面から 50cm 以上突出した準耐火構造のひさし等で防火上有効に遮らなければならない。
5. 病院の用途に供する建築物の当該用途に供する部分の防火上主要な間仕切壁は、天井の全部が強化天井であっても、小屋裏又は天井裏に達せしめなければならない。

問題 10 建築物の避難施設等に関する次の記述のうち、建築基準法上、**誤っている**ものはどれか。ただし、いずれの建築物も各階に建築基準法施行令第 116 条の 2 第 1 項第一号の規定に該当する「窓その他の開口部を有しない居室」を有するものとし、避難階は 1 階とする。

1. 集会場における客席からの出口の戸は、内開きとしてはならない。
2. 集会場に設置する非常用の照明装置には、予備電源を設けなければならない。
3. 木造2階建ての一戸建て住宅においては、2階の居室の各部分から1階又は地上に通ずる直通階段の一に至る歩行距離の制限を受けない。
4. 木造2階建ての一戸建て住宅において、2階にあるバルコニーの周囲には、安全上必要な高さが1.1m以上の手すり壁、さく又は金網を設けなければならない。
5. 木造2階建て、延べ面積100m²の一戸建ての住宅においては、廊下の幅に制限はない。

問題 11 建築基準法第35条の2の規定による内装の制限に関する次の記述のうち、建築基準法上、**誤っている**ものはどれか。ただし、内装の制限を受ける「窓その他の開口部を有しない居室」はないものとする。また、火災が発生した場合に避難上支障のある高さまで煙又はガスの降下が生じない建築物の部分として、国土交通大臣が定めるものはないものとする。

1. 主要構造部を耐火構造とした中学校は、その規模にかかわらず、内装の制限を受けない。
2. 内装の制限を受ける調理室等の壁及び天井の室内に面する部分の仕上げには、準不燃材料を使用することができる。
3. 住宅に附属する鉄骨造平家建て、延べ面積30m²の自動車車庫は、内装の制限を受けない。
4. 内装の制限を受ける居室の天井の回り縁は、内装の制限の対象とはならない。
5. 内装の制限を受ける特殊建築物の居室から地上に通ずる主たる廊下、階段その他の通路の床については、内装の制限を受けない。

問題 12 都市計画区域内における道路等に関する次の記述のうち、建築基準法上、**誤っている**ものはどれか。

1. 幅員25mの自動車のみの交通の用に供する道路のみに6m接している敷地には、原則として、建築物を建築することができない。
2. 建築基準法上の道路に該当しない幅員6mの農道のみに2m以上接する敷地における、延べ面積150m²の一戸建て住宅については、特定行政庁が交通上、安全上、防火上及び衛生上支障がないと認める場合には建築することができる。
3. 非常災害があった場合において、非常災害区域等（防火地域以外の区域とする。）内に、地方公共団体が、災害救助を目的として、その災害が発生した日から1月以内にその工事に着手する応急仮設建築物の敷地は、道路に2m以上接しなければならない。
4. 土地区画整理法による幅員8mの道路の地盤面下に設ける建築物は、特定行政庁の許可を受けることなく建築することができる。
5. 公衆便所は、特定行政庁が通行上支障がないと認めて建築審査会の同意を得て許可した場合においては、道路内に建築することができる。

問題 13 次の建築物のうち、建築基準法上、**新築することができる**ものはどれか。ただし、特定行政庁の許可は受けないものとし、用途地域以外の地域、地区等は考慮しないものとする。

1. 第一種低層住居専用地域内における 3 階建て、延べ面積 700m² の児童厚生施設
2. 第二種低層住居専用地域内における 2 階建て、延べ面積 200m² の銀行の支店
3. 第一種中高層住居専用地域内における 2 階建て、延べ面積 500m² の旅館
4. 工業地域内における 2 階建て、延べ面積 250m² の食堂兼用住宅で、居住の用に供する部分の床面積が 100m² のもの
5. 工業専用地域内における平家建て、延べ面積 200m² のバッティング練習場

問題 14 図のような敷地及び建築物（2 階建て、延べ面積 400m²）の配置において、建築基準法上、**新築してはならない建築物**は、次のうちどれか。ただし、特定行政庁の許可は受けないものとし、用途地域以外の地域、地区等は考慮しないものとする。

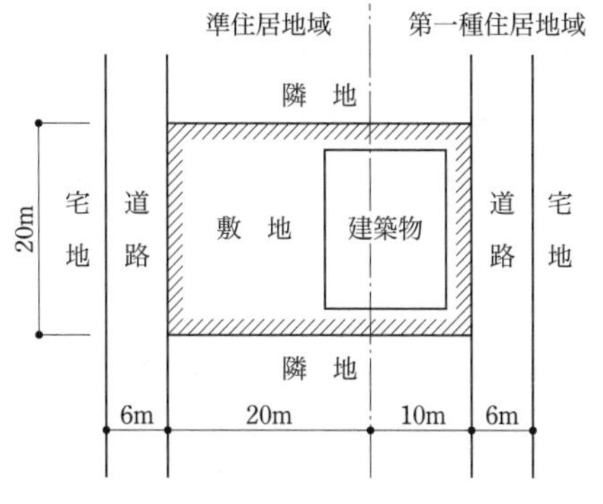

1. 事務所
2. 倉庫業を営む倉庫
3. 病院
4. ホテル
5. 客席の部分の床面積の合計が 300m² の劇場

問題 15 都市計画区域内における建築物の容積率、建蔽率及び敷地面積に関する次の記述のうち、建築基準法上、**正しい**ものはどれか。ただし、用途地域及び準防火地域以外の地域、地区等並びに特定行政庁の指定・許可等は考慮しないものとする。

1. 田園住居地域内の専用住宅の容積率は、その敷地内に政令で定める規模以上の空地（道路に接して有効な部分が政令で定める規模以上であるものに限る。）を有し、かつ、その敷地面積が政令で定める規模以上である場合、当該地域に関する都市計画において定められた容積率の 1.5 倍以下とすることができる。
2. 用途地域の指定のない区域内の耐火建築物は、容積率の制限を受けない。
3. 敷地に接する道路の幅員によって、建築物の建蔽率の制限が異なる。
4. 近隣商業地域（都市計画で定められた建蔽率は 8/10）内、かつ、準防火地域内で、準耐火建築物を建築する場合の建蔽率の最高限度は 9/10 である。
5. 用途地域に関する都市計画において建築物の敷地面積の最低限度が定められた地域内に巡査派出所を新築しようとする場合については、その敷地面積を当該最低限度以上としなければならない。

問題 16　図のような共同住宅（宅配ボックス設置部分を有するもの）を新築する場合、建築基準法上、**容積率の算定の基礎となる延べ面積**は、次のうちどれか。ただし、自動車車庫等の用途に供する部分及びエレベーターはないものとし、地域、地区等及び特定行政庁の指定等は考慮しないものとする。

1. 165m²
2. 168m²
3. 170m²
4. 195m²
5. 200m²

2 階
床面積 100m²
［内訳：(A) 90m²、(B) 10m²］※
1 階
床面積 100m²
［内訳：(A) 75m²、(B) 20m²、(C) 5m²］※
地盤面

断面図

※(A) は、「住宅の用途に供する部分」の面積、
(B) は、「共用の廊下及び階段の用に供する部分」の面積、
(C) は、「宅配ボックス設置部分」の面積を示す。

問題 17　図のような敷地において、建築物を新築する場合、建築基準法上、A 点における**地盤面からの建築物の高さの最高限度**は、次のうちどれか。ただし、敷地は平坦で、敷地、隣地及び道路の相互間の高低差並びに門及び塀はなく、また、図に記載されているものを除き、地域、地区等及び特定行政庁の指定・許可等はないものとし、日影規制（日影による中高層の建築物の高さの制限）及び天空率は考慮しないものとする。なお、建築物は、全ての部分において、高さの最高限度まで建築されるものとする。

1. 8.75m
2. 11.25m
3. 15.00m
4. 16.25m
5. 18.75m

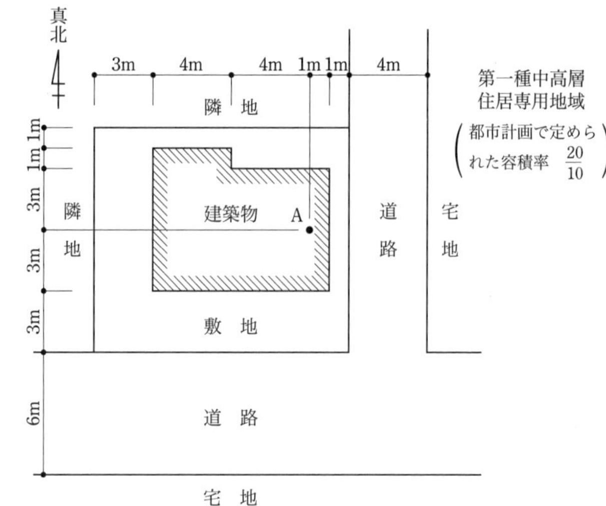

問題 18　建築物の高さの制限又は日影規制（日影による中高層の建築物の高さの制限）に関する次の記述のうち、建築基準法上、**誤っている**ものはどれか。ただし、用途地域以外の地域、地区等及び地形の特殊性に関する特定行政庁の定め等は考慮しないものとする。

1. 第一種中高層住居専用地域内にある高さが 10m を超える建築物において、特定行政庁が土地の状況等により周囲の居住環境を害するおそれがないと認めて建築審

査会の同意を得て許可した場合は、日影規制は適用されない。

2. 建築物の敷地の前面道路に沿って塀（前面道路の路面の中心からの高さが1.2mのもの）が設けられている場合においては、前面道路の境界線から後退した建築物に対する道路高さ制限の緩和を適用することができる。
3. 第一種低層住居専用地域内においては、隣地高さ制限は適用されない。
4. 日影規制において、建築物の敷地が用途地域の異なる地域の内外にわたる場合は、その建築物の全部について敷地の過半の属する地域の規定が適用される。
5. 前面道路の境界線から後退した建築物に対する道路高さ制限において、後退距離は、原則として、当該建築物から前面道路の境界線までの水平距離のうち最小のものをいう。

問題 19　次の記述のうち、建築基準法上、**誤っている**ものはどれか。ただし、地階及び防火壁はないものとし、防火地域及び準防火地域以外の地域、地区等は考慮しないものとする。

1. 準防火地域内の建築物で、外壁が準耐火構造のものは、その外壁を隣地境界線に接して設けることができる。
2. 準防火地域内において、一戸建て住宅を新築する場合、屋根の構造は、市街地における通常の火災による火の粉により、防火上有害な発炎をしないものであり、かつ、屋内に達する防火上有害な溶融、亀裂その他の損傷を生じないものとしなければならない。
3. 準防火地域内において、鉄筋コンクリート造2階建ての一戸建て住宅に附属する高さ2mを超える塀を設ける場合、その塀は、延焼防止上支障のない構造としなくてもよい。
4. 防火地域内において、建築物の屋上に設ける看板は、その主要な部分を不燃材料で造り、又は覆わなければならない。
5. 敷地が防火地域及び準防火地域にわたる場合において、当該敷地の準防火地域内の部分のみに新築される建築物には、準防火地域内の建築物に関する規定が適用される。

問題 20　次の記述のうち、建築基準法上、**誤っている**ものはどれか。

1. 「簡易な構造の建築物に対する制限の緩和」の規定の適用を受ける建築物は、建築基準法第20条（構造耐力）の規定が適用されない。
2. 建築工事等において深さ1.5m以上の根切り工事を行なう場合に設けなければならない山留めについては、土圧によって山留めの主要な部分の断面に生ずる応力度が、コンクリートの場合にあっては、短期に生ずる力に対する許容応力度を超えないことを計算によって確かめなければならない。
3. 建築基準法第27条（耐火建築物等としなければならない特殊建築物）の規定に違反があった場合において、その違反が建築主の故意によるものであるときは、設計者又は工事施工者を罰するほか、当該建築主も罰則の適用の対象となる。

4. 建築基準法第48条（用途地域等）第1項から第14項までの規定に違反した場合における当該建築物の建築主は、100万円以下の罰金に処せられる。
5. 災害危険区域に関する規定は、都市計画区域及び準都市計画区域以外の区域においても適用される。

問題 21　次の記述のうち、建築士法上、**誤っている**ものはどれか。

1. 二級建築士は、設計図書の一部を変更した場合においては、その設計図書に二級建築士である旨の表示をして記名しなければならない。
2. 二級建築士は、原則として、木造2階建て、延べ面積800m^2、高さ12m、軒の高さ9mの共同住宅の新築に係る設計をすることができない。
3. 二級建築士は、他の二級建築士の設計した設計図書の一部を変更しようとするときは、当該二級建築士の承諾を求めなければならないが、承諾が得られなかったときは、自己の責任において、その設計図書の一部を変更することができる。
4. 都道府県知事は、二級建築士の業務の適正な実施を確保するため必要があると認めるときは、二級建築士に対しその業務に関し必要な報告を求めることができる。
5. 建築士事務所に属する二級建築士は、直近の二級建築士定期講習を受けた日の属する年度の翌年度の開始の日から起算して3年以内に、二級建築士定期講習を受けなければならない。

問題 22　建築士事務所に関する次の記述のうち、建築士法上、**誤っている**ものはどれか。

1. 管理建築士は、重要事項を記載した書面の交付に代えて、建築主の承諾を得た場合であっても、当該書面に記載すべき事項を電子情報処理組織を使用する方法により提供してはならない。
2. 建築士事務所の登録は、5年間有効であり、その更新の登録を受けようとする者は、有効期間満了の日前30日までに登録申請書を提出しなければならない。
3. 建築士事務所の開設者は、事業年度ごとに、設計等の業務に関する報告書を作成し、毎事業年度経過後3月以内に当該建築士事務所に係る登録をした都道府県知事に提出しなければならない。
4. 建築士は、他人の求めに応じ報酬を得て、建築工事の指導監督のみを業として行おうとする場合であっても、建築士事務所を定めて、その建築士事務所について、都道府県知事（都道府県知事が指定事務所登録機関を指定したときは、原則として、当該指定事務所登録機関）の登録を受けなければならない。
5. 建築士事務所に属する建築士が当該建築士事務所の業務として作成した設計図書又は工事監理報告書で、建築士事務所の開設者が保存しなければならないものの保存期間は、当該図書を作成した日から起算して15年間である。

問題 23 次の記述のうち、**誤っている**ものはどれか。

1. 「高齢者、障害者等の移動等の円滑化の促進に関する法律」上、建築主等は、特定建築物の建築をしようとするときは、特定建築物の建築等及び維持保全の計画を作成し、所管行政庁の認定を申請することができる。
2. 「都市の低炭素化の促進に関する法律」上、特定建築物の整備に関する事業を施行しようとする者は、集約都市開発事業計画を作成し、市町村長の認定を申請することができる。
3. 「建築物のエネルギー消費性能の向上に関する法律」上、建築主は、特定建築行為をしようとするときは、特定建築物のエネルギー消費性能の確保のための構造及び設備に関する計画を提出して、所管行政庁又は登録建築物エネルギー消費性能判定機関の建築物エネルギー消費性能適合性判定を受けなければならない。
4. 「建築物における衛生的環境の確保に関する法律」上、特定建築物所有者等は、当該特定建築物が使用されるに至ったときは、その日から1箇月以内に、当該特定建築物の所在場所、用途、延べ面積及び構造設備の概要等を都道府県知事（保健所を設置する市又は特別区にあっては、市長又は区長）に届け出なければならない。
5. 「長期優良住宅の普及の促進に関する法律」上、住宅の建築をしてその構造及び設備を長期使用構造等とし、自らその建築後の住宅の維持保全を行おうとする者は、当該住宅の長期優良住宅建築等計画を作成し、建築主事又は指定確認検査機関の認定を申請することができる。

問題 24 次の記述のうち、**誤っている**ものはどれか。

1. 「都市計画法」上、都市計画施設の区域内における地上2階建ての木造の建築物の改築をしようとする者は、都道府県知事等の許可を受けなくてもよい。
2. 「消防法」上、住宅の用途に供される防火対象物の関係者は、原則として、市町村条例に定める基準に従い、住宅用防災警報器又は住宅用防災報知設備を設置し、及び維持しなければならない。
3. 「高齢者、障害者等の移動等の円滑化の促進に関する法律」上、工場は、「特別特定建築物」である。
4. 「宅地建物取引業法」上、2以上の都道府県の区域内に事務所を設置して宅地建物取引業を営もうとする者は、国土交通大臣の免許を受けなければならない。
5. 「建設業法」上、建設業の許可は、5年ごとにその更新を受けなければ、その期間の経過によって、その効力を失う。

問題 25 次の記述のうち、**誤っている**ものはどれか。

1. 「土地区画整理法」上、個人施行者が施行する土地区画整理事業の施行地区内において、その施行についての認可の公告があった日後、換地処分があった旨の公告のある日までは、建築物の改築を行う場合には、都道府県知事等の許可を受けなければならない。

2. 「建築物の耐震改修の促進に関する法律」上、建築物の耐震改修の計画が建築基準法第6条第1項の規定による確認を要するものである場合において、所管行政庁が計画の認定をしたときは、同法第6条第1項の規定による確認済証の交付があったものとみなす。
3. 「宅地建物取引業法」上、自ら所有する不動産の賃貸及び管理をする行為は、宅地建物取引業に該当する。
4. 「消防法」上、旅館において使用するカーテンは、政令で定める基準以上の防炎性能を有するものでなければならない。
5. 「建設業法」上、元請の建設業者が請け負った、木造2階建て、延べ面積300m^{2}の共同住宅の新築工事の場合は、あらかじめ発注者の書面による承諾を得たとしても、一括して他人に請け負わせることができない。

学科Ⅲ（建築構造）

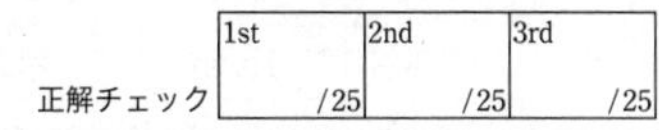

問題 1　図のような断面におけるX軸に関する断面二次モーメントの値として、正しいものは、次のうちどれか。

1. 499.5 cm⁴
2. 607.5 cm⁴
3. 642.0 cm⁴
4. 715.5 cm⁴
5. 750.0 cm⁴

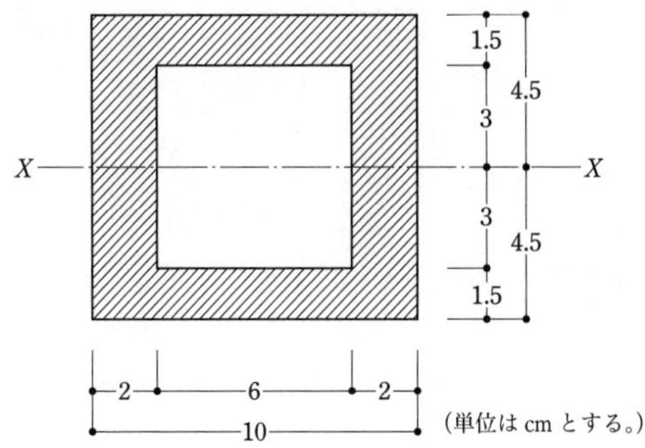

問題 2　図のような荷重を受ける断面 100mm × 200mm の部材を用いた場合、その部材に生じる最大曲げ応力度として、正しいものは、次のうちどれか。ただし、部材の自重は無視するものとする。

1. 12 N/mm²
2. 24 N/mm²
3. 32 N/mm²
4. 48 N/mm²
5. 60 N/mm²

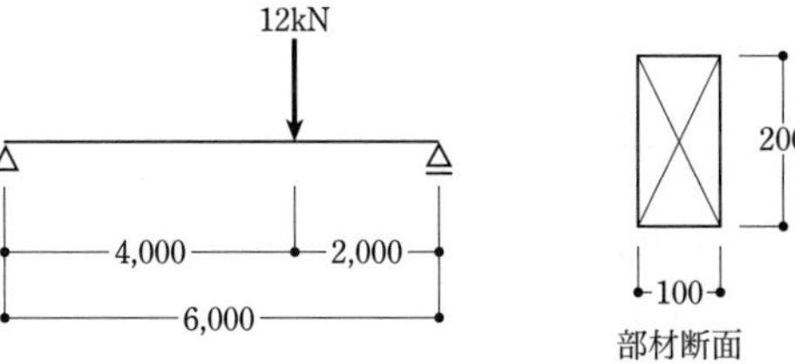

問題 3　図のような荷重を受ける梁の A 点における曲げモーメントの大きさとして、正しいものは、次のうちどれか。

1. 3.0 kN·m
2. 6.0 kN·m
3. 8.5 kN·m
4. 12.0 kN·m
5. 16.0 kN·m

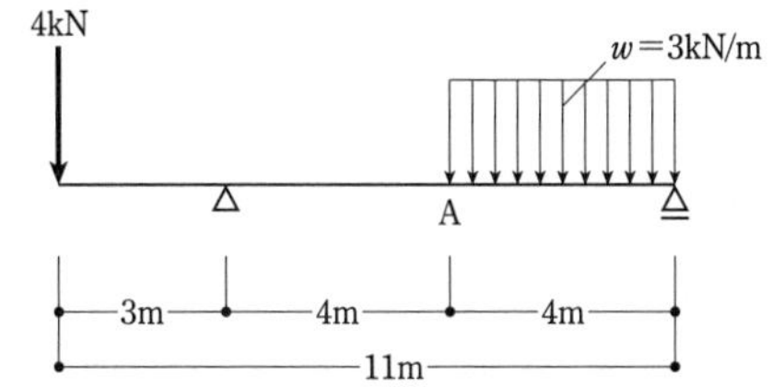

問題 4　図のような外力を受ける 3 ヒンジラーメンにおいて、支点 A、E に生じる鉛直反力 V_A、V_E と水平反力 H_A、H_E の値、B － C 間でせん断力が 0 になる点の B 点からの距離 x の組合せとして、正しいものは、次のうちどれか。ただし、鉛直反力の方向は上向きを［＋］、下向きを［－］とし、水平反力の方向は右向きを［＋］、左向きを［－］とする。

	V_A	V_E	H_A	H_E	x
1.	＋5 kN	＋15 kN	－4 kN	＋4 kN	2 m
2.	＋5 kN	＋15 kN	＋4 kN	＋4 kN	2 m
3.	＋15 kN	＋5 kN	＋4 kN	－4 kN	3 m
4.	＋15 kN	＋4 kN	＋5 kN	＋4 kN	3 m
5.	＋15 kN	＋5 kN	＋5 kN	－4 kN	4m

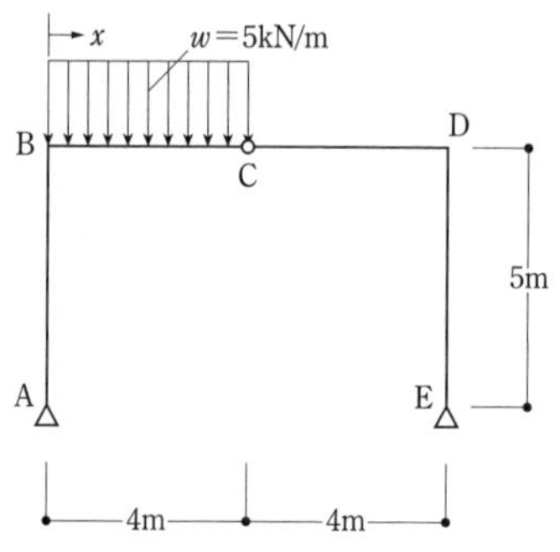

問題 5 図のような外力を受ける静定トラスにおいて、支点 B に生じる鉛直反力 V_B と部材 AB、CD にそれぞれ生じる軸方向力 N_{AB}、N_{CD} の組合せとして、**正しい**ものは、次のうちどれか。ただし、鉛直反力の方向は上向きを［+］、下向きを［−］とし、軸方向力は引張力を［+］、圧縮力を［−］とする。

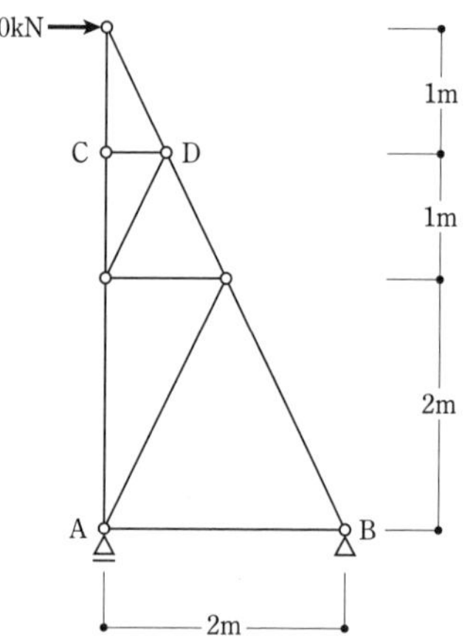

	V_B	N_{AB}	N_{CD}
1.	＋20 kN	0 kN	0 kN
2.	＋20 kN	＋5 kN	－20 kN
3.	＋10 kN	＋5 kN	$+10\sqrt{5}$ kN
4.	＋10 kN	＋10 kN	$-10\sqrt{5}$ kN
5.	＋10 kN	0 kN	0 kN

問題 6 図のような材の長さ及び材端の支持条件が異なる柱 A、B、C の弾性座屈荷重をそれぞれ P_A、P_B、P_C としたとき、それらの大小関係として、**正しい**ものは、次のうちどれか。ただし、全ての柱の材質及び断面形状は同じものとする。

1. $P_A > P_B > P_C$
2. $P_A > P_C > P_B$
3. $P_B > P_C > P_A$
4. $P_C > P_A > P_B$
5. $P_C > P_B > P_A$

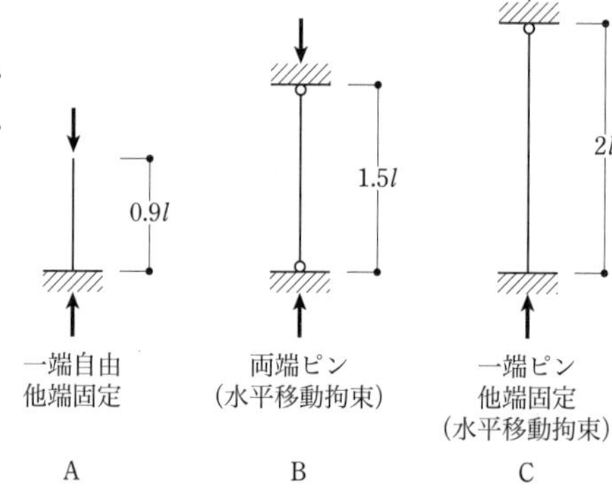

問題 7 構造計算における荷重及び外力に関する次の記述のうち、**最も不適当な**ものはどれか。

1. 暴風時における建築物の転倒や柱の引抜き等を検討する際に、建築物の実況に応じて積載荷重を低減した数値によるものとした。
2. 多雪区域において、長期に生ずる力の計算に用いる積雪荷重として、短期に生ずる力の計算に用いる積雪荷重の0.35倍の数値とした。
3. 許容応力度等計算において、地盤が著しく軟弱な区域として指定された区域内における木造の建築物の標準せん断力係数 C_0 を、0.3として地震力を算定した。
4. 建築物の地下部分の各部分に作用する地震力として、当該部分の固定荷重と積載荷重との和に水平震度 k を乗じて計算した。
5. 地下水位以深に位置する地下外壁面に対して、土圧だけでなく、水圧も考慮した。

問題 8　構造計算における風圧力と**最も関係のない**ものは、次のうちどれか。

1. 建築物の高さ
2. 建築物の屋根面の勾配
3. 建築物の壁面における開放（充分大きな面積の開口）の有無
4. 建設地の地盤周期
5. 建設地から海岸線までの距離

問題 9　地盤及び基礎構造に関する用語とその説明との組合せとして、**最も不適当な**ものは、次のうちどれか。

1. 圧密――――地盤の「強度の増大」、「沈下の抑制」、「止水」等に必要な土の性質の改善を目的として、土に脱水処理を施すこと
2. ヒービング――地下掘削において、山留め壁の背面の土が掘削面にまわり込み、根切り底面を押し上げる現象
3. 液状化――――水で飽和した砂質土等が、振動・衝撃等により間隙水圧が上昇し、せん断抵抗を失う現象
4. 負の摩擦力――軟弱地盤等において、周囲の地盤が沈下することによって、杭の周面に下向きに作用する摩擦力
5. ボイリング――砂中を上向きに流れる水流圧力によって、砂粒がかきまわされ湧き上がる現象

問題 10　木造建築物の部材の名称とその説明との組合せとして、**最も不適当な**ものは、次のうちどれか。

1. 地貫――――床板の下端などを受けるために、柱の根元近くに入れる貫
2. 根太掛け――柱の横や土台の側面に取り付けて、根太の端部を受ける横材
3. 雨押え――――外壁と開口部の上枠、下屋と外壁の立上りの取り合いなどに取り付ける雨水の浸入を防ぐための板
4. 額縁――――窓や出入口の枠と壁との境目を隠すために取り付ける材
5. 面戸板――――垂木の振れ止めと軒先の瓦の納まりを目的とする垂木の先端に取

り付ける幅広の部材

問題 11 枠組壁工法による2階建ての住宅に関する次の記述のうち、**最も不適当な**ものはどれか。

1. 土台と基礎とを緊結するに当たり、呼び径が13 mm、長さ400 mmのアンカーボルトを用いた。
2. アンカーボルトは、隅角部付近及び土台の継手付近を避け、その間隔を2.5 mとした。
3. 床版を構成する床根太相互及び床根太と側根太との間隔を450 mmとした。
4. 床版を構成する床根太の支点間距離を7 mとした。
5. 壁倍率が1の耐力壁1 m当たりの許容せん断耐力を1.96 kNとした。

問題 12 木造2階建ての住宅において、地震力に対する構造耐力上必要な耐力壁の有効長さ（必要壁量）を計算する場合、各階の床面積に乗ずる数値の大小関係として、**正しい**ものは、次のうちどれか。ただし、地盤は著しく軟弱な区域として指定されていないものとする。

	1階の床面積に乗じる数値	2階の床面積に乗じる数値
瓦葺きなどの重い屋根	ア	イ
金属板葺きなどの軽い屋根	ウ	エ

1. ア ＞ イ ＞ ウ ＞ エ
2. ア ＞ イ ＞ エ ＞ ウ
3. ア ＞ ウ ＞ イ ＞ エ
4. ウ ＞ ア ＞ イ ＞ エ
5. ウ ＞ ア ＞ エ ＞ イ

問題 13 壁式鉄筋コンクリート造2階建ての住宅に関する次の記述のうち、**最も不適当な**ものはどれか。

1. 構造耐力上主要な部分のコンクリートの設計基準強度を、18 N/mm²とした。
2. 各階の階高を、3.5 mとした。
3. 耐力壁の厚さを、15 cmとした。
4. 壁梁のせいを、45 cmとした。
5. 壁梁の主筋の径を、10 mmとした。

問題 14 鉄筋コンクリート構造に関する次の記述のうち、**最も不適当な**ものはどれか。

1. 溶接した閉鎖形帯筋を、柱の主筋を包含するように配置したり、副帯筋を使用したりすることは、柱の靱（じん）性の確保に有効である。
2. 梁の圧縮鉄筋は、長期荷重によるクリープたわみの抑制や地震時における靱（じん）性の確保に有効である。

3. 壁板の厚さは、原則として、120 mm以上、かつ、壁板の内法高さの1/30以上とする。
4. 部材の曲げモーメントに対する断面算定においては、一般に、コンクリートの引張応力度を考慮する。
5. 普通コンクリートを用いた片持ちスラブの厚さは、建築物の使用上の支障が起こらないことを計算によって確かめた場合を除き、片持ちスラブの出の長さの1/10を超える値とする。

問題 15 鉄筋コンクリート構造における配筋等に関する次の記述のうち、**最も不適当な**ものはどれか。

1. 梁のせん断補強筋比は、0.2％以上とする。
2. 柱の帯筋の末端部は、135度以上に折り曲げて定着させるか、又は相互に溶接する。
3. 内柱において、梁降伏先行型の柱梁接合部に大梁主筋を通し配筋として定着する場合、大梁主筋の付着応力度の検討は不要である。
4. 鉄筋の径（呼び名の数値）の差が7 mmを超える場合には、原則として、ガス圧接継手を設けてはならない。
5. D35以上の異形鉄筋の継手には、原則として、重ね継手を用いない。

問題 16 鉄骨構造に関する次の記述のうち、**最も不適当な**ものはどれか。

1. H形断面を有する梁が強軸まわりに曲げを受ける場合、梁の細長比が大きいほど許容曲げ応力度は大きくなる。
2. 柱の根巻き形式柱脚において、一般に、根巻き部分の鉄筋コンクリートの主筋は4本以上とし、その頂部をかぎ状に折り曲げたものとする。
3. 横移動が拘束されているラーメンの柱材の座屈長さは、精算を行わない場合は節点間距離にすることができる。
4. トラスの弦材においては、一般に、構面内の座屈に関する座屈長さを、精算を行わない場合は節点間距離とすることができる。
5. 鉄骨造の建築物の筋かいの保有耐力接合においては、軸部の全断面が降伏するまで、接合部が破断しないことを計算によって確認する。

問題 17 鉄骨構造の接合に関する次の記述のうち、**最も不適当な**ものはどれか。

1. 一つの継手に普通ボルトと溶接とを併用する場合は、ボルトには初期すべりがあるので、全応力を溶接で負担する必要がある。
2. 溶接接合において、隅肉溶接のサイズは、一般に、薄いほうの母材厚さ以下の値とする。
3. 高力ボルトの接合において、ボルト孔の中心間の距離は、ねじの呼び径の2.5倍以上とする。

4. 構造計算に用いる隅肉溶接の溶接部の有効のど厚は、一般に、隅肉サイズの0.7倍とする。

5. 柱の継手の接合用ボルト、高力ボルト及び溶接は、原則として、継手部の存在応力を十分に伝え、かつ、部材の各応力に対する許容耐力の1/3を超える耐力とする。

問題 18 建築物の耐震設計に関する次の記述のうち、**最も不適当な**ものはどれか。

1. 極めて稀(まれ)に生じる地震動に対して、建築物が倒壊しないようにすることは、耐震設計の目標の一つである。
2. 建築物の耐震性は、一般に、強度と靱(じん)性によって評価されるが、靱(じん)性が乏しい場合には、強度を十分に高くする必要がある。
3. 偏心率は、各階の重心と剛心との距離（偏心距離）を当該階の弾力半径で除した値であり、その値が大きいほど、その階において特定の部材に損傷が集中する危険性が高いことを示している。
4. 鉄筋コンクリート造のスラブなどにより床の一体性の確保が図られた剛床仮定のもとでは、建築物の各層の地震力は、一般に、柱や耐震壁などの水平剛性に比例して負担される。
5. 建築物の固有周期は、構造物としての質量が同じであれば、水平剛性が低いほど短くなる。

問題 19 建築物の構造計画に関する次の記述のうち、**最も不適当な**ものはどれか。

1. 鉄筋コンクリート造の建築物の小梁付き床スラブは、小梁の過大なたわみ及び大梁に沿った床スラブの過大なひび割れを防止するため、小梁に十分な曲げ剛性を確保した。
2. 木造の建築物について、床組や小屋梁組のたわみを減少させるために、火打材を用いて補強した。
3. 稼動するクレーンを支持する鉄骨造の梁は、繰返し応力を受けるので、高サイクル疲労の検討を行った。
4. 床面に用いる鉄骨鉄筋コンクリート造の梁について、梁のせいを梁の有効長さで除した数値が1/12以下であったので、過大な変形や振動による使用上の支障が起こらないことを計算によって確認した。
5. 周囲の壁との間に隙間を設けない特定天井に該当する天井面について、天井面の許容耐力、天井面を設ける階に応じた水平震度、天井面構成部材などの単位面積重量を用いて、天井面の長さの検討を行った。

問題 20 建築材料として使用される木材に関する次の記述のうち、**最も不適当な**ものはどれか。

1. 木材の乾燥収縮率は、繊維方向より年輪の接線方向のほうが大きい。
2. 含水率が繊維飽和点以下の木材において、膨張・収縮は、ほぼ含水率に比例する。
3. 木材の強度は、一般に、含水率の減少に伴い増大し、繊維飽和点を下回るとほぼ一定となる。
4. 木材の基準強度の大小関係は、一般に、曲げ＞引張り＞せん断である。
5. 単板積層材（LVL）は、一般に、単板の繊維方向を互いにほぼ平行にして積層接着したものである。

問題 21 コンクリートに関する次の記述のうち、**最も不適当な**ものはどれか。

1. コンクリートのヤング係数は、一般に、圧縮強度が高いものほど大きい。
2. アルカリ骨材反応によるコンクリートのひび割れは、骨材中の成分がセメントペースト中に含まれるアルカリ分と反応し、骨材が膨張することによって生じる。
3. 水セメント比が小さいコンクリートほど、中性化速度は遅くなる。
4. コンクリートの線膨張係数は、常温時において、鉄筋の線膨張係数とほぼ等しい。
5. コンクリートの耐久設計基準強度は、計画供用期間の級が「標準」の場合より「長期」の場合のほうが小さい。

問題 22 断面積が 7,850 mm^2 のコンクリートの円柱供試体（圧縮強度試験用供試体）に荷重を加えて圧縮強度試験を行ったところ、282.6 kN で最大荷重に達したのち荷重は減少し、251.2 kN で急激に耐力が低下した。このコンクリートの圧縮強度として、**正しい**ものは、次のうちどれか。

1. 24.0 N/mm^2
2. 28.0 N/mm^2
3. 32.0 N/mm^2
4. 36.0 N/mm^2
5. 40.0 N/mm^2

問題 23 鋼材に関する次の記述のうち、**最も不適当な**ものはどれか。

1. 軟鋼は、炭素含有量が多くなると硬質になり、引張強さが大きくなる。
2. 鋼材は、一般に、炭素含有量が多くなると、溶接性が低下する。
3. 鋼を製造するときに生じる黒錆（さび）（黒皮）は、鋼の表面に被膜を形成するので、一定の防食効果がある。
4. 異形棒鋼 SD345 の引張強さの下限値は、345 N/mm^2 である。
5. 建築構造用ステンレス鋼材（SUS304A 材等）は、一般構造用圧延鋼材（SS400 材等）の炭素鋼に比べて、耐食性に優れている。

問題 24 建築材料に関する次の記述のうち、**最も不適当な**ものはどれか。

1. 合成樹脂調合ペイントは、耐候性に優れ、木部及び鉄部の塗装に用いられる。

2. エポキシ樹脂は、接着性、耐薬品性、耐水性に優れ、コンクリート構造物の補修に用いられる。
3. 強化ガラスは、同じ厚さのフロート板ガラスより強度が高く、割れても破片が粒状になるので、安全性が高い。
4. しっくいは、消石灰にすさ・のり・砂などを混ぜて水で練ったものであり、水と反応して固まる水硬性の材料である。
5. 花こう岩は、圧縮強度が大きく、耐摩耗性も高いので、外装材に用いられる。

問題 25 建築材料に関する次の記述のうち、**最も不適当な**ものはどれか。

1. 押出法ポリスチレンフォームは、耐火性に優れているので、延焼のおそれのある外壁下地に用いられる。
2. 砂岩は、耐火性に優れているので、壁の内装仕上げに用いられる。
3. 磁器質のタイルは、吸水率が低いので、室内の水廻りの床と壁に用いられる。
4. シージングせっこうボードは、防水性に優れているので、台所の壁下地材に用いられる。
5. ケヤキは、針葉樹よりも強度があるので、くつずりに用いられる。

学科Ⅳ（建築施工）

正解チェック	1st	2nd	3rd
	/25	/25	/25

問題 1　次の用語のうち、ネットワーク工程表に**最も関係のない**ものはどれか。

1. ノード
2. アロー
3. バーチャート
4. EST
5. フロート

問題 2　工事現場における次の作業のうち、「労働安全衛生法」上、**所定の作業主任者を選任しなければならない**ものはどれか。ただし、いずれの作業も火薬、石綿などの取扱いはないものとする。

1. 掘削面の高さが 2.0m の土止め支保工の切ばり及び腹起しの取付け作業
2. 高さが 3.6m の枠組足場の組立て作業
3. 高さが 4.0m のコンクリート造の工作物の解体作業
4. 軒の高さが 4.5m の木造の建築物における構造部材の組立て作業
5. 高さが 4.5m の鉄骨造の建築物における骨組みの解体作業

問題 3　建築工事等に関する次の届又は報告のうち、労働基準監督署長あてに提出するものとして、**最も不適当な**ものは、次のうちどれか。

1. クレーン設置届
2. 建設用リフト設置届
3. 特定建設作業実施届出書
4. 安全管理者選任報告
5. 特定元方事業者の事業開始報告

問題 4　建築等の工事現場から排出される廃棄物に関する次の記述のうち、「廃棄物の処理及び清掃に関する法律」に照らして、**最も不適当な**ものはどれか。

1. 店舗の改装工事に伴って取り外した木製の建具は、産業廃棄物に該当する。
2. 住宅の新築工事に伴って生じた発泡プラスチック系断熱材の廃材は、産業廃棄物に該当する。
3. 現場事務所内での作業に伴って生じた図面などの紙くずは、産業廃棄物に該当する。
4. 場所打ちコンクリート杭の杭頭処理で生じたコンクリートの破片は、産業廃棄物に該当する。

5. 事務所の解体工事に伴って取り外したポリ塩化ビフェニルが含まれている廃エアコンディショナーは、特別管理産業廃棄物に該当する。

問題 5 仮設工事に関する次の記述のうち、**最も不適当な**ものはどれか。

1. 単管足場における建地の間隔を、桁行方向 1.8m、はり間方向 1.4m とした。
2. 単管足場における地上第一の布を、地面から高さ 2.5m の位置に設けた。
3. 枠組足場における水平材を、最上層及び 3 層ごとに設けた。
4. 単管足場における高さ 4.5m の位置に設ける作業床の幅を、45cm とした。
5. 単管足場における建地間の積載荷重の限度を、400kg とした。

問題 6 木造 2 階建て住宅の基礎工事等に関する次の記述のうち、**最も不適当な**ものはどれか。

1. 布基礎において、底盤部分の主筋には D10 を用い、その間隔を 300mm とした。
2. 柱脚部の短期許容耐力が 25kN のホールダウン専用アンカーボルトのコンクリート基礎への埋込み長さを、250mm とした。
3. 布基礎の天端ならしは、遣方（やりかた）を基準にして陸墨（ろくずみ）を出し、調合が容積比でセメント 1：砂 3 のモルタルを水平に塗り付けた。
4. 布基礎の立上りの厚さは 150mm とし、セパレーターを用いて型枠間の幅を固定した。
5. ねこ土台を使用するべた基礎の床下換気措置として、外周部の土台の全周にわたって、1m 当たり有効面積 75cm^2 以上の換気孔を設けた。

問題 7 土工事及び地業工事に関する次の記述のうち、**最も不適当な**ものはどれか。

1. 土工事において、地盤沈下を防止するための地下水処理の工法として、ディープウェル工法を採用した。
2. 砂地業において、シルトを含まない山砂を使用した。
3. オールケーシング工法において、所定の支持層を確認後は、孔底部のスライムを除去した。
4. 場所打ちコンクリート杭工事において、特記がなかったので、本杭の施工における各種管理基準値を定めるための試験杭を、最初に施工する 1 本目の本杭と兼ねることとした。
5. 基礎の墨出しを行い、配筋、型枠の建込みを正確に行うために、捨てコンクリート地業を行った。

問題 8 鉄筋工事に関する次の記述のうち、**最も不適当な**ものはどれか。

1. 柱・梁等の鉄筋の加工及び組立におけるかぶり厚さは、施工誤差を考慮し、最小かぶり厚さに 10mm を加えた値とした。
2. ガス圧接完了後の圧接部の外観検査において、検査方法は目視又はノギス、スケール等を用いて行い、検査対象は抜取りとした。

3. ガス圧接において、圧接後の形状及び寸法が設計図書に合致するよう、圧接箇所1か所につき鉄筋径程度の縮み代を見込んで、鉄筋を加工した。
4. 径の同じ鉄筋のガス圧接継手において、圧接部における鉄筋中心軸の偏心量は、鉄筋径の1/5以下とした。
5. スラブ及び梁の底部のスペーサーは、特記がなかったので、型枠に接する部分に防錆（せい）処理が行われている鋼製のものを使用した。

問題 9 型枠工事に関する次の記述のうち、**最も不適当な**ものはどれか。

1. セパレーター（丸セパB型）のコーン穴の処理については、コーンを取り外したのち、防水剤入りモルタルを充填した。
2. コンクリートの有害なひび割れ及びたわみの有無は、支保工を取り外した後に確認した。
3. 梁を貫通する配管用スリーブには、紙チューブを使用した。
4. 柱の型枠の加工及び組立てに当たって、型枠下部にコンクリート打込み前の清掃用に掃除口を設けた。
5. コンクリート圧縮強度が12N/mm²に達し、かつ、施工中の荷重及び外力について、構造計算により安全が確認されたので、スラブ下の支柱を取り外した。

問題 10 コンクリート工事に関する次の記述のうち、**最も不適当な**ものはどれか。

1. 材齢28日で試験を行うための構造体コンクリートの圧縮強度推定用供試体は、工事現場の直射日光の当たらない屋外において、水中養生とした。
2. 普通コンクリートの気乾単位容積質量を、2.3t/m³とした。
3. 調合管理強度の判定は、3回の試験で行い、1回の試験における圧縮強度の平均値が調合管理強度の90%、かつ、3回の試験における圧縮強度の総平均値が調合管理強度以上であったので、合格とした。
4. 構造体コンクリート強度の判定のための供試体は、任意の運搬車1台からコンクリート試料を採取して、3個の供試体を作製した。
5. コンクリートの計画調合は、調合強度等について所定の品質が得られることを試し練りによって確認したうえで定めた。

問題 11 コンクリート工事に関する次の記述のうち、**最も不適当な**ものはどれか。

1. コンクリートポンプによる圧送において、スラブのコンクリート打込みは、輸送管の振動により、配筋に有害な影響を与えないように、支持台を使用して輸送管を保持した。
2. 2つの工場で製造されたレディーミクストコンクリートは、同一打込み区画に打ち込まないように打込み区画を分けた。
3. コンクリートの品質に悪影響を及ぼすおそれのある降雪が予想されたので、適切な養生を行ったうえでコンクリートを打ち込んだ。

4. 梁のコンクリートは、柱及び壁のコンクリートの打込みと連続して梁の上部まで打ち込んだ。
5. 梁や壁の打継ぎ部は、鉄筋を骨としてメタルラスを張って仕切った。

問題 12 鉄骨工事における建方に関する次の記述のうち、**最も不適当な**ものはどれか。

1. 吊(つり)上げの際に変形しやすい部材については、適切な補強を行った。
2. アンカーボルトの心出しは、型板を用いて基準墨に正しく合わせ、適切な機器を用いて行った。
3. 本接合に先立ち、ひずみを修正し、建入れ直しを行った。
4. 柱の溶接継手におけるエレクションピースに使用する仮ボルトについては、一群のボルト数の3/4を締め付けた。
5. 敷地が狭く部材の搬入経路が一方向となるので、鉄骨建方は、建逃げ方式を採用した。

問題 13 鉄骨工事における溶接に関する次の記述のうち、**最も不適当な**ものはどれか。

1. 開先の加工は自動ガス切断とし、加工精度の不良なものは修正した。
2. 溶接部の超音波探傷試験において、不合格の部分は全て除去して再溶接を行った。
3. 完全溶込み溶接において、初層の溶接で継手部と裏当て金が十分に溶け込むようにした。
4. スタッド溶接完了後の試験において、仕上り高さが指定寸法の－2mm、傾きが4度であったので、合格とした。
5. 作業場所の気温が3℃であったので、溶接線から40mmまでの範囲の母材部分を加熱して、溶接を行った。

問題 14 補強コンクリートブロック造工事に関する次の記述のうち、**最も不適当な**ものはどれか。

1. ブロックの空洞部への充填用コンクリートには、空洞部の大きさを考慮して、豆砂利コンクリートを用いた。
2. 耐力壁のブロックは、水平目地のモルタルをフェイスシェル部分にのみ塗布して積み上げた。
3. 押し目地仕上げは、目地モルタルが硬化する前に、目地こてで押さえた。
4. 高さ2.2mのブロック塀において、特記がなかったので、厚さ150mmの空洞ブロックを用いた。
5. ブロック塀の縦筋は、頂上部の横筋に180度フックによりかぎ掛けとした。

問題 15 木造軸組工法における接合金物とその用途との組合せとして、**最も不適当な**ものは、次のうちどれか。

1. 短ざく金物――――――――上下階の柱相互の接合
2. 羽子板ボルト――――――――小屋梁と軒桁の接合
3. 筋かいプレート――――――筋かいを柱と軒桁に同時に接合
4. かど金物―――――――――引張りを受ける柱と土台の接合
5. かね折り金物―――――――垂木と軒桁の接合

問題 16 木造住宅における木工事に関する次の記述のうち、**最も不適当な**ものはどれか。

1. 土台には、ひばを使用した。
2. 大引は、腹を上端にして使用した。
3. 床板は、木表を上にして取り付けた。
4. 柱は、末口を土台側にして取り付けた。
5. 桁は、背を上端にして使用した。

問題 17 屋根工事及び防水工事に関する次の記述のうち、**最も不適当な**ものはどれか。

1. 長尺金属板葺の下地に使用する下葺材は、野地面上に軒先と平行に敷き込み、軒先から上に向かって張り、その重ね幅は上下（流れ方向）100mm、左右（長手方向）200mm とした。
2. 鉄筋コンクリート造の陸（ろく）屋根において、鋳鉄製ルーフドレンの取付けは、コンクリートに打込みとし、水はけよく、床面より下げた位置とした。
3. 鉄筋コンクリート造の陸（ろく）屋根のシート防水工事において、塩化ビニル樹脂系ルーフィングシートを使用したので、平場のシートの重ね幅は縦横方向いずれも 40mm とした。
4. 鉄筋コンクリート造の陸（ろく）屋根のアスファルト防水工事において、防水層の下地の入隅は、通りよく直角とした。
5. シーリング工事におけるボンドブレーカーは、シーリング材と接着しない粘着テープとした。

問題 18 左官工事、タイル工事及び石工事に関する次の記述のうち、**最も不適当な**ものはどれか。

1. コンクリート床面へのセルフレベリング材塗りにおいて、低温の場合の養生期間は 7 日とした。
2. コンクリート外壁面へのモルタル塗りにおいて、各層の 1 回当たりの塗り厚は 7mm 以下とし、全塗厚は 25mm 以下とした。
3. 屋外のセメントモルタルによるタイル張りにおいて、セメントモルタルの硬化後、全面にわたり打診を行った。
4. 壁タイル張りの密着張りにおいて、張付けモルタルの塗付け後、直ちにタイルを押し当て、タイル張り用振動機を用い、タイル表面に振動を与えながら張り付けた。

5. 外壁に湿式工法で石材を取り付けるに当たり、裏込めモルタルの調合は、容積比でセメント1：砂3とした。

問題 19 塗装工事に関する次の記述のうち、**最も不適当な**ものはどれか。

1. 屋外の鉄鋼面における中塗り及び上塗りは、アクリルシリコン樹脂エナメル塗りとした。
2. 屋内のせっこうボード面は、合成樹脂エマルションペイント塗りとした。
3. 木部の素地ごしらえにおいて、節止めに木部下塗り用調合ペイントを塗布した。
4. 冬期におけるコンクリート面への塗装において、コンクリート素地の乾燥期間の目安を、14日間とした。
5. 塗料は、気温の低下などから所定の粘度が得られないと判断したので、適切な粘度に調整して使用した。

問題 20 建具工事、ガラス工事及び内装工事に関する次の記述のうち、**最も不適当な**ものはどれか。

1. 木造の一戸建て住宅のバルコニーにおいて、FRP系塗膜防水工事の後のアルミニウム製建具の取付けにより、建具釘打ちフィンと下地の間に隙間が生じたので、パッキン材を挟んだ。
2. ガラスブロック積みにおいて、特記がなかったので、平積みの目地幅の寸法を10mmとした。
3. 地下部分の最下階の床にゴム床タイルを張り付けるに当たり、エポキシ樹脂系の接着剤を使用した。
4. 壁紙の張付け工事において、壁紙のホルムアルデヒド放散量について、特記がなかったので、壁紙はホルムアルデヒド放散量の等級が「F☆☆☆☆」のものを用いた。
5. 高さが2.1mの木製開き戸を取り付けるに当たり、特記がなかったので、木製建具用丁番を2枚使用した。

問題 21 住宅における設備工事に関する次の記述のうち、**最も不適当な**ものはどれか。

1. 給水横走り管は、上向き給水管方式を採用したので、先上がりの均一な勾配で配管した。
2. 温水床暖房に用いる埋設方式の放熱管を樹脂管としたので、管の接合は、メカニカル継手とした。
3. 雨水用排水ますには、深さ150mmの泥だめを設けた。
4. 換気設備の排気ダクトは、住戸内から住戸外に向かって、先下がり勾配となるように取り付けた。
5. 給湯用配管は、管の伸縮が生じないように堅固に固定した。

問題 22　改修工事に関する次の記述のうち、**最も不適当な**ものはどれか。

1. せっこうボードを用いた壁面の目地を見せる目透し工法による内装の改修において、テーパー付きせっこうボードを用いた。
2. コンクリート打放し仕上げの外壁のひび割れの補修を自動式低圧エポキシ樹脂注入工法により行う場合、ひび割れの幅等を考慮して注入用器具の取付間隔を決定した。
3. コンクリート面を仕上塗材塗りとするので、下地の目違いをサンダー掛けにより取り除いた。
4. 防火シャッター更新工事において、危害防止機構として接触型の障害物感知装置を設け、シャッターに挟まれても重大な障害を受けないようにした。
5. 軽量鉄骨壁下地材におけるそで壁端部の補強は、開口部の垂直方向の補強材と同材を用いて行った。

問題 23　測量に関する次の記述のうち、**最も不適当な**ものはどれか。

1. 傾斜地の距離測量において、傾斜地の高いほうから低いほうへ下がりながら測定する降測法を用いた。
2. 平板測量において、敷地内に建築物があり、見通しが悪いので放射法により測量した。
3. 真北の測定において、測量した場所の磁針偏差を調べて真北を求めた。
4. 水準測量において、高低差が大きかったので、レベルを据え付ける位置を変えながら測量した。
5. トラバース測量において、閉合トラバースの測角誤差が許容誤差以内であったので、それぞれの角に等しく配分して調整した。

問題 24　建築積算に関する次の記述のうち、**最も不適当な**ものはどれか。

1. 共通仮設は、複数の工事種目に共通して使用する仮設をいう。
2. 直接仮設は、工事種目ごとの複数の工事科目に共通して使用する仮設をいう。
3. 専用仮設には、コンクリート足場が含まれる。
4. 直接仮設には、遣方（やりかた）や墨出しが含まれる。
5. 共通仮設には、土工事における山留めが含まれる。

問題 25　中央建設業審議会「民間建設工事標準請負契約約款（甲）」における監理者が行う業務に関する次の記述のうち、**最も不適当な**ものはどれか。

1. 設計図書等の内容を把握し、設計図書等に明らかな矛盾、誤謬（ごびゅう）、脱漏、不適切な納まり等を発見した場合は、受注者に通知する。
2. 設計内容を伝えるため発注者と打ち合わせ、適宜、この工事を円滑に遂行するため、必要な時期に説明用図書を発注者に交付する。
3. 受注者から工事に関する質疑書が提出された場合、設計図書等に定められた品質確保の観点から技術的に検討し、当該結果を受注者に回答する。

4. 設計図書等の定めにより受注者が作成、提出する施工計画について、設計図書等に定められた工期及び品質が確保できないおそれがあると明らかに認められる場合には、受注者に対して助言し、その旨を発注者に報告する。
5. 工事と設計図書等との照合及び確認の結果、工事が設計図書等のとおりに実施されていないと認めるときは、直ちに受注者に対してその旨を指摘し、工事を設計図書等のとおりに実施するよう求めるとともに発注者に報告する。

令和３年
二級建築士「学科の試験」問題

学科Ⅰ（建築計画）

	1st	2nd	3rd
正解チェック	/25	/25	/25

問題 1　日本の歴史的な建築物に関する次の記述のうち、**最も不適当な**ものはどれか。

1. 数寄屋造りの桂離宮（京都府）は、古書院、中書院、新御殿等から構成され、茶室建築の手法を取り入れた建築物である。
2. 霊廟（れいびょう）建築の日光東照宮（栃木県）は、本殿と拝殿とを石の間で繋（つな）ぐ権現造りの建築物である。
3. 東大寺南大門（奈良県）は、肘木を柱に直接差し込んで、組物を前面に大きく突き出した、大仏様（天竺（じく）様）の建築物である。
4. 住吉造りの住吉大社本殿（大阪府）は、奥行のある長方形の平面形状で、四周に回り縁（えん）がなく、内部は内陣と外陣に区分されている等の特徴をもった建築物である。
5. 出雲大社本殿（島根県）は、神社本殿の一形式の大社造りであり、平入りの建築物である。

問題 2　建築物Ａ～Ｅとその設計者との組合せとして、**最も適当な**ものは、次のうちどれか。ただし、（　　）内は、所在地を示す。

A. 落水荘（アメリカ）
B. 惜櫟（せきれき）荘（静岡県）
C. 軽井沢の山荘（長野県）
D. サヴォア邸（フランス）
E. 塔の家（東京都）

	フランク・ロイド・ライト	ル・コルビュジエ	吉田五十八	吉村順三	東孝光
1.	A	D	B	C	E
2.	A	D	B	E	C
3.	A	D	C	B	E
4.	D	A	C	E	B
5.	D	A	E	C	B

問題 3 建築環境工学における用語・単位に関する次の記述のうち、**最も不適当な**ものはどれか。

1. 大気放射は、日射のうち、大気により吸収、散乱される部分を除き、地表面に直接到達する日射である。
2. 残響時間は、音源から発生した音が停止してから、室内の平均音圧レベルが 60dB 低下するまでの時間をいう。
3. 生物化学的酸素要求量（BOD）は、水質汚濁を評価する指標の一つである。
4. 絶対湿度の単位は、相対湿度の単位と異なり、kg/kg(DA) である。
5. 熱伝導率の単位は、熱伝達率の単位と異なり、W/(m・K) である。

問題 4 イ～ホの条件の室において、最低限必要な換気回数を計算した値として、**最も適当な**ものは、次のうちどれか。

条件

イ．室容積：$50m^3$

ロ．在室者数：3 人

ハ．在室者 1 人当たりの呼吸による二酸化炭素の発生量：$0.02m^3/h$

ニ．室内の二酸化炭素の許容濃度：0.10%

ホ．外気の二酸化炭素の濃度：0.04%

1. 1.0 回 /h
2. 1.5 回 /h
3. 2.0 回 /h
4. 2.5 回 /h
5. 3.0 回 /h

問題 5 結露に関する次の記述のうち、**最も不適当な**ものはどれか。

1. 冬期において、外壁の室内側表面結露を防止するためには、断熱強化により、外壁の室内側壁面温度を上昇させることが有効である。
2. 外壁の内部結露を防止させるためには、防湿層を断熱材の外気側に配置することが有効である。
3. 地下室において、夏期に生じる結露は、換気をすることによって増加する場合がある。
4. 床下結露には、室内から侵入した水蒸気が結露するものや、地盤からの水蒸気が非暖房室の冷たい床板に触れて結露するものなどがある。
5. 小屋裏結露を防止するためには、天井面での防湿を行い、小屋裏換気を促進するために十分な換気口を確保することが有効である。

問題 6 湿り空気に関する次の記述のうち、**最も不適当な**ものはどれか。

1. 湿り空気の質量は、乾燥空気の質量と水蒸気の質量との和である。

2. 乾球温度が同じであれば、乾球温度と湿球温度との差が大きいほうが、相対湿度は高い。
3. 絶対湿度を変えずに、空気を加熱すると、その空気の相対湿度は低くなる。
4. 絶対湿度を変えずに、空気を加熱･冷却しても、その空気の水蒸気圧は変化しない。
5. 湿球温度は、乾球温度よりも高くなることはない。

問題 7 日照、採光、照明に関する次の記述のうち、**最も不適当な**ものはどれか。

1. 光束は、光源から放射されるエネルギーを、人間の目の感度特性で重みづけした測光量である。
2. 照度は、光が入射する面の入射光束の面積密度で、明るさを示す測光量である。
3. 演色性は、物体表面の色の見え方に影響を及ぼす光源の性質である。
4. 可照時間は、天候や障害物の影響を受けない。
5. 設計用全天空照度は、「快晴の青空」より「薄曇りの日」のほうが小さな値となる。

問題 8 色彩に関する次の記述のうち、**最も不適当な**ものはどれか。

1. 色彩によって感じられる距離感覚は異なり、一般に、暖色は近くに、寒色は遠くに感じる。
2. 明所視において同じ比視感度の青と赤であっても、暗所視では青よりも赤のほうが明るく見える。
3. 混色によって無彩色を作ることができる二つの色は、相互に補色の関係にある。
4. 色光の加法混色においては、三原色を同じ割合で混ぜ合わせると、白色になる。
5. マンセル表色系における明度（バリュー）は、完全な白を10、完全な黒を0として表す。

問題 9 音響設計に関する次の記述のうち、**最も不適当な**ものはどれか。

1. 室内の騒音の許容値をNC値で表す場合、その値が小さいほど、許容される騒音レベルは低くなる。
2. 軽量床衝撃音への対策として、カーペットや畳などの緩衝性の材料を用いることが効果的である。
3. 窓や壁体の遮音による騒音防止の効果を高めるには、窓や壁の材料の音響透過損失の値を小さくする。
4. フラッターエコーは、一般に、向かい合う平行な壁面それぞれの吸音率が低いと発生する。
5. 一般に、室容積が大きくなるほど、最適残響時間は長くなる。

問題 10 建築物の環境評価及び地球環境に関する次の記述のうち、**最も不適当な**ものはどれか。

1. CASBEE（建築環境総合性能評価システム）は、室内の快適性や景観の維持を含めた建築物の運用に関わる費用を算出するシステムである。

2. PM2.5（微小粒子状物質）は、人の呼吸器系、循環器系への影響が懸念されており、我が国では環境基準が定められている。
3. SDGs（持続可能な開発目標）は、2030年を年限とする国際目標であり、「水・衛生」、「エネルギー」、「まちづくり」、「気候変動」などに関する項目が含まれている。
4. 建築物の $LCCO_2$（ライフサイクル CO_2）は、資材生産から施工・運用・解体除却までの全過程の CO_2 排出量を推定して算出する。
5. ZEB（ネット・ゼロ・エネルギー・ビル）は、室内環境の質を維持しつつ、建築物で消費する年間の一次エネルギーの収支を正味ゼロ又はマイナスにすることを目指した建築物である。

問題 11 住宅の計画に関する次の記述のうち、**最も不適当な**ものはどれか。

1. パッシブデザインは、建築物が受ける自然の熱、風及び光を活用して暖房効果、冷却効果、照明効果等を得る設計手法である。
2. 台所において、L型キッチンを採用することにより、車椅子使用者の調理作業の効率化を図ることができる。
3. 就寝分離とは、食事をする空間と寝室とを分けることである。
4. 和室を京間とする場合、柱と柱の内法(のり)寸法を、基準寸法の整数倍とする。
5. ユーティリティルームは、洗濯、アイロンかけ等の家事を行う場所である。

問題 12 集合住宅の計画に関する次の記述のうち、**最も不適当な**ものはどれか。

1. コンバージョンは、事務所ビルを集合住宅にする等、既存の建築物を用途変更・転用する手法である。
2. コモンアクセスは、共用庭と各住戸へのアクセス路とを分離した形式で、動線はアクセス路側が中心となり、共用庭の利用は限られたものになりやすい。
3. 子どもが飛び跳ねたりする音などの床衝撃音が下階に伝わることを防ぐためには、床スラブをできるだけ厚くすることが有効である。
4. 都市型集合住宅における2名が居住する住居の誘導居住面積水準の目安は、$55m^2$ である。
5. ライトウェル（光井戸）は、住戸の奥行きが深い場合などに、採光を目的として設けられる。

問題 13 事務所ビル・商業建築の計画に関する次の記述のうち、**最も不適当な**ものはどれか。

1. フリーアドレス方式は、事務室の在席率が60％以下でないとスペースの効率的な活用が難しい方式である。
2. システム天井は、モデュール割りを用いて、設備機能を合理的に組み込みユニット化した天井である。

3. 喫茶店において、厨房の床面積は、一般に、述べ面積の15〜20%程度である。
4. 延べ面積に対する客室部分の床面積の合計の割合は、一般に、ビジネスホテルよりシティホテルのほうが大きい。
5. 機械式駐車場において、垂直循環式は、一般に、収容台数が同じであれば、多層循環式に比べて、設置面積を小さくすることができる。

問題 14　教育施設等の計画に関する次の記述のうち、**最も不適当な**ものはどれか。

1. 地域図書館において、開架貸出室の一部にブラウジングコーナーを設けた。
2. 保育所において、保育室の1人当たりの床面積は、3歳児用より5歳児用のほうを広くした。
3. 保育所において、幼児用の大便器のブースの扉の高さを1.2mとした。
4. 小学校において、学習用の様々な素材を学年ごとに分散配置するスペースとして、「ラーニング（学習）センター」を設けた。
5. 小学校のブロックプランにおいて、学年ごとの配置が容易で、普通教室の独立性が高いクラスター型とした。

問題 15　社会福祉施設等に関する次の記述のうち、**最も不適当な**ものはどれか。

1. 特別養護老人ホームは、常に介護が必要で在宅介護を受けることが困難な高齢者が、入浴や食事の介護等を受ける施設である。
2. サービス付き高齢者向け住宅は、居住者の安否確認や生活相談のサービスを提供し、バリアフリー構造を有する賃貸等の住宅である。
3. ケアハウスは、家族による援助を受けることが困難な高齢者が、日常生活上必要なサービスを受けながら自立的な生活をする施設である。
4. 老人デイサービスセンターは、常に介護が必要な高齢者が、入浴や食事等の日常生活上の支援、機能訓練等を受けるために、短期間入所する施設である。
5. 介護老人保健施設は、病院における入院治療の必要はないが、家庭に復帰するための機能訓練や看護・介護が必要な高齢者のための施設である。

問題 16　建築計画における各部寸法に関する次の記述のうち、**最も不適当な**ものはどれか。

1. 診療所の駐輪場において、自転車1台当たりの駐輪スペースを、400mm×1,600mmとした。
2. 診療所の階段において、手摺（すり）を床面からの高さ800mmと600mmの位置に上下2段に設置し、手摺（すり）の端部を壁側に曲げた。
3. 一戸建て住宅の玄関ポーチにおいて、車椅子使用者に配慮し、車椅子が回転できるスペースを1,500mm角程度とした。
4. 一戸建て住宅の台所において、流し台の前面に出窓を設けるに当たって、立位で流し台を使用する場合、流し台手前から出窓までの距離を800mmとした。

5.　一戸建て住宅の屋内の階段において、蹴込み寸法を、昇る際に躓き（つまづ）にくくするため、20mm とした。

問題 17　まちづくりに関する次の記述のうち、**最も不適当な**ものはどれか。

1.　視覚障害者誘導用ブロックには、線状の突起のある移動方向を指示する線状ブロックと、点状の突起のある注意喚起を行う点状ブロックとがある。
2.　スプロールは、一端が行止りの街路において、その端部で車の方向転換を可能としたものである。
3.　アンダーパスは、道路や鉄道の地盤面下を潜り抜ける道路で、雨水が流入しやすいので、排水機能の確保が必要である。
4.　登録有形文化財である建築物の一部を改装するに当たって、建築物の外観が大きく変わる場合などは現状変更の届出が必要となる。
5.　イメージハンプは、車道の色や材質の一部を変えて、車の運転者に速度抑制を心理的に促すために設けるものであり、路面に高低差はない。

問題 18　建築生産等に関する次の記述のうち、**最も不適当な**ものはどれか。

1.　ボックスユニット工法は、工場生産されたプレキャストコンクリート板を使用して現場で箱状に組み立てる工法であり、工期の短縮にも適している。
2.　枠組壁工法（ツーバイフォー工法）は、北米において発展した木造建築の工法で、主に断面寸法が 2 インチ× 4 インチの部材により構成され、一般に、接合部においては C マーク表示金物を使用する。
3.　プレファブ工法は、部材をあらかじめ工場で生産する方式であり、品質の安定化、工期の短縮化等を目的とした工法である。
4.　モデュラーコーディネーションは、基準として用いる単位寸法等により、建築及び建築各部の寸法を相互に関連づけるように調整する手法である。
5.　曳家（ひきや）は、建築物を解体せずに、あらかじめ造った基礎まで水平移動させる工事のことである。

問題 19　建築設備に関する次の記述のうち、**最も不適当な**ものはどれか。

1.　避難設備は、人を安全な場所へ誘導するために設けられる、避難はしご、救助袋などをいう。
2.　600V2 種ビニル絶縁電線（HIV）は、使用電圧が 600V 以下の電気工作物や電気機器の配線用で、主に防災設備の耐熱配線に用いる。
3.　吸込み型トロッファは、照明器具と空調用吸込み口を一体化した照明器具で、照明発熱による空調負荷の軽減効果が期待できる。
4.　外気冷房は、中間期や冬期において、室温に比べて低温の外気を導入して冷房に利用する省エネルギー手法である。
5.　第 3 種換気は、室内を正圧に保持できるので、室内への汚染空気の流入を防ぐことができる。

問題 20　空気調和設備に関する次の記述のうち、**最も不適当な**ものはどれか。

1. ターミナルレヒート方式は、レヒータ（再熱器）ごとの温度調節が可能であるが、冷房時には、一度冷やした空気を温めるため、大きなエネルギー損失となる。
2. 変風量単一ダクト方式は、一般に、定風量単一ダクト方式に比べて、室内の気流分布、空気清浄度を一様に維持することが難しい。
3. 同一量の蓄熱をする場合、氷蓄熱方式は、水蓄熱方式に比べて、蓄熱槽の容積を小さくすることができる。
4. 空気熱源マルチパッケージ型空調機方式では、屋外機から屋内機に冷水を供給して冷房を行う。
5. 置換換気・空調は、空気の浮力を利用した換気・空調方式である。

問題 21　給排水衛生設備に関する次の記述のうち、**最も不適当な**ものはどれか。

1. 排水トラップを設ける目的は、衛生害虫や臭気などの室内への侵入を防止することである。
2. ホースなどが接続される給水栓には、一般に、バキュームブレーカなどの逆流防止装置を設ける。
3. トラップの封水深は、トラップの管径が 25mm の場合は管径と同寸法である 25mm 程度とする。
4. 水道（上水）の 3 要素としては、適度な水圧、需要を満足する水量、水質基準を満たすことがあげられる。
5. 通気弁は、通気管内が負圧のときは空気を吸引し、排水負荷のないときや通気管内が正圧のときは臭気などの室内への侵入を防止する器具である。

問題 22　給排水衛生設備に関する次の記述のうち、**最も不適当な**ものはどれか。

1. 間接排水とは、器具からの排水管をいったん大気中で縁を切り、一般排水系統へ直結している水受け容器又は排水器具の中へ排水することをいう。
2. シングルレバー水栓や全自動洗濯機への配管において、ウォータハンマの発生を防止するためには、エアチャンバの設置が有効である。
3. 給水設備における高置水槽方式の高置水槽は、建築物内で最も高い位置にある水栓、器具等の必要水圧が確保できるような高さに設置する。
4. 吐水口空間とは、給水栓の吐水口最下端からその水受け容器のあふれ縁の上端までの垂直距離をいう。
5. FF 式給湯機を用いる場合は、燃焼のための換気設備を別に設ける必要がある。

問題 23　電気設備に関する次の記述のうち、**最も不適当な**ものはどれか。

1. 低圧屋内配線におけるケーブルラックには、一般に、絶縁電線を直接敷設してはならない。

2. 無効電力を削減するためには、誘導電動機に進相コンデンサを並列に接続することによる力率改善が有効である。
3. 電気配線の許容電流値は、周囲温度や電線離隔距離に影響されない。
4. 光束法によって全般照明の照明計画を行う場合、設置直後の照度は、設計照度以上となる。
5. 貸事務所などの場合、分電盤類が設置されているEPS（電気シャフト）の位置は、共用部に面することが望ましい。

問題 24 消防設備等に関する次の記述のうち、**最も不適当な**ものはどれか。

1. 住宅用消火器は、蓄圧式で再充填ができないものである。
2. 屋外消火栓設備は、屋外から建築物の1階及び2階の火災を消火し、隣接する建築物への延焼等を防止するための設備である。
3. 階段室に設ける自動火災報知設備の感知器は、熱感知器とする。
4. 屋内消火栓設備における易操作性1号消火栓は、1人で操作が可能な消火栓である。
5. 非常用エレベーターは、火災時における消防隊の消火活動などに使用することを主目的とした設備である。

問題 25 我が国における環境・省エネルギーに関する次の記述のうち、**最も不適当な**ものはどれか。

1. 換気設備について、熱損失を少なくするために、全熱交換器を用いた。
2. 空気熱源マルチパッケージ型空調機は、省エネルギーに配慮し、成績係数（COP）の大きい機器を採用した。
3. 風がない場合においても温度差による換気を期待し、上下部に開口部を設けた吹き抜け空間を計画した。
4. 夏期の冷房時における窓面からの日射負荷を低減するため、東西面の窓に水平ルーバーを計画した。
5. 雨水利用システムにおける集水場所を、集水率の高さや、集水した雨水の汚染度の低さを考慮して、屋根面とした。

学科Ⅱ（建築法規）

正解チェック	1st /25	2nd /25	3rd /25

問題 1 用語に関する次の記述のうち、建築基準法上、**誤っている**ものはどれか。

1. 学校の教室は、「居室」である。
2. 建築物を同一敷地内に移転することは、「建築」である。
3. 幼保連携型認定こども園の用途に供する建築物は、「特殊建築物」である。
4. 建築物の構造上重要でない最下階の床について行う過半の修繕は、「大規模の修繕」である。
5. ドレンチャーは、「防火設備」である。

問題 2 次の行為のうち、建築基準法上、**全国どの場所においても、確認済証の交付を受ける必要がある**ものはどれか。

1. 鉄骨造平家建て、延べ面積 300m^2 の診療所（患者の収容施設を有しないもの）の大規模の模様替
2. 鉄骨造 3 階建て、延べ面積 300m^2 の美術館における床面積 10m^2 の増築
3. 木造 2 階建て、延べ面積 150m^2、高さ 8m の一戸建て住宅から旅館への用途の変更
4. 木造 2 階建て、延べ面積 200m^2、高さ 9m の集会場の新築
5. 鉄筋コンクリート造 3 階建て、延べ面積 400m^2 の共同住宅から事務所への用途の変更

問題 3 次の記述のうち、建築基準法上、**誤っている**ものはどれか。

1. 建築基準法第 6 条第 1 項第一号に掲げる建築物で安全上、防火上又は衛生上特に重要であるものとして政令で定めるもの（国等の建築物を除く。）の所有者（所有者と管理者が異なる場合においては、管理者）は、当該建築物の敷地、構造及び建築設備について、定期に、一級建築士若しくは二級建築士又は建築物調査員にその状況の調査をさせて、その結果を特定行政庁に報告しなければならない。
2. 建築基準法第 6 条の 4 第 1 項第三号に掲げる建築物のうち準防火地域内における一戸建ての住宅を新築しようとする場合においては、建築物の建築に関する確認の特例により、建築基準法第 35 条の 2 の規定については審査から除外される。
3. 指定確認検査機関が確認済証の交付をした建築物の計画について、特定行政庁が建築基準関係規定に適合しないと認め、その旨を建築主及び指定確認検査機関に通知した場合において、当該確認済証は、その効力を失う。
4. 災害があった場合において公益上必要な用途に供する応急仮設建築物を建築した者は、その建築工事を完了した後 3 月を超えて当該建築物を存続させようとする

場合においては、原則として、その超えることとなる日前に、特定行政庁の許可を受けなければならない。

5. 建築主は、床面積の合計が10m²を超える建築物を建築しようとする場合においては、原則として、建築主事を経由して、その旨を都道府県知事に届け出なければならない。

問題 4 木造2階建て、延べ面積180m²の長屋の計画に関する次の記述のうち、建築基準法に**適合しない**ものはどれか。

1. 建築材料には、クロルピリホスを添加しなかった。
2. 各戸の界壁を小屋裏又は天井裏に達するものとしなかったので、遮音性能については、天井の構造を天井に必要とされる技術的基準に適合するもので、国土交通大臣が定めた構造方法を用いるものとした。
3. 居間の天井の高さを2.3mとし、便所の天井の高さを2.0mとした。
4. 階段の片側にのみ幅12cmの手すりを設けたので、階段の幅は、77cmとした。
5. 下水道法第2条第八号に規定する処理区域内であったので、便所を水洗便所とし、その汚水管を合併処理浄化槽に連結させ、便所から排出する汚物を公共下水道以外に放流した。

問題 5 建築設備に関する次の記述のうち、建築基準法上、**誤っている**ものはどれか。

1. 水洗便所には、採光及び換気のため直接外気に接する窓を設け、又はこれに代わる設備をしなければならない。
2. 建築物に設ける排水のための配管設備の末端は、公共下水道、都市下水路その他の排水施設に排水上有効に連結しなければならない。
3. 建築物（換気設備を設けるべき調理室等を除く。）に設ける自然換気設備の給気口は、居室の天井の高さの1/2以下の高さの位置に設け、常時外気に開放された構造としなければならない。
4. 住宅の浴室（常時開放された開口部はないものとする。）において、密閉式燃焼器具のみを設けた場合には、換気設備を設けなくてもよい。
5. 地上2階建て、延べ面積1,000m²の建築物に設ける換気設備の風道は、不燃材料で造らなければならない。

問題 6 図のような立面を有する瓦葺屋根の木造2階建て、延べ面積140m²の建築物を設ける構造耐力上必要な軸組を、厚さ3cm×幅9cmの木材の筋かいを入れた軸組とする場合、1階の張り間方向の当該軸組の長さの合計の最小限必要な数値として、建築基準法上、**正しい**ものは、次のうちどれか。ただし、小屋裏等に物置等は設けず、区域の地盤及び風の状況に応じた「地震力」及び「風圧力」に対する軸組の割増はないものとし、国土交通大臣が定める基準に従った構造計算は行わないものとする。

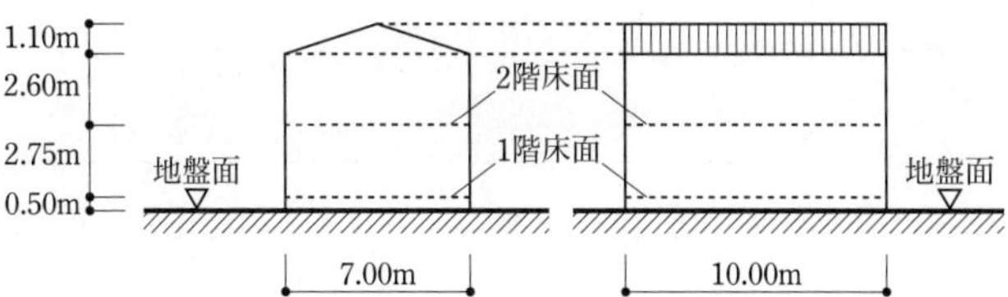

1. 1,155cm
2. 1,275cm
3. 1,540cm
4. 1,700cm
5. 2,150cm

問題 7　平家建て、延べ面積 120m²、高さ 5m の建築物の構造耐力上主要な部分等に関する次の記述のうち、建築基準法に**適合しない**ものはどれか。ただし、構造計算等による安全性の確認は行わないものとする。

1. 木造とするに当たって、木造の筋かいに、たすき掛けにするための欠込みをしたので、必要な補強を行った。
2. 建築物に附属する高さ 1.2m の塀を補強コンクリートブロック造とするに当たって、壁の厚さを 10cm とし、控壁を設けなかった。
3. 鉄骨造とするに当たって、柱の材料を炭素鋼とし、その柱の脚部をアンカーボルトにより基礎に緊結した。
4. 鉄骨造とするに当たって、張り間が 13m 以下であったので、鋼材の接合は、ボルトが緩まないように所定の措置を講じたボルト接合とした。
5. 鉄筋コンクリート造とするに当たって、柱の小径は、その構造耐力上主要な支点間の距離の 1/20 以上とした。

問題 8　建築物の構造強度及び構造計算に関する次の記述のうち、建築基準法上、**誤っている**ものはどれか。

1. 構造耐力上主要な部分で特に腐食、腐朽又は摩損のおそれのあるものには、腐食、腐朽若しくは摩損しにくい材料又は有効なさび止め、防腐若しくは摩損防止のための措置をした材料を使用しなければならない。
2. 屋根ふき材、外装材等は、風圧並びに地震その他の震動及び衝撃によって脱落しないようにしなければならない。
3. 保有水平耐力計算により、構造耐力上主要な部分の断面に生ずる長期の応力度を計算する場合、特定行政庁が指定する多雪区域においては、地震力を考慮しなければならない。
4. 倉庫業を営む倉庫における床の積載荷重は、3,900N/m² 未満としてはならない。
5. 建築基準法第 20 条第 1 項第三号に掲げる建築物に設ける屋上から突出する煙突については、国土交通大臣が定める基準に従った構造計算により風圧並びに地震その他の震動及び衝撃に対して構造耐力上安全であることを確かめなければならない。

問題 9 建築物の防火区画、防火壁、界壁等に関する次の記述のうち、建築基準法上、**誤っている**ものはどれか。

1. 3階を診療所（患者の収容施設があるもの）とした3階建て、延べ面積150m²の建築物（建築基準法施行令第112条第11項に規定する建築物及び火災が発生した場合に避難上支障のある高さまで煙又はガスの降下が生じない建築物ではないものとする。）においては、竪（たて）穴部分とその他の部分とを間仕切壁又は所定の防火設備で区画しなければならない。
2. 防火区画（建築基準法施行令第112条第18項に規定するものを除く。）を構成する床に接する外壁については、その接する部分を含み幅90cm以上の部分を準耐火構造とするか、外壁面から50cm以上突出した準耐火構造のひさし等で防火上有効に遮らなければならない。
3. 建築物の竪（たて）穴部分とその他の部分とを区画する防火設備は、避難上及び防火上支障のない遮煙性能を有するものでなくてもよい。
4. 木造平家建て、延べ面積1,500m²の公衆浴場で、準耐火建築物としたものは、防火壁によって区画しなくてもよい。
5. 共同住宅の各戸の界壁（自動スプリンクラー設備等設置部分その他防火上支障がないものとして国土交通大臣が定める部分の界壁ではないものとする。）は、準耐火構造とし、天井が強化天井である場合を除き、小屋裏又は天井裏に達せしめなければならない。

問題 10 木造2階建て（主要構造部を準耐火構造としたもの）、延べ面積600m²（各階の床面積300m²、2階の居室の床面積250m²）の物品販売業を営む店舗の避難施設等に関する次の記述のうち、建築基準法上、**誤っている**ものはどれか。ただし、避難階は1階とする。

1. 2階の居室の各部分から1階又は地上に通ずる直通階段の一に至る歩行距離は、30m以下としなければならない。
2. 2階から1階又は地上に通ずる2以上の直通階段を設けなければならない。
3. 火災が発生した場合に避難上支障のある高さまで煙又はガスの降下が生じない建築物の部分として、天井の高さ、壁及び天井の仕上げに用いる材料の種類等を考慮して国土交通大臣が定めるものには、排煙設備を設けなくてもよい。
4. 居室から地上に通ずる廊下、階段その他の通路で、採光上有効に直接外気に開放されたものには、非常用の照明装置を設けなくてもよい。
5. 敷地内には、建築基準法施行令第125条第1項の出口から道又は公園、広場その他の空地に通ずる幅員が1.5m以上の通路を設けなければならない。

問題 11 建築基準法第35条の2の規定による内装の制限に関する次の記述のうち、建築基準法上、**誤っている**ものはどれか。ただし、内装の制限を受ける「窓その他の開口部を有しない居室」はないものとする。また、火災が発生した場合に避難上支障のある高さまで煙又はガスの降下が生じない建築物の部分はないものとする。

1. 主要構造部を準耐火構造とした延べ面積200m^2、客席の床面積の合計が100m^{2}の集会場（1時間準耐火基準に適合しないもの）は、内装の制限を受ける。
2. 主要構造部を準耐火構造とした平家建て、延べ面積3,500m^{2}の旅館（1時間準耐火基準に適合しないもの）は、内装の制限を受ける。
3. 木造2階建て、延べ面積200m^{2}の事務所兼用住宅の2階にある火を使用する設備を設けた調理室は、内装の制限を受けない。
4. 自動車修理工場の用途に供する部分の壁及び天井の室内に面する部分の仕上げは、準不燃材料とすることができる。
5. 地階に設ける居室を有する建築物は、当該居室の用途にかかわらず、内装の制限を受ける。

問題 12 都市計画区域内における道路等に関する次の記述のうち、建築基準法上、**誤っている**ものはどれか。

1. 敷地の周囲に広い空地を有する建築物で、特定行政庁が交通上、安全上、防火上及び衛生上支障がないと認めて建築審査会の同意を得て許可したものの敷地は、道路に2m以上接しなくてもよい。
2. 地方公共団体は、階数が3以上である建築物について、その用途、規模又は位置の特殊性により、避難又は通行の安全の目的を十分に達成することが困難であると認めるときは、条例で、その敷地が道路に接する部分の長さに関して必要な制限を付加することができる。
3. 工事を施工するために現場に設ける事務所の敷地であっても、道路に2m以上接しなければならない。
4. 建築基準法第42条第1項第五号の規定により、特定行政庁から位置の指定を受けて道を築造する場合、その道の幅員を6m以上とすれば、袋路状道路とすることができる。
5. 建築基準法第3章の規定が適用されるに至った際現に建築物が立ち並んでいる幅員4m未満の道で、特定行政庁の指定したものは、建築基準法上の道路とみなされる。

問題 13 2階建て、延べ面積300m^{2}の次の建築物のうち、建築基準法上、**新築してはならない**ものはどれか。ただし、特定行政庁の許可は受けないものとし、用途地域以外の地域、地区等は考慮しないものとする。

1. 工業専用地域内の「銀行の支店」
2. 田園住居地域内の「地域で生産された農産物を材料とする料理の提供を主たる目

的とする飲食店」
3. 第二種住居地域内の「ぱちんこ屋」
4. 第二種低層住居専用地域内の「日用品の販売を主たる目的とする店舗」
5. 第一種低層住居専用地域内の「老人福祉センター」

問題 14 図のような敷地及び建築物（2階建て、延べ面積 600 m²）の配置において、建築基準法上、**新築することができる建築物**は、次のうちどれか。ただし、特定行政庁の許可は受けないものとし、用途地域以外の地域、地区等は考慮しないものとする。

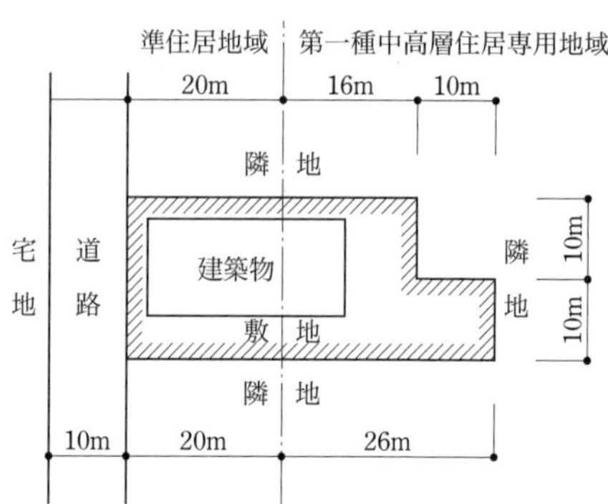

1. 料理店
2. 旅館
3. 貸本屋
4. 演芸場（客席の部分の床面積の合計が 190m²）
5. 消防署

問題 15 都市計画区域内における建築物の延べ面積（建築基準法第 52 条第 1 項に規定する容積率の算定の基礎となる延べ面積）、建蔽率及び敷地面積に関する次の記述のうち、建築基準法上、**正しい**ものはどれか。ただし、用途地域及び防火地域以外の地域、地区等は考慮しないものとする。

1. 昇降機塔の建築物の屋上部分で、その水平投影面積の合計が当該建築物の建築面積の 1/8 以下の場合においては、その部分の床面積の合計は、延べ面積に算入しない。
2. 宅配ボックスを設ける部分の床面積は、当該建築物の各階の床面積の合計の 1/50 を限度として、延べ面積に算入しない。
3. 近隣商業地域（都市計画で定められた建蔽率は 8/10）内、かつ、防火地域内で、特定行政庁による角地の指定のある敷地において、耐火建築物を建築する場合の建蔽率の最高限度は 9/10 である。
4. 用途地域に関する都市計画において建築物の敷地面積の最低限度を定める場合においては、その最低限度は、100m² を超えてはならない。
5. 老人ホームの共用の廊下の用に供する部分の床面積は、延べ面積に算入しない。

問題 16 図のような敷地において、建築基準法上、新築することができる建築物の延べ面積**（同法第 52 条第 1 項に規定する容積率の算定の基礎となる延べ面積）の最高限度**は、次のうちどれか。ただし、図に記載されているものを除き、地域、地区等及び特定行政庁の指定等はないものとする。また、特定道路の影響はないものとし、建築物に

は容積率の算定の基礎となる延べ面積に算入しない部分及び地階はないものとする。

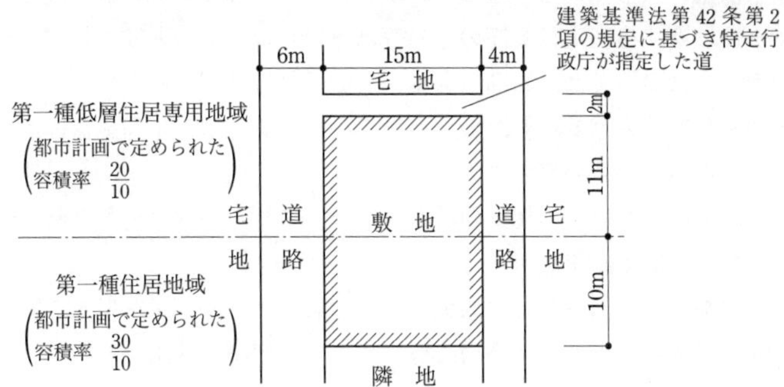

1. 630m²
2. 660m²
3. 690m²
4. 750m²
5. 780m²

問題 17 図のような敷地において、建築物を新築する場合、建築基準法上、A点における**地盤面からの建築物の高さの最高限度**は、次のうちどれか。ただし、第一種低層住居専用地域の都市計画において定められた建築物の高さの最高限度は10mであり、敷地は平坦で、敷地、隣地及び道路の相互間の高低差並びに門及び塀はなく、また、図に記載されているものを除き、地域、地区等及び特定行政庁の指定・許可等はないものとし、日影規制（日影による中高層の建築物の高さの制限）及び天空率は考慮しないものとする。なお、建築物は、全ての部分において、高さの最高限度まで建築されるものとする。

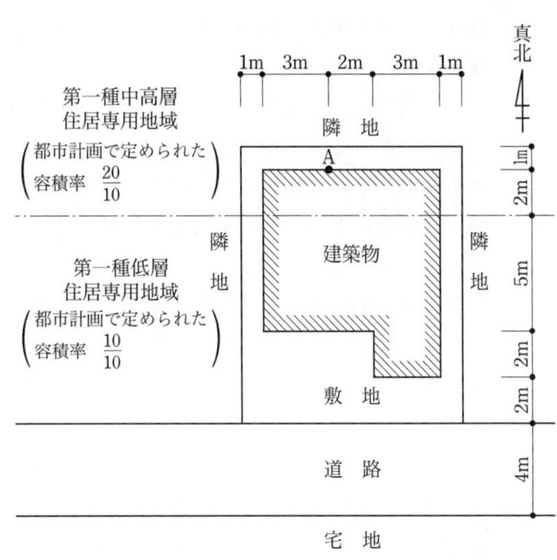

1. 6.25m
2. 10.00m
3. 11.25m
4. 18.75m
5. 21.25m

問題 18 日影規制（日影による中高層の建築物の高さの制限）に関する次の記述のうち、建築基準法上、**誤っている**ものはどれか。ただし、用途地域以外の地域、地区等及び地形の特殊性に関する特定行政庁の定め等は考慮しないものとする。

1. 商業地域内においては、原則として、日影規制は適用されない。
2. 日影規制が適用されるか否かの建築物の高さの算定は、平均地盤面からの高さではなく、地盤面からの高さによる。
3. 同一の敷地内に 2 以上の建築物がある場合、これらの建築物をそれぞれ別の建築物として、日影規制を適用する。
4. 田園住居地域内においては、原則として、軒の高さが 7m を超える建築物又は地階を除く階数が 3 以上の建築物について、日影規制を適用する。
5. 建築物の敷地が幅員 10m 以下の道路に接する場合、当該道路に接する敷地境界線は、当該道路の幅の 1/2 だけ外側にあるものとみなす。

問題 19 2階建て、延べ面積200m²の共同住宅に関する次の記述のうち、建築基準法上、**誤っている**ものはどれか。ただし、地階及び防火壁はないものとし、記述されているもの以外の地域、地区等は考慮しないものとする。

1. 準防火地域内において木造建築物として新築する場合、その外壁及び軒裏で延焼のおそれのある部分を防火構造とすることができる。
2. 準防火地域内において建築物に附属する高さ 2m を超える塀を設ける場合、その塀は、当該建築物の構造にかかわらず、延焼防止上支障のない構造としなければならない。
3. 防火地域内において外壁を耐火構造として新築する場合、その外壁を隣地境界線に接して設けることができる。
4. 建築物が「準防火地域」と「防火地域及び準防火地域として指定されていない区域」にわたる場合、その全部について準防火地域内の建築物に関する規定が適用される。
5. 準防火地域内において建築物を新築する場合、屋根の構造は、市街地における通常の火災による火の粉により、防火上有害な発炎をしないものであり、かつ、屋内に達する防火上有害な溶融、亀裂その他の損傷を生じないものとしなければならない。

問題 20 次の記述のうち、建築基準法上、**誤っている**ものはどれか。

1. 防火地域及び準防火地域以外の区域内における木造3階建ての一戸建て住宅（住宅以外の用途に供する部分はない。）について、指定確認検査機関が建築基準法第6条の2第1項による確認をする場合においては、消防長又は消防署長の同意が必要である。
2. 建築基準法第3条第2項の規定により一部の建築基準法令の規定の適用を受けない建築物について政令で定める範囲内において増築、改築、大規模の修繕又は大規模の模様替をする場合においては、同条第3項第三号及び第四号の規定にかかわらず、引き続き、建築基準法令の規定は、適用しない。

3. 高さ6mの観覧車を築造する場合においては、建築基準法第20条の規定が準用される。
4. 特定行政庁は、国際的な規模の競技会の用に供することにより1年を超えて使用する特別の必要がある仮設興行場について、安全上、防火上及び衛生上支障がなく、かつ、公益上やむを得ないと認める場合においても、あらかじめ、建築審査会の同意を得なければ、その建築を許可することはできない。
5. 建築基準法の構造耐力や防火区画等の規定に違反があった場合において、その違反が建築主の故意によるものであるときは、設計者又は工事施工者を罰するほか、当該建築主にも罰則が適用される。

問題 21 次の建築物を新築する場合、建築士法上、二級建築士が**設計してはならない**ものはどれか。ただし、建築基準法第85条第1項又は第2項に規定する応急仮設建築物には該当しないものとする。

1. 延べ面積1,600m²、高さ6m、木造平家建ての老人ホーム
2. 延べ面積800m²、高さ12m、軒の高さ9m、木造3階建ての共同住宅
3. 延べ面積600m²、高さ9m、木造2階建ての病院
4. 延べ面積300m²、高さ9m、鉄骨造2階建ての美術館
5. 延べ面積200m²、高さ13m、軒の高さ9m、鉄骨造3階建ての事務所

問題 22 建築士事務所に関する次の記述のうち、建築士法上、**誤っている**ものはどれか。

1. 建築士事務所の開設者は、建築物の建築に関する法令又は条例の規定に基づく手続の代理の業務について、建築主と契約の締結をしようとするときは、あらかじめ、当該建築主に対し、重要事項の説明を行わなければならない。
2. 建築士事務所に属する建築士が当該建築士事務所の業務として作成した設計図書又は工事監理報告書で、建築士事務所の開設者が保存しなければならないものの保存期間は、当該図書を作成した日から起算して15年間である。
3. 建築士事務所を管理する専任の建築士が置かれていない場合、その建築士事務所の登録は取り消される。
4. 建築士事務所の開設者は、委託者の許諾を得た場合においても、委託を受けた設計又は工事監理（いずれも延べ面積が300m²を超える建築物の新築工事に係るものに限る。）の業務を、それぞれ一括して他の建築士事務所の開設者に委託してはならない。
5. 建築士は、他人の求めに応じ報酬を得て、建築工事の指導監督のみを業として行おうとするときであっても、建築士事務所を定めて、その建築士事務所について、登録を受けなければならない。

問題 23 次の記述のうち、「建築物の耐震改修の促進に関する法律」上、**誤っている**ものはどれか。

1. 建築物の耐震改修の計画が建築基準法第6条第1項の規定による確認を要するものである場合において、所管行政庁が計画の認定をしたときは、同法第6条第1項の規定による確認済証の交付があったものとみなす。
2. 耐震改修には、地震に対する安全性の向上を目的とした敷地の整備は含まれない。
3. 建築物について地震に対する安全性に係る基準に適合している旨の認定を所管行政庁から受けた者は、当該建築物（基準適合認定建築物）、その敷地又は広告等に、所定の様式により、当該建築物が認定を受けている旨の表示を付することができる。
4. 通行障害建築物は、地震によって倒壊した場合においてその敷地に接する道路の通行を妨げ、多数の者の円滑な避難を困難とするおそれのあるものとして政令で定める建築物である。
5. 要安全確認計画記載建築物の所有者は、当該建築物について、国土交通省令で定めるところにより、耐震診断を行い、その結果を、所定の期限までに所管行政庁に報告しなければならない。

問題 24 次の記述のうち、**誤っている**ものはどれか。

1. 「高齢者、障害者等の移動等の円滑化の促進に関する法律」上、ホテルの客室は、「建築物特定施設」に該当する。
2. 「長期優良住宅の普及の促進に関する法律」上、長期優良住宅建築等計画の認定を受けようとする住宅の維持保全の期間は、建築後30年以上でなければならない。
3. 「長期優良住宅の普及の促進に関する法律」上、長期優良住宅建築等計画の認定を受けようとする一戸建ての専用住宅の規模は、少なくとも一の階の床面積（階段部分の面積を除く。）が40m^{2}以上であり、原則として、床面積の合計が75m^{2}以上でなければならない。
4. 「宅地造成等規制法」上、宅地造成工事規制区域内の宅地造成において、宅地以外の土地を宅地にするために行う切土であって、当該切土をした土地の部分に高さが2mの崖を生ずることになるもので、当該切土をする土地の面積が500m^{2}の場合は、原則として、都道府県知事の許可を受けなければならない。
5. 「都市計画法」上、都市計画施設の区域内において、地階を有しない木造2階建て、延べ面積100m^{2}の住宅を新築する場合は、原則として、都道府県知事等の許可を受けなければならない。

問題 25 次の記述のうち、**誤っている**ものはどれか。

1. 「建築物のエネルギー消費性能の向上に関する法律」上、建築主は、特定建築物以外の建築物で床面積の合計が200m^{2}のものを新築する場合、当該行為に係る建築物のエネルギー消費性能の確保のための構造及び設備に関する計画を所管行政庁に届け出なければならない。

2. 「建設業法」上、下請契約を締結して、元請負人から請け負った建設工事（軽微な建設工事を除く。）のみを施工する下請負人であっても、建設業の許可を受けなければならない。

3. 「土地区画整理法」上、市町村又は都道府県が施行する土地区画整理事業の施行地区内において、事業計画の決定の公告があった日後、換地処分があった旨の公告のある日までは、建築物の新築を行おうとする者は、都道府県知事等の許可を受けなければならない。

4. 「建設工事に係る資材の再資源化等に関する法律」上、木造2階建て、床面積の合計が $500m^2$ の共同住宅の新築工事を行う発注者又は自主施工者は、工事に着手する日の7日前までに、所定の事項を都道府県知事に届け出なければならない。

5. 「消防法」上、住宅用防災機器の設置及び維持に関する条例の制定に関する基準においては、就寝の用に供する居室及び当該居室が存する階（避難階を除く。）から直下階に通ずる屋内階段等に、原則として、住宅用防災警報器又は住宅用防災報知設備の感知器を設置しなければならない。

学科Ⅲ（建築構造）

	1st	2nd	3rd
正解チェック	/25	/25	/25

問題 1　図のような断面において、図心の座標（x_0、y_0）の値として、**正しいもの**は、次のうちどれか。ただし、$x_0=\frac{S_y}{A}$、$y_0=\frac{S_x}{A}$であり、S_x、S_yはそれぞれX軸、Y軸まわりの断面一次モーメント、Aは全断面積を示すものとする。

	x_0（mm）	y_0（mm）
1.	15	35
2.	15	25
3.	25	15
4.	25	25
5.	35	15

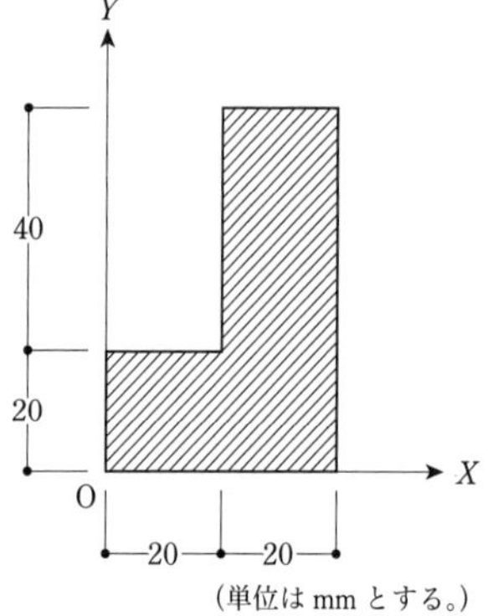

（単位は mm とする。）

問題 2　図のような等分布荷重を受ける単純梁に断面 120mm×150mm の部材を用いた場合、A 点の最大曲げ応力度が 1N/mm² となるときの梁の長さ l の値として、**正しいもの**は、次のうちどれか。ただし、部材の断面は一様とし、自重は無視するものとする。

1. 300mm
2. 600mm
3. 900mm
4. 1,200mm
5. 1,500mm

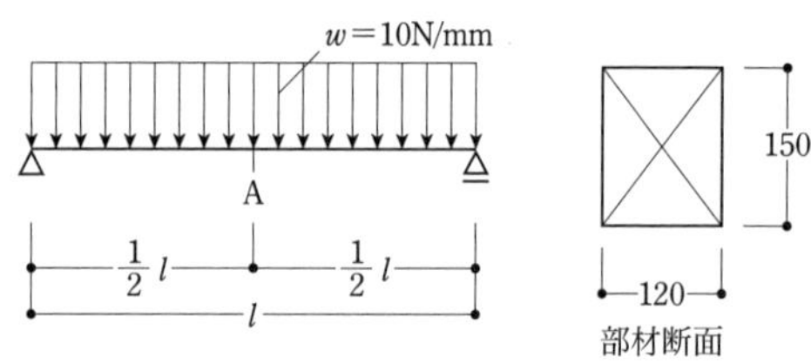

（寸法の単位は mm とする。）

問題 3　図のような荷重を受ける単純梁において、A 点の曲げモーメント M_A の大きさと、A―B 間のせん断力 Q_{AB} の絶対値との組合せとして、**正しいもの**は、次のうちどれか。

	M_A の大きさ	Q_{AB} の絶対値
1.	40 kN･m	10 kN
2.	60 kN･m	15 kN
3.	60 kN･m	30 kN
4.	120 kN･m	15 kN
5.	120 kN･m	30 kN

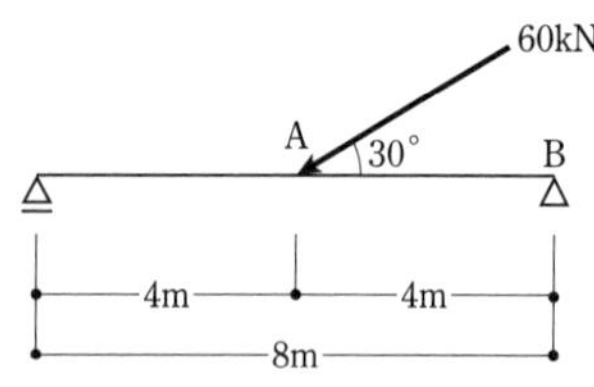

問題 4　図のような、荷重条件が異なる静定トラスA、B、Cにおいて、軸方向力が生じない部材の本数の組合せとして、**正しい**ものは、次のうちどれか。ただし、荷重条件以外の条件は、同一であるものとする。

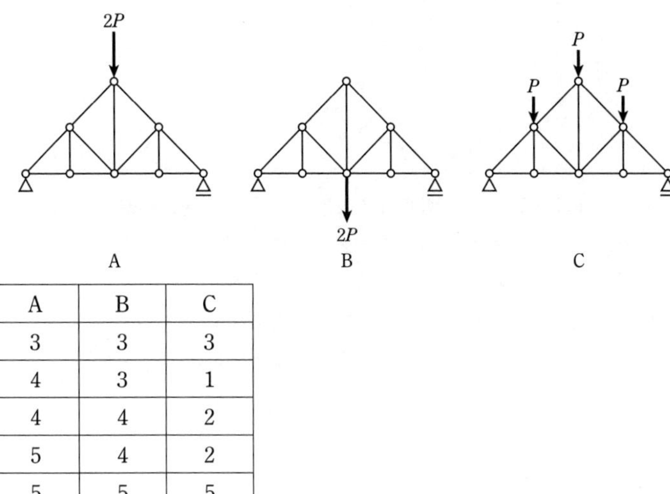

	A	B	C
1.	3	3	3
2.	4	3	1
3.	4	4	2
4.	5	4	2
5.	5	5	5

問題 5　図1は鉛直方向に外力を受ける静定ラーメンであり、その曲げモーメント図は図2のように表せる。図1の静定ラーメンに水平方向の外力が加わった図3の静定ラーメンの曲げモーメント図として、**正しい**ものは、次のうちどれか。ただし、曲げモーメント図は、材の引張側に描くものとする。

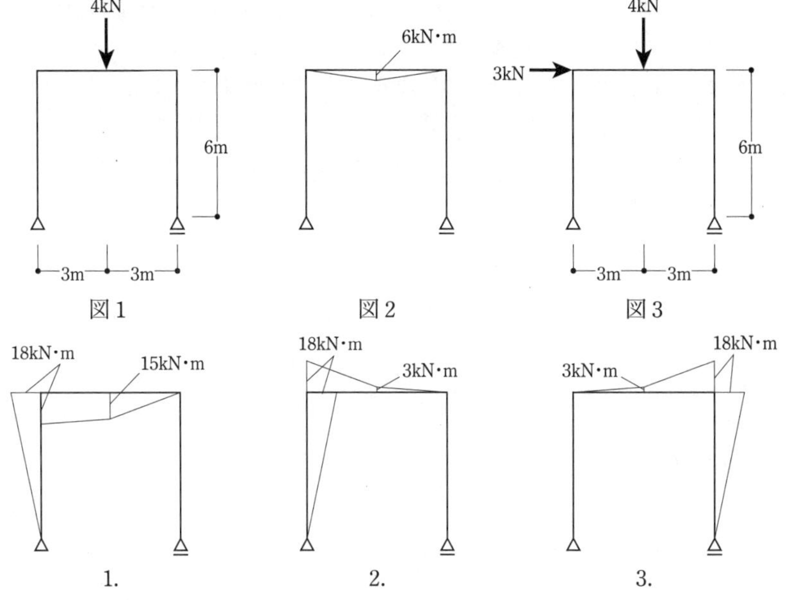

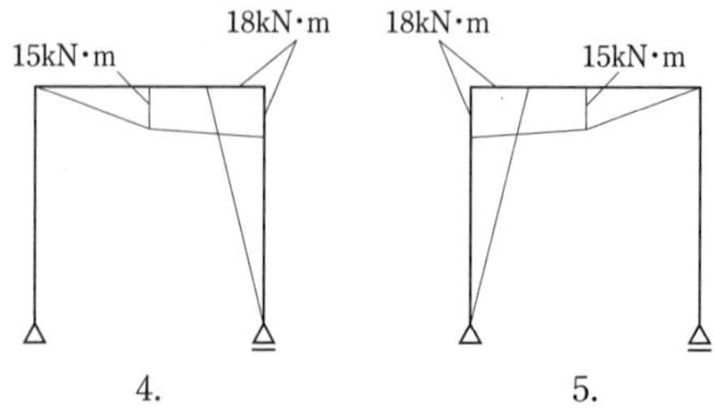

問題 6 長柱の弾性座屈荷重に関する次の記述のうち、**最も不適当な**ものはどれか。

1. 弾性座屈荷重は、柱の断面二次モーメントに比例する。
2. 弾性座屈荷重は、材料のヤング係数に反比例する。
3. 弾性座屈荷重は、柱の座屈長さの2乗に反比例する。
4. 弾性座屈荷重は、柱の両端の支持条件が水平移動拘束で「両端ピンの場合」より水平移動拘束で「両端固定の場合」のほうが大きい。
5. 弾性座屈荷重は、柱の両端の支持条件が水平移動自由で「両端固定の場合」と水平移動拘束で「両端ピンの場合」とでは、同じ値となる。

問題 7 荷重及び外力に関する次の記述のうち、**最も不適当な**ものはどれか。

1. 同一の室において、積載荷重の大小関係は、一般に、「地震力の計算用」＞「大梁及び柱の構造計算用」＞「床の構造計算用」である。
2. 積雪荷重の計算に用いる積雪の単位荷重は、多雪区域以外の区域においては、積雪量1cmごとに20N/m^{2}以上とする。
3. 風圧力の計算に用いる平均風速の高さ方向の分布を表す係数E_rは、同じ地上高さの場合、一般に、地表面粗度区分がIIIよりIIのほうが大きくなる。
4. 地震力の計算に用いる建築物の設計用一次固有周期（単位s）は、鉄筋コンクリート造の場合、建築物の高さ（単位m）に0.02を乗じて算出する。
5. 擁壁に作用する土圧のうち、主働土圧は、擁壁が地盤から離れる方向に変位するときに、最終的に一定値に落ち着いた状態で発揮される土圧である。

問題 8 一般的な2階建ての建築物の1階の構造耐力上主要な部分に生じる地震力として、**最も適当な**ものは、次のうちどれか。ただし、建設地は多雪区域以外の区域とし、また、地震層せん断力係数C_iは0.2、屋根部分の固定荷重と積載荷重の和をW_Rとし、2階部分の固定荷重と積載荷重の和をW_2とする。

1. $0.2 \times W_2$
2. $0.2 \times (W_R + W_2)$
3. $0.2 \times \dfrac{W_2}{W_R}$
4. $0.2 \times \dfrac{W_R}{W_R + W_2}$

5.　$0.2 \times \dfrac{W_2}{W_R + W_2}$

問題 9　地盤及び基礎構造に関する次の記述のうち、**最も不適当な**ものはどれか。

1.　沖積層は、一般に、洪積層に比べて、支持力不足や地盤沈下が生じやすい。
2.　地下外壁に地下水が接する場合、地下水位が高いほど、地下外壁に作用する圧力は大きくなる。
3.　地盤の支持力は、一般に、基礎底面の位置（根入れ深さ）が深いほど大きくなる。
4.　基礎梁の剛性を大きくすることは、一般に、不同沈下の影響を減少させるために有効である。
5.　堅い粘土質地盤は、一般に、密実な砂質地盤に比べて許容応力度が大きい。

問題 10　木造建築物の部材の名称とその説明との組合せとして、**最も不適当な**ものは、次のうちどれか。

1.　野縁——天井と壁の接する部分に取付ける見切り部材
2.　胴縁——壁においてボードなどを取付けるための下地材
3.　胴差——軸組において 2 階以上の床の位置で床梁を受け、通し柱を相互につないでいる横架材
4.　軒桁——軒の部分において小屋梁に直角に取り合う横架材
5.　側桁——階段の段板を両側で支える部材

問題 11　木質構造の接合に関する次の記述のうち、**最も不適当な**ものはどれか。

1.　構造耐力上主要な部分において、木口面にねじ込まれた木ねじを、引抜き方向に抵抗させることは避けた。
2.　ラグスクリューを木口面に打ち込んだ場合の許容せん断耐力は、側面に打ち込んだ場合の値の 2/3 とした。
3.　せん断力を受けるボルト接合において、座金が木材にめり込まない程度にボルトを締付けた。
4.　ドリフトピン接合部において、終局せん断耐力を降伏せん断耐力と同じ値とした。
5.　メタルプレートコネクターを用いて木材同士を接合する場合の木材は、気乾状態のものとした。

問題 12　図に示す木造建築物に用いる接合金物とその用途との組合せとして、**最も不適当な**ものは、次のうちどれか。ただし、図の寸法は一例である。

	接合金物	用途
1.	115mm 山形プレート	柱と土台、柱と桁の接合に用いる。
2.	40mm 短ざく金物	胴差同士の接合に用いる。
3.	90mm 柱脚金物	玄関の独立柱等の柱脚支持に用いる。
4.	1,075mm 火打金物	隅木と横架材の接合に用いる。
5.	175mm くら金物	垂木と軒桁、垂木と母屋（もや）の接合に用いる。

問題 13 図のような平面を有する壁式鉄筋コンクリート造平屋建ての建築物の壁量計算において、X 方向の値として、**最も近いもの**は、次のうちどれか。ただし、階高は 3m、壁厚は 12cm とする。

1. 17.5 cm/m²
2. 18.0 cm/m²
3. 18.5 cm/m²
4. 19.0 cm/m²
5. 19.5 cm/m²

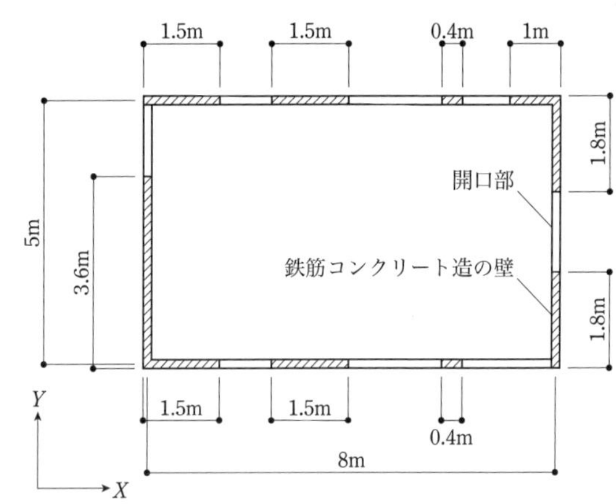

問題 14　鉄筋コンクリート構造に関する次の記述のうち、**最も不適当な**ものはどれか。

1. 部材の曲げ破壊は、脆(ぜい)性的な破壊であり、建築物の崩壊につながるおそれがあるので、せん断破壊よりも先行しないように設計する。
2. 柱は、一般に、負担している軸方向圧縮力が大きくなると、変形能力は小さくなる。
3. 壁板における開口部周囲及び壁端部の補強筋は、一般に、D13以上の異形鉄筋を用いる。
4. 梁せいは、建築物に変形又は振動による使用上の支障が起こらないことを計算によって確かめた場合を除き、梁の有効長さの1/10を超える値とする。
5. 柱梁接合部における帯筋比は、一般に、0.2％以上とする。

問題 15　鉄筋コンクリート構造における配筋等に関する次の記述のうち、**最も不適当な**ものはどれか。

1. 耐震壁の開口に近接する柱（開口端から柱端までの距離が300mm未満）のせん断補強筋比は、一般に、0.4％以上とする。
2. 柱の帯筋は、「せん断補強」、「内部のコンクリートの拘束」、「主筋の座屈防止」等に有効である。
3. 周辺固定とみなせる長方形スラブが等分布荷重を受ける場合、一般に、生じる応力から必要となるスラブの配筋量は、両端の上端配筋量のほうが、中央の下端配筋量より多くなる。
4. フック付き重ね継手の長さは、鉄筋相互の折曲げ開始点間の距離とする。
5. 柱の主筋をガス圧接する場合、一般に、各主筋の継手位置は、同じ高さに設ける。

問題 16　鉄骨構造に関する次の記述のうち、**最も不適当な**ものはどれか。

1. 露出形式の柱脚において、柱のベースプレートの厚さは、一般に、アンカーボルトの径の1.3倍以上とする。
2. 柱及び梁材の断面において、構造耐力上支障のある局部座屈を生じさせないための幅厚比は、炭素鋼の基準強度（F値）により異なる。
3. 「建築構造用圧延鋼材SN400」は、溶接接合を用いる建築物の場合、一般に、A種を用いる。
4. 母屋(もや)などに用いる水平材において、長期に作用する荷重に対するたわみは、通常の場合、仕上げ材に支障を与えない範囲で、スパンの1/300を超えることができる。
5. トラスにおいて、ウェブ材の構面内座屈は、材端支持状態が特に剛である場合を除き、節点間距離をもって座屈長さとする。

問題 17　鉄骨構造の接合に関する次の記述のうち、**最も不適当な**ものはどれか。

1. 高力ボルト摩擦接合において、両面とも母材と同等の摩擦面としての処理を行ったフィラープレートは、接合する母材の鋼種に関わらず、母材と同強度の鋼材とする。

2. 高力ボルト摩擦接合において、2 面摩擦とする場合の許容耐力は、長期、短期ともに 1 面摩擦とする場合の 2 倍の数値とすることができる。
3. 曲げモーメントを伝える接合部のボルト、高力ボルト及び溶接継目の応力は、回転中心からの距離に比例するものとみなして算定する。
4. 溶接接合において、隅肉溶接のサイズは、一般に、薄いほうの母材の厚さ以下とする。
5. 応力を伝達する隅肉溶接の有効長さは、一般に、隅肉サイズの 10 倍以上で、かつ、40mm 以上とする。

問題 18 建築物の構造計画等に関する次の記述のうち、**最も不適当な**ものはどれか。

1. 建築物の各階における重心と剛心との距離ができるだけ大きくなるように、耐力壁を配置した。
2. 多雪区域以外の区域における規模が比較的大きい緩勾配の鉄骨造屋根について、積雪後の降雨の影響を考慮するために、「屋根の勾配」及び「屋根の最上端から最下端までの水平投影長さ」に応じて積雪荷重を割り増した。
3. 木造軸組工法の建築物について、構造耐力上主要な柱の所要断面積の 1/4 を欠込みしたので、欠込みした部分を補強した。
4. ピロティ階の必要保有水平耐力について、「剛性率による割増し係数」と「ピロティ階の強度割増し係数」のうち、大きいほうの値を用いて算出した。
5. 建築物の基礎の構造は、地盤の長期許容応力度が 20 kN/m^2 未満であったので、基礎杭を用いた構造を採用した。

問題 19 建築物の耐震設計に関する次の記述のうち、**最も不適当な**ものはどれか。

1. 建築物の各階の剛性率は、「各階の層間変形角の逆数」を「全ての階の層間変形角の逆数の相加平均の値」で除した値である。
2. 中程度の（稀(まれ)に発生する）地震動に対して、建築物の構造耐力上主要な部分に損傷が生じないことは、耐震設計の要求性能の一つである。
3. 耐震設計における二次設計は、建築物が弾性限を超えても、最大耐力以下であることや塑性変形可能な範囲にあることを確かめるために行う。
4. 鉄骨造の建築物において、保有耐力接合の検討は、柱及び梁部材の局部座屈を防止するために行う。
5. 杭基礎において、基礎の根入れの深さが 2m 以上の場合、基礎スラブ底面における地震による水平力を低減することができる。

問題 20 建築材料として使用される木材に関する次の記述のうち、**最も不適当な**ものはどれか。

1. 木材の強度は、一般に、含水率の増加に伴い低下し、繊維飽和点を超えるとほぼ一定となる。
2. 木材の乾燥収縮率は、繊維方向より年輪の接線方向のほうが大きい。
3. 木材の腐朽菌は、酸素、温度、水分又は栄養源のうち、いずれか一つの条件を満たすと繁殖する。
4. 心材は、一般に、辺材に比べてシロアリなどの食害を受けにくい。
5. 木材の強度は、曲げヤング係数の値が大きくなると高くなる。

問題 21 コンクリートに関する次の記述のうち、**最も不適当な**ものはどれか。

1. コンクリート養生期間中の温度が高いほど、一般に、初期材齢の強度発現は促進されるが、長期材齢の強度増進は小さくなる。
2. コンクリートの乾燥収縮は、一般に、乾燥開始材齢が遅いほど小さくなる。
3. 高炉セメントＢ種を用いたコンクリートは、圧縮強度が同程度の普通ポルトランドセメントを用いたコンクリートに比べて、湿潤養生期間を短くすることができる。
4. アルカリ骨材反応によるコンクリートのひび割れは、骨材中の成分がセメントペースト中に含まれるアルカリ分と反応し、骨材が膨張することによって生じる。
5. コンクリートの線膨張係数は、常温時において、鉄筋の線膨張係数とほぼ等しい。

問題 22 コンクリートに関する次の記述のうち、**最も不適当な**ものはどれか。

1. コンクリートの水素イオン濃度（pH）は、12 ～ 13 程度のアルカリ性を示すので、鉄筋の腐食を抑制する効果がある。
2. フライアッシュを使用すると、コンクリートのワーカビリティーは良好になるが、一般に、中性化速度は速くなる。
3. プラスティック収縮ひび割れは、コンクリートが固まる前に、コンクリートの表面が急激に乾燥することによって生じるひび割れである。
4. コンクリートのスランプは、空気量が増えると大きくなる。
5. AE 剤の使用により、コンクリート中に微細な独立した空気泡が連行され、耐凍害性を低下させる。

問題 23 鋼材に関する次の記述のうち、**最も不適当な**ものはどれか。

1. 鋼材は、炭素含有量が多くなっても、ヤング係数はほぼ同じ値となる。
2. 鋼材の熱伝導率は、ステンレス鋼よりも大きい。
3. 鋼材の降伏比（＝降伏応力／引張強さ）は、小さいほうが降伏後の余力が大きい。
4. 鋼材の降伏点は、温度が 300 ～ 400℃程度で最大となり、それ以上の温度になると急激に低下する。
5. 異形棒鋼 SD345 の降伏点の下限値は、345N/mm^2 である。

問題 24　ガラスに関する次の記述のうち、**最も不適当な**ものはどれか。

1. フロート板ガラスは、平面精度が高く、透明性と採光性に優れている。
2. 型板ガラスは、板ガラスの片面に、砂や金属ブラシなどでつや消し加工をしたもので、光を通し、視線を遮る機能がある。
3. Low-E 複層ガラスは、板ガラス1枚の片方の中空層側表面に金属膜をコーティングしたガラスで、日射制御機能と高い断熱性がある。
4. プリズムガラスは、入射光線の方向を変える異形ガラス製品で、主に地下室の採光に用いられる。
5. 強化ガラスは、フロート板ガラスの3〜5倍の衝撃強さを有し、割れても破片が砂粒状になるため安全性が高い。

問題 25　建築材料に関する次の記述のうち、**最も不適当な**ものはどれか。

1. 外壁等に使用する薄付け仕上塗材（リシン等）は、塗厚を1〜3mm 程度の単層で仕上げるものであり、透湿性が高い。
2. 複層仕上塗材（吹付タイル等）は、下塗材・主材・上塗材の3層からなる塗厚3〜5mm 程度のものであり、防水性に優れている。
3. 押出成形セメント板は、中空のパネルであり、断熱性や遮音性に優れている。
4. 顔料系ステインは、染料系ステインよりも耐光性に優れている。
5. ALC パネルは、気泡コンクリートを用いた軽量なものであり、防水性に優れている。

学科Ⅳ（建築施工）

	1st	2nd	3rd
正解チェック	/25	/25	/25

問題 1 施工計画に関する次の記述のうち、**最も不適当な**ものはどれか。

1. 施工計画書に含まれる基本工程表については、監理者が作成し、検査及び立会の日程等を施工者へ指示した。
2. 工事種別施工計画書における品質管理計画には、品質評価方法及び管理値を外れた場合の措置についても記載した。
3. 施工管理には、その任務に必要な能力、資格を有する管理者を選定し、監理者に報告した。
4. 総合施工計画書には、設計図書において指定された仮設物の施工計画に関する事項についても記載した。
5. 施工図・見本等の作成については、監理者と協議したうえで該当部分の施工図・見本等を作成し、承認を得た。

問題 2 建築士法の規定に基づく「建築士事務所の開設者がその業務に関して請求することのできる報酬の基準」において、建築士が行う工事監理に関する標準業務及びその他の標準業務として、**最も不適当な**ものは、次のうちどれか。

1. 設計図書の内容を把握し、設計図書に明らかな、矛盾、誤謬（ごびゅう）、脱漏、不適切な納まり等を発見した場合には、設計者に報告し、必要に応じて建築主事に届け出る。
2. 工事施工者から工事に関する質疑書が提出された場合、設計図書に定められた品質確保の観点から技術的に検討し、必要に応じて建築主を通じて設計者に確認の上、回答を工事施工者に通知する。
3. 設計図書の定めにより、工事施工者が提案又は提出する工事材料が設計図書の内容に適合しているかについて検討し、建築主に報告する。
4. 工事請負契約に定められた指示、検査、試験、立会い、確認、審査、承認、助言、協議等を行い、また工事施工者がこれを求めたときは、速やかにこれに応じる。
5. 建築基準法等の法令に基づく関係機関の検査に必要な書類を工事施工者の協力を得てとりまとめるとともに、当該検査に立会い、その指摘事項等について、工事施工者等が作成し、提出する検査記録等に基づき建築主に報告する。

問題 3 工事現場における材料の保管等に関する次の記述のうち、**最も不適当な**ものはどれか。

1. 外壁工事に用いる押出成形セメント板は、屋内の平坦で乾燥した場所に、台木を用いて1.0mの高さに積み重ねて保管した。
2. 被覆アーク溶接棒は、湿気を吸収しないように保管し、作業時には携帯用乾燥器を用いた。

3. アスファルトルーフィングは、屋内の乾燥した場所に平積みにして保管した。
4. 屋外にシートを掛けて保管する断熱材は、シートと断熱材との間に隙間を設けて通気できるようにした。
5. セメントは、吸湿しないように、上げ床のある倉庫内に保管した。

問題 4 建築等の工事現場から排出される廃棄物に関する次の記述のうち、「廃棄物の処理及び清掃に関する法律」に照らして、**誤っている**ものはどれか。

1. 防水工事用アスファルトの使用残さは、産業廃棄物に該当する。
2. 建築物の解体に伴って生じたれんがの破片は、産業廃棄物に該当する。
3. 事務所の基礎工事に伴って生じた汚泥は、産業廃棄物に該当する。
4. 建築物の改築工事に伴って生じた繊維くずは、一般廃棄物に該当する。
5. 石綿建材除去事業に伴って生じた飛散するおそれのある石綿は、特別管理産業廃棄物に該当する。

問題 5 仮設工事に関する次の記述のうち、**最も不適当な**ものはどれか。

1. 高さが 12m の枠組足場における壁つなぎの間隔を、垂直方向 9m、水平方向 8m とした。
2. 高さが 9m の登り桟橋において、高さ 4.5m の位置に踊り場を設けた。
3. はしご道のはしごの上端を、床から 40cm 突出させた。
4. 枠組足場において、墜落防止のために、交差筋かい及び高さ 30cm の位置に下桟を設けた。
5. 単管足場において、作業に伴う物体の落下防止のために、作業床の両側に高さ 10cm の幅木を設けた。

問題 6 木造住宅の布基礎において、図中の A ～ E とその一般的な寸法との組合せとして、**最も不適当な**ものは、次のうちどれか。ただし、アンカーボルトはホールダウン専用アンカーボルト（M16）とし、柱脚部の短期許容耐力を 20kN とする。

1. A（立上り部分の厚さ）―――― 150mm
2. B（地面から基礎上端までの高さ）―――― 400mm
3. C（根入れ深さ）―――― 200mm
4. D（底盤の幅）―――― 450mm
5. E（アンカーボルトのコンクリート基礎への埋込み長さ）―――― 360mm

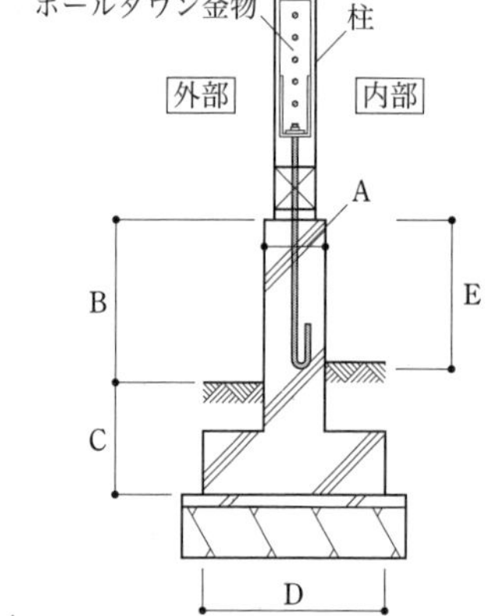

問題 7 杭工事に関する次の記述のうち、**最も不適当な**ものはどれか。

1. アースドリル工法において、表層ケーシングを建て込み、安定液を注入しながらドリリングバケットにより掘進した。
2. オールケーシング工法において、ケーシングチューブを回転圧入しながら、ハンマーグラブにより掘進した。
3. セメントミルク工法において、アースオーガーによる掘削中は正回転とし、引上げ時には逆回転とした。
4. リバース工法において、地下水位を確認し、水頭差を 2m 以上保つように掘進した。
5. スライムの処理において、一次処理は掘削完了直後に、二次処理はコンクリート打込み直前に行った。

問題 8 鉄筋工事に関する次の記述のうち、**最も不適当な**ものはどれか。

1. 梁・柱・基礎梁・壁の側面のスペーサーは、特記がなかったので、プラスチック製のものを用いた。
2. 梁主筋を柱内に折り曲げて定着させる部分では、特記がなかったので、投影定着長さを柱せいの 1/2 とした。
3. 鉄筋に付着した油脂類、浮き錆（さび）、セメントペースト類は、コンクリート打込み前に除去した。
4. 鉄筋の重ね継手において、鉄筋径が異なる異形鉄筋相互の継手の長さは、細いほうの鉄筋径を基準として算出した。
5. 梁の貫通孔に接する鉄筋のかぶり厚さは、梁の鉄筋の最小かぶり厚さと同じとした。

問題 9 型枠工事に関する次の記述のうち、**最も不適当な**ものはどれか。

1. せき板として JAS で規定されているコンクリート型枠用合板は、特記がなかったので、その厚さを 12mm とした。
2. 梁の側面のせき板は、建築物の計画供用期間の級が「標準」であり、普通ポルトランドセメントを使用したコンクリートの打込み後 5 日間の平均気温が 20℃ 以上であったので、圧縮試験を行わずに取り外した。
3. 支柱として用いるパイプサポートの高さが 3.6m であったので、水平つなぎを高さ 1.8m の位置に二方向に設け、かつ、水平つなぎの変位を防止した。
4. 型枠は、足場等の仮設物とは連結させずに設置した。
5. 構造体コンクリートの圧縮強度が設計基準強度の 90%に達し、かつ、施工中の荷重及び外力について構造計算による安全が確認されたので、梁下の支柱を取り外した。

問題 10 コンクリート工事に関する次の記述のうち、**最も不適当な**ものはどれか。

1. ひび割れの発生を防止するため、所要の品質が得られる範囲内で、コンクリートの単位水量をできるだけ小さくした。
2. 構造体強度補正値は、特記がなかったので、セメントの種類及びコンクリートの打込みから材齢28日までの予想平均気温に応じて定めた。
3. コンクリートの強度試験は、打込み日及び打込み工区ごと、かつ、150m^{3}以下にほぼ均等に分割した単位ごとに行った。
4. コンクリートの品質基準強度は、設計基準強度と耐久設計基準強度との平均値とした。
5. 日平均気温の平年値が25℃ を超える期間のコンクリート工事において、特記がなかったので、荷卸し時のコンクリートの温度は、35℃ 以下となるようにした。

問題 11　コンクリート工事に関する次の記述のうち、**最も不適当な**ものはどれか。

1. コンクリートの打込みにおいて、同一区画の打込み継続中における打重ね時間の間隔は、外気温が20℃ であったので、120 分以内とした。
2. 床スラブの打込み後、24 時間が経過したので、振動や衝撃などを与えないように、床スラブ上において墨出しを行った。
3. 梁及びスラブにおける鉛直打継ぎの位置を、そのスパンの端部とした。
4. 棒形振動機による締固めの加振は、コンクリートの上面にセメントペーストが浮くまでとした。
5. コンクリートの打込み当初及び打込み中に随時、ワーカビリティーが安定していることを目視により確認した。

問題 12　鉄骨工事に関する次の記述のうち、**最も不適当な**ものはどれか。

1. ベースプレートとアンカーボルトとの緊結を確実に行うため、ナットは二重とし、ナット上部にアンカーボルトのねじ山が3山以上出るようにした。
2. トルシア形高力ボルトの締付け作業において、締付け後のボルトの余長は、ナット面から突き出た長さが、ねじ1～6山の範囲のものを合格とした。
3. 高力ボルトの締付け作業において、高力ボルトを取り付けた後、一次締め、マーキング、本締めの順で行った。
4. トルシア形高力ボルトの締付け後の目視検査において、共回りや軸回りの有無については、ピンテールの破断により判定した。
5. 建方において、架構の倒壊防止用ワイヤーロープを、建入れ直し用に兼用した。

問題 13　鉄骨工事に関する次の記述のうち、**最も不適当な**ものはどれか。

1. 柱の溶接継手におけるエレクションピースに使用する仮ボルトは、高力ボルトを使用して全数締め付けた。
2. 作業場所の気温が4℃であったので、溶接線から100mm までの範囲の母材部分を加熱して、溶接を行った。

3. 溶接部に割れがあったので、溶接金属を全長にわたって除去し、再溶接を行った。
4. 溶接部にブローホールがあったので、除去した後、再溶接を行った。
5. スタッド溶接の溶接面に著しい錆（さび）が付着していたので、スタッド軸径の 1.5 倍の範囲の錆（さび）をグラインダーで除去し、溶接を行った。

問題 14 外壁の ALC パネル工事及び押出成形セメント板工事に関する次の記述のうち、**最も不適当な**ものはどれか。

1. 雨掛り部分の ALC パネルの目地には、シーリング材を充填した。
2. ALC パネルの短辺小口相互の接合部の目地は伸縮調整目地とし、特記がなかったので、目地幅は 10mm とした。
3. 押出成形セメント板における出隅及び入隅のパネル接合目地は伸縮調整目地とし、特記がなかったので、目地幅は 15mm とした。
4. 押出成形セメント板に損傷があったが、パネルの構造耐力や防水性能などに影響のない軽微なものであったので、補修して使用した。
5. 押出成形セメント板を横張り工法で取り付けるに当たり、取付け金物は、セメント板がスライドしないように取り付けた。

問題 15 木工事に関する次の記述のうち、**最も不適当な**ものはどれか。

1. 構造材に用いる製材の品質は、JAS に適合する構造用製材若しくは広葉樹製材、又はこれらと同等以上の性能を有するものとする。
2. 根太を設けた床組の床下地板にパーティクルボードを使用する場合は、厚さ 12mm 以上のものを用いる。
3. 建入れ直し後の建方精度の許容値は、特記がなければ、垂直、水平の誤差の範囲を 1/1,000 以下とする。
4. 合板とは、木材を薄くむいた 1.0 ～ 5.5mm の単板を繊維方向に 1 枚ごと直交させ、奇数枚を接着剤で貼り合わせて 1 枚の板としたものである。
5. 合板等の釘打ちについて、長さの表示のない場合の釘の長さは、打ち付ける板厚の 2.5 倍以上を標準とする。

問題 16 木工事等に関する次の記述のうち、**最も不適当な**ものはどれか。

1. 木造軸組工法において、基礎と土台とを緊結するアンカーボルトについては、耐力壁の両端の柱の下部付近及び土台継手・土台仕口の下木の端部付近に設置した。
2. 垂木と軒桁の接合に、ひねり金物を使用した。
3. 桁に使用する木材については、継ぎ伸しの都合上、やむを得ず長さ 2m の短材を使用した。
4. 和室の畳床において、根太の間隔を 450mm とした。
5. 外気に通じる小屋裏の外壁部分については、天井面に断熱材を施工したので、断熱構造としなかった。

問題 17 屋根工事及び防水工事に関する次の記述のうち、**最も不適当な**ものはどれか。

1. 木造2階建て住宅の平家部分の下葺きに用いるアスファルトルーフィングは、壁面との取合い部において、その壁面に沿って250mm立ち上げた。
2. 木造住宅の樋工事において、硬質塩化ビニル製の雨樋を使用し、特記がなかったので、軒樋の樋受金物の取付け間隔を1.8mとした。
3. 木造住宅の粘土瓦葺における瓦の留付けに使用する緊結線は、径0.9mmのステンレス製のものとした。
4. 鉄筋コンクリート造建築物の陸(ろく)屋根のアスファルト防水工事において、アスファルトルーフィングの上下層の継目が同一箇所とならないように張り付けた。
5. 鉄筋コンクリート造建築物の陸(ろく)屋根のウレタンゴム系高伸長形塗膜防水工法（密着工法）において、防水材の塗継ぎの重ね幅については100mmとした。

問題 18 左官工事、タイル工事及び石工事に関する次の記述のうち、**最も不適当な**ものはどれか。

1. コンクリート壁面へのモルタル塗りにおいて、上塗りには、下塗りよりも貧調合のモルタルを使用した。
2. 屋内のせっこうプラスター塗りにおいて、施工後、せっこうが硬化したので、適度な通風を与えて塗り面の乾燥を図った。
3. 外壁の二丁掛けタイルの密着張りにおいて、張付けモルタルの塗り厚は、15mmとした。
4. タイルのマスク張りにおいて、ユニットタイル用マスクを用い、ユニット裏面全面に張付けモルタルを塗り付け、タイル周辺から張付けモルタルがはみ出すまでたたき締めた。
5. 外壁乾式工法による石材の取付けにおいて、特記がなかったので、石材間の目地幅を8mmとし、シーリング材を充填した。

問題 19 塗装工事に関する次の記述のうち、**最も不適当な**ものはどれか。

1. 屋内の木部は、オイルステイン塗りとした。
2. 屋内の亜鉛めっき鋼面は、合成樹脂調合ペイント塗りとした。
3. 木部の素地ごしらえにおいて、穴埋めとして、合成樹脂エマルションパテを使用した。
4. 屋外の鉄骨面は、合成樹脂エマルションペイント塗りとした。
5. 屋外のモルタル面の素地ごしらえにおいて、建築用下地調整塗材を使用した。

問題 20 建具工事、ガラス工事及び内装工事に関する次の記述のうち、**最も不適当な**ものはどれか。

1. 木造の一戸建て住宅のバルコニーにおいて、FRP系塗膜防水工事を施工した後、アルミニウム製建具の取付けを行った。

2. アルミニウム製建具に厚さ 18mm の複層ガラスをはめ込むに当たって、特記がなかったので、建具枠のガラス溝の掛り代を 10mm とした。
3. ガラスブロック積みにおいて、伸縮調整目地の位置について、特記がなかったので、伸縮調整目地を 5m ごとに設置した。
4. ビニル床シートの張付けに先立ち、床コンクリート直均し仕上げの施工後、28 日以上乾燥させてから、ビニル床シートを張り付けた。
5. せっこうボードを洗面所内の天井に張り付けるに当たって、ステンレス鋼製の小ねじを使用した。

問題 21　木造住宅における設備工事に関する次の記述のうち、**最も不適当な**ものはどれか。

1. 屋内給水管の防露・保温材には、特記がなかったので、厚さ 20mm の保温筒を使用した。
2. 給水管と排水管を平行に地中に埋設するに当たり、両配管の水平間隔を 500mm 以上とし、給水管が排水管の上方となるようにした。
3. 住宅用防災警報器は、天井面から下方 0.15m 以上 0.5m 以内の位置にある壁の屋内に面する部分に取り付けた。
4. ユニットバスの設置に当たって、下地枠の取付けに並行して、端末設備配管を行った。
5. 空気よりも軽い都市ガスのガス漏れ警報設備の検知器は、その下端が天井面から下方 50cm の位置となるように取り付けた。

問題 22　改修工事に関する次の記述のうち、**最も不適当な**ものはどれか。

1. 防水改修工事におけるアスファルト防水の既存下地の処理において、下地コンクリートのひび割れが 0.7mm の箇所があったので、その部分を U 字形にはつり、シーリングを充填した後、アスファルトルーフィングを増し張りした。
2. コンクリート打ち放し外壁の 0.5mm のひび割れを改修する樹脂注入工法において、特記がなかったので、自動式低圧エポキシ樹脂注入工法により行った。
3. アクリル樹脂系非水分散形塗料塗りの塗替えにおいて、モルタル面の下地調整における吸込止めの工程を省略した。
4. 防煙シャッターの更新工事において、スラットはオーバーラッピング形とし、自動閉鎖型の障害物感知装置付とした。
5. 軽量鉄骨壁下地材の錆(さび)止め塗料塗りは、現場での溶接を行った箇所には行ったが、高速カッターによる切断面には行わなかった。

問題 23　建築工事に用いられる機械・器具に関する次の記述のうち、**最も不適当な**ものはどれか。

1. 山留め壁の撤去工事において、鋼矢板の引抜きに、バイブロハンマーを使用した。

2. 左官工事において、床コンクリート直均し仕上げに、トロウェルを使用した。
3. 鉄骨工事において、建入れ直しに、ターンバックルを使用した。
4. 杭地業工事において、既製コンクリート杭の打込みに、振動コンパクターを使用した。
5. 鉄筋工事において、鉄筋の切断にシヤーカッターを使用した。

問題 24　建築積算に関する次の記述のうち、**最も不適当な**ものはどれか。

1. 工事費の積算は、建築工事、電気設備工事、機械設備工事及び昇降機設備工事等の工事種別ごとに行う。
2. 工事費は、直接工事費、共通費及び消費税等相当額に区分して積算する。
3. 直接工事費については、設計図書の表示に従って各工事種目ごとに区分する。
4. 共通費については、共通仮設費、現場管理費及び一般管理費等に区分する。
5. 共通仮設費は、各工事種目ごとに必要となる仮設に要する費用とする。

問題 25　請負契約に関する次の記述のうち、中央建設業審議会「民間建設工事標準請負契約約款（甲）」に照らして、**最も不適当な**ものはどれか。

1. 発注者は、工事が完成するまでの間は、必要があると認めるときは、書面をもって受注者に通知して工事を中止することができる。
2. 受注者は、発注者及び監理者立会いのもと、法定検査を受ける。
3. 工事を施工しない日又は工事を施工しない時間帯を定める場合は、その内容を契約書に記載する。
4. 発注者は、工期の変更をするときは、変更後の工期を建設工事を施工するために通常必要と認められる期間に比して著しく短い期間としてはならない。
5. 受注者は、工事現場における施工の技術上の管理をつかさどる監理技術者又は主任技術者を定め、書面をもってその氏名を発注者に通知する。

〈建築資格試験研究会〉
●執筆担当者

小山将史（こやま まさし）――――――学科Ⅰ（建築計画）、学科Ⅲ（建築構造）
磯村俊和（いそむら としかず）――――学科Ⅰ（建築計画）、学科Ⅲ（建築構造）
山岡　徹（やまおか とおる）――――――学科Ⅱ（建築法規）、学科Ⅲ（建築構造）
塩塚義夫（しおつか よしお）――――――学科Ⅳ（建築施工）、学科Ⅲ（建築構造）
景山公三（かげやま こうぞう）――――学科Ⅳ（建築施工）、学科Ⅲ（建築構造）

スタンダード 二級建築士　2024年版

2024年1月1日　2024年版第1刷発行

編著者　建築資格試験研究会

発行者　井口夏実

発行所　株式会社　**学芸出版社**

京都市下京区木津屋橋通西洞院東入
電話 075－343－0811　〒600－8216
http: //www. gakugei-pub. jp/
E-mail　info@gakugei-pub. jp
編集担当　中木保代

印刷・製本　亜細亜印刷
装丁　KOTO DESIGN Inc. 山本剛史
イラスト　森下　仁

ISBN978－4－7615－0355－0
Printed in Japan

二級建築士試験
学科の試験

解答と解説

令和５年「学科の試験」

解答と解説

学科Ⅰ（計画）

問題１　答５

三仏寺投入堂（鳥取県）は、崖などの平地ではない場所に用いられる懸造り（かけ）で、屋根部分は仏寺建築ではあるが流造（切妻屋根で平入）となっている。清水寺（京都府）も懸造りである。日吉造りは日吉大社（滋賀県）に見られる神社様式で、入母屋屋根で平入を変形させた形であり左右にも庇がある。

問題２　答２

広島平和記念資料館を設計したのは、丹下健三である。丹下健三は、その他にも国立代々木競技場、東京カテドラル聖マリア大聖堂、東京都庁舎、香川県庁舎などがある。村野藤吾の代表作は、世界平和記念聖堂、日生劇場、新歌舞伎座、依水園などがある。

問題３　答１

演色評価数は、対象の光源の下で色がどのように見えるかを表す指数で、基準光源(自然光など）によって照らされた色の見え方を 100（最大値）で表し、値が低くなるほど基準光源によって照らされた色との差が大きいことになる。

問題４　答３

室内へ流入した空気が、流入口から室内のある点に達するのに要する時間を空気齢といい、ある点から流出口に達するのに要する時間を空気余命という。流入口からある点を通って流出口に到達する時間（空気齢＋余命）を空気寿命という。空気齢の値が大きいほど新鮮度は低く、小さいほど換気口率が良いことになる。

問題５　答２

断熱材が水分を含むと断熱性は損なわれるので、熱伝導抵抗は小さくなる。しかし、熱伝導率という見方をすれば、熱を通しやすくなるので大きくなる。

問題６　答５

A点とB点を結んだ中間点が２つの空気を同量混合した状態点となるため、「乾球温度22.5℃、相対湿度約 52％」となる。

問題７　答１

永久日影は冬至の日ではなく、夏至の日に終日日影となる部分のことをいう。

問題８　答２

加法混色は光の混色であり、赤（R)、緑（G)、青（B）を同じ割合で混ぜると白色になるのに対し、減法混色は、インクのような色を吸収する媒体の混色であり、色の３原色シアン（C)、マゼンタ（M)、イエロー（Y）を同じ割合で減法混色すると黒色になる。

問題９　答３

NC値とは、室内の静けさを表す指標であり、数値が小さいほど騒音が少ない。NC値20～30は非常に静かであり、コンサートホールや劇場などの室内性能に要求されるレベルである。NC値40～50は、1～2mの距離で普通の声での会話ができる程度である。

問題10　答1

CASBEE（建築環境総合性能評価システム）は、建築物の環境性能を環境品質（Q：Quality）と環境負荷（L：Load）の両側面から評価し格付けする手法で、評価結果が「S」「A」「B＋」「B－」「C」の5段階で表わされる。建築物が消費する年間の一次エネルギーの収支を正味ゼロ又はマイナスにすることを目指した建築物を評価する手法は、ZEB（ネット・ゼロ・エネルギー・ビル）や、ZEH（ネット・ゼロ・エネルギー・ハウス）である。

問題11　答2

寝室の所要面積は、1人当たり5～8m^2であり、天井高さを最低の2.1mとすると気積は10.5～16.8m^3/人となる。

問題12　答3

メゾネット型は、1住戸を2層以上で構成しているため、専用面積が大きい住戸に適する住戸形式である。

問題13　答3

フリーアドレス方式は、日中不在の社員が多い企業など座席の稼働率の低い場合に導入され、在席率が50～60％の場合に適している。

問題14　答5

ホームベースは、生徒のロッカーや掲示板を設置してホームルームも行うこともできる学校生活の拠点となる場所で、教科教室に付属させるなど動線的には近くに配置するように計画する。

問題15　答2

コンサートホールにおいて、演奏者と聴衆との一体感を生み出すことを意図して、ステージを客席が取り囲む形式はアリーナ型である。シューボックス型は、長方形平面の箱型ホールで、長方形の短辺の一方に舞台を配置して、舞台にほぼ並行に座席を並べた形式である。

問題16　答4

傾斜路の勾配は、1/6以下としなければならないが、水平距離20mで高低差4mでは1/5となり不適当である。標準は1/8程度である。また、車体下部の損傷を防止するために、傾斜路の始まりと終わりに本勾配の半分程度の緩和勾配を設ける。1/6勾配は16.7％、1/5勾配は20％、1/8勾配は12.5％である。

問題17　答1

車椅子使用者のための、壁付コンセントの中心高さは、床から400mm程度である。

問題18　答4

網入りガラスは、板ガラスの中にワイヤーを封入させた防火設備で、防犯性能は高くない。ガラスの強度も板ガラスとあまり変わらず、ガラス破損時に音もあまりせず飛び散ることもないのでそう意味で防犯性能は低い面もある。防犯性の高いガラスとしては合わせガラスなどがある。

問題 19　答 3

物体において、温度を変えずに相変化だけに消費される熱は潜熱といい、相変化の状態によって蒸発熱（気化熱）、融解熱などに分けられる。顕熱は、物体の温度変化に消費される熱である。

問題 20　答 3

暖房設備等における冷温水配管では、水と温水との間の状態変化にともなう体積の膨張を吸収するため膨張タンクが必要である。膨張タンクには、密閉式と開放式がある。

問題 21　答 4

通気立て管の下部は、最低位の排水横枝管より低い位置において、排水立て管又は排水横主管に接続する。また、通気立て管の上部は、最高位の衛生器具のあふれ縁から150mm 以上高い位置で、伸頂通気管に接続する。

問題 22　答 1

緊急遮断弁は、地震を感知した場合に閉止し、水の流出や受水槽への汚水の流入を防ぐ設備であり、受水槽出口側に設置する。

2.　間接排水は、排水管内の詰まりや逆流防止、害虫の侵入を防ぐため、排水口空間を設ける排水方式で、飲食店や医療機器など衛生上特に配慮する場合に用いられる。

問題 23　答 1

照明率は、光源から出た光のうち、作業面に到達する光の割合で、器具の配光や内装材の反射率が同じ場合、光源から作業面までの距離が近いほど大きい値となる。室指数は、壁面積に対する床面積の割合であるので、天井が低い場合や間口、奥行が広い場合は室指数が大きくなる。よって、室指数が大きくなれば、照明率も高くなる。

問題 24　答 4

非常警報設備は、火災の発見者がボタンを押し作動させるものである。自動的に火災を感知し、音響装置などにより報知する設備は、自動火災報知設備である。

問題 25　答 5

ダブルスキン方式は、外壁の外側をガラスで覆い、その間にブラインドを設置し、自然換気によって中に溜まった空気を排気または回収再利用するため、高い断熱性・日射遮へい性がある。エアバリア方式は、窓の室内側にブラインドを設置し、窓下に設置したファンで送風することによりエアーカーテンを作る方式で、ダブルスキン方式に比べて断熱性・遮へい性が劣る。

学科Ⅱ（法規）

問題1 答5

(令2条1項六号、2項) 建築物の高さは地盤面からの高さによる。地面が傾斜している場合の地盤面は建築物が周囲の地面と接する位置の平均の高さにおける水平面をいう。したがって、建築物が接する最も高い地面と最も低い地盤面との高低差は3mあるので、地盤面は最も低い地面より1.5m高い位置にあるものとする。また、屋上部分に設けられた階段室（ペントハウス）の水平投影面積は18m^{2}で建築面積（132m^2）の1/8以上あるので、高さに算入する。よって、建築物の高さは、1.5＋3＋3＝7.5m

(令2条1項八号) 階数の算定において、建築物の高さの算定と同様に屋上部分に設けられた階段室（ペントハウス）の水平投影面積（18m^2）が建築面積（132m^2）の1/8を超える場合、階数に算入する。したがって、階数は3

(令2条1項二号)建築面積は外壁等の中心線で囲まれた部分の水平投影面積による。ただし、地階で地盤面上1m以下にある部分を除く。また、ひさし・バルコニー等は、外壁の中心線から1m以上突き出たものは先端から1m後退した部分までを算入する。設問の場合、1階の外壁の中心線で囲まれた部分の水平投影面積を算定すればよい。したがって、建築面積は、12×11＝132 m^2

(令2条1項1号及び法42条2項) 敷地面積は、敷地の水平投影面積による。ただし、法42条2項の規定に基づき特定行政庁が指定した道において、その中心線から2m未満で線路敷地に沿う場合、線路敷地側の道の境界線から敷地側に4m後退した線を道路境界線とみなす。したがって、敷地面積は、20×（17－1）＝320 m^2

問題2 答2

(法6条1項三号) 木造以外の建築物で階数が2以上の建築物の新築は、確認済証の交付を受ける必要がある。

1. 法2条一号、法6条1項　3. 法88条1項、令138条1項五号、法6条1項　4. 法6条1項一号、法87条1項　5. 法6条2項

問題3 答1

(法7条の3第1項一号、令11条、法7条の4第1項) 建築主は、階数が3以上である鉄筋コンクリート造の共同住宅を新築する場合、2階の床及びこれを支持するはりに鉄筋を配置する工程に係る工事を終えたときは建築主事又は指定確認検査機関の中間検査を申請しなければならない。

2. 法7条2・1項、法6条1項四号　3. 法6条1項、令9条一号、消防法9条の2第1項　4. 法7条の6第1項二号　5. 法6条1項三号、則3条の2第1項三号

問題4 答3

(令20条の8第1項一号イ、法28条の2第三号) 集会場の新築において、集会室に機械換気設備を設けるに当たり、ホルムアルデヒドに関する技術的な基準による必要有効換気量は次式により算定する。

$Vr = nAh$

Vr：必要有効換気量（m^3/時）

n：1時間当たりの換気回数（住宅等の居室以外の居室は0.3とする）

A：居室の面積（m^2）

常時開放された開口部を通じて居室と相互に通気が確保される廊下その他の建築物の部分の床面積を含む。

h：居室の天井高さ（m）

よって、$Vr = 0.3 \times (24 + 2 + 2 + 10) \times 2.5 = 28.5m^3$/時

問題5　答4

（法28条3項、令20条の3第1項）床面積の合計が$100m^2$以内の住宅で発熱量の合計が12kW以下の火を使用する器具（「密閉式燃焼器具等又は煙突を設けた器具」ではない）のみを設けた調理室においては、当該調理室の床面積の1/10（0.8 m^2未満のときは0.8 m^2）以上の有効開口面積を有する開口部を換気上有効に設けなければならない。設問では調理室の床面積が$7m^2$であるので$0.8m^2$以上の開口部を設けなければならない。

1. 法31条1項　2. 令23条3項・26条2項　3. 令22条、法2条四号　5. 令22条

問題6　答4

（令43条1項表（3）項）屋根を日本瓦で葺き、壁を鉄網モルタル塗りとした木造2階建て保育所の柱の小径を求める。

保育所の用途に供する建築物の柱において、土蔵造の建築物などで壁の重量が特に大きい建築物又は屋根を金属板など軽いものでふいた建築物のいずれにも該当しない建築物では、柱の小径は、その柱に接着する横架材の相互間の垂直距離に、1階にあっては1/22、2階（最上階）にあっては1/25を乗じた値以上とする。

1階の柱の小径：280cm × 1/22 = 12.7cm → 13.5cm以上

2階の柱の小径：260cm × 1/25 = 10.4cm → 10.5cm以上

問題7　答5

（法20条1項二・三号、法6条1項三号、令36条の2）鉄骨造で、2以上の階数を有し、又は延べ面積が$200m^2$を超える建築物は、構造計算によりその構造が安全であることを確かめなければならない。

1. 2. 法20条1項二・三号、法6条1項二号、令36条の2　3. 法20条1項二・三号、法6条1項三号、令36条の2　4. 法20条1項二・三号、法6条1項三号、令36条の2

問題8　答5

（令62条の4第3項、令62条の2）補強コンクリートブロック造とするに当たって、耐力壁の厚さは、15cm以上で、かつ、耐力壁の水平力に対する支点間距離の1/50以上としなければならない。よって、耐力壁の厚さは、800cm × 1/50 = 16cm以上としなければならない。

1. 令68条1・2項、令63条　2. 令65条、令63条　3. 令78条の2第2項一・二号、令71条　4. 令78条、令71条

問題9 答3

（令112条11項）建築基準法施行令136条の2第二号ロに掲げる基準に適合する建築物であって、3階以上の階に居室を有するものの竪穴部分については、当該竪穴部分以外の部分と準耐火構造の床若しくは壁又は法2条九号の二ロに規定する防火設備で区画しなければならないが、「直接外気に解放されている廊下」と防火区画しなくてもよい。

1. 令112条4項一号　2. 令112条11項　4. 令114条4項　5. 令112条20項、令113条2項

問題10 答4

（令126条の4第一号、令117条）

1. （令125条1項、令120条1項表（2）項、別表第1（い）欄（2）項、令115条の3第一号、令117条）寄宿舎の避難階においては、階段から屋外への出口の一に至る歩行距離は令120条に規定する数値以下（50m又は30m）としなければならない。
2. （令119条表、令117条）小学校の児童用の廊下で両側に居室があるものの幅は、2.3m以上としなければならない。
3. （令126条の2第1項二号、令117条）令116条の2第1項二号に該当する窓その他の開口部を有しない居室であっても、学校（幼保連携認定こども園を除く）には、排煙設備を設けなくてもよい。
5. （令121条1項六号、令117条）原則として、6階以上の階でその階に居室を有するもの又は5階以下の階でその階における居室の床面積の合計が避難階の直上階にあっては200m²を、その他の階にあっては100m²を超えるものは、その階から避難階又は地上に通ずる2以上の直通階段を設けなければならない。

問題11 答1

（令128条の5第1項）内装の制限を受ける特殊建築物の居室から地上に通ずる主たる廊下、階段その他の通路の壁及び天井の室内に面する部分の仕上げは内装の制限を受けるが、通路の床の仕上げは内装の制限を受けない。

2. 令128条の4第1項二号、令128条の5第2項・1項二号　3. 令128条の5第1項　4. 令128条の5第6・1項　5. 令128条の4第1項三号、別表第1（い）欄（4）項、128条の5第3項

問題12 答3

（令144条の4第1項一号ニ、法42条1項五号）袋路状道路を築造する場合、特定行政庁からその位置の指定を受けるためには、その幅員を6m以上とする、又は、終端に自動車の転回広場を設けるのどちらかをすればよい。

1. 法42条1項四号　2. 法42条6項　4. 法42条2項、法44条1項、法2条一号　5. 法43条1項・2項二号

問題13 答1

（別表第2（い）項二号、令130条の3第七号）「工芸品工房兼用住宅」について、延べ面積の1/2以上を居住の用に供し、かつ、工房（原動機を使用する場合にあっては、出

力の合計が 0.75kW 以下のものに限る）の部分の床面積が 50 m²以下でなければ、新築してはならない。

問題 14　答 3

法 91 条により、建築物の敷地が 2 種以上の用途地域にわたる場合は、敷地の過半に属する用途制限を適用する。第一種中高層住居専用地域の敷地面積は 500m² で近隣商業地域の敷地面積は 400m² である。したがって、別表第 2（は）項の第一種中高層住居専用地域の用途制限を適用する。

よって、別表第 2（は）項七号、令 130 条の 5 の 4 第一号に該当する「階数 5 未満の保健所」は、新築することができる。

問題 15　答 4

（法 53 条 2 項）敷地が 2 以上の用途地域にわたる場合、建築面積の最高限度は、それぞれの用途地域の建ぺい率の限度にそれぞれの敷地面積を乗じたものの合計以下とする。

敷地面積：第二種住居地域　$5 \times 20 = 100\text{m}^2$

第一種低層住居専用地域　$15 \times 20 = 300\text{m}^2$

（法 53 条 3 項一号ロ）建ぺい率の限度が 8/10 と指定されている地域外で、準防火地域内にある準耐火建築物は、指定の建ぺい率の限度に 1/10 を加える。

（法 53 条 3 項二号）街区の角にある敷地で特定行政庁が指定するものの内にある建築物は、指定の建ぺい率の限度に 1/10 を加える。

（法 53 条 8 項）建築物の敷地が準防火地域と防火地域及び準防火地域以外の区域にわたる場合、その敷地内の建築物の全部が準耐火建築物であるときは、その敷地は全て準防火地域内にあるものとみなす。

以上より、建ぺい率：第二種住居地域　$6/10 + 1/10 + 1/10 = 8/10$

第一種低層住居専用地域　$5/10 + 1/10 + 1/10 = 7/10$

よって、当該敷地の建築面積の最高限度は、$(100 \times 8/10) + (300 \times 7/10) = 290\text{m}^2$

問題 16　答 5

（令 2 条 1 項四号ロ・3 項二号、法 52 条 1 項）

1. （法 52 条 3 項）住宅の地階で、その天井が地盤面からの高さ 1m 以下にあるものの住宅の用途に供する部分の床面積は、原則として、当該住宅の用途に供する部分の 1/3 を限度として、延べ面積に算入しない。
2. 法 52 条 6 項、令 135 条の 16）建築物の容積率の算定の基礎となる延べ面積には、エレベーターの昇降路の部分の床面積は延べ面積に算入しないが、エスカレーターの昇降路の部分は延べ面積に算入する。
3. （令 2 条 1 項四号ニ・3 項四号、法 52 条 1 項）自家発電設備を設ける部分の床面積は、建築物の各階の床面積の合計の 1/100 を限度として、延べ面積算入に算入しない。
4. （令 2 条 1 項四号へ・3 項六号、法 52 条 1 項）宅配ボックスを設ける部分の床面積は、建築物の各階の床面積の合計の 1/100 を限度として、延べ面積算入に算入しない。

問題 17 答 2

（令 2 条 1 項六号ロ）北側高さ制限には、屋上部分の階段室に対する高さの緩和規定はない。なお、道路高さ制限・隣地高さ制限には 12m の緩和規定がある。

1. 法 56 条 1 項一号・2 項、令 130 条の 12 第三号　3. 法 56 条の 2 第 1 項、別表第 4（い）欄　4. 法 56 条の 2 第 1 項、別表第 4（い）（ろ）欄、令 2 条 1 項六号　5. 法 56 条 1 項二号

問題 18 答 3

道路高さ制限（法 56 条 1 項一号・6 項、令 131 条・135 条の 2 第 1 項）

別表第 3（1）項より、第一種中高層住居専用地域の道路斜線の勾配は 1.25、容積率が 20/10 以下のため適用距離は 20m である（前面道路容積率を計算すると 16/10 となるが、容積率 20/10 で適用距離は最小の 20m となるため計算の必要はない）。

・東側道路からの道路高さ制限

（令 135 条の 2 第 1 項）建築物の敷地の地盤面が前面道路より 1m 以上高い場合、その前面道路は敷地の地盤面と前面道路との高低差から 1m を減じたものの 1/2 だけ高い位置にあるものとする。

（法 56 条 2 項）建築物後退による緩和は 3m である。

以上より、地盤面からの高さは、(3 ＋ 4 ＋ 3) × 1.25 − 1.4 ＋（1.4 − 1）/2 ＝ 11.3m

隣地高さ制限（法 56 条 1 項二号）

第一種中高層住居専用地域内の隣地高さ制限の斜線勾配は 1.25、加える値は 20m となる。

隣地高さ制限は、(A 点から隣地境界線までの距離＋後退距離) × 1.25 ＋ 20 により算定する。よって、隣地高さ制限による高さの限度は、

南側隣地より検討　(9 ＋ 2) × 1.25 ＋ 20 ＝ 33.75m

西側隣地より検討　(10 ＋ 1) × 1.25 ＋ 20 ＝ 33.75m

北側隣地より検討　(1 ＋ 1) × 1.25 ＋ 20 ＝ 22.5m

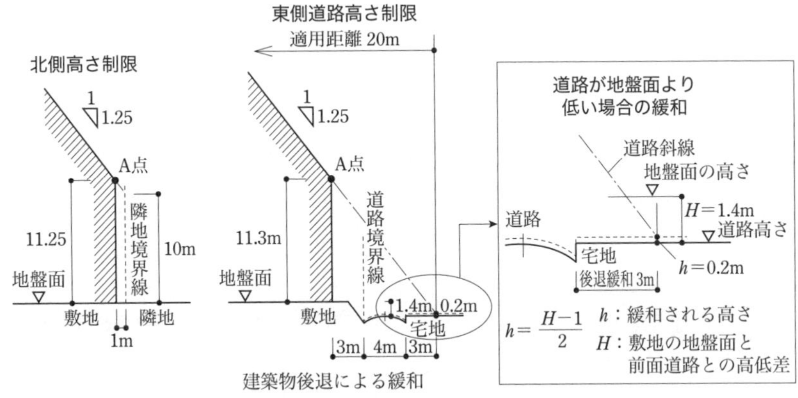

北側高さ制限（法 56 条 1 項三号）

第一種中高層住居専用地域内の北側高さ制限の斜線勾配は 1.25、加える値は 10m となる。

北側境界線の制限は、(A 点から真北方向の隣地境界線までの距離) × 1.25 + 10 により算定する。以上より、1 × 1.25 + 10 = 11.25m

∴ A 点における地盤面からの高さの最高限度は、北側高さ制限より、11.25m となる。

問題 19　答 2

（法 65 条 2 項）建築物が防火地域及び準防火地域内にわたる場合においては、その全部について防火地域内の建築物に関する規定が適用される。ただし、建築物が防火地域外で防火壁で区画されている場合は、防火壁外の部分は準防火地域内の建築物に関する規定を適用する。また、当該敷地の準防火地域内の部分のみに新築される建築物は、準防火地域内の建築物に関する規定を適用する。

1. 令 136 条の 2 第五号、法 61 条　3. 法 64 条　4. 法 63 条　5. 令 136 条の 2 の 2、法 62 条

問題 20　答 1

（法 85 条 2 項）工事を施工するために現場に設ける事務所は、建築基準法 20 条（構造耐力）の規定が適用される。

2. 法 84 条の 2　3. 法 99 条 1 項七号　4. 法 86 条 1 項　5. 法 85 条の 3

問題 21　答 5

（士法 24 条の 6 第一号、同則 22 条の 2 第 5・2 項）建築士事務所の開設者は、当該建築士事務所の業務の実績を記載した書類を、当該書類を備え置いた日から起算して 3 年を経過する日までの間、当該建築士事務所に備え置き、設計等を委託しようとする者の求めに応じ、閲覧させなければならない。

1. 士法 23 条 1 項　2. 士法 24 条の 7 第 1 項、則 22 条の 2 の 2　3. 士法 24 条 4・5 項　4. 士法 24 条の 9

問題 22　答 2

（士法 3 条第 1 項二号）一級建築士でなければ設計してはならない建築物を除く建築物は、二級建築が設計することができる。よって、二級建築士は、軒の高さが 9m を超える木造の一戸建て住宅の新築に係る設計をすることができない。

1. 士法 40 条十四号・24 条の 6 第二号　3. 士法 24 条 1 項　4. 士法 24 条 3 項二号　5. 士法 20 条 1 項

問題 23　答 1

イ．(バリアフリー令 18 条 2 項二号イ)

ロ．(バリアフリー法 2 条二十号、同令 6 条十号、同則 3 条二号)

ハ．(バリアフリー法 14 条 1 項・2 条十九号、同令 5 条) 床面積 250m² の店舗併用住宅は、特別特定建築物に該当しないので、「建築物移動等円滑化基準」に適合させなくてもよい。

ニ．(バリアフリー法 18 条 1 項・17 条 1・3 項) 認定建築主等（建築等及び維持保全の

計画を認定された特定建築物の建築主）は、認定を受けた特定建築物の建築等及び維持保全の計画の変更をしようとするときは、所管行政庁の認定を受けなければならない

問題 24 答 2

(建築物のエネルギー消費性能の向上に関する法律 19 条 1 項一号、同令 7 条 1 項）建築主は、特定建築物以外の建築物で床面積の合計が 300m² のものを新築する場合、その工事に着手する日の 21 日前までに、当該建築物のエネルギー諸費性能の確保のための構造及び設備に関する計画を所管行政庁に届け出なければならない。

1. 建築物のエネルギー消費性能の向上に関する法律 11 条 1 項・18 条一号、同令 4 条 1 項・6 条 1 項二号　3. 建築物のエネルギー消費性能の向上に関する法 2 条 1 項二号　4. 建築物のエネルギー消費性能の向上に関する法律 34 条 1 項　5. 建築物のエネルギー消費性能の向上に関する法律 6 条 2 項

問題 25 答 3

(景観法 16 条 1 項一号・18 条）景観計画区域内において、建築物の建築等をしようとする者は、原則として、あらかじめ、所定の事項を景観行政団体の長に届けなければならず、景観行政団体がその届け出を受理した日から 30 日を経過した後でなければ、当該届出に係る行為（根切り工事その他の政令で定める工事に係るものを除く）に着手してはならない。

1. 民法 234 条　2. 住宅の品質確保の促進等に関する法律 2 条 2 項　4. 耐震改修促進法 14 条、同令 6 条 2 項一号　5. 建設業法 26 条 1 項

学科Ⅲ（構造）

問題 1　答 2

断面一次モーメント S_x を、図のように破線の位置で切断し、A と B の 2 つの長方形の集合体として X 軸から重心までの距離 l を求める。

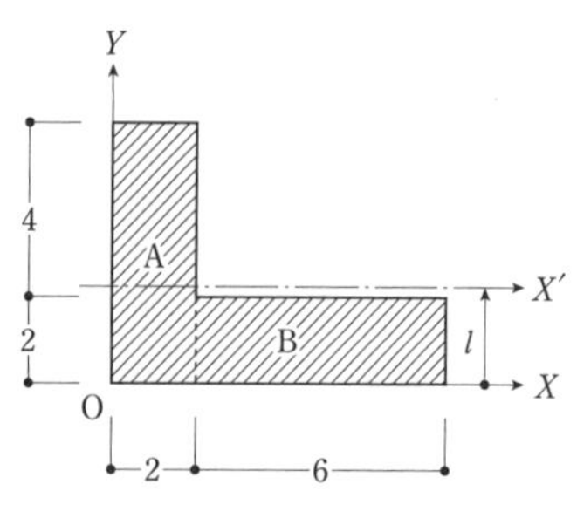

$S_x =（2 \times 6 \times 3）+（2 \times 6 \times 1）= 48$

図心から X 軸までの距離 l は、

$l = \dfrac{S_x}{A}$ より、$S_x = \dfrac{(2\times6\times3)+(2\times6\times1)}{(2\times6\times2)} = 2$

$l = 2$

A：図形の断面積

図形の断面二次モーメントは、図心における A、B それぞれの矩形の断面二次モーメントをたせばよい。

ここで、矩形断面の断面二次モーメントは次式によって求めることができる。

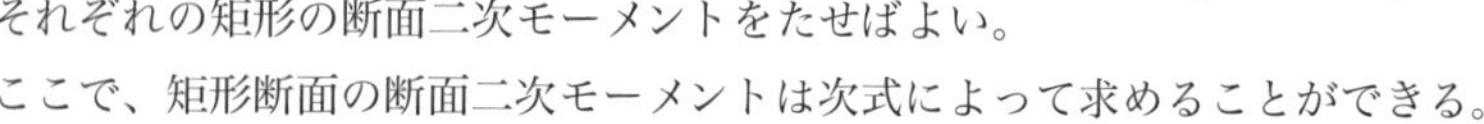

$I = \dfrac{1}{12} \times b \times D^3 + b \times D \times x^2$

b：対象となる軸に平行な方向の断面寸法

D：対象となる軸に直角な方向の断面寸法

x：矩形断面の図心軸から対象となる軸までの距離

$Ix' = IAx' + IBx' = \left\{\dfrac{1}{12} \times 2 \times 6^3 + 2 \times 6 \times 1^2\right\} + \left\{\dfrac{1}{12} \times 6 \times 2^3 + 6 \times 2 \times 1^2\right\} = 64$

問題 2　答 3

せん断力は荷重位置より左が＋ 1/2P、右が－ 1/2P となる。

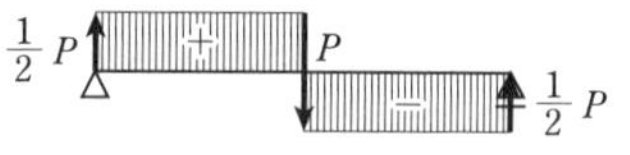

従って、$\tau_{max} = 1.5 \times \dfrac{Q}{A} \leqq 1\text{N/mm}^2$

$\dfrac{3}{2} \times \dfrac{\frac{1}{2}P}{300\text{mm} \times 500\text{mm}} \leqq 1\text{N/mm}^2$

$\dfrac{3}{4}P \leqq 150{,}000\text{N}$　　$P \leqq 200{,}000\text{N} = 200\text{kN}$

問題 3　答 4

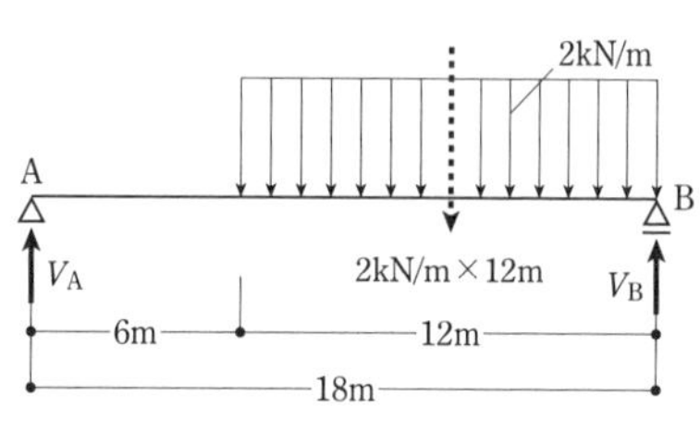

最大曲げモーメントが生じる位置は、せん断力が 0 になることから、その位置を求める。

B 点のモーメントの釣合式より、A 点の垂直方向反力 V_A を求める。

$\Sigma M_B = 0$ より

$V_A \times 18\text{m} + (-2\text{kN/m} \times 12\text{m} \times 6\text{m}) = 0$

$V_A = +8\text{kN}$（上向き）

せん断力が 0 になる位置 D の C、D 間の距離 x を求める。

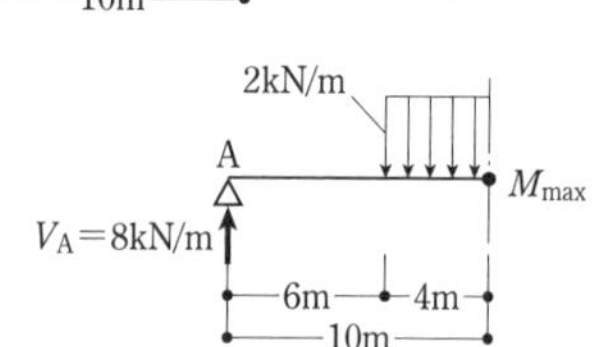

せん断力は、C 点まで＋ 8kN で、C 点から B 点までは

2kN/mずつ減少していくので、

$Q_x + 8\text{kN} - 2\text{kN/m} \times x = 0 \qquad x = 4\text{m}$

D点の曲げモーメントの値は、

$M_{\max} = +8\text{kN} \times 10\text{m} - 2\text{kN/m} \times 4\text{m} \times 2\text{m} = 64\text{kN·m}$

問題4 答5

B点における垂直反力R_Bを求める。A点のモーメントの釣合式より、

$\Sigma M_A = -R_B \times 6\text{m} + 2\text{kN/m} \times 6\text{m} \times 3\text{m} + 1\text{kN/m} \times 6\text{m} \times 3\text{m} = 0$

$R_B = +9\text{kN}$（上向き）

$\Sigma Y = 0$より、

$R_A + R_B - 2\text{kN/m} \times 6\text{m} = 0$

$R_A = +3\text{kN}$（上向き）

$\Sigma X = 0$より、

$H_B - 1\text{kN/m} \times 6\text{m} = 0$

$H_B = +6\text{kN}$（左向き）

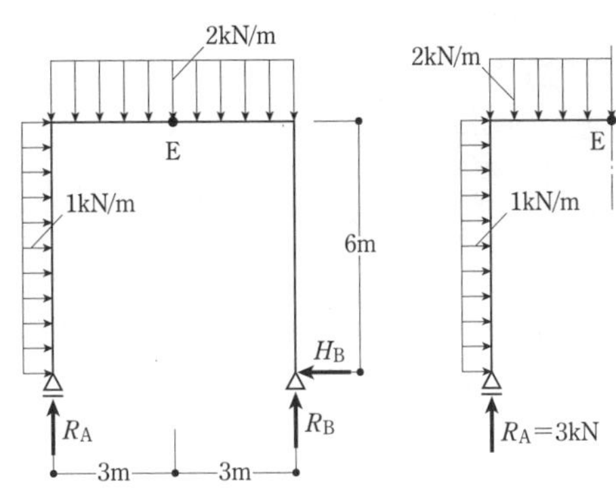

E点のモーメントを求める。

$M_E = +3\text{kN} \times 3\text{m} - 1\text{kN/m} \times 6\text{m} \times 3\text{m} - 2\text{kN/m} \times 3\text{m} \times 1.5\text{m} = -18\text{kN·m}$

M_Eの絶対値は、$M_E = 18\text{kN·m}$

問題5 答2

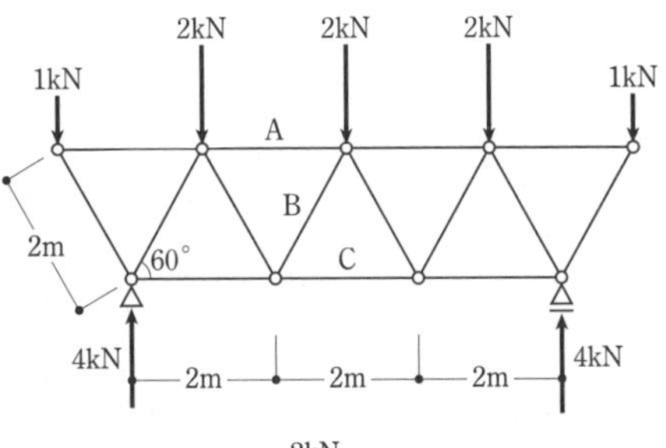

切断法を用いて応力を求める。

切断法では、応力を求める部材を含む3部材で構造物を切断（釣合が崩れて構造物は崩壊する）し、切断面に働いていた応力と同じ大きさの荷重を作用させ、構造物を元の釣合状態に戻し、釣合条件式を用いて荷重も大きさ（応力）を求める。

支点の垂直反力はそれぞれ荷重合計の半分の4kNとなる。

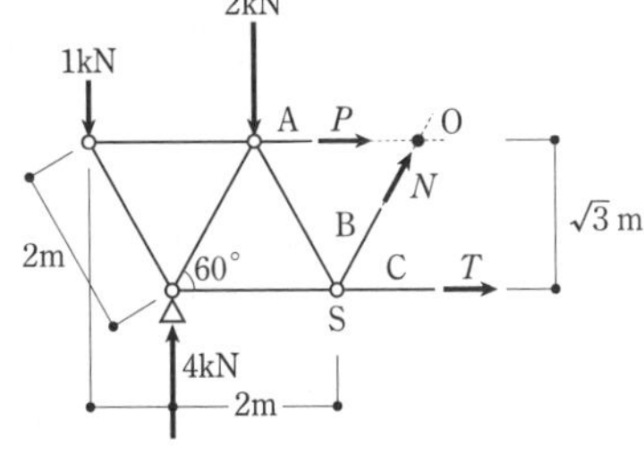

A、B、C部材で、構造物を切断し、各断面の荷重T、N、Pを部材に作用させ、この構造物が釣り合い状態になるようにそれぞれの荷重の大きさと向きを求める。また、部材B、Cの交点をS、部材A、Bの交点をOとする。

S点を中心としたモーメントの釣合式

$\Sigma M_S = +4\text{kN} \times 2\text{m} - 1\text{kN} \times 3\text{m} - 2\text{kN} \times 1\text{m} + P \times \sqrt{3}\,\text{m} = 0$

$P = -\dfrac{3}{\sqrt{3}} = -\sqrt{3}\,\text{kN}$（部材Aの軸方向力）

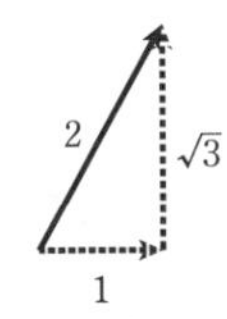

数字は力の大きさ（矢印の長さ）の割合

O 点を中心としたモーメントの釣合式

$\Sigma M_o = +4\text{kN} \times 3\text{m} - 1\text{kN} \times 4\text{m} - 2\text{kN} \times 2\text{m} - T \times \sqrt{3}\,\text{m} = 0$

$T = +\dfrac{4}{\sqrt{3}} = +\dfrac{4\sqrt{3}}{3}$（部材 C の応力）

垂直方向の釣合式

$\Sigma Y = +4\text{kN} - 1\text{kN} - 2\text{kN} + N \times \sin 60° = 0$

$N \times \dfrac{\sqrt{3}}{2} = -1$

$N = -\dfrac{2}{\sqrt{3}} = -\dfrac{2\sqrt{3}}{3}$（部材 B の応力）

問題 6　答 4

座屈荷重は次式により計算される。

$P_k = \dfrac{\pi^2 EI}{l_k^{\,2}}$

ただし、P_k：弾性座屈荷重　　π：円周率 3.14　　E：材の弾性係数

I：材の最小断面二次モーメント

l_k：座屈長さ（材端の支持条件を考慮した材の長さ。両端ピンの場合 $l_k = l$）

材の両端の支持条件は全て同じで、柱は同一材質でできていることから、弾性座屈荷重の式中の $\pi^2 E$ は一定である。

従って、$\dfrac{I}{l_k^{\,2}}$ の値が最大になるとき、弾性座屈荷重も最大となる。

1. $\dfrac{3\times10^{-5}}{(3.0)^2} = 0.333\times10^{-5}$　　2. $\dfrac{4\times10^{-5}}{(3.5)^2} = 0.327\times10^{-5}$　　3. $\dfrac{5\times10^{-5}}{4^2} = 0.313\times10^{-5}$

4. $\dfrac{7\times10^{-5}}{(4.5)^2} = 0.346\times10^{-5}$　　5. $\dfrac{8\times10^{-5}}{5^2} = 0.32\times10^{-5}$

問題 7　答 5

振動特性係数の値は図のとおり、建築物の一次固有周期が約 0.6 秒より長周期になると、地盤種別によって差ができ、第三種地盤＞第二種地盤＞第一種地盤となる。

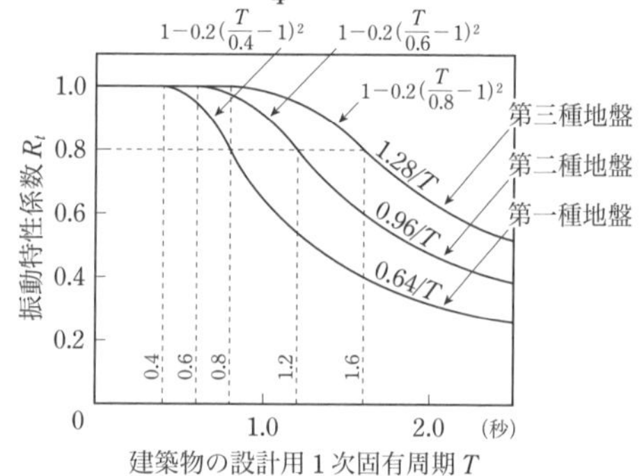

1. （建基令 85 条 2 項）
2. （建設省告示 1455 号第 1）
3. 風圧力は暴風による建築物の外壁に作用する圧力で、次式で計算される。

   $w = q \times C_f$　　w：風圧力（N/m²）　q：速度圧（N/m²）　C_f：風力係数

   $q = 0.6 \times E \times V_0^2$　　E：ガスト影響係数

   V_0：基準風速。建設省告示第 1454 号で規定された値。各地方における過去の記録に基づいた風害の程度で 30m/s ～ 46m/s の範囲で定められている。
4. （建基令 88 条 2 項、3 項）標準せん断力係数は、0.2 以上としなければならない。また、必要保有水平耐力を計算する場合は、標準せん断力係数は 1.0 以上としなければならない。

問題 8　答 2

(建基令 82 条 1 項) 多雪区域において短期に生ずる力のうち、暴風時の応力度の計算で採用する加重および外力の組み合わせは下表のとおり、$G + P + 0.35S + W$ となる。

力の種類	荷重及び外力について想定する状態	一般の場合	多雪区域	備考
長期に生ずる力	常時	$G + P$	$G + P$	建築物の転倒、柱の引抜き等を検討する場合、P は建築物の実況に応じて積載荷重を減らした数値による。
	積雪時		$G + P + 0.7S$	
短期に生ずる力	積雪時	$G + P + S$	$G + P + S$	
	暴風時	$G + P + W$	$G + P + W$	
			$G + P + 0.35S + W$	
	地震時	$G + P + K$	$G + P + 0.35S + K$	

G：固定荷重によって生ずる力（令 84 条）　W：風圧力によって生ずる力（令 87 条）
P：積載荷重によって生ずる力（令 85 条）　K：地震力によって生ずる力（令 88 条）
S：積雪荷重によって生ずる力（令 86 条）

問題 9　答 1

図から土の粒径の大小関係は、砂＞シルト＞粘度である。

粘　土	シルト	細 砂	粗 砂	細 礫	中 礫	粗 礫	
		砂		礫			

（境界：5 μm　75 μm　0.42mm　2.0mm　5.0mm　20mm　75mm）

4.　基礎底面に作用する荷重には、基礎スラブ上面の土かぶりの重量も含まれる。

5.　(建設省告示第 1347 号 3 項一号、4 項一号)

問題 10　答 3

説明は「火打梁」についてのものである。「飛梁」は、寄棟などの小屋組において、隅木を受ける母屋の出隅交差部を支える小屋束を立てるために、軒桁と小屋梁の間に架け渡す横架材である。

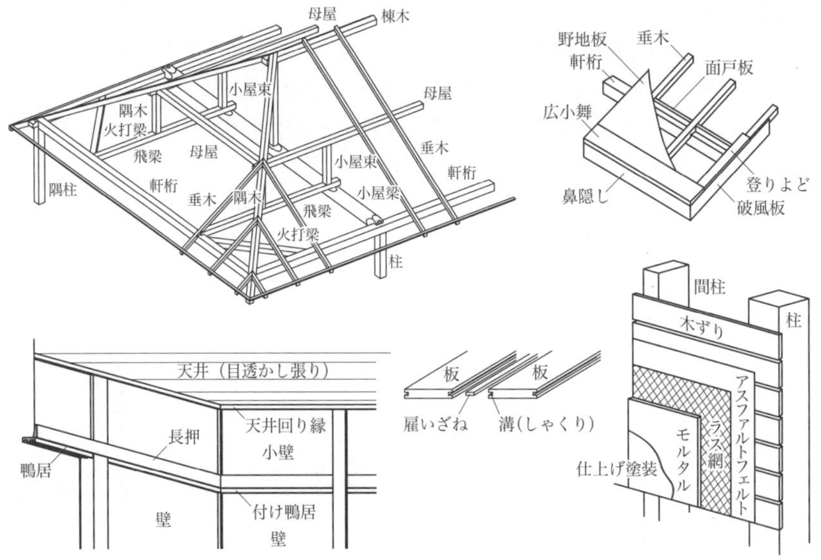

問題 11　答 3

ラグスクリューはその先穴にレンチなどで回しながら挿入する。ハンマーなどで打ち込んではならない。なお、挿入を容易にするために適当な潤滑剤を用いてもよい。

問題 12　答 2

曲げ材の支持点付近で引張側に切欠きを設ける場合、切欠きの深さ（高さ）は、材せいの 1/3 以下とする。

問題 13　答 4

耐力壁の横筋は、端部の縦方向曲げ補強筋に 180 フックでかぎ掛けする。端部で交差する耐力壁がある場合は、交差する耐力壁に定着させる。なお、定着長さは、異形鉄筋でフックなしの場合、異形鉄筋の呼び名に用いた数値（公称直径）の 40 倍とする。すなわち、13 × 40 ＝ 520mm 以上とする。

1. 床及び屋根が鉄筋コンクリート造の場合、耐力壁の中心線で囲まれた部分の水平投影面積（分割面積）は、60m^2 以下とする。
2. A 種空洞ブロックを用いる場合、階数 2 以下、軒の高さ 7.5m 以下とし、かつ各階の階高は 3.5m 以下とする。平屋にあっては、軒の高さ 4m 以下とする。
3. 耐力壁の実長は 550mm 以上、かつ、その有効長さの 30％以上とする。
5. 耐力壁は、その端部及び隅角部に径 12mm（異径鉄筋は D13）以上の鉄筋を縦に配置するほか、径 9mm（異径鉄筋は D10）以上の鉄筋を縦横に 80cm 以内の間隔で配置したものでなければならない。

問題 14　答 1

柱のコンクリート全断面積に対する主筋断面積の割合は、一般に、0.8％以上とする（令 77 条六号）。

問題 15　答 4

鉄筋コンクリート構造の建築物において、大梁及び柱における主筋の重ね継手の位置は、原則として、図に示すような応力の小さな位置に設ける。

大梁の上端筋の継手は中央部付近に設け、下端筋は梁端部から中央部に向かって梁せい分離れた位置から梁幅の 1/4 の範囲に設ける。

柱の継手位置は柱の上端及び下端から柱の支点間距離（H_0）の 1/4 以上離れた中央部

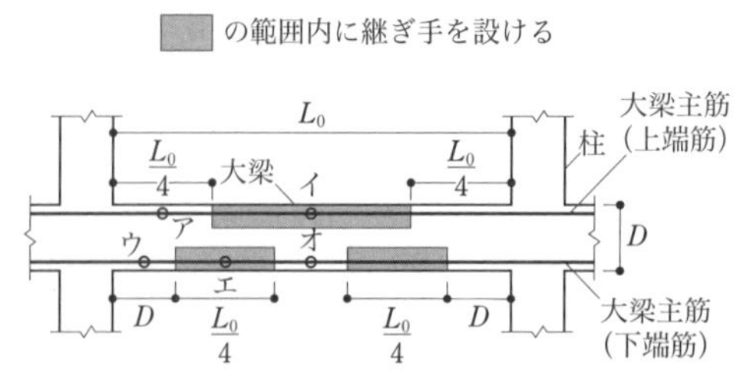

梁主筋の継手の範囲

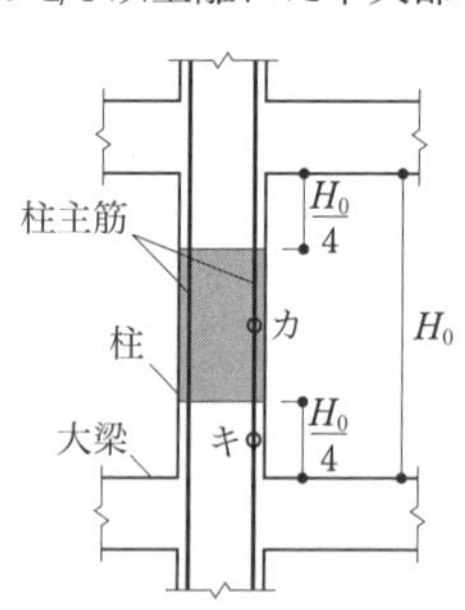

柱主筋の継手の範囲

付近に設ける。

問題 16 答 3

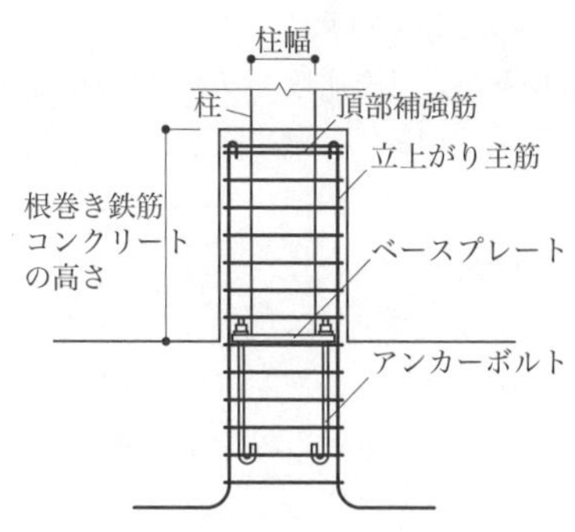

H12建設省告示1456号より、根巻形式の柱脚において、柱下部の根巻き鉄筋コンクリートの高さは、柱幅（張り間方向及び桁行き方向の柱の見付け幅のうち大きい方）の2.5倍以上とする。なお、埋込み形式柱脚については、コンクリートへの柱の埋込み部分の深さは柱幅の2倍以上とする。

問題 17 答 3

鋼構造設計規準より、高力ボルト摩擦接合部の許容応力度は、締め付けられる鋼材間の摩擦力として応力が伝達されるものとして計算するもので、高力ボルトのせん断力を加えることはできない。

問題 18 答 1

建築物の各階の剛性率は、「各階における層間変形角の逆数」を「全ての階の層間変形角の逆数の平均値」で除した値であり、その値が小さいほど、その階に損傷が集中する危険性が高い。

問題 19 答 4

既存の鉄筋コンクリート柱における鋼板巻き立て補強や炭素繊維巻き付け補強は、柱のせん断耐力を高めることを目的としている。また、これにより、靱性（変形能力）も向上する。

問題 20 答 5

インシュレションボードは、木のチップに水をかけて加熱し繊維状になるまでほぐし、合成樹脂や接着剤を混ぜて、ボード状に乾燥させた木質建材で、断熱性、保温性、吸音性に優れている。木材の小片（チップ）に接着剤を加えて、熱圧・成形したボードはパーティクルボードである。

問題 21 答 1

コンクリートの設計基準強度は、構造計算によって求められる強度で、構造物の使用期限での耐久性を確保するために必要とされる強度である耐久設計基準強度のうち大きい方の値が品質基準強度となる。そのため、品質基準強度の方が大きい。

問題 22 答 1

ポルトランドセメントは、水和反応によって硬化が進む水硬性材料である。焼石灰や石こうなどが気硬性材料である。

問題 23 答 2

鋼材は、一般的に焼入れ（800℃ 程度）をすることにより硬度が増し、焼戻しをすることにより粘りや耐摩耗性が増す。基本的に焼入れと焼戻しはセットで行う。

問題 24 答 5

木材の基準強度は、圧縮（F_c）、引張（F_t）、曲げ（F_b）、せん断（F_s）などで定められているが、スギよりベイマツの方が基準強度が高い。ベイマツは、重く硬い材質の割には加工性が良く、梁や柱など構造材によく使われる。スギは、軽くて加工性もよく木目も美しいので、内装、外装材に使われることが多い。

問題 25　答 2

せっこうボードは、せっこうを板状に固めて両側から原紙を一体化させた材料で、防火、耐火、遮音の性能に優れているが、水や湿気には強くないので浴室での使用には適さない。湿気の多い場所で使用するためには、防水処理を施したシージングせっこうボードなどを使用する。

学科Ⅳ（施工）

問題 1　答 4

施工図には総合仮設計画書は含まれない。

問題 2　答 5

（建築工事監理指針 19. 8. 1（e）（2））巻いた材料は、くせが付かないように立てて保管する。

4.　（建築工事監理指針 11. 4. 4（g）（1））

問題 3　答 4

（労働安全衛生規則第 575 条の六、三）高さ 2m 以上の作業床の床材間の隙間は、3cm 以下とすること。

問題 4　答 2

（廃棄物の処理及び清掃に関する法律施行令第 2 条 1 項七号）ガラスくずは、産業廃棄物に該当する。

1.　（廃棄物の処理及び清掃に関する法律施行令第 2 条 1 項一号）紙くず（建設業に係るもののうち、工作物の新築、改築又は除去に伴つて生じたものに限る。）。一般廃棄物に該当する。

問題 5　答 4

（労働安全衛生規則第 552 条 1 項二号、三号）勾配は 30 度以下とするほか、勾配が 15 度を超えるものには、踏桟その他の滑止めを設ける。

1.　（労働基準局通達、基発 759 号）移動式クレーン等の送配電線類への接触による感電災害の防止対策について）離隔距離は、低圧の場合 1m 以上とするが、目測誤差およびクレーン操作特性を考慮した電力会社推奨の離隔距離として 2.0m としている。

5.　（建築工事監理指針 2. 4. 1（a））施工者が工事中の建築物を仮設の現場事務所として仮使用したいときは、監理者の承認を受けなければならない。

問題 6　答 4

（木造住宅工事仕様書（フラット 35）3. 3. 6 3.）コンクリート打込みに際しては、空隙が生じないよう十分な突き、たたきを行う。

問題 7　答 5

（JASS4. 2. 2　解説表 2.1）プレボーリング拡大根固め工法は、既製杭埋込工法で、地盤を所定深度まで掘削攪拌し、根固め液に切り替え、拡大ヘッドなどにより杭径以上の根固め球根を築造する工法。

1.　引抜き時にアースオーガーを逆回転させてはならない。

問題 8　答 2

（公共建築標準仕様書 5. 4. 11. 1（オ））圧接部の片ふくらみが規定値を超えた場合は、圧接部を切り取って再圧接する。

1.　鉄筋表面のごく薄い赤錆はコンクリートの付着も良好で害はない。

3. 降雨、降雪又は強風の場合は、圧接作業を行ってはならない。ただし、風除け、覆い等の設備を設置した場合には、作業を行うことができる。
5. 間隔は 1.5m 程度、端部は 0.5m 程度。

問題 9 答 3

（労働安全衛生規則第 242 条 1 項七号、イ）パイプサポートを三以上継いで用いないこと。

1. （JASS5. 9. 3. d.）せき板を再使用する場合は、コンクリートに接する面をよく清掃し、締付けボルトなどの貫通孔または破損箇所を修理の上、必要に応じて剥離剤を塗布して用いる。
2. 合板に用いる樹種は、広葉樹、針葉樹又はこれらを複合したもので、「合板の日本農林規格」に適合したものとする。
4. （JASS5. 9. 10. a.）基礎・梁側・柱および壁のせき板の存置期間は、計画共用期間の級が短期および標準の場合は構造体コンクリートの圧縮強度が 5N/mm2 以上に達したことが確認されるまでとする。

問題 10 答 2

（公共建築工事標準仕様書 6. 5. 1（ア））納入されたコンクリートが発注した条件に適合していることを、各運搬車の納入書により確認する。

1. コンクリートの練り混ぜから打ち込み終了までの時間の限度は、外気温が 25℃ 未満のときは 120 分、25℃ 以上のときは 90 分とする。
4. （建築工事監理指針 6. 5. 4（a）（1））塩化物量の測定結果が 0.30kg/m を超えるとコンクリート柱の鉄筋の腐食が促進される可能性があるため、この値以下とすることが定められている。
5. スランプ 8cm 以上 18cm 以下の場合、スランプの許容差は ±2.5cm とする。

問題 11 答 1

（公共建築工事標準仕様書 6. 6. 3（3））柱で区切られた壁においては、柱を通過させるようなコンクリートの横流しをしない。

5. （JASS5. 7. 7. d.）コンクリート表面の仕上がり状態は、セパレータの頭処理はもちろん、豆板・空洞・砂じま・コールドジョイント・表面硬化不良、コンクリートの突起、過度の不陸などの欠陥がない状態とする。これらの打込欠陥が生じた場合は、補習を適切に行うこととする。

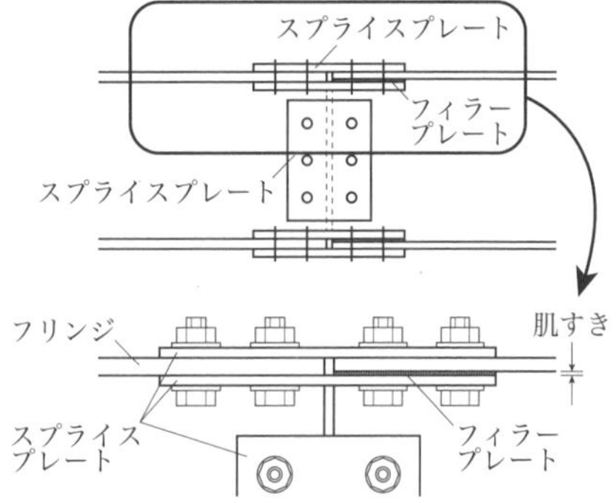

問題 12 答 1

（公共建築工事標準仕様書 7. 4. 6）1mm を超える肌すきがある場合はフィラープレートを入れる。

問題 13　答 2

筋かいによる補強作業は、倒壊の危険性があるため建方当日に行うこと。

1. (JASS6. 12. 4. f（4））架構の倒壊防止用ワイヤーロープを使用する場合、このワイヤーロープを建入れ直し用に兼用してよい。
3. 完全溶け込み溶接・突合せ継手における余盛りの最小の監理許容差は 0 ≦ Δ h ≦ 3mm である。

問題 14　答 2

(公共建築工事標準仕様書 8. 4. 3 (6)）パネルの短辺小口相互の接合部の目地は伸縮調整目地とし、目地幅は特記がない場合 10 ～ 20mm とする。

4. (公共建築工事標準仕様書 8. 4. 3（11)）雨掛り部分のパネルの目地はシーリング材を充填する。
5. 短辺小口相互の接合部には、20mm 程度の目地を設け、支持梁上になじみよく敷き並べる。

問題 15　答 4

(木造住宅工事仕様書（フラット 35）5. 3. 2 2.）1 階及び 2 階の上下同位置に構造用面材の耐力壁を設ける場合は、胴差し部において、構造用面材相互間に原則として、6mm 以上のあきを設ける。

1. 下地板は 1/50 以上の勾配を設け、排水溝部分では 1/200 以上の勾配を設ける。
3. 構造用面材による床組みの補強方法は、断面寸法 105mm × 105mm 以上の床梁を、1820mm 内外の間隔で、張り間方向又はけた行き方向に配置する。
5. 構造用面材の下地に貫を用いる場合、貫は 15mm × 90mm 以上とし、5 本以上設ける。

問題 16　答 3

渡りあご掛けは、片側の部材を他方の部材に垂直に載せる工法で、双方の木に溝をほって、そこを互いにはめ込んでいく。上になる男木の一部を切り欠いて、下になる女木の角を欠くため、天端そろえとすることはできない。

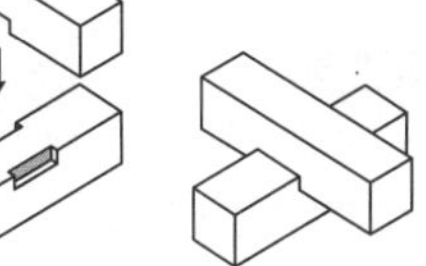
渡りあご掛け

問題 17　答 5

(公共建築工事標準仕様書 9. 7. 4（4)（ク)）充填箇所以外の部分に付着したシリコーン系シーリング材は、硬化後に取り除く。

問題 18　答 1

(公共建築工事標準仕様書 10. 4. 3（1)、10. 3. 3（1)）石材の裏面とコンクリート躯体との間隔は、40mm 程度とする。

問題 19　答 5

スプレーガンは、塗装する面に対して、常に直角に向けるようにし、一定の太さ（パターン幅）の帯状に塗り重ねる。

1. 塗料は、調合された塗料をそのまま使用する。ただし、素地面の粗密、吸収性の大小、気温の高低等に応じて、適切な粘度に調整することができる。

問題 20 答 3

（公共建築工事標準仕様書 16. 14. 5（2）（ウ）（b））特記がなければ 6m 以下ごとに幅 10 ～ 25mm の伸縮調整目地を設ける。

1. FRP 系塗膜防水と建具が取合う場合は、FRP 系塗膜防水工事を施工した後、建具の取付けを行うものとする。
2. 網入り板ガラスでは、ガラスの小口に突出する線材が水分の影響で発錆するおそれがあるため、建具の下枠に直径 6mm 以上の水抜き孔を 2 箇所設ける。
5. せっこうボードの直張り工法は、せっこうボード張付け後、仕上材に通気性のある場合で 7 日以上、通気性のない場合で 20 日以上放置し、直張り用接着材が乾燥し、仕上げに支障のないことを確認してから、仕上げを行う。

問題 21 答 1

（公共建築工事標準仕様書（機械設備工事編）2. 6. 2（2））屋内横走り配水管の勾配は、原則として、呼び径 65 以下は 1/50、呼び径 75、100 は最小 1/100、呼び径 125 は最小 1/150、呼び径 150 以上は最小 1/200 とする。

3. （下水道排水設備指針と解説）雨水用のますには底部に 150mm 以上の泥だめを設ける。また、汚水ますには底部にインバート（排水誘導用の半円形の溝）を設けたインバートますを用いる。
5. （公共建築工事標準仕様書（電気設備工事編）2. 2. 3（8））コンクリート埋込みのボックス及び分電盤の外箱等は、型枠に取り付ける。

問題 22 答 4

（建設省告示第 2564 号）インターロッキング形のスラットは、防火用のシャッターとして、オーバーラッピング形スラットは防煙シャッターとして使用される。

問題 23 答 3

インパクトレンチは、高力ボルトの締付けに使用する器具である。

問題 24 答 5

共通費は、共通仮設費、現場管理費、一般管理費で、直接工事費は含まれない。

問題 25 答 5

（民間（七会）連合協定 工事請負契約約款第 11 条）受注者は、この契約の履行報告につき、設計図書等に定めがあるときは、その定めに従い発注者に報告しなければならない。

令和４年「学科の試験」
解答と解説

学科Ⅰ（計画）

問題1　答2

円覚寺舎利殿（神奈川県）は、禅宗様（唐様）を代表する建築物であり、問題の特徴は禅宗様（唐様）のものである。和様は水平線を強調したデザインが特徴で、唐招提寺金堂がその代表的な建築物である。

問題2　答4

ルネサンスは、フランス語の「再生」を意味する。封建制や教会などからの束縛を離れて、国家・社会・個人に新しい秩序をもたらすことを目的とし、古典主義的なデザインを用いる。イタリアのフィレンツェで始まった建築様式で、フィレンツェ大聖堂（イタリア）が代表作である。パリのオペラ座（フランス）は、ネオ・バロック様式を代表する建築で、その豪華なデザインは、国家の威信を表現し、その後、帝国主義の国々は競って取り入れた。

問題3　答1

熱伝導率は、材料内の熱の伝えやすさを表すもので、値が大きいほど熱を伝えやすく断熱性は低くなる。

問題4　答5

汚染物質が発生する室の必要換気量は汚染物質の発生量によって変化し、室容積には影響されない。汚染物質の発生量ではなく、部屋の種類（必要換気回数）から必要換気量を求める場合は、室容積は影響する。

$$Q=\frac{K}{P_a-P_o}$$

Q：必要換気量［m^3/h］　K：在室者の呼吸による CO_2 発生量［m^3/h］
P_a：室内の CO_2 許容濃度　P_o：外気の CO_2 濃度

問題5　答1

湿り空気の温度は、乾球温度のことで、この温度変化は空気線図上では水平方向の移動で表す（右図）。よって、絶対湿度に影響しない。

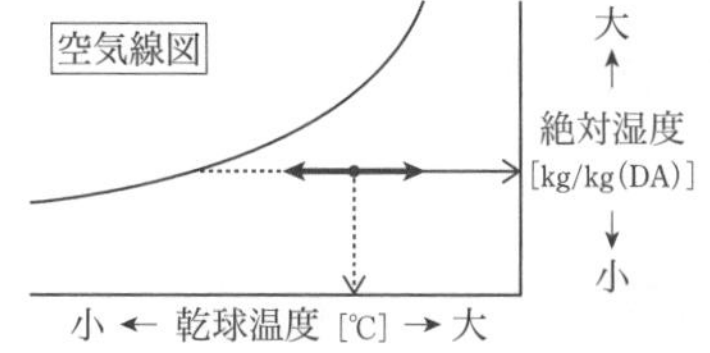

問題6　答3

外皮平均熱貫流率とは、住宅の内部から床、外壁、屋根（天井）や開口部などを通過して外部へ逃げる熱量（熱貫流量）を外皮全体の面積で平均した値なので、以下のような計算で求められる。

$Q=K\times(t_1-t_2)\times S$

Q：熱貫流量［W］　　K：熱貫流率［W/（m²・K）］

S：壁などの面積（m²）　　t_1-t_2：温度差係数（1.0）

外皮平均熱貫流率$=\dfrac{40\times0.2+60\times0.3+24\times2.0+40\times0.2}{40+60+24+40}=0.50$［W/(m²・K)］

問題 7　答 1

昼光率とは、室内におけるある点の昼光による照度と、その時の屋外の明るさ（全天空照度）との比で表される。室内におけるある点の昼光による照度は、直接入射する直接光のみによる場合と、室内の仕上げ面等に反射してから入射する反射光のみによる場合で分けて計算されるため、室内の壁や天井の表面の反射の影響を受ける。その他、昼光率に影響を与える要素は、窓の大きさや位置、窓に隣接する樹木や建築物などがある。

問題 8　答 2

マンセル表色系は、H（色相）V（明度）/C（彩度）で表されるので、問題の 4 は明度、14 が彩度を示している。

問題 9　答 4

吸音材は、入射してくる音エネルギーを材料の中で吸収させ、吸収しきれない音は透過させて反射させないようにするため、基本的に透過率が高くなり遮音性能は低くなる。

問題 10　答 2

ヒートアイランド現象の主たる原因は、都市部における道路や建築物からの輻射熱、自動車や建築物からの排熱、緑地などの土の面積が少ないことによる夜間放射冷却の減少による。二酸化炭素などの温室効果ガスには、大気中の赤外線を吸収し再放出する性質はあるが、温暖化の原因になるほどの影響はない。

問題 11　答 4

玄関のくつずりと玄関ポーチの床面との高低差は 20mm 以下としなければならない。さらに、くつずりと玄関土間の高低差は 5mm 以下とする。

問題 12　答 1

テラスハウスは、各住戸が専用庭を持った連続低層住宅で独立性を有する。問題の共用の中庭を中心に、それを囲んで配置される集合住宅の形式はコモンアクセスといい、各住戸の利用者の交流を増大させるとともにプライバシーの確保も考慮した計画である。

問題 13　答 4

美術館における展示物の照度は、作品が照明によって損傷を受けることを極力抑えるため、油絵は 500lx とされ、日本画は 200lx である。

問題 14　答 3

車椅子使用者が利用する浴室において、浴槽の縁の高さは、洗い場の床面から車椅子の座面の高さと等しくなるように 40 ～ 45cm とする。

問題 15　答 5

乳児は、乳児室、ほふく室を確保しなければならない。また、安全面の点から乳児と幼児とは保育スペースを分けなければならず、設置基準面積はそれぞれ乳児（ほふく室）：3.3 m²/ 人、2 歳児：1.98 m²/ 人となっている。乳児の設置基準面積は地域によって待機児童の関係から緩和措置が取られているケースもある。

問題 16　答 2

一戸建ての住宅において、ドアモニターや空調スイッチの高さは、車椅子、高齢者に配慮して床面から 90 ～ 100cm とする。一般の場合でも 110 ～ 120cm とされ 140cm は高すぎる。

問題 17　答 4

問題の案内用図記号は、女性用の授乳室で、男女共用の授乳室は右図の記号である。

問題 18　答 3

災害時などの停電に備え設置される非常用照明装置の照明方式は、直接照明でなければならない。また、床面では、1 lx 以上の照度を確保し、器具や配線は十分に耐熱性を有するものでなければならない。

問題 19　答 1

NC 値（Noise Criteria）は、部屋の静けさを表す指標でオフィス内の空調機器騒音等の、定常騒音に対するアンケート調査をもとに、会話障害との関係からまとめられたものである。評価する騒音の騒音レベルを NC 曲線にあてはめ、全てのポイントで下回る数値がその部屋の NC 値となる。

問題 20　答 5

開放式冷却塔の冷却水を冷ます効果は、冷却水に接触させる空気の温度によるものではない。冷却水を霧状にして外気との接触面積を増やしたり、外気を当てる方向などにより接触時間を長くしたりすることなどによりその効果は上がる。

問題 21　答 2

LP ガス（液化石油ガス）のガス漏れ警報装置の検知器の設置高さは、床面から警報器上端までの高さが 30cm 以内となっている。都市ガスの場合は、天井面から 30cm 以内である。

問題 22　答 4

トラップますは、生活排水などの雑排水を 1 か所に集めて、ゴミなどを沈殿させ上澄みの排水を流す構造になっていて会所ますとも言われる。分流式公共下水道の雨水専用管に接続する排水管には、雨水ますが使われる。

問題 23　答 3

D 種接地工事は、300V 以下の低圧用電動機に用いる。設置工事は A 種から D 種まであり、A 種接地工事は高圧または特別高圧などの電圧が高い機器に用いられ、B 種設置工事は高圧または特別高圧と低圧を結合させるとき低圧側の電圧を上昇させないために用い、C 種は 300V を超える低圧用電動機に用いる。

問題 24　答 5

タスク・アンビエント照明は、タスク（作業）用の照明（例：デスクスタンド）とアンビエント（周囲）の照明（例：天井）を効果的に使用することにより、省エネルギーとするものである。手元の照度を天井等で確保しようとすると、必要としない部分まで照明することになる。周囲の照度を抑えて、作業部分の照度を別の照明器具により得ることで、在籍率の低い事務所の執務空間においても効果は期待できる。

問題 25　答 1

電気の効率は、電圧を高くしたほうが送電による電力損失を低減できるので配電電圧は高く設定する。発電所から変電所まで送られる電気の電圧が高いのも電力損失を低減させるためである。

学科II（法規）

問題1 答2

(令2条1項二号)建築面積は外壁等の中心線で囲まれた部分の水平投影面積による。ただし、地階で地盤面上1m以下にある部分を除く。また、ひさし・バルコニー等は、外壁の中心線から1m以上突き出たものは先端から1m後退した部分までを算入する。

設問では、地階は、右側の地上への突出しが0.9mのため建築面積に含まず、左側の地上への突出しが1.2mのため建築面積に含む。また、ひさしは、右側ひさしが1mの突出しであるので建築面積に含まない。左側ひさしが1.5m突き出ており、ひさしの先端から1m後退した部分（ひさしの出0.5m分）が建築面積の対象となるが、直下の地階が地盤面上に1.2m突き出ているため地階を含む外壁の中心線で囲まれた部分の水平投影面積を算定すればよい。

したがって、建築面積は、$(1+8)\times 8 = 72\text{m}^2$

問題2 答5

(法6条1項一・二号、法87条1項、法2条二号、別表第1（い）欄（4）項、令115条の3第三号、令137条の18第八号)「建築物（事務所）」から「特殊建築物（物品販売業を営む店舗）」への用途変更は、その用途に供する部分の床面積の合計が200 m²を超える場合、確認の規定が準用される。よって、確認済証の交付を受ける必要がある。なお、事務所から物品販売業を営む店舗への用途変更は、類似の用途への用途変更に該当しない。

1. （法88条1項、令138条1項五号、法6条1項）高さ2m以下の擁壁は、確認の規定が適用されないので確認済証の交付を受ける必要はない。
2. （法6条1項一・三号、別表第1（い）欄（4）項、令115条の3第三号）延べ面積が200m²以下の特殊建築物（飲食店）の新築、又は木造以外の建築物（鉄骨造）で階数1、かつ延べ面積200m²以下の新築は、確認済証の交付を受ける必要がない。
3. （法6条2項）防火地域及び準防火地域外において、増築に係る部分の面積が10m²以内であるときは、確認済証の交付を受ける必要がない。
4. （法6条1項一・二号、別表第1（い）欄（2）項）延べ面積が200m²以下の特殊建築物（旅館）の新築、又は木造の建築物で階数2、かつ延べ面積500m²、高さ13m、軒の高さ9m以下の新築は、確認済証の交付を受ける必要がない。

問題3 答3

（法7条2・1項、法6条1項四号）建築主は、都市計画区域内において、建築物を新築し、建築主事に完了検査を申請する場合、原則として、当該工事が完了した日から4日以内に建築主事に到達するようにしなければならない。

1. （法7条の3第1項一号、令11条、法7条の4第1項）建築主は、階数が3以上である鉄筋コンクリート造の共同住宅を新築する場合、2階の床及びこれを支持する梁に鉄筋を配置する工程に係る工事を終えたときは、建築主事又は指定確認検査機関の中間検査を申請しなければならない。

2. （法 87 条 1 項）建築主は、建築物の用途変更に係る法 6 条 1 項の確認済証の交付を受けた場合において、当該工事が完了したときは、法 7 条 1 項による建築物の完了検査は申請ではなく建築主事への届け出となる。

4. （法 15 条 1 項）床面積が $10m^2$ を超える建築物の部分について、除却の工事をする場合、当該除却の工事をする者は、その旨を都道府県知事に報告しなければならない。

5. （法 7 条の 6 第 1 項二号、法 6 条 1 項一号、別表第 1（い）欄（5）項）延べ面積が $200m^2$ を超える倉庫の新築では、指定確認検査機関が、安全上、防火上及び避難上支障がないものとして国土交通大臣が定める基準に適合していることを認めたときは、当該建築物の建築主は、検査証の交付を受ける前においても、仮に、当該建築物又は建築物の部分を使用し、又は使用させることができる。

問題 4　答 2

（令 20 条 2 項一号）居室に設ける開口部の有効面積を算定する場合、採光に有効な部分の面積は、当該居室の開口部ごとの面積にそれぞれ採光補正係数を乗じて算定する。このとき、開口部が公園に面する場合、当該公園の幅の 1/2 だけ隣地境界線の外側にある線を隣地境界線とする。

1. （法 19 条 1 項）建築物の敷地は、敷地内の排水に支障がない場合、これに接する道の境より高くしなくてもよい。

3. （法 28 条の 2 第三号、令 20 条の 8 第 1 項一号イ）住宅の居室に機械換気設備を設けるに当たり、ホルムアルデヒドに関する技術的な基準による必要有効換気量は次式により算定する。

$Vr = nAh$

Vr：必要有効換気量（m^3/時）　　n：住宅の居室は 0.5

A：居室の床面積（m^2）　　h：居室の天井高さ（m）

よって、$Vr = 0.5 \times 16 \times 2.5 = 20.0m^3$/時

有効換気量は、必要有効換気量（Vr）$= 20.0m^3$/時以上とする。

4. （令 23 条 1・2 項）住宅の階段において、踏面の寸法は 15cm 以上とする。また、回り階段における踏面の寸法は、踏面の狭い方の端から 30cm の位置において測る。

5. （令 24 条）住宅の階段において、その高さが 4m を超えるものは高さ 4m 以内ごとに踏幅 1.2m 以上の踊場を設けなければならない。設問の階段は高さが 3m であるので踊場を設けなくてもよい。よって、踏幅 1.1m の踊場であってもよい。

問題 5　答 4

（令 21 条 2 項）1 室で居室の天井の高さが異なる場合

天井の高さ＝居室の断面積 / 居室の幅　又は　居室の容積 / 居室の床面積

$$天井の高さ = \frac{(2\times10+4\times4)\times3+4\times6\times2+(4\times1\times1/2)\times6}{6\times10} = 2.8m$$

問題 6　答 1

（令 46 条 4 項表 1）軸組の種類による軸組の倍率を求める。

木ずりを柱及び間柱の両面に打ち付けた壁を設けた軸組：1

木ずりを柱及び間柱の片面に打ち付けた壁を設けた軸組：0.5

厚さ 4.5cm で幅 9.0cm の木材の筋かいをたすき掛けに入れた軸組：4

厚さ 4.5cm で幅 9.0cm の木材の筋かいを入れた軸組：2

張り間方向と桁行方向それぞれの「構造耐力上有効な軸組の長さ」を求める。

張り間方向の構造耐力上有効な軸組長さ＝(1 ＋ 4) × 2m × 4 ヶ所＝ 40m

桁行方向の構造耐力上有効な軸組長さ＝(1＋2) × 2m × 4 ヶ所＋ 0.5 × 2m×2 ヶ所＝ 26m

問題 7　答 5

（法 85 条 2 項、法 37 条一号）建築物の主要構造部である柱に使用する鋼材は、その品質が、国土交通大臣が指定する日本産業規格に適合しなければならない。ただし、工事を施工するために現場に設ける事務所は、当該規定を適用しない。

1.　令 36 条の 4、法 20 条 2 項　2. 令 42 条三号、令 40 条　3. 令 46 条 3 項、令 40 条　4. 令 39 条 3 項

問題 8　答 4

（令 84 条表）仕上げをモルタル塗としたコンクリート造の床の固定荷重は、実況に応じて計算しない場合、当該部分の床面積に 200N/ m²（仕上げ厚さ 1cm ごとに、その cm の数値を乗ずるものとする）を乗じて計算することができる。

1. 令 87 条 3 項　2. 令 86 条 6 項　3. 令 93 条表　5. 令 82 条二号表

問題 9　答 5

（令 114 条 2 項、令 112 条 4 項一号）病院の用途に供する建築物の当該用途に供する部分の防火上主要な間仕切壁は、小屋裏又は天井裏に達せしめなければならないが、天井の全部が強化天井である場合を除く。

1. 令 112 条 11 項二号　2. 令 112 条 20 項　3. 令 113 条 2 項、令 112 条 20 項　4. 令 112 条 16 項

問題 10　答 3

（令 120 条表）避難階以外の階（2 階）の令 116 条の 2 第 1 項一号に該当する「窓その他の開口部を有しない居室」の部分から避難階又は 1 階に通ずる直通階段の一に至る歩行距離は 30m 以下でなければならない。

1. 令 118 条、117 条 1 項　2. 令 126 条の 5 第一号ハ、令 126 条の 4、別表第 1（い）欄（1）項　4. 令 126 条 1 項、令 117 条 1 項　5. 令 119 条表、令 117 条

問題 11　答 3

（令 128 条の 4 第 1 項二号）自動車車庫は、その構造・規模にかかわらず、内装制限を受ける。

1. 令 128 条の 4 第 2･3 項、令 128 条の 5 第 4 項　2. 令 128 条の 5 第 6 項、1 項二号イ

4. 令 128 条の 5 第 1 項本文かっこ書き　5. 令 128 条の 5 第 1 項本文

問題 12　答 3

（法 85 条 1 項一号）非常災害があった場合において、非常災害区域等（防火地域以外の区域）内に、国、地方公共団体が、災害救助を目的として、その災害が発生した日から 1 月以内にその工事に着手するものについては、建築基準法の規定は適用しない。よって、当該敷地は、道路に 2m 以上接していなくてもよい。

1. 法 43 条 1 項一号　2. 法 43 条 2 項一号、則 10 条の 3 第 1 項一号・3 項　4. 法 44 条 1 項一号　5. 法 44 条 1 項二号

問題 13　答 4

（別表第 2（を）項）該当しないので、新築することができる。

1. （別表第 2（い）項九号、令 130 条の 4 第二号）児童厚生施設は、延べ面積が 600m² 以下のものでなければ新築してはならない。
2. （別表第 2（ろ）項）該当しないので、新築してはならない。
3. （別表第 2（は）項）該当しないので、新築してはならない。
5. （別表第 2（わ）項七号、令 130 条の 6 の 2）該当するので、新築してはならない。

問題 14　答 5

法 91 条により、建築物の敷地が 2 種以上の用途地域にわたる場合は、敷地の過半に属する用途制限を適用する。準住居地域の敷地面積は 400m² で第一種住居地域の敷地面積は 200m² である。したがって、別表第 2（と）項の準住居地域の用途制限を適用する。

よって、別表第 2（と）項五号に該当する客席の部分の床面積の合計が 200m² 以上の劇場は新築してはならない。

問題 15　答 4

（法 53 条 3 項一号ロ・1 項三号・6 項一号）近隣商業地域（都市計画で定められた建蔽率 8/10）内において、準防火地域内にある準耐火建築物は都市計画で定められた建蔽率に 1/10 を加える。よって、建蔽率の最高限度は 9/10 となる。

1. （法 52 条 8 項、1 項二・三号）設問の容積率の緩和規定は、第一・二種中高層住居専用地域、第一・二種住居地域、準住居地域、近隣商業地域、準工業地域、商業地域内に適用されるもので、田園住居地域には適用されない。
2. （法 52 条 1 項八号）用途地域の指定のない区域内の建築物は、耐火建築物であっても容積率の制限を受ける。なお、耐火建築物による容積率の制限の緩和、除外に関する規定はない。
3. （法 52 条 2 項）敷地に接する道路の幅員によって、建築物の制限が異なるのは、建蔽率ではなく容積率である。
5. （法 53 条の 2 第二号）用途地域に関する都市計画において、建築物の敷地面積の最低限度が定められた地域内に巡査派出所を新築しようとする場合、敷地面積の最低限度の規定は適用しない。

問題 16　答 2

（法 52 条 6 項、令 2 条 1 項四号へ・3 項六号）共同住宅を新築しようとする場合、容積

率の算定の基礎となる延べ面積において、「共用廊下及び階段の用に供する部分」の床面積は算入しない。よって、1階の20m²及び2階の10m²は不算入。また、1階の「宅配ボックス設置部分」の床面積は、当該建築物の各階の床面積の合計の1/100を限度に延べ面積算入に算入しない。よって、(100＋100)/100＝2m²は不算入。

以上より、75＋(5－2)＋90＝168m²

問題17　答2

道路高さ制限（法56条1項一号）

別表第3（に）欄より、第一種中高層住居専用地域の道路斜線の勾配は1.25、また、（ろ）欄より、容積率が20/10以下のため適用距離は20mである。

・南側道路（幅員6m）からの道路高さ制限

(法56条2項) 建築物後退による緩和は3mである。

以上より、(3＋6＋3＋3)×1.25＝18.75m

・東側道路（幅員4m）からの道路高さ制限

（令132条1項、法56条6項）東側道路は、南側道路の道路境界線から、南側道路の幅員（6m）の2倍以内かつ35m以内の部分（すなわち、南側道路境界線から12m以内の東側道路の部分）は、幅員6mとみなす。よって、A点の東側道路幅員は6mとみなす。

(法56条2項) 建築物後退による緩和は1mである。

以上より、(1＋6＋1＋1)×1.25＝11.25m

隣地高さ制限（法56条1項二号）

第一種中高層住居専用地域内の隣地高さ制限の斜線勾配は1.25、加える値は20mとなる。隣地高さ制限は、(A点から隣地境界線までの距離＋後退距離)×1.25＋20により算定する。よって、隣地高さ制限による高さの限度は、

西側隣地より検討　(11＋3)×1.25＋20＝37.5m

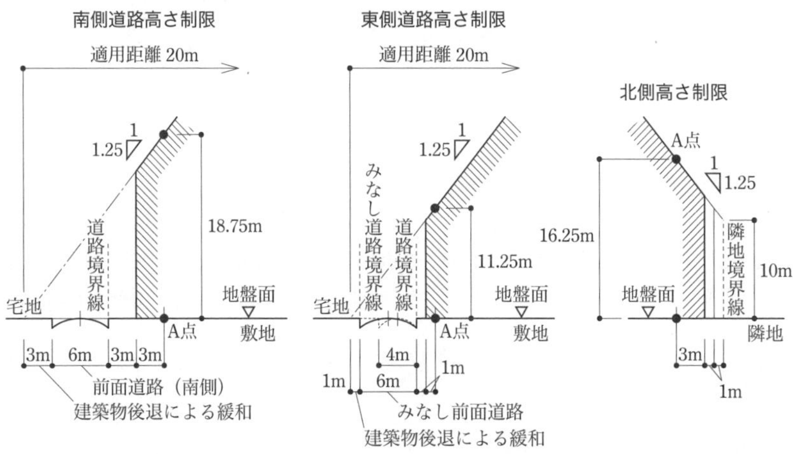

北側隣地より検討 （5 ＋ 1）× 1.25 ＋ 20 ＝ 27.5m

北側高さ制限（法 56 条 1 項三号）

第一種中高層住居専用地域内の北側高さ制限の斜線勾配は 1.25、加える値は 10m となる。

北側境界線の制限は、（A 点から真北方向の隣地境界線までの距離）× 1.25 ＋ 10 により算定する。以上より、5 × 1.25 ＋ 10 ＝ 16.25m

∴ A 点における地盤面からの高さの最高限度は、東側道路からの道路高さ制限より 11.25m となる。

問題 18 答 4

（令 135 条の 13、法 56 条の 2 第 5 項）日影規制において、建築物の敷地が用途地域の異なる地域の内外にわたる場合は、当該対象建築物が日影を生じさせる各区域内に、それぞれ対象建築物があるものとして、日影規制の規定を適用する。

1. 法 56 条の 2 第 1 項ただし書き、別表第 4（い）欄 2 の項 2. 令 130 条の 12 第三号、法 56 条 2・4 項 3. 法 56 条 1 項二号 5. 法 56 条 2 項かっこ書き

問題 19 答 1

（法 63 条）防火地域又は準防火地域内の建築物は、外壁が耐火構造でなければ、その外壁を隣地境界線に接して設けることができない。

2. 令 136 条の 2 の 2、法 62 条 3. 法 61 条ただし書き 4. 法 64 条 5. 法 65 条 2 項

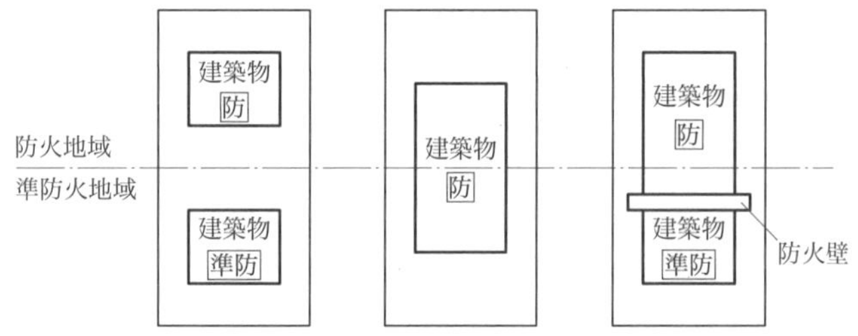

問題 20 答 1

（法 84 条の 2）「簡易な構造の建築物に対する制限の緩和」の規定の適用を受ける建築物は、法 20 条（構造耐力）の規定が適用される。

2. 令 136 条の 3 第 4 項・5 項三号ロ、令 91 条 1 項 3. 法 98 条 2 項・1 項二号 4. 法 101 条 1 項五号 5.（法 39 条、法 41 条の 2）法 39 条（災害危険区域）を含む第 2 章の規定は、全国一律に適用される「単体規定」で、都市計画区域及び準都市計画区域以外の区域においても適用される。

問題 21 答 2

（士法 3 条第 1 項）一級建築士でなければ設計してはならない建築物を除く建築物は、二級建築が設計することができる。よって、設問の共同住宅の新築に係る設計をすること

ができる。

1. 士法20条1項　3. 士法19条　4. 士法10条の2第2項　5. 士法22条の2第二号、別表第2（2）の項、同則第17条の36

問題22 答1

（士法24条の7第3項）管理建築士等は、重要事項を記載した書面の交付に代えて、当該建築主の承諾を得て、当該書面に記載すべき事項を電子情報処理組織を使用する方法により提供することができる。この場合において、当該建築士等は、当該書面を交付したものとみなす。

2. 士法23条3・2項、同則18条　3. 士法23条の6　4. 士法23条1項　5. 士法24条の4第2項、同則21条4項一・二号・5項

問題23 答5

（長期優良住宅普及促進法5条1項・2条6項）住宅の建築をしてその構造及び設備を長期使用構造等とし、自らその建築後の住宅の維持保全を行おうとする者は、当該住宅の長期優良住宅建築等計画を作成し、建築主事を置く市町村又は特別区の長、その他の市町村又は特別区の区域は都道府県知事の認定を申請することができる。

1. バリアフリー法17条1項　2. 都市の低炭素化の促進に関する法律9条1項　3. 建築物のエネルギー消費性能の向上に関する法律12条1項　4. 建築物における衛生的環境の確保に関する法律5条1項・2条、同令1条

問題24 答3

（バリアフリー法2条十八・十九号、令4条十八号、同令5条）工場は、「特別特定建築物」ではなく「特定建築物」である。

1. 都計法53条1項一号、同令37条　2. 消防法9条の2第1項、同令5条の6　4. 宅地建物取引業法3条1項　5. 建設業法3条3・1項

問題25 答3

（宅地建物取引業法2条二号）不動産の賃貸及び管理をする行為は、宅地建物取引業に該当しない。宅地建物取引業は、次の3つを業として行うものをいう。①宅地・建物の売買・交換、②宅地・建物の売買・交換又は貸借の代理、③宅地・建物の売買・交換又は貸借の媒介。

1. 土地区画整理法76条1項一号、103条4項　2. 耐震改修促進法17条10項　4. 消防法8条の3第1項、同令4条の3　5. 建設業法22条1・3項、同令6条の3

学科Ⅲ（構造）

問題1　答1

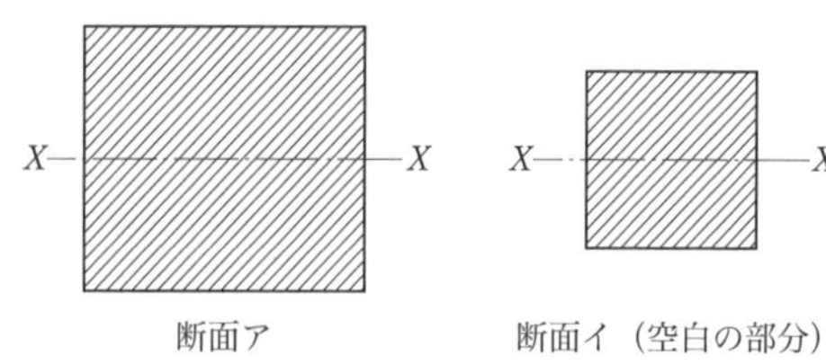

下図のように断面アの矩形の断面二次モーメントから中央の断面イの空白部分の断面二次モーメントを差し引いて求める。

また、断面ア、断面イともにX軸は重心軸であることから、次式により断面二次モーメントを求めることができる。

$$I_X=\frac{1}{12}\times10\times9^3-\frac{1}{12}\times6\times6^3=499.5\text{cm}^4$$

問題2　答2

最大曲げ応力度は、曲げモーメントが最大になる断面に生じる。

①この梁の最大曲げモーメントを求める。

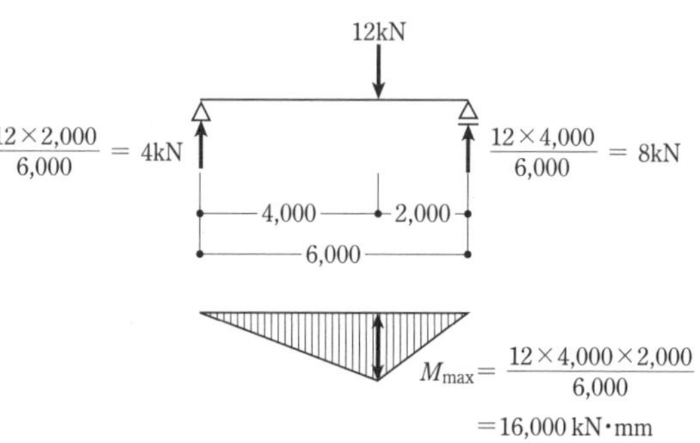

②梁の最大曲げ応力度σ_bは下図のように断面の上下端に生じ、次式によって計算される。

$$\sigma_b=\frac{M}{Z}$$

M：断面に作用する曲げ応力度　Z：断面係数

ただし、$Z=\frac{1}{6}\times B\times D^2$

③最大曲げ応力度を求める。

$$\sigma_{b\,\max}=\frac{16\times10^6\ \text{N·mm}}{\frac{1}{6}\times100\times200^2}=24\text{N/mm}^2$$

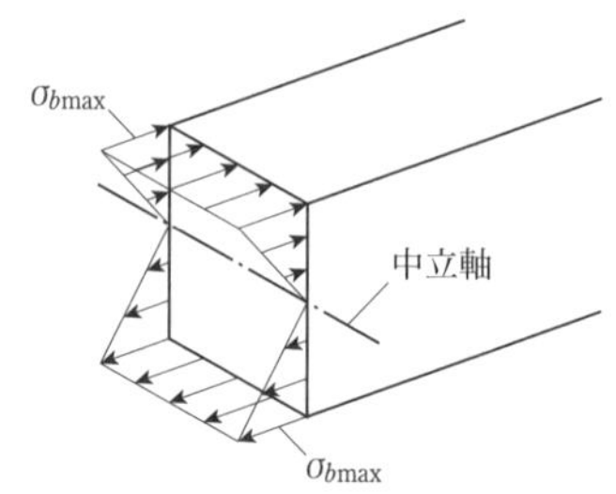

問題3　答2

A点の曲げモーメントは、A点を中心にA点より左側に作用する荷重や反力のモーメントの総和、もしくはA点より右側に作用する荷重や反力のモーメントの総和となる(右側、左側のモーメントは大きさが同じで向きが逆)。

C点の反力を求める。

$V_c=+8.5$kN（上向き）

A点より左側について、A点の曲げモーメントを求める。

$-4\text{kN}\times7\text{m}+8.5\text{kN}\times4\text{m}=6.0\text{kN·m}$

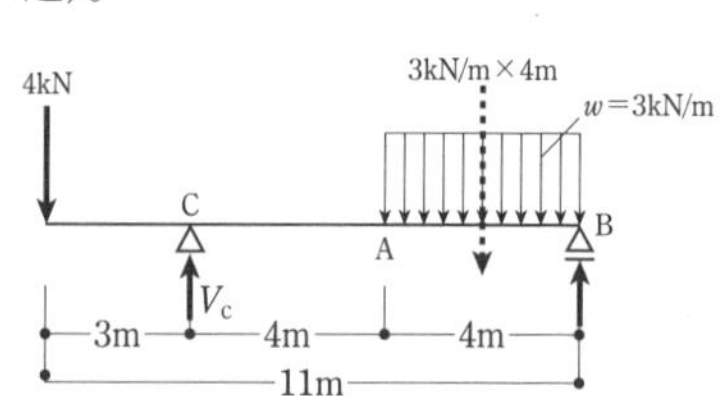

問題4 **答3**

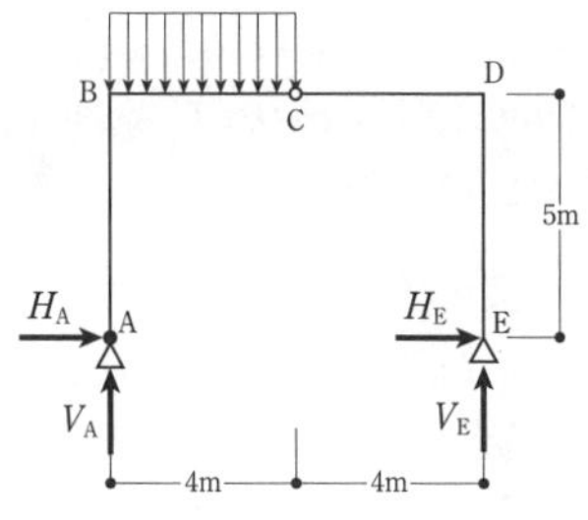

①A点を中心に荷重反力のモーメントは釣り合っていることから、

$\Sigma M_A = 0 \qquad 5\text{kN} \times 4\text{m} \times 2\text{m} - V_E \times 8\text{m} = 0$

$V_E = +5\text{kN}$（上向き）

垂直方向の力の釣り合い式より、

$\Sigma Y = 0 \qquad V_A + V_E - 5\text{kN/m} \times 4\text{m} = 0$

$V_A = 20 - 5 = +15\text{kN}$（上向き）

②C点の曲げモーメントが0であることから、

$M_C = 15\text{kN} \times 4\text{m} - 5\text{kN/m} \times 4\text{m} \times 2\text{m} - H_A \times 5\text{m} = 0$

$H_A = +4\text{kN}$（右向き） 水平方向の力の釣り合いより、$H_A + H_E = 0$

$H_E = -4\text{kN}$（左向き）

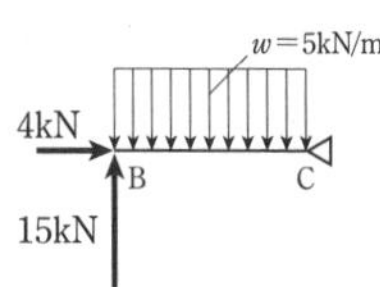

B－C間について、右図のようにB点にはA－Bの部材に作用している反力がB点に伝わる。

この図よりせん断応力が0になる位置は、$15 - 5\text{kN/m} \times x = 0$

$x = 3\text{m}$

問題5 **答1**

V_BとN_{CD}を求め、その組み合わせから解答を求める。

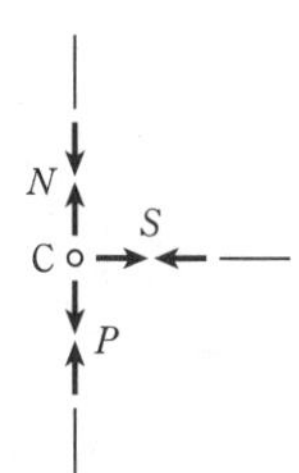

①C点に作用する応力の釣り合いよりN_{CD}を求める。

C節点での釣り合い式は、$\Sigma X = 0$、$\Sigma Y = 0$。

$\Sigma Y = 0$より $N - P = 0 \quad N = P$

$\Sigma X = 0$より $S = 0$となり、$N_{CD} = 0$

部材CDは応力0となる。

②A点のモーメントの釣り合い式より、

$+10\text{kN} \times 4\text{m} - V_B \times 2\text{m} = 0 \quad V_B = +20\text{kN}$（上向き）

問題6 **答5**

材の座屈荷重は次式により計算する。

$$P_k = \frac{\pi^2 EI}{l_k^{\,2}}$$

ここで、P_k：座屈荷重 E：材の弾性係数 I：材の断面二次モーメント

l_k：座屈長さ（材端の支持条件を考慮した材の長さ）

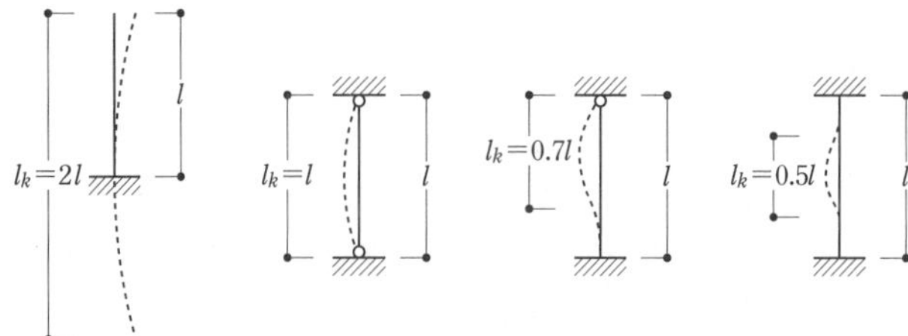

l_k は材の両端の支持条件によって以下のように計算できる。

この問題では、材の材質及び断面形状が同じであることから、E と I はすべて同じである。従って座屈荷重 P_k は、$\frac{1}{{l_k}^2}$ に比例する。

$$P_A : P_B : P_C = \frac{1}{(2\times0.9l)^2} : \frac{1}{(1.5l)^2} : \frac{1}{(0.7\times2l)^2} = \frac{1}{3.24} : \frac{1}{2.25} : \frac{1}{1.96}$$

$$P_C > P_B > P_A$$

問題 7　答 2

（建基令 82 条 1 項）多雪区域において、長期に生ずる力の計算に用いる積雪荷重として、短期に生ずる力の計算に用いる積雪荷重の 0.7 倍の数字とする。

力の種類	荷重及び外力について想定する状態	一般の場合	多雪区域	備考
長期に生ずる力	常時	$G+P$	$G+P$	建築物の転倒、柱の引抜き等を検討する場合、P は建築物の実況に応じて積載荷重を減らした数値による。
	積雪時		$G+P+0.7S$	
短期に生ずる力	積雪時	$G+P+S$	$G+P+S$	
	暴風時	$G+P+W$	$G+P+W$	
			$G+P+0.35S+W$	
	地震時	$G+P+K$	$G+P+0.35S+K$	

G：固定荷重によって生ずる力（令 84 条）　W：風圧力によって生ずる力（令 87 条）
P：積載荷重によって生ずる力（令 85 条）　K：地震力によって生ずる力（令 88 条）
S：積雪荷重によって生ずる力（令 86 条）

1. （建基令 82 条 1 項）表（上記）の、短期に生ずる力の備考欄参照。
3. （建基令 88 条 2 項）
4. （建基令 88 条 4 項）
5. 地下水位以下の地下外壁には土圧と水圧の両方が荷重として作用する。

問題 8　答 4

（建基令 87 条）風圧力は速度圧に風力係数を乗じて求められる。

風圧力 $w = q \times C_f$　　q：速度圧　　C_f：風力係数

$q = 0.6 \times E \times V_0^2$

E：ガスト影響係数（建物の高さや周辺状況による影響係数）

V_0：（建基令 87 条 2 項）基準風速（高さ 10m における 10 分間平均風速）

C_f：（建設省告示 1454 号）建物の形状や作用する箇所によって異なる係数

よって、建設地の地盤周期は、風圧力に関係しない。

1. ガスト係数に関係。
2. 風力係数に関係。
3. 風力係数に関係。
5. ガスト係数に関係。

問題 9　答 1

透水性の低い土が外力を受け、その間隙にある水を排出しつつ長時間かかって体積が減少していく現象を圧密といい、圧密による沈下を圧密沈下と呼ぶ。

問題 10　答 5

説明は「広小舞」についてのものである。「面戸板」は、垂木と垂木の間において、野地板と軒桁との間にできる隙間をふさぐために用いる板材をいう。

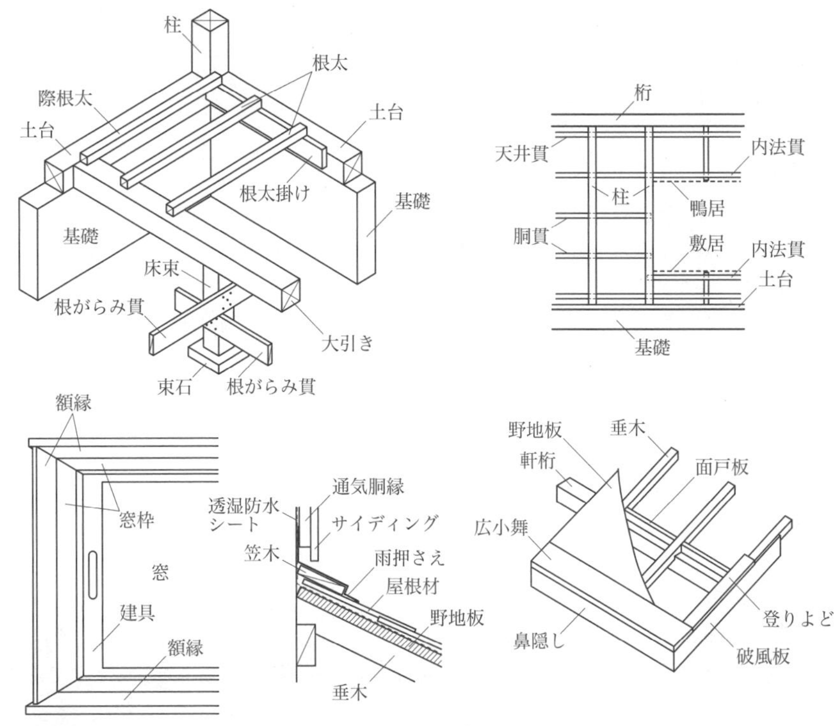

問題 11　答 2

アンカーボルトは、その間隔を 2m 以下とし、かつ、隅角部及び土台の継手の部分に配置する。

1. 土台は、基礎に径 12mm 以上で長さ 35cm 以上のアンカーボルト又はこれと同等以上の引張力を有するアンカーボルトで緊結しなければならない。
3. 床根太相互及び床根太と側根太との間隔は、65cm 以下としなければならない。
4. 床根太の支点間距離は、8m 以下としなければならない。

問題 12　答 3

建基令 46 条より、木造 2 階建て住宅において、地震力に対する構造耐力上必要な耐力壁の有効長さ（必要壁量）を求める場合、階の床面積に乗じる数値と大小関係は次の通りである。ア（33cm/m^2）＞ウ（29cm/m^2）＞イ（21cm/m^2）＞エ（15cm/m^2）。

問題 13　答 5

壁梁の主筋の径は、12mm 以上とする。

1. 構造耐力上主要な部分のコンクリートの設計基準強度は、18N/mm^2 以上とする。
2. 各階の階高は、3.5m 以下とする。

3.　耐力壁の厚さは、地階を除く階数が 2 の建築物は 15cm 以上、地階を除く階数が 1 の建築物は 12cm 以上、地階を除く階数が 3 以上の建築物では最上階が 15cm 以上、その他の階では 18cm 以上とし、地階は 18cm 以上とする。

4.　壁梁のせいは、原則として 45cm 以上とする。

問題 14　答 4

部材の曲げモーメントに対する断面算定においては、一般に、コンクリートの引張応力度を無視する。

問題 15　答 3

内柱の柱梁接合部において、大梁主筋を通し配筋とする場合は、接合部内部で大梁主筋が付着劣化しないことを確かめる必要がある。

問題 16　答 1

H 形断面を有する梁が強軸まわりに曲げを受ける場合、梁の細長比が大きいほど許容曲げ応力度は小さくなる。

問題 17　答 5

柱の継手のボルト、高力ボルト及び溶接は、原則として、継手部の存在応力を十分伝え、かつ各部材の各応力に対する許容耐力の 1/2 以上の耐力を確保する。

問題 18　答 5

建築物の固有周期は、建築物の質量に比例し、剛性に反比例する。よって、重量が大きいほど周期は長くなり、また剛性が小さいほど周期が長くなる。

問題 19　答 2

火打材は、梁、桁などの横架材の接合部を補強し、水平剛性を高くすることができるが、たわみを減少させることはできない。たわみを減少させるためには、横架材のスパンを短くしたり、せいを大きくする。

問題 20　答 3

木材の強度は、一般に、含水率の減少に伴い増大し、繊維飽和点を超えるとほぼ一定となる。繊維飽和点とは、伐採した木材内の自由水が乾燥によって抜け切った状態をいい、含水率は約 30％である。

問題 21　答 5

コンクリートの耐久設計基準強度は、計画供用期間の級が「標準」（およそ 65 年）の場合 24N/mm^2、「長期」（およそ 100 年）の場合 30N/mm^2 であるため、「長期」の場合のほうが大きい。

問題 22　答 4

圧縮強度は、最大荷重（N）/ 断面積（mm^2）で求められるので計算すると、

282,600N/7,850mm^2 = 36.0 N/mm^2 となる。

問題 23　答 4

異形棒鋼 SD345 に示される 345 という数字は、この材料の降伏点の下限値を表す。棒鋼 SR235 の数字も同様である。

問題 24 答 4

しっくいは、二酸化炭素を吸収することにより固まる気硬性の材料である。逆にコンクリートは、水と反応して固まる水硬性の材料である。

問題 25 答 1

押出法ポリスチレンフォームは、ポリスチレン樹脂、発泡剤、難燃剤などから構成されているので耐火性能はない。細かい気泡から構成されたボード状の断熱材で、断熱性能が高く、堅くて耐圧力があるので外断熱に用いたり、水に強く吸湿しにくいため基礎断熱でもよく用いられる。耐火性のある断熱材としては、鉱石や人造鉱物繊維から作られたロックウールがある。

学科Ⅳ（施工）

問題 1　答 3

バーチャートはネットワーク工程表とは無関係である。

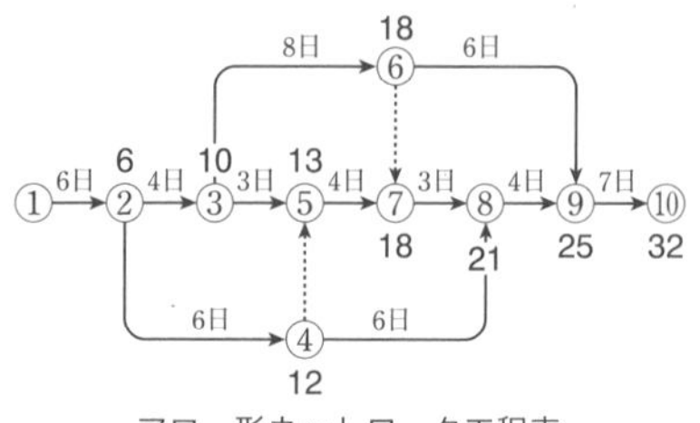

アロー形ネットワーク工程表

日程	5/1	5/2	5/3	5/4	5/5	5/6	5/7	5/8	5/9	5/10
	月	火	水	木	金	土	日	月	火	水
作業①	▬	▬	▬							
作業②				▬	▬					
作業③						▬				
作業④							▬	▬		
作業⑤									▬	▬

バーチャート工程表

1. ノードとは、ネットワーク工程表の○印で、作業の始まりもしくは、作業の終わりを表す。
4. ESTとは、ネットワーク工程表の一つの作業の最早開始時刻(Earliest Start Time)を表す。たとえば、図のネットワーク工程表で⑤→⑦の作業のESTを検討する。①→②→③→⑤の経路は13日かかり、①→②→④→⑤の経路は12日かかる。⑤→⑦の作業は2経路とも終了していないと作業に入れないことから、最も早く作業に入ることができるのは、13日経過後になる。よって、⑤→⑦の作業のESTは13日となる。ここで④→⑤の作業はダミーと言い、実作業ではなく作業の関連を表す。

問題 2　答 1

掘削面の高さが2m以上となる地山の掘削は、作業主任者を選任しなければならない。

問題 3　答 3

(騒音規制法2条3項、14条) 特定建設作業とは、建設工事として行なわれる作業のうち、著しい騒音を発生する作業であって政令で定めるもので、当該特定建設作業の開始の日の7日前までに、環境省令で定めるところにより、市町村長に届け出なければならない。

問題 4　答 3

現場事務所内で生じた紙くずは、工作物の新築、改築又は除去に伴つて生じたものではないので、産業廃棄物に該当しない。

1. 建設業に係る木くず（工作物の新築、改築又は除去に伴つて生じたものに限る。）は、産業廃棄物に該当する。
4. 工作物の新築、改築又は除去に伴って生じたコンクリートの破片その他これに類する不要物は、産業廃棄物に該当する。
5. 廃プラスチック類、もしくは金属くず（事業活動等発生物に限る。）のうち、ポリ塩化ビフェニルが付着し、又は封入されたものは、特別管理産業廃棄物に該当する。

問題 5　答 2

地上第一の布は、2m以下の位置に設けること。

3. 最上層及び5層以内ごとに水平材を設けること。

問題6 答2

(木造住宅工事仕様書（フラット35)）引張耐力が25kN以下の場合は、埋め込み長さ360㎜以上、25kNを超え35.5kN以下の場合の埋め込み長さは510㎜以上とする（M16の場合)。

3. 遣方を基準にして陸墨を出し、布基礎の天端をあらかじめ清掃、水湿し、セメント・砂の割合が容積比にして1：3のモルタルなどを水平に塗り付ける。

5. (木造住宅工事仕様書（フラット35)）ねこ土台工法によるスリット状の換気孔であっても、床下換気孔は4mごとに300cm² 以上の換気孔を設置する、または1m当たり75cm² 以上の換気孔を設置しなければならない。

問題7 答1

ディープウェル工法は、250～600mm程度の井戸を掘り、地下水位の高低差により井戸内に地下水を集め、水中ポンプで強制排水する工法で、井戸枯れ地盤沈下等の問題が発生する。

4. 最初に施工する本杭を試験杭として実施する。

問題8 答2

外観試験は、全ての圧接箇所とし、目視により必要に応じてノギス、スケールその他適切な器具を使用して行う。

1. 柱、梁等の鉄筋の加工に用いるかぶり厚さは、最小かぶり厚さに10mmを加えた数値を標準とする。

3. 鉄筋は、圧接後の形状及び寸法が設計図書に合致するよう、圧接箇所1か所につき鉄筋径程度の縮み代を見込んで、切断又は加工する。

4. 圧接部の膨らみにおける圧接面のずれは主筋等の径の1/4以下とし、かつ、鉄筋中心軸の偏心量は、主筋等の径の1/5以下とする。

5. 鋼製のスペーサーは、型枠に接する部分に防錆処理を行ったものとする。

問題9 答3

スリーブに用いる材料の材種は、鋼管管・硬質ポリ塩化ビニル管・溶融亜鉛めっき鋼板・つば付き鋼管とすること。

4. 型枠には、打込み前の清掃用に掃除口を設けること。

5. スラブ下および梁下の支保工の取外し可能なコンクリートの圧縮強度は、構造計算による安全の確認結果にかかわらず、最低12N/mm² 以上としなければならない。

問題10 答4

1回の試験には、適当な間隔を置いた3台の運搬車から1個ずつ採取した合計3個の供試体を使用すること。

5. 計画調合は、試し練りによって定める。試し練りは、計画スランプ、計画空気量及び調合強度が得られることを確認する。

問題11 答4

梁及びスラブのコンクリートの打込みの手順は、壁及び柱のコンクリートの沈みが落ち着いた後に、梁に打ち込み、梁のコンクリートの沈みが落ち着いた後に、スラブに打ち込む。

5. 梁や壁には鉄筋を骨としてメタルラスや板を張って仕切るのがよい。

問題 12　答 4

柱又は梁を現場溶接接合とする場合は、エレクションピース等の仮ボルトは、高力ボルトを使用し、全て締め付ける。

5. 積み上げ方式と建逃げ方式がある。建逃げ方式は、移動式クレーンを使って敷地の奥から手前方向に移動させながら組み立てていく工法で、クレーンの移動や資材の搬入が逆方向からでは建方が無理な場合に用いる方式である。

問題 13　答 5

作業場所の気温が－5℃ 以上 5℃ 以下の場合は、溶接線から 100mm 程度の範囲を適切な方法で加熱して、溶接を行う。

問題 14　答 2

横（水平）目地モルタルはブロック上端全面に、縦目地モルタルは接合面に、それぞれ隙間なく塗り付ける。

1. 充填用及びまぐさ用には、空洞部の大きさを考慮して豆砂利コンクリートが用いられる。
3. 押し目地仕上げの場合は、目地モルタルが硬化する前に、目地こてで押さえる。
5. 縦筋の端部は、頂部では余長 4d 以上の 180 度フック又は余長 10d 以上の 90 度フックで、横筋にかぎ掛けにより結束する。

問題 15　答 5

かね折り金物は出隅にある通し柱と 2 方向の胴差を接合する金物で、垂木と軒桁の接合には、折れ金物またはひねり金物もしくは折り曲げ金物を用いる。

問題 16　答 4

柱は、元口を土台側にして取り付ける。

問題 17　答 4

出隅及び入隅は、通りよく 45 度の面取りとする。

5. ボンドブレーカーは、紙、布、プラスチックフィルム等の粘着テープで、シーリング材と接着しないものとする。

問題 18　答 1

セルフレベリング材塗り後の養生期間は 7 日以上、低温の場合は 14 日以上とし、表面仕上材の施工までの期間は 30 日以内を標準とする。

問題 19　答 4

冬期においては、4 週間以上（28 日以上）を目安とする。

1. 弱溶剤系のアクリルシリコン樹脂エナメルなども鉄鋼面に使用できる。
5. 塗料は、調合された塗料をそのまま使用する。ただし、素地面の粗密、吸水性の大小、気温の高低等に応じて、適切な粘度に調整することができる。

問題 20 答 5

建具の高さが 2,000mm 以上 2,400mm 以下の場合、丁番の枚数は 3 枚とする。

4. ホルムアルデヒド放散量は、特記による。特記がなければ、F☆☆☆☆とする。

問題 21 答 5

給湯用配管は、熱による管の伸縮を妨げないよう考慮して固定する。

1. 上向き給水方式の場合は先上りとし、下向き給水方式の場合は先下りとする。いずれの場合も空気だまりや泥だまりが生じないよう、均一な勾配で配管する。
3. 雨水ますの底部には深さ 150mm 以上の泥だめを設ける。
4. 換気ダクトは外壁に向かって 1/100 以上の先下がり勾配をとる。

問題 22 答 1

目透かし工法の場合、せっこうボードのエッジの種類は、ベベルエッジもしくはスクェアエッジとする。

2. 注入間隔は、特記による。特記がなければ、200 ～ 300mm 間隔とする。
4. シャッター最下部の座板に感知板を設置し、シャッターが煙感知器もしくは熱感知器又は手動閉鎖装置の作動により降下している場合には、感知板が人に接触すると同時に閉鎖作動を停止し、接触を解除すると、再び降下を開始し、完全に閉鎖する。
5. そで壁の端部は、スタッドに縦枠補強材と同材を添えて補強する。

問題 23 答 2

放射法は見通しの良い地形に用いられるのに対して、進測法は見通しの悪い地形に用いられる。

問題 24 答 5

仮設には共通仮設と直接仮設がある。共通仮設は工事期間のほとんどを通じて複数の工事に共通して使用する仮設で、仮囲いや仮設建築物、工事用電気設備・給排水設備などがある。一方、直接仮設は工事実施にあたり、各工事別に直接必要な仮設で、遣方・足場、揚重設備、構台、災害防止設備などがある。山留めは直接仮設である。

問題 25 答 2

設計内容を伝えるため受注者と打ち合わせ、適宜、この工事を円滑に遂行するため、必要な時期に説明用図書を受注者に交付する。

令和３年「学科の試験」

解答と解説

学科Ⅰ（計画）

問題1　答5

出雲大社本殿（島根県）は、妻入りの建築物で入口が右に寄った非対称の形式である。神社建築には他に、妻入りで入口が中央にある住吉造、春日造や、平入りの神明造、流造、八幡造などがある。

問題2　答1

A.　落水荘（アメリカ）は、２層のスラブが滝のある渓流の上に張り出し、周囲の自然と一体感のあるフランク・ロイド・ライトの代表作である。

B.　惜櫟荘（せきれきそう）（静岡県）を設計した吉田五十八は、数寄屋建築に当時の近代的生活様式が対応できるよう新たな近代数寄屋建築を生み出した。

C.　軽井沢の山荘（長野県）は、１階部分がコンクリート打放し、２階部分が片流れ屋根の木造となっている吉村順三の代表作である。

D.　サヴォア邸（フランス）は、近代建築の５原則を具現化させたル・コルビュジエの代表作である。

E.　塔の家（東京都）は、三角形で６坪という敷地に、地下１階、地上５階の鉄筋コンクリート構造で計画された東孝光設計の自邸である。

問題3　答1

大気放射は、大気中に放射されたエネルギーの一部が大気に一旦吸収され再放射されたもので、大気により吸収、散乱される部分を除き地表面に直接到達する日射は直達日射である。

問題4　答3

換気回数を求める計算の流れは、①必要換気量Q［m³/h］の算出、②換気回数N［回/h］の算出の順番で行う。

①１人当たりの必要換気量Q［m³/h］の算出

$$Q=\frac{K}{P_a-P_o}=\frac{0.02}{0.0010-0.0004}=33.3\,[\mathrm{m^3/h}]$$

②換気回数N［回/h］の算出

$$N=\frac{33.3\times3}{50}\fallingdotseq2.0\,[回/\mathrm{h}]$$

問題5　答2

外壁の内部結露を防止するためには、室内側から水蒸気の流入を抑える必要があるため、断熱材の室内側に防湿層を設ける必要がある。問題のように防湿層を断熱材の外気側に配置すると、室内から流入した水蒸気が防湿層によって断熱材内に滞留することになり内部結露が生じる。

問題 6 答 2

湿度100％だと理論上乾球温度と湿球温度は等しくなる。水の蒸発で潜熱によってたくさんの熱が奪われると乾球温度と湿球温度との差は大きくなり、相対湿度は低くなる。

問題 7 答 5

天空日射は太陽光が空気中の塵や水蒸気により乱反射した空の明るさであり、大気透過率が高くなる快晴時などは直達日射量が増え、天空日射量は減少する。このため設計用全天空照度は、「快晴の青空（10,000lx）」より「薄曇りの日（50,000lx）」のほうが大きな値となる。

問題 8 答 2

明るい場所で物を見る場合を明所視、暗い場所で物を見る場合を暗所視という。暗い場所では、青色や緑色といった短波長色は、赤色などの長波長色より明るく見える。これをプルキンエ現象という。

問題 9 答 3

透過損失とは、入射した音と、材料を通過した音との音圧レベルの差を表し、値が大きいほど遮音性が高いことを表しているので、騒音防止の効果を高めるには、音響透過損失の値が大きい材料を選ばなければならない。

問題 10 答 1

CASBEE（建築環境総合性能評価システム）は、建築物の環境性能を環境品質（Q：Quality）と環境負荷（L：Load）の両側面から評価し格付けする手法で、評価結果を「S」「A」「B^{+}」「B^{-}」「C」の5段階で表す。建築物の運用に関わる費用を算出するものではない。

問題 11 答 3

就寝分離は、子供が親と異なる部屋で別々に就寝することを表し、食事をする空間と寝室とを分けることは食寝分離である。

問題 12 答 2

コモンアクセスは、共用庭から各住戸へアクセスする形式で、共用庭の利用を促し、近隣交流の機会を増大させる効果をもたらす。

問題 13 答 4

ビジネスホテルは、会社員など宿泊を主とした利用のため客室が多い構成になっている。シティホテルは客室以外の宴会場や会議室などが必要となるため、客室部分の床面積の合計の割合は、ビジネスホテルのほうが大きい。

問題 14 答 2

3歳児は、5歳児と比べて、外遊びや集団遊びが少なく室内遊びが増える関係で、1人当たりの保育室の床面積を広く計画することが望ましい。

問題 15 答 4

老人デイサービスセンターは、入所型の施設ではなく、送迎などによる通所型の老人福祉施設である。短期間入所する施設には、ショートステイなどのサービスを行う老人短期入所施設や特別養護老人ホームなどがある。

問題 16 答 1

自転車1台当たりの駐輪スペースは、600mm×1900mm 以上確保する必要がある。

問題 17 答 2

スプロールは、都市周辺部において、市街地が無計画・無秩序に拡大していく現象で、街路の行止まりとなる端部で車の方向転換が可能なものはクルドサックである。

問題 18 答 1

ボックスユニット工法は、あらかじめ工場で組み立てられた箱状の室ユニットを現場で組み上げていく方法である。工場生産されたコンクリート板を現場で組み立てる工法はプレキャスト工法という。

問題 19 答 5

第3種換気はトイレなどで用いられる換気方法で、給気が自然換気、排気は機械換気であるため、室内は負圧となる。室内を正圧に保つには給気を機械換気、排気を自然換気の第2種機械換気としなければならない。

問題 20 答 4

空気熱源マルチパッケージ型空調機方式は、冷水ではなく冷媒によって冷房を行う。冷水を使うのは水熱源方式である。

問題 21 答 3

封水は、排水管から臭気や虫などの侵入を防ぐ蓋の役割があり、浅いと破封しやすく、深いと自浄作用がなくなるため、封水の深さは一般的に 50 〜 100mm となっている。

問題 22 答 5

FF 式給湯機は、強制給排気式燃焼器具で、内蔵したファンを用いて、給排気筒等により、屋外と直接給排気を行うもので、換気設備を別に設ける必要はない。

問題 23 答 3

許容電流値とは、電線自体を過熱せずに電流を流せる最大電流値であり、周囲温度や電線離隔距離、電線を被覆する絶縁体の種類により変化する。

問題 24 答 3

階段室は、避難通路であり火災時に煙を上の階に運ぶ通路になるため、階段室への火災報知器の設置は煙感知器が望ましい。

問題 25 答 4

窓面からの日射負荷を軽減させる場合、夏期は春分・秋分の日のように真東・真西での日の出・日の入ではないので、水平ルーバーより垂直ルーバーが望ましい。

学科Ⅱ（法規）

問題1 答4

(法2条十四・五号)「大規模の修繕」は、建築物の主要構造部の1種以上について行う過半の修繕をいうが、建築物の構造上重要でない最下階の床は、主要構造部でないので、「大規模の修繕」に該当しない。

1. 法2条四号　2. 法2条十三号　3. 法2条二号、別表第1（い）欄 (2) 項、令115条の3第一号　5. 令109条1項、法2条九号の二ロ

問題2 答1

(法6条1項一・三号)「大規模の模様替」において、木造以外の建築物では、2以上の階数を有し、又は延べ面積が200 m²を超える場合、確認済証の交付を受ける必要がある。なお、別表第1（い）欄の診療所は、患者の収容施設のあるものに限るため該当しない。

2. （法6条2項）防火地域及び準防火地域外において、増築に係る部分の面積が10m²以内であるときは、確認済証の交付を受ける必要がない。
3. （法6条1項一・二号、法87条1項、法2条二号、別表第1（い）欄 (2) 項）「建築物」から「特殊建築物」への用途変更に対する確認の規定の準用は、その用途に供する部分の床面積の合計が200m² を超える場合である。よって、延べ面積が150m² の旅館への用途変更は、確認済証の交付を受ける必要がない。また、木造建築物に対する確認の規定（階数3以上又は延べ面積500m²、高さ13m、軒の高さ9mを超えるもの）にも該当しない。
4. （法6条1項一・二号、法2条二号、別表第1（い）欄 (1) 項）延べ面積が200m²以下の特殊建築物の新築、又は木造の建築物で階数2、延べ面積500m²、高さ13m、軒の高さ9m以下のものは、確認済証の交付を受ける必要がない。
5. （法6条1項一・三号、法87条1項、法2条二号、別表第1（い）欄 (2) 項）事務所は、特殊建築物ではないので「特殊建築物」への用途変更に対する確認の規定の準用対象ではない。また、建築物の建築、大規模の修繕、大規模の模様替ではないので木造以外の建築物に対する確認の規定（階数2以上又は延べ面積200m² を超えるもの）の対象にも該当しない。

問題3 答2

(法6条の4第1項三号、令10条三号) 法6条の4第1項三号に掲げる建築物のうち防火地域又は準防火地域内における一戸建住宅（住宅の用途以外に供する部分の床面積の合計が延べ面積の1/2以上のもの又は50m² を超えるものを除く）を建築しようとする場合においては、法35条の2（特殊建築物の内装）の規定は、審査から除外されない。

1. 法12条1項　3. 法6条の2第6項　4. 法85条3・2項　5. 法15条1項

問題4 答5

(法31条1項) 下水道法2条第八号に規定する処理区域内においては、便所を水洗便所とし、その汚水管を下水道法2条三号に規定する公共下水道に連結しなければならない。

1. （令20条の6第一号、法28条の2第三号）居室を有する建築物の建築材料には、クロルピリホスを添加してはならない。
2. （法30条2項・1項二号）長屋の天井の構造が、天井に必要とされる技術的基準に適合するもので、国土交通大臣が定めた構造方法を用いるものは、各戸の界壁を小屋裏又は天井裏に達するものとしなくてもよい。
3. （令21条1項、法2条四号）居室である居間は天井の高さを2.1m以上とし、居室ではない便所は天井の高さを2.1m以上とする必要はない。
4. （令23条1項表・3項）長屋の階段の幅は75cm以上とする。また、手すりは幅が10cmを限度にないものとみなすので、幅が12cmの手すりであれば手すり幅を2cmとみなす。よって、75cmに2cmを加えて77cm以上とする。

問題5　答5

（令129条の2の4第1項六号）地階を除く階数が3未満である建築物、地階に居室を有しない建築物又は延べ面積が3,000m^{2}以下の建築物に設ける換気設備の風道は、不燃材料で造らなくてもよい。

1. 令28条　2. 令129条2の4第3項三号　3. 令129条2の5第1項二号　4. 令20条の3第1項一号、法28条3項

問題6　答4

（令46条4項）1階の張り間方向の軸組長さの合計は、床面積に（表2）の値を乗じた数値、かつ、壁見付面積（1階床面からの高さが1.35m以下の壁の部分を除く）に（表3）の値を乗じた数値以上とする。ただし、厚さ3cm×幅9cm（表1）の木材の筋かいの壁倍率は1.5であるので、必要軸組長さは算定値の1/1.5となる。

（1階床面積）×（階の床面積に乗ずる数値（表2））×（壁倍率の逆数）

階の床面積に乗ずる数値は瓦葺屋根であるので令43条1項表（3）の建築物であり、階数が2の建築物の1階であるので33cm/m^{2}となる。

$70\text{m}^2 \times 33\text{cm/m}^2 \times 1/1.5 = 1{,}540\text{cm}$

（桁行方向の壁の見付面積）×（見付面積に乗ずる数値）×（壁倍率の逆数）

見付面積に乗ずる数値は、令46条4項表3（1）に掲げる区域以外の区域であるので50cm/m^{2}となる。

$(1.1 + 2.6 + 2.75 - 1.35) \times 10 \times 50 \times 1/1.5 = 1{,}700\text{cm}$

∴1階張り間方向の軸組の最小必要長さは、1,700cmである。

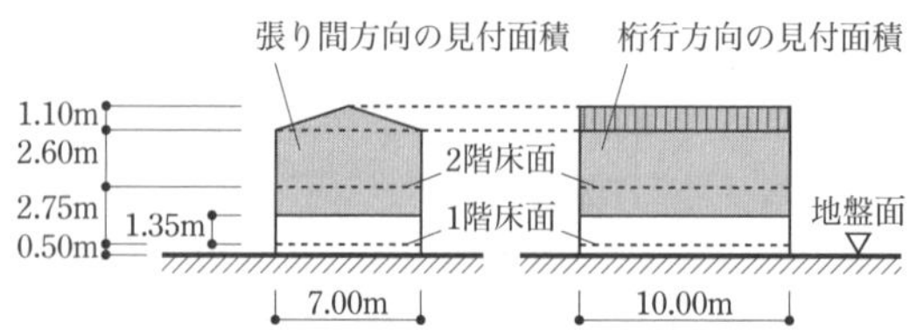

問題 7　答 5

（令 77 条五号）鉄筋コンクリート造とするに当たって、柱の小径は、その構造耐力上主要な支点間距離の 1/15 以上とする。

1. （令 45 条 4 項）筋かいには欠き込みをしてはならない。ただし、筋かいをたすき掛けにするためにやむを得ない場合において、必要な補強を行ったときはこの限りではない。
2. （令 62 条の 8 第二・五号）補強コンクリートブロック造の塀において、壁の厚さは 15cm（高さ 2m 以下の塀は 10cm）以上とする。また、高さ 1.2m 以下の場合、控壁を設けなくてもよい。
3. （令 66 条、令 64 条 1 項）鉄骨造の構造耐力上主要な部分の材料は、炭素鋼、ステンレス鋼又は鋳鉄としなければならない。柱の脚部は、アンカーボルトによる緊結その他の構造方法により基礎に緊結しなければならない。ただし、滑節構造を除く。
4. （令 67 条 1 項）鋼材の接合は、軒の高さ 9m 以下、かつ、張り間が 13m 以下の建築物（延べ面積が 3,000m^2 を超えるものを除く）にあっては、ボルトが緩まないように所定の措置を講じたボルト接合とすることができる。

問題 8　答 3

（令 82 条二号表）保有水平耐力計算により、構造耐力上主要な部分の断面に生ずる長期の応力度を計算する場合、特定行政庁が指定する多雪区域においては、固定荷重（G）＋積載荷重（P）＋ 0.7 ×積雪荷重（S）によって計算する。よって、地震力（K）を考慮する必要はない。

1. 令 37 条　2. 令 39 条 1 項　4. 令 85 条 3 項　5. 令 129 条の 2 の 3 第三号

問題 9　答 3

（令 112 条 19 項二号ロ・11・12 項、法 2 条九号の二ロ）建築物の竪穴部分とその他の部分とを区画する防火設備は、避難上及び防火上支障のない遮煙性能を有するものでなければならない。

1. （令 112 条 12 項）3 階を診療所（患者の収容施設があるもの）の用途に供する建築物のうち階数が 3 で延べ面積が 200m^2 未満の建築物（令 112 条 11 項に規定する建築物及び火災が発生した場合に避難上支障のある高さまで煙又はガスの降下が生じない建築物ではないものとする）について、竪穴部分とその他の部分とを間仕切壁又は所定の防火設備で区画しなければならない。
2. 令 112 条 16 項
4. （法 26 条第一号）延べ面積が 1,000m^2 を超える建築物は、防火上有効な構造の防火壁又は防火床によって有効に区画し、かつ、各区画の床面積の合計をそれぞれ 1,000m^2 以内としなければならない。ただし、耐火建築物又は準耐火建築物を除く。
5. 令 114 条 1 項

問題 10　答 2

（令 121 条 1 項二号・六号ロ・2 項、令 117 条、別表第 1（い）欄（4）項、令 115 条の

3第三号）床面積の合計が1,500m²以下の物品販売業を営む店舗の場合、又は、5階以下の階でかつ避難階の直上階の場合、その階における居室の床面積の合計が400m²（主要構造部が準耐火構造）以下であれば、避難階または地上に通ずる2以上の直通階段を設けなくてもよい。

1. 令120条1項表（1）項、令117条、別表第1（い）欄（4）項、令115条の3第三号　3. 令126条の2第1項五号、別表第1（い）欄（4）項、令115条の3第三号　4. 令126条の4、別表第1（い）欄（4）項、令115条の3第三号　5. 令128条、令127条、法35条、別表第1（い）欄（4）項、令115条の3第三号

問題11　答5

（令128条の4第1項三号）地階に設ける居室を有する建築物で、内装制限を受けるものは、別表第1（い）欄（1）・（2）・（4）項に掲げる用途に供するものを有する特殊建築物で、これ以外は内装制限を受けない。

1. （令128条の4第1項一号表（1）項、別表第1（い）欄（1）項）主要構造部を準耐火構造とした、客席の床面積の合計が100m²以上の集会場（1時間耐火基準に適合しないもの）は、内装制限を受ける。
2. （令128条の4第3項）階数1で延べ面積が3,000m²を超える建築物（学校等を除く）は、制限を受ける。
3. （令128条の4第4項）階数が2以上の住宅（事務所兼用住宅を含む）において、火を使用する設備を設けた調理室は、最上階に設ける場合は、内装制限を受けない。
4. （令128条の5第2項・1項二号イ、令128条の4第1項二号）自動車修理工場の用途に供する部分の壁及び天井の室内に面する部分の仕上げは、準不燃材料又はこれに準ずるものとして国土交通大臣が定める方法・材料によってしたものとすることができる。

問題12　答3

（法85条2項、法43条）工事を施工するために現場に設ける事務所の敷地は、第3章（法43条の敷地等と道路との関係）の規定を適用しない。すなわち、道路に接しなくてもよい。

1. 法43条1項・2項二号　2. 法43条3項二号　4. 令144条の4第1項一号ニ、法42条1項五号　5. 法42条2項

問題13　答4

（令130条の5の2第一号、別表第2（ろ）項二号）第二種低層住居専用地域内の「日用品の販売を主たる目的とする店舗」で、その用途に供する部分の床面積の合計が150m²を超えるものは、新築することができない。

1. （別表第2（わ）項）該当しないので、新築することができる。
2. （令130条の9の4第二・一号、別表第2（ち）項四号）該当するので、新築することができる。
3. （別表第2（へ）項）該当しないので、新築することができる。

5. （令130条の4第二号、別表第2（い）項九号）延べ面積が600m²以内の「老人福祉センター」は、該当するので、新築することができる。

問題14 答5

法91条により、建築物の敷地が2種以上の用途地域にわたる場合は、敷地の過半に属する用途制限を適用する。準住居地域の敷地面積は400m²で第一種中高層住居専用地域の敷地面積は420m²である。したがって、別表第2（は）項の第一種中高層住居専用地域の用途制限を適用する。よって、別表第2（は）項七号、令130条の5の4第一号に該当する階数5未満の「消防署」は新築することができる。

問題15 答5

法52条6項

1. （令2条1項四号・六号ロ・八号）延べ面積は、建築物の各階の床面積の合計による。屋上部分に設ける階段室、昇降機塔等の部分の床面積については、延べ面積の緩和規定はない。階段室、昇降機塔等の屋上部分について緩和があるのは、「建築物の高さ」と「階数」の算定についてである。
2. （令2条1項四号へ・3項六号）宅配ボックスを設ける部分の床面積は、当該建築物の各階の床面積の合計の1/100を限度に延べ面積に算入しない。
3. （法53条6項一号・1項三号）都市計画で定められた建ぺい率が8/10とされている地域内で、かつ、防火地域内の耐火建築物については、建ぺい率の規定を適用しない。
4. （法53条の2第2項）用途地域に関する都市計画において建築物の敷地面積の最低限度を定める場合においては、その最低限度は、200 m²を超えてはならない。

問題16 答2

（法52条1項・2項）容積率は、前面道路幅員（敷地が2以上の道路に接する場合は最大の幅員）が12m未満の場合、前面道路の幅員から算出する容積率（前面道路容積率）と都市計画で定められた容積率のうち小さい方の値とする。前面道路容積率は、原則として、道路幅員に住居系地域は4/10を、その他の地域は6/10を乗じる。

（法52条7項）敷地が2以上の用途地域にわたる場合、延べ面積の最高限度は、それぞれの用途地域の容積率の限度にそれぞれの敷地面積を乗じたものの合計以下とする。

（令2条1項一号、法42条2項）容積率を求める場合の敷地面積は、敷地が幅員4m未満の道路に接しているとき、道路の反対側の敷地が宅地の場合、道路中心線より2m後退した線を道路境界線として算出する。

以上を満足するよう、延べ面積の最高限度を算出する。

1）容積率を求める

①第一種低層住居専用地域内の敷地

6m（前面道路幅員）× 4/10 ＝ 24/10 ＞ 20/10

∴容積率＝ 20/10

②第一種住居地域内の敷地

6m × 4/10 ＝ 24/10 ＜ 30/10

∴容積率＝ 24/10

2）敷地面積を求める

①第一種低層住居専用地域内の敷地
　15 ×（11 − 1）＝ 150m²

②第一種住居地域内の敷地
　15 × 10 ＝ 150m²

3）延べ面積の最高限度を求める

①第一種低層住居専用地域内の敷地
　150 × 20/10 ＝ 300m²

②第一種住居地域内の敷地
　150 × 24/10 ＝ 360m²

　以上より、敷地全体としての延べ面積の最高限度は、300 ＋ 360 ＝ 660m²

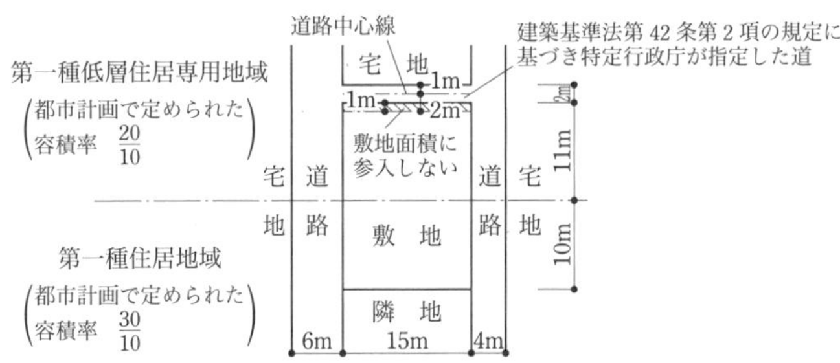

問題 17　答 3

道路高さ制限（法 56 条 1 項一号）

（別表第 3（1）項）道路斜線の勾配は、（に）欄より第一種中高層住居専用地域、第一種低層住居専用地域とも 1.25 である。

　適用距離は、前面道路に接する敷地の部分の用途地域に従う。

　適用容積率を算出し、（ろ）・（は）欄より適用距離を求める。

　<u>10/10</u> ＜（4/10）× 4m ＝ 16/10　　（10/10）× 10m × 9m ＝ 90m²

　20/10 ＞（4/10）× 4m ＝ <u>16/10</u>　　（16/10）× 10m × 3m ＝ 48m²

　90m² ＋ 48m² ＝ 138m²

適用容積率＝ 138m²/（10m × 12m）＝ 11.5/10　よって、適用距離：20m

（計算をすると以上の通りであるが、設問の都市計画で定められた容積率が 20/10、10/10 で、共に 20/10 以下であるので、計算をしなくても（は）欄の適用距離は 20m と判定できる。）

・南側道路（幅員 4m）からの道路斜線

（法 56 条 2 項）建築物後退による緩和は 2m である。

　以上より A 点の高さの限度は、(2 ＋ 4 ＋ 2 ＋ 2 ＋ 5 ＋ 2）× 1.25 ＝ 21.25m

隣地高さ制限（法 56 条 1 項二号）

　第一種中高層住居専用地域内の隣地斜線の勾配は 1.25、加える値は 20m となる。また、勾配 1.25 に乗じる値は、A 点から北側隣地境界線までの水平距離（1m）に建築物の後退距離（1m）を加えた値（北側隣地までがもっとも小さな値である）となる。

　以上より A 点の高さの限度は、20 ＋（1 ＋ 1）× 1.25 ＝ 22.5m

北側高さ制限（法 56 条 1 項三号）

第一種中高層住居専用地域内の北側斜線の勾配は1.25、加える値は10mとなる。また、勾配1.25に乗じる値は、A点から真北方向の隣地境界線までの距離1mである。

以上よりA点の高さの限度は、10 + 1 × 1.25 = 11.25m

∴A点における地盤面からの高さの最高限度は、北側高さ制限より11.25m

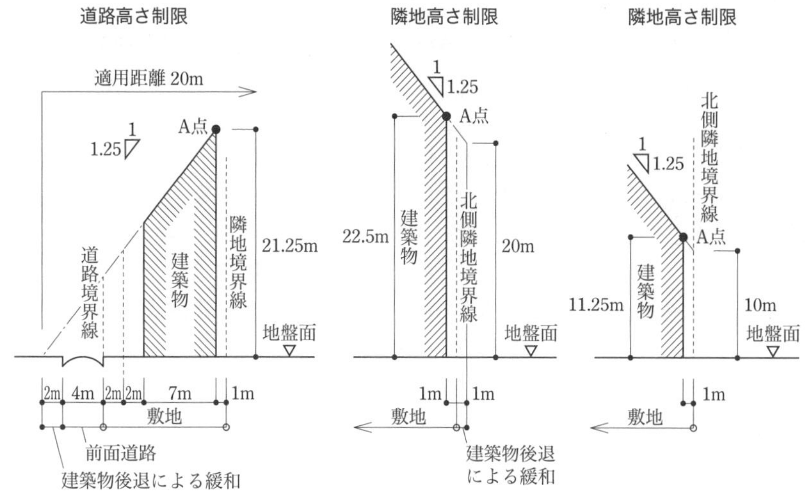

問題18 答3

（法56条の2第2項）同一敷地内に2以上の建築物がある場合、建築物を一の建築物とみなして、日影規制を適用する。

1. 別表第4（い）欄各項、法56条の2第1項　2. 別表第4（ろ）欄各項、法56条の2第1項　4. 別表第4（ろ）欄（1）項、法56条の2第1項　5. 令135条の12第3項一号、法56条の2第3項

問題19 答2

（法61条ただし書き）準防火地域内において建築物（木造建築物等を除く）に附属する塀は、延焼防止上支障のない構造としなくてもよい。

1. 令136条の2第三号イ、令108条、法2条八号、法61条　3. 法63条　4. 法65条1項　5. 令136条の2の2、法62条

問題20 答1

（法93条1項、令147条の3）防火地域及び準防火地域外における一戸建て住宅（住宅以外の用途に供する部分の床面積の合計が延べ面積の1/2以上であるもの又は50m²を超えるものを除く）の場合、消防長又は消防署長の同意は不要である。

2. 法86条の7第1項、法3条2項　3. 法88条1項、令138条2項三号、法20条　4. 法85条6・7・8項　5. 法98条2項・1項二・三号

問題21 答3

（士法3条第1項一号）一級建築士でなければ設計してはならない建築物を除く建築物

は、二級建築士が設計することができる。よって、病院の用途に供する建築物で、延べ面積が 500m² を超えるものは、一級建築士でなければ設計してはならない。

問題 22　答 1

（士法 24 条の 7 第 1 項）建築士事務所の開設者は、設計受託契約又は工事監理受託契約を建築主と締結しようとするときは、あらかじめ、当該建築主に対し、管理建築士等をして、設計受託契約又は工事監理受託契約の内容及びその履行に関する所定の事項を記載した書面を交付して説明をさせなければならない。「建築物の建築に関する法令又は条例の規定に基ずく手続きの代理業務」は含まない。

2. 士法 24 条の 4 第 2 項、同則 21 条 5・4 項　3. 士法 26 条 1 項二号、同法 23 条の 4 第 1 項十号、同法 24 条 1 項　4. 士法 24 条の 3 第 2 項　5. 士法 23 条 1 項

問題 23　答 2

（耐震改修促進法 2 条 2 項）「耐震改修」とは、地震に対する安全性の向上を目的として、増築、改築、修繕、模様替若しくは一部の除却又は敷地の整備をすることをいう。

1. 耐震改修促進法 17 条 10 項　3. 耐震改修促進法 22 条 3・2 項　4. 耐震改修促進法 5 条 3 項二号　5. 耐震改修促進法 7 条

問題 24　答 4

（宅地造成等規制法 8 条 1 項・2 条二号、同令 3 条一・四号）宅地造成工事規制区域内の宅地造成において、宅地以外の土地を宅地にするために行う切土であって、当該切土をした土地の部分に高さ 2m 以下の崖を生ずることになるもので、かつ、当該切土をする土地の面積が 500 m²以下の場合は、都道府県知事の許可を受けなくてもよい。

1. バリアフリー令 6 条七号　2. 長期優良住宅普及促進法 6 条 1 項四号ロ　3. 長期優良住宅普及促進法 6 条 1 項二号、同則 4 条　5. 都計法 53 条 1 項一号、同令 37 条

問題 25　答 1

（建築物のエネルギー消費性能の向上に関する法律 19 条 1 項一号、同令 8 条 1 項）建築主は、特定建築物以外の建築物で床面積の合計が 300 m²未満のものを新築する場合、当該行為に係る建築物のエネルギー消費性能の確保のための構造及び設備に関する計画を所管行政庁に届け出なくてもよい。

2. 建設業法 2 条 2 項・3 条 1 項　3. 土地区画整理法 76 条 1 項四号・同法 103 条 4 項　4. 建設工事に係る資材の再資源化等に関する法律 10 条 1 項・9 条 1・3 項、同令 2 条 1 項二号　5. 消防令 5 条の 7 第 1 項一号

学科Ⅲ（構造）

問題 1　答 4

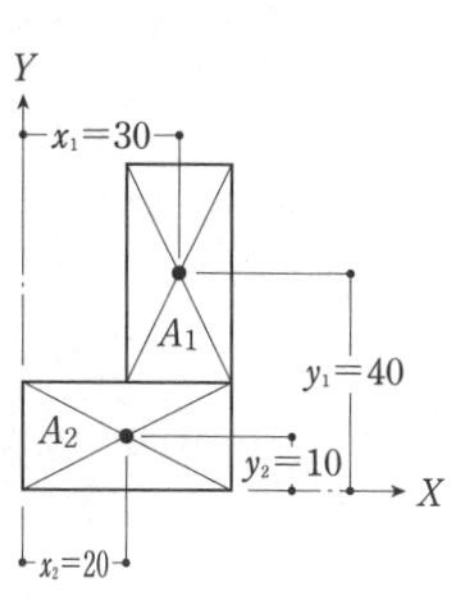

断面の断面一次モーメントは、断面をそれぞれ任意の矩形に分割し、断面一次モーメントを求め、総和する。

$S_x = A_1 \times y_1 + A_2 \times y_2$

$= 800\text{mm}^2 \times 40\text{mm} + 800\text{mm}^2 \times 10\text{mm} = 40{,}000\text{mm}^3$

$S_y = A_1 \times x_1 + A_2 \times x_2$

$= 800\text{mm}^2 \times 30\text{mm} + 800\text{mm}^2 \times 20\text{mm} = 40{,}000\text{mm}^3$

X・Y 軸より図心までの距離 x_0・y_0 を求める。

$$x_0 = \frac{S_y}{A_1 + A_2} = \frac{40,000}{1,600} = 25\text{mm} \quad y_0 = \frac{S_x}{A_1 + A_2} = \frac{40,000}{1,600} = 25\text{mm}$$

問題 2　答 2

A 点の最大曲げモーメントは次式で求められる。

$M_{\max} = \dfrac{wl^2}{8}$

断面の断面係数は、$Z = \dfrac{bh^2}{6}$

従って最大曲げ応力度は、

$$\sigma_{b\max} = \frac{M_{\max}}{Z} = \frac{\frac{wl^2}{8}}{\frac{bh^2}{6}} = \frac{3wl^2}{4bh^2}$$

問題より $\sigma_{b\max} = 1\text{N/mm}^2$、$b = 120\text{mm}$、$h = 150\text{mm}$、$w = 10\text{N/mm}$ であることから、

$$\frac{3 \times 10 \times l^2}{4 \times 120 \times 150^2} = 1 \quad l^2 = 360{,}000 \quad l = 600\text{mm}$$

問題 3　答 2

水平な方向の荷重 P_x と、垂直な方向の荷重 P_y に分解する。P_y は、梁のせん断応力と曲げ応力に関係するので、P_y のみ計算する。

$$P_y = 60\text{kN} \times \sin 60° = 60\text{kN} \times \frac{1}{2} = 30\text{kN}$$

図より $Q_{AB} = 15\text{kN}$

$$M_A = M_{\max} = \frac{1}{4} \times P_y \times l = \frac{1}{4} \times 30\text{kN} \times 8\text{m} = 60\text{kN·m}$$

問題 4　答 4

応力が 0 になる部材を順に取り払ってゆくと、A のトラスでは 5 部材が、B のトラスでは 4 部材が、C のトラスでは 2 部材が応力 0 となる。

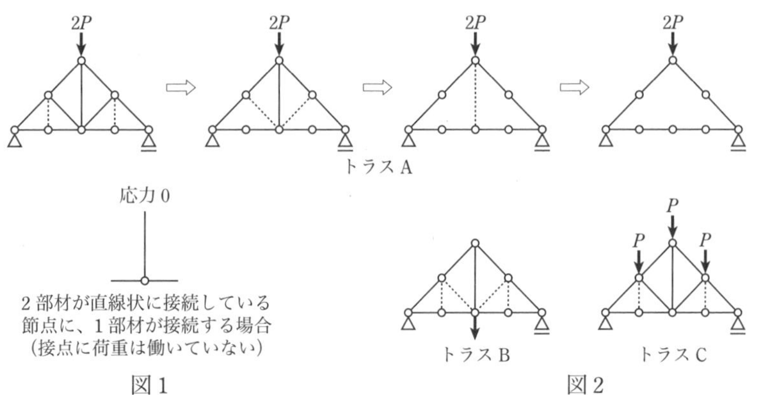

図 1　　図 2

問題 5　答 5

図のように複数の荷重が静定構造物に作用した場合の応力図は、それぞれの荷重が単独に作用した場合の応力図を足し合わせたものとなる。

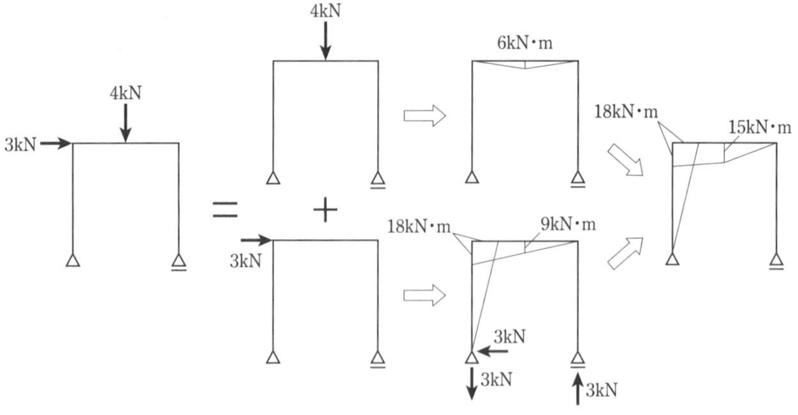

問題 6　答 2

長柱の弾性座屈荷重（座屈を起こすときの最低荷重）は次式で計算される。

$$N_k = \frac{\pi^2 EI}{lk^2}$$

N_k：弾性座屈荷重　　π：円周率（3.14）

E：材の縦弾性係数　　I：材の断面二次モーメント

l_k：座屈長さ（両端の拘束状態を部材長さに反映させた長さ）

問題 7　答 1

1.　（建基令 85 条 2 項）地震力計算用では、対象となる床の枚数は最も多く、その階の床全部が対象となり、積載荷重の低減率は最も大きい。一方、床の構造計算用では、対象となる床だけが対象で、積載荷重の低減率は最も小さい。柱や大梁では 4 ～ 2 枚程度の床を支えるので積載荷重の低減率は地震の構造計算用と床の構造計算用の中間になる。「床の構造計算用」＞「大梁及び柱の構造計算用」＞「地震力の計算用」が正しい。

2. （建基令86条第2項）多雪区域以外の地域では、積雪1cmごとに20N/m^2、多雪区域では、積雪1cmごとに30N/m^{2}とする。

3. 地表面粗度区分とは、地表面の粗さを表す用語で、ⅢよりもⅡの方が地表面の粗度は大きく、より粗い。

 粗度区分Ⅱの場合 $Er = 1.7 \times (H/350)^{0.15}$

 粗度区分Ⅲの場合 $Er = 1.7 \times (H/450)^{0.2}$

4. 鉄筋コンクリート建築物の設計用一次固有周期 T は次の式で略算する。

$T = h\ (0.02 + 0.01\ \alpha)$

 h：建築物の高さ

 α：木造又は鉄骨造である階の高さの合計の、h に対する割合

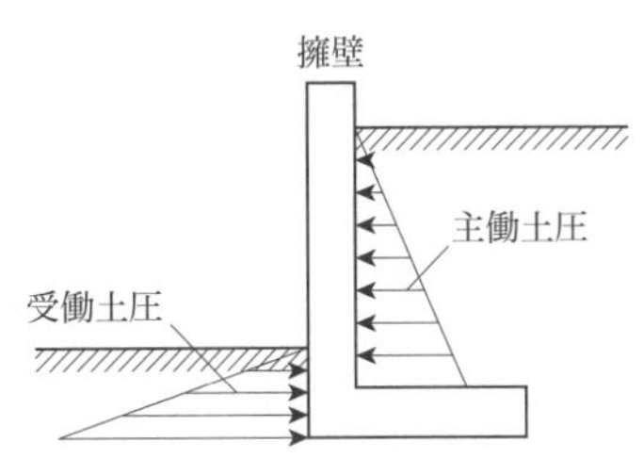

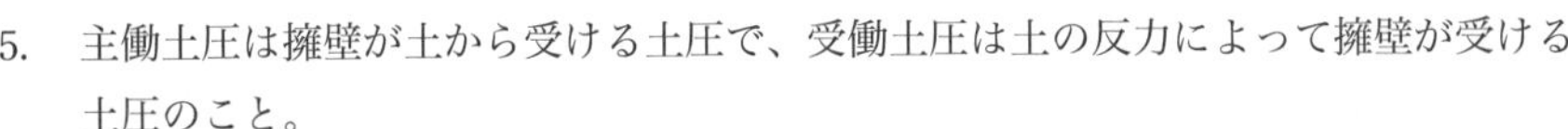

5. 主働土圧は擁壁が土から受ける土圧で、受働土圧は土の反力によって擁壁が受ける土圧のこと。

問題8 答2

1階に生ずる層せん断力（地震力）は、W_R と W_2 に1階の層せん断力係数を乗じて計算される。

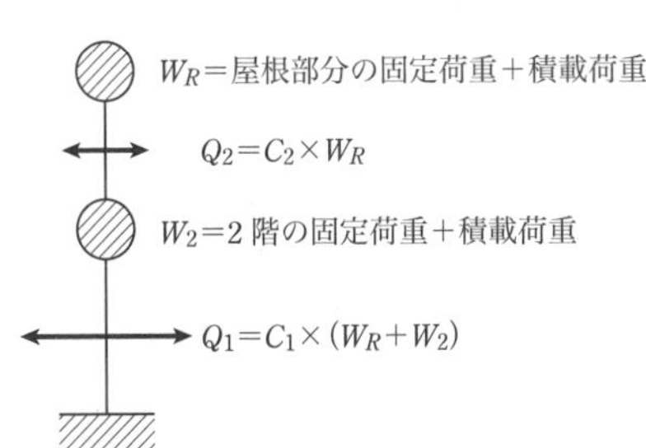

問題9 答5

（建基令93条）岩盤＞固結した砂＞土丹盤＞密実な礫層＞密実な砂質地盤＞砂質地盤（地震時に液状化のおそれのないものに限る）＞堅い粘土質地盤＞粘土質地盤＞堅いローム層＞ローム層

1. 洪積・沖積層は第4期地盤に属する比較的新しい層で、洪積地盤は沖積地盤よりその生成時期が古いため、一般に沖積土に比し固結度が高く、沖積層に比べて基礎地盤としては一般に良好である。一方、沖積層は新しい時代の生成によるものであるため、一般に自重による圧力以外の荷重を受けた経歴がないので強度が小さく、圧縮性も大きい。

2. 地下水位が高いと、H が大きくなる。地下壁に作用する全水圧 P は、

 $P = \frac{1}{2} \times \rho \times g \times H^2$ となり、H^2 に比例する。

4. 基礎梁の剛性を大きくすることで、不同沈下が起きても上部構造物に与える影響を小さくしたり、建築物が傾くのを軽減できる。

問題10 答1

説明は「天井回り縁」についてのものである。「野縁」は、天井板や下地板を打ち付けるために、天井裏に設けられる骨組みをいう。

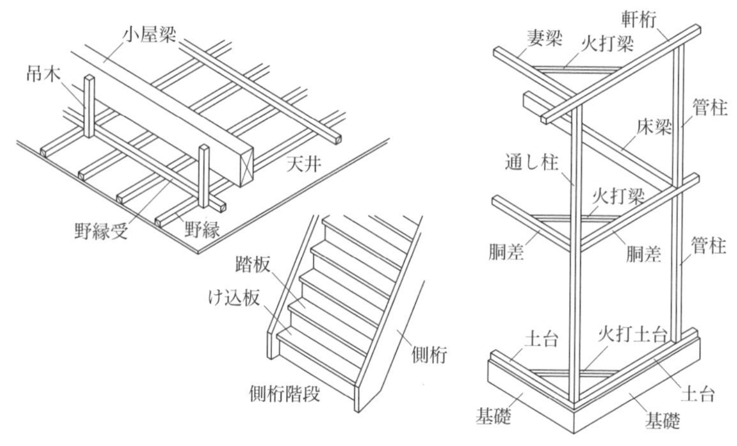

問題 11　答 3

せん断力を受けるボルトの締付けは、通常、座金が木材にわずかにめり込む程度とする。

1. 構造耐力上主要な部分において、木ねじを引抜き方向に抵抗させることは極力避ける。また、木材の木口面に打たれた木ねじを引抜き力に抵抗させることはできない。
2. ラグスクリューを木口に打ち込んだ場合のせん断耐力は、側面打ちの場合の値の 2/3 とする。
4. ドリフトピン接合部において、終局せん断耐力は降伏せん断耐力と同じ値とする。
5. メタルプレートコネクターを用いて木材同士を接合する場合の木材は、気乾状態でなければならない。

問題 12　答 4

火打金物は、床組や小屋組が、地震や台風時に発生する水平力によって変形することを防止するために隅角部を固める斜材である。

問題 13　答 1

壁量とは、梁間方向、桁行方向のそれぞれに配置される耐力壁の長さの合計を、その階の床面積で除した値をいう。X 方向の壁量の算定にあたり、建基令 78 条の 2 より、壁式鉄筋コンクリート造の耐力壁の実長（l）は 45cm 以上とする。これより、X 方向の実長が 40cm の壁は耐力壁に含めない。

$$X\text{方向の壁量}=\frac{\text{X方向の耐力壁の長さの合計（cm）}}{\text{床面積（m}^2\text{）}}=\frac{150\times4+100}{5\times8}=17.5\text{cm/m}^2$$

問題 14　答 1

部材のせん断破壊は、脆性的な破壊であり、建築物の崩壊につながるおそれがあるので、曲げ破壊よりも先行しないように設計する。

問題 15　答 5

柱の主筋をガス圧接する場合、原則として、各主筋の継手位置は高さ方向に400mm以上ずらすものとする。

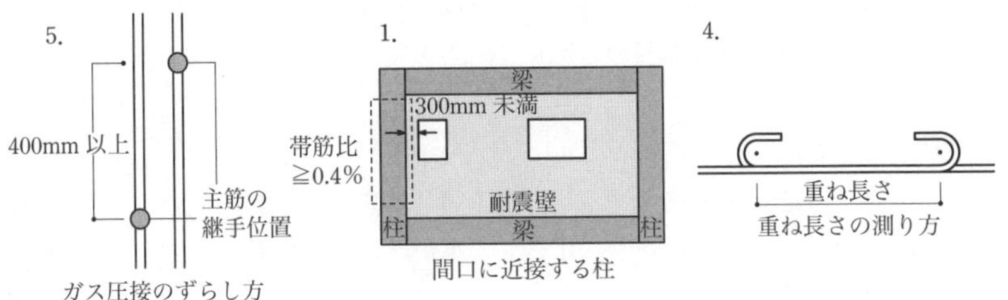

問題 16　答 3

「建築構造用圧延鋼材」は、A 種、B 種、C 種の 3 種類があり、溶接接合には B 種、C 種を用いる。A 種は溶接接合には適さない。

問題 17　答 1

高力ボルト摩擦接合において、母材の板厚差が 1mm 以下の場合は、フィラーを用いなくてよい。板厚差が 1mm を超える場合は、母材と同等の表面処理を両面に行ったフィラーを用いる。フィラーの材質は、母材の材質にかかわらず引張強さが 400N/mm^2 級の鋼材でよい。

問題 18　答 1

建築物の「各階の重心と剛心との距離（偏心距離）」が大きいと、地震時にその階はねじれによる変形で部材が損傷する危険性が大きくなる。したがって、偏心距離が小さくなるように耐力壁を配置する。

2. 多雪区域以外の区域（垂直積雪量が 0.15m 以上の区域に限る）内の建築物において、屋根勾配が 15° 以下、かつ、最上端から最下端までの水平投影の長さが 10m 以上の鉄骨屋根では、積雪後の降雨の影響を考慮して、「屋根の勾配」及び「屋根の最上端から最下端までの水平投影長さ」に応じて積雪荷重を割り増す。
3. 柱に欠込みを設ける場合には、なるべく中央部を避け、目安として、断面の 1/3 以上の欠込みを行ってはならない。また、欠込み部分は、必要に応じて補強する。
4. ピロティ階を有する建築物では、地震時に剛性の小さなピロティ階に変形や損傷が生じやすい。ピロティ階の必要保有水平耐力の計算をする場合、「剛性率による割増し係数」と「ピロティ階の強度割増し係数」のうち、大きいほうの値を用いて算出する。
5. 地盤の長期許容応力度が 20kN/m^2 未満の場合は基礎杭、20kN/m^2 以上 30kN/m^2 未満の場合は基礎杭又はべた基礎、30kN/m^2 以上の場合は基礎杭、べた基礎又は布基礎を用いた構造としなければならない。

問題 19　答 4

鉄骨造の建築物において、保有耐力接合の検討は、接合する部材が十分に塑性化する

（終局状態に達する）まで、接合部が破断することを防止するために行う。

問題 20 答 3

木材の腐朽菌は、酸素、温度、水分及び栄養素のすべての条件が満たされた環境下でなければ繁殖しない。耐腐朽性の高い木材には、くり、ひば等がある。

5. 木材のヤング係数は、木材の変形しにくさを表し、値が大きいほど強度は大きくなる。

問題 21 答 3

高炉セメント B 種を使用したコンクリートは、長期強度発現性や化学抵抗性に優れていて、普通ポルトランドセメントに比べて、水和熱、初期強度は小さい。長期強度の増進が大きく硬化に時間のかかるセメントであるため、養生期間を長めにとる必要がある。セメントの種類としては、配合する高炉スラグ微粉末の分量により A 種、B 種、C 種の 3 種類があり、B 種が最も多く生産され、幅広い分野で使用されている。

問題 22 答 5

AE 剤は、コンクリート中に微細な独立泡を連行させることにより、ワーカビリティーを向上させる。また、微細な独立泡が、コンクリート内で起きる水の凍結による膨張を吸収するため耐凍害性も向上する。

問題 23 答 4

鋼材の降伏点は、温度が上昇するに従い低下し、約 350℃ で常温時の 2/3 になる。引張強度に関しては、約 300℃ で最大になり、その後、温度上昇に伴い急激に低下する。

1. 鋼材のヤング係数は、材料の強度や炭素の含有量に影響されず約 2.06×10^5 [N/mm²] である。

問題 24 答 2

型板ガラスは、溶解したガラスを成形するときに型を用いてガラス表面に模様をつけたもので、砂や金属ブラシなどでつや消し加工したものは、すりガラスである。

問題 25 答 5

ALC パネルは、細かい気泡に水分が入りやすく吸水性が高いので、防水性や防湿性には劣る。逆に、細かい気泡により熱伝導率が低くなり、断熱性に優れる。また、コンクリート製品であるため耐火性にも優れる。

学科Ⅳ（施工）

問題1 答1

施工者は、主要な工事項目とともに、施工計画書を作成し、監理者の承認を受ける。

2. 品質管理計画には、①品質管理組織、②管理項目および管理値、③品質管理実施方法、④品質評価方法、⑤管理値を外れた場合の措置を含むものとする。

問題2 答1

設計図書の内容を把握し、設計図書に明らかな、矛盾、誤謬、脱漏、不適切な納まり等を発見した場合には、建築主に報告し、必要に応じて建築主を通じて設計者に確認する。

問題3 答3

アスファルトルーフィングは、屋内の乾燥した場所に立置きにして保管する。

問題4 答4

繊維くず（建設業に係るもの（工作物の新築、改築又は除去に伴って生じたものに限る。）は産業廃棄物である。

5. 廃石綿等建材除去事業により生じたもので、飛散するおそれがあるとして環境省令で定めるものは特別管理産業廃棄物である。

問題5 答3

はしごの上端を床から60cm以上突出させること。

5. 物体が落下することにより、労働者に危険を及ぼすおそれのあるときは、高さ10cm以上の幅木を設けること。

問題6 答3

根入れの深さにあっては24cm以上としなければならない。

5. 木造住宅工事仕様書（フラット35）では引張耐力が25kN以下の場合は埋込み長さ360mm以上、25kNを超え35.5kN以下の場合の埋込み長さは510mm以上（M16の場合）としている。

問題7 答3

アースオーガーの引き上げにあたっては、負圧によって地盤を緩めないためにオーガーはゆっくりと正回転で引き上げる。

5. スライムとは、施工時に生じる掘りくずのことで、ベントナイト溶液の細粒や泥水中に浮遊する土砂が混じって、杭の底部に沈殿したもの。スライムは杭の支持力低下の原因となるため、必ず除去しなければならない。

問題8 答2

梁主筋を柱へ定着する場合、L_aの数値は、原則として柱せいの3/4倍以上とする。

1. 梁・柱・基礎梁・壁および地下外壁のスペーサーは、側面に限りプラスチック製でもよい。
4. 直径の異なる鉄筋相互の重ね継手の長さは、細いほうの異形鉄筋の呼び名の数値による。

問題 9　答 5

スラブ下および梁下の支保工の存置期間は、構造体コンクリートの圧縮強度がその部材の設計規準強度に達したことが確認されるまでとする。

1.　コンクリート型枠用合板の規格表示は、厚さ 12mm 以上。

問題 10　答 4

コンクリートの品質規準強度は、設計規準強度または耐久設計規準強度のうち、大きい方の値とする。

問題 11　答 3

鉛直打継ぎ部は、スパンの中央または端から 1/4 付近に設ける。

2.　少なくとも 1 日間、できれば 3 日間ぐらいはその上を歩いたり重量物を載せたりすることを避ける。もし、次工程の墨出しなどをするため、やむを得ず床スラブの上に載るような場合には、乾燥、振動や過大な荷重などを与えないよう、適切な養生を行い、なるべく静かに作業を行わなければならない。

問題 12　答 4

一次締めの際につけたマークのずれにより、共回り又は軸回りが生じていないことを確認する。

問題 13　答 5

溶接面に、水分、錆、塗料、亜鉛メッキ等の溶接作業及び溶接結果に支障となるものがある場合は、スタッド軸系の 2 倍以上を丁寧に除去し、清掃を行う。

3.　適切な試験により、割れの範囲を明らかにした場合は、割れ及び割れの端から 50mm 以上の範囲を除去し、再溶接を行う。

問題 14　答 5

取付け金物は、パネルの左右端部に、スライドできるように取り付ける。

1.　雨掛り部分のパネルの目地は、シーリング材を充填する。

4.　使用上支障のない軽微なひび割れ及び欠けは、専用の補修材料を用いて補修する。

問題 15　答 2

根太間隔 300mm 程度の下張り用床板に使用するパーティクルボードは、厚さ 15mm とし、受材心で 2 ～ 3mm の目地をとり、乱に継ぎ、釘打ち又は木ネジ留めとする。

1.　主要構造部など政令で定める部分に使用する木材等として国土交通大臣が定めるものは、その品質が日本農林規格（JAS）等に適合するものでなければならない。

問題 16　答 1

継手付近に設けるアンカーボルトは、押さえ勝手に上木を締め付ける。

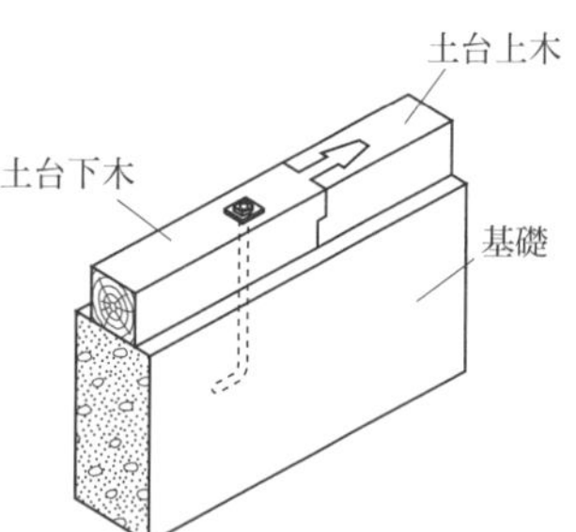

問題 17 答 2

硬質塩化ビニル雨どいの取付け間隔は 1.2m 以下とする。

問題 18 答 3

外壁の二丁掛けタイルの密着張りにおいて、貼付けモルタルの塗り厚（総厚）は 5～8mm とする。

問題 19 答 4

合成樹脂エマルションペイントは、コンクリート面、モルタル面、プラスター面、せっこうボード面、その他ボード面の塗装に適用する。

問題 20 答 2

複数ガラスのかかり代は、赤外線による封着部の劣化を防ぐために 15mm 以上とする。

1. FRP 系塗膜防水と建具が取り合う場合は、FRP 系塗膜防水工事を施工した後、建具の取付けを行うものとする。
3. 伸縮調整目地の位置は、特記による。特記がなければ、6m 以下ごとに幅 10～25mm の伸縮調整目地を設ける。

問題 21 答 5

空気より軽いガスの場合、天井面から 30cm 以内に取り付ける。

問題 22 答 1

ポリマーセメントで補修する。ひび割れ幅が 2mm 以上の場合は、U カットのうえ、ポリウレタン系シーリング材等を充填する。

5. 高速カッター等による切断面については、亜鉛の犠牲防食作用が期待できるので、錆止め塗料塗りを行わなくてもよい。溶接部分にはスプレー等で錆止めを施す。

問題 23 答 4

振動コンパクターは、振動によって地盤や割り栗などを締め固める機械の総称。

2. トロウェルとは、床面に打設したコンクリートをならすために用いられる動力機械で、コテが付いた円盤を回転させながらコンクリートを平滑にする。

問題 24 答 5

共通仮設費は、各工事種目ごとの内容を一つにまとめ、一式として計上する。

問題 25 答 2

発注者は、受注者及び監理者立会いのもと、法定検査を受ける。